Claus Westermann
Gerhard Gloege

Einführung in die Bibel

Claus Westermann
Gerhard Gloege

Einführung
in die
BIBEL

Kreuz Verlag

Die Deutsche Bibliothek – CIP-Einheitsaufnahme

Einführung in die Bibel / Claus Westermann ;
Gerhard Gloege. – Neu gestaltete Ausg. der Sonderausg. –
Stuttgart : Kreuz-Verl., 1994
Früher u. d. T.: Tausend Jahre und ein Tag
ISBN 3-7831-1363-6
NE: Westermann, Claus; Gloege, Gerhard

Neu gestaltete Ausgabe der Sonderausgabe
„Tausend Jahre und ein Tag"

1 2 3 4 5   98 97 96 95 94

Sonderausgabe in einem Band von
Claus Westermann, Tausend Jahre und ein Tag
© Kreuz Verlag Stuttgart 1957 und
Gerhard Gloege, Aller Tage Tag
© Kreuz Verlag Stuttgart 1960
© dieser Ausgabe: Kreuz Verlag Stuttgart 1977
Umschlaggestaltung: Jürgen Reichert, Stuttgart
Gesamtherstellung: Ebner Ulm
ISBN 3 7831 1363 4

INHALT

VORWORT ZUR SONDERAUSGABE

„Indem er kritisch verfahrend auf Vergangenes blickt, sieht er paradoxerweise – vorwärts." Mit diesem Satz schloß Gerhard Gloege das Vorwort zu seinem Buch „Aller Tage Tag – Unsere Zeit im Neuen Testament", das 1960 erstmalig im Kreuz Verlag erschien. Er meinte damit jeden Leser, dem es um die Botschaft der Bibel geht, um ihr unvoreingenommenes Verstehen und um ihre Bedeutung für unsere Zeit. Der Satz gilt aber auch für die Leser des Buches von Claus Westermann „Tausend Jahre und ein Tag – Unsere Zeit im Alten Testament", dessen erste Auflage 1957 ebenfalls im Kreuz Verlag erschien. Beiden Autoren war die Absicht gemeinsam, den interessierten Laien wie den Studenten der Theologie und der Religionspädagogik den Zugang zu öffnen zu den beiden großen Teilen der Bibel. Wie sehr dies gelungen ist, dafür spricht das große und positive Echo, das die Bände bei Lesern und Kritikern gefunden haben. Dafür spricht aber auch, daß der Verlag immer wieder nach einer preiswerten Neuauflage gefragt wurde. So kommt es nicht von ungefähr, daß nun diese Sonderausgabe in einem Band mit dem Titel „Einführung in die Bibel" vorgelegt wird.

„Es ist gut", schrieb Claus Westermann, „daß unser Menschendasein ... ein Gegenüber hat, auf das wir uns verlassen können, ein Gegenüber, das sich in Jahrtausenden nicht wandelt." Von diesem Gegenüber, von Gott, heißt es im 90. Psalm: „Tausend Jahre sind vor dir wie ein Tag ..." Dieser Gott ist derselbe im Alten wie im Neuen Testament, deshalb ist es auch nicht zufällig, daß der Titel des Westermannschen Buches der ersten Sonderausgabe des Gesamtbandes (1977) den Namen gab. Es ist zu wünschen, daß auf diese Weise noch viele Menschen zu einer Begegnung mit Gott kommen, von dem die Schriften der Bibel Zeugnis ablegen.

Zu danken ist Herrn Professor Claus Westermann, der von 1958 bis 1976 als Ordinarius für Altes Testament an der Universität Heidelberg wirkte, für sein freundliches Einverständnis mit dieser Neuausgabe. Dieser Dank gilt ebenso Herrn Henning Gloege, dem Sohn des 1970 verstorbenen Professors für Systematische Theologie, der nach dem Krieg zunächst an der Universität Jena lehrte, bis er im Jahre 1961 als Nachfolger von Hans-Joachim Iwand dessen Lehrstuhl an der Bonner Universität übernahm. Claus Westermann hat einmal von „Gloeges großer systematisch-didaktischer Gabe" gesprochen; sie ist auch in seiner hier wieder zugänglich gemachten Schrift für einen weiten Leserkreis zu spüren. So trifft das Presseurteil „wissenschaftlich äußerst zuverlässig gearbeitet, dabei beglükkend leicht zu lesen" nicht nur auf das Buch von Claus Westermann, sondern ebenso auf das von Gerhard Gloege zu. Wir wünschen uns, daß auch eine neue Lesergeneration auf Grund der vorliegenden Sonderausgabe zu einer ähnlichen Einschätzung gelangt und die Bibel mit besserem Verständnis zu lesen beginnt.

Kreuz Verlag

Claus Westermann

Altes Testament

TAUSEND JAHRE UND EIN TAG

Das Alte Testament hat zu unserer Generation neu zu sprechen begonnen. Wir sind dabei, es wieder zu entdecken. Im 19. und zu Anfang des 20. Jahrhunderts wurde die Frage immer lauter: Sollte die Zeit nicht gekommen sein, das Alte Testament aus der christlichen Kirche, aus ihrer Predigt, ihrem Unterricht und ihrer Bibel zu entfernen? Es bedurfte der Macht von außen, die die Kirche zum Aufgeben des „jüdischen" Buches zwingen wollte, um die Christenheit in unserem Land ernsthaft vor die Frage zu stellen, was ihr denn dies Buch wirklich noch bedeute. Die Frage bewegte viele zu einem neuen Erforschen, zu neuem Hören des Buches, das die Bibel Jesu Christi war. Aus diesem Fragen und Forschen sind viele Früchte gewachsen, das spürt man heute im Leben der Kirche, im Studium der Theologie und weit darüber hinaus. Die von außen gestellte Frage, ob die Kirche von diesem Buch lassen könne oder ob es ihr noch lebensnotwendig sei, war nur der äußere Anlaß. Das Alte Testament begann zu den Menschen unserer Zeit neu zu reden in den Jahren, die so vieles wandelten. Dieses Buch sprach zu uns, weil es war wie unsere Wirklichkeit.

Tausend Jahre umfaßt dieses Buch. Tausend Jahre haben daran gearbeitet; so lange hat es gedauert, bis aus den ersten Worten, den ältesten Liedern, Geschichten und Rufen das vielgestaltige Buch wurde, das uns heute vorliegt. So lang ist der Weg, der zu dem Ziel führte, das im Neuen Testament erreicht ist. Das im Neuen Testament Berichtete läßt sich zusammenfassen in das Geschehen eines Tages, des Tages, an dem, wie es das Johannesevangelium sagt, des Menschen Sohn erhöht wurde. Es versteht unter der Erhöhung oder Verherrlichung die Kreuzigung wie auch die Auferstehung. Der eine Tag, auf den die Berichte der vier Evangelien zugehen als ihr Ziel, ist auch das Ziel des Alten Testaments. Eine Geschichte, die sich über tausend Jahre erstreckte, mußte geschehen, damit dieser eine Tag kommen konnte. Dieser eine Tag wird nicht wirklich verständlich ohne den langen Weg, der zu ihm führte — die tausend Jahre hätten ohne diesen Tag keinen Abschluß, kein Ziel.

Auf diesem langen Weg ist viel geschehen. Das Alte Testament berichtet vom Weg eines Volkes durch alle Stadien vom Herausrufen des einen Mannes Abraham über das Werden eines Königreiches bis zum Zusammenbruch und einer wartenden Gemeinde. Aber der Weg dieses Volkes ist nicht alles; das „Gottesvolk" ist ein Volk unter Völkern, ein Teil der Menschheit und hat an der Menschheit in aller Menschlichkeit teil. Ein Weg wird uns beschrieben, der durch alle Weiten des menschlichen Daseins führt. Es gibt nichts Menschliches, das nicht irgendwo im Alten Testament berührt wurde. Das Ausmaß dieses Buches reicht von den Bahnen der Sterne bis zu dem Wurm auf Erden, von den Pyramiden des ägyptischen Weltreiches bis zu den Anfängen des römischen Imperiums; es umfaßt in seinem Bericht die großen Stadien der Menschheitsgeschichte am Beispiel des einen Volkes: von den vorgeschichtlichen, in den Mythen anklingenden Epochen über die frühesten Anfänge der Kultur, vom Dasein der Nomaden, des streifenden Jägers bis zur Entwicklung der höchsten Kultur. Es spricht vom Menschsein in seiner ganzen, unerschöpflichen Fülle: von der Geburt des Kindes bis zum hohen Alter, vom Spielen des Kindes über die Liebe des Jünglings und des Mädchens, über die Freundschaft, die Ehe und die Arbeit in allen ihren Gestalten. Es gibt keine menschliche Fähigkeit, die nicht in diesem Buche irgendwo anklänge, bis hin zu den ersten Spuren der Wissenschaft. Alle Formen gemeinsamen Lebens, alle sozialen und politischen Grundformen haben auf dem Weg durch das Jahrtausend des Alten Testamentes ihren Platz.

Aber dies alles — und es ist damit nur wenig genannt — hat seine feste Verankerung im Tun Gottes am Menschen, im Gegenüber des Menschen zu Gott; denn zu seinem Bild hat er ihn geschaffen. Alles, was zum Menschsein und zum Dasein in der Welt gehört, tritt hier in das Licht vor seinem Angesicht.

Darum, gerade darum kann der Mensch in diesem Buch so nüchtern, so ohne alle Idealisierung, so wie er wirklich ist, geschildert werden: mit seinen Fehlern, seinen Möglichkeiten zum Bösen, mit all dem Unbegreiflichen des Ungehorsams und des Frevels der Sünde.

So gehört denn zu diesem Weg durch ein Jahrtausend auch die Antwort des Menschen, der Widerhall auf die Taten Gottes, das Reden des Menschen zu Gott in Klage und Jubel, in Flehen und Lob, in Singen und Weinen. Eines der Worte, das aus dieser Geschichte gegenüber Gott erwachsen ist und das zu uns heute spricht, wie es damals sprach, ist der 90. Psalm. Hier sagt es ein Mann, der so

menschlich war, wie uns irgendein Mann in einem der Geschichtsbücher geschildert wird: Es ist gut, daß unser Menschendasein, so
wie es nun einmal ist, mit *allem* darin, ein Gegenüber hat, auf das
wir uns verlassen können, ein Gegenüber, das sich in Jahrtausenden nicht wandelt:

Herr Gott, du bist unsere Zuflucht für und für.
Ehe denn die Berge
und die Erde und die Welt geschaffen wurden,
bist du, Gott, von Ewigkeit zu Ewigkeit.
Denn tausend Jahre sind vor dir
wie der Tag, der gestern vergangen ist,
und wie eine Nachtwache.

DIE URGESCHICHTE

Die Bibel handelt von der ganzen großen Welt mit den Sternen, den Bäumen und dem Sand am Meer. Sie handelt von den Menschen von der Urzeit an bis zur Gegenwart und bis zum Ende der Welt. In der Mitte der Bibel steht der Bericht von dem *einen* erwählten Volk, der in das Kommen des *einen* Retters mündet. Aber der eine ist für die ganze Menschheit gekommen, und seine Botschaft zielt auf die Erlösung der ganzen Welt. Die ersten Kapitel der Bibel wie die letzten reden von den äußersten Weiten der Welt, von Anfang und Ende der Geschichte, vom Ursprung und vom Ziel der Menschheit.

Die ersten 11 Kapitel des 1. Buches Mose (Genesis), die sogenannte Urgeschichte, reden vom Ursprung der ganzen Welt, der ganzen Menschheit. Diese ersten Kapitel am Anfang der Bibel wollen und können nicht ein Bericht von der Entstehung der Welt und der Entstehung des Menschengeschlechtes im Sinn einer geschichtlichen oder naturwissenschaftlichen Darstellung sein. Sie sind die Entfaltung des Bekenntnisses zu Gott als dem Schöpfer der Welt und dem Herrn der Weltgeschichte.

Für die Menschen, denen einmal diese ersten Kapitel des Alten Testaments erzählt wurden, war es ohne weiteres klar, daß hier der äußerste Horizont des Gotteswirkens dargestellt wurde, das ihnen in seiner Mitte, in der rettenden Tat am Anfang, in der Führung und Bewahrung des Volkes bis in ihre Gegenwart das Fundament war, auf dem ihre Geschichte und ihr Dasein ruhte. Sie waren diesem Gott und seinem Tun begegnet in den realen Fakten ihrer Geschichte; sie konnten gar nicht anders, als diesen ihren Gott und Retter und Herrn als den zu bekennen, von dem *alles* herkam, als ihren Schöpfer und den Schöpfer der Welt. Als den Schöpfer lobten sie ihn, sie sangen im Lob des Schöpfers ihre Freude am Dasein, ihre Freude an der Weite und Schönheit der Welt. In den Schöpfungspsalmen, wie wir sie an vielen Stellen im Psalter, aber auch im Buch Hiob und an anderen Stellen finden, begegnet uns das eigentliche, den Menschen der Bibel aus dem Herzen kommende Reden vom Schöpfer. Um die Schöpfungsgeschichte am Anfang der Bibel recht zu verstehen, müssen wir eigentlich vorher die Schöpfungspsalmen nachgesprochen und in uns aufgenommen haben. Das Lob Gottes, des Schöpfers, setzt die Schöpfungsgeschichte nicht voraus, sondern es ist umgekehrt: Die Schöpfungsgeschichte kommt vom Gotteslob her und setzt dieses voraus. Diese Geschichten sind eigentlich ein entfaltetes, ein ausgebreitetes, lobendes Bekenntnis zu Gott, dem Schöpfer, das so zur Erzählung geworden ist.

Damit wird auch etwas anderes, für das Verständnis der ersten Kapitel der Bibel Wesentliches klar: Wenn in den Psalmen oder im Buch Hiob oder bei Deuterojesaja Gott als der Schöpfer gelobt wird, so geschieht das nicht mechanisch, formelhaft immer mit den gleichen Worten, sondern in einer unbegrenzten Fülle von Formen, Worten und Bildern. Das Lob Gottes, des Schöpfers, ist seinem Wesen nach vielstimmig und vielgestaltig, es läßt sich gar nicht in eine einzige Aussagenreihe pressen. Darin ist es begründet, daß uns nun auch am Anfang der Bibel mehrstimmig von der Schöpfung der Welt und des Menschen erzählt wird, daß hier zwei Berichte von der Schöpfung nebeneinander stehen, die gerade je in ihrer Besonderheit ihre Bedeutung haben und nicht durch unsere Logik harmonisiert sein wollen, falls das überhaupt möglich ist.

ZUR ENTSTEHUNG DES PENTATEUCH

Die beiden Schöpfungsgeschichten am Anfang der Genesis — 1,1—2,4a und 2,4b—3,24 (oder bis 2,25) — liegen in ihrer Entstehungszeit weit auseinander, wahrscheinlich ist Gen. 2—3 im 9., Gen. 1 im 6. oder 5. Jahrhundert vor Christus entstanden. Die ersten Bücher der Bibel sind nicht als Werk eines Schriftstellers, aber auch nicht als die Niederschrift eines Mannes entstanden (daß Mose die fünf nach ihm benannten Bücher geschrieben habe, sagt die Bibel nirgends; es ist eine spätere Vermutung), sondern in der mündlichen Tradition, wie sie im Volk, seinen Bräuchen und vor allem in seinem Gottesdienst lebte. Wir sagten schon, daß der gesamten Überlieferung des Pentateuch das Bekenntnis des Volkes Israel zu Gott als seinem Retter aus tödlicher Bedrohung zugrunde liegt. Dieses Bekenntnis hatte den Charakter eines — wenn auch äußerst kurzen — Berichtes, des Berichtes nämlich von der rettenden Tat Gottes. Dem Bekenntnis, daß Gott Israel aus Ägypten herausgeführt hat, fügte sich ganz von selbst die Ergänzung, die Hineinführung in das verheißene Land, an. Ein solches, von Gottes Tat berichtendes Bekenntnis hat in sich schon die Tendenz, daß es in einer Erzählung, in einem breiteren Bericht, ausgeführt wird. Die früheste Form dieser Ausweitung bestand in einer zusammenhängenden Aufzählung der wichtigsten Heilstaten Gottes an seinem Volk. Dieses „kleine geschichtliche Credo" (von Rad) wurde bei gottesdienstlichen Zusammenkünften des Volkes gesprochen, so etwa wie es Josua bei der Volksversammlung in Sichem (Josua 24) spricht. Ein schönes Beispiel dafür, daß es auch bei der Opferdarbringung eines einzelnen Israeliten seinen Platz hatte, ist Deut. 26. Hinter jedem der Sätze dieses Bekenntnisses stand eigentlich eine ganze Geschichte oder eine Reihe von Geschichten. Sie wurden im Volk erzählt, sie hatten besondere Sammelpunkte bei bestimmten Stämmen, in bestimmten Familien, an Heiligtümern, bei festlichen Gedenktagen. So wurden sie lange Jahrzehnte und z. T. Jahrhunderte hindurch weitergetragen von Generation zu Generation, von den Eltern zu den Kindern und gewiß auch durch Männer und Frauen, die dieser Geschichten besonders kundig und besonders begabt im Erzählen waren. Solange die Stämme für sich lebten, lebten auch die Geschichten in den Stämmen, Geschichten, die für das Leben des Stammes und seine Sippen wichtig waren und ihrem Lebens- und Interessenkreis zugehörten. In diesem Kreis sind vor allem die Vätergeschichten entstanden. Damit, daß Israel zu einem Volk wurde, und zwar durch Gottes Rettung und durch seine Führung, bekamen all diese mündlichen Traditionen einen Kristallisationspunkt in dem Bekenntnis von seinen Taten. So erwuchsen nun um diesen Kern herum Geschichtswerke, die von dieser Mitte her das Ganze der Geschichte des Volkes als Geschichte Gottes mit seinem Volk darstellten. Das früheste dieser Geschichtswerke entstand in der Zeit Davids und Salomos, etwa im 9., vielleicht auch schon im 10. Jahrhundert vor Christus. Man nennt es die jahwistische Schrift, weil die Gottesbezeichnung durchgehend „Jahwe" ist. Etwa ein Jahrhundert jünger ist die elohistische Schrift (Gottesbezeichnung Elohim), von der manche Forscher annehmen, daß sie nur eine Ergänzung der jahwistischen darstellt, die aber doch eine ganz selbständige Darstellung gewesen sein kann. Sehr viel später, gegen Ende oder bald nach dem Exil ist die sogenannte Priesterschrift entstanden (6. oder 5. Jahrhundert), so genannt, weil sie, aus Priesterkreisen erwachsen, ein ausgesprochenes Interesse am Kult, Priestertum und priesterlicher Tradition zeigt. Diese drei Schriften oder Schichten der Tradition sind im Pentateuch in der Art zusammengefügt, daß die Priesterschrift den Rahmen des Ganzen bildet und ihr die älteren Traditionen eingefügt sind. Diese Zusammenfügung von Traditionen aus vielen Jahrhunderten ist so klug und behutsam, daß einerseits eine neue, echte Ganzheit der Geschichtsdarstellung entstand, andererseits die älteren Traditionen mit solcher Treue bewahrt sind, daß es den Forschern 2500 Jahre später gelungen ist, die Schichten, aus denen das Werk hervorgegangen ist, wiederzufinden und dadurch die Geschichte des Volkes Israel von der frühesten Zeit an in den großen Zügen nachzuzeichnen.

Diese Arbeit der Forschung am Pentateuch, die sog. Quellenscheidung, hat zwar zu manchen unnötigen und gefährlichen Auswüchsen geführt, im ganzen aber hat sie dem Verstehen des Alten Testamentes und damit dem Verstehen der Bibel einen guten, wertvollen Dienst geleistet. Daß wir jetzt in den ersten Büchern der Bibel mehrere Stimmen berichten, mehrere Zeugen die Taten Gottes bezeugen hören, ist eine wesentliche Bereicherung und gleichzeitig eine wesentliche Klärung unseres Hörens auf das Alte Testament, denn jetzt können wir in den verschiedenen Bestandteilen deutlicher als früher eine bestimmte Zeit, eine bestimmte Sprache und eine bestimmte Theologie vernehmen. Das Zeugnis einer einzelnen Geschichte wird damit klarer und präziser. Andererseits ist durch diese zeitliche Profilierung der frühen Geschichten eine festere Einordnung des in der Bibel Berichteten in die Geschichte der Umwelt möglich. Neben dem Charakter eines Glaubenszeugnisses hat das vielfältige Gefüge der frühen Erzählungen in der Bibel auch den Wert eines geschichtlichen Dokumentes.

Daß die Geschichte von den zentralen Heilsereignissen nicht in einer einheitlichen Schrift, sondern von mehreren Zeugen nebeneinander berichtet wird, ist im Neuen Testament ganz ähnlich. Ein Unterschied besteht aber darin, daß im Neuen Testament die vier Evangelien je selbständige Schriften blieben, im Alten Testament die ebenfalls vier Schriften (zu den drei genannten kommt noch das 5. Buch Mose hinzu) zu einer Darstellung zusammengefügt wurden. Aber hier wie dort ist die Mehrstimmigkeit des Zeugnisses dem Geschehen gemäß, das hier bezeugt wird: dem Wirken Gottes in unsere Welt hinein, das gerade durch die mehrfache, von verschiedenen Menschen und aus verschiedenen Zeiten kommende Darstellung sich dem Zugriff unseres Strebens nach völliger Einordnung des Geschehenen in unser Denken und Begreifen entzieht.

DIE BEIDEN SCHÖPFUNGSBERICHTE

Die Verschiedenheit der beiden Schöpfungserzählungen in Gen. 1 und 2 muß jedem unbefangenen Bibelleser auffallen. Die ältere Erzählung spricht von der Erschaffung der Welt nur andeutend in einem Nebensatz am Anfang, um dann gleich bei der Erschaffung des Menschen einzusetzen. Sie erzählt einfach, bildhaft und in der Weise der Volkserzählung, manchmal geradezu an die Sprache der Märchen erinnernd. Die jüngere Darstellung spricht von der Erschaffung der Welt in umfassender Systematik, reflektierend, abstrahierend, in einer schweren, monumentalen Sprache, die manchmal wie eine kosmische Litanei klingt mit den immer wiederkehrenden geprägten Sätzen.

Alles, was in diesen ersten Kapiteln der Bibel gesagt ist, kommt aus dem ehrfürchtigen Sich-Neigen vor Gottes Majestät, kommt aus dem staunenden und bewundernden Bejahen der alles umspannenden Möglichkeiten Gottes. Hinter dem Schöpfungsbericht des ersten Kapitels steht die Frage: Woher ist alles, was ist, gekommen? Hinter dem zweiten die Frage: Woher komme ich, so wie ich bin? Und beide antworten: Es ist unser Helfer und unser Herr, der uns und alles ins Sein rief.

Doch muß darüber hinaus die besondere Aussage jedes der beiden Zeugen gehört werden. Der Darstellung der Schöpfung in den Tagewerken einer Woche liegt schon die Erkenntnis von Perioden der Weltentstehung zugrunde. Es ist z. B. erkannt, daß die Entstehung der Pflanzen der Entstehung der Tiere vorgeordnet ist, die der Fische und Vögel den Landtieren. Dabei ist die Zahl und die Bezeichnung der Perioden der Schöpfung verhältnismäßig unwesentlich; wesentlich ist die Darstellung der Schöpfung in sinnvoll aufeinander folgenden Zeiten. Hinter dieser Darstellung ist eine Grunderkenntnis naturwissenschaftlichen Denkens unverkennbar. Wie das Werden in Perioden gesehen ist, so das Lebendige in Arten. Es wird nicht von der Erschaffung beliebiger Pflanzen oder Tiere gesprochen, sondern von der Erschaffung *der* Pflanzen und *der* Tiere in ihren Arten. Die Grunderkenntnis der Gliederung pflanzlichen und tierischen Lebens in Arten oder Gattungen liegt dieser Schöpfungsdarstellung der Priesterschrift tatsächlich schon vor! Damit hängt eine dritte Beobachtung nahe zusammen: Die ersten Werke Gottes bei der Schöpfung bestehen im Vollzug einer Scheidung: Gott scheidet das Licht von der Finsternis, die Wasser über der Feste von den Wassern unter der Feste, das Trockene vom Meer. Hinter dieser Beschreibung des Schöpfungshandelns Gottes liegt wiederum eine wissenschaftliche Grunderkenntnis: Ein komplexes Ganzes ist nur durch das Scheiden, das „Definieren", zu erfassen. Wenn es auch noch ein weiter Weg dahin ist: hier zeigt sich schon die erste Ahnung eines der Grundbegriffe wissenschaftlicher Arbeit im 19. und 20. Jahrhundert, nämlich des Begriffes der Analyse. Es ist die gleiche Grunderkenntnis, wenn hier Gottes Schaffen als ein Scheiden dargestellt wird. Dies alles mag sehr überraschend, sehr fremd klingen. Und es sei hier schon betont: Dies ist nur die *eine* Seite der priesterlichen Schöpfungsdarstellung. Aber diese eine Seite ist doch wohl nicht zu leugnen und nicht zu verkennen: Diese Darstellung der Schöpfung hat in dem Bericht von der Erschaffung der Welt durch Gott die wissenschaftlichen Erkenntnisse aufgenommen, die damals, zur Zeit, als der Bericht entstand, schon gewonnen waren. Hier jedenfalls besteht zwischen Schöpfungsglaube und den ersten, tastenden Anfängen der Naturwissenschaft *kein* Gegensatz! Man kann dies noch von einer anderen Seite her zeigen. In der Umwelt Israels gab es auch Schöpfungserzählungen, manche Züge der babylonischen Darstellung der Schöpfung klingen im Alten Testament an. Diese babylonische Darstellung der Weltschöpfung hat einen ausgeprägt mythischen Charakter, sie ist Akt in einem Götterdrama. In Gen. 1 erinnert an diesen Mythos nur der Satz 1,2 und darin besonders der Name tehōm (bei Luther übersetzt „Tiefe", in der Zürcher Bibel „Urflut"), eigentlich der Name eines mythischen Ungeheuers, babylonisch tiamat. Dazu kommt eine Reihe von Psalmstellen, bei denen in der poetischen Sprache das Mythische gelegentlich stärker durchscheint, z. B. kann Gott einmal mit diesen Worten an sein Werk der Schöpfung erinnert werden: „Bist du es nicht, der Rahab zerhieb?" (Ps. 89, 11). Hier und an vielen anderen Stellen zeigt es sich, daß Israel die mythische Erklärung und Darstellung der Schöpfung gekannt hat, daß es beim Reden von der Schöpfung sogar selbst gelegentlich auf die Sprache des Mythos anspielt. Der eigentliche Schöpfungsmythos aber, bei dem eine Vielheit göttlicher Wesen vorausgesetzt wird, ist im Alten Testament verlassen. Für die Schöpfungsdarstellung in Gen. 1 gibt es nur auf der einen Seite Gott, der allein, souverän und ungehemmt von irgendwelchen anderen Mächten die Welt erstehen läßt, auf der anderen Seite die entmythisierte Welt, eine Welt, die nicht Lebens- und Kampfgebiet mythischer Mächte ist, sondern bloße Welt, bloßer Kosmos, bloße Natur. Die Entmythisierung der Welt, wie sie der Glaube des Alten Testaments an den *einen* Gott und Schöpfer Himmels und der Erde vorgenommen hat, bildete die Voraussetzung für das wissenschaftliche Verstehen und Erforschen der Welt.

Damit ist zunächst der eine, die Schöpfungsgeschichte Gen. 1 bezeichnende Zug beschrieben. Das systematisierende, definierende und klassifizierende Reden von der Welt ist gefaßt in ein Reden von Gott, das, wie wir schon sagten, fast den Charakter einer Litanei hat. In einer mächtigen, monumentalen Sprache wird hier Gott, dem Schöpfer, die Ehre gegeben. Dieses Kapitel ist ein gewaltiges Lob Gottes, des Schöpfers. Die Majestät des Schöpfers wird vor allem darin gesehen, daß er durch sein Wort schafft, das heißt, seine Vollmacht des Befehlens, des Gebietens reicht über den Kreis der Personen hinaus bis zu den Grenzen alles Seienden: „So er spricht, so geschieht's; so er gebeut, so steht's da" (Ps. 33,9). Und wenn es am Ende jedes Tageswerkes heißt: „Und Gott sah, daß es gut war", so ist in diesem immer wiederkehrenden Satz still dieselbe Anerkennung ausgesprochen, die laut und jubelnd die Psalmen durchzieht, in denen der Mensch mit aller Kreatur zum Lobe Gottes gerufen wird (vgl. besonders Psalm 148).

SCHÖPFUNG UND NATURWISSENSCHAFT

Wenn im Schöpfungsbericht Gen. 1 in dieses indirekte Lob des Schöpfers ein Beschreiben der Schöpfung eingefaßt ist, das unverkennbar die ersten Spuren eines wissenschaftlichen Begreifens aufweist, so hat das für uns eine tiefgreifende Bedeutung. Ein sich recht verstehendes Lob des Schöpfers muß die wissenschaftliche Erforschung des Werdens der Welt nicht ausschließen, sondern kann sie voll bejahen! Eine wissenschaftliche Leidenschaft des Erforschens der Weltentstehung kann, wenn sie sich recht versteht, vom Lob Gottes, des Schöpfers, umfangen bleiben. Daß sich in der Zeit der Renaissance die Kirche gegen die Anfänge der Erforschung des Kosmos radikal abgrenzte und starr an dem Weltbild der biblischen Zeit festhielt, ist vielleicht aus der damaligen Situation der Kirche zu verstehen, es ist aber keineswegs der von der Bibel her einzig zu bejahende Weg. Wenn die Priesterschrift die ihrer Zeit zugänglichen Erkenntnisse vom Werden der Welt dem Lob Gottes, des Schöpfers, einfügte, so ist damit grundsätzlich die Möglichkeit eröffnet, die wissenschaftlichen Erkenntnisse späterer Zeiten — auch wenn sie im Gegensatz zum Weltbild der Priesterschrift stehen — ebenfalls mit der Anerkennung Gottes als des Schöpfers zu verbinden. Daß die Naturwissenschaft sich weithin im Gegensatz zum Glauben an Gott, den Schöpfer, entwickelte, ist keine notwendige, sondern eine geschichtlich bedingte Entwicklung. Heute sind Spuren dafür zu erkennen, daß auf der einen Seite die Kirche ihre grundsätzlich mißtrauische Haltung der naturwissenschaftlichen Erforschung der Anfänge gegenüber revidiert, andrerseits die naturwissenschaftliche Arbeit ihre Grenze zu sehen beginnt und hier und da zu einer neuen Bejahung des Schöpfungsglaubens der Bibel findet.

Während der erste Schöpfungsbericht in der Erschaffung des Menschen zu seinem Ziel kommt, setzt der zweite mit ihr ein. Die wesentliche Aussage des ersten zum Menschen ist: „Gott schuf den Menschen nach seinem Bilde." Das bedeutet: Gott schuf den Menschen als sein Gegenüber; er ist darin Gottes Ebenbild, daß er Gott zu hören und zu ihm zu reden, daß er sich vor Gott zu verneigen und ihn zu loben vermag. Die andere Seite dieser Aussage ist: Eine Erfüllung des Menschseins kann es dann nur im Gegenüber zu Gott geben. Ein Mensch, der Gott nicht mehr gegenübersteht, ist kein wirklicher Mensch mehr. Das volle, ganze Menschsein kann außerhalb von Gott nicht gefunden werden. Ein Mensch, für den Gott nicht mehr existiert, für den Gott gleichgültig geworden ist, muß dann, ob er will oder nicht, nach einem Ersatz des Gegenübers suchen. Kann er nicht mehr zu Gott rufen, so muß er zu etwas oder jemand anderem rufen; hat er seine Zuversicht nicht mehr in Gott, so muß er sie an anderer Stelle begründen. Denn Gott hat den Menschen ihm gegenüber geschaffen; der Mensch kann von sich aus dieses Gegenüber niemals völlig tilgen.

Was im ersten Schöpfungsbericht in diese eine, fundamentale Aussage gefaßt ist, das ist im zweiten Darstellung eines Geschehens zwischen Gott und Mensch. Daß der Mensch, was er ist, von Gott her ist, wird im ersten Bericht in diesem Begriff Ebenbild Gottes, im zweiten in einem Vorgang gezeichnet, der das Eigentliche des Menschseins in einem Gott gegenüber Geschehenden entfaltet. Die Schilderung der Erschaffung des Menschen in 2,7 ist wesentlich primitiver als die der Priesterschrift; hier spricht eine viel weiter in die Geschichte der Menschheit hinaufreichende Tradition. Gott haucht dem aus der Erde des Ackers gebildeten Menschen Lebensatem ein, das heißt, das Leben des so geschaffenen Menschen bleibt, solange es Menschen geben wird, das von Gott dem Menschen Gegebene. Sein Atem und damit seine körperliche, seelische und geistige Existenz ist Dasein von Gott her. Dieses von Gott verliehene Dasein bekommt im Zusammenhang seiner Erschaffung drei Grundbestimmungen: es bekommt die Nahrung und mit ihr zugleich die Arbeit (2,15), es bekommt ein Gebot Gottes (2,16—17), es bekommt Gemeinschaft und damit Dauer (2,18—24).

Gott gibt dem Menschen den Auftrag, den Garten, in den er ihn setzte, zu bebauen und zu bewachen, *bevor* der Mensch Gottes Gebot ungehorsam ist. Auch durch die später folgende Verfluchung des Ackers ist nicht etwa die Arbeit als solche verflucht. Die Arbeit ist vielmehr schlechthin dem Dasein des Menschen als Gottes Aufgabe zugeordnet. Ein Dasein ohne Arbeit ist kein wirkliches, kein volles Dasein. Wir können dann jede Arbeit, auch in der gewaltigen Verzweigung der Möglichkeiten und Notwendigkeiten menschlicher Arbeit im 20. Jahrhundert, von diesem Doppelauftrag am Anfang her als Gottes Auftrag verstehen. Irgendwie sollte jede einem Menschen zumutbare Arbeit an dem Bebauen und Bewachen des dem Menschen anvertrauten Ackers teilhaben. Wo die Arbeit, die ein Mensch tun muß, auf keine Weise mehr von diesem Auftrag her verstanden werden kann, sollte sie einem Menschen nicht zugemutet werden.

BEBAUEN UND BEWACHEN

Von einem der Bäume des Gartens zu essen, wird dem Menschen verboten. Dies Verbot ist nicht als Beschränkung zu verstehen, er hat reichlich genug an den Früchten der anderen Bäume. Das Verbot will den Menschen vielmehr auf eine besondere Weise in seinem Alltag mit Gott in Verbindung bringen. In diesem Verbot mutet Gott dem Menschen den Gehorsam zu. Indem der Mensch diese Grenze wahrt, respektiert er Gott. Das Verbot will den Menschen gerade in seinen höchsten Möglichkeiten ernst nehmen, es traut ihm zu, Gott Freude zu machen, indem er ihm gehorcht. Dieses Zutrauen enttäuscht der Mensch, er bleibt nicht gehorsam, er übertritt das Gebot. Dazu kommt es aber erst, nachdem die dritte Grundbestimmung des Menschseins hinzugekommen ist, die Gemeinschaft. Hier stimmt der erste mit dem zweiten Schöpfungsbericht überein: Der Mensch ist von Gott für die Gemeinschaft geschaffen, es ist nicht gut, daß er allein sei. In beiden Berichten wird die Ehe als die Grundform menschlicher Gemeinschaft angesehen. Das biblische Bekenntnis zu Gott, dem Schöpfer, schließt die volle, klare Bejahung des Zueinandergehörens von Mann und Frau ein. Und das gilt für die ganze Bibel. Von der Bibel her ist es in gar keiner Weise berechtigt, im Sein des Menschen vor Gott die Ehelosigkeit höher zu bewerten als das Leben in der Ehe. Wenn einmal in der Bibel einem Menschen geboten wird, allein zu bleiben – so wie z. B. dem Propheten Jeremia –, so ist das in einem einmaligen Auftrag zu einer einmaligen Stunde begründet. Es ist ein schwerer Schaden damit angerichtet worden, daß in der Kirche durch eine lange Zeit das Zusammensein von Mann und Frau als solches zur Sünde gestempelt oder doch irgendwie mit einem Makel behaftet wurde. Es wird für das menschliche Zusammenleben in der Zukunft viel davon abhängen, ob diese klaren und eindeutigen Worte der Bibel von der Ehe als der Grundform *aller* menschlichen Gemeinschaft wieder ernst genommen werden.

Den kritischen Punkt, den Gefahrenpunkt der Gemeinschaft, sieht die Schöpfungserzählung des Jahwisten nicht im Geschlechtlichen, sondern im Aufkommen der Versuchung und im Wachsen der Schuld in der Gemeinschaft. Die Schilderung der Versuchung und des Schuldigwerdens in Gen. 3 gehört zu den meisterhaften Kunstwerken des Erzählens aller Zeiten. Hinter der Erzählung steht eine Frage, die Frage nach dem Todesschicksal des Menschen. Warum ist der Mensch, Gottes Geschöpf, so, daß er auf seinen Tod zugeht? Warum ist Dasein Sein zum Tode? Die Erzählung bringt das Zum-Tode-Sein mit dem Ungehorsam, mit der Schuld in Zusammenhang. Die Frau wurde verführt, das Gebot zu übertreten, der Mann folgte ihr. Die Verführung zum Ungehorsam wird in ihrer ganzen Rätselhaftigkeit stehen gelassen. Die verführende Stimme spricht aus einem Geschöpf Gottes — damit wird nicht etwa die Herkunft des Bösen erklärt, sondern es wird gesagt, daß die Herkunft des Bösen unerklärbar ist. Wenn dann die Menschen nach der Übertretung des Gebotes weiterleben, obwohl ihnen der Tod als deren Strafe angekündigt war, so bleibt auch das unerklärt. Es ist die unbegreifliche und man kann sagen die inkonsequente Barmherzigkeit Gottes, die den Menschen Zeit gibt vor ihrem Tod. Es ist vergebende Barmherzigkeit. Die Menschen haben erst versucht, sich vor Gott zu verstecken; nachdem sie gestellt sind, versuchen sie, die Schuld von sich fort auf den andern zu schieben. Aber dies zeigt nur, wie die Schuldiggewordenen ganz und gar auf Vergebung angewiesen sind. Sie hatten selbst versucht, ihre Blöße zu bedecken, am Ende bekleidet Gott die beiden, damit sie voreinander und vor ihm weiterleben können, ohne sich zu schämen (Vers 21). In einer von tiefem Sinn erfüllten Einfalt zeigt dieser Abschluß der Erschaffung des Menschen, daß der Mensch Gottes Vergebung braucht, um leben zu können. Aber für den Menschen, der Gottes Gebot übertreten hat, gibt es nun nur noch das von Gottes stetiger Gegenwart getrennte Dasein. Der Garten, in dem er mit Gott zusammen war, ist ihm für immer verschlossen (Vers 23—24). Er lebt nun dort, wo er sich den Realitäten des Todes und der Schuld zu stellen hat. Das also ist der Mensch! Mit einer unnachahmlichen Kunst ist in dieser Erzählung das Eigentliche des Menschseins dargestellt. Sie will keine historische oder prähistorische Begebenheit schildern, sondern das Bekenntnis entfalten: „Ich glaube, daß mich Gott geschaffen hat", und es ist wesentlich, daß sie es in der Darstellung eines Geschehens entfaltet. Man versteht diese Geschichte nicht richtig, wenn man aus ihr Begriffe ableitet, in die man das Sein des Menschen vor Gott, das Schuldigwerden, das Sein-Zum-Tode, zu fassen versucht. Wenn in der Kirchenlehre aus dieser Geschichte eine Lehre von der Erbsünde, eine Lehre vom gefallenen Menschen und eine Lehre von der Herkunft des Bösen abgeleitet wurde, so darf das nur als ein *Versuch* verstanden werden, auf diese Geschichte zu hören. Vor allem der Begriff Erbsünde ist gefährlich und mißverständlich, man sollte vorsichtig damit sein. Die Ableitung grundlegender Begriffe aus dieser Geschichte ist auch deswegen bedenklich, weil die Bibel selbst, und zwar die Bibel Alten und Neuen Testamentes, fast niemals ausdrücklich auf diese Geschichte vom ersten Ungehorsam der Menschen zurückgreift. Die Bedeutung dagegen, die diese Geschichte in der Lehre der Kirche hat, steht in keinem Verhältnis zu der Zurückhaltung der Bibel selbst. Diese Zurückhaltung ist doch offenbar so gemeint: Diese Geschichte vom Schuldigwerden der Menschen am Anfang soll so stehen bleiben, wie sie ist. Sie soll immer neu gehört werden, und jede Epoche wird sie wahrscheinlich anders hören. Gerade deshalb wird es gut sein, wenn sie nicht auf Grund vorgegebener fester Begriffe verstanden wird, sondern unmittelbar *als Geschichte* zu jeder neuen Generation spricht, daß sie es wieder ganz neu höre: Das also ist der Mensch.

VON KAIN ZUM TURMBAU

Unmittelbar auf die Darstellung der Schöpfung und der Vertreibung aus dem Garten Eden folgt die Geschichte von dem Brüderpaar Kain und Abel, die offenbar das in Kapitel 3 Gezeichnete fortführen will. Sie soll zeigen, wie weit die Möglichkeiten der nun von Gott entfernten Menschen gehen. Wieder ist es eine Geschichte der Verführung. Auch hier widersteht der Mensch der Verführung nicht. Es hatte sich schon in der vorigen Geschichte gezeigt, daß die Störung der Verbindung zwischen den Menschen und Gott eine Störung in der Gemeinschaft der Menschen unmittelbar zur Folge hatte. Die Geschichte von Kain und Abel zeigt, wie diese durch die Trennung von Gott bedingte Störung bis zur Vernichtung des Menschenlebens durch einen Menschen, bis zum Mord, führen kann. Hier ist sorgfältig auf das Motiv des Mordes zu achten. Gott nimmt das Opfer des Abel an, das Opfer des Kain nimmt er nicht an. Warum dieser Unterschied, das bleibt unerklärt und soll unerklärt bleiben. Es ist so. Kain muß also wahrnehmen, daß Gott dem Abel mehr zugewandt ist als ihm, oder sogar, daß er Abel zugewandt ist, ihm aber nicht. Es geht ihm um die Zuwendung Gottes. Hinter dem Mord steht also ein reines, ein gutes, ein frommes Motiv. Falsch, furchtbar falsch ist nur der Weg, auf dem Kain die Zuwendung Gottes wieder zu gewinnen versucht, nämlich durch die Beseitigung des Bruders. Es wird ihm gesagt, daß dieser Weg falsch ist. Kain weiß, was er tut. Er tut es dennoch. Der Mord geschieht. Hier wird am Anfang der Bibel in einem echten und tiefen Wissen gesagt: So ist der Mensch; der Mord gehört zu den menschlichen Möglichkeiten. Und es ist nicht so, daß man die Menschen einteilen kann in Mörder und Nichtmörder, in Verbrecher und Nichtverbrecher, sondern wir alle sind irgendwo an dieser Möglichkeit beteiligt. Sie ist nur die letzte Konsequenz der Tatsache, daß wir nicht mehr zusammen mit Gott im umfriedeten Raum sind. Wir sind draußen, dort, wo es nicht nur die Liebe, sondern auch den Haß. gibt. Es ist wichtig, daß dieser erste Mord die Tat eines Bruders an seinem Bruder ist. Wirklicher, brennender Haß entsteht nur dort, wo man nahe beieinander ist. Aller Haß ist in seiner Wurzel Bruderhaß.

Die Strafe Kains ist die Vertreibung vom Ackerland. Er muß nun ruhelos umherirren. Daß Kain den Mord nicht mit dem Tod büßen muß, ist nur in der Stellung dieser Geschichte ganz am Anfang begründet. Die Geschichte soll zeigen, daß der Mord von Anfang an zu den Möglichkeiten des Menschen gehört und daß man ihn auch durch die Todesstrafe nicht tilgen kann. Der Mörder bleibt in der nun einsetzenden Geschichte der Menschheit; man wird immer und überall mit ihm rechnen müssen. Das Gegenüber von Kain und Abel gehört zu der Welt, wie sie nun ist.

Die Geschichte von Kain und Abel hat im Zusammenhang noch eine andere Bedeutung. Der jahwistische Erzähler will in den ersten Kapiteln der Genesis zeigen, wie die von Gott erschaffene Menschheit, angefangen mit dem ersten Ungehorsam Adams, in eine Bewegung des Abgleitens geraten ist, die von den Menschen selbst nicht mehr aufgehalten werden kann. In dieser Linie ist die Geschichte von Kain und Abel eine Steigerung: Die von Gott getrennte Menschheit hat den Keim der Zerstörung in sich. Diese Linie wird in den kommenden Kapiteln weitergeführt. In den ersten Versen des 6. Kapitels ragt ein uralter Mythos in die Bibel hinein, ein Fragment von den „Gottessöhnen", die sich mit Frauen der Menschen verbinden, eine Verbindung, aus der die Riesen entstehen. „Das sind die Recken der Urzeit, die hochberühmten." Mit diesem Mythos-Fragment will der Erzähler auf eine weitere Gefährdung der Menschheit weisen: das Verwischen der Grenze zwischen Gott und Mensch, das Aufwachsen eines Geschlechtes, in dem Übermenschliches die Geschöpflichkeit in Frage stellte. Diese Überschreitung der Grenze des Geschöpfseins hat die große Flut zur Folge, eine Menschheitskatastrophe, aus der nur eine Familie, die Familie des Noah, gerettet wird. Man hat in den vorigen Generationen sowohl den Bericht von der Flut wie auch das Aufstehen der Titanen oder Riesen für reine Phantasie gehalten. Heute ist man sehr viel vorsichtiger darin geworden. Was die Riesen angeht, so wird heute von den Archäologen weithin mit der Möglichkeit gerechnet, daß die in vielen Völkern umlaufenden Erzählungen und Märchen von Riesen auf einer richtigen Erinnerung beruhen. Man kann zwar heute noch nichts Festes davon sagen, doch mit der Möglichkeit, daß es sich hier wirklich um ein vorgeschichtliches Stadium der Menschheit handelt, müssen wir rechnen.

Erzählungen, Sagen oder Märchen von einer gewaltigen Flut, die die Menschheit vernichtet habe, gibt es an vielen Stellen unserer Erde. Auch hier nimmt die Forschung jetzt an, daß hinter diesen Geschichten wirkliche Ereignisse stehen. Besonders eindrücklich haben die Grabungen des Sir Leonard Woolley in Ur in Chaldäa ergeben, daß im Euphrat-Tigris-Gebiet einmal in grauer Vorzeit eine mächtige Flut weit hinein in das Flußtal alles Leben vernichtet haben muß. Es ist unwichtig, ob die Geschichte von der Flut in der Bibel auf diese Katastrophe in der Euphratebene oder auf eine andere Flutkatastrophe zurückgeht. Wir haben keinen Grund, daran zu zweifeln, daß hinter der Geschichte ein wirkliches Ereignis steht. Das wird aber vom Erzähler nicht aus historischen Gründen dargestellt, sondern um zu sagen, daß die Weiterexistenz der Erde nach einer Reihe immer schwererer Verderbnisse der Menschheit nur noch durch die Bewahrung Gottes möglich war.

Die letzte Geschichte in der von der Schöpfung absteigenden Linie ist die Erzählung vom Turmbau zu Babel, Gen. 11,1—9. Ihr liegt eine Volkserzählung mit märchenhaften Zügen zugrunde, die erklären sollte, was den noch wandernden Israeliten an der Stadt Babylon merkwürdig war: der halb zerstörte Tempelturm (die Zikkurat, deren Reste durch Ausgrabungen freigelegt wurden und deren Gestalt uns nach Rekonstruktionsversuchen gut vorstellbar ist), das Sprachengewirr einer Weltstadt, der fremde Name der Stadt. Als letzte der von der Menschheit und ihrem Weg in der Vorzeit berichtenden Erzählungen unmittelbar vor der Berufung Abrahams zeigt sie eine äußerste Möglichkeit der Menschen, sich gegen Gott aufzulehnen. Vielleicht ist eine Entsprechung zwischen

6,1–4 und 11,1–9 beabsichtigt. Dort war das Sich-Erheben gegen Gott als ein mythischer Vorgang beschrieben, hier in 11,1–9 als ein technisches Unternehmen; dort waren es die übermenschlichen Wesen, die die Grenze zwischen Schöpfer und Schöpfung verwischten, hier das Werk der Menschen, der Turm, dessen Spitze bis in den Himmel reichen, der die Grenze zwischen Himmel und Erde überwinden sollte. So primitiv uns diese Geschichte heute auch klingt, in dem Zusammenhang, in den sie hier gestellt ist, zeigt sie eine erste Ahnung der Hybris, die in Menschenwerken zum Ausdruck kommt. Wenn die Geschichte als die beiden Motive der Bauherren angibt, „daß wir uns einen Namen machen, damit wir nicht zerstreut werden über die ganze Erde hin", so trifft sie damit wirklich zwei entscheidende Motive der großen technischen Werke der frühen Zeit. Das eine ist der Ruhm. Das Bauwerk ist ein Denkmal des Erbauers; je gewaltiger es ist, desto größer der Name dessen, der es errichtete. Zu diesem persönlichen kommt das mehr politische Motiv. In allen großen Reichen von den Sumerern an bis in die Gegenwart sind die Herrscher bestrebt, dem Reich einen Mittelpunkt zu geben, der in imponierender Größe die Kraft der Zentrale haben soll, die das Ganze als Mitte beherrscht und es damit zusammenhält. Es ist in der Geschichte der Menschheit oft geschehen, daß die Bauten, die den Namen des Erbauenden verewigen und das Reich eines Mächtigen zusammenhalten sollten, über die Grenze des Menschenmaßes hinauswuchsen. Sie wurden oft zum Ausdruck der Erhöhung eines einzelnen oder einer Gruppe über die anderen, gewöhnlichen Menschen, die verderblich war. In Israel war dies ein immer wiederholter Ausdruck des Gotteslobes, daß er die stürzt, die sich zu hoch erhoben haben. Dasselbe sagt die Geschichte vom Turmbau zu Babel. Gott fährt hernieder und stürzt das Werk der Ruhm- und Machtsucht, das sich zu hoch verstiegen hatte. Und nun ist es gerade die Strafe, daß er die Sprache verwirrt, „daß keiner mehr des anderen Sprache verstehe", und die Bauenden über die ganze Erde zerstreut werden. Darin ist die tiefe Erkenntnis angedeutet, daß gerade die Überhebung eines technischen Werkes zu Zerstreuung und Nichtverstehen führen kann. Vielleicht ist hier schon geahnt, daß die größten technischen Werke der Menschen, wie z. B. auch die Erfindung der Maschine, auch zu den größten Spaltungen zwischen den Menschen geführt haben. Diese Geschichte unmittelbar vor dem neuen Ansatz des Handelns

Gottes im Herausrufen des einen, mit dem er den Weg des Heils beginnt, weist hinüber ins Neue Testament. In der Pfingstgeschichte ist die Verwirrung der Sprachen zeichenhaft darin aufgehoben, daß Menschen verschiedenster Sprachen aus dem Mund der Apostel je in ihrer Sprache von den großen Taten Gottes reden hören. In radikalem Gegensatz zu den Versuchen der Menschen, sich in einem Werk zu verewigen, „des Spitze bis in den Himmel reiche", hat der Mann, auf den die mit Abraham beginnende Geschichte hinführte, sich erniedrigt bis zum Tode am Kreuz. Diese Tat hat ein neues Verstehen über Abgründe des Nichtverstehens hinweg begründet, die Sprache dieser Tat war allen verständlich, die sie ernsthaft vernahmen.

DIE VÄTERGESCHICHTEN

ABRAHAM

Zwischen dem Anfang des im Alten und im Neuen Testament Berichteten besteht eine eigentümliche Ähnlichkeit: Hier wie dort geht es im Anfang einfach darum, daß ein Kind geboren wird; hier wie dort ist es ein verheißenes Kind, das selbst eine größere Verheißung verwirklichen soll.

In der den Vätergeschichten voraufgehenden Urgeschichte hat der Erzähler aus viel älteren Geschichten einen Zusammenhang geschaffen, der die Linie des Verfalls in der von Gott geschaffenen Welt aufzeigt. Ein Verfall, der mit der Erschaffung durch Gott eigentlich nicht vereinbar, der aber Wirklichkeit ist, unbewältigte, drohende Wirklichkeit, vom Ungehorsam der ersten Menschen über den Brudermord und die Auflehnung der Menschheit bis zum Bau des Turms, der bis in den Himmel ragen sollte. Der Möglichkeit völliger Vernichtung der Schöpfung hat sich – genau so unbegreiflich – Gottes Entschluß, die Erde zu erhalten, entgegengestellt. Das ist der Hintergrund, von dem die Geschichte der Berufung Abrahams sich abhebt. Mit dem Ruf an Abraham fängt etwas Neues an. Ein Ruf Gottes ergeht an einen Menschen; mit diesem Gerufenen geht Gott seinen Weg weiter. Es beginnt die Geschichte der Herausgerufenen, eine besondere Geschichte im großen Ganzen der Weltgeschichte. Mit diesem Ruf an Abraham beginnend, handelt Gott auf eine andere Weise als bisher am Ganzen. Es scheiden sich Weltgeschichte und Heilsgeschichte, und der Bericht der Bibel hat es von nun an mit dieser Heilsgeschichte zu tun. Doch geht es verborgen weiter um das Ganze, um die Welt, die Menschheit, die Schöpfung. Gott bleibt der Schöpfer und der Herr des Geschehens in der ganzen Welt, aber in seinem Handeln am Ganzen geht er den Weg über den *einen* Herausgerufenen, das *eine* erwählte Volk zu dem *einen* Mittler, in dem sein Werk für das Ganze zum Ziel kommt.

An dieser Stelle, bei dem Übergang von der Urgeschichte (Gen. 1–11) zur Vätergeschichte (Gen. 12–50), geschieht zweierlei für uns heute Wesentliches: Es wird hier deutlich, daß die Bibel in Epochen denkt. Für die Bibel ist nicht jede Zeit der anderen gleich.

Sie kennt Epochen der Menschheitsgeschichte. Es wird später noch
deutlicher werden: Kein Buch der Antike zeigt so tiefe Erkenntnis
vom Wesen der Geschichte wie die Bibel. Wenn die Bibel hier sagt:
Gott hat in den verschiedenen großen Epochen der Menschheit verschieden an ihr gehandelt, wenn sie sieht, daß die Konstellation
dieser Punkte Gott — Welt — Menschheit — Volk — Mensch nicht
immer gleich war, sondern in sich wandelnden Epochen in ganz
neue Konstellationen trat, dann hat sie den Grundvorgang geschichtlicher Wandlung oder geschichtlicher Entwicklung bejaht und
in ihrem Reden von Gott vorausgesetzt. Die Bibel bejaht die Geschichte als ein Werden.

Und das andere: Gottes Handeln am Ganzen der Welt ist von der
Berufung Abrahams an ein Wirken in *einer* Linie, die zunächst
durchaus nicht erkennen läßt, daß es in ihr um das Ganze der Welt,
um alle Völker, um die Menschheit geht. An dieser Stelle ist in der
Bibel das wohl tiefste Geheimnis des Menschseins gesehen und von
Gott her begründet: das unmeßbare, unerkennbare, nicht nachprüf-
bare Geheimnis des Teilhabens des einzelnen am Ganzen, des
Kleinsten am Größten; das Geheimnis der Repräsentation des
Ganzen in einem Teil dieses Ganzen.

An den Mann Abraham ergeht ein Ruf, seine Heimat, sein Vaterhaus und seinen Lebenskreis zu verlassen und in ein Land zu
ziehen, das ihm erst gezeigt werden soll. Der Ruf ist mit einer
Verheißung begründet. Aus dem einen Mann soll ein großes Volk
entstehen. Aber die Verheißung reicht noch weit darüber hinaus:
Alle Geschlechter der Erde sollen sich mit seinem Namen Segen
wünschen. Mit diesen Worten am Anfang (Gen. 12,1–3) ist das
Hauptthema der Vätergeschichten angegeben. Es ist nicht zu verstehen ohne den Blick auf die — wenn auch noch nicht endgültige —
Erfüllung der Verheißung: Die von Abraham kommende Sippe
wurde zu einem großen Volk; sie bekam das dem Abraham verheißene Land und wurde darin zu einem Königreich, mit dem die
kleinen und großen Nachbarn zu rechnen hatten. Dieses zu einem
Reich gewordene Israel sieht seinen eigentlichen Ursprung nicht
allein in der physischen Vaterschaft seines Stammvaters, sondern
in dem verheißenden Ruf, der an ihn ergangen, in dem ihm diese
Zukunft von Gott zugesprochen war. Der Bericht von der an Abraham ergangenen Verheißung ist aus einem Bekenntnis erwachsen,
dem Bekenntnis eines Volkes, das seine Existenz in einem Ver-

heißungswort Gottes verwurzelt weiß. Endgültig zum Volk geworden ist es durch die Rettungstat Gottes, der die Israeliten in Ägypten aus der Knechtschaft erlöst und in eine Heimat gebracht hat. Aber über diesen Anfang des Volkes hinaus weiß es seine Vorgeschichte, die noch nicht den Weg eines Volkes, sondern den einer Familie darstellte, von demselben Gott, der es errettete, ins Leben gerufen durch den verheißenden Ruf, der an ihren Vater, an Abraham, ergangen war.

Die Bibel beginnt damit, daß Gott sprach, und es geschah. Die zweite Epoche, Gottes Weg mit dem einen Mann und dem einen Volk, beginnt mit einem Wort, das Gott zu diesem einen Mann spricht. Und nachdem diese zweite Epoche abgeschlossen ist, heißt der neue Anfang: Das Wort ward Fleisch. Daß Gott redet, bindet nach dem Zeugnis der Bibel die Weltgeschichte zu einem Ganzen zusammen. Die Verheißung an Abraham spannt einen Bogen von dem Augenblick, in dem der Vater sie empfing, bis zu dem Augenblick, in dem das Verheißene geschieht. Wort ist hier niemals bloß das Gesagte, es löst immer ein Geschehen aus. Aus dem Wort wird Geschichte. Hier am Anfang der Abrahamgeschichte setzt mit der Verheißung an Abraham ein Bogen des Geschehens ein, der weite Zeiträume umspannen wird. Weit über das Leben dieses Mannes hinaus ragt dieser Bogen in die Zukunft hinein. Wann wird es geschehen, daß alle Geschlechter der Erde sich mit dem Namen Abrahams segnen?

Für Abraham selbst, für den Mann, an den diese Verheißung erging, ist die in so große Ferne ragende ihm verheißene Zukunft zunächst in einen demgegenüber winzigen und scheinbar unbedeutenden Geschehensbogen gespannt: daß er ein Kind bekommt. Die weltumspannende Verheißung ist für ihn zusammengedrängt in die Erwartung eines Kindes. Abraham hat sich auf Gottes Ruf hin von seiner Sippe getrennt. Eine Zukunft kann er in der Welt, wie sie damals war, nur haben, wenn er ein Kind bekommt. Stirbt er kinderlos, so versinkt sein Leben in das Nichts des Vergessenen; er wäre, als hätte er nie gelebt, und die Verheißungen versänken mit ihm in das Nichts.

Sara aber, seine Frau, gebiert ihm keinen Sohn. Die Verheißung, daß er zu einem großen Volk werden solle, wird dem Vater des Volkes faßbarer in der Verheißung des Sohnes (17,15–22; 18, 9–16). Aber er muß einen langen Weg gehen bis zu der Geburt des

Kindes, die erst in 21,1–7 erzählt ist. Dem Ruf, aus seiner Heimat auszuziehen in ein unbekanntes Land, das Gott ihm erst zeigen wird, folgt Abraham. Dann aber treten die Hindernisse auf. Eine Hungersnot befällt das Land, Abraham weicht ihr aus und zieht mit seiner Frau nach Ägypten. Hier ist die schwer verständliche, anstößige Geschichte erzählt, wie Abraham seine Frau preisgibt (Gen. 12,10–20). Dahinter steht eine ältere Geschichte, die einmal als selbständige Erzählung lebte; sie hat Parallelen in Kap. 20 und 26. Das Thema dieser frühen Geschichte war die Gefährdung der Ahnfrau. Es wurde erzählt, daß die Stammutter einmal in schwere Gefahr geriet und wie glänzend sie dieser Gefahr entkam. In der Abrahamgeschichte bekommt die Erzählung einen neuen Zusammenhang und damit einen neuen Sinn. Sie ist das erste Geschehnis, das von Abraham berichtet wird, nachdem er die Verheißung empfing; dazwischen stehen nur Bemerkungen zu Abrahams Wanderung. Wie wird er die Verheißung in sein Leben hineinnehmen? Wie wird sie sich in seinem Leben bewähren? Die Geschichte antwortet: In dieser ersten Erprobung hat Abraham Gott nicht genügend zugetraut. Er hat versagt. Abraham gibt Sara, seine Frau, als seine Schwester aus, damit er nicht getötet werde, wenn ein Ägypter Sara haben will. Er weiß, daß sie in Ägypten rechtlos sind. Sie sind dort aller Willkür preisgegeben. Er sieht nur zwei Möglichkeiten: den Untergang oder das – jedenfalls zeitweilige – Drangeben seiner Frau. Eine dritte Möglichkeit sah er nicht. Er sah nicht, daß Gott, der ihm Großes verheißen hatte, ihn selbst, den Vater, und Sara, die Mutter des Verheißenen, auf eine Weise retten konnte, die nicht vorauszuberechnen war. Es geschieht alles, wie Abraham es vorausgesehen hatte. Die Schönheit seiner Frau erregt Aufsehen, die Kunde von der schönen Fremden dringt zu Pharao; und wie leicht hätte nun der Pharao Abraham beseitigen lassen können, um Sara zu bekommen! Abrahams Plan scheint sich glänzend zu bewähren. Als Bruder der schönen Frau bekommt er sogar noch Geschenke. Dann aber geschieht, womit Abraham nicht gerechnet hatte. Gott, der Mächtige, greift ein. Abraham bekommt seine Frau wieder, er kann mit ihr und mit den Geschenken das Land verlassen – aber als einer, der in seinem Kleinglauben beschämt wurde und sich von dem mächtigen Herrn Ägyptens daran erinnern lassen mußte, daß sein Herr der Mächtigere ist.

Diese erste Geschichte von Abraham, in der der „Vater des Glaubens" diesem Namen keine Ehre macht, spricht von einer Erprobung, die unserer Zeit eigentümlich nahe ist. Was Abraham damals auf dem Weg nach Ägypten empfand, als er Sara seinen Vorschlag machte, das kennen wir: dieses Gefühl völliger Ohnmacht einem Koloß der Macht gegenüber, der uns zermalmen kann, ohne daß ein Hahn danach kräht, einer Macht, die so mächtig ist, daß sie das Recht nicht mehr braucht. Was kann man preisgeben, um sich dem brutalen tödlichen Griff dieser Macht zu entziehen? Was vermag ein einzelner gegen diese Maschinerie der Macht, der alle Mittel der Erpressung zur Verfügung stehen? Haben hier moralische Bedenken einen Sinn? Wir kennen diese Fragen aus der Wirklichkeit unseres Jahrhunderts nur allzu gut. Und wir sollten uns darüber nichts vormachen: Es haben viele, sehr viele Menschen in unseren Tagen, deren Leben von einem solchen Machtkoloß bedroht war, die Entscheidung getroffen, die hier Abraham traf. Unsere Geschichte sagt zweierlei dazu: Abraham wird beschämt. Er hat nicht mit Gottes Möglichkeiten gerechnet. Dies ist angesichts der Machtanhäufung, die in unserer Zeit möglich geworden ist, von höchster Bedeutung. Es gibt keine Macht auf dieser Welt und wird sie nie geben, die von Gott nicht gestört, gehindert, gehemmt oder mitten in ihrem Zuschlagen aufgehalten werden könnte gegen alle menschliche Voraussicht. Es gibt niemals die Alternative, vor der Abraham zu stehen glaubte, in reiner Form, daß nämlich ein Mensch sagen muß: Entweder ich gebe preis, was mir von Gott anvertraut ist — oder ich muß sterben. Gott hat immer noch eine Möglichkeit, wo wir keine mehr sehen.

Und das andere: Abraham wird in dieser Geschichte beschämt in seinem Kleinglauben — aber Gott handelt dennoch weiter an ihm. Die Stärke dieser Geschichte liegt gerade darin, daß nicht ein einziges urteilendes Wort fällt. Die Geschichte sagt stillschweigend: So sind wir Menschen. Wir halten nicht immer der Übermacht stand. Wir sind nicht immer stark im Glauben. Und Abraham auch nicht. Aber Gott nimmt ihn weiter mit auf seinem Weg. Der Weg geht weiter; sein Ziel ist jedenfalls nicht ein vollendeter Mensch. Der Verheißung tritt ein weiteres Hindernis entgegen. Sara bekommt keine Kinder. Hier ist es Sara, die einen Ausweg sucht, einen Ausweg, der in der Welt, wie sie damals war, möglich und üblich war: Sie gibt ihre Magd Abraham als Nebenfrau (Kap. 16

und 21), daß sie Abraham ein Kind schenke. Auch dieser Weg, auf dem die Menschen meinten, Gottes Verheißung nachhelfen zu können, wird von Gott abgewiesen. Abraham soll ein Kind von Sara bekommen. Es ist genauso wie bei dem ersten Hindernis, Gott geht auf die dritte Möglichkeit zu, die von den Menschen aufgegeben war. Abraham soll nicht nur ein Kind bekommen — das war auch auf dem von den Menschen gefundenen Ausweg möglich —, Sara, Abrahams Frau, sollte in die Erfüllung mitgenommen werden. Das war nur durch ein Wunder möglich.

In diesem Zusammenhang wird von Gottes Boten berichtet. Die Geburt sowohl des Ismael von der Hagar als auch die Geburt Isaaks von der Sara wird durch Gottes Boten angekündigt. Sie werden in den Abrahamgeschichten auffällig häufig erwähnt: Der Engel des Herrn tritt Hagar auf ihrer Flucht vor Sara entgegen (16); die „drei Männer" besuchen Abraham am Eingang seines Zeltes und kündigen ihm die Geburt eines Sohnes an (18); die zwei Engel warnen Lot und retten ihn aus dem Untergang Sodoms (19); der Engel Gottes rettet Hagar und ihr Kind vor dem Tod des Verdurstens (21); er hält Abraham davon zurück, seinen Sohn zu opfern (22), er behütet Abrahams Knecht auf dem Weg zur Stadt Nahors (24). — Dieses häufige Reden von den Boten Gottes oder den Engeln gerade in den Abrahamgeschichten ist nicht zufällig. Hier erinnert vieles an einen sehr frühen, der Gegenwart weit entrückten Zeitabschnitt, in dem der Abstand zwischen Gott und Mensch, zwischen der Welt Gottes und der Welt der Menschen noch nicht so absolut empfunden wurde. Wohl ist Gott weit von den Menschen, aber er kann seine Boten schicken, und diese Boten kommen in der Gestalt eines Menschen, sie begegnen auf den Straßen dieser Erde. In allen Geschichten, die von den Boten Gottes erzählen, kann an die Stelle des Boten Gott selbst treten oder aber an die Stelle Gottes ein Bote. Der Bote stellt viel mehr das diese Erde berührende Handeln oder Reden Gottes dar, als daß er eine selbständige, von Gott gelöste Gestalt wäre. Noch ein anderer Kreis von Geschichten am Anfang des Alten Testaments redet so häufig von den Engeln: die Richtergeschichten. Nun läßt sich zwischen den Erzählungen von Engeln hier und dort eine eigentümliche Entsprechung entdecken: Die Botschaft des Engels in den Abrahamgeschichten hat zur Mitte die Geburt eines Kindes; in den Richtergeschichten kündet der Engel meist die Befreiung des Vol-

kes von seinen Feinden an. Dort ist es die Urnot der Frau, die
Kinderlosigkeit, in die der Engel die frohe Botschaft bringt, hier
die Urnot des Mannes: die Bedrückung. So zeigt sich uns ein tiefer,
die ganze Bibel umspannender Zusammenhang: Die beiden Linien
der frohen Botschaft, die hier in den ersten Anfängen des Gottesvolkes wurzeln, werden einmal münden in die frohe Botschaft von
der Geburt eines Kindes, das Gott zum Retter der Welt bestimmt hat.

Die schwerste Probe hat Abraham zu bestehen, nachdem das Kind
geboren ist. Gott versuchte Abraham, er befahl ihm, Isaak, seinen
Sohn, zu opfern. Hinter der Erzählung steht ein geschichtlicher
Vorgang von tiefer Bedeutung, nicht nur für das Volk Israel, sondern für viele Völker: die Ablösung des Menschenopfers durch
das Tieropfer. In dem Land, in dem Abraham wanderte, hat es
das Menschenopfer gegeben. Das ist durch eine Fülle von Funden
im Land nachgewiesen, besonders in der Form des Bauopfers: Beim
Bau eines Hauses wurde — offenbar eine lange Zeit hindurch — ein
Kind in das Fundament eingemauert. Später haben die Propheten
gegen das Kinderopfer geeifert, das offenbar aus kanaanäischem
Brauch in Israel eingedrungen war. Es hat also ohne Zweifel das
Kinderopfer im Land Kanaan gegeben. In Israel war es von Anfang an verboten. Nicht weil Gott es nicht fordern könnte, wohl
aber weil er selbst gesagt hat, daß er dieses Opfer nicht will. Die
Gesetze Israels sprechen daher von einer Ablösung des Erstgeburts-
opfers; dahinter aber steht eine Erzählung, die einmal berichtet
hat, daß Gott dieses Opfer nicht will. Die Geschichte von Isaaks
Opferung, wie sie uns überliefert ist, ist nur ein ferner, später
Nachhall jener Geschichte von der Ablösung der Erstgeburt, sie
polemisiert nicht mehr gegen das Kinderopfer, sondern setzt es
nur als einen schon sehr fernen Hintergrund voraus. Sie will etwas
anderes sagen. Sie berichtet, daß Gott Abraham versuchte, und am
Ende heißt es: „Nun weiß ich, daß du Gott fürchtest." Aber dies
ist nur der Rahmen der Geschichte; der, der sie durchleiden muß,
weiß nicht, warum ihm dieses geschieht. Für ihn gibt es nur die
Seite des Geschehens, die er dann in den Satz faßt: „Gott ersieht
sich ein Opfer" (22,8 u. 14). Für ihn beginnt die Geschichte
mit dem Befehl: Opfere deinen Sohn! und sie endet mit dem Befehl: Opfere ihn nicht! Den ersten Befehl kann er nur so hören,
daß Gott seine Verheißung dadurch zunichte macht. Wenn er ihm

dennoch folgt, so gehorcht er damit einem Gott, den er nicht mehr
verstehen kann. Jetzt, in dieser Stunde, bejaht er die dritte Möglichkeit Gottes jenseits der Alternative, die er zu sehen vermag.
Abraham hält sich an Gott gegen alle menschlichen Möglichkeiten
und gegen Gottes früheres Wort. Wenn er zu seinem Sohn sagt:
Gott ersieht sich ein Opfer, so hält er damit das, was Gott noch
tun kann, dem, was Gott gesagt hat, entgegen. Dieses Gespräch
zwischen dem Vater und dem Sohn auf dem Weg zum Berg der
Opferung ist ohnegleichen:

> *Und Abraham nahm das Holz zum Brandopfer*
> *Und legte es seinem Sohn Isaak auf.*
> *Und er nahm in seine Hand das Feuer und das Schlachtmesser.*
> *Und gingen die beiden miteinander.*
> *Und Isaak sagte zu Abraham: Vater!*
> *Und er sagte: Ja, mein Sohn?*
> *Und er sagte: Feuer ist da und Holz ist da;*
>   *aber wo ist das Schaf zum Brandopfer?*
> *Und Abraham sagte: Gott wird sich ein Schaf*
>   *zum Brandopfer ersehen, mein Sohn.*
> *Und gingen die beiden miteinander. (22,6—8)*

Fragen wir nun noch einmal nach der Bedeutung dieser Geschichte
im Ganzen der Bibel. Man kann in großen Linien drei Epochen
des Opfers unterscheiden, die sich in der Bibel abzeichnen: die vorgeschichtliche Epoche des Menschenopfers, die Epoche des Tieropfers, von den Vätern an bis zum Ende der Königszeit und nach
dem Exil noch einmal auflebend bis zur Zerstörung des Tempels
im Jahre 70 nach Christus. Und schließlich die Ablösung des ständig und vielfältig dargebrachten Tieropfers durch ein andersarti-
ges Opfer, das den Charakter des Einmaligen hatte, angedeutet
und vorgezeichnet im stellvertretenden Leiden des Gottesknechtes
am Ende der prophetischen Linie (in den Gottesknechtliedern des
Deuterojesaja), das hinüberweist zum Leiden und Sterben des
Christus, wie es im Hebräerbrief als Opfer ein für allemal gedeutet ist.
Keine der Opferarten, keine der Opferauffassungen ist als solche
die richtige oder die falsche. Jede hat ihre Zeit. Jede bedeutet eine
Epoche der Menschheit. Die Voraussetzung der gesamten Ge-

schichte des Opfers ist, daß Gott das Höchste und Teuerste, daß Gott das echte, das ganze Opfer von uns fordern kann. Über die ganze Erde hin, durch viele Jahrtausende hindurch gehörte es zur menschlichen Existenz, den Göttern oder Gott Opfer zu bringen. Der christliche Glaube an die Hingabe des einen für die vielen ist nur auf dem Hintergrund dieser Jahrtausende der Opferdarbringung sinnvoll.

In unserer Zeit kann man von einer vierten Epoche des Opfers reden. An die Stelle Gottes oder der Götter sind menschliche Organisationen getreten, die ihre Opfer fordern. Die Zeit, in der die Menschen meinen, daß sie keinem Gott zu irgendeinem Opfer verpflichtet seien, oder aber in der sie niemanden mehr wissen, dem sie freudig Opfer darbringen könnten, ist minimal gegenüber den Jahrtausenden der Menschheitsgeschichte, in denen das Opfer zum Dasein gehörte. Aber schon in dieser kurzen Zeit hat es sich an einigen Stellen gezeigt, daß die Opferforderung menschlicher Organisationen furchtbarer werden kann als jemals Opfer, die Göttern gegeben wurden. Das Menschenopfer, das der totale Staat fordert, ist das verzerrte Gegenbild des Menschenopfers aus der grauen Vorzeit, das Opfer, das Abraham nicht mehr zu bringen brauchte.

Was sonst noch von Abraham berichtet ist, führt wenig hinaus über das, was wir bis jetzt sahen. Eine merkwürdige Gestalt! Es fehlt fast jeder Zug der Größe, so wie wir dieses Wort verstehen. Wie ist es denkbar, daß ein solcher Bericht vom Vater des Volkes entstand, der nicht einmal den Versuch macht, ihn als einen überragenden Mann darzustellen? Der Gesamteindruck ist der eines Mannes, der lassen muß. Er muß sein Vaterhaus lassen, er muß seine Ansprüche lassen, er muß seine Versuche der Lebenssicherung lassen, er muß seinen Sohn lassen. Er bekommt ja alles wieder und bekommt es überreichlich wieder; aber damit ändert sich der Eindruck nicht: Abraham ist der Mann, der lassen muß. Wollte man mit unseren abendländischen Begriffen etwas über das Lebenswerk dieses Mannes sagen, über seine Leistung, seinen Beitrag für irgend etwas, sein Streben und Mühen, sein Wirken und Schaffen, so steht man einfach mit leeren Händen da. Abraham ist der, der hergeben muß. Man darf dabei nicht vergessen, daß diese Darstellung Abrahams einem Volk gegeben wurde, das auf der Höhe seiner politischen Bedeutung stand. Ein Volk, das sehr wohl zielbewußte Aktivität, große Leistungen, echtes Führertum kannte und anerkannte, das voll Hoffnung in seine Zukunft sah. *Diesem* Volk haben die Erzähler der Vätergeschichte einen solchen Vater vor Augen gestellt!

Eines zeigt sich hier jedenfalls: Wie gewaltig muß diesem Volk Gott gewesen sein! Daß Abraham als der gezeichnet wird, der hergeben muß, ist ein indirektes Zeugnis für die majestätische Wirklichkeit des Gottes, der in einem *solchen* Leben seine Taten tut und auf ihm die Geschichte seines Volkes gründet.

Mitten in den Abrahamgeschichten wird das, was diesen Mann charakterisierte, so bezeichnet: Abraham glaubte dem Herrn. Man hat ihn dann später den Vater des Glaubens genannt. Dies ist verkehrt verstanden, wenn man in ihm einen „Glaubenshelden" sah. Es ist richtig verstanden, wenn man bemerkt, was an dieser Gestalt wesentlich ist: Er hat einen Ruf gehört und ist diesem Ruf gefolgt. Damit, daß er diesem Ruf folgte, hat er eine Zukunft gewonnen, die ihm verheißene Zukunft.

So verstanden hat diese Gestalt Abrahams unserer Zeit Wesentliches zu sagen. Wir leben in einer Zeit, in der der einzelne mehr denn je bedroht ist, in der Masse unterzugehen und kein wirklich eigenes, des Menschen würdiges Dasein mehr zu finden. Hier wird dem Menschen unserer Zeit gesagt: Es kommt nicht darauf an, durch das Besondere, das Auffällige, aus der Masse herauszuragen. Dadurch wird man noch nicht ein selbständiger einzelner. Es kommt darauf an, daß einer sein Leben einem Ruf zuordnet und einfügt, der ihn als einzelnen mit der Ewigkeit verbindet. Sein Leben kann dann auch wesentlich das Leben eines, der lassen muß, sein; dennoch hat er im Bejahen des Rufes die eigentliche Würde des Menschlichen, die Einzigkeit des von Gott bei seinem Namen Gerufenen, gewonnen.

JAKOB UND ESAU · KAMPF UM DEN SEGEN

Der zweite Kreis der Vätergeschichten hat als Thema den Streit der Brüder, eines der großen Themen der Weltgeschichte bis zum heutigen Tag. Die beiden Brüder sind Rivalen, dem Wortsinn nach zwei, die am gleichen Bach wohnen (und von ihm schöpfen). Sie sind Nebenbuhler; Buhle ist eigentlich Bruder oder männlicher Verwandter. Zwei im gleichen Haus, im gleichen Lebensraum, an derselben Quelle, im gleichen Eigentum aufwachsende Brüder sind von Natur Nebenbuhler. In diesem Nebeneinander liegt der Ursprungsort von Konflikten, solange die Erde steht. In den Brüderpaaren Kain—Abel und Jakob—Esau hat die Bibel die für das Miteinanderleben der Menschen grundlegende Bedeutung dieses Konfliktes gesehen und gezeichnet. Wenn am Anfang der Bibel, in der Urgeschichte und in der Vätergeschichte, zweimal kurz nacheinander von einem feindlichen Brüderpaar berichtet wird, so wird damit von vornherein auf die zwiefache Rivalität, die zwiefache Nebenbuhlerschaft in der Menschheit und im Volk Gottes gewiesen. Es gibt nicht nur die Rivalität in der Menschheit, die sich im Mord oder im Bruderkrieg auswirken kann, es gibt die Rivalität auch im Bereich der von Gott Herausgerufenen, im Bereich der Verheißung. So wie es die Wirklichkeit der Kirchengeschichte zeigt und wie es das Neue Testament schon vom Jüngerkreis und dann erst recht von der Gemeinde Christi in den ersten Generationen sagt: Die Rivalität der Brüder gehört zum Brudersein in der Gemeinde Christi, sie ist nicht etwa aus ihr ausgeschlossen; Bruderschaft in absoluter Harmonie und ohne jeden Streit wäre eine idealistische Verfälschung des wirklichen Bruderseins. Eine absolute Harmonie unter Brüdern ist anormal.

Die Frage ist nicht, ob in einer „echten Bruderschaft" Rivalität sein darf, sondern wie sie ausgetragen wird. Sie kann so ausgetragen werden, daß der Rivale beseitigt wird. Diese Möglichkeit wird es geben, solange die Erde steht, sie ist eine Möglichkeit menschlichen Handelns, an der die *ganze* Menschheit, nicht nur jeweils der Mörder, zu tragen hat. Das sagt sowohl die Geschichte von Kain und Abel wie die Auslegung, die Jesus dem Gebot „Du sollst nicht morden" gegeben hat. — Die Rivalität kann aber auch so ausgetragen werden, daß die beiden Rivalen es in irgendeiner Weise nebeneinander aushalten. Daß es in solchem Nebeneinander zu völligem Ausgleich oder völliger Ausgewogenheit kommt, ist seltene Ausnahme. In der Regel wird einer der Rivalen oder Nebenbuhler der erste, der andere der zweite, einer im Vorteil, der andere im Nachteil, einer höher, der andere niedriger sein. Schauplätze und Formen der Bruderkämpfe sind unbegrenzter Wandlung fähig; der Rivalitätskampf der Brüder als solcher bleibt ein Faktum menschlichen Miteinanderseins durch die Zeiten hin-

durch. Jakob und Esau stehen einander heute noch genauso gegenüber wie in dem Geschichtenkreis der Genesis, nur die Formen
dieses Gegenüberstehens haben sich gewandelt. Eine einschneidende
Wandlung ist die Verlagerung des Schwergewichts vom Politischen
auf das Wirtschaftliche, in der wir mittendrin stehen. Aus den
Rivalen sind Konkurrenten geworden. Der wirtschaftliche Konkur-
renzkampf ist nur eine neue Gestalt des Rivalitätskampfes der
Brüder. In der jüngsten Zeit hat der wirtschaftliche Konkurrenz-
kampf wiederum einen neuen Aspekt dadurch bekommen, daß in
dem Wettkampf um die Erforschung neuer Energiequellen ein besonderer Zweig der wissenschaftlichen Arbeit in die vorderste Front
des Konkurrenzkampfes rückt, ein Vorgang, der wiederum unge-
ahnte Konsequenzen mit sich führt.

Für jeden, der heute irgendwo im Existenzkampf steht, ist Rivalität in irgendeinem Sinn unvermeidlich. Das gilt auch für jedes Ge-
meindeglied in einer christlichen Kirche, denn es gibt auch hier die
feindlichen Brüder, ob wir das wollen oder nicht. Alle Rivalität,
Konkurrenz und Nebenbuhlerschaft hat ihren Ursprung in der
Familie, dort, wo zwei Brüder im gleichen Kreis miteinander aufwachsen.

Die Jakob-Esau-Geschichten (Gen. 25—36) lassen den Streit der
Brüder um ein einziges kreisen: den Segen. Im Streit um die Erst-
geburt geht es um den Segen des Vaters, um den Segen geht es im
Höhepunkt des dritten Teiles, der Geschichte von der Rückkehr
Jakobs; um den Segen geht es — wenn auch in ganz anderer
Weise — in dem Zwischenstück, das von Jakobs Aufenthalt bei
Laban erzählt.

Der Begriff Segen steht in der Welt der Väter an der Stelle, die in
unserer Zeit der Begriff Erfolg innehat. „Erfolg", das ist auch
noch in unserer Zeit ein eigentümlich unfaßbarer Begriff. Das Streben nach Erfolg, das Arbeiten auf den Erfolg hin spielt bei uns
eine gewaltige Rolle, und dennoch wird von allen zugegeben: Es
gibt die Menschen, die Erfolg haben, und es gibt Menschen, die
trotz aller zähen Bemühung erfolglos bleiben. Der eine hat Erfolg, der andere hat keinen Erfolg, daran ändern alle Methoden,
zu Erfolg zu kommen, nichts. So schwingt noch bei unserem Wort
Erfolg etwas von dem Geheimnis mit, das einmal in dem Wort
Segen zum Ausdruck kam. Segen ist in der Bibel eine Kraft, über
die der Mensch in gar keiner Weise verfügt, sondern die über ihn

kommt. Es ist eine Kraft, die nicht nur am Menschen, sondern darüber hinaus an allem Lebendigen, ja an allem Kreatürlichen wirksam wird. Segen ist Kraft des Wachstums. Sie wird in der dreifältigen Fruchtbarkeit wirksam: Fruchtbarkeit des Mutterleibes, Fruchtbarkeit der Herden und Fruchtbarkeit des Ackers. Im Deuteronomium ist diese dreifache Fruchtbarkeit besonders schön dargestellt (z. B. 7,13). Es ist deutlich wahrzunehmen, daß es die drei Kreise der Vätergeschichten je in besonderer Weise mit dem Segen zu tun haben: die Abrahamgeschichten mit dem Kindersegen, die Jakobgeschichten mit dem Segen der Herden, die Josefgeschichten mit dem Segen des Getreides. Mit der Verheißung des Segens beginnt die Vätergeschichte (12,1–3), mit einem Segen über alle Söhne Jakobs schließt sie (49); in der Mitte der Vätergeschichten wird die Geschichte des Ringens um den Segen erzählt, die Geschichte der Rivalität zwischen den beiden Brüdern. Hierbei ist die Voraussetzung, daß nur einer der Söhne vom Vater gesegnet werden kann, daß der Segen des Vaters nur in *einer* Linie weitergegeben werden kann. Einer ist der Gesegnete, das heißt, einer ist der Erbe. Die Überzeugung, daß nur einer der Gesegnete sein kann, hat sich niedergeschlagen im Recht der Erstgeburt. Das Recht der Erstgeburt ist das erste Privilegrecht der Menschheit. Damit die Lebenskraft des Vaters gesammelt weiterströme in die kommenden Geschlechter, muß der Besitz beisammen bleiben, darum kann nur einer der Erbe sein, und das ist bei den meisten Völkern der Erstgeborene. Das Erstgeburtsrecht hat eine fundamentale Bedeutung für die Epoche der Menschheitsgeschichte gehabt, deren Wirtschaft vom Ackerbau (und von der Viehzucht) beherrscht war. Erst das industrielle Zeitalter hat dieses älteste und grundlegende Privilegrecht der Menschheit allmählich zur Auflösung gebracht.

Die Geschichte von Jakob und Esau berichtet von einer Durchbrechung dieses Rechtes. Der Segen ist Gottes freies Tun, an kein Gesetz gebunden. Wie der Strom des Segens sich durch die Geschichte bewegt, liegt nicht ein für allemal fest; es bleibt Gott vorbehalten, durch wen er ihn weiterführen will. Der Konflikt zwischen Jakob und Esau wird in zwei Akten dargestellt; am Anfang (Kap. 25–28) und am Schluß (Kap. 32–33), dazwischen steht Jakobs Aufenthalt bei Laban (Kap. 29–31), zu dem er vor Esau geflohen war. Im ersten und dritten Teil geht es um die Erlangung, im zweiten um die Auswirkung des Segens.

Man darf an diese Geschichten nicht mit unseren Maßstäben herangehen. Es ist ein schwerer Fehler gewesen, aus den Gestalten der Vätergeschichten Vorbilder zu machen. Jakob ist beileibe kein Vorbild. Er ist weder im Guten noch im Bösen beispielhaft. Jede solche Einordnung geht am Sinn der Geschichten vorbei. Es soll von dem Kampf zweier Rivalen um den Segen berichtet werden und davon, was Gott aus diesem Kampf macht.

Dem Isaak, Abrahams Sohn, werden von seiner Frau Rebekka Zwillinge geboren. Die Mutter war lange kinderlos geblieben; sie hatte Gott ihr Leid geklagt, und Isaak hatte für sie zu Gott gefleht. Ihr wurde die Geburt zweier Söhne angekündigt und dazu, daß der ältere dem jüngeren dienen werde. Esau war der erste bei der Geburt, aber alles deutete darauf hin, daß die Frage noch nicht entschieden war, welcher von beiden den Segen bekäme. In zwei Geschichten noch vor der Segnung durch den Vater bahnt sich der Konflikt an. In der Erzählung vom Linsengericht (25,27—34) listet Jakob dem Esau das Recht der Erstgeburt ab. Eigentlich hatte die Geschichte einen ganz anderen Sinn. Sie spielte einmal zwei Stände gegeneinander aus, den Bauer gegen den Jäger, so wie das in volkstümlichen Geschichten vieler Völker geschieht. Die Geschichte macht sich lustig über den wilden und dummen Jäger, der dem Augenblick lebt, während der Bauer an die Zukunft denkt und den gierigen Jäger übers Ohr haut. Diese sicher sehr alte, im Volk weitererzählte Geschichte vom Bauern und vom Jäger ist hier in der Vätergeschichte in einen ganz neuen Zusammenhang gestellt. Als eine noch selbständige Volkserzählung spiegelt sie einen Vorgang in der Gemeinschaft, der für Israel wie für viele andere Völker eine epochale Wendung bedeutete: Die Jagd als Lebensunterhalt weicht der Landwirtschaft, der Jäger verliert an Bedeutung. Diese Geschichte wird auf die Stammväter Israels übertragen, und damit wird die darin sich spiegelnde Wandlung im Lebenskampf der Menschen, die Wandlung einer Kulturepoche, in die Geschichte Gottes mit seinem Volk hineingenommen. Der Ältere wird dem Jüngeren dienen. Der Strom des Segens geht durch Jakob weiter.

Die Geschichte Kapitel 27 ist demgegenüber eine Steigerung; die Entscheidung fällt in der Stunde, in der der Vater sein Ende kommen fühlt und dem Erstgeborenen den Segen übertragen will. Es muß unumwunden zugegeben werden, daß Jakob hier mit Hilfe seiner Mutter den Vater hintergeht und den Bruder betrügt, um den Segen zu erlangen. Seine Mutter wird dabei an die Ankündigung gedacht haben, daß der Ältere dem Jüngeren dienen wird; aber das ändert nichts. Daß diese Tat Jakobs als ein Betrug verstanden wurde, zeigt eine spätere Erwähnung beim Propheten Hosea (12,4). Auch dieser Geschichte liegt eine viel ältere Volkserzählung zugrunde; auch in ihr überlistet der kluge Bauer den dummen Jäger; auch diese alte Geschichte gehört einer Schicht an, in der wie in manchen unserer Märchen jedes Mittel recht ist, und man muß dabei an Gruppen denken, die im Kampf stehen, bei dem Überlistung und Betrug durchaus als Überlegenheit des Klügeren anerkannt wurden. Noch einmal: Diese Geschichten sind nicht mit den Maßen einer Individualethik zu messen. In der Übernahme dieser alten Geschichte in die Tradition von den Vätern Israels ist aber mehr geschehen als bloße Aufbewahrung. Es ist damit bejaht, daß das in seinen Stammvätern verkörperte Volk Israel sich nicht durch seine Qualität aus den übrigen heraushebt. Es ist wie sein Stammvater Jakob. Es ist ein Volk, für das die Sünde nicht nur eine Möglichkeit, sondern eine Wirklichkeit, ein wesentlicher Bestandteil seiner Geschichte ist. Auf dem Weg, den Gott mit diesem Volk gegangen ist, gibt es auch den Betrug. Es wird durch diese Geschichte am Anfang ein für allemal klar, daß die von Gott Herausgerufenen nicht besser sind als die anderen. Schon an dieser Stelle sei die Aufmerksamkeit darauf gelenkt: An drei Stellen auf dem Weg der Geschichte dieses Volkes wird ein einzelner Mann für das Ganze besonders bedeutungsvoll: Jakob, der Stammvater, Mose, der Führer, David, der König. Von jedem dieser drei wird ein schweres Vergehen berichtet. Mit einem unerbittlichen Realismus wird hier der Fehltritt, das Vergehen, die Sünde einbezogen in die Wirklichkeit des Gottesvolkes. Die Großen, die Führenden, die Ersten sind nicht davon ausgenommen. Hier gibt es keine Idealgestalten und keine makellosen Vorbilder. Wir beginnen hier schon zu ahnen, warum am Ende dieses Weges Christus steht.

Jakob geht aus dieser Geschichte als der Gesegnete hervor. Aber nun geht es weiter. Er ist keineswegs ein gemachter Mann, weil er den Segen nun hat. Er muß fliehen vor seinem Bruder Esau. Esau ist zwar in dieser Geschichte stets der Hereingefallene, der Übertölpelte, der Dumme. Trotzdem bleibt beim Leser der Eindruck des Sympathischen. Es ist verständlich, daß er nach dem Tod des Vaters um sein Recht kämpfen, daß er seinen Bruder, der ihm alles genommen hat, töten will. Wieder ist es die Mutter, die eingreift und Jakob zur Flucht bewegt, heraus aus alledem, was ihm im Segen des Vaters zugesprochen war, dorthin, wo er rechtlos, ohne Anhang und im Elend ist. Es zeigt sich sehr schnell, daß der Betrug sich nicht bezahlt macht.

Der Gesegnete wird ein Flüchtling, und dann wird er ein Knecht. Er kommt zu seinem Verwandten Laban, dem Bruder seiner Mutter. Hier wird — auf eine ganz und gar andere Weise, als Jakob es sich gedacht hatte — der Segen seines Vaters wirksam. Jakob wird reich an Viehherden, reich an Kindersegen von den beiden Frauen, für die er gedient hat, und ihren Mägden. Hier in der Fremde werden die Väter der späteren Stämme Israels geboren. Aber man muß auch die andere Seite sehen: Jakob, der Stammvater, ist für lange Jahre auf der Höhe seines Lebens ein Knecht, in der Fremde und vom Vaterhaus verbannt. Er ist angewiesen auf die, die in der Fremde Herr sind, und ihnen ausgeliefert. In der Stunde, auf die er in sieben Jahren des Dienstes gewartet hatte, wird er nun selber schwer betrogen; das geliebte Mädchen, für das er all die Jahre gearbeitet hatte, bekommt er nicht, dafür wird ihm die ältere Schwester untergeschoben, und noch einmal muß er sieben Jahre dienen — eine stillschweigende Entsprechung —, und schließlich muß er auch vor seinem Schwiegervater fliehen, weil er nicht sicher ist, eines Tages wieder alles zu verlieren. Als ein Flüchtiger war er gekommen, als ein Flüchtiger muß er wieder fort. Aller Reichtum, den er inzwischen erworben hat, und dazu sein Leben ist gefährdet durch den Zorn seines Bruders, dem er entgegenzieht. Hier spiegelt sich in der Erzählung vom Stammvater deutlich das Geschick des Volkes, das von ihm kam. Ein Volk, das sich von Gott gesegnet weiß und dennoch in der Fremde dienen muß; ein Volk, reich von seinem Gott beschenkt und dennoch ohne alle Sicherheit des Besitzes; ein Volk, das in dem Kreis bleiben muß, der von Segen und Schuld, von Bewahrung und Gefährdung bestimmt ist.

Die Jakobgeschichte hat ihre Brennpunkte in zwei Ereignissen am Anfang und am Ende dieser Flucht; zwei Gottesbegegnungen, in denen das Ganze der Jakobgeschichte wie in zwei Angeln hängt. Die erste ist Jakobs Traum auf der Flucht vor Esau (Kap. 28,

10—22). Wieder müssen wir unterscheiden zwischen der älteren Geschichte, die längst vor der Einfügung in den Erzählungskreis von Jakob und Esau erzählt wurde, und dem neuen Sinn, den die Geschichte durch diese Einfügung bekam. Bethel war ein kanaanäisches und vielleicht — wie neuerdings behauptet wird — ein vorkanaanäisches Heiligtum, dessen früheste Spuren die Ausgräber im 3. Jahrtausend v. Christus gefunden haben. Dort stand eine Steinsäule, eine Mazzebe als Zeichen des Gottes. Die Israeliten übernahmen dieses Heiligtum, ähnlich wie später so manches Heiligtum der Kelten und Germanen ein christlicher Wallfahrts- oder Gottesdienstort wurde. Bethel wurde eines der Hauptheiligtümer Israels. In Bethel und Dan stellte Jerobeam die Stierbilder auf; in Bethel und gegen Bethel predigte Amos. — Wenn die Pilgerzüge weither aus dem Lande nach Bethel kamen, wurde ihnen dort erzählt, wie das Heiligtum entstand. Dann hörten sie, wie der Vater des Volkes, vor seinem Bruder fliehend, dort übernachtet hatte; daß Gott ihm erschienen war und er ein wunderbares Gesicht in der Nacht hatte; daß er am Morgen — ganz allein! — den gewaltigen Stein aufrichtete und ein dreifaches Gelübde tat, das die Heiligkeit des Ortes bis auf jenen Tag, an dem die Pilger diese Geschichte hörten, bestimmte. In der Mitte der Geschichte steht der Satz des Erwachenden:

> *Fürwahr! Der Herr ist an dieser Stätte,*
> *und ich wußte es nicht!*
> *Wie furchtbar ist diese Stätte!*
> *Hier ist nichts anderes als Gottes Haus (= Beth el)!*
> *Hier ist die Pforte des Himmels! (28, 16 f)*

Der Satz und mit ihm diese Geschichte zeigt einmalig stark und klar die Entdeckung der Heiligkeit eines Ortes. Alle Heiligkeit eines Ortes ist einmal ähnlich entstanden, wie es unsere Geschichte sagt: durch eine Gottesbegegnung. Kein Ort auf unserer Erde ist „an sich" heilig. Heilig kann ein Ort nur sein durch eine Gottesbegegnung. Und niemals kann der Ort als solcher die Heiligkeit bewahren. Ein heiliger Ort war Bethel schon ein Jahrtausend, bevor die Väter Israels in das Land kamen. Dennoch führt Israel seine Heiligkeit allein auf die *eine* Nacht zurück, in der dem Vater des Volkes hier Gott erschienen war. Und nur im Zusammenhang der Geschichte, die Gott mit diesem Volk begann und an der die hier Anbetenden teilhatten, ist es für sie heiliger Ort. So war es möglich, daß dieser Ort Bethel für Amos keineswegs an sich heilig war; für ihn war er entweiht durch die Abgötterei und den unechten Gottesdienst, die hier im Schwange waren. Wenn Israel dem Gott nicht treu blieb, der einmal an dieser Stelle zu dem Vater Jakob geredet hatte, dann fiel die Heiligkeit des Ortes in nichts zusammen, dann konnte ihm von den Propheten die Vernichtung angekündigt, dann konnte er — was unter Josia geschah — völlig vernichtet und entweiht werden. So erst bekommt diese Geschichte für uns ihre wirkliche Bedeutung. Wir stehen erschüttert vor der Tatsache, daß zwar das jahrtausendealte Heiligtum, von dem unsere Geschichte erzählt, völlig zunichte werden konnte, wir aber, Menschen des 20. Jahrhunderts, heute noch in unserer anders gewordenen Welt die Worte vernehmen, die damals als Widerhall der Gottesbegegnung, der Begegnung des Heiligen, gesprochen wurden — und sie verstehen. Die Zeit der heiligen Orte ist für uns vergangen. Wir können nicht mehr an irgendeinem Ort unserer Erde den Platz sehen, wo der Eingang in Gottes Wohnort ist und die Boten Gottes hinauf- und heruntersteigen. Aber die Begegnung des lebendigen Gottes, die furchtbar ist und gleichzeitig begnadigend, hat für uns über die Jahrtausende hinweg Wirklichkeit behalten.

Dem Jakob, der gerade eben den Betrug an seinem Bruder begangen hat, der jetzt aus dem Bereich des väterlichen Segens fliehen muß ins Ungewisse, gibt Gott eine Zusage:

Siehe, ich bin mit dir
und will dich behüten allenthalben, wo du hinziehst. (28,15)

So ist der Gott der Bibel. Er handelt nicht mit uns nach unseren Sünden. Überfließend ist sein Tun und nicht nach unseren Maßen zu messen.

Die andere Geschichte: der Kampf am Jabboq, reicht ebenfalls in ihrem Grundstock tief in die Vorgeschichte des Alten Testaments hinein bis in eine Zeit lange, lange vor den Ereignissen, die hier berichtet werden, als die Menschen noch keinen ausgeprägten Glauben an einen persönlichen Gott oder eine Mehrheit von Göttern hatten, sondern ihre Welt erfüllt war von

Geistern, außermenschlichen Wesen mannigfacher Art, die Menschen in freundlicher Absicht besuchten, ihnen Wünsche gewährten, ihnen halfen oder sich ihnen unheimlich entgegenwarfen, sie überfielen und bekämpften. In dieser Frühzeit wurzelt die Geschichte vom Kampf am Jabboq. Und lange ehe Jakob dort mit seiner Familie und seinen Herden vorbeikam, in banger Erwartung seinem Bruder entgegenziehend, wurde dort von dem Flußgeist an der Jabboqfurt erzählt, der Menschen, die des Nachts hinüber wollen, überfällt und sie zu töten sucht, der aber an seinen Ort zurück muß, sowie die Morgenröte naht. Diese uralte, sicher vorisraelitische Erzählung wird damit gewandelt, daß sie Bestandteil des Lebensweges Jakobs wird. Wenn wir heute diese Geschichte lesen, wenn wir heute fragen: Mit wem hat Jakob denn nun wirklich gekämpft?, wenn wir erschrecken vor der Wildheit dieses mythisch-märchenhaften Berichtes, so müssen wir uns zuerst klarmachen, daß sie auch für die Zeit, in der sie von den Erzählern der Vätergeschichten zu deren Bestandteil gemacht wurde, fremde und damals längst überwundene Vorstellungen enthielt. Es ist das Großartige und gerade für uns Gewichtige an der Fügung der Vätergeschichten, daß es hier gewagt wird, uralte, lange vorisraelitische Traditionen mit aufzunehmen, um auf diese Weise die Väter des Volkes die gewaltigen zurückliegenden Zeiträume durchschreiten zu lassen und all diese längst „überholten" Traditionen mithineinzunehmen in den Bericht von Gottes großem Tun an seinem Volk. Wenn es ernst war mit dem Bekenntnis zu Gott, dem Schöpfer, dann reichen seine Wege auch durch alle Tiefen der Vorzeit und ihre Traditionen.

Innerhalb der Jakobgeschichte ist aus dem Überfall des Flußgeistes ein Kampf mit Gott selbst geworden. Allerdings ist es Gott unter einer fremden, bizarren Maske, der dem Jakob kurz vor dem Ziel seines langen Fluchtweges entgegentritt und ihn anfällt wie ein Dämon. Hier zum ersten Mal in der Bibel ist in einer Geschichte dargestellt, daß Gott zum Feind werden kann. Genauso, wie Gott in dieser Erzählung geschildert wird, redet Hiob in seiner Verzweiflung und in seinen Anfechtungen von ihm (16,9.12):

Sein Zorn zerriß und befehdete mich;
er knirschte über mich mit den Zähnen,
er packte mich beim Nacken und zerschmetterte mich . . .

Gott kann einem Menschen zum Feind werden. Das kann diese uralte Geschichte, die tief im Animismus wurzelt, besser sagen als eine begriffliche Aussage, die nie so wirklichkeitsgeladen sein kann. Zu der Geschichte, die mit dem Vater des Volkes beginnt, wird dies gehören, daß Gott sich seinem Volk und seinen Frommen furchtbar wandelt zu einem dämonischen Feind. Nicht nur Hiob hat das erfahren; zur Klage der Psalmen gehört die Anklage Gottes, die sagen kann: „Du hast dich mir zum Feind gewandelt"; die Propheten kündigen es Israel an, daß Gott wie ein reißendes, wildes Tier sein eigenes Volk schlagen wird, und die Klagelieder nach der Zerstörung Jerusalems sehen darauf zurück (2,2):

> *Erbarmungslos hat der Herr vernichtet*
> *alle Auen Jakobs,*
> *hat niedergerissen in seinem Grimm*
> *die Festen der Tochter Juda,*
> *hat zu Boden geworfen, entweiht*
> *das Königreich und seine Fürsten.*

Aus dem Kampf mit Gott, der ihn überfallen hat, geht Jakob heraus als ein Geschlagener und als ein Sieger. Er hält den Dämon fest und ringt ihm einen Segen ab: „Ich lasse dich nicht, du segnest mich denn!" Er bekommt einen neuen Namen: „Du sollst nicht mehr Jakob heißen, sondern Israel! Denn du hast mit Gott und mit Menschen gestritten und hast obgesiegt." Er bekommt nicht den Namen des Siegers, sondern des Kämpfers mit Gott. Dieser Name charakterisiert wirklich die Geschichte, die mit dem so Benannten begann. Hier begann ein Kampf mit Gott, der aus einer langen Kette von Niederlagen bestand und an deren Ende dem Kämpfenden gesagt wird: Du hast obgesiegt. Es begann ein Kampf, in dem bejaht wurde, daß Gott zum Feind werden kann, und in dem sich Menschen Gott, dem Feind, stellten. Es begann die Geschichte der Anfechtungen. Es führt ein direkter Weg von diesem Sieg des geschlagenen Israel über die großen Stationen der Geschichte Israels in die Stunde, in der der Mann am Kreuz schrie: „Mein Gott, warum hast du mich verlassen?" und in der auch er einen neuen Namen bekam, der über alle Namen ist.
Am Tage, der auf diese Nacht folgte, trat Jakob seinem Bruder Esau entgegen. Diese Begegnung ist sehr ausführlich erzählt. In

ihrer Mitte steht die Szene der Begrüßung. Esau begrüßt Jakob als Bruder, er umarmt und küßt ihn. Jakob dagegen begrüßt Esau, wie ein Vasall seinen Herrn begrüßt: Er wirft sich vor ihm nieder und erfleht seine Gnade durch ein reiches Geschenk. Man muß, um das zu verstehen, wissen, was damals ein Gruß bedeutete. Er war keine Formalität, sondern ein soziales Faktum von hoher Bedeutung. Wenn Jakob sich vor Esau niederwirft, so erkennt er diesen damit als Herrn an; und daß Jakob das in dieser Stunde des Begegnens nach langen Jahren der Trennung getan hat, bedeutet die Feststellung eines nicht wieder auszulöschenden Tatbestandes. Von hier aus erst ist die Jakob-Esau-Geschichte als ganze zu verstehen. Der Mutter war vor der Geburt angekündigt worden: der Ältere wird dem Jüngeren dienen. Tatsächlich hat der Jüngere durch List und Betrug den Erstgeburtssegen erlangt. Aber er hat ihm nicht eingebracht, was er davon erwartete. Er mußte fliehen und mußte dienen. Der Segen ist allerdings über ihn gekommen. Aber nun, am Ende, sieht es ganz so aus, als sei das Gegenteil jener Ankündigung eingetroffen: Jakob, der Jüngere, aber Gesegnete, wirft sich vor Esau, dem Älteren, dem Ungesegneten, zu Boden; er beugt sich vor ihm mit seiner großen Familie und gibt ihm von seinem Besitz. Die Jakobgeschichte will den Söhnen, denen sie erzählt wird, sagen, daß sie des Segens Gottes auch als die Gesegneten nicht habhaft werden können; Gott bleibt der Herr seines Segens, und er kann seine Gesegneten schwere und dunkle Wege führen. Es kann sein, daß gerade die, die er seiner Hilfe und seiner Bewahrung gewiß macht, Gott so als furchtbaren Feind kennenlernen, wie das der ungesegnete Esau niemals muß. Später wird eine Stunde kommen, in der die Söhne, mit denen Gott ihn segnete, mit einem blutigen Rock vor ihn treten. In dieser Stunde ist er der Betrogene, und wieder kommen Jahre des Leides. Am Ende seines Lebens steht er vor Pharao und sagt die Worte (47,9):

Die ganze Zeit meiner Pilgerschaft ist 130 Jahre.
Kurz und voll Leid war die Zeit meiner Lebensjahre.

Das war das Leben des Gesegneten. Der Strom des Segens ist damals durch dieses Menschenleben weitergegangen in die Zukunft hinein, in die Zukunft des Gottesvolkes, in dem die Geschichte Jakobs weiterging.

DIE JOSEFGESCHICHTEN

Im dritten Kreis der Vätergeschichten, in deren Mitte Josef, Jakobs Sohn, steht, geht es um Vorgänge zwischen dem Vater, seinen Söhnen und dem einen Sohn. Im Abrahamkreis drehten sich die Geschichten um das Weitergehen des Lebens von den Eltern, vom Vater zum Kind, um die Vertikale des Menschenweges durch die Geschichte, dessen Urvorgang die Geburt eines Kindes ist. Im Jakobkreis trat die Horizontale dazu: Hier wurde das Nebeneinander von Bruder zu Bruder zum Problem. In den Josefgeschichten kommt zu diesen beiden Grundbeziehungen etwas Neues: Es entsteht eine Spannung zwischen den drei Punkten, dem Bruder, den Brüdern und dem Vater. Während die beiden Beziehungen, um die es in den ersten beiden Kreisen geht, die Hauptkomponenten der Familie darstellen, handelt eigentlich erst dieser dritte Kreis der Josefgeschichten, in dem die Beziehungen des Nacheinander und des Nebeneinander zusammenkommen, von der Familie selbst.

Hier sollten wir aufmerken. Es könnte sein, daß uns das Alte Testament an dieser Stelle Wichtiges zu unseren gegenwärtigen Problemen der Familie zu sagen hat. Wir stehen heute an der Stelle, wo die Grundformen menschlichen Zusammenlebens, die sich aus der seßhaften Daseinsform des Menschengeschlechts entwickelt haben, in einen Prozeß der Wandlung geraten. In der zu Ende gehenden Epoche haben über die ganze Erde hin die bäuerlichen Lebensformen die wesentliche Ausprägung der Gemeinschaft bestimmt. Diese Formen können der veränderten Lebensweise unserer veränderten Welt nicht mehr in allem entsprechen; das zeigt sich bis in die Familie hinein.

Von daher bekommt die Josefgeschichte für uns ihr besonderes Interesse: Sie steht am Anfang der Epoche, die nun zu Ende geht. Wenn wir heute fragen, wie es mit der Familie in unserer veränderten Welt weitergehen soll, wird es gut sein, dorthin zu sehen, wo die Familie, so wie wir sie kennen, ihre Gestalt bekam. All das, was uns längst in Fleisch und Blut übergegangen ist, was wir gar nicht mehr sehen, weil es uns zu selbstverständlich wurde, ist hier noch im Werden; es ist mit Staunen, mit Ehrfurcht und mit Erschütterung gesehen, und dieses Sehen ist zu einer Geschichte geworden. Die Josefgeschichte unterscheidet sich von den Abraham- und von den Jakob-Esau-Geschichten auch dadurch, daß sie im Zusammenhang erzählt ist. Sie ist als Ganzes so etwas wie eine Novelle, während der Abrahamkreis ganz aus mehr oder weniger selbständigen Einzelgeschichten besteht, die nur recht locker aneinandergefügt sind, der Jakobkreis in dieser Beziehung etwa in der Mitte zwischen den anderen beiden steht. Hier hat das Ganze einen gewissen Zusammenhang durch Jakobs Flucht und später seine Rückkehr. Noch ein dritter Unterschied des Josefkreises von den beiden anderen muß beachtet werden. Die Erzählungen des Josefkreises sind der Gegenwart des Erzählenden (das ist die Ära David-Salomo) am nächsten. Vom Erzählenden und seinen Zuhörern aus gesehen sind die Josefgeschichten die weitaus modernsten. Das gilt sogar auch noch in gewisser Weise für unseren heutigen Standort. Was in der Josefgeschichte zwischen Gott und Menschen geschieht, ist wie in der Gegenwart des Erzählenden: Fast nie erscheint Gott einem Menschen (nur einmal 46,2—4 dem Jakob im Traum). Wir sind hier weit weg von den Geschichten wie Gen. 18 oder 32 (s. o.). Niemals gibt es ein Gespräch zwischen Gott und einem Menschen (wie Gen. 18 das Gespräch um das Gericht über Sodom). Niemals gibt es irgendeine sinnlich wahrnehmbare Manifestation der Gottheit. Es fehlen alle aus dem mythischen Denken kommenden Züge. Man könnte fast sagen, die Josefgeschichte zeigt eine gewisse Weltlichkeit. Es geschieht so gut wie nichts, was sich nicht, wie wir sagen, natürlich erklären ließe, das Ganze atmet einen modernen, aufgeklärten Geist.

Das Thema der Josef-Novelle ist der Frieden in der Familie. Frieden (šālōm), das, was die Menschen im semitischen Sprachbereich einander im Gruß wünschen, bedeutet Heilsein einer Gemeinschaft. Um die Entfaltung dieses Themas in der Geschichte von Josef und seinen Brüdern zu verstehen, müssen wir versuchen, sie unter einem anderen Vorzeichen zu hören, als es sich uns aus unserer Welt nahelegt. In unserer Welt spielen sich die Familiendramen im allgemeinen nicht im Vordergrund des Geschehenden ab. Uns steht im Vordergrund das auf der politischen Bühne Geschehende, dazu das, was wir jeden Tag in den Spalten der Tageszeitungen vorfinden: Vorgänge in der Wirtschaft, im kulturellen Leben, in Film und Bühne, auf den Straßen und im Verkehr. Für unser aller Empfinden gehören Familiendramen erst zum zweiten oder dritten Grad des Wichtigen oder einfach in den Hintergrund. Wichtig werden sie nur bei den Menschen, die einen Namen haben: bei Königen,

Filmstars und Sportkanonen. Ist aber einer, der einmal von allen Scheinwerfern der Publicity angestrahlt war, von der Bühne abgetreten, so mag sich in seinem Familienleben das stärkste, ergreifendste Drama abspielen, es interessiert kaum mehr.

In der Welt des Alten Testaments steht das Geschehen in der Familie im Vordergrund. Der Mensch hat hier nicht neben seinem Stehen in der Öffentlichkeit auch noch ein „Privatleben", sondern dieses Privatleben stellt das eigentliche Leben dar; es ist der Schauplatz des eigentlich Geschehenden, auf dem die Menschen geprägt werden, siegen und unterliegen, versagen und sich bewähren. So müssen wir diese Geschichten zu hören versuchen.

Der Frieden in Jakobs Familie wird dadurch gestört, daß Jakob seinen Sohn Josef „lieb hatte vor allen seinen Söhnen, denn ein Sohn des Alters war er ihm". Aus der Vorliebe wird das Vorziehen; das erzeugt den Haß der anderen Söhne Jakobs und führt zum Mordplan. Der Mordplan wird vom ältesten Bruder abgewehrt, Josef wird nach Ägypten verkauft; das muß vor dem Vater durch eine Lüge verdeckt werden. Damit ist der Frieden in der Familie Jakobs dem Zerbrechen nahe, eine Heilung von der Seite der Menschen her scheint nicht mehr möglich. Nun erzählt die Geschichte, wie die Gemeinschaft dieses Kreises dennoch wieder heil wird. Der Schauplatz des zweiten Teiles der Geschichte ist die große Welt. Am Hof des Pharao, auf dem Hintergrund gewaltiger, tief in die Weltmacht Ägypten eingreifender Ereignisse, die aber trotz ihrer Dimension Hintergrund bleiben, kommt wieder zurecht, was vor langer Zeit und in einem entfernten Winkel im Leben einer Familie zerbrochen war. So wird das Ganze zu einem verhaltenen, stillschweigenden Lob des Gottes, der den Menschen in ihrer Gemeinschaft das Heilsein, den šālōm geschenkt hat und der allein imstande ist, den zerbrochenen Frieden zu heilen. Ein Lob des Gottes, der erniedrigt und erhöht, der die Menschen unverstandene Wege führt und keineswegs immer in seinem Tun als ein gerechter Gott erkennbar ist, der aus einem weiten Abstand weit Entferntes zu verbinden vermag, der die Könige auf Erden lenkt wie die hungernde Kreatur und der in allen seinen Wegen einen Sinn hat, der auf den Frieden der Menschen aus ist. Aber dies von Gott Gesagte steht viel mehr hinter dem Geschehen, als daß es zu Wort käme; es ist niemals dick aufgetragen, sondern es ist einfach eine Geschichte erzählt, die ihre eigene Sprache spricht.

47

In diese verwoben ist das Nachdenken über die Vorgänge, die das Leben einer Gemeinschaft, das heißt zunächst einer Familie bestimmen. Da ist der Ausgangspunkt: die Vorliebe des Vaters für sein jüngstes Kind. Diese Vorliebe wird hier nicht verurteilt, sie wird einfach als eine Tatsache berichtet. Es *ist* eine Tatsache, daß Eltern ein spätgeborenes Kind anders lieben als ein Kind, das sie noch vor der Höhe ihres Lebens bekommen. Wenn wir sagen: Sie lieben es „mehr", so ist das wahrscheinlich ein unzureichender Ausdruck; aber daß es eine andere Liebe ist, muß man einfach zugeben. Das in jungen Jahren der Eltern geborene Kind wird wahrscheinlich noch eine lange Wegstrecke mit ihnen gehen; das Kind des Alters geht in das Leben hinein, wenn seine Eltern dem Tod entgegengehen. Im Kind des Alters lieben die Eltern das Stück ihres eigenen Lebens, das bleibt, wenn sie gehen. Dies muß noch viel stärker in einer Welt empfunden worden sein, in der Leben überhaupt nur in der Folge der Generationen, als ein von Generation zu Generation fließender Strom verstanden wurde.

Schuld entsteht erst, wo aus dieser ganz natürlichen Vorliebe das Vorziehen wird. Im Geschenk des bunten Rockes (wahrscheinlich des Ärmelrockes) wird die Vorliebe des Vaters zu einem öffentlichen Akt. Die Auszeichnung stellt den Jüngsten auf eine über die anderen Brüder erhöhte Ebene, er ist damit „etwas Besseres", und das mußte die Brüder verletzen.

Der Ärmelrock des Josef bedeutete viel in einer Welt, in der die Kleidung noch eine ausgeprägt soziale Funktion hatte. Jahrtausende hindurch konnte man in der seßhaften Gesellschaft den sozialen Stand an der Kleidung erkennen. Eine tiefe Wandlung des menschlichen Zusammenlebens hat sich mit der Demokratisierung der Kleidung vollzogen. Der aus der Französischen Revolution sich über Europa verbreitende Ruf nach Gleichheit hat in der Kleidung wohl seinen faßbarsten Ausdruck bekommen.

Das Motiv des Kleides zieht sich von diesem Anfang durch die ganze Josefgeschichte; eines der Zeichen hoher Erzählungskunst: Der Ärmelrock wird das Indiz, mit dem die Brüder ihre Tat vor dem Vater verdecken. Ein Kleid wird ihm zum Verhängnis bei der Beschuldigung durch die Frau des Ägypters, seines Herrn. Auf der Höhe seines Lebens bekleidet ihn der Pharao selbst mit dem Gewand des Ministers.

Es kommt ein anderer Anlaß hinzu, daß seine Brüder einen Haß auf ihn werfen: Josefs Träume. Es ist ein anderer, der jüngere Erzählungsfaden, der das Motiv der Träume hinzubringt, und auch dieses Motiv zieht sich durch die ganze Novelle. Wir können hier auf das Nebeneinander der beiden Erzählungsstränge nicht näher eingehen, sie laufen durch die Josefgeschichte vom Anfang bis zum Ende und lassen erkennen, daß die Geschichte ihren Ursprung in der mündlichen Tradition hat, in der sie verschiedene Prägungen bekam.

Im Motiv des Kleides zeigt sich ein Vorwalten des Interesses am menschlichen Zusammenleben, an den Vorgängen in der Gemeinschaft, wobei die Grundform der Gemeinschaft stets die Familie bleibt. Im Motiv der Träume aber kündigt sich deutlich ein politisches Interesse an. Josefs Träume künden an, daß er über seine Brüder, ja sogar über seine Eltern hoch erhöht werden wird. Die Brüder fragen entrüstet: „Willst du gar König über uns werden?" Dahinter läßt sich die das Volk Israel tief aufrüttelnde Frage erahnen: Darf es überhaupt Königtum geben? Darf ein Bruder so hoch über seine Brüder erhöht sein? Der geschichtliche Bericht von den Anfängen des Königtums in Israel läßt noch erkennen, daß das Königtum in Israel nur unter schweren Krisen und unter starkem Widerspruch entstanden ist. Diese Probleme stehen im Hintergrund der Träume Josefs.

Die Brüder hatten einen Haß auf Josef geworfen. Hinter ihrem Haß steht ein berechtigtes Anliegen: die Forderung der Gerechtigkeit. Aber ihr Weg, zu der ihnen entzogenen Gleichberechtigung, das heißt zu der ungeteilten Liebe des Vaters, zurückzugelangen, war verfehlt. Es ist höchst bezeichnend, daß ihr Zorn sich nicht gegen den zunächst Schuldigen, den Vater, richtet, der den jüngsten Sohn vorzog, sondern gegen den Vorgezogenen. Wir spüren auch hinter diesem kaum hervortretenden Zug der Erzählung die intensive Beobachtung menschlichen Zusammenlebens: Hier schon ist gesehen und in seiner Bedeutung erkannt, wie tief ein Kreis zusammengehöriger Menschen dadurch verändert wird, daß aus der Zuwendung des Vaters oder Leiters oder Chefs zu allen, für die er die Autorität ist, die Protektion des einen sich aussondert. Es ist ein auch heute überall zu beobachtendes Faktum, daß die Zurückgesetzten, vor der Autorität sich scheuend, die Sache nicht mit diesem austragen, sondern ihren Haß auf den Protegierten werfen und so der Riß in der Gemeinschaft nur schlimmer wird.

So kann auch der gemeinsam beschlossene Mordanschlag nur weit außerhalb des Gesichtskreises des Vaters geplant werden. Dieser Plan macht in klassischer Weise das Hauptmotiv des vorsätzlichen Mordes deutlich: Gemordet wird, um aus dem Weg zu räumen. Gleichzeitig aber ergibt sich die Blindheit eines solchen Beschlusses: Durch Mord wird niemals der Weg für den Mordenden frei. Die Brüder möchten die ungeteilte Liebe ihres Vaters wiederhaben, und dieser Wille ist berechtigt. Aber der Haß macht sie blind. Ihre Tat wird den Weg zur Liebe des Vaters gerade erst recht versperren. Der Mordplan der Brüder Josefs steht dem des Kain ganz nahe. Beidemal steckt entzogene Liebe und so etwas wie Eifersucht dahinter. Beidemal ist der Zorn, aus dem dann der Haß erwuchs, bis zu einem bestimmten Punkt berechtigt. Nehmen wir diese Geschichten als Worte der Bibel ernst, so wird offenbar, daß die Kirche sich nicht in einen Bereich bürgerlicher Ehrbarkeit absondern kann von den Menschen, die man von der anderen Seite her als kriminell, als Verbrecher abzustempeln pflegt. Die Josefgeschichte jedenfalls zeigt von dieser Absonderung nichts. Sie ist brennend interessiert an Vorgängen im Bereich des Kriminellen. Hier kommt außer dem Mordanschlag am Anfang Verkauf eines Menschen, Strafgefängnis, Gerichtsverhandlung, Spionageverdacht, falsche Beschuldigung vor, und dies alles ist durchaus eingeschlossen in das, was zwischen Gott und den Menschen geschieht. Gott läßt die Männer, die ihren Bruder kaltblütig zu töten beschlossen hatten, nicht einfach fallen. Er handelt weiter an ihnen.

Daß der Anschlag auf Josef nicht zur Ausführung kam, hat einen Grund, auf den ich besonders aufmerksam machen möchte. Es hat seinen Grund im Amt des ältesten Bruders. Tritt in Abwesenheit des Vaters eine Lage ein, in der autoritär gehandelt oder entschieden werden muß, so tritt ganz wie von selbst der älteste Bruder (er wird hier in der älteren Quelle Juda, in der jüngeren Ruben genannt) in die Funktionen des Vaters ein. Dies ist der Ursprungsort unseres heute zu viel und zu verschwommen angewandten Begriffes „Verantwortung". Den ältesten Bruder wird der Vater, wenn die Brüder zu ihm zurückkommen, fragen: Wo ist Josef? Er muß sich dieser Frage stellen, er muß antworten. Darum hat er die Verantwortung. Weil er diese Verantwortung hat, greift er ein, nachdem der Mordplan gefaßt ist. Er muß weiter denken als die anderen; er muß antworten. Er hat nicht die Autorität des Vaters;

er ist nur einer von seinen Söhnen, einer der Brüder. Aber die Frage, die der Vater ihm später stellen wird, der er später standhalten muß, zwingt ihn dazu, in diesem Augenblick „verantwortlich" zu handeln. Zwar kann er die Tat nicht verhindern — er gehört ja auf die Seite der Brüder —, aber er kann das Schlimmste umgehen.

Es ist ein wunderbares Amt, dieses Amt des ältesten Bruders. Es ist bis zum heutigen Tage wirksam. Hier liegt das Geheimnis echter Autorität. Echte Autorität wird immer nur da wirksam sein, wird immer nur da bewahrt werden können, wo einer da ist, der weiß, daß er einem anderen, einem Höheren antworten muß. Echte Autorität gibt es nur, wo noch eine Spur dieser Abkünftigkeit von der Autorität des Vaters gewahrt ist. Hierin gehören Autorität und Verantwortung zusammen, daß der Autorität Ausübende weiß, daß ihn einer, der dazu befugt ist, fragen wird und daß er dann antworten muß. Einer, der niemanden weiß, dem er zu antworten hat, kann nicht wirklich verantwortlich handeln. Er kann auch keine echte Autorität haben.

Der ältere Bruder konnte hier nur das Schlimmste verhindern. Was geschieht, wozu er seine Brüder bekommt, ist noch schlimm genug. Josef wird auch so beseitigt, nur auf eine unblutige Weise, er wird als Sklave verkauft. Auch diese Untat muß dem Vater verdeckt werden. Dem Vater wird das gefälschte Indiz eines Unglücksfalles gezeigt: „Josef hat ein wildes Tier gerissen." Viel später werden die Brüder an diese Stunde erinnert werden: Da wird ihnen selbst das fingierte Indiz eines Diebstahls vor Augen gehalten werden, den sie begangen haben sollen. Und sie werden diesem Indiz gegenüber machtlos sein, wie ihr Vater in dieser Stunde diesem Indiz und ihrer Lüge machtlos ausgeliefert ist.

Die Entfernung Josefs, des Störenfrieds, ist den Brüdern gelungen. Erreicht haben sie damit nichts. Der Vater bleibt in seiner ohnmächtigen Trauer dem verlorenen Sohn noch intensiver zugewandt, als er ihm zugewandt war, während er ihn noch bei sich hatte. Der Riß zwischen Vater und Söhnen ist nicht geschlossen, er ist nur noch tiefer geworden.

Der Schauplatz wechselt, und nun erst beginnt eigentlich die Geschichte des Josef. Es ist die Geschichte eines Aufstiegs. Was wir Aufstieg nennen, heißt in der Bibel „Erhöhung". Daß Gott den Geringen aus dem Staube erhöht, ist ein wichtiger Satz aus dem

Gotteslob in Israel (z. B. Psalm 113). Die Geschichte von Josefs Erhöhung ist wie eine strahlende, reiche Variation dieses Motivs. Im frühen Israel war ein solcher sozialer Aufstieg — ein Aufstieg noch dazu vom Sklaven bis zum Minister — eine neue und ganz phantastische Möglichkeit. In einer rein bäuerlichen Umgebung geschah so etwas nicht. Wenn der Schauplatz dieses Aufstieges Ägypten ist, so entspricht das durchaus dem geschichtlichen Tatbestand: In Ägypten war damals so etwas möglich; Ähnliches wird in ägyptischen Quellen mehrfach berichtet. Aber für den Erzähler ist die soziale Seite des Vorganges nicht das Entscheidende. Er will berichten, daß die Familiengeschichte Jakobs, die Geschichte von dem zerbrochenen Frieden im Haus Jakobs, bei dem von den Brüdern beseitigten, als Sklaven verkauften Josef weitergeht. Sie geht damit weiter, daß, wie es heißt, „Gott mit ihm" war. Gott machte einen Kreis von Menschen dadurch wieder heil, daß er mit dem aus diesem Kreis Hinausgestoßenen war.

Dieses Mit-Sein Gottes aber wird wenig erbaulich, es wird sehr nüchtern dargestellt. Josef arbeitet sich bei dem Mann, der ihn als Sklaven gekauft hatte, allmählich hoch. Dann wird er von dieser mühsam und langsam erstiegenen Höhe wieder hinuntergestürzt, gänzlich ohne seine Schuld.

Leider wird diese mit wunderbarer Kunst erzählte Episode mit der Frau des Ägypters meist völlig falsch dargestellt. Es ist keine Rede davon, daß der „keusche Josef" die Versuchung gegen die unsittliche Ägypterin siegreich bestehe. Die meisterhafte Schilderung dieser Szene will vielmehr gerade herausarbeiten, daß Josef es ablehnt, einen Vertrauensbruch gegen seinen Herrn zu begehen. Aus all dem Guten, das sein Herr ihm erwiesen hatte, richtet sich ihm ganz von selbst die Grenze auf, die ihn von der Frau seines Herrn zurückhält. Diese Szene ist ein deutlicher, auch uns geltender Hinweis gerade dafür, daß die Isolierung der geschlechtlichen Vorgänge und ihre isolierte Festlegung auf feste Begriffe eine fragliche Sache ist und sich auf die Bibel nicht stützen kann.

Jedesmal, wenn ein Mann oder eine Frau in einer Versuchung steht, die der des Josef in dieser Szene ähnlich ist, fällt eine Entscheidung, die ganz gewiß nicht auf das sogenannte „Geschlechtliche" beschränkt werden kann und darf, sondern auf sein ganzes Leben bezogen werden muß. Wenn er der Versuchung widersteht, so ist das nicht seiner Reinheit oder Keuschheit zuzuschreiben, sondern der Kraft einer echten Bindung in seinem Leben, die in dieser Stunde wirksam wurde so wie hier bei Josef. Es ist noch etwas anderes für uns Wichtiges an dieser Szene bemerkenswert: Die Vorgänge zwischen Mann und Frau werden hier beim Namen genannt: „Und sie erwischte ihn bei seinem Kleid und sprach: Schlafe bei mir!" Aber jeder Leser wird spüren, daß gerade durch diese direkte Sprache die ganze Szene sauber und klar geschildert ist. Wir könnten daraus einiges lernen.

Daß Josef seinem Herrn das ihm gewährte Vertrauen bewahrt, macht sich nicht bezahlt. Er wird ins Gefängnis geworfen. Dies ist eine für die ganze Josefgeschichte wichtige Stelle. Indem sich Josef weigerte, seinen Herrn zu betrügen, bewahrte er auch seinem Gott die Treue (39,9): „Wie sollte ich ein so großes Unrecht begehen und wider Gott sündigen?" sagt er. Gott war mit ihm gewesen bis in diese Stunde, jetzt kann er einmal zeigen, daß er ihm gehorsam ist. Dieser Gott aber bringt ihn direkt auf seinen Treuebeweis hin ins Gefängnis! Der Erzähler will damit sagen: So ist Gott wirklich. Er läßt sich seine Taten an den Menschen, an den Seinen nicht nachrechnen. Er ist nicht der liebe Gott der erbaulichen Geschichten, wo immer alles aufgeht. „Er ist der rechte Wundermann, der bald erhöhn, bald stürzen kann." Es gibt dies, daß eine Gott gehorsame Entscheidung einen Menschen zunächst in eine Katastrophe bringen kann. Damit wird hier ganz nüchtern gerechnet. Es wird keinerlei Aufhebens davon gemacht.

Selbst im Gefängnis gibt es eine Aufstiegsmöglichkeit. In der Sprache unserer Geschichte gesagt, Gott ist auch im Gefängnis mit Josef. Gott kann auch in einem Gefängnis seine Taten tun. Eigentlich ist es traurig, daß in unserer Gegenwart viele Leute darauf erst wieder aufmerksam wurden, als Pfarrer in die Strafgefängnisse kamen, nicht als Anstaltsgeistliche, sondern als „Mitgefangene". Deswegen hat auch früher nie jemand auf den besonders schönen und echten Zug im Fortgang der Geschichte Josefs geachtet, den wir jetzt wieder verstehen: Die Erhöhung Josefs aus dem Gefängnis beginnt damit, daß er sich nach dem Ergehen seiner Mitgefangenen, deren Kalfaktor er geworden war, erkundigt! Wer im Gefängnis war, weiß, was das bedeutet.

Auf diese Erkundigung hin erzählen ihm die mit ihm im Gefängnis sitzenden Hofbeamten ihre Träume, die sie selbst nicht deuten können. Das Motiv der Träume vom Anfang wird wieder aufgenommen. Durch seine Fähigkeit, die Träume zu deuten, kommt Josef dann vor den Pharao und wird sein Minister. Hinter diesem Motiv der Träume und der Traumdeutung steht ein frühes Stadium des Erfahrens von Gottesoffenbarung in Israel. Der Traum war in der frühen Zeit ein häufiger Weg Gottes, zu Menschen zu sprechen. Hier tritt aber etwas Neues hinzu: Gott spricht auch zu Menschen außerhalb seines Volkes, aber sie haben nicht den Schlüssel zum Verstehen solcher Worte. Sie müssen jemanden suchen, der ihnen die Traumworte erschließen kann. Hier zeigen sich die ersten Spuren eines Glaubens Israels, dem die Worte Gottes anvertraut sind, aber nicht nur für sich selbst, sondern für die Welt. Josef kann als ein Glied des Gottesvolkes andern erschließen, was Gott mit ihnen vorhat.

Aber noch eine andere Andeutung enthält dieses Motiv: In den deutenden Worten Josefs kündet sich von fern das prophetische Reden an, das in die Zukunft weisende Wort, das der Gegenwart Richtung gibt.

Zu den Träumen, verborgenen Worten von Gott, die einer Deutung bedürfen, tritt dann aber etwas ganz anderes: der Ratschlag des klugen Verwalters, die Weisheit, die eine Situation erfaßt und den richtigen Weg vorschlägt. Hier zeichnet sich eine frühe Blütezeit der Weisheit in der salomonischen Epoche ab (vgl. auch I. Könige 10), die ganz dem aufgeklärten Geist der Josefgeschichten entspricht. Weisheit ist in dieser frühen Epoche in erster Linie Lebensklugheit, Wachheit und Treffsicherheit in den Entscheidungen eines Menschen in seiner Welt, in allen Bereichen des sich verzweigenden Lebens, keineswegs aber ein abgesonderter Bereich neben anderen, wie es später die Philosophie wurde.

Hier bewährt sich Josefs Weisheit auf dem Gebiet der Wirtschaft. Wir erleben in diesem Abschnitt die Stunde mit, in der sich die Wirtschaft als ein eigenes Lebensgebiet herauszusondern beginnt. In einem Volk von Bauern wird zum erstenmal gesehen, daß zwischen Erzeugung und Verbrauch, zwischen Produktion und Konsum ein neuer, in sich selbständiger Vorgang tritt, die Bewältigung der Schwankungen zwischen Überproduktion und Mangel durch die Vorratswirtschaft. Man darf hier nicht übersehen, daß es solche großzügige Vorratswirtschaft in Ägypten längst vor Josef gegeben hatte und daß die Ägypter sie gewiß nicht erst von Josef lernten. Was die Geschichte uns zeigen kann, ist allerdings nicht die Entstehung der Planwirtschaft überhaupt, wohl aber die Begegnung eines noch jungen, bäuerlichen Volkes mit den großen Wirtschaftsunternehmungen in dem benachbarten Großreich. Im Spiegel der Josefgeschichte können wir zwei Reaktionen des israelitischen Menschen auf diese Begegnung wahrnehmen. Einmal: Die neuen Möglichkeiten, die sich dem Menschen auf dem Gebiete der Wirtschaft eröffnen, werden dem Lob des Leben erhaltenden Gottes eingefügt: „Gott gedachte es gut zu machen, zu erhalten viel Volk", so kann abschließend über Josefs Werk in Ägypten gesagt werden. Es ist ein einfältiger, starker Glaube, der hier ganz selbstverständlich das damals sich verselbständigende, heute zu einem gewaltigen Umfang angewachsene Unternehmen Wirtschaft der die Menschen vor Hungersnot bewahrenden Güte Gottes einordnet, der über alledem Gott zu loben sich gerufen weiß. Das hindert aber nicht, unter dem freundlichen Walten Gottes das Unternehmen der Menschen, das kluge Planen und die umsichtige Durchführung, als solches anzuerkennen und zu bejahen. Daß Gott viele Menschen am Leben erhält, geschieht hier auf indirektem Wege; nicht durch unmittelbar in das Geschehen eingreifende Wunder, sondern durch die Weisheit, die er einem Menschen gibt, der dann plant und durchführt. Dieser Abschnitt der Josefgeschichte zeigt, daß die Differenzierung der Arbeit des Menschen (vgl. das zu Gen. 2,15 Gesagte!) von der Bibel gesehen und bejaht wird; daß die selbständig werdende Wirtschaft dem Gottesglauben eingefügt und die auf ein neues Feld sich wagende Arbeit des Menschen dankbar anerkannt wird. Wenn die sich immer weiter verzweigende Arbeit des Menschen auf den Feldern der Wirtschaft, der Technik, der Wissenschaft usw. sich immer mehr vom Gottesglauben löste und „eigengesetzlich" wurde, so liegt das vielleicht mit daran, daß es auf der Seite der Kirche an der bejahenden und dankbaren Haltung gefehlt hat, die in der Bibel durchaus gefunden werden kann, wie es unsere Geschichte zeigt. Es ist ein gutes Zeichen, wenn heute hierin eine Änderung einzutreten scheint.

Der Schluß der Josefgeschichte führt in dramatischer Dichte die beiden Ereignisreihen auf den so verschiedenen Schauplätzen wieder zusammen und damit zur Lösung, zur Heilung des Risses in der Familie Jakobs, zum Wiederkehren des šālōm. Hier werden wir die Aussagen zum Leben der Gemeinschaft finden, die dem Erzähler am wichtigsten sind. Zwei Szenen werden einfach erzählend nebeneinander gestellt: Josefs Brüder werden von dem fremden hohen Herrn zu einem Festmahl eingeladen. Es geht hoch her, Speisen und Getränke sind reichlich, alle Besorgnisse und Ängste der Brüder scheinen gelöst, alles ist eitel Wohlgefallen — und der Zuhörer wartet gespannt darauf, daß Josef sich seinen Brüdern nun endlich zu erkennen gebe. Es scheint bei diesem Festmahl die beste Gelegenheit dafür zu sein. Es geschieht nicht. Der Erzähler will damit sagen: Mit dieser Art von Versöhnung wäre der Riß nicht geheilt. Es wäre keine echte Lösung; so wäre eine wirkliche Vergebung nicht möglich. In scharfem Kontrast zu dem festlichen Mahl am Abend steht die Szene am nächsten Morgen. Die reichlich mit Korn versehene Karawane der abreisenden Brüder wird unterwegs angehalten, der goldene Becher wird in Benjamins Sack gefunden (das falsche Indiz!), und damit ist den Brüdern alles zerstört. Nun ist es wieder der älteste Bruder, der Verantwortliche, der sich dieser Situation stellen muß. Er sagt das für die ganze Geschichte entscheidende Wort: „Gott hat die Schuld deiner Knechte an den Tag gebracht."

Echte, heilende Vergebung kann es nur da geben, wo sie auf das freie Eingeständnis der Schuld trifft. Die Brüder hatten ihre Tat vor dem Vater verdecken müssen. Es war ihnen gelungen. Das Leben ging weiter. Scheinbar war der Fall damit abgetan. An einer völlig anderen Stelle, lange nachher und in ganz anderem Zusammenhang, gibt Juda zu, daß Gott die Tat aufgedeckt hat. Er erkennt damit den Zusammenhang an, den Gott einem Leben gibt. Es geht im wirklichen Leben gewöhnlich nicht so zu, daß eine Verfehlung gleich zugegeben wird und dann vergeben werden kann. Das wirkliche Leben ist vielmehr so, wie es der Erzähler hier zeigt. Gott handelt trotzdem an denen weiter, die ihre Tat verdeckten. Einmal aber kommt der Tag, an dem sie sehen, daß das Zudecken nicht gelungen ist. Hier geschieht es in einer Lage, in der die Brüder ganz ohne ihr Verschulden ein schwerer Schlag trifft. Da stellt sich der Verantwortliche, da findet er das freie Ja zu seiner Schuld. So kann er, so können mit ihm die Brüder die Vergebung empfangen. So kann der Friede zu ihnen zurückkommen.

Die Erzählung sagt in dem, was hier geschieht, daß menschliche Gemeinschaft ohne Vergebung nicht bestehen kann. Ebenso deutlich wird, daß man Schuld und Vergebung nicht in ein Schema pressen kann, weder in ein gedankliches noch in ein Schema vorgeschriebener Beicht- und Bußhandlungen. Eine Verfehlung muß nicht immer an der Stelle aufgedeckt, eingestanden und vergeben werden, wo sie geschah. Diese Vorgänge können dem Menschen nie ganz verfügbar werden, sie bleiben dem über lange Zeiten und weite Räume wirkenden Handeln Gottes anvertraut.

Über das Ja zu seiner Schuld hinaus ist der ältere Bruder nun zu einer Tat bereit, die Verschuldetes wiedergutmachen will. Er will statt des bezichtigten Benjamin freiwillig die Strafe auf sich nehmen, damit der Vater das geliebte Kind wiederbekommt, damit der Friede der Familie nicht vollends zerstört wird. Es kommt nicht dazu, weil die Versöhnung Josefs mit seinen Brüdern dieses Opfer überflüssig macht. Aber die Bereitschaft zu diesem Opfer weist deutlich über die Josefgeschichte hinaus. Hier zum erstenmal ist der Gedanke gedacht: Es ist möglich, daß einmal für das Heilsein der Gemeinschaft ein einzelner mit der Hingabe seiner selbst eintreten muß. Hier war es noch nicht notwendig, es könnte einmal notwendig werden. In der Ferne taucht die Gestalt des Gottesknechtes auf, von dem der unbekannte Prophet des Exils sagt: „Die Strafe liegt auf ihm, auf daß wir Frieden hätten."

DREI WELTEN

DIE STRÖME UND DIE REICHE

Weil die Geschichte, die die Bibel berichtet, ein Geschehen auf dieser Welt darstellt, ist sie mitbedingt durch die Gegebenheiten ihres Schauplatzes. Die im Alten wie im Neuen Testament berichtete Geschichte bekommt ihre Dramatik durch das Nebeneinander und Gegeneinander von drei Schauplätzen: den Tälern der großen Ströme im Norden und im Süden, dem kleinen Bergland Palästina in der Mitte und der großen Wüste zwischen den Stromtälern.

Keiner dieser drei Schauplätze durfte im Drama der Geschichte des Gottesvolkes fehlen. Sie bilden die drei Koordinaten des Raumes, in den sie gefügt ist. Darüber hinaus aber sind sie in das Geschehen selbst so tief eingegangen, daß ohne sie nichts von dem verstanden werden kann, was in den tausend Jahren der Geschichte des Volkes Gottes vor sich ging. Gottes Geben und Gottes Nehmen, Gottes Retten und Gottes Bewahren, Gehorsam und Empörung des Volkes, Umkehr zu Gott und Reformationen — nichts von alledem kann berichtet werden, ohne daß dabei einer der drei Schauplätze mitspielte, nicht nur als Ort, sondern als Repräsentant.

Die großen Reiche in den Flußtälern im Norden und im Süden repräsentieren für das Alte Testament etwa das, was im Neuen Testament „die Welt" heißt. Durch seine Lage zwischen den großen Reichen an den Strömen war das kleine Palästina von vornherein zu minderer politischer Bedeutung bestimmt; aber darüber hinaus mußte sich das Auf und Ab in jenen beiden Reichen beinahe notwendig auf das kleine Land in der Mitte auswirken, und das bedeutete ständige Gefährdung und ständige Verlockung zugleich.

Zur Zeit der Väter schon zieht das reiche Ägypten bei Hungersnöten an, dann aber droht es, die Nachkommen Jakobs in Arbeitssklaverei aufzureiben. Die Geschichte des Volkes beginnt mit der Rettung aus Ägypten, und die letzte große Rettungstat Gottes ist die Rückführung aus dem Exil in Babylon. In der Zwischenzeit hat das junge Volk die Möglichkeit, sich in Kanaan festzusetzen und sich bis zu einem blühenden Königtum zu entwickeln, solange die beiden großen Mächte nicht eingreifen. Tatsächlich ist die einzige Zeit, in der Israel ein starkes, in sich gefestigtes und nach außen geachtetes Reich bildete, die davidisch-salomonische Ära, nur möglich gewesen, weil zu dieser Zeit einmal im Lauf von Jahrtausenden beide Reiche, Ägypten und Babylon, darniederlagen. Schon bei der Trennung des Nordreichs vom Südreich nach Salomos Tod ist Ägypten im Hintergrund beteiligt. Und von nun ab werden die beiden durch die Teilung geschwächten Reiche Israel und Juda zwischen den Bewegungen der beiden großen Reiche hin und her gerissen und gestoßen, bis das Nordreich Assur und das Südreich Babylon erlagen, die Exulanten nach Babylon abtransportiert wurden, ein Rest nach Ägypten floh und Juda babylonische Provinz wurde. Nachdem die politische Existenz des Volkes aufgehört hatte, ging der Kampf um die geistige Selbständigkeit gegenüber den Herren der großen Reiche weiter in einem Gegensatz, der sich jetzt mitten durch das Volk hindurchzog. Im Kampf der Parteien ging es immer noch um den Einfluß der „Welt", repräsentiert in den Mächten, die das Erbe des babylonischen Weltreiches angetreten hatten, der Perser zuerst und dann der Seleukiden, bis schließlich das kleine Volk sich noch einmal in den Makkabäerkriegen von den fremden Herren zu befreien suchte und unterliegen mußte. Im letzten Akt der israelitischen Geschichte ist an die Stelle der Nachbarmächte das Römische Reich getreten. Das letzte, wilde Aufbäumen des jüdischen Volkes gegen die römische Herrschaft im Jahre 70 nach Christus führt in die völlige Vernichtung des Landes und der Stadt. Aber inzwischen hat eine andere Geschichte eingesetzt, die Geschichte des gekreuzigten Königs aus dem Haus Davids.

Damit ist von dem zweiten Schauplatz, dem Land Palästina, schon das Wesentliche gesagt. Es ist das Land in der Mitte und hat sich niemals für längere Zeit von der Übermacht der großen Nachbarn frei machen können. Daß in diesem kleinen und armen und unglücklich gelegenen Land eine Geschichte erstand, deren Weiterbildungen bis in die Gegenwart reichen und für das Abendland eine zwei Jahrtausende prägende Bedeutung erhielten, ist aus den geographischen, materiellen und menschlichen Vorbedingungen nicht zu verstehen. Was sich auf diesem Schauplatz abspielte, entzieht sich unseren Maßen. Eins allerdings war im Verhältnis der Menschen zu ihrem Land besonders: Israel hat dieses Land immer als seines Gottes Gabe verstanden. Es hat nie vergessen, daß es einmal Sklave in einem anderen Land war und Gott ihm dieses Land verheißen, es zu ihm hingeführt und dann ihm zugeeignet hat. Das Land war und blieb ein Lehen, das auch zurückgefordert werden konnte. Es wurde niemals zum Besitz, auf den Israel pochen konnte. Gerade so aber war es ihm „ein Land, da Milch und Honig fließt". So hatte Israel dieses Land einmal von der Wüste aus gesehen, und diesen Glanz behielt das kärgliche Land durch all die Jahrhunderte: die Gabe der Güte Gottes, der seinem Volk eine Heimat gab.

Die Wüste ist der Raum zwischen den großen Reichen und den Bergen Palästinas. Alle großen Wege Israels führten durch die Wüste. Bei den beiden großen Befreiungen am Anfang und am Ende kam zu der Befreiung aus der Knechtschaft der Weg durch die Wüste. Der Weg durch die Wüste mußte bejaht werden, wenn das Volk die Botschaft der Befreiung annahm. Die Wüste war für Israel der eigentliche Ort der Bewährung. Und dies ist eines der erstaunlichsten und wichtigsten Fakten in der Geschichte des Volkes: Die Jahre der Wüstenwanderung, die schwerste, härteste und an Verlusten reichste Zeit wurde später von den Propheten die Zeit genannt, in der allein Israel seinem Herrn treu war.

Die Wüste blieb, von den Bauern Palästinas gesehen, der Ort der Schrecken, der Todesgefahr, des Grauens. Es war eine besonders häufige Gerichtsankündigung der Propheten: „Ich will euer Land zur Wüste machen." Die Wüste war immer zu fürchten. Trotzdem wurde in Israel die Erinnerung daran bewahrt, daß die Wüste zum Ort der Läuterung werden kann, daß ein Mensch wie auch eine Gemeinschaft in der Wüste gewandelt werden kann. Diese Erinnerung reicht bis ins Neue Testament. In der Wüste predigt Johannes von der Buße, in der Wüste besteht Jesus die Versuchung. Mitten im Alten Testament ist es besonders die Botschaft Deuterojesajas, der den Rückweg des Volkes aus dem Exil in Babylon durch die Wüste verkündet. Gleich am Anfang steht der Ruf: „In der Wüste bahnet den Weg des Herrn!"

Die Wüste hat für Israel von Anfang an zeichenhafte Bedeutung gehabt — bei Deuterojesaja ist das nur am deutlichsten ausgesprochen. Der Weg durch die Wüste war und blieb ein wesentliches Stück der Geschichte dieses Volkes. Es hatte die Wüste hinter sich, es behielt sie aber immer auch vor sich. Es konnte immer wieder in die Wüste hinausgerufen werden.

DIE GRUNDZÜGE DER GESCHICHTE
DES GOTTESVOLKES

Vom wandernden Gottesvolk berichten das 2.–5. Mosebuch. Eigentlich sind diese Bücher der Kern und der Grundstock des Alten Testamentes. Es ist schon gesagt worden, daß die Geschichtsschreibung Israels ihren Ausgangspunkt in dem Bekenntnis der Geretteten hat, die berichten, was Gott an ihnen getan hat. Dieses Bekenntnis der Geretteten oder Loblied der Geretteten (Exodus 15,21) wurde dann ausgeweitet zu einer ausführlichen Erzählung. Diese Erzählung von der die Geschichte Israels begründenden Rettungstat Gottes liegt in den ersten Kapiteln des 2. Mosebuches, des Buches Exodus (Kapitel 1–14) vor. Von dieser Mitte her ist das ganze Werk des Pentateuch (der fünf Bücher Mose) aufgebaut. Dem Bericht von der Errettung am Schilfmeer (Kap. 14) folgt die Führung durch die Wüste und die Bewahrung in der Wüste, zunächst bis zum Sinai (Kap. 16–18). Ihm geht vorauf der Bericht von der Not, in die hinein die Botschaft von der Herausführung kam, verbunden mit einer Erzählung von dem Mann, der zum Mittler der Rettung wurde, Mose (Kap. 1–13). Die Führung durch die Wüste wird nach dem Aufbruch vom Sinai weiter erzählt in 4. Mose (Numeri) 10–32. Die Erzählung endet mit dem Tod des Mose, von dem im letzten Kapitel des 5. Buches Mose (Deuteronomium) berichtet wird. An zwei Stellen ist dieser Bericht unterbrochen. Die eine Unterbrechung stellt das Buch Leviticus (das 3. Buch Mose), die andere das Deuteronomium (das 5. Buch Mose) dar. Nachdem die Israeliten am Sinai angekommen sind, erhalten sie dort das Gesetz. Dieses besteht zunächst nur in den Zehn Geboten (Ex. 20). In Kap. 21–23 ist daran eine erste Gesetzessammlung angefügt, die in der Zeit bald nach der Landnahme entstand. Exodus 25 bis Numeri 10, also die letzten Kapitel des zweiten, das ganze dritte und die ersten Kapitel des vierten Mosebuches stellen eine zweite, große Gesetzessammlung dar, die einer viel späteren Zeit angehört. Das heißt also: So wie uns die fünf Mosebücher (der Pentateuch) jetzt überliefert sind, bilden der erste Teil des zweiten und der letzte Teil des vierten nur den erzählenden Rahmen einer großen Gesetzessammlung (in Exodus bis Numeri umfaßt die Erzählung etwa 40, die Gesetzgebung etwa 60 Kapitel), und es ist verständlich, daß der ganze Pentateuch in der jüdischen Tradition den Namen „das Gesetz" (die Tōrā) bekam.

Die andere Unterbrechung ist das 5. Mosebuch, das Deuteronomium. Es ist an der Stelle der Erzählung eingefügt, wo das Volk Israel nach der Eroberung des Ostjordanlandes vor dem Übergang des Jordan, also vor der Inbesitznahme des eigentlichen Kanaan, steht. Das ganze Deuteronomium — bis auf die letzten Kapitel — ist eine Rede, die Mose in dieser Stunde vor dem Jordanübergang an das Volk hält, eine Rede, in deren Mitte (Kap. 12—26) wiederum eine Gesetzessammlung steht, die das Volk an alles erinnert, was Gott an ihm getan hat, und es dringend zum Gehorsam und zum Bleiben bei dem *einen* Gott, der sie bis hierher gebracht hat, ermahnt. Dieses Buch ist nach der Meinung vieler Forscher die Einleitung des zweiten großen, auf den Pentateuch folgenden Geschichtswerkes, das die Bücher Josua bis II. Könige umfaßt und die Zeit von der Einwanderung in Kanaan bis zum babylonischen Exil beschreibt. Dadurch, daß diese Einleitung als 5. Buch Mose in den Pentateuch eingefügt wurde (es ist vor dem Bericht vom Tode Moses eingefügt, der jetzt am Ende des Deuteronomiums steht), sind diese beiden Geschichtswerke miteinander verklammert.

Klammern wir nun diese beiden großen Unterbrechungen zunächst einmal aus, so haben wir vor uns: im ersten Teil von Exodus (Kap. 1—20 mit 24 und 32—34) und im zweiten Teil von Numeri (Kap. 10—36 teilweise) den Israels Geschichte begründenden Bericht von der Errettung aus Ägypten, der Wüstenwanderung und dem Vordringen bis an den Jordan, wo Mose stirbt.

In diesem Bericht sind alle Grundelemente enthalten, aus denen das Drama der Geschichte Israels erwächst. Die Dramatik dieses Geschehens ergibt das Gegenüber des Volkes zu seinem Gott. Geschichte ist hier in einem Punkt wesentlich anders als das, was wir im 20. Jahrhundert als Geschichte bezeichnen: Gott ist ein Partner des Geschehens dieser Geschichte. Es wäre hier nicht möglich, dieses transzendente oder irrationale Element aus dem Geschehenden herauszulassen und die Geschichte ohne dieses darzustellen. Versuchte man es, so bliebe von diesem Abschnitt der Geschichte Israels nicht viel übrig; nicht mehr als einige vage Nachrichten, deren Zusammenhang und geschichtlicher Wert fraglich wäre. Eine Geschichte Israels, die in den Begriffen und Kategorien der modernen

Geschichtsschreibung denkt, beginnt eigentlich erst mit der Ansiedlung in Kanaan. Von da ab fügt sie sich auch erst greifbar der Geschichte seiner Umwelt, des Vorderen Orients, ein. Andererseits aber ist die hier beginnende historische Darstellung von der Besiedelung Kanaans über die Entstehung des Königtums bis zum babylonischen Exil nicht wirklich zu verstehen ohne das, was vorher geschehen ist. Nicht nur dieser erste Abschnitt von der Einwanderung in Kanaan, sondern die gesamte Geschichte Israels ist auf dem Fundament eines Bekenntnisses, eines Berichtes über ein Tun *Gottes,* erwachsen und nur von daher verständlich. Daß dieses Volk seinen Ursprung in einer Tat Gottes weiß, sein Land als seine Gabe, seinen Weg als seine Führung, sein Wachsen als seinen Segen und vor allem seine Katastrophen als sein Gericht, das läßt sich nicht einfach von dieser Geschichte abziehen und das übrige dann als historisch bezeichnen. Es sind zu viele Stellen, an denen das Gotteshandeln sich in geschichtlichen Einzelvorgängen niedergeschlagen hat, bei denen alle immanenten Erklärungen versagen. Daß es heute, vom Gottesvolk des Alten Testamentes herkommend, die Christenheit als ein historisches Faktum gibt und daß andererseits das jüdische Volk nicht zu existieren aufgehört hat, weist darauf hin, daß der Bericht des Alten Testaments noch etwas anderes bezeugt als die Historie eines Volkes unter den anderen Völkern. Dieser Bericht wird, solange Menschen da sind, die ihn hören, beachten und auslegen, die Frage wachhalten, ob die Geschichte von Gott abstrahieren, ob sie von Gott und seinem Tun absehen kann.

Auf diesem Hintergrund ist die Vorgeschichte des Volkes Israel zu hören, die Geschichte des wandernden Volkes. Der Aufbau des Buches Exodus stellt die Faktoren des Geschehens im Anfang der Volksgeschichte klar heraus. Die Darstellung setzt mit der Not der Knechtschaft in Ägypten ein und erzählt, wie es zur Rettung aus dieser Not kam (Kap. 1—14). Darauf folgt und dazu gehört die Führung und Bewahrung auf dem Weg (16—18), denn mit der Herausführung aus Ägypten war den Israeliten die Führung in ein neues, gutes Land versprochen worden. Aber dies ist nur die eine Seite des Geschehens. Es wäre nicht vollständig, wenn dabei die Reaktion derer fehlte, an denen das geschah. Diese Reaktion ist überall und zu allen Zeiten gleich: Der Gerettete möchte seinem Retter danken, und er möchte ihm etwas schenken. Die Antwort des Geretteten sucht ihren Ausdruck in einem Reden und in einem Tun. Unmittelbar auf den Bericht von der Rettung am Schilfmeer (Kap. 14) folgt das Loblied der Geretteten (Kap. 15), sein Kern ist das Mirjamlied (15,21):

Singet Jahwe, denn hoch hat er sich erhoben!
Roß und Reiter hat er ins Meer gestürzt!

Die andere Seite, die Antwort der Erretteten in einem Tun, besteht zunächst einfach darin, daß sie nun der Führung dessen, der ihnen geholfen hat, folgen. Das ist in Kap. 16—18 dargestellt. Aber damit ist es nicht getan. Die, denen so geholfen wurde, wollen ihrem Helfer über die Nachfolge, über den Weg hinaus dienen. Damit sie ihm aber dienen können, muß er ihnen seinen Willen offenbaren. Darin ist die Einschaltung des Sinai=Geschehens mit der Anfügung der Gesetzessammlung an dieser Stelle zu verstehen: Es ist eine notwendige Auswirkung der Rettungstat, daß die Befreiten ihrem Befreier in einem Tun antworten. Da sie aber nicht wissen, wie und wodurch sie ihm dienen können, muß er ihnen an dieser Stelle seine Gebote sagen. So ist es sinnvoll, wenn an dieser Stelle auch viel spätere Gesetzessammlungen ihren Platz bekamen.

Bis hierhin sind Gottes Tun und des Volkes Antwort einfach in ihrer Aufeinanderfolge dargestellt. In Kapitel 24 wird dies beides zusammengefügt zum Bund, den Gott mit dem Volk schließt. Aus den einzelnen Akten Gottes auf der einen, des Volkes auf der anderen Seite wird damit ein Stetiges, Dauerndes, eine Abmachung, die beide Seiten bindet. Was mit der Verheißung Gottes an die, die in ihrer Not zu ihm schrien, angefangen hatte, könnte mit dem Bundesschluß zum Abschluß gekommen sein. So könnte es nun stetig weiter gehen, ohne daß wesentlich Neues geschieht: Gott erweist sich seinem Volk weiter als der Rettende, Führende und Bewahrende; das Volk dient ihm in der Nachfolge und im Tun der Gebote, die Gott ihm gesagt hat.

Aber jetzt kommt etwas dazwischen. Unmittelbar auf den Bundesschluß folgt der Bruch dieses Bundes durch die Israeliten, die Geschichte vom Goldenen Kalb (Kap. 32—33), (dazwischen steht der Anfang der priesterlichen Gesetzessammlung, Kap. 25—31, die dann Kap. 35—40 fortgesetzt wird). Das Volk hält das Versprechen, Gott zu folgen, der es errettete, nicht.

Vielleicht spürt an dieser Stelle mancher Leser, daß ihm die Linie dieses Geschehens bekannt vorkommt. Es ist in der Tat in den Hauptzügen derselbe Vorgang, den Gen. 2 und 3 beschreiben. Und hier kann es nun deutlich werden: In der Geschichte, die dieses Volk gegenüber seinem Gott erfuhr, hat es die Linie gewonnen, die das Menschendasein zeichnet. Diese Geschichte von Adam und Eva im Garten Eden ist eine Spiegelung der Grundzüge geschichtlicher Erfahrung, die dieses Volk im Angesichte seines Gottes gewann. Was der Geschichte des Volkes sich eingeprägt hatte als gültig, als fundamental, als bestimmend, das wurde ausgeweitet auf die Existenz des Menschen überhaupt. An die Stelle der Rettungstat, die die Existenz des Volkes begründete, tritt die Erschaffung des Menschen; hinzu kommt hier wie dort die Bewahrung. Wie Gott dem Volk sein Gebot gibt, so gibt er es dem Menschen im Garten Eden. Hier wie dort wird das Gebot gebrochen und ist dieses Brechen des Gebotes im Grunde unerklärlich. Nun aber kommt das Entscheidende: Die Geschichte Gottes mit seinem Volk geht weiter trotz dieses Bruches, und gerade so handelt Gott weiter an dem Menschen, der sein Gebot gebrochen hat. In Ex. 34 ist dies so beschrieben, daß der Bund Gottes mit seinem Volk erneuert wird trotz des Zornes und des Gerichtes Gottes. Wenn irgendwo in der Bibel, dann ist hier ein großer, klarer Zusammenhang zu erkennen: Das Drama der Geschichte Israels ist in den Grundzügen das Drama des Menschengeschlechtes. Gott hat seine besondere Geschichte mit dem Volk Israel, aber es geht darin um das Ganze, um die Menschheit. Dieser Zusammenhang zeigt in eine ganz bestimmte Richtung: Israel ist wie der Mensch und der Mensch ist wie Israel, beiden gelingt der Gehorsam nicht. Die Geschichte des Menschen wie die Geschichte Israels ist darauf gegründet, daß Gott trotz ihres Ungehorsams an ihnen weiter handelt, daß er nicht an ihnen tut, wie sie verdient haben. Nachdem Adam und Eva das Gebot gebrochen und sich in ihrem Ungehorsam zu verstecken und die Schuld abzuwälzen versucht haben, gibt Gott ihnen Kleider, damit sie voreinander und vor ihm weiterleben können. Es ist dasselbe Geschehen, das in Ex. 32—34 am Volk Israel dargestellt ist, nachdem sie Gott ungehorsam wurden. Hier zeigt sich das Vergeben Gottes in der Erneuerung des Bundes. Die Israeliten werden diesen erneuerten Bund wieder brechen, so wie die Menschen, auch nachdem Gott ihnen die neue Möglichkeit des

Lebens gegeben hatte, wieder ungehorsam wurden. Aber die Tatsache des erneuerten Bundes weist auf eine Zukunft für die, denen der Gehorsam nicht gelingt: auf die Vergebung, die eine neue Lebensmöglichkeit eröffnet. Am Ende der Prophetie spricht der Prophet, der endgültig das nahe Gericht Gottes über den Restbestand des israelitischen Staates anzukündigen hat, von dem neuen Bund, einer Möglichkeit neuen Lebens jenseits der Katastrophe des Gottesgerichtes (Jer. 31,31), und was er hier sagt, ist im Kommen Jesu Christi verwirklicht, in dem „Neuen Testament in seinem Blut". Das Wort „Testament", das über das griechische diathēkē das alttestamentliche Wort für Bund (berīth) wiedergibt, ist das stärkste Zeugnis dieses Zusammenhanges. In der Geschichte, die auf die Zeit der Wanderung folgt, geschieht demgegenüber nichts grundlegend Neues mehr. Die großen Linien dieser Geschichte liegen mit dem, was das Buch Exodus darstellt, fest. Es folgen auf die Zeit der Wanderung noch drei große Epochen. Die erste umfaßt die Zeit vom Überschreiten des Jordan bis zur Entstehung des Königtums. Rückblickend ist der Rhythmus dieser Epoche (also hauptsächlich der Richterzeit) im 2. Kapitel des Richterbuches dargestellt. Wir werden dort finden, daß es die aus dem Buch Exodus vorgegebenen Akte sind, die auch diese Zeit bestimmen:

Das Volk schreit aus der Bedrückung zu Gott.

Gott hört es und sendet ihm einen Helfer.

Durch diesen Mittler wird das Volk befreit.

Das Volk antwortet im Lob und im Gehorsam.

Der Gehorsam hält nicht lange an, das Volk verläßt Gott.

Gott schreitet als Richter ein und bringt neue Not über das Volk. Natürlich ist dies eine nachträgliche Stilisierung und Systematisierung der Geschichte, die in Wirklichkeit niemals so schematisch ist. Aber damit ist — in noch unbeholfener Weise — rückblickend erkannt, daß in der Geschichte einer Gemeinschaft, die sich Gott gegenüber weiß, alles Geschehende in große, zusammenhängende Linien zu bringen ist, die aus sinnlos aufeinander folgenden, blind hingenommenen Ereignissen erst wirklich Geschichte erstehen lassen. Der mit den obigen Akten gezeichnete Kreis müßte aber zu einer Sinnlosigkeit des Ganzen führen, sofern die immer wieder den Gehorsam Verfehlenden nicht erwarten könnten, daß eine neue Tat Gottes eine neue Möglichkeit schaffen kann.

Die zweite Epoche ist die des Königtums. An die Stelle der immer neu in einer neuen Not erweckten Retter (die Richter) tritt die stetige, die staatliche Institution des Königtums. Der Rhythmus des Geschehens bleibt im wesentlichen der gleiche wie in der Richterzeit. Anders ist jetzt, daß die Reaktion, die Antwort auf Gottes rettende und bewahrende Taten an seinem Volk, geteilt ist: Es kommt hier nicht nur auf das Volk, sondern ebenso auf den König und seinen Gehorsam an. Der König entscheidet für das ganze Volk, so wirkt sich auch sein Ungehorsam auf das Ganze aus. Wendet der König sich von Gott ab, so wird seine politische Entscheidung zu einem neuen, das Gottesvolk gefährdenden Faktor. Deswegen tritt neben die Reihe der Könige die Reihe der Propheten, die in den hier drohenden Riß treten. Sie können nicht hindern, daß der Abfall von Gott in der Königszeit zur Katastrophe führt, aber in ihrer Ankündigung des Gerichts erreichen sie, daß der Glaube des Volkes an Gottes Tun nicht in die Katastrophe hineingerissen wird.

Das Gericht über den Ungehorsam des Volkes und seiner Könige bewirkt den völligen politischen Zusammenbruch, aber im Vollzug des Gerichtes sieht der letzte der Propheten hinüber zu einem neuen Bund. Hier ist die Parallele zu den Ereignissen im Buch Exodus besonders deutlich.

Die letzte Epoche, die mit dem babylonischen Exil einsetzt und bis zum Kommen Christi einerseits, der endgültigen Zerstörung Jerusalems andrerseits führt, hat keinen festen erkennbaren Rhythmus mehr. Israel ist eine Provinz, es hat keine eigene, geschlossene Geschichte mehr. Es ist eine Epoche des Wartens. Israel wartet auf einen neuen Bund, auf eine neue Errettung und auf einen neuen und anderen König, den Gesalbten Gottes. Daß die neue Errettung, der neue Retter und der neue Bund völlig anders sein werden als das in Israel bisher Geschehene, ist am klarsten von Deuterojesaja, dem Propheten des Exils, gesehen.

DAS WANDERNDE VOLK

Die beiden großen Nachbarreiche Israels, Ägypten und Assur-Babylon, sind seßhaft, solange wir sie kennen. Beide Reiche sahen, als Israel in Kanaan seßhaft wurde, schon auf eine Jahrtausende bestehende Kultur zurück. Schon die Sumerer, deren Kultur die altbabylonische ablöste, waren, soweit die Spuren zurückreichen, ein seßhaftes Volk. Die Ägypter in ihrem von beiden Seiten durch die Wüste abgeschlossenen Stromtal kennen Jahrtausende lang keine Wanderungen. Israel aber bewahrte die Traditionen von der Zeit seiner Wanderschaft als die seine Geschichte begründenden. In diesen Traditionen hielt es wesentliche, tiefgreifende Unterschiede gegenüber seinen Nachbarn wach.

Gerade darin hat das Alte Testament auch als geschichtliche Urkunde eine besondere Bedeutung. Es umgreift in der Darstellung der Geschichte dieses einen kleinen Volkes zwei große Menschheitsepochen. Es schildert, wie ein wanderndes Volk zu einem seßhaften Volk wird, einem Volk, das die Erfahrungen beider Epochen in sich vereinigt. Das ist für die Menschheit im gegenwärtigen Stadium von besonderer Bedeutung. Es ist ein Ergebnis der völkerkundlichen Arbeit der letzten Jahrzehnte, daß an sehr vielen Stellen auf der Erde der Ackerbaukultur eine Kultur der Jäger und Sammler voraufgegangen ist. Im Übergang von der einen zur anderen hat sich der Übergang zur Seßhaftigkeit vollzogen. Die meisten Kulturvölker haben, auch wenn sie noch in historischer Zeit Wanderungen unternommen haben, diese Zeiten vergessen und ihre Erfahrungen nicht bewahrt. Die seßhaften Kulturen streifen die harten Erfahrungen des Unterwegsseins nur zu bald ab.

Für die Menschheit als ganze ist die Epoche der Seßhaftigkeit heute in einer Wandlung begriffen. Ein großer Teil der Menschen ist nicht mehr im eigentlichen Sinn seßhaft. Es gibt heute wieder Nomaden, Nomaden der Maschine und Nomaden der Masse. Noch weiß niemand, wie sich dieses neue Nomadendasein entwickeln und auswirken wird. In dieser Situation wird besonders bedeutsam, was das Alte Testament von der Erfahrung eines Volkes sagt, das immer etwas vom Unterwegssein bewahrt hat. Den Hintergrund des Buches Exodus bilden die Pyramiden Ägyptens, die Sturmflut am Schilfmeer und der rauchende Vulkan in der Wüste.

Die elementarsten und gewaltigsten Naturvorgänge, Bauten, die
die Jahrtausende überdauert haben und bis in unsere Gegenwart
hinüberreichen — gerade dies alles ist geeignet, Szenerie für die
Geburtswehen des Volkes Israel zu werden. Die Geschichte beginnt damit, daß Menschen aus einer Bedrückung zu Gott rufen.
Die Urgeschichte Gen. 1—11 endet mit der Geschichte vom Turmbau zu Babel. Am Anfang der Volksgeschichte steht wieder ein
Bau. Einer der Pharaonen — es ist wahrscheinlich Ramses II., etwa
1292—1225, der Erbauer der Vorratsstädte Pithon und Ramses —
hat unter den Zehntausenden, die an seinen Bauten beschäftigt
sind, eine Gruppe israelitischer Arbeiter. Sie sind einmal bei einer
Hungersnot ins Land gekommen. Man weiß nicht mehr, warum
sie eine so verhältnismäßig geschlossene Gruppe mit einem so starken Gruppenbewußtsein sind. Sie interessieren den Pharao nur als
Arbeitskräfte. Es ist eine Situation, wie sie von einer gewissen Stufe
der Menschheitsgeschichte an durch alle sozialen und politischen
Wandlungen hindurch bis zum heutigen Tag mindestens sechs Jahrtausende lang niemals aufgehört hat: die Ausbeutung der Arbeitskraft von Menschen, die tief unten sind, durch einzelne oder eine
Gruppe, die oben ist. Der Grund dafür ist durch die Jahrtausende
immer der gleiche geblieben: die Bauten der großen Mächte. Ob es
sich dabei um Pyramiden, Weltstädte oder politische Systeme handelt, ist gleich. Es geht immer darum, „daß sie sich einen Namen
machen" oder daß die Spitze dieses Bauwerks in den Himmel
reiche. Und immer erfordert die Errichtung solcher Werke die Arbeit namenloser Massen, die im Prozeß solcher Bauten nichts sind
als Arbeitskraft, die „eingesetzt" wird. Begehren diese Arbeitskräfte gegen ihr Arbeitssklaventum auf, so werden immer die gleichen Methoden angewandt, wie sie im ersten Kapitel des Buches
Exodus beschrieben sind: Das Arbeitssoll wird erhöht und die
Versorgung erniedrigt.
Es ist von hoher Bedeutung für das Verstehen der Bibel im ganzen,
daß die den Grund für das Ganze bildende Befreiungstat Gottes
eine Not wendet, die wesentlich eine soziale Not ist, die Bedrük-
kung von Menschen durch Menschen. Es ist nicht nur bedeutsam
für das durch diese Befreiung entstandene Volk Israel. Wir werden noch sehen, daß Israel diesen Anfang niemals vergessen hat und
noch Jahrhunderte später seine sozialen Gebote so begründet:
„Denke daran, daß du Sklave in Ägypten gewesen bist!" Es ist

darüber hinaus bedeutsam für die Christenheit, zu deren Bibel das Alte Testament gehört. Das Volk Israel hat seinen ersten schweren und nie mehr geheilten Schlag dadurch bekommen, daß der Nachfolger Salomos die Dienstpflicht der israelitischen Bauern gegenüber dem König nicht mildern, sondern verschärfen wollte. Die Folge war die Trennung der Reiche. Wenn dann die beiden Teilreiche nacheinander zusammenbrachen, so war ein entscheidender Grund dafür die Mißachtung der sozialen Predigt der Propheten. Sie haben schließlich doch vergessen — und vor allem die Könige haben es vergessen —, was ihnen durch die Befreiung aus der ägyptischen Knechtschaft am Anfang gesagt worden war.

Es könnte sein, daß der schwerste Schlag, der die Christenheit im Lauf ihrer jetzt zweitausendjährigen Geschichte traf, damit zusammenhängt, daß sie die Bedrückung der Arbeiter im Entstehen des Industriezeitalters nicht ernst genommen, nicht wirklich im Licht der Bibel gesehen hat und andere aufstehen mußten, um dieser Bedrückung zu wehren. Es könnte andererseits sein, daß die bisherige Entwicklung des Sozialismus und Kommunismus auf die unbewältigten Aufgaben weist, für die allein in der Bibel die Fundamente und die Perspektiven zu finden sind. In der am Anfang des Buches Exodus berichteten Geschichte von einer Bedrückung ist besonders zu beachten, daß von den Israeliten unter dem wachsenden Druck kein Versuch von so etwas wie Revolution gemacht wird. Zu einer Wendung führen zwei sehr voneinander verschiedene Faktoren. Der eine ist die Lebenskraft dieser Gruppe. Dreimal heißt es in diesem Kapitel: Israel nahm zu. Die Ägypter müssen zu verzweifelten Maßnahmen greifen, um dieses Wachstum einzudämmen. Schließlich gibt der Pharao den Befehl, alle Knaben, die den Israeliten geboren werden, zu töten. Diese gleiche Maßnahme wird der Anlaß, daß dem Volk der Mittler der Rettung ersteht. Man denkt unwillkürlich an die Parallele im Neuen Testament, an den Kindermord zu Bethlehem. Hier wie dort wird mit dieser Geschichte gesagt: Wo Gott seinem Volk einen Retter erstehen lassen will, können alle Gewaltmaßnahmen der Mächtigen dies nicht verhindern. Dahinter aber steht noch ein anderer Zusammenhang: Jegliche Geschichte einer Rettung hat zur Voraussetzung, daß ein Kind geboren wird. Im Abrahamkreis war dies das Thema. Hier kehrt es wieder, nun aber nicht nur als ein Vorgang in der Familie wie in den Abrahamgeschichten, sondern als ein geschichtlicher Vorgang. Dem ägyptischen Weltreich mit seiner ganzen Machtfülle wird etwas scheinbar so Geringes entgegengestellt wie die Tatsache der nicht zu unterdrückenden Lebenskraft einer Gruppe von israelitischen Arbeitern, die dem Pharao einfach in ihrem Wachsen gefährlich zu werden drohen. Hier zeigt sich auf einmal, was der Segen, der den Vätern geschenkt, die Wachstumskraft, die ihnen verheißen war, bedeuten kann. An dieser Stelle eröffnet sich eine Perspektive für die Menschheit in unseren Tagen, die uns aufatmen läßt: Alle Veränderungen, die mit dem Menschen im technischen Zeitalter vor sich gehen, alles, was Menschen heute mit Menschen machen können, reicht nicht bis zur Quelle des Lebens, und es kann nichts daran ändern, daß Kinder geboren werden, die Gottes Geschöpfe sind. Dies ist es, was die Bibel Segen nennt: die Lebenskraft, deren Herr allein Gott bleibt und die von den Menschen weder ersetzt noch zerstört werden kann. Die Bibel hat den Gott zu verkünden, von dem sie sagt:

Der du die Menschen lässest sterben
und sprichst: Kommt wieder, Menschenkinder! (Ps. 90,3)

Der andere Faktor, der zu einer Wandlung führt, ist das Schreien der Bedrückten zu Gott. In einzigartiger Weise kommen hier am Anfang des Buches Exodus die beiden Weisen des Handelns Gottes zusammen, die dem Ganzen der Bibel zugrunde liegen: das Segnen und das Retten. Das Segnen ist ein noch vorpersönlicher Vorgang; es ist das, was Gott an allem Lebendigen, an aller Kreatur tut. Das Retten ist das spezifisch Menschliche, das es zu einem personalen Gegenüber von Gott und Mensch kommen läßt. Das Retten Gottes durch die ganze Bibel hindurch kann nur als ein zweiseitiger Vorgang, ein Vorgang im Gegenüber von Gott und Mensch, als ein dialogischer Vorgang beschrieben werden. Was „der Herr den Seinen im Schlaf gibt", ist nicht die Rettung oder das Heil, sondern der Segen. Gottes Rettung hat nie ein Schlafender empfangen. Als ein Korrespondenz-Verhältnis ist Gottes Rettung hier ganz am Anfang der Geschichte Gottes mit seinem Volk sofort daran zu erkennen, daß es hiermit anfängt: Die Unterdrückten schreien zu Gott. In diesem Schreien kommt die Not der Unterdrückten zu Wort. Diese Not am Anfang und das Rufen aus dieser Not ist wie ein Urdatum, es wird nicht mehr erklärt. Es ist damit ganz ähnlich wie mit dem Weinen des Kindes der vertriebenen Hagar in der Wüste (Gen. 21, 16—17):

Der Knabe begann laut zu weinen;
da hörte Gott die Stimme des Knaben ...

Dieses Schreien der bedrückten Arbeitssklaven in Ägypten hat noch nicht den Charakter der Umkehr; es steht noch nicht in der Kette von Schuld — Strafe — Rückkehr des Gestraften; es ist der bloße Aufschrei der gepeinigten Kreatur. Es gehört zum Wesen des Erbarmens Gottes mit seiner leidenden Kreatur, daß dieses Erbarmen ohne jede Erklärung bleibt und daß es Neues schafft. Es ist das gleiche Erbarmen, von dem Johannes 3,16 sagt, daß es Gott bewog, seinen Sohn für diese Welt zu geben. Es ist das gleiche Erbarmen, das die Kirche heute der Welt anzubieten hat, wo auch immer das Leid der gequälten Kreatur aufschreit.

Das also sind die beiden Faktoren, die hier zu einer Wandlung führen: der Segen und das Erbarmen. Beides kommt von Gott, und in beidem ist alles Tun Gottes an seinem Geschöpf gefaßt. Weitergeführt wird im folgenden nur die Geschichte der Rettung; das andere, die Geschichte des Segens, wird erst wieder bedeutsam und zum Thema werden, wo Israel in das neue Land gekommen ist und wo es darum gehen wird, ob die Geretteten ihrem Retter, ihrem Gott der Wüste, das gewandelte Dasein im neuen Land zutrauen, das vorher das Land anderer Götter, anderer Völker war. Erst im 5. Mosebuch wird der Begriff des Segens wieder in der Mitte stehen.

Das Erbarmen Gottes kommt zu den Menschen in ihrer Not zunächst nicht in einer Tat, sondern in einem Wort. Das erste, was in jenes Urdatum der Not hineinkommt, was aus einer anderen Dimension in sie hineinreicht, ist das Wort als Zuspruch. Die Geschichte der Rettung fängt mit der frohen Botschaft an. Es geht dem Rettenden nicht nur darum, daß der aus der Not Schreiende still werde; er will vielmehr, daß die Klage sich in Lob wandle. Darum zaubert er dem Leidenden das Leid nicht einfach weg, sondern er schafft eine persönliche Verbindung, er spricht zu ihm.

Rettung und Rettung kann etwas total Verschiedenes sein. Jeder Mensch erlebt — ob als einzelner oder einer Gemeinschaft zugehörig — das, was wir gemeinhin Rettung nennen. Das Erfahren von

Rettung aber ist fundamental verschieden, ob es als ein personales Geschehen oder unpersönlich erfahren wird. Ist das letztere der Fall, dann sagen wir: „Ich bin noch einmal davongekommen." Im Krieg gab es dafür gröbere Ausdrücke. Erfährt einer Rettung als ein persönliches Geschehen, so steht hinter der Erfahrung der Rettung für ihn ein Rettender, und dieser Rettende spricht zu ihm, und er wiederum kann zu dem Retter sprechen.

Wenn im Anfang des Buches Exodus berichtet wird, daß die Israeliten aus ihrer Not zu Gott schrien, daß er sie hörte und zu ihnen sprach: „Ich habe euer Schreien gehört, ich will euch helfen", so ist damit dieser persönliche Charakter der Rettung für die ganze Bibel Alten und Neuen Testamentes festgelegt. Rettung, Heil gibt es in der Bibel nur im Zusammenhang einer persönlichen Begegnung, einer Begegnung der Worte. Darum fängt die Geschichte des Heiles Gottes mit einer Botschaft an. In der Ankündigung tritt aus der als Rettung erfahrenen Geschichte, die auch anders erfahren werden könnte, das Angesicht Gottes, sieht den von der Angst Bedrängten an, und dem Urdatum der Not begegnet das Urdatum des Erbarmens Gottes in einem Wort, in dem die Rettung als schon geschehen vorausgenommen wird (Ex. 3,7): Ich habe gesehen . . ., gehört . . ., erkannt . . . Dies gilt von der Botschaft des Heils durch die ganze Bibel hindurch. In ihr wird weder ein Gottesgedanke (eine Gottesidee) noch eine Gesinnung Gottes verkündet, sondern ein Faktum. Schon die erste Ankündigung am Anfang der Geschichte Israels hat die Struktur des „Evangeliums". Sie ist von der gleichen Art wie die Botschaft der Engel an die Hirten in der Nacht der Geburt und die Predigt der Apostel nach der Auferstehung. Die ursprüngliche Verheißung in der Bibel ist die Heilszusage: Sie kündigt etwas Kommendes in der Weise an, daß sie dieses Kommende als bei Gott schon geschehen denen zusagt, denen die Botschaft gebracht wird. Hier, am Anfang der Geschichte Israels, begegnet sie zuerst, von hier aus zieht sie sich durch die ganze Bibel. Die Botschaft macht aus der Rettung ein Geschehen in der Zeit. Sie ist damit mehr als bloß die Erfahrung eines Augenblicks, also in diesem Fall der Stunde, in der die Fliehenden vor ihrem Verfolger entkamen. Sie verbindet nun zwei Zeitpunkte: die Stunde des Versprechens mit der Stunde der Auslösung, den Augenblick der Verheißung mit dem der Erfüllung. Das Schreien der Bedrückten fand einen Widerhall, die Zusage der Befreiung. Die Befreiten können nicht nur über die Hilfe in höchster Not jubeln, sie können bezeugen: Es ist uns geschehen, wie uns gesagt wurde. Sie sehen nun einen Zusammenhang; sie haben angefangen, Geschichte zu erleben.

Die Erfahrung der Rettung als Einlösung einer Zusage macht sie gleichzeitig bereit, dem Helfer ihre Zukunft anzuvertrauen. Mit dem Herausführen zugleich war ihnen versprochen worden, daß Gott sie in ein neues, gutes Land führen werde (Ex. 38); sie können nun dieser Zusage trauen und folgen dem Gott, der sie errettete. So schließt sich an die Geschichte von der Errettung die von der Führung und Bewahrung.

Zur Botschaft gehört der Bote, einer, der den Israeliten ankündigt, daß sie befreit werden sollen. Mit der Geschichte von der Rettung am Anfang des zweiten Mosebuches ist die Geschichte von dem Vermittler der Rettungsbotschaft berichtet. Von ihrem Einsatzpunkt war schon die Rede, und zwar dort, wo die Maßnahmen der Bedrückung zu ihrem Höhepunkt gekommen sind.

Was nun in den folgenden Kapiteln (2—6) von Mose erzählt ist, das können wir geschichtlich nicht nachprüfen; die Erzählungsweise ist eine vorgeschichtliche, und auch hier sind mehrere Erzählungsfäden miteinander verbunden. Darin ist es begründet, daß in den heutigen Darstellungen dieses Anfangs der Geschichte Israels die Gestalt Moses denkbar verschieden verstanden und bewertet wird. Einerseits wird er mit den stärksten Worten in seiner Bedeutung hervorgehoben, man nennt ihn Religionsgründer und sieht in ihm den großen Glaubensheros der israelitischen Frühzeit, andererseits bezweifelt man, ob er überhaupt eine geschichtliche Gestalt war, und versucht, die israelitische Frühzeit ganz ohne seine Persönlichkeit zu erklären. Dieses tiefe Auseinanderklaffen der Beurteilung dessen, was uns über Mose überliefert ist, muß uns vorsichtig machen. Man kann an der Tatsache nicht vorbeigehen, daß die Überlieferung von Mose in der Bibel einen wesentlich anderen Charakter hat als die Überlieferung von David. (So etwa, wie wir andere Überlieferungen von Karl dem Großen haben als von Dietrich von Bern.) Aus der Überlieferung von Mose läßt sich nicht einfach eine geschichtliche Darstellung aufbauen. Deshalb ist die größte Zurückhaltung wahrscheinlich die ehrlichste Haltung diesen Texten gegenüber. Eines aber scheint mir aus dem Zusammenhang der Mosegeschichten sicher geschlossen werden zu können:

Die dann folgende Geschichte könnte nicht so dargestellt sein, wie sie ist, wenn der Anfang nicht die Ankündigung der Rettung an die bedrückten Israeliten enthielte. Das Faktum der Rettung, das durch das ganze Alte Testament hindurch und in das Neue hinein immer wieder bezeugt wird und das mit größter Sicherheit als ein historisches Ereignis anzusehen ist, ist ohne die Ankündigung nicht vollständig. Es hätte ohne sie niemals diese geschichtliche Bedeutung bekommen können. Zu dieser Ankündigung aber gehört einer, der sie den Israeliten brachte. Der Wortcharakter der Rettung am Anfang (der von hier aus durch die ganze Bibel geht!) erfordert den Vermittler der Botschaft. Und wenn wir nur dieses eine sicher von Mose wüßten, daß er dieser Vermittelnde war, so genügte das schon, ihm eine entscheidende Bedeutung für die hier beginnende Geschichte zuzuerkennen. Nicht allerdings die Bedeutung eines Religionsstifters (dieser Begriff paßt überhaupt nicht zu dem in der Bibel Berichteten!) oder die eines Mannes hervorragender Leistungen im Sinn unserer abendländischen Wertungen, sondern die des Mannes, der in den Ereignissen, die Israel zum Volk machten, zwischen Gott und dem Volk stand. Aus diesem Anfang ergab sich von selbst, daß der Mittler Gottes Worte und Gottes Tun zugleich zu vermitteln hatte. Mose war nicht nur der Mittler der Rettungszusage, sondern dann auch der, durch den Gott sein Volk führte und bewahrte. So wie Rettung und Erhaltung am Anfang notwendig zusammengehörten, gehört auch ihre Vermittlung zusammen in dem Amt des einen, der dazwischenzustehen hatte. Es ist vor allem ein Zug in der Überlieferung von Mose, der diesen sich aus den Vorgängen ergebenden Charakter seines Amtes deutlich zeichnet und darum besonders glaubwürdig ist: Der Mose, von dem das Buch Exodus redet, hat Autorität allein als der das Reden Gottes und das Tun Gottes Vermittelnde; darüber hinaus hat er keine Spur von Autorität oder Geltung, von Würde oder Machtvollkommenheit. Die häufigsten und zugleich charakteristischsten Äußerungen dieses Mannes sind Klagen!
Deutlicher könnte es kaum zum Ausdruck kommen, daß dieser Mann Mose Mittler ist, daß er unter diesem Mittleramt mehr leidet, als daß es ihm Macht und Ehre einbrächte.
Es soll hier schon gezeigt werden, daß das Mittleramt im Alten Testament seine klar erkennbare Geschichte hat. Schon aus dieser Geschichte ergibt sich, daß eine Gestalt wie Mose im Anfang der

Volksgeschichte gefordert werden müßte, wenn sie uns nicht schon
überliefert wäre.

WÜSTENWANDERUNG: *Ein* Mittler des Wortes und der Tat zugleich

ANSIEDLUNG: Die Mittler der Tat (die Richter)

KÖNIGSZEIT: Die Mittler der Tat   Die Mittler des Wortes
                Die Könige   Die Propheten

EXIL: (Der Mittler im Leiden)

DIE ERFÜLLUNG: Ein Mittler des Wortes, der Tat und des Leidens zugleich.

Wie bei so vielen Männern der Bibel fängt die Geschichte des Mose
mit dem Scheitern eines eigenen Unternehmens an (der Name Mose
ist ägyptisch und bedeutet Sohn wie in dem Namen des Pharao
Tutmose = Sohn des Tot; der ägyptische Name spricht sowohl für
die Geschichtlichkeit Moses als dafür, daß er am Hof erzogen
wurde). Sein Versuch, selbst gegen die Bedrückung seiner Lands-
leute in Ägypten einzuschreiten, zwingt ihn zur Flucht. Mose wird
ein Hirt wie vor ihm Jakob und nach ihm David. Dabei wird er
berufen, so wie Amos von der Herde weg berufen wurde. Diese
für das ganze Alte Testament grundlegende Erzählung von der
Berufung des Mose Ex. 3,1–8 leitet eine Reihe von Berufungs-
geschichten durch das Alte und Neue Testament hindurch ein. Es
führt eine gerade Linie von ihr zur Berufung des Jesaja und zur
Berufung des Petrus. Die wesentlichen Züge in allen diesen Geschichten sind gleich. Das Ziel der Berufung ist die Sendung eines
einzelnen Menschen mit einem bestimmten Auftrag. Der Einsatzpunkt ist bei ihnen allen eine Begegnung mit dem Heiligen. Sie
ist nicht ein geistiger Vorgang, vielmehr sind die Sinne, meist Auge
und Ohr, daran beteiligt; alle sehen sie etwas und hören sie etwas,
oft ist von einer körperlichen Berührung berichtet. Die Berufung
ist einer der grundlegenden Vorgänge zwischen Gott und Mensch,
von denen die Bibel berichtet. Sie ist im eigentlichen, im wesentlichen Sinn Wunder. In das Leben eines Menschen auf unserer Erde
trifft ein Ruf aus einer anderen Dimension wie ein Blitz. Dieser
Ruf richtet im Leben des von ihm Getroffenen etwas an, er gibt
diesem Leben eine neue Richtung, stellt dieses Leben an ein Werk,
er wandelt das Geschick einer großen Gemeinschaft durch Tat und
Hingabe des Gerufenen. Der Ruf gibt zugleich dem Gerufenen
Fähigkeit, Mut und Standfestigkeit, die aus dem, was sonst sein
Leben formte, nicht zu erklären sind.

Was die Bibel Alten und Neuen Testamentes in den Berufungs-
geschichten von diesem Ruf sagt, von dem ein Mensch getroffen
wird, ist für unsere Welt von höchster Bedeutung. Ein solcher Ruf
richtet zweierlei aus: Er verbindet das Leben eines von Millionen
Menschen mit dem, von dem der Ruf kommt. Die Realität dieses
Rufes zeigt sich nicht in irgendwelchen mystischen Erlebnissen (sie
sind zu oft Ersatz des Rufes) oder in einem bloßen Bewußtsein, zu
Großem berufen zu sein, sondern in Entscheidungen, Handlungen,
den Weg eines Menschenkreises bestimmenden Taten. Entscheidend
für diese Taten ist, daß sie nicht zu eigener Ehre und nicht vom
Ich in letzter Instanz, sondern im Auftrag getan werden, im Auftrag eines, der selbst unbedingt letzte Instanz ist. Damit richtet der
Ruf zugleich ein anderes aus: Er gibt dem Leben des Gerufenen
Zusammenhang, Maß und Ziel. Nicht die Größe oder Sichtbarkeit
des Werkes, das er schaffte, macht den Sinn des Daseins des Gerufenen aus, sondern seine Bereitschaft, den Ruf anzunehmen, und
der Gehorsam, zu tun und zu sein, wozu er berufen ist.

Wie so viele derer, die Gott zu einem besonderen Auftrag rief,
wehrt sich Mose gegen den Ruf. Er hält Gott eine ganze Reihe von
Einwänden entgegen (3,9—15), die einzeln überwunden werden
müssen. Einer dieser Einwände ist: „Wenn sie mich nun fragen:
Wer hat dich gesandt? — was soll ich dann antworten?" Darauf
sagt ihm Gott seinen Namen in einer merkwürdigen Umschreibung:
„Ich bin, der ich bin." Der Sinn dieses Satzes ist nicht sicher, er ist
vielfältig gedeutet worden. Er könnte auch übersetzt werden: „Ich
werde sein, der ich sein werde." Offenbar soll der Satz sagen, was
dieser Gott für den bedeutet, der ihn anruft. Am nächsten liegt
der Sinn: Ich bin der, auf den man sich verlassen kann. Es kann
der andere Sinn dabei mitklingen: Ich bin der, der im Geheimnis
seines Seins bleibt und den niemand von außen fassen und begreifen kann. Vielleicht ist gerade dies Absicht, daß der Sinn des Satzes, in dem sich Gott hier dem Mose offenbart, nicht eindeutig fest-
zulegen ist. Aber der Satz ist nicht der Gottesname selbst, sondern
deutende Umschreibung des Namens. Der Name selbst, „Jahwe"
(Vers 15), ist ungedeutet bis auf den heutigen Tag. Es gibt eine
Fülle von Deutungsversuchen, keiner von ihnen konnte bisher
volle Sicherheit beanspruchen. Doch ist es ein wirklicher Name, ein
Eigenname wie Zeus oder Wotan oder Jupiter. Er entspricht nicht
genau unserem Begriff Gott (im Alten Testament elohim), auch

nicht unserem Begriff Herr (im Alten Testament adonaj), sondern eher einem Namen wie Jesus. Daß Gott im Alten Testament einen Eigennamen hat, verbindet die in diesem Buch berichtete Geschichte mit den Religionen der Menschheit; dieser Name ist einer unter einer Fülle von Götternamen, die über die ganze Erde hin angerufen werden. So wie der eine, durch den Gott sein Werk der Heilung der Welt tat, einen gewöhnlichen Menschennamen trägt: Jesus, so hat Gott sich seinem Volk am Anfang in einem Namen offenbart, der einer unter anderen ist. Er hat dem Mose nicht einen hohen Gottesbegriff gesagt, sondern einen gewöhnlichen Namen. Schon dieser Anfang der Offenbarung hat etwas von dem Herniedersteigen, von der Erniedrigung Gottes, die in Jesus Christus zu ihrem Ziel kam. Von daher ist es zu verstehen, daß die Israeliten in späterer Zeit diesen Namen nicht mehr auszusprechen wagten und stattdessen überall dort, wo im Text dieser Name Jahwe stand, „der Herr" sagten. Dadurch, daß den Konsonanten des Namens Jahwe die Vokale des Wortes für „Herr" untergelegt wurden, wurde von Späteren, die den Zusammenhang nicht mehr kannten, der Name „Jehova" ausgesprochen. Diese Aussprache beruht auf einem Irrtum, es hat sie in Israel nie gegeben.

Wie die Befreiung aus Ägypten im einzelnen vor sich ging, läßt sich aus der Erzählung nicht mit Sicherheit schließen. Sie enthält manche ungelöste Fragen und Widersprüche. Besonders schwierig ist für unser Verstehen die Darstellung der durch Mose im Kampf mit dem Pharao verursachten Wunder und Plagen in Ägypten in Exodus 7—11. Es wird gut sein, hier jede erzwungene Erklärung zu vermeiden und einfach zuzugeben, daß wir hier vor Rätseln stehen, die wir nicht mehr lösen können. Eine besondere Schwierigkeit liegt darin, daß nicht nur Mose die Fähigkeit hat, Wunder zu tun, sondern auch die ägyptischen Zauberer, nur daß sie dann bei der Steigerung der Wundertaten nicht mehr mitkommen. Wir können nur feststellen: Es liegt eine eigentümliche Parallelität darin, daß von dem Mittler des Alten wie dem des Neuen Bundes in besonderer, hervorgehobener Weise Wundertaten berichtet werden. Während aber die Wunder Jesu so gut wie ausschließlich helfend, heilend und fördernd sind, steht am Anfang des Wirkens Moses eine ganze Reihe *nur* schadender, zerstörender und Leid anrichtender Wunder; sie sind hier ausschließlich Waffe gegen den Feind des Gottesvolkes. Später erst, draußen in der Wüste, treten die dem

Volk helfenden, es erhaltenden und bewahrenden Wunder hinzu. Solche die Feinde des Gottesvolkes schädigende Wunder begegnen später noch gelegentlich, niemals aber in solcher Häufung wie hier am Anfang. Es ist darin begründet, daß die Israeliten hier in Ägypten ihren Feinden waffen- und wehrlos gegenüberstehen, daß sie selbst keinerlei Möglichkeit haben, an den Feinden irgend etwas auszurichten. Wie weit die in Kap. 7—11 beschriebenen Plagen, die alle nur denkbaren Schädigungen des Landes und des Volkes sammeln, sich wirklich ereignet haben, können wir nicht mehr sehen. Sie sind in einer Art dargestellt, die nicht in unserem Sinn geschichtlicher Bericht sein will und auch nicht so genommen werden darf. Wir können aber auch nicht einfach all diese Erzählungen für reine Phantasie erklären. Wir müssen uns hier damit abfinden, daß diese Kapitel der Mosegeschichte zu den uns jedenfalls bis jetzt dunklen Stellen der Bibel gehören, zu denen wir keinen Zugang mehr haben.

Die Darstellung der Befreiung aus Ägypten hat aber auch andere Züge, die uns durchaus verständlich sind. Als Mose nach seiner Berufung nach Ägypten zurückkehrt, um seinem Volk die Botschaft der Befreiung zu verkünden, versammelt er das Volk, sagt ihnen Gottes Worte und zeigt seine Vollmacht. Als Mose vor Gott gestanden hatte, hatte er gefragt: „Werden sie mir glauben?" Jetzt steht er seinen Leuten gegenüber und sagt es ihnen: „Der Herr hat sich Israels angenommen; er hat unser Elend angesehen!" Und die Reaktion des Volkes darauf ist so berichtet: „Sie verneigten sich und warfen sich nieder" (4,29—31). Hier zeigt es sich, warum die Rettung zunächst in einem Wort, in einer Ankündigung zu denen kommt, die gerettet werden sollen. Sie sollen selber ja dazu sagen. Hinter allem, was von jetzt an geschehen wird, steht dieses Ja zur Botschaft. Bei allem, was Gott mit den Menschen vorhat, was er an ihnen tut, wozu er sie ruft, will er das freie Ja. Hier zeigt sich ganz am Anfang der Geschichte Gottes mit seinem Volk, daß Gottes Wirken an den Menschen die Würde des Menschseins, den Adel der freien Entscheidung will. Er würdigt den Menschen echter Partnerschaft. Hier wird es ausgelegt, daß Gott den Menschen nach seinem Bilde schuf: Er hat ihn so geschaffen, daß er zu ihm ein freies, offenes Ja sprechen kann, und das läßt immer die andere Möglichkeit offen, daß er dieses Ja zu Gott verweigern kann. Genauso wird Josua am Ende des in dieser Stunde Beginnenden das Volk, nachdem es in das versprochene Land gekommen ist, noch einmal fragen: „Jetzt entscheidet euch, wem ihr fortan dienen wollt, dem Gott, der euch bis hierher geführt hat, oder den Göttern dieses neuen Landes, denen einmal eure Väter gedient haben!" Und genauso wird Jesus von Nazareth angesichts der vielen, die ihn verlassen, seine Jünger fragen: „Wollt ihr auch weggehen?" An jedem Wendepunkt des Weges, den Gott mit seinem Volk geht, steht in irgendeiner Form und immer wieder in gewandelter Situation die Frage, die eine freie Entscheidung will.

Gott will es so, obwohl er weiß, daß die Stunden kommen werden, in denen die freie Zustimmung zu Gottes Ruf ins Schwanken gerät, angefochten wird oder sogar zerbricht. Die Bibel sieht das in aller Nüchternheit, und auf die erste, freudige Zustimmung zu der Botschaft, die Mose brachte, folgt schnell der erste Rückschlag. Die erste Verhandlung Moses mit dem Pharao scheitert, sie hat nur schärfere Bedrückung der Israeliten zur Folge. Der Zorn der Geplagten und Geschlagenen richtet sich gegen Mose: Du hast dem Pharao die Waffen in die Hand gegeben, mit denen er uns trifft! Hier zum ersten Mal hören wir Worte aus dem Munde des Mose, wie sie uns dann immer wieder — bis zum Ende seines Wirkens — begegnen werden, Worte, vor denen wir erschrecken, Worte, nicht nur des Klagens, sondern der Anklage gegen Gott (Ex. 5,22—23):

> *Herr, warum handelst du so übel an deinem Volk?*
> *Warum hast du mich überhaupt gesandt?*
> *Seitdem ich zum Pharao gegangen bin,*
> *in deinem Namen zu reden,*
> *hat er an diesem Volk übel gehandelt;*
> *aber gerettet hast du dein Volk nicht!*

Mose steht allein und ohnmächtig zwischen Gott und dem Volk. Von seinen Volksgenossen wird er auf das schwerste angegriffen, von Gott fühlt er sich allein gelassen. Wenn er sich aus dieser hoffnungslosen Einsamkeit und Ohnmacht zu Gott wendet und zu ihm redet, so ist dieses Reden etwas wesentlich anderes als das, was wir unter Gebet verstehen; unsere Maßstäbe versagen hier. Es ist ein Reden zu Gott in einer Leidenschaft, in einer Unmittelbarkeit und Bewegtheit, das wir erst einmal ohne alle Beurteilung auf uns wirken lassen sollten. Etwas, meine ich, wird dabei ganz klar: Hier

weiß sich ein Mensch wirklich und direkt Gott gegenüber, hier
wird Gott wirklich ernst genommen! Die Anklage Gottes, die hier
zum ersten Mal deutlich begegnet, hat in der Bibel eine gar nicht
zu übersehende Bedeutung. Wir treffen sie vielfach in den Klagen
des Volkes, in den Klagepsalmen des einzelnen, und als solche hat
sie ihre gewaltige Ausprägung im Hiobbuch gefunden. Daneben
zieht sich durch die ganze Bibel die besondere Anklage Gottes, die
der zum Mittler Berufene aus der Not seines Amtes erhebt. Da
führt eine Linie von der Klage des Mose über die Klage der Propheten bis zu Jeremia, bei dem sie eine besonders starke, erschütternde Gestalt annimmt, bis hin schließlich zu dem Schrei des Heilandes am Kreuz. Diese Klage des Mittlers von Mose an durch die
Bibel hindurch ist ein starkes und klares Zeichen dafür, daß die Berufungen nicht Phantasie oder religiöse Überspanntheit, sondern
harte Wirklichkeit waren, die den Berufenen auf einen Weg schickte,
den er sich gewiß nicht selbst ausgesucht oder ausgedacht hatte.
Wenn irgendwo, dann spüren wir in diesen Worten der Klage und
Anklage der Gerufenen das Gegenüber dessen, zu dem sie aus Einsamkeit und Ohnmacht aufsteigen. Darüber hinaus aber kann uns
diese sich durch die Bibel hindurchziehende Linie die Illusion zerreißen, als könne ein Mensch, der sein Leben mit Gott zu leben
bereit ist, immer fromm, immer demütig und immer geduldig sein.
Wo Gottes Worte in ein Menschenleben hineinreichen und ernst
genommen werden, da muß es Kämpfe geben, da muß es auch Aufbegehren und Unterliegen, da muß es Zweifel und Anfechtung
geben. Was beim Scheitern der ersten Verhandlung mit dem
Pharao begann, geht weiter, nachdem das Volk aus Ägypten ausgezogen ist und den ersten Schritt in die Freiheit getan hat. In dem
Augenblick, in dem die Ausziehenden sich verfolgt sehen, ist die
Auflehnung gegen Mose wieder da, wieder ist Mose angesichts der
tödlichen Bedrohung allein zwischen Gott und Volk und schreit
zu ihm.
Das Wunder, das die Geschichte des Volkes begründet, geschieht
angesichts des meuternden Volkes und des einsam zu Gott schreien-
den Mittlers. Aber es geschieht. Wenn wir von der Rettung der
Israeliten am Schilfmeer als von einem Wunder sprechen, dürfen
wir das nicht nach unserem modernen Wunderbegriff verstehen.
Die Israeliten haben damals ihren Durchzug durch das Bett des
Meeresarmes und die Vernichtung der sie Verfolgenden an der

gleichen Stelle, wo sie durchgezogen waren, nicht als ein Geschehen gegen die Naturgesetze verstanden, weil sie Begriff und Vorstellung eines Naturgesetzes nicht hatten. Für sie war entscheidend, daß das Meer in dem Augenblick zurücktrat, in dem sie in höchster Lebensgefahr waren, daß es die Ägypter wegriß in dem Augenblick, als sie die fliehenden Israeliten fast erreicht hatten. Ob es sich um einen natürlichen oder einen „übernatürlichen" Vorgang handelte, ist für die Bedeutung, die diese grundlegende Rettungstat Gottes dann bekam, ganz unwesentlich. Wesentlich war, daß Gott hier handelte, daß er seine Zusage der Rettung einlöste, daß er in höchster Not als der Rettende zugegen war.

So setzt denn — es kann gar nicht anders sein — an dieser Stelle das Gotteslob ein, das Lied, das den Retter preist (15,1 und 21):

> *Singet dem Herrn, denn hoch hat er sich erhoben,*
> *Roß und Reiter hat er ins Meer gestürzt.*

Mit diesem Lied von Gottes Rettungstat in höchster Not setzt die Geschichtsdarstellung des israelitischen Volkes ein. Dies bleibt trotz allem und allem, was noch geschehen wird, der Grundakkord. Israel hat Gott als seinen Retter erfahren, wie er es zugesagt hatte. Das vergißt es nun niemals wieder. Daran kann sich das Volk, daran kann sich ein einzelner in tiefster Verzweiflung noch erinnern: „Unsere Väter hofften auf dich, und du hast ihnen geholfen." Das Bekenntnis zu dem, „der uns aus Ägypten herausgeführt hat", breitet sich von dieser Stunde an aus über alles Reden zu diesem Gott und alles Rufen zu ihm durch viele Jahrhunderte. Die Botschaft des Alten ist wie die des Neuen Testamentes in ihrem Ursprung und ihrem Kern eine Botschaft von der Rettung und von dem Retter. *Alles* Reden von Gott und *alles* Rufen zu ihm geht schließlich zurück auf das eine feste und unerschütterliche Faktum am Anfang: Er hat uns gerettet.

DER WEG DURCH DIE WÜSTE

Umständlich und eigentlich recht unpassend in der Hochspannung vor dem Auszug aus Ägypten wird die Einsetzung des Passahfestes erzählt (12—13). Das Passah ist wahrscheinlich ein uraltes, vorisraelitisches Hirtenfest. Im Zusammenhang mit dem Auszug aus Ägypten wird es ein ganz und gar neues und anderes Fest. Ein Fest der Natur wird zum Fest der Geschichte, das Fest des Kreislaufs zum Gedenktage an ein einmaliges Ereignis. Die Gebräuche des Festes, die sicher einmal einen ganz anderen Sinn hatten, werden auf das engste mit den Ereignissen des Auszuges verbunden. Das Fest soll sie immer wieder daran erinnern, wie es damals war: „So sollt ihr es essen: die Lenden gegürtet, die Schuhe an den Füßen und den Stab in der Hand. Ihr sollt es essen als die Hinwegeilenden, denn es ist des Herrn Passah!" Die regelmäßig wiederkehrenden Feste sind immer und überall Ausdruck der Seßhaftigkeit. Hier ist einmal diese Grundregel durchbrochen: Das Fest, und zwar das Hauptfest Israels, soll immer neu an den Aufbruch erinnern und — darüber hinaus — zum Aufbruch bereit machen. Als die aus der Seßhaftigkeit Aufbrechenden, die Fleischtöpfe Ägyptens Verlassenden haben die Israeliten dieses Fest zum ersten Mal gefeiert. Es ist niemals ausgeschlossen, daß Gott sie zu einem neuen Aufbruch ruft. Sie sollen nie vergessen, daß zu ihrer Geschichte mit Gott nicht nur die Seßhaftigkeit, nicht nur die Ruhe des sicheren Wohnens gehört, sondern auch das andere: der Aufbruch in die Wüste, in das gänzlich Ungewisse, in das harte Dasein der Wandernden. Diese mit dem Fest des Passah verbundene Erinnerung an den Aufbruch: „Ihr sollt es essen als die Hinwegeilenden" hat wesentlich dazu geholfen, daß die Israeliten die harte Frühzeit des Weges durch die Wüste als ein Stück der zu ihnen gehörenden Vergangenheit bewahrten, aber auch dazu, daß die jahrhundertelang Seßhaften die Möglichkeit eines neuen Aufbruches in eine andere Wüste niemals ganz aus den Augen verloren.

Man kann dann erwarten, daß das von der Wüstenwanderung Weitergegebene für das Leben des Volkes eine grundlegende Bedeutung hat. Der Bericht von der Wüstenwanderung umrahmt die große Einschaltung der Gesetze, er umfaßt Ex. 16—18 und Num. 10—36. Liest man den Bericht einmal in einem Zug, so drängt sich die starke und bewußte Eintönigkeit in den Themen dieses Berichtes auf. Es geht immer wieder um dasselbe: Hunger, Durst, Müdigkeit. Daneben wird auch schon von Zusammentreffen mit Feinden erzählt, aber diese Kämpfe stehen noch am Rande, sie werden erst im nächsten Abschnitt in die Mitte treten. Immer wieder wird erzählt, daß das wandernde Volk nahe am Verhungern ist, daß es vor Durst verschmachtet, daß es vor Müdigkeit nicht mehr weiter kann. Und jedesmal geschieht dann etwas, das den Weiterweg dennoch ermöglicht. Es sei mir erlaubt, hier einmal persönlich zu sprechen: Ich habe diese Teile des Alten Testamentes, diesen Abschnitt der Geschichte Gottes mit seinem Volk erst nach dem Erleben des letzten Krieges und der anschließenden Gefangenschaft verstanden. Und es liegt mir sehr viel daran, etwas von dem hier Verstandenen weiterzugeben.

Wir haben zu lange das Wirken Gottes und das Reden von Gott von der Wirklichkeit abgezogen, da wo sie am härtesten und brutalsten ist. Wir haben zu lange so von Gott geredet, wie man auf einer Kanzel reden und von einer Kirchenbank es sich anhören kann, wie man in einem Vortragssaal oder in einem Buch reden kann, wie aber niemals geredet wird, wo man hungert und dürstet und zu Tode erschöpft ist. Ich möchte dies hier mit allem Nachdruck und auf die Gefahr eines Mißverständnisses hin sagen: Wo man hungert und dürstet und zu Tode erschöpft ist, hört jegliches theoretische Reden von Gott oder Nachdenken über Gott auf. Hier hält nur stand, was dem Elementaren dieser Nöte gewachsen ist. Sehr viele von den theologischen Problemen, die für einen Menschen in Ruhe an einem Tisch, in einem warmen Zimmer und zwischen sicheren Mahlzeiten sehr wichtig sein können, lösen sich da in nichts auf. Wichtig bleibt hier allein die Wirklichkeit des wirkenden Gottes, aber nicht auf einer höheren Ebene jenseits dessen, was ich durchzustehen habe, sondern *im* Hunger des Hungrigen, *im* Dürsten des Durstigen, *im* Stumpfwerden des Übermüdeten. Da geht es niemals ohne Murren ab. Man kann es dem Verdurstenden nicht verdenken, wenn er stöhnt, dem Zusammenbrechenden nicht, daß er verzweifelt. So sind denn diese Geschichten vom Weg durch die Wüste durchsetzt vom Murren, Klagen, Anklagen. Wie haben wir in den Gefangenenlagern die Sehnsucht nach den „Fleischtöpfen Ägyptens" kennengelernt! Uns ist das Lächeln darüber vergangen. Ich sehe noch die beiden Landser vor mir, die durch den schmutzigen Sand des Lagers stiefeln und mit geradezu verklärten Gesichtern von den Mahlzeiten zu Hause erzählen. Man kann das alles wohl nicht verstehen, wenn man es nicht selbst durchgemacht hat. Und viele haben es zu schnell wieder vergessen. Nicht so schnell werden es die vergessen, die dort draußen in den brutalen, elementaren Nöten ein Stück Brot oder einen Teller Suppe als Bewahrung vor dem Verschmachten und gerade so als Gottes Bewahren erfahren haben. Sie haben begriffen, was es war, das die Israeliten die Zeit in der Wüste niemals vergessen ließ.

Es ist ein ganz einfacher Unterschied, aber er läßt sich theoretisch nicht verstehen. Gott kann Menschen auf zwei verschiedene Weisen am Leben erhalten. Die normale Weise in normalen Zeiten ist die, daß er ihnen das Korn wachsen, die Früchte gedeihen, die Tiere zur Nahrung zeugen und aufwachsen läßt. Das ist der Weg des Segens. Davon hörten wir in den Vätergeschichten. Dann aber gibt es die andere Möglichkeit: das Erhalten Gottes in der Wüste dieser Erde, dort, wo die Äcker und Wiesen des Segens ferne sind. Dieses Erhalten ist eigentlich eine Kette von Rettungen. Das wissen die, die am Morgen fragen: „Wo werde ich heute nacht schlafen?", die nicht sehen, wovon sie die nächste Mahlzeit bestreiten sollen, die vom Essen träumen und sich erschöpft auf einen Lehmfußboden zum Schlafen niederlegen. Wer aber dieses rettende Erhalten Gottes nicht kennt, der kennt auch Gott nicht wirklich. Die Israeliten haben auf dem Weg durch die Wüste gegen Gott rebelliert und ihre Befreiung aus Ägypten verflucht. Sie haben den Zorn ihrer Verzweiflung an Mose ausgelassen und wollten so manches Mal wieder zurück. Und dennoch: Auf diesem Weg durch die Wüste sind sie Gott begegnet, so daß sie dies niemals später in den besseren Zeiten vergessen konnten. Und wiederum — wie bei der Rettung am Anfang — blieb dies das Stärkere: Gott hat geholfen. Und wenn es wieder einmal bis zum Äußersten kam — dann, gerade dann geschah das Wunder: das Wasser aus dem Felsen, die Wachteln, das Man.

Nachdem die Israeliten vom Sinai aufgebrochen waren, wie es am Ende von Numeri 10 beschrieben ist, geschah auf dem Weiterweg nichts anderes, als beim Aufbruch aus Ägypten geschehen war. Das 11. Kapitel beginnt: „Das Volk aber murrte...", und nun geht es so weiter, wie es von Anfang an gegangen war, aber in der Klage des Volkes ist ein sehr bezeichnender neuer Ton. Sie haben nun zwar das Man, aber es ist immer dasselbe, und es ist ihnen allmählich über geworden. Was ihnen einmal die ihr Leben bewahrende Gottesgabe gewesen war, das ist nun die zu eintönige Kost, deren sie überdrüssig sind. Statt dieser rettenden Gottestat zu gedenken, heißt es nun: „Hätten wir doch Fleisch zu essen! Wir gedenken der Fische, die wir in Ägypten umsonst aßen, der Gurken, der Melonen, des Lauchs, der Zwiebeln und des Knoblauchs. Und nun verschmachten wir; es ist nichts da; nichts als das Manna bekommen wir zu sehen!"

An dieser Stelle wird das Manna oder Man beschrieben: „Das Manna war wie Koriandersamen und sah aus wie Bdellionharz." Es ist nicht sicher, was es eigentlich war; es wird entweder eine pflanzliche oder tierische (von Blattläusen) Ausscheidung oder der Same einer Baumfrucht angenommen, der vom Wind über eine weite Strecke getragen werden kann. Jedenfalls ist hier, wie diese Erzählung zeigt, ein Produkt der Natur gemeint.

Nun erhebt sich die Klage des Mose, den das Murren des Volkes trifft. Man spürt den Worten an, daß er trotz seines Zornes über dieses Murren etwas Berechtigtes darin anerkennt. Es sind erschütternde Worte (Num. 11,11—15):

Warum tust du so übel an deinem Knecht?
Und warum finde ich nicht Gnade vor deinen Augen,
daß du mir die Last dieses ganzen Volkes auflegst?
Habe denn ich dieses ganze Volk empfangen,
oder habe ich es geboren, daß du mir sagst:
Trag es an deinem Busen,
wie die Wärterin den Säugling trägt,
in das Land, das du seinen Vätern geschworen hast!
Woher nehme ich Fleisch für dieses ganze Volk?
Denn sie wehklagen vor mir und sprechen:
    Gib uns Fleisch zu essen!
Ich vermag dieses ganze Volk nicht zu tragen;
    es ist mir zu schwer.
Wenn es so bleibt — so töte mich lieber,
wenn ich anders Gnade in deinen Augen gefunden habe,
damit ich mein Elend nicht länger ansehen muß.

In diesen Worten ist zum ersten Mal in der Bibel die Verantwortung eines Leitenden, man kann auch sagen: politische Verantwortung zum Ausdruck gebracht. Zu einem Ausdruck, der bis in unsere Gegenwart die Grundzüge politischer Verantwortung zeigt. Wer diesen schmalen Grat zwischen dem Murren des Volkes, das es besser haben will (es will nicht Brot, sondern Fleisch, es will den höheren Lebensstandard), und dem Auftrag, der die Zukunft im Auge haben muß, nicht kennt und wer niemals, zwischen beiden hin- und hergerissen, die Last der Verantwortung für ein Volk als eine eigentlich für einen Menschen zu schwere Last empfand, der weiß noch nicht, was politische Verantwortung ist. Etwas in diesem Wort des Mose erinnert deutlich an die Vätergeschichte: Die Worte der Klage deuten an, daß die Aufgabe des (politisch) Leitenden eigentlich von der Aufgabe der Eltern herkommt. In den Josefgeschichten wird alle politische Autorität von der Autorität der Eltern abgeleitet. Hier klagt Mose: Ich bin doch nicht der Vater des ganzen Volkes, daß mir diese Last zugemutet wird! Man ahnt hinter diesem Wort der Klage einen Vorgang von geschichtlicher Bedeutung: den Übergang von der Sippe, die als Haupt den Ältesten, den Vater, hat, zur Gruppe in der Bewegung, die eine neue, anders geartete Leitung braucht: den Führer, der die größer gewordene Gruppe vieler Sippen zu einem Ziel bringen muß. Noch etwas anderes ist an diesen Worten wichtig. Mose ist von der Last seines Amtes so niedergepreßt, daß er glaubt, es unter dieser Last nicht mehr aushalten zu können. Laß mich dann doch lieber sterben, bittet er Gott. In diesen verzweifelten Worten kündet sich etwas ganz Neues an: Hier ersehnt sich ein Mann den Tod nicht aus irgendwelchen persönlichen Gründen, sondern weil die ihm aufgelegte Last seines Amtes ihm unerträglich schwer wird. Es zeigt sich die erste Ahnung davon, daß ein Mensch um eines Amtes an den anderen willen unter Umständen sterben muß. Es ist noch gar keine Spur davon, daß dies ein Sterben *für* die anderen wäre; aber es taucht die erste Ahnung davon auf, daß eine Aufgabe am Ganzen an die Grenze des Todes stößt. Wir werden an diese Stelle zurückdenken, wenn wir am Ende der mit der Rettung aus Ägypten beginnenden Geschichte von dem Knecht Gottes (so wird auch Mose genannt!) hören, von dem es heißt: „Die Strafe liegt auf ihm, auf daß wir Frieden hätten." Diese nur ganz von fern angedeutete Entsprechung zwischen der Klage des Mose, des Knechtes Gottes am Anfang, und dem Leiden des Knechtes Gottes am Ende ist nicht zufällig, es sind Stationen auf demselben Weg.

Derselbe Anlaß, das Murren des Volkes über die eintönige und karge Nahrung der Wüste, hat ein anderes Mal eine Strafe Gottes zur Folge, eine Schlangenplage (Num. 21). Wieder ist Mose in der

Mitte. Die Leute kommen reumütig zu ihm und bitten ihn, bei Gott für sie einzutreten, daß die Plage aufhöre. Und Mose tritt für die Ungehorsamen bei Gott ein. Es geht nun aber nicht so weiter, wie das nach der anderen Geschichte des Wüstenweges zu erwarten wäre, daß nämlich Gott sich von Mose erbitten läßt und die Plage entfernt. Gott läßt vielmehr den Mose eine eherne Schlange, einen ehernen Seraph, herstellen und sie an einer Stange befestigen. Wer die eherne Schlange ansah, blieb trotz der Schlangenbisse am Leben. Eine Wandlung im rettenden und bewahrenden Handeln Gottes am Volk deutet sich hier an: Die bewahrende Tat geschieht nicht einfach automatisch für alle (wie z. B. bei der Gabe des Man), es wird vielmehr von den einzelnen, die von der Plage getroffen sind, verlangt, daß sie dem von Gott durch Mose aufgerichteten Zeichen zutrauen, daß es sie vor dem Tod bewahren kann. Die Heilstat Gottes, die in der Frühzeit durchweg am Volksganzen geschieht und an der jeder teilhat, sofern er zum Volk gehört, ist hier zum ersten Mal auf den einzelnen hin gewandt. Zum ersten Mal ist die Möglichkeit angedeutet, daß an Gottes Heilstaten eine Scheidung *im* Volk entsteht: Sie können angenommen, sie können abgewiesen werden. Erst bei den Propheten wird diese Linie weitergeführt werden, besonders deutlich bei Jesaja in der Forderung des Glaubens. — Diese Möglichkeit einer Scheidung innerhalb des Gottesvolkes ist damit gegeben, daß Gottes Hilfe nicht direkt (in der Vertilgung aller Schlangen), sondern indirekt auf dem Wege eines Zeichens zum Volk kommt. Das Zeichen, die eherne Schlange, *ist* nicht selbst die Hilfe. Es ist diesem Zeichen nicht ohne weiteres anzusehen, was es vermag; die Hilfe Gottes ist in ihm verborgen. So verstanden ist die Aufnahme dieser Geschichte von der ehernen Schlange im Neuen Testament durchaus sinnvoll (Joh. 3,14): Das in Jesus von Nazareth der Welt angebotene Heil ist in seiner Person verborgen; die Königsherrschaft, die er bringt, ist eine in Armut und Ohnmacht verborgene. Er kann nur darauf hinweisen, und die ihm begegnen, sind gefragt, ob sie Gott zutrauen, auf *diese* Weise, durch *diesen* Jesus von Nazareth und durch sein Leiden am Kreuz der Welt zu helfen.

Es ist wichtig, daß die Frage an den einzelnen Menschen, ob er dem, was Gott in seinem Heilswerk tut, glauben kann oder nicht, schon in der Frühzeit Israels, schon in der Wüstenwanderung verankert wird. Sie wird von hier an durch die ganze Bibel gehen:

Wie Mose in der Wüste die Schlange erhöhte,
so muß der Sohn des Menschen erhöht werden,
damit jeder, der glaubt, in ihm ewiges Licht habe.

KAMPF UM DAS VERHEISSENE LAND;
DIE BÜCHER JOSUA UND RICHTER

Als den Israeliten die Herausführung aus Ägypten zugesagt wurde, war ihnen zugleich eine neue Heimat verheißen worden, „ein gutes und schönes Land, ein Land, darinnen Milch und Honig fließt". Dies ist wahrhaftig keine objektive Beschreibung Palästinas. Es war damals klimatisch günstiger gelegen, weil es mehr Wälder hatte als heute, aber es war auch damals ein karges, ein ganz armes Land. Ein „Land, darinnen Milch und Honig fließt", ist es im Blick derer in der Wüste, so wie ein armseliges Zimmer dem Mann, der im Gefangenenlager sitzt, in verklärter Schönheit erscheint. Wenn die Israeliten diese Bezeichnung der Sehnsucht bewahrt haben und sie auch im Bekenntnis der Seßhaftgewordenen weiter gebrauchen, so ist auch dies ein Zeichen, daß sie nie vergaßen, wie dieses Land von draußen aussah, von dort, wo man hungerte und dürstete. Dieses verheißene Land wartete nicht auf die ankommenden Stämme Israels wie der Garten, den Gott am Anfang für die Menschen bereitet hatte und in den er sie setzte. Das Land war schon besetzt, es mußte erst erkämpft werden. Diese Tatsache, daß die Israeliten im Augenblick, in dem sie vor dem gelobten Land ankamen, keineswegs in dem Sinn am Ziel waren, daß es nun nur noch eines Sich-Niederlassens in dem ihnen ja von Gott versprochenen Land bedurft hätte, sondern daß nun das Schwerste erst kam, gilt von dieser ersten großen Verheißung an für alle Verheißungen Gottes, solange wir noch auf der Erde sind. Keine Verheißung Gottes versetzt in das Paradies zurück. Als die Israeliten von den Ägyptern errettet waren, fanden sie sich in der Wüste vor; als Jesus von Nazareth das Werk der Erlösung vollbracht hatte, gestorben und auferstanden war, fanden sich seine Jünger in Angst und Ratlosigkeit. Als die Israeliten vor dem Jordan ankamen, war ihnen das gelobte Land verschlossen und unzugänglich.
Es hat viele Generationen gedauert, eine Zeit von wahrscheinlich zweihundert Jahren, bis die Israeliten in Palästina einen Staat

bilden konnten. Schließlich ist es also doch so gekommen, daß Israel das Land besaß. Dieses Endergebnis einer langen, von vielen Rückschlägen, von vielen schweren Bedrohungen und nur ganz langsamen Fortschritten bestimmten Zeit ist der späteren Darstellung dieses Zeitabschnittes das überragend Wichtige gewesen: Es ist schließlich doch unser Land geworden! Von diesem Endergebnis her ist der Bericht von der „Landnahme" Israels geformt worden. Das Buch Josua stellt sie so dar, als sei die Gesamtheit der israelitischen Stämme von Moab aus nach Überschreiten des Jordans und der Eroberung Jerichos zur Einnahme des Landes geschritten und habe nach einer großen Schlacht bei Gibeon (Kap. 10) den gesamten Süden, nach einer großen Schlacht bei den Wassern von Merōm (Kap. 11) den gesamten Norden des Landes in Besitz genommen. Danach sei das gesamte Land von Josua durch das Los an die Stämme verteilt worden (Kap. 13—21). Das Buch schließt, nachdem die zweieinhalb Stämme, deren Sitze im Ostjordanland waren, wieder dorthin zurückgekehrt waren, mit einer Mahnrede Josuas an ganz Israel (Kap. 23) und dem Bundesschluß zu Sichem. Dies ist einer der wichtigsten Zusammenhänge im Alten Testament, wo die Forschung der letzten Jahrzehnte zu dem fast einmütigen Schluß gekommen ist, daß die Darstellung aus dem Ergebnis erwachsen ist und dabei die Linien des Geschehens so vereinfacht und abkürzt, daß wir den wirklichen Hergang darin nicht mehr erkennen können.

Es gibt nun neben dem Buch Josua noch eine andere Darstellung der Landnahme der Israeliten im Alten Testament, das erste Kapitel des Richterbuches. Es ist nur eine sehr abgekürzte und durchaus fragmentarische Darstellung; sie klingt wie der Auszug eines Berichtes, der einmal in einer sehr viel breiteren und ausführlicheren Form bestanden haben muß. Vergleicht man nun diesen Abriß in Richter 1 mit der Darstellung des Josuabuches, so muß eigentlich jeder Leser spüren, daß er sehr anders klingt. Hier geht es ganz und gar nicht von Erfolg zu Erfolg, sondern die Einnahme des Landes geht nur sehr mühsam, mit vielen Mißerfolgen, vor sich, und immer wieder heißt es in diesem Kapitel:

Die Bewohner der Niederung vermochten sie nicht zu vertreiben, weil diese eiserne Wagen hatten (Ri. 1,19).
Die Jebusiter aber, die Jerusalem bewohnten, zu vertreiben,

gelang den Benjaminiten nicht ... (Ri. 1,21).
... so gelang es den Kanaanitern, in diesem Lande wohnen
zu bleiben (Ri. 1,27).

Nach diesem Kapitel Richter 1 kam es also zu Anfang durchaus
nicht zu einer glatten und völligen Einnahme des Landes, vielmehr
konnten die israelitischen Stämme sich nur hier und dort zwischen
den Bewohnern des Landes festsetzen, ein ganz beträchtlicher Teil
aber blieb in der Gewalt der Kanaanäer. Ein anderer Unterschied
zwischen Richter 1 und Josua ist ebenso wichtig: Nach dieser Darstellung gingen die Stämme nicht geschlossen, sondern einzeln vor,
und zwar von verschiedenen Stellen aus. Daß diese Darstellung
gegenüber der des Josuabuches dem geschichtlichen Tatbestand
näher kommt, wird auch durch mehrere andere Stellen und Zusammenhänge des Alten Testamentes selbst nahegelegt.
Bei der Entscheidung dieser Frage, wie es bei dem Hineinkommen
der Israeliten nach Palästina wirklich zugegangen ist, werden die
Ausgrabungsarbeiten in Palästina wichtig. Es wäre eine ausführliche Schilderung der in den letzten Jahrzehnten so wichtig gewordenen Archäologie des Landes der Bibel nötig. Sie ist vielfach sehr
einseitig dargestellt worden, so, als habe die Ausgrabungsarbeit
schlechthin und umfassend bestätigt, daß die Bibel doch recht habe;
das ist zwar in sehr vielen Fällen wirklich der Fall, aber doch
lange nicht in allen Fällen. Was den Bericht über die Landnahme
durch das Buch Josua betrifft, so kann man jedenfalls nicht sagen,
daß die Ausgrabungen in Palästina ihn bestätigt haben. Wäre die
Eroberung des Westjordanlandes so glatt und so einlinig verlaufen,
wie sie hier geschildert wird, wäre wirklich das ganze Westjordan-
land in *einer* Generation oder gar in wenigen Jahren erobert worden, so müßte sich das bei den Ausgrabungen deutlich erkennen
lassen. Das ist bis jetzt nicht gelungen. Bei der Eroberung der
Stadt Ai, über die in Josua 8 berichtet wird, ist es nach den Aus-
grabungsergebnissen gewiß, daß zur Zeit der Landnahme dort
keine bewohnte Stadt war. Der Name Ai (hebr. Hāaj) bedeutet:
die Trümmerstätte, und alles weist darauf hin, daß damals dort
nur eine Trümmerstätte war. Eine dritte Erwägung kommt hinzu:
In der oben zitierten Stelle Ri. 1,19 ist von den eisernen Wagen
der Kanaaniter die Rede. Die kanaanäischen Städte hatten eine
den von der Steppe kommenden israelitischen Stämmen weit über-

legene Waffentechnik; daß die Israeliten ganz Kanaan in einem großen Ansturm überwunden hätten, bleibt nach allem, was wir von jener Zeit wissen, höchst unwahrscheinlich, während die Darstellung in Richter 1 den geschichtlichen Tatbeständen, wie wir sie kennen, durchaus entsprechen kann.

Wie besonders der vor kurzem verstorbene Leipziger Alttestamentler Albrecht Alt gezeigt hat, ist anzunehmen, daß das Hineinkommen der Israeliten nach Kanaan langsamer und auch friedlicher vor sich gegangen ist, als es nach dem Buch Josua aussieht. Die Stämme werden sich von ganz verschiedenen Stellen aus ganz allmählich in das Land vorgeschoben haben, und zwar nicht in den Niederungen mit ihren schwer zu erobernden Städten, sondern auf den teilweise unbewohnten Höhen. Die Kämpfe werden dann — das entspricht dem Buch Josua gar nicht — in der ersten Zeit mehr Verteidigung als Angriff gewesen sein. Die einzelnen Stämme und Stammesgruppen, die zunächst friedlich den noch freien Raum in den unbebauten Gegenden einnahmen, gerieten dann in Konflikt mit den Ansässigen, und daraus entwickelten sich die Kämpfe. Ein wirkliches Bild dieser Kämpfe gewinnen wir wahrscheinlich besser durch das in eine spätere Zeit gehörende Deboralied (Richter 5) als durch die Kampfschilderungen des Buches Josua. Wenn diese Annahme ganz oder teilweise zutrifft, ändert sich das Bild, das uns das Josuabuch von der Landnahme gibt, noch an einer anderen Stelle sehr wesentlich. Es ist oft berichtet, daß die Israeliten nach einem Sieg an der besiegten Stadt den Bann vollstreckten, das heißt, alles Lebendige in dieser Stadt töteten. Es soll jetzt über diese Maßnahme kein Urteil gefällt werden, es soll auch zugestanden werden, daß uns diese Maßnahme ein schwerer Anstoß ist. Wenn die hier gegebene Darstellung der Landnahme zutrifft, kann der Bann in Wirklichkeit nicht häufig vollstreckt worden sein. Auch er gehört zu der Sicht der Ereignisse vom Ergebnis her. Es kommt noch hinzu, daß das Gebot des Bannens unter dem Gesichtspunkt entstanden ist, daß die zwischen und neben den Israeliten wohnen gebliebenen Kanaanäer den Glauben des Gottesvolkes lebensgefährlich bedrohten und vielfach dazu halfen, daß die Israeliten sich der Religion des Landes, der Baalverehrung, anglichen. Von der Sicht dieser Gefährdung aus ist wahrscheinlich die Darstellung der Landnahme auch hierin schematisiert worden.

Die Veränderung, die damit das Bild der Landnahme der Israeliten erfährt, ist gegenüber dem Josuabuch erheblich. Hier ist jeder, der sich mit diesen Anfängen der Israeliten in Kanaan beschäftigt, ganz persönlich gefragt, ob er sich einfach nach wie vor auf die Darstellung des Josuabuches verlassen oder aber der kritisch-geschichtlichen Arbeit an der Bibel an dieser Stelle zu folgen vermag. An der großen Linie der Darstellung der Geschichte des Gottesvolkes allerdings ändert sich damit nichts. Was das Josuabuch darstellt, ist dann zwar nicht die Geschichte der Eroberung in einer einzigen Generation nach der Überschreitung des Jordan, wohl aber ist es das Ergebnis der sehr viel längeren und sehr viel schwereren Landnahme: Das Land, das ihnen Gott beim Auszug aus Ägypten verheißen hatte, ist die neue Heimat Israels geworden.

Auch mit diesem letzten Vorzeichen behält das Buch Josua an seiner Stelle im Alten Testament seine Bedeutung. Geschichtlich ist das Buch trotz des vorher Gesagten nicht etwa wertlos; nur liegen die geschichtlichen Angaben und Hinweise nicht am Tage. Um hier nur eines zu nennen: Aus den Kapiteln 13—21, in denen die Verteilung des Landes berichtet wird, haben Forscher in den letzten Jahrzehnten eine ganze Reihe wertvoller geschichtlicher Dokumente herausgefunden, die aus verschiedenen Zeiten stammen und für die Geographie und Geschichte der Stämme und der Königreiche von wesentlicher Bedeutung sind.

Für den Fortgang des Handelns Gottes mit seinem Volk ist vor allem der Anfang und der Schluß des Buches wichtig. Das Buch Josua beginnt mit einer Verheißung und Mahnung an Josua (1, 1—9). Man spürt hier sehr deutlich: Josua ist nicht Mose. Das Amt des Mose war ein einmaliges. Josua ist der Nachfolger. Er muß ermahnt werden: „Sei fest und unentwegt! Laß dir nicht grauen und fürchte dich nicht!" Es ist wie so oft in der Geschichte: Ein Mann, der einen überragenden, einmaligen Auftrag hatte, stirbt. Ein anderer muß sein Werk übernehmen, ein Mann mit geringeren Gaben und geringeren Möglichkeiten. Dafür ist die Folge des Josua auf Mose das grundlegende Beispiel in der Bibel. Worauf kommt es der Bibel in diesem Fall an? Jedenfalls nicht darauf, daß der Nachfolger sich den Vorangehenden zum Vorbild nimmt, daß Josua dem Vorbild des Mose nacheifert. Die Bibel kennt nicht den Begriff des Vorbildes und der Vorbildlichkeit, dies gehört dem griechischen und von daher dem idealistischen Denken an. Es kommt der Bibel aber auch nicht darauf an, daß Josua mit seinen geringen Kräften und Möglichkeiten möglichst viel erreicht, also auf die ihm gemäße Höhe seiner Leistungen. Wichtig ist der Bibel, daß dieser Mann Josua fest bleibe. Die Frage seines Lebens und Werkes ist nicht, ob er viel oder wenig schafft, ob er viel oder wenig hinter seinem Vorbild Mose zurückbleibt, sondern ein Entweder-Oder: Ob er an der Verheißung und an dem Gebot Gottes festhält oder nicht. Darum die Mahnung am Anfang:

Weiche nicht davon, weder zur Rechten noch zur Linken,
so wird es dir gelingen auf allen deinen Wegen. (Jos. 1,7)

Diesem Anfang des Buches entspricht der Schluß (Kap. 24). Josua ruft die Ältesten der Stämme zu einem Landtag nach Sichem zusammen zu einer Befragung des Volkes. Es geht in dieser Befragung einzig darum, ob die nun im Lande seßhaften Stämme gewillt sind, Jahwe, dem Gott, der sie aus Ägypten geführt und ihnen dieses Land verheißen hat, treu zu bleiben. Die Schilderung der Frage des Josua und der Antwort des Volkes auf diesem Landtag von Sichem ist das biblische Grundmuster für das, was wir Bekenntnis nennen.
Es muß eine Erklärung zu unserem Sprachgebrauch vorausgeschickt werden. Wir sind es gewohnt, vom Bekenntnis als einer Aussagenreihe zu sprechen: dem apostolischen, dem lutherischen, dem reformierten Bekenntnis usw. Diese Benennung einer Reihe von Sätzen als Bekenntnis ist ungenau; bei diesen Sätzen handelt es sich um das, *was* einer bekennt. Das Bekenntnis im eigentlichen Sinn ist der *Vorgang* des Bekennens. Löst man die Sätze von dem Vorgang ab, dann werden sie etwas anderes, eine Grundsatzerklärung oder ein Programm. Man darf die Sätze, mit denen ein einzelner oder ein Kreis seinen Glauben bekennt, nicht aus der Situation lösen, in der dieser Glaube bekannt wird. Das Nicänische Glaubensbekenntnis z. B. ist überhaupt nicht zu verstehen ohne die Auseinandersetzung, die diesem Bekenntnis vorausging. Es kann zwar heute in der Gemeinde weitergetragen und wiederholt oder rezitiert werden, aber ein Bekenntnis im strengen Sinn ist das nicht, weil unsere Situation sich gegenüber der des Nicänums zu tief gewandelt hat. Ein großer Teil der Diskussion unserer Tage über das Verhältnis des lutherischen zum reformierten oder unierten

oder Barmer Bekenntnis ist deswegen nicht fruchtbar, weil hier der Fehler gemacht wird, so zu tun, als seien diese Sätze heute in gleicher Weise Bekenntnis, losgelöst von der Situation des Bekennens, die für uns ja zweifellos eine andere ist als die im 16. Jahrhundert. Daß es so ist, zeigt ja schon die Tatsache, daß die Gemeinden unserer Tage an der Auseinandersetzung über lutherisch oder reformiert keinerlei Interesse haben; dies ist ein indirekter, aber sehr deutlicher Hinweis darauf, daß man die Sätze des Bekenntnisses aus der Situation des Bekennens nicht ungestraft lösen darf. Auch das Reden vom Stehen auf einem Bekenntnis zeigt dieses Mißverständnis: Stehen kann man auf einem Standpunkt, nicht auf einem Bekenntnis.

Was ein Bekenntnis wirklich ist, können zwei Zusammenhänge in der Bibel am besten zeigen: das 6. Kapitel des Johannesevangeliums und das 24. Kapitel im Josuabuch. Der Vorgang des Bekennens stimmt in allen wesentlichen Punkten in diesen beiden Kapiteln überein. Das wichtigste Kennzeichen des Bekenntnisses liegt darin, daß es Antwort auf eine Frage ist. In Joh. 6 fragt Jesus angesichts der vielen, die von ihm weggehen, seine Jünger: „Wollt ihr auch weggehen?" In Josua 24 fragt Josua das israelitische Volk, das vor der Möglichkeit steht, entweder den Göttern Kanaans oder dem Gott, der sie durch die Wüste geführt hat, zu dienen: „So wählt nun heute, wem ihr dienen wollt..." Weiter gehört wesentlich zum Bekenntnis, daß das Sich-Bekennen Tat freier Entscheidung ist. Nur als solche hat es Wert, ist es wirklich Bekenntnis. Ein drittes: Dem Bekenntnis muß immer schon etwas vorausgegangen sein. In Joh. 6. ist es das, was die Jünger auf ihrem Weg mit Jesus bis in diese Stunde gehört und erfahren haben. In Josua 24 sind es die Taten Gottes an seinem Volk, die vorangegangen sind. Das heißt: Das Bekenntnis ist niemals bloß die Äußerung einer (theoretischen) Überzeugung. Es ist kein echtes Bekenntnis, wenn es nur eine Lehre bejaht und nicht gleichzeitig ein Stück Geschehenes, das erfahren wurde. Man kann sich nie zu einer Theorie von Gott, sondern nur zu Gottes Taten bekennen. Die Frage wird hier den Israeliten von Josua gestellt. Aber indem er sie fragt, legt Josua gleich für sich persönlich und für seine Familie ein Bekenntnis zu Jahwe, dem Gott Israels, ab: Ihr könnt euch heute entscheiden...; ich aber und mein Haus, wir wollen dem Herrn dienen!

Zweierlei ist daran wichtig: Einmal zeigt es sich hier, daß von jetzt an, wo Israel nicht mehr geschlossen unterwegs ist, sondern auseinandergeht in seine Wohnsitze, der Entschluß des ganzen Volkes nicht mehr ohne weiteres den Entschluß jedes einzelnen Gliedes des Volkes deckt. Jetzt ist es möglich, daß einer für sich allein entscheidet. Die Entscheidung des einzelnen beginnt neben der Entscheidung des Volksganzen Bedeutung zu gewinnen. Von diesem Satz des Josua weist eine Linie hinüber in die Zeit, in der dies einmal von lebenswichtiger Bedeutung für das Volk sein wird: daß in dem Fall, da das Volk oder der König für das ganze Volk eine Fehlentscheidung, eine Entscheidung gegen Gott trifft, einzelne da sind oder vielleicht nur ein einziger, der sich allein zu Gott und seinem Tun bekennt.

Und das andere: In der Verheißung und Mahnung am Anfang war dem Josua nicht die Nacheiferung des Vorbildes Moses und nicht eine möglichst hohe Leistung zugemutet worden; was ihm anvertraut und zugetraut wurde, das hat er geschafft und das gibt er nun den kommenden Geschlechtern als das Wesentliche weiter: das Festhalten an Gott, an dem, was er getan, und dem, was er verheißen hat. Er weiß nach dem Werk seines Lebens, daß diese Treue keine leichte Sache ist. Er weiß, daß die Kräfte eines Menschen oft nicht dazu reichen, und er macht denen, die nach ihm kommen, nichts vor (24,19):

> *Ihr könnt dem Herrn nicht dienen,*
> *denn er ist ein heiliger Gott!*

Er sagt ihnen voraus, daß die Strafe an den Ungehorsamen aufs Ganze gehen wird (20). Angesichts dieser Möglichkeit steht das Volk zu seiner Antwort:

> *Nein! dem Herrn wollen wir dienen,*

und Josua hat nun nur noch festzustellen: Ihr habt das vor Zeugen versprochen. Euer Bekenntnis bindet euch nun. Ihr habt nun zu eurem Wort zu stehen, komme, was will.

In dieser letzten Szene des Landtages zu Sichem (Josua 24) kommt ein ebenfalls wesentliches Moment jeden echten Bekenntnisses zum Ausdruck: Ein Bekenntnis ist keine Privatsache, in gar keinem

Fall. Es geschieht vor Zeugen und ist ein Versprechen, das den, der es aussprach, nun bindet an den, dem er zu dienen versprach, und mit denen vereinigt, die mit ihm dieses Ja sprachen und sich daran halten. Für diese Bindung durch das Bekenntnis ist aber entscheidend, was Josua hier zu dem seinen Glauben bekennenden Volk sagt: Ihr habt euch hier nicht auf eure eigene Kraft, auf euer eigenes Vermögen hin gebunden. Es ist ein heiliger Gott, an den ihr euch durch euer Wort gebunden habt. Mit euren eigenen Kräften werdet ihr scheitern. Ihr könnt das Ja nur sprechen, indem ihr dieser Möglichkeit des Scheiterns klar ins Gesicht seht. Ihr könnt dennoch zu diesem Gott ja sagen. Er ist ein heiliger Gott.

Wiederum entspricht diese letzte Szene eigentümlich nahe dem Neuen Testament. Als die Jünger angesichts der Ankündigung des Verrats Jesus ihrer Treue versicherten, da sagte er: Ihr werdet alle an mir scheitern. Und er hat ihre Treue dennoch angenommen. Durch das Scheitern hindurch ist seine Gemeinde geworden, und so ist es immer geblieben. Weil jedes echte Bekenntnis irgendwo an diese Grenze führt, ist es immer mehr und anderes als die Reihe der Sätze, in die der Glaube zusammengefaßt ist.

BERUFENE HELFER

Für unser politisches Denken ist eine der Voraussetzungen, daß jegliche Macht eine Gestalt haben muß, die ihr Dauer verleiht. Die Stetigkeit der Macht kann sehr verschiedene Formen annehmen: erbliche Monarchie oder eine Verfassung der Gewaltenteilung oder was es sonst sei. Daß aber eine Menschengruppe gar keine feste Instanz kennt, die die Gewalt ständig innehat, das gibt es in unserer Welt nicht und ist für uns gar nicht vorstellbar.

Im Buch der Richter im Alten Testament ist uns eine eigenartige Zwischenform von Machtausübung überliefert; sie steht in der Mitte zwischen der patriarchalischen Form der Stammesältesten und der staatlichen Form, die mit dem Königtum entsteht. Sie war nur für eine kurze Zeit möglich und nur, solange die Stämme noch an Zahl verhältnismäßig gering und in sich geschlossen waren. In dieser Übergangzeit aber tritt sie uns in einer Reihe von Gestalten und Ereignissen so deutlich vor Augen, daß dahinter eine geschichtlich bedeutsame Periode erkennbar wird. (Sie erinnert in einer Reihe von Zügen an die Zeit der deutschen Ritter= und Heldensagen nach der Völkerwanderung.)

Es ist die Zeit des sogenannten „charismatischen Führertums". Wenn einer der Stämme oder eine Gruppe von Stämmen von einem Feind — gewöhnlich einem der kanaanäischen Stadtstaaten — hart bedrängt wurde, geschah es, daß in einem dieser Stämme ein Mann aufstand, seine Sippe und die benachbarten Sippen, vielleicht sogar mehrere Stämme zu gemeinsamem Vorgehen zusammenriß und den so gesammelten Haufen gegen den Feind führte. In den meisten Fällen traf diese plötzliche Zusammenballung von Kräften den Feind überraschend, der Haufe verzweifelter Männer unter einem von seinem Auftrag besessenen Führer vermochte auch den weit überlegenen Gegner zu schlagen, und die Gefahr war wieder einmal abgewendet. Das Erstaunlichste aber war, was nun folgte: Der Sieg wurde nicht ausgenützt. Es genügte, daß der Feind vertrieben war. Kein Versuch wurde unternommen, seine Städte zu belagern oder zu erobern. Nachdem sie geschlagen und vertrieben waren, ließ man sie laufen, der schnell zusammengeraffte israelitische Heerbann löste sich ebenso schnell wieder auf. Auf das Kommando „Zu deinen Zelten, Israel!" ging jeder Mann wieder in sein Dorf, wieder auf seinen Hof. Nichts anderes tat der Führer. Er hatte seinen Auftrag erfüllt, der Feind war vertrieben; er ging zurück auf den Hof seines Vaters, zu seinem Vieh und zu seinem Acker, als ob nichts geschehen wäre. Er war nichts anderes, als er vorher gewesen war.

Wie war das möglich? Diese Männer, die Richter (richten im Sinn von Recht oder Heil schaffen), waren nichts als berufene Helfer Gottes. Das zweite Kapitel des Richterbuches (2,6—3,6) beschreibt die Richterzeit im ganzen. Es ist eine Beschreibung aus sehr weitem zeitlichem Abstand, die nur die großen Umrisse gibt und auch diese in einer nachträglichen Deutung der Richterzeit. Waren die Israeliten wieder einmal ungehorsam geworden,

> *... so entbrannte der Zorn des Herrn wider Israel,*
> *und er gab sie in die Hand von Räubern, die sie ausraubten,*
> *und sie gerieten in große Not ...*
> *Wenn sie aber zum Herrn schrien,*
> *ließ der Herr Richter erstehen,*
> *die sie aus der Hand jener Räuber erretteten. (Ri. 2,14. 16)*

Was für das Denken des modernen Menschen meist ein Entweder-
Oder ist — ob man in einer Not „die Hände in den Schoß legt und
betet" oder ob man sich zu Taten aufrafft —, das ist hier unbedingt
zusammengehörig. Das Schreien zu Gott aus der Not schafft die
Atmosphäre, ohne die das Aufstehen der Richter unmöglich wäre,
und der Richter, der sich und die anderen dann jeweils zur Tat
aufrafft, wäre nichts und könnte nichts tun ohne das aus dem
Flehen erwachsende Warten auf eine Wendung. Wo das Gebet
ernst genommen ist, kann es niemals im Gegensatz zur tapferen
Tat stehen — im Gegenteil!
Der Verbindungspunkt zwischen dem Flehen des Volkes aus seiner
Not und dem Aufstehen eines Richters war seine Berufung. Hier
stoßen wir wieder auf diesen für die Bibel so wichtigen Vorgang.
Wir sahen schon bei der Berufung des Mose: Es gehört zum Wesen
der Berufung, daß sie sich im Gang der Geschichte wandelt. Hier
sehen wir jetzt darüber hinaus: Auch in derselben Periode, in der
gleichen Zeit, kann die Berufung auf gänzlich verschiedene Weise
vor sich gehen. Nicht zwei Berufungen von Richtern gleichen sich.
Ich stelle zwei Berufungen zu der gleichen Tat nebeneinander, die
denkbar verschieden voneinander sind: die Berufung Gideons
(Richter 6) und die Berufung Sauls (I. Sam. 11; obwohl Saul später König wurde, hat I. Sam. 11 ganz den Charakter der Richtergeschichten). Von Gideons Berufung, dieser herrlichen Geschichte,
war schon einmal die Rede. Zu ihm kommt ein Bote Gottes und
bestimmt ihn als den, durch welchen Gott sein Volk aus der gegenwärtigen Not — die Bedrückung durch die Midianiter — erretten
will. Die Berufung ist hier eine eigene Geschichte, sehr ausführlich
erzählt, in manchem den Vätergeschichten gleichend, in denen vom
Kommen eines Gottesboten zu den Menschen berichtet ist. Bei
Saul ist es ganz anders. Bei ihm ist der Auftrag wie ein Überfall.
Nur die Ausgangssituation ist bei beiden gleich; Saul ist wie Gideon bei der Feldarbeit auf dem Hof seines Vaters. Er kommt mit
dem Gespann vom Feld, da hört er von den Boten der Stadt
Jabesch, die in höchster Not Hilfe von den umliegenden Stämmen
erbitten. Die Feinde, die Ammoniter, sind so mächtig, daß niemand
sich ihnen entgegenzustellen wagt.

Da kam der Geist Gottes über Saul,
als er die Botschaft hörte, und sein Zorn entbrannte mächtig.

Er nahm ein Paar Rinder, zerstückte sie und sandte davon durch Boten in alle Gaue Israels ... (I. Sam. 11,6—7)

Das Aufgebot in dieser wilden, sicherlich uralten Form hat Erfolg, der Heerbann Israels kommt zusammen, und die Ammoniter werden wider alles Erwarten geschlagen.

Der Berufungsvorgang ist bei den verschiedenen Männern, die in den großen Notzeiten am Anfang zu Rettern berufen werden, ganz verschieden, eines aber ist immer gleich: infolge dieser Berufung kommt der Geist Gottes über sie. Dies ist der erste größere Zusammenhang in der Bibel, in dem das Wort Geist, Gottes Geist, eine wesentliche Bedeutung hat. Von dem, was in der Sprache der Gebildeten unserer Zeit und unseres Landes dieses selbe Wort bedeutet, ist der Begriff hier denkbar weit entfernt. Was damit gemeint ist, wird aus dem Zusammenhang der Richtergeschichten durchaus klar, zu umschreiben aber ist der Begriff nur sehr schwer. Es ist wirkende, zielstrebige Kraft, die unerklärt kommt und unerklärt da ist; sie kann nur auf Gott zurückgeführt werden. Mit einem besonderen Bereich des Geistigen hat sie nichts zu tun. Sie hat eine unmittelbare Auswirkung in die wirkliche Geschichte hinein. Sie richtet etwas aus, in dem Sippe und Stämme diesem einen Berufenen folgen und gehorchen, obwohl er keinerlei sichtbare Autorität hat, sondern ein einfacher Bauernsohn ist. Von dem durch diese Kraft zum Führer Gewordenen aber wird sie darin als Gottes Kraft erkannt, daß er persönlich von der erstaunlichen Wirkung dieser Kraft gar nichts beansprucht. Wenn er in dieser Kraft sein Werk getan hat, ist er wieder das, was er vorher war. Eben darin bejaht er, daß die Rettung nicht seine, sondern Gottes Tat war.

Dieses Führertum des Geistes ist ein Zeichen für alle späteren Zeiten, daß es dies auf unserer Erde gegeben hat und geben kann: eine geschichtliche Tat in der Kraft des Geistes zu tun, die keine eigene Macht begründet.

Die Tat der Richter ist in jedem Fall eine Tat der Befreiung. Wenn der Geist Gottes diese Tat ermöglicht, so ist vorausgesetzt, daß Gott gerade dort helfen will, wo Menschen zu Unrecht von anderen bedrückt werden, die die Macht haben. Von da aus haben Befreiungskämpfe immer eine besondere Nähe zum Gotteshandeln gehabt. Fast immer aber hat in der Weltgeschichte solches Befreien neue Machtbildung auf seiten der Befreiten zur Folge gehabt. Es scheint hier ein unausweichliches Gesetz vorzuliegen, so etwas wie die Schwerkraft der Macht. Die Ausübung der in einem Befreiungskampf wirksam werdenden Kraft scheint in sich ein Schwergewicht zu haben, das unausweichlich zu einem neuen Machtgebilde führt, das jeden Augenblick dazu übergehen kann, zur Sicherung der erlangten Freiheit andere zu unterdrücken. Dieser Vorgang hat sich immer wieder im Gefolge der Revolutionen gezeigt.

Das charismatische Führertum in Israel ist ein weltgeschichtliches Zeichen dafür, daß jenes Gesetz nicht unausweichlich ist. Hier ist einmal — wenn auch nur für kurze Zeit und auf kleinem Raum — aus der Kraft der Befreiung kein Kapital für neue Machtbildung geschlagen worden. Hier hat es einmal — nun sei das Wort gewagt — reine Begeisterung gegeben. Denn Begeisterung im eigentlichen, im echtesten Sinn des Wortes ist es, was die Richter erfüllte und zu ihren Taten trieb. Eine Begeisterung allerdings, von der die Begeisterung des Idealismus nur eine schwache Kopie ist. Doch muß dies gesagt werden: Was man im Deutschland des 18. und 19. Jahrhunderts Begeisterung genannt hat, ist aus derselben Wurzel der Begeisterung gewachsen, von der das Richterbuch spricht. Sie ist auch im Richterbuch ausgesprochen eine Sache der Jugend, sie bedeutet auch im Richterbuch Hingabe eines einzelnen an das Ganze, sie zeigt auch im Richterbuch die kühne, wagende Tat, die ganz von innen her getragen ist und die niemals auf Grund berechnender Erwägungen zustande käme, weil sie aller Berechnung spottet und nach allen Kalkulationen fehlgehen müßte. Wenn diese Begeisterung des Idealismus des 18. und 19. Jahrhunderts im Deutschland des 20. Jahrhunderts einen so furchtbaren Zusammenbruch erfuhr, so ist das — rein geschichtlich gesehen — ganz sicher darin begründet, daß dieser Idealismus sich zunächst allmählich, dann radikal aus dem Mutterboden des Glaubens löste. Den skeptischen Richtungen des 20. Jahrhunderts ist darin völlig recht zu geben, daß Idealismus auf dem Boden einer vom Glauben gelösten Philosophie oder auf dem Boden der Politik eine glatte Illusion ist.

Die Begeisterung aber, die in den Richtergeschichten gemeint ist, bleibt immer eine Möglichkeit, wo Gott und sein Tun ernst genommen werden. Zwar war die Zeit der Richter eine begrenzte

Zeit. Die Richter wurden von den Königen abgelöst, und an die Stelle der Geistbegabung trat die Salbung. Aber wesentliche Elemente dieser selben Begeisterung treten dann wieder bei den Propheten auf, vor allem dies, daß aus der Prophetie niemals eine feste, stetige Institution wurde, sondern jeder Prophet neu gerufen wurde, über keinerlei Machtmittel verfügte, für sich allein stand und ganz von vorn anfangen mußte. Die Propheten hatten von ihrem Amt für sich selbst genauso wenig wie die Richter. Völlig anders war das Amt der Propheten darin, daß sie von Gott nicht zu Taten der Befreiung, sondern zur Verkündigung der Gerichtsbotschaft gerufen wurden. Bei ihnen wird auch nicht von einer Geistbegabung gesprochen, und so paßt auch bei ihnen der Begriff Begeisterung nicht mehr recht. Die Erscheinung der Prophetie als ganzer aber zeigt, daß mit der Geistbegabung der Richter für eine einmalige Tat etwas angefangen hat, das nun, wenn auch in ganz veränderten Formen, in der Geschichte Gottes mit seinem Volk weitergehen wird. Für die Kirche in unserer Zeit scheinen die Richtergestalten des Alten Testaments den Hinweis zu geben, daß es immer wieder Taten in der Kraft des Geistes Gottes ohne die Sicherung durch eine Institution geben muß. Darüber hinaus warnen diese Geschichten von den Richtern überhaupt davor, den Institutionen der Kirche zuviel zuzutrauen. Eine Kirche muß erstarren und sterben, wenn, was in ihr geschehen soll, schon alles vorher eingeplant und festgelegt ist. Es muß in jeder Kirche Raum bleiben für ein freies Wirken des Geistes, der nun einmal weht, wo er will.

Sollte es unter den Lesern dieses Buches jemanden geben, der das Buch der Richter selbst gründlich und mehrfach durchgelesen hat, so könnte er einen Einwand gegen die hier gegebene Darstellung des Wirkens der Richter erheben. Er könnte nämlich auf die Stellen hinweisen, an denen ganz deutlich von einem Richteramt auf Lebenszeit, also doch einer festen, stetigen Institution des Richteramtes gesprochen wird. So heißt es z. B. von dem Richter Tola: „Er richtete Israel 23 Jahre lang. Danach starb er und wurde in Samir begraben. Nach ihm stand Jair, der Gileadit, auf und richtete Israel 22 Jahre lang" (10,2 f.). Es wird angenommen, daß hier zwei Ämter nachträglich in eins gesetzt worden sind, die eigentlich nur den Namen gemeinsam haben. Bei dem einen Amt ist das Richten außenpolitisch (dem Volk gegenüber seinen Feinden zu seinem Recht helfen), bei dem anderen innenpolitisch, also das

Amt, das wir Richten nennen. Solche Richter hat es schon in der Frühzeit gegeben, und es war anscheinend jeweils ein Mann in besonderer Weise für alle Stämme mit der Tradition des Rechtswesens betraut; vielleicht war er auch die höchste Instanz in schwierigen Rechtsfällen. Eine kurze Liste von solchen Richtern (die anscheinend auf Lebenszeit das Amt innehatten) ist uns in Kapitel 10 und 12 des Richterbuches erhalten (10,1—5 und 12, 8—15). In ihrer Mitte steht die Jefta-Erzählung (10,6—12,7), eine Geschichte in der Reihe der eigentlichen Richtergeschichten (= Rettergeschichten). Dieser auffällige Tatbestand ist am einfachsten so zu erklären, daß Jefta wirklich zu beiden Reihen gehörte. Er war einer der von Gott bestimmten Retter, der in einer bestimmten Not Israels Feinde vertrieb, dann wurde er zu dem Amt des Richters bestimmt, das er bis zu seinem Tode innehatte. Durch das Zusammentreffen beider Reihen in der Person Jeftas wird es auch verständlich, daß man später diese beiden verschiedenen Reihen von Richtern zu einer Reihe machte, so daß der Anschein entsteht, auch die Retter wie Gideon seien Richter auf Lebenszeit gewesen. Ein wenig fremd nimmt sich Simson (Kap. 13—16) zwischen den anderen Richtern aus. Die Erzählungen von ihm haben einen stark volkstümlichen Charakter; manche von ihnen ähneln Schelmengeschichten. Wenn da erzählt wird, daß Simson Füchse fing, um Fackeln an ihre Schwänze zu binden und sie so in die Kornfelder der Philister zu jagen, so hat das, abends im Kreis erzählt, gewiß manches helle Gelächter erweckt. Die letzte der Simsongeschichten aber erhebt sich zu echter Größe: Der von den Philistern gefangene und gefesselte Held vermag im Tode noch eine große Schar der siegestrunkenen Feinde unter dem Haus zu begraben, dessen Tragesäulen er mit seiner wiedererwachten Kraft zum Sturze bringt.

Das Buch der Richter ist ein Buch von jugendlichem Geist. Die meisten seiner Gestalten sind junge Menschen. Wichtiger ist: Es beschreibt die Jugendzeit eines Volkes, eine wilde, gärende, oft überschäumende, dem Augenblick lebende Zeit, eine Zeit, in der die Begeisterung mehr gilt als der nüchterne Plan, die kühne, aus dem Augenblick geborene Tat mehr als ein kluges Herrschaftssystem. Eine Zeit, in der auch Scherz, Übermut und Frechheit ihren Platz haben, in der die wilde Schlacht (Richter 5) noch etwas vom Spiel hat und die schwermütig-bittere Geschichte von der Prinzessin lebt, die wegen eines Gelübdes sterben muß und auf den Bergen ihre Jungfrauschaft beweint (Richter 11).

Auch dies also fehlt in unserer Bibel nicht, auch die Jugend eines Volkes mit ihrem Jubel, ihrer Unbekümmertheit und ihrer Begeisterung gehört der Geschichte des Gottesvolkes an und hat darin ihren Platz. Sie gehört in die Bibel hinein, daß ihre Stimme gehört werde, auch von uns. Das ist ja gerade das Wunderbare an der Bibel, daß sie das ganze Dasein des Menschen vor Gott umfaßt, daß nichts vom Menschsein draußen bleiben muß. Es muß ein tiefes und schlimmes Mißverständnis der Bibel sein, wenn sich zähe die Meinung hält, daß die Botschaft der Bibel, wie sie in der Kirche verkündet wird, im wesentlichen für alte Leute oder mindestens für würdige, sich den Erwachsenen entsprechend benehmende Leute sei, daß also jugendliche Wildheit und jegliches Überschäumen nicht zur Bibel passe. Das Buch der Richter, das jugendliche Buch, weiß davon nichts. Zum Volke Gottes gehören sie alle: Gideon, der das Korn seines Vaters in der Kelter drischt und voller Empörung zu dem Boten Gottes von der Demütigung seines Volkes spricht, das Mädchen Debora, das ihr unterdrücktes Volk aus der Lethargie der Unterdrückten reißt und zum Kampf begeistert, Simson, der in überschäumender Kraft den Feinden manchen Schabernack spielt und dann, wegen seiner Unbesonnenheit hart bestraft, als ein Gefangener und Sterbender seine große Tat tut; Gideon, dem das Heer für seinen Befreiungskampf zu groß ist und der mit ganz wenigen die Feinde überrumpelt und schlägt; Jeftas Tochter, die ihrem Vater im Reigentanz entgegenkommt; Jotham, der jüngste Sohn Gideons, der als einziger Entkommener den Mörder seiner Brüder mit der frechen Fabel vom Dornbusch verhöhnt; Abimelek, der durch Gewalttat König werden will und scheitert.

Wie schön wäre es, wenn diese Seite der Bibel, diese biblische Provinz des jugendlichen Menschen, im Leben unserer Kirchen und Gemeinden herzhafter bejaht werden könnte!

DAS LAND UND DER STAAT

Am Ende der Urgeschichte ist von dem Turm erzählt, dessen Spitze bis in den Himmel reichen sollte, durch den die Erbauer sich einen Namen machen wollten. In der Geschichte der Menschheit hat der in dieser Erzählung dargestellte Drang der Menschen zum Überragenden und zum Überdauernden seinen stärksten Ausdruck in der Staatenbildung bekommen. In den etwa sieben Jahrtausenden Menschheitsgeschichte, die wir kennen, sind die größten oder höchsten Werke von Menschenhand die Staatenbildungen, die Reiche, die Imperien. Die größten oder höchsten oder mächtigsten Menschen in diesen sieben Jahrtausenden sind meist Staatsmänner gewesen: Führer, Könige, Kaiser, Politiker. Die größten und dauerhaftesten Gebäude in dieser Zeit sind eben die, für die die Zikkurat von Babylon ein Musterbeispiel ist, die Gebäude, die den Staat repräsentieren, wozu auch die Tempel gehörten. Die Erzählung vom Turmbau zu Babel hat den inneren Zusammenhang zwischen dem überragenden Bauwerk und dem, was es repräsentierte, erkannt.

In unserem Jahrhundert beginnt sich dieses Aufeinanderbezogensein des Großbaues und des Staates zu wandeln. Die Türme, deren Spitze bis in den Himmel wachsen, sind heute nicht mehr ausschließlich staatliche Bauten. Der Staat andererseits läßt sich nicht mehr bloß durch ein Haus, einen Großbau repräsentieren. Wir können heute noch nicht deutlich erkennen und deutlich sagen, was sich hier wandelt. Daß sich etwas wandelt, ist nicht mehr zu leugnen. Das Wesen des Staates wandelt sich bis in seine Grundlagen. In den Geschichtsbüchern des Alten Testaments im engeren Sinn, das heißt, den Büchern Josua, Richter, Samuel, Könige, ist in einem großen, festen Zusammenhang dargestellt, wie an einer Stelle unserer Erde aus einem wandernden Haufen ein Staat wurde. Schon dieser Tatbestand allein macht die Geschichtsbücher des Alten Testaments wichtig für unsere Stunde: Wir können vom Endstadium einer Entwicklung an ihren Anfang sehen und werden schon dadurch das heute Geschehende besser verstehen, die uns gebotenen Schritte gewisser tun können. Dazu aber kommt ein anderes: Den Staat hat es, solange wir ihn in der Menschheitsgeschichte kennen, immer nur im Verhältnis zu einer Kirche oder zu einer Religion gegeben. Auch hierin ist seit der Französischen Revolution eine Wandlung angebahnt. Für diese Situation ist es wesentlich, die frühesten Stadien dieses Gegenübers von Staat und Kirche zu kennen. Im Achten auf diese frühen Stadien wird es sich z. B. herausstellen, ob man das Verhältnis von Staat und Kirche grundsätzlich, für alle Zeiten und überall, gültig festlegen kann. Um hier die Antwort schon vorwegzunehmen: Die Geschichtsbücher des Alten Testaments werden zeigen, daß das nicht möglich ist. Wir werden sehen: Gott redet und Gott handelt in den verschiedenen Abschnitten der Geschichte des Volkes Israel verschieden an seinem Volk. Die Formen der Herrschaft, die Arten der Kriege, das Verhältnis von Innen- und Außenpolitik wandeln sich, und man kann nicht sagen, daß die eine nach Gottes Willen und die andere gegen ihn sei. In all diesen Wandlungen werden gerade ganz klare Linien des Willens Gottes mit seinem Volk, seines Verhältnisses zu den anderen Völkern und des Verhaltens der Glieder und Gruppen im Volk zueinander heraustreten. Und vor allem können uns gerade diese geschichtlichen Bücher des Alten Testaments einen Anschauungsunterricht dafür geben, daß es im Leben der Menschen miteinander keinen Raum, keinen Bereich, kein Gebiet gibt, in die nicht der Wille Gottes mit dem Menschen helfend, klärend und richtend hineinreicht.

ZUR ENTSTEHUNG DER GESCHICHT-LICHEN BÜCHER

Am Anfang der Überlieferung der fünf Bücher Mose, des Pentateuch, steht ein Lobbekenntnis (das Bekenntnis der Geretteten, die in der Rettung am Schilfmeer und der damit ermöglichten Befreiung aus Ägypten den Anfang ihrer Geschichte sehen). Am Anfang der Überlieferung der Geschichtsbücher (Josua bis II. Könige) steht ein Sündenbekenntnis. Das ist so gemeint: Während des babylonischen Exils, nach dem völligen Zusammenbruch des israelitisch-jüdischen Staates, ging unter den Übriggebliebenen — ob in Judäa oder in Babylon ist nicht gewiß — eine tiefe Wandlung vor sich. Man stand vor der Tatsache, daß die zur Zeit ihres Wirkens abgewiesenen und unbeachteten Propheten in dem, was sie gesagt hatten, bestätigt worden waren. Das Gericht, das sie angekündigt hatten, war eingetreten. Dann aber hatte Gott so handeln *müssen*, dann war der Untergang des Staates verdient, dann gab es nur noch eine Möglichkeit für die Zukunft: das Bejahen der Schuld. Dieser Schritt wurde von den Übriggebliebenen mit ganzer Überzeugung getan. Sie gaben jetzt zu, daß das Volk und die Könige einen verkehrten Weg gegangen waren. Sie entschuldigten sich nicht mehr.

Sie gaben auch zu, daß sie — jede Generation neu — von den Propheten gewarnt worden waren, daß sich Gott um sie bemüht hatte bis zuletzt. Aus dieser Grundeinstellung sahen sie die Geschichte ihres Volkes. Aber dieses Bekenntnis der Schuld des Volkes in seiner Vergangenheit ermöglichte gleichzeitig ein neues Hoffen. Es konnte sein, daß Gott mit seinem Volk, wenn es nur wirklich zu ihm umkehrte, noch etwas vorhatte. Aus diesem Grunde, weil sie doch noch etwas von der Zukunft erwarteten, faßten sie die bisherige Geschichte des Volkes zusammen, indem sie die vorhandenen Traditionen in einen Rahmen brachten, der den kommenden Geschlechtern die Grunderkenntnis weitergeben sollte, die sie durch den Zusammenbruch gewonnen hatten.

So entstand das deuteronomistische Geschichtswerk, so genannt nach dem Deuteronomium, dem 5. Buch Mose, dessen Grundstock, das deuteronomische Gesetz, nicht lange vor dem Zusammenbruch in der Reform des Königs Josia als Grundlage proklamiert wurde. An dieses Gesetz konnte die „deuteronomistische Schule", in der das große Geschichtswerk entstand, anschließen, denn es war ein Versuch, zu den Grundlagen des Volkes, die in der Zeit des Auszugs und der Wanderung gelegt waren, zurückzukehren. Das im 5. Mosebuch enthaltene Gesetz (Kap. 12—26) ist in Erinnerung und Mahnung gefaßt, die ein großes Entweder—Oder, eine Entscheidung vor das Gottesvolk stellt. Der für dieses Buch besonders charakteristische Satz ist der Konditionalsatz: *Wenn ihr dem Willen Gottes gehorsam seid ... dann* wird er euch im Land wohnen lassen, dann wird er euch Segen schenken, dann wird es euch wohlgehen. Die nach der Katastrophe Übriggebliebenen stehen vor der Tatsache, daß jene Bedingung von Israel nicht erfüllt wurde. Ihr Interesse an dem Vergangenen ist daher vor allem auf diesen einen Punkt gesammelt: Wie kam es zu dem falschen Weg? Wer hat versagt? Wo liegen die Weichenstellungen? Wo sind in der langen Geschichte des Ungehorsams und Abfalls die Lichtblicke einer Hinwendung zu Gott?

Dieser Gesichtspunkt ist durch das ganze Geschichtswerk hindurch deutlich und stetig zu erkennen. So z. B. im 2. Kapitel des Richterbuches, in dem der Rhythmus des Geschehens der Richterzeit zusammenfassend dargestellt ist, in den Reden, die hin und wieder ein Führender hält, vor allem in den Beurteilungen jedes einzelnen Königs, die zusammengenommen ergeben, daß nur ganz wenige

in der Reihe der Könige den Weg des Gehorsams einhielten, die aller-
meisten aber von ihm abwichen. Die Sätze, in denen das gesagt
wird, gleichen einander fast wörtlich. Die Zusammenfassungen
der ganzen Geschichte oder eines Geschichtsabschnittes, die in Ab-
ständen durch das ganze Werk wiederkehren, lassen eine typische,
geprägte Sprache erkennen, eben die deuteronomistische Sprache.
Das ermöglicht es nun, nicht immer, aber an vielen Stellen, zu
erkennen, wo der Verfasser oder die Verfasser, also die deuteronomistische Schule spricht und wo andere, ältere, dieser die alten
Traditionen sammelnden Schule vorliegende Quellen sprechen.

Die Dokumente, die den Sammlern für ihr Werk zur Verfügung
standen, waren ganz verschiedenartig und von ganz verschiedenem
Wert. Gewiß werden auch viele geschichtliche Dokumente bei der
Zerstörung Samarias und Jerusalems vernichtet worden und verlorengegangen sein. Darüber hinaus aber gab es aus der frühesten
Zeit, als die israelitischen Stämme ins Land kamen, so gut wie
gar keine eigentlichen Geschichtsdarstellungen; diese beginnen erst
mit der Entstehung des Königtums. An den Höfen der Könige
wurden Chroniken geführt, und diese liegen den Samuel- und
Königsbüchern wenigstens teilweise zugrunde. Dazu kommen Berichte und Aufzeichnungen verschiedener Art. Von da aus ist es
durchaus verständlich, daß im deuteronomistischen Geschichtswerk
manche Teile geschichtlich sehr exakt und zuverlässig sind, andere
dagegen, besonders die frühen Teile, nicht so ohne weiteres als
geschichtliche Darstellung genommen werden dürfen; das gilt insbesondere für das Buch Josua.

Das Deuteronomium wurde diesem Werk als Einleitung voran-
gestellt, obwohl es den Abschluß des Pentateuchs, der fünf Bücher
Mose, darstellte. Dieses Buch steht in besonderer Weise in der
Mitte der alttestamentlichen Geschichtsbücher. Es ist das Binde-
glied zwischen dem Pentateuch und dem Geschichtswerk. Beide
sind in der Weise miteinander verklammert, daß das Ende des
Mose am Ende des Deuteronomiums berichtet ist — damit gehört
das Deuteronomium deutlich und notwendig zum Pentateuch —,
daß aber die Redeteile des Deuteronomiums die Geschichtsdarstellung einleiten:

| 1.-4. Mose | Dt. 1-30 | Dt. 31-34 | Josua - II. Kön. |

DAS KÖNIGREICH

Wenn man heute in Paris, Warschau, Rom oder Chicago eine Zeitung kauft, so wird an vielen Tagen des Jahres eine der Schlagzeilen auf der ersten Seite Namen enthalten, die über die ganze Erde hin, in allen Erdteilen, in allen großen Städten der Welt bekannt sind. Diese Tatsache weist auf einen Grundzug unserer Menschheitsepoche, der trotz aller Unterschiede und Gegensätze der heutigen Menschheit gemeinsam ist: den Vorrang des Politischen. Dieser Vorrang ist zwar heute nicht mehr so eindeutig wie etwa noch vor fünfzig Jahren, aber er ist da. Das „Politische", die Politik als ein besonderer Lebensbereich, als eine eigene Institution mit eigenen Riten und Gesetzen, mit eigener Sprache, eigenen Ausdrucksformen und Symbolen hat in den meisten Regionen der Erde mit dem Königtum begonnen. Das Königtum ist die Grundform und die klassische Form menschlicher Herrschaftsausübung auf unserer Erde. Die Hauptvokabeln für Herrschaft, Herrschen und Herrschaftsbereich sind in den meisten Sprachen der Welt vom Königtum ausgegangen. Besonders bezeichnend dafür ist, daß man das Herrsein Gottes meist als Königtum, als Königsherrschaft bezeichnet hat, wie auch in der Bibel Alten und Neuen Testaments. Darin kommt zum Ausdruck: Etwas Höheres als den König kann es nicht geben. Der König ist der Hohe, der Herrscher schlechthin. Dieses Verständnis des Königtums hat sich im Grunde bis heute nicht geändert. *Kein* Name für einen Herrscher, der ein höheres Herrsein als das des Königs zum Ausdruck brächte, hat sich irgendwo durchgesetzt. Es kam eine Zeit, da genügte der Name des Königs nicht mehr. Als die Herren des Zweistromlandes andere Könige unterwarfen und deren Reiche ihrem Reich einfügten, waren sie mehr als nur ein König; aber die Verlegenheit, für diese höhere Herrschaft einen Namen zu finden, zeigte sich in dem Namen, den sie sich nun beilegten: König der Könige. Im römischen Imperium entstand die Herrschaftsbezeichnung Kaiser, die im Deutschen Reich (und an einigen anderen Stellen) aufgenommen wurde und sich bis an den Rand des 20. Jahrhunderts hielt. Aber es ist heute schon klar, daß diese Herrschaftsbezeichnung die des Königs nicht zu ersetzen oder zu verdrängen imstande war. Nirgends auf der Erde wird von Gott als einem Kaiser geredet. Die eigentümlich faszinierende Kraft, die das Wort König, Königin von den Märchen an bis zum heutigen Tag auch bei den bürgerlichen Menschen des technischen Zeitalters behalten hat, ist niemals auf das Wort Kaiser übergegangen. Dasselbe gilt für den abgeleiteten Gebrauch der Bezeichnung König und Königin und für das Adjektiv königlich. Für das Denken vieler Jahrtausende verkörpert der König das Herrsein schlechthin.

In der Bibel, in den vier Königsbüchern (I. und II. Samuel, I. und II. Könige) ist uns die Entstehung des Königtums in Israel berichtet. Es gibt nicht sehr viele Stellen auf der Erde, an denen die Anfänge des Königtums geschichtlich erkennbar sind. Schon aus diesem Grund ist dieser Teil der Bibel des Alten Testaments von Bedeutung. Die eigentliche Spannung aber kommt in den Bericht von der Entstehung des Königtums in Israel durch die Frage: Wie kann ein Volk einen König haben, wenn es doch Gott als seinen Herrn (und das heißt für jene Welt: als seinen König) anerkennt. Uns ist diese Alternative gar nicht mehr verständlich, wir fragen: Wieso soll das schwierig sein? Der König ist Herr im politischen, Gott ist Herr im religiösen Bereich! Gerade daran aber entsteht die Schwierigkeit, daß diese beiden Bereiche in jener Welt gar nicht zu trennen sind. Durch das Entstehen des Königtums war damals wirklich das Herrsein Gottes gefährdet. Die Israeliten brauchten nur auf die großen Nachbarreiche zu sehen, in denen der König auf eine fast oder ganz göttliche Höhe gehoben war, in denen er als Gott angeredet und in einer Weise geehrt wurde, wie es nur Gott zukam. So war es denn durchaus nicht erstaunlich, daß das Königtum in Israel sich nur unter schweren Kämpfen durchsetzte. Es gab eine Richtung, die das Königtum radikal ablehnte aus der Befürchtung, daß damit das Herrsein Gottes angetastet werde. Die israelitischen Stämme hatten bis dahin eine patriarchalische Verfassung, eine ständige Vorrangstellung hatten nur die Stammesältesten; ihre Autorität war aber nur die erweiterte Autorität des Vaters. In allen mehrere oder alle Stämme angehenden Angelegenheiten kamen die Ältesten der Stämme zu gemeinsamer Beratung zusammen. Alles gemeinsame Handeln beruhte auf der Zustimmung aller oder der Mehrheit. Hier herrschte also eine streng demokratische Verfassung. Das Königtum mußte eine völlige Umwälzung bringen. Es ist verständlich, daß dem ein starker Widerstand entgegengesetzt wurde. Später bekam dann das Königtum für Israel eine so gewichtige Bedeutung, daß mit ihm die wichtigste Epoche des Volkes begann. In der spätesten Darstellung der israelitischen Geschichte, dem Chronikwerk, war diese Bedeutung — aus weitem Abstand gesehen — so gestiegen, daß alles vorher Geschehene nur wie eine Ouvertüre erscheint für das Eigentliche, das mit dem Königtum begann. Das mit dem Königtum Beginnende war nicht nur eine neue politische Epoche, es war ein neuer Abschnitt der Heilsgeschichte. Der König tritt in eine besondere Beziehung zu Gott, er ist Gottes Gesalbter, der māschiah (= Messias), dem Königshaus wird eine besondere Verheißung Gottes gegeben (II. Sam. 7). Darin ist es begründet, daß mit dem Ende des Königtums die Bedeutung des Königs nicht zu Ende ist. Auf die alte Verheißung für den König gründet sich das Warten auf einen anderen König, das Warten auf den Messias. Die Botschaft des Neuen Testaments ist unverständlich ohne die Vorgeschichte des israelitischen Königtums. Zwei Hauptbegriffe des Neuen Testaments, der „Christus" (= Messias) und das „Himmelreich" (eigentlich: die Königsherrschaft Gottes) setzen das Königtum in Israel und seine Geschichte voraus.

Bei dieser Bedeutung des Königtums ist es besonderer Beachtung wert, daß von der Entstehung des Königtums im Alten Testament so berichtet wird, daß man an dieser Berichterstattung den Widerstand, den eine Gruppe im Volk der Einführung des Königtums entgegensetzte, noch deutlich erkennen kann. Die Darstellung in I. Sam. 8—12 ist nicht einlinig. Sie ist aus verschiedenen Traditionen zusammengesetzt. Eine dieser Traditionen ist ausgesprochen kritisch gegenüber dem Königtum, eine andere bejaht es freudig als eine Gabe Gottes in der wachsenden Bedrängnis des Volkes durch äußere Feinde. Man kann diese beiden Traditionen recht deutlich erkennen an der sehr verschiedenen Sprache und an manchen anderen Eigentümlichkeiten. Hier ist diese Unterscheidung verschiedener Schichten oder Traditionen oder Quellen im Bericht von der Entstehung des Königtums ganz besonders wichtig. Eine oberflächliche Beurteilung würde sagen: Einer dieser beiden Berichte kann doch nur recht haben! Allerdings kann man mit einiger Wahrscheinlichkeit von einer dieser Traditionen sagen, daß sie dem geschichtlichen Hergang am nächsten kommt. Wichtiger aber ist, daß erst beide Linien zusammen, die königsfreundliche *und* die königsfeindliche, die Gesamtsituation bei der Entstehung des Königtums richtig zeichnen. Es ist gerade ein Zeichen größerer geschichtlicher Treue, daß die königsfeindliche Richtung in der späteren Tradition nicht unterdrückt oder vertuscht wurde, sondern daß es auf diese Weise für die späteren Geschlechter aufbewahrt wurde: Das Königtum *war* Gottes Gabe in eine schwere Zeit hinein; die Salbung der Könige geschah in Gottes Auftrag, und das Königtum hatte Gottes Verheißung; *dennoch* war diese Gabe des Königtums von Anbeginn an mit Gefahren und Versuchungen verbunden. Die königsfeindliche Linie in der Darstellung der Entstehung des Königtums entspricht der Beurteilung des Königtums am Ende: Es trägt wesentliche Schuld am Abgleiten Israels in den Ungehorsam. Diese zwiespältige Beurteilung des Königtums bei seinem Entstehen in Israel hat für die Geschichte der Könige in Israel eine wichtige Folge gehabt. Es ist in Israel niemals zu einer göttlichen Verehrung des Königs gekommen wie in den Nachbarländern; der König gehörte in Israel nicht auf Gottes, sondern auf der Menschen Seite. Dies bekam seinen deutlichsten Ausdruck in der Tatsache, daß vom ersten bis zum letzten König eine kritische Instanz da war, die, wenn es nötig wurde, dem König im Namen Gottes entgegentrat: die Stimme der Propheten.

Daß an dieser einen Stelle, im Gegensatz gegen das kanaanäische, assyrisch-babylonische und ägyptische Gottkönigtum, der König Mensch blieb, hat tief in die Geschichte des Abendlandes hineingewirkt. Das römische Kaisertum stand ganz bewußt in der Linie des orientalischen Gottkönigtums. Wenn die christliche Kirche der göttlichen Verehrung des Kaisers einen Widerstand entgegensetzte, der schließlich das römische Kaisertum zerbrach, so hat dieser Widerstand seine Wurzeln im Nein des alten Gottesvolkes zum Gottkönigtum. Die Grenze, die von der christlichen Kirche verteidigt wurde, war dort schon aufgerichtet worden: Durch den Widerstand der christlichen Kirche gegen die göttliche Verehrung des Kaisers ist einer der größten Versuche der Menschheit zerbrochen worden, das Politische zum Absoluten zu machen, menschlicher Herrschaft in ihrer Spitze den Charakter des Absoluten, Totalen, des Göttlichen zu geben, es zur letzten Instanz zu machen. Es ist durchaus verständlich, daß nach dem Ende des konstantinischen Zeitalters derselbe Versuch in der Gestalt der totalen Staaten aufgetreten ist, derselbe Versuch, das Politische zum Absoluten zu machen. Und wenn es hier wieder die Kirche Christi war, die dieser Verabsolutierung des Staates bis zum Einstehen mit dem Leben sich entgegensetzte, so liegt das immer noch in der gleichen Linie der Ablehnung des Gottkönigtums im Alten Testament. Hier ist etwas geschehen, was durch keine Macht der Welt mehr rückgängig zu machen ist. Hier ist ein für allemal das Politische, die Herrschaft von Menschen über Menschen, begrenzt worden durch die Kritik, die kein Staatswesen der Welt zu keiner Zeit ganz entbehren kann und darf: eine Kritik, die auf irgendeine Weise zum Ausdruck bringt, daß die staatliche Instanz — sei sie, wie sie sei — niemals die letzte Instanz ist.

Darin liegt die bleibende Bedeutung der Geschichte des Königtums in Israel, das so glanzvoll anfing und so tragisch endete: Vom Augenblick seines Entstehens an hatte es ein kritisches Wort neben sich, und an seinem Ende steht das Warten auf einen anderen König. Damit ist Gottes Ja zum Staat, zu menschlicher Herrschaft, zur Politik eindeutig ausgesprochen, ebenso deutlich aber ein Nein Gottes zu einem Staat, der sich selbst absolut setzt.

DIE KÖNIGE ISRAELS

Die Geschichte der Könige Israels im Alten Testament ist ein in sich geschlossenes, von mächtigen Spannungen zusammengehaltenes, gewaltiges Drama. Sie wäre eine eigene, großangelegte Darstellung wert; hier können nur einige wenige Linien gezeigt werden. Man kann dieses Drama noch näher bestimmen: Es ist eine Tragödie, eine mächtige Tragödie in drei Akten. Der erste Akt (etwa 1005 bis 926) umfaßt die Geschichte der drei ersten Könige Saul, David und Salomo. Der Schauplatz dieses ersten Aktes ist ganz Palästina. Seine Mitte ist die einzig große und glückliche Zeit Israels, die Zeit des Davidreiches. Damals — allein damals — war Israel Herr in ganz Palästina, das Land hatte Ruhe und blühte in junger Kraft. Der zweite Akt umfaßt die Geschichte von der Reichstrennung nach Salomos Tod bis zum Untergang Samarias (von 926—722). Sein Schauplatz ist das Nordreich Israel, in seiner Mitte stehen außenpolitisch die Aramäerkämpfe, innenpolitisch die Kämpfe zwischen König und Prophet, zu Anfang ist es besonders Elia, zu Ende sind es Amos und Hosea.

Der dritte Akt umfaßt die Geschichte des Südreiches Juda, die

113

gleichzeitig mit der des Nordreiches Israel mit der Reichstrennung beginnt, aber erst mit dem Untergang des Nordreichs Geschichte Israels wird, die Tradition des Nordreichs teilweise übernehmend (722—587), bis zum Zusammenbruch auch dieses Teilreiches und der Eroberung und Zerstörung Jerusalems (587). In der Mitte dieses dritten Aktes steht außenpolitisch die allmähliche Unterwerfung unter die assyrische Herrschaft und der letzte Versuch einer politischen Erhebung beim Niedergang des assyrischen Reiches, innenpolitisch die mit dieser Erhebung verbundene Reform des Königs Josia im Jahre 622, deren Programm uns im Deuteronomium erhalten ist, und das Wirken der großen Propheten Jesaja und Micha am Anfang, Jeremia am Ende dieser Periode.

Wollte man die Geschichte der Königszeit graphisch darstellen, so müßte eine Kurve zu Anfang steil aufwärts zu einer Höhe geführt werden, die später nie mehr erreicht wurde, sie müßte zur Zeit Salomos etwa auf dieser Höhe bleiben, ein wenig nachlassend, um dann nach Salomos Tod jäh abzusinken bei der Teilung der Reiche. Ein bedeutendes Ansteigen zeigt sich zur Zeit Jerobeams II. (787—747) in Israel, Usias (785—747) in Juda; von da ab geht es steil abwärts bis zur Zerstörung Samarias (722). Für den Reststaat Juda kommt unter Josia (639—609) noch einmal eine Zeit äußerer wie innerer Erhebung, die zu den größten Hoffnungen Anlaß gab. Dann aber, von der Schlacht bei Megiddo an, in der sich Josia dem Pharao Necho entgegenstellte, besiegt wurde und fiel, ging es rasch abwärts bis zur Zerstörung Jerusalems und zum Exil.

Aber diese eine Linie wäre doch nicht genug, die wirkliche Geschichte dieses Volkes darzustellen. Es müßte mindestens noch eine Linie hinzukommen, die merkwürdige und so in keinem anderen Volk der Weltgeschichte begegnende Linie der Prophetie, die einerseits die Linie des politischen Geschehens begleitet, von der Höhe bis zum Zusammenbruch, die aber noch eine andere Dimension anzeigt, ein quer durch die politische Geschichte sich ziehendes Geschehen, das in den tragischen Zusammenbruch nicht hineingezogen werden kann, das auf etwas anderes, Neues hinweist und selber Anfang eines anderen ist, das durch den Zusammenbruch hindurch leben und wachsen wird.

Jedoch was sind diese beiden Linien mehr als eine armselige Hilfe, uns das damals Geschehene ein wenig zu klären! In Wirklichkeit läßt sich die zwischen dem Ausrufen Sauls zum König und der Gefangennahme des letzten Königs Zedekia, der aus dem fallenden Jerusalem zu fliehen versucht, sich erstreckende Geschichte nicht so vereinfachen, sie läßt sich nicht in Linien fassen, sondern ist so komplex und unfaßbar wie alle wirkliche Geschichte. Und auch das vermag die Geschichte Israels beispielhaft in besonderem Maße zu zeigen: Die Geschichte eines Volkes hat wirklich etwas an sich von der Geschichte eines lebendigen Wesens. Es ist nicht nur eine Hilfskonstruktion, sondern der Wirklichkeit entsprechend, wenn wir die Geschichte eines Volkes in Jugend, Reife und Alter sich darstellen sehen. Das Leben eines Volkes ist wirklich das Leben eines „Individuums", eines Unteilbaren. Ein Volk hat seine Zeit, wie ein Mensch seine Zeit hat. Das läßt sich an der Geschichte Israels in eigenartiger Strenge und Klarheit erkennen. Dann muß aber auch gesagt werden: Die Geschichte eines Volkes ist nie ganz in eine Geschichtsdarstellung zu fassen, sowenig wie das Leben eines einzelnen Menschen in eine Biographie zu fassen ist. Es bleibt da soviel Unfaßbares, soviel Zusammenhangloses, soviel Unerklärliches, in kein Bild sich Fügendes, daß eine Darstellung des Ganzen nur ein schwacher Versuch bleiben muß. Hier aber geht es um eine Epoche der Geschichte Gottes mit seinem Volk, die gleichzeitig eine Epoche der Geschichte ist, wie sie auch ein Historiker darstellen kann, für den Gott eine Denkhypothese ist. Wie sollte hier nicht alles voller Rätsel bleiben?

KÖNIG SAUL

Von Saul und seinem Königtum erfahren wir leider im Bericht der Königsbücher sehr wenig. Es fällt sofort auf, daß die Ereignisse um die Entstehung des Königtums (I. Sam. 8—12) in der Darstellung mehr Raum einnehmen als der Bericht vom Königtum Sauls selbst (13—15). Das wenige, was wir von Sauls Königsherrschaft erfahren, ergibt ein düsteres, schweres Bild. Es ist ganz überschattet von dem Konflikt zwischen Samuel und Saul, der wiederum deswegen so schwer verständlich ist, weil Samuel Saul zum König salbte und die berichteten Vergehen Sauls eigentlich dieses schwere Zerwürfnis nicht genügend rechtfertigen.

Es muß zunächst ein Wort zu Samuel gesagt werden. Nach ihm

sind die beiden ersten Königsbücher benannt; im ersten Teil des ersten dieser Bücher steht seine Gestalt im Mittelpunkt, sie ragt noch weit in die Geschichte der ersten beiden Könige hinein. Samuel muß ein für jene Übergangszeit zum Königtum wichtiger Mann gewesen sein. Aber was uns von ihm überliefert ist, bleibt merkwürdig unklar und schillernd. Um es gleich deutlich zu sagen: Wir wissen nicht, wer eigentlich und was Samuel war. Die Überlieferung berichtet von ihm als Priester. Er wird als Knabe dem Heiligtum zu Silo übergeben und lernt den Priesterdienst bei Eli. Später hält er in Mizpa das Opfermahl, und noch später steht ihm allein die Darbringung des Opfers zu (Kap. 15) als Seher (Kap. 9—10), als Prophet (3,19—21) und außerdem als Richter (Kap. 7). Daß er wirklich alle diese Ämter in seiner Person vereinigte, ist sehr fraglich; welches dieser Ämter er eigentlich innehatte, können wir nach der Überlieferung nicht mehr erkennen. Wir können nur soviel sagen: In dem, was von Samuel berichtet wird, zeichnet sich deutlich der Übergangscharakter jener Zeit ab. In seiner Person, wie sie uns dargestellt ist, kommen viele Linien zusammen, wir können sie aber nicht mehr klar voneinander sondern. Wahrscheinlich hat sich in seiner Person, in seinem Leben der Übergang vom Seher zum Propheten vollzogen. Der Seher hatte es mehr mit dem privaten Bereich zu tun, der Prophet mit der Öffentlichkeit des Volkslebens. Eine Bemerkung in I. Sam. 9,9 sagt es direkt: „Denn die man jetzt Propheten heißt, die hieß man vor Zeiten Seher." Der Übergang vom Seher zum Propheten tritt uns unmittelbar vor Augen in der schönen, mit hoher Kunst erzählten Geschichte, wie Saul zum König gesalbt wurde (I. Sam. 9—10). Sie setzt voraus, daß Samuel als ein Seher bekannt war, den man in persönlichen Schwierigkeiten aufsuchte und der gegen Entgelt Auskunft gab, hier z. B. darüber, wo die verlorenen Eselinnen zu suchen seien. Wenn diese Geschichte aber so weitergeht, daß Samuel von Gott den Auftrag erhielt, den Bauernsohn Saul, der zu ihm kommen würde, zum König von Israel zu salben, so ist damit auch sein Amt gewandelt: Er handelt nun auf unmittelbare Weisung Gottes am ganzen Volk Israel, und damit ist der Übergang vom Sehertum zum Amt des Propheten vollzogen. Auf jeden Fall spiegelt diese Erzählung einen geschichtlichen Tatbestand: Mit dem Entstehen des Königtums trat an die Stelle des Sehers der Prophet. Es ist aber darüber hinaus durchaus möglich, daß sich dieser Übergang in der Person Samuels vollzogen hat.

In einem weiteren Punkt stimmt diese Geschichte von Sauls Salbung durch Samuel mit der Erzählung in Kap. 8 überein, wo das Volk mit dem Begehren nach einem König vor Samuel tritt und Samuel dieser Bitte nachgibt, obwohl er in ihr ein offenes Mißtrauen gegenüber Gottes Herrschaft über sein Volk sieht, wie er das noch einmal sehr nachdrücklich bei seinem Abschied vom Volk in Kap. 12 sagt. Diese beiden Kapitel sind allerdings deutlich aus der Sicht einer sehr viel späteren Zeit formuliert, die schon auf eine Geschichte des Versagens der Könige zurückblickt. Aber man kann doch dahinter, übereinstimmend mit Kap. 9–10, ein Mitwirken Samuels an der Gründung des Königtums in Israel annehmen.

Nur diese beiden Tatsachen, daß Samuel ein Seher war, der dann ein Prophet wurde, und daß er am Entstehen des Königtums wesentlich beteiligt war, kann man als einigermaßen sicher annehmen und auch, daß er dann mit dem ersten König in einen schweren Konflikt geriet.

Die schöne Geschichte von Samuels Geburt und Jugend in den ersten drei Kapiteln hat ihre Bedeutung und ihren Wert ganz in sich selbst. Gottes Geschichte mit seinem Volk in der Bibel hat im Alten Testament drei große Einsatzpunkte eines Neuen: den Beginn der Vätergeschichte (Gen. 12), den Beginn der Volksgeschichte (Ex. 1), den Beginn der Königsgeschichte (I. Sam. 1). An allen drei Einsatzpunkten wird von der Geburt eines Kindes erzählt; denn alles Handeln Gottes in der Geschichte hat zur Voraussetzung, daß ein Kind geboren wird. Am Anfang der Königsgeschichte steht die Mutter in der Mitte der Erzählung. Die Mutter, die verzweifelt ist, weil sie kein Kind bekommt; die im Heiligtum vor Gott weint und um ein Kind zu ihm fleht; die Mutter, der vom Priester eine Zusage der Erhörung gegeben wird, die dieser Zusage glaubt und über ihr wieder froh wird. Der Einsatzpunkt des Neuen Testamentes wird wieder die Geburt eines Kindes sein. Und wieder wird eine Mutter ein Loblied singen.

Bei der Darstellung der Geschichte der Richter war schon darauf hingewiesen worden, daß Saul, obwohl er gesalbter König war, eigentlich mehr in die Reihe der „charismatischen Führer" gehört. Die Befreiung der Stadt Jabeš in Gilead, die der geschichtlich wahrscheinlichste Anlaß wurde, Saul zum König auszurufen, hat ganz den Charakter der Richtergeschichten. Ein Bauernsohn wird angesichts schwerster Bedrohung einer israelitischen Stadt durch einen weit überlegenen Feind von Gottes Geist ergriffen; er entbietet kraft dieser Berufung das Aufgebot der israelitischen Stämme, und es gelingt ihm, die Stadt zu befreien. Wenn es nun nicht so weitergeht wie in den Richtergeschichten, daß nämlich der Heerbann sich wieder auflöst, der Führer wieder auf seinen Hof und an seine Arbeit zurückgeht, sondern das versammelte Volk nach Gilgal zieht und dort am Heiligtum Saul zum König ausruft, so hat das einen bestimmten, außenpolitischen Grund. Die Philister, die ungefähr gleichzeitig mit den Israeliten nach Palästina eingezogen waren und — wahrscheinlich aus Ägypten verdrängt — den südlichen Küstenstreifen (den heutigen Gaza-Streifen) besetzt hatten, waren eine für Israel so bedrohliche Macht geworden, daß die bisherige Form des Abwehrens der Feinde, das charismatische Führertum, dieser Bedrohung gegenüber nicht mehr zu genügen schien. Eine feste Institution der Verteidigung und der Stabilisierung der Macht in einer Hand schien unausweichlich. Darum begehrten die Israeliten, einen König zu haben wie andere Völker auch.

Dies ist denn auch das wichtigste an dem wenigen, das uns von Sauls Königtum berichtet wird: seine Kämpfe gegen die Philister und andere Feinde Israels. Aber es ist fast quälend, diese Geschichten zu lesen. Saul kann nichts unternehmen, ohne daß irgend etwas Unerwartetes und Sinnloses ihm entgegenwirkt. Bei der ersten großen Entscheidungsschlacht gegen die Philister kommt Samuel nicht zur Zeit, das vor der Schlacht notwendige Opfer darzubringen. Das Warten wird unerträglich; die Männer verlassen Saul, weil mit dem Aufschub die Chancen eines Sieges immer geringer werden. Da bringt Saul selbst das Opfer dar, und natürlich kommt in diesem Augenblick Samuel und kündigt ihm die schwerste Sühne für sein doch nicht erhebliches Vergehen an.

In einer weiteren Schlacht gelang es Saul durch einen kühnen Handstreich seines Sohnes Jonathan, den Philistern eine schwere Niederlage beizubringen. Aber Jonathan verletzt ahnungslos ein Enthaltungsgebot, das Saul erlassen hatte. Hier ist Saul wieder zu streng und fordert die Hinrichtung Jonathans, die nur durch den Widerstand des Heeres verhindert wird. Bei derselben Gelegenheit vergreift sich das Volk an der Beute. Nach der Amalekiterschlacht vollzieht Saul das Banngebot nicht (Kap. 15) und wird deswegen von Samuel verworfen. Für Samuel hat Saul von diesem Augenblick an das Königtum verwirkt. Er salbt in Gottes Auftrag einen anderen, den jungen David, zum König. Was von hier ab über Saul berichtet wird, ist ein schicksalhaftes Abgleiten und Absinken: sein Versinken in eine krankhafte Schwermut, der unselige Rivalitätskampf mit David, die Erkenntnis der Ausweglosigkeit seiner Lage, die ihn schließlich dazu bringt, von einer Wahrsagerin den Geist Samuels beschwören zu lassen, um noch irgendein Wort der Weisung zu empfangen. Dieser letzte, verzweifelte Versuch bringt ihm nichts ein als die Bestätigung seiner Verwerfung.

Als ein Verworfener, als ein Verurteilter, sein Schicksal ahnend, weicht Saul nicht aus, wird nicht weich und stellt sich den Philistern zu einem letzten Kampf auf dem Gebirge Gilboa. Es wird eine furchtbare Schlacht. Saul sieht drei seiner Söhne fallen. Er selbst wird von einem Pfeil in den Leib getroffen. Um nicht den Feinden als ein Schwerverwundeter in die Hände zu fallen, stürzt er sich in sein Schwert. Sein Waffenträger folgt ihm in den Tod.

Diese düstere und deprimierende Schilderung des ersten israelitischen Königs hat eine zeichenhafte Bedeutung. Das Königtum Israels als Ganzes ist in Saul eher dargestellt als in David. Ein einziger Zug mag das unterstreichen: Der letzte König Zedekia geht, als Jerusalem schon von den Babyloniern eingeschlossen und kaum noch zu retten war, zu seinem Gegner Jeremia, der ihm den Untergang angekündigt, zu Jeremia, den er selbst verhaftet hatte. Er geht zu ihm mit derselben Frage, mit der Saul zu der Wahrsagerin von Endor gegangen war, und bekommt dieselbe Antwort. Das Schicksal des israelitischen Königtums ist in seinem ersten Repräsentanten schon dunkel angedeutet. Dann ist es aber auch wahrscheinlich, daß dieses Bild bewußt so düster gezeichnet und daß sehr viel Positives, Helles und Starkes, was auch von Sauls Königtum gesagt sein könnte, nicht gesagt ist. Man kann bei allem, worin Saul gefehlt hat, doch sagen, daß er sich in seinem Königsamt als Diener Gottes gewußt und diesem seinem Herrn die Treue gehalten hat. Man muß von ihm sagen, daß er ein tapferer, edler Mann war und nur deshalb so tief in Schwermut und Verzweiflung sank, weil er seinen Auftrag bitter ernst nahm. Man kann bei allen seinen Fehlern selbst gegenüber David in ihm einen wahrhaft königlichen Menschen sehen.

KÖNIG DAVID

Wenn wir vom Weg des Königs Saul, wie er uns in der Schilderung des I. Samuelbuches entgegentritt, auf den Weg Davids hinübergehen, ist es, als träten wir aus einem dunklen, beengenden Raum in den hellen Tag. Hier ist der Weg eines Königs, wie ihn ein Volk sich nur wünschen kann, ein Weg des Glückes und des Glanzes, der Weg eines zielbewußten, starken Mannes, eines Mannes, dem die Gunst vieler wie von selbst zufiel, der aus der schwierigsten Situation den Ausweg fand, eines Königs, der auch ein Sänger war, von dem Freude und Stärke ausstrahlte. Wir werden später sehen, daß dies nur eine Seite des Königs David und seines Königtums ist. Es ist da noch eine andere Seite, und die Bibel hat sie uns nicht verschwiegen. Dennoch: In der Darstellung dieses Königs — und allein dieses einen von allen Königen Israels und Judas — überwiegt die strahlende Schilderung eines glücklichen, von seinem Volk geliebten, siegreichen Königs, eines Königs, von dem noch Jahrhunderte später die Lieder seines Volkes singen werden, der immer für sein Volk der Inbegriff des Königs geblieben ist.

Die Geschichte von Davids Aufstieg vom Hof seines Vaters Isai bis auf den Thron beider Reiche Juda und Israel gehört zu den wertvollsten Geschichtsdarstellungen des Alten Testaments und darüber hinaus zu den hervorragendsten geschichtlichen Darstellungen des Altertums. Sie wird, unmittelbar auf die Ereignisse folgend, am Hofe Davids entstanden sein, wahrscheinlich geschrieben von einem Mann aus der nächsten Umgebung Davids, der diese Ereignisse selbst miterlebt hat. Von einigen Auslegern wird der Priester Ebjathar als Verfasser vermutet.

In drei Phasen wird Davids Aufstieg dargestellt. In der ersten (I. Sam. 16—20) ist David an Sauls Hof, er wird Jonathans Freund, und Saul gibt ihm eine Tochter zur Frau. Er steigt schnell zuerst in der Gunst des Königs, dann in der Gunst des Volkes. In der zweiten Phase ist David auf der Flucht vor Saul, wird Führer einer Freischar und besteht mancherlei Abenteuer (I. Sam. 21—30). Nach Sauls und seiner Söhne Tod (I. Sam. 31) wird David König von Juda und dann König über ganz Israel (II. Sam. 1—5).

In jeder dieser Phasen ist eine geschichtliche Erfahrung Israels dargestellt. Wenn es richtig ist, daß das Leben eines Volkes etwas mit dem Leben eines Individuums gemeinsam hat, dann mag man sagen: In diesen drei Phasen des Aufstiegs Davids stellt sich dar, wie Israel zum Mann wird. Was der werdende König in diesen drei Phasen durchlebt, ist des jungen Volkes Israel Eintritt in die Reife, sein Übergang in die Mannbarkeit.

Die erste Phase ist bestimmt vom Gewinnen eines Gefährten und dem Gründen der Familie. Diese beiden Schritte in das Leben des reifen Mannes wird es überall geben, wo das Leben heil und gesund ist. Es ist hier, in der Jugendgeschichte Davids, dadurch besonders hervorgehoben, daß beides am Königshof sich abspielt, im Angesicht des ganzen Volkes, in der Nähe des Thrones, in die königliche Familie hineinragend. Damit geschieht dies alles nicht wie im gewöhnlichen Leben, sondern wie auf eine höhere Ebene gehoben, exemplarisch, herausgehoben aus dem Alltäglichen, wie in einer festlicheren, schöneren Welt. Hier ist genau das Königtum gemeint, das mit dem Königsschloß, mit Prinz und Prinzessin, mit Adel, mit Glanz und Schönheit in unseren Märchen gemeint ist; denn auch das Königsmotiv in unseren Märchen lebt von einer dahinterstehenden geschichtlichen Erfahrung, eben der Erfahrung des Königtums in seiner frühesten Ausprägung. Es ist das Königtum, nach dem die Menschen bis zum heutigen Tag eine Erinnerung und eine Sehnsucht behalten haben, das etwa eine Krönungsfeier, die Geburt eines Prinzen oder einer Prinzessin oder eine königliche Hochzeit in der Mitte des 20. Jahrhunderts zu einem Weltereignis macht, an dem Millionen Menschen in allen Erdteilen Anteil nehmen.

In den Märchen begegnet häufig in diesem Zusammenhang ein Ereignis, das offenbar für die Menschen vieler Zeiten besonders faszinierend war: das Aufsteigen eines jungen Menschen aus der Tiefe einfachsten und armen Lebens in die königliche Sphäre, wie der Hirtenjunge, der die Prinzessin erlöst und dann König wird. Eben dieses Motiv steht am Anfang der Geschichte des israelitischen Königtums. So war es schon bei Saul gewesen, der vom Acker seines Vaters fort zum Retter einer Stadt und dann zum König wird. So ist es jetzt bei David, der die Herden seines Vaters hütete und durch eine Heldentat bei einem Kampf dem König auffällt, der ihn an seinen Hof zieht. David wird Knappe am Hof des Königs. Der Kreis der Geschichten, die davon erzählen, gehört ganz in die

Nähe des Motivs der Helden- und Rittersagen, wie sie viele Völker haben, in denen der aus dem gesündesten Kern des Volkes kommende Knabe am Hof des Königs sich hervortut, die Gunst aller gewinnt, irgendwie in seiner strahlenden und tapferen, draufgängerischen Jugend die Seele, das Wollen, die Sehnsucht des Volkes verkörpert und die Herzen im Fluge erobert. Bei Davids Leben und Taten am Hof des Königs Saul steht deutlich im Vordergrund die Freundschaft mit Jonathan. Sie ist in so strahlenden Farben, mit solcher Zartheit dargestellt, daß diese Episode allein eine Kostbarkeit in der Geschichte der Könige Israels darstellt. Es gibt nichts zum Menschsein Gehöriges, das nicht seinen Platz auch irgendwie in der Bibel hätte. Die Freundschaft zwischen zwei jungen Menschen hat in der Erzählung von David und Jonathan ein herrliches Denkmal bekommen.

Wenn das gerade an dieser Stelle der Bibel geschieht, so hat das seinen guten Sinn. Wir möchten wohl annehmen, daß es so etwas wie Freundschaft zwischen zwei jungen Männern schon immer und überall gegeben hat. So merkwürdig uns das klingen mag: dies war damals eine neue Erfahrung für das junge israelitische Volk. Vor der Königzeit wuchsen jeder junge Mann und jedes Mädchen in ihrer Sippe auf, die in sich geschlossen an einem Ort lebte. Sie kamen so gut wie nur mit Verwandten zusammen, mit Geschwistern, Vettern oder sonst zum „Vaterhaus" Gehörigen. Junge Leute anderer Sippen trafen sie bei den Festen, auf Kriegszügen oder auf Reisen. Daß junge Männer verschiedenster Sippen und Stämme für eine längere Zeit miteinander lebten, gab es in größerem Maß zum ersten Mal am Königshof, wo sie als Knappen zum Dienst für den König ausgebildet wurden. So spiegelt sich in der Freundschaft Davids und Jonathans tatsächlich die erste Erfahrung dieser neuen Möglichkeit menschlicher Gemeinschaft: der Freundschaft. Die Tatsache, daß diese überall erst auf einer späteren Entwicklungsstufe der Gesellschaft als eine neue Form erfahren wurde, spiegelt sich in der Sprache: Das Hebräische hat kein eigenes Wort für „Freund", und auch unser deutsches Wort hat erst spät diese spezifische Bedeutung angenommen, es ist ursprünglich eine Verwandtschaftsbezeichnung.

Das schönste Zeugnis der Freundschaft zwischen David und Jonathan ist Davids Totenklage über Saul und Jonathan (II. Sam. 1, 17—27):

Es ist mir leid um dich, mein Bruder Jonathan,
du warst mir so hold!
Deine Liebe war mir köstlicher als Frauenliebe.

Es wäre noch vieles zu dieser Freundschaft zu sagen. Ich möchte
nur noch darauf hinweisen, daß wir auch hier sorgsam auf die
Bibel hören sollten. Es kommt noch eine Reihe späterer Stellen
hinzu, die etwas zur Freundschaft zu sagen haben. Wir gehen wohl
nicht fehl, wenn wir dieses fragile und köstliche Gebilde der
Freundschaft in unserer Zeit von schweren Gefahren bedroht sehen.
Die Bibel vermag uns die Quellen und das Wesen echter Freundschaft einzigartig zu zeigen. Sie ist fähig dazu, dieses köstliche Gut
zu erhalten und zu erneuern.

Von Davids Gewinnung der Königstochter, von ihrer Liebe und
Ehe erfahren wir leider wenig. Aber auch das ist wie in den Märchen: Der Knappe am Königshof gewinnt die Königstochter durch
eine überragende Heldentat (I. Sam. 18,17—30). Aber dies steht
nun schon unter dem Zeichen der Eifersucht und des Mißtrauens
des Königs, der sich des aufstrebenden Helden durch die zu hohe
Aufgabe entledigen will. Wie der geringe Knappe dann diese Tat
doch bewältigt und der mißgünstige König gezwungen ist, ihm
seine Tochter zu geben, das ist ein in den Märchen häufig begeg-
nender Zug. Aber hinter dem Märchenmotiv steht eine echte, starke
Realität: das tief in die Frühzeit des Menschengeschlechts hinauf
reichende Empfinden, daß das schönste und echteste Finden einer
Lebensgefährtin eine starke, kühne Tat ist, die für sie geschieht.
Ich meine, daß dieses Empfinden auch dem heutigen Menschen noch
nicht verlorengegangen ist. Es ist die sinnvolle, beinahe notwendige
Ergänzung dazu, wenn dann später die Gefährtin den Mann aus
Lebensgefahr rettet (19,8—17) durch eine kluge und kühne Tat.
Hier spiegelt sich eine gesunde, jugendliche Auffassung und Erfahrung der Ehe in einem jungen Volk. So also gewann David
den Freund und die Frau, die notwendige Grundlage eines festen
und starken Kreises, in dem sein Leben gehalten und fundiert war
in der Liebe.

Die zweite Phase beginnt mit der Flucht Davids vom Königshof.
Ohne seinen Freund und ohne seine Frau wäre er wahrscheinlich
getötet worden. Hier beginnt die Kette der glücklichen Zufälle,
die nun nicht mehr abreißen wird, bis David König ist. Er muß

123

nicht nur fort vom Königshof, er muß auch aus Sauls Machtbereich fliehen, weil er sonst seines Lebens nicht sicher ist. David wird ein Abenteurer, ein Freibeuter. Wieder werden wir an die Erzählungen aus der entsprechenden Zeit unseres Volkes erinnert, in denen gerade dies ein häufiges Thema ist: der vom Königshof Vertriebene, der auf Abenteuer ziehen muß. Es ist offenbar ein wildes Leben, das David in diesen Jahren mit einer Schar von wilden Gesellen führt. Manche kühne und freche Tat gelingt ihm, so manches Mal entgeht er knapp dem Tode, und immer wieder hat er — wie man sagt— ein unverschämtes Glück. Aber niemals verliert er bei all seinen Umwegen das Ziel aus dem Auge. Er kann es sogar riskieren, mit seiner Schar bei den Philistern, den Todfeinden Israels, in Sold zu gehen; aber er haut seinen philistäischen Herrn übers Ohr und nutzt seine Züge, dem eigenen Volk Vorteil zu verschaffen. Einmal ist es äußerst kritisch: David muß Heerfolge leisten in einem gegen Saul geplanten Feldzug. Hätte er wirklich gegen die Israeliten in den Kampf eingreifen müssen, dann wäre sein Ruf und seine Zukunft im eigenen Volk ruiniert gewesen. Im letzten Augenblick aber, wo das Heer schon in Kampfordnung aufgestellt ist, schickt ihn der Feldherr der Philister nach Haus, weil er ihn als Judäer für unzuverlässig hält (Kap. 29).

Die Zeit der Abenteuer hat ihre sehr ernste Seite in der Gegnerschaft Sauls. Hier tritt uns die Entsprechung zum Motiv der Freundschaft am Königshof entgegen: die Rivalität, der Kampf Mann gegen Mann um die Herrschaft. Auch das gibt es in jedem Volk zu seiner Zeit: den Kampf um die Macht in der frühesten und reinsten Form des Zweikampfes. Hier allerdings ist die Lage dadurch kompliziert, daß einer der Rivalen der König ist. Der König aber als Gottes Gesalbter darf nicht angetastet werden. Daran hält sich David eisern. Er hat mehrmals die Gelegenheit, Saul zu töten, er tut es nie. Hier zeigt sich David zuerst als der kluge, in großen Linien denkende Mann. In der Schonung Sauls, im Respektieren seiner Immunität legt er den Grund für sein späteres Königtum. Dieser Zug gibt der ganzen zweiten Phase des Aufstiegs Davids eine eigenartige Spannung: er selbst, David, lebt auf eigene Faust im wahrsten Sinn des Wortes, er lebt ein wildes, gesetzloses Leben. Gleichzeitig aber richtet er in seiner Verteidigung gegen Saul, der ihn unablässig verfolgt, ein neues, starkes Gesetz auf, eine Bindung, in der er sich freiwillig bindet: die

Anerkennung einer das Herrscheramt bewahrenden und vor jedem brutalen Zugriff sichernden Grenze. In diesem Verhalten Davids ist der Grund gelegt für das, was in der Sprache der Reformation die „Obrigkeit" heißt. Es ist die Anerkennung einer eingefriedeten Stetigkeit des Amtes der Leitung eines Volkes. Selbst der vom König an seinem Leben Bedrohte, von ihm Verfolgte hat nicht das Recht, Gewalt gegen ihn zu brauchen. Allerdings ist hier eine Einschränkung zu machen: David respektiert Saul als den Gesalbten *Gottes*. Saul ist nicht durch das Königsamt als solches immun, sondern als ein von Gott in diesem Amt Bestätigter. Das Gesetz, das David durch sein Verhalten aufrichtet, hat dann nur so weit Geltung und Bedeutung, als das Amt der Obrigkeit in einer klaren, zu geschichtlichem Ausdruck kommenden Beziehung zu Gott steht. Die dritte Phase des Aufstiegs Davids ist seine Einsetzung in das Königtum. Nachdem Saul mit seinen Söhnen in der Schlacht auf dem Gebirge Gilboa gefallen ist, läßt sich David in der judäischen Stadt Hebron nieder. Ohne viel Aufhebens wird berichtet, daß die Männer von Juda ihn zum König einsetzen (II. Sam. 2,1—7). Währenddessen setzt Abner, Sauls Feldherr, einen Sohn Sauls, Ischbaal, zum König über die Nordstämme, also über Israel, ein. Sofort wird die Rivalität von Mann zu Mann, also zwischen Saul und David, zu einer Rivalität zwischen den beiden Teilen Israels, die unter dem Königtum Sauls vereinigt waren, und damit entsteht eine äußerst gefährliche Lage. Der nun beginnende Kleinkrieg zwischen Norden und Süden droht die israelitischen Stämme angesichts des Sieges der Philister völlig zu lähmen. Für David ist die Lage fast hoffnungslos. Nun gelingt es ihm, in äußerst geschicktem Lavieren nach ganz kurzer Zeit eine Lage herbeizuführen, in der die Nordstämme selbst es für das günstigste halten, David die Königsherrschaft auch für die Nordstämme anzubieten (5,1—5). Diese äußerst geschickte Politik krönt David durch einen kühnen Handstreich gegen die Feste Jerusalem, die bis dahin, also auch in der Zeit des Königtums Sauls, in den Händen der Jebusiter, eines kanaanäischen Stammes, geblieben war und wie eine Barriere zwischen dem Gebiet der Nordstämme und dem Land Juda lag. Er baut die Burg Zion aus und macht sie zu seiner Residenz, der Stadt Davids, wie er sie nun selber nennt. Durch ihre günstige natürliche Lage ebenso wie durch ihren Ort zwischen Juda und Benjamin war Jerusalem als Hauptstadt denkbar geeignet. Jetzt hatte David das Fundament, auf dem sein Reich erstehen konnte. Diese Grundlage muß noch etwas erläutert werden. Wir haben bisher vom Königtum als einer festen und einheitlichen Größe gesprochen. Doch gilt schon für jene Zeit, daß es eine Fülle verschiedener Regierungsformen in sich faßte, daß es äußerst verschiedene Formen annehmen konnte. Tatsächlich war die Form des Königtums bei den ersten drei Königen eine jedesmal wesentlich verschiedene. Als die Israeliten vor Samuel hintraten und zu ihm sagten: „Wir wollen einen König haben wie die anderen Völker auch!", konnten sie dabei an drei verschiedene Formen des Königtums ihrer Umgebung denken: In den großen Reichen im Norden und Süden gab es seit Menschengedenken das Großkönigtum. Es war ein absolutistisches Königtum und war in der Gottessohnschaft des Königs verankert. Dann gab es das Stadtkönigtum der kanaanäischen Stadtkönige; diese Könige waren trotz relativer Selbständigkeit Vasallen. Auch dieses Stadtkönigtum hatte einen stark absolutistischen Charakter, auch hier war der König Repräsentant des Gottes und hatte eine wichtige Rolle im Kultus. Tatsächlich waren diese Stadtkönige wie eine Reproduktion der Großkönige, nur in erheblich kleinerem Format. Daneben aber gab es eine andere Form des Königtums in den Nachbarländern wie z. B. in Moab und Edom. Dies war eher ein konstitutionelles Königtum (eine Königsliste der Edomiter ist in Gen. 36,31—39 erhalten, aus der hervorgeht, daß dort das Königtum zuerst nicht erblich war), und an diese Art des Königtums haben die Israeliten wahrscheinlich gedacht, als sie die Bitte an Samuel richteten, ihnen einen König zu geben.

Wie wir schon sahen, war das Königtum Sauls eine Übergangsform zwischen dem charismatischen Führertum und der Königsherrschaft. An eine Dynastie hat Saul selbst wahrscheinlich nicht gedacht; erst sein Feldherr Abner hat nach seinem Tod versucht, einen Sohn Sauls zum König zu machen, er ist damit aber nicht durchgedrungen. Es ist uns nichts davon berichtet, daß das Königsamt Sauls irgendwelche andere als außenpolitische Funktionen hatte. Seine Aufgabe war, Israels Kriege zu führen. Eine zentrale Verwaltung des Landes unter dem König hat es zu Sauls Zeit wahrscheinlich noch nicht gegeben.

Davids Königtum dagegen stellt etwas ganz Neues dar. Er ist eigentlich, entsprechend seinem Werdegang, ein dreifacher König, das heißt, er vereinigt drei verschiedene Arten des Königtums in seiner Person. Zunächst ist er gewählter König von Juda. Dies ist eine deutliche Form konstitutioneller Monarchie. Zur Einsetzung eines Königs gehören hier zwei Vorgänge: die göttliche Designation (das heißt, es muß durch irgendein Ereignis gewiß sein, daß Gott diesen Mann zum König haben will; dies wird bestätigt durch die Salbung, die von einem Gottesmann vorgenommen werden muß) und die Akklamation des Volkes (das heißt, dieser von Gott bestimmte Mann muß vom Volk zum König ausgerufen werden). In anderer Weise ist David König von Israel. An jener Stelle, wo erzählt wird, daß die Nordstämme David zum König ausrufen, ist ausdrücklich gesagt: „Der König David schloß mit ihnen in Hebron einen Vertrag vor dem Herrn." Dies ist eine Übertragung des Königtums der Nordstämme auf die Person Davids. David ist also König von Israel durch Personalunion. (Dies wird zu einem späteren Zeitpunkt wichtig werden; nach Salomos Tod und der Regierungserklärung Rehabeams kündigen die Nordstämme dieses Vertragsverhältnis, wozu sie tatsächlich nach der Vorgeschichte ein Recht haben.) Nun ist David aber noch in einer dritten Weise König: Durch die Eroberung Jerusalems ist er persönlich Besitzer und Herr dieser Stadt geworden. Er ist nun König Jerusalems in Analogie zu den kanaanäischen Stadtkönigtümern. Das bedeutet: König von Jerusalem ist David als Besitzer dieser Stadt; keiner der Stämme, weder Juda noch die Nordstämme, kann irgendeinen Anspruch auf diese Stadt erheben. Auf diese Weise hat David eine Residenz, die ihm niemand streitig machen kann, die wirklich sein persönliches Eigentum ist. Dadurch war die Begründung einer Dynastie möglich, deren Sitz dieses Jerusalem, die von David erworbene Stadt, war.

Zu diesem politischen Fundament seines Reiches fügte David nach der Eroberung Jerusalems noch ein wichtiges Band, das die Stämme zusammenzuhalten geeignet war. Seine erste Tat, nachdem er König von ganz Israel geworden war, mußte der Kampf gegen die Philister sein. Es wird berichtet, daß sich die Philister durch den neuen israelitischen König bedroht fühlten und gegen ihn heranzogen. In zwei Schlachten brachte David ihnen eine so schwere Niederlage bei, daß das Land nun zunächst Ruhe hatte. Nun tat David etwas, was neben der außenpolitischen Befestigung des israelitischen Reiches die wichtigste Tat seiner Regierung war: er brachte die Gotteslade nach Jerusalem.

Von dieser Lade wird in den Samuelbüchern eine höchst eigenartige, in vielem befremdliche Geschichte erzählt. Mit großer schriftstellerischer Kunst ist die Geschichte von der Lade mit der von den Anfängen des Königtums Israels verbunden. Die Jugendgeschichte Samuels in den ersten Kapiteln des I. Samuelbuches läuft auf eine Gerichtsankündigung an das Haus des Priesters Eli hinaus. Eli war der Priester des Tempels zu Silo, und in Silo stand die Gotteslade. Es war das alte Wanderheiligtum Israels aus der Zeit der Wüstenwanderung. Die ältesten Traditionen des Volkes waren mit dieser Lade verbunden. Das von Samuel angekündigte Gericht traf das Haus Eli durch einen Sieg der Philister über Israel. Dabei fiel die Lade in die Hand der Philister, die Söhne Elis fielen in der Schlacht, und Eli selbst wurde von der Nachricht des Verlustes so getroffen, daß er tot von seinem Stuhl sank. Nun wird dort am Anfang des I. Samuelbuches weiter erzählt vom Schicksal der Lade bei den Philistern, wie sie bei den Feinden Unheil anrichtet und schließlich wieder von ihnen zurückgeschickt wird. Sie wird nach Kirjath-Jearim geholt; dort bleibt sie stehen, ohne zunächst für Israel eine Rolle zu spielen. Dies ist in den Kapiteln 4–6 des I. Samuelbuches erzählt. Die Erzählung von der Lade wird erst in II. Samuel wieder weitergeführt. David erkennt die Bedeutung der Lade. Er will sein neues Königtum ganz bewußt an die alten Traditionen Israels anschließen. In einem feierlichen, von uralten, der Gegenwart Davids schon fremd gewordenen Riten begleitetem Aufzug holt er die Lade nach Jerusalem. Sie wird nun wieder das zentrale Heiligtum des ganzen Volkes. Diese Überführung der Lade nach Jerusalem war von höchster Bedeutung für den Weg des jungen Königtums. Sie bedeutete, daß die Vergangenheit Israels, die Zeit der Armut, der Knechtschaft und der Wüstenwanderung bejaht wurde, daß der Glaube der Väter in den nun anders gewordenen Lebensformen bewahrt werden sollte und David sein Königsamt und die Verwaltung des aufstrebenden Reiches in der Fortsetzung der alten Verheißungen an die Väter des Volkes verstand.

Es ist nicht zufällig, wenn an dieser Stelle das neue Königtum eine neue Verheißung bekommt. In II. Sam. 7, einem der wichtigsten Kapitel der Königsgeschichte, wird erzählt, daß der König David nach dem Bau seines Palastes ein Gotteshaus für die Lade, also einen Tempel, zu bauen plant. Er will aber diesen Plan nicht nach eigenem Entschluß durchführen, er fragt den Propheten Nathan. Zunächst stimmt ihm der Prophet zu. Aber da ergeht in der Nacht ein Wort des Herrn an Nathan, das dem König den Bau des Tempels untersagt. Nun wird die Absicht des Königs in eigenartiger Weise umgekehrt. David soll Gott kein Haus bauen; er ist kein Gott, der sich in ein Haus einschließen läßt. Aber er, Gott, will dem David ein Haus bauen, er will dem Hause Davids (Haus und Familie ist im Hebräischen dasselbe Wort) das Bleiben auf dem Königsthron verheißen:

Dein Thron soll in Ewigkeit feststehen.

Diese Verheißung, daß das Königtum beim Hause Davids bleiben soll für alle Zeiten, bedeutet einerseits die Begründung und göttliche Bestätigung einer Dynastie des Hauses Davids. Es bedeutet aber andererseits eine Bindung der Geschichte Gottes mit seinem Volk an ein einzelnes Haus in diesem Volk. Diese Nathan-Verheißung an David steht tatsächlich in der Mitte der israelitischen Geschichte. Sie ist der Endpunkt des Bogens, der in der Verheißung der Herausführung aus Ägypten und der Hereinführung in das gute Land ansetzte. Sie ist der Einsatzpunkt eines neuen Bogens, der aus dieser Stunde der Begründung der davidischen Dynastie durch den Zusammenbruch eben dieser Dynastie und ihrer Königsherrschaft in das Warten auf den anderen König aus dem Hause Davids und schließlich in die Erfüllung in Jesus von Nazareth, dem Sohne Davids, auslief.

DAVIDS KÖNIGSHERRSCHAFT

Das 7. Kapitel im II. Samuelbuch steht in der Mitte zweier großer zusammenhängender Geschichtsdarstellungen. Voran geht die Geschichte von Davids Aufstieg (I. Sam. 16 — II. Sam. 5); es folgt die Geschichte von Davids Königsherrschaft, die aber von Anfang an den Übergang der Königsherrschaft auf Salomo zum Ziel hat (II. Sam. 9—20 und I. Kön. 1—2). In der wissenschaftlichen Arbeit wird sie deshalb die Geschichte von der Thronnachfolge Davids genannt. Von ihr gilt in noch höherem Maß, was von der Geschichte von Davids Aufstieg gesagt war: Sie ist ein Werk hoher geschichtlicher Darstellungskunst, von einer erstaunlichen Präzision der Linienführung, vor allem aber ist die Darstellung in einer Weise objektiv, wie das nur von der besten Geschichtsschreibung der Weltliteratur gesagt werden kann. Noch etwas anderes soll hervorgehoben werden: Es ist in der Geschichte von der Thronnachfolge Davids erstaunlich wenig von Gott geredet. Vergleicht man das mit einem Abschnitt deuteronomistischer Geschichtsdarstellung wie etwa Richter 2, so ist der Abstand gewaltig. Dort ist von Gott fast in jedem Satz die Rede, hier fast nie. Wie ist das zu erklären? Die Geschichte von der Thronnachfolge Davids ist am Hof Salomos entstanden, sie steht unter einem bestimmten politischen Gesichtspunkt und hat auch ein politisches Ziel: Sie will nachweisen, daß Salomo wirklich der rechtmäßige Nachfolger auf dem Thron Davids ist, und erklären, wie es zu dieser Nachfolge kam. Wir sagten ganz zu Anfang dieses Teiles, daß mit dem Königtum das Politische als ein besonderer Lebensbereich für Israel seine Bedeutung bekam. Das zeigt sich eben darin, daß nun von politischen Ereignissen und Zusammenhängen völlig „sachlich", das heißt, der Sache entsprechend, geredet werden kann, ohne daß immer ein jedes Ereignis besonders mit Gott in Verbindung gebracht werden müßte. Es ist genug, wenn in den entscheidenden Wendepunkten auf Gott als den hingewiesen wird, von dem alles Geschehende ausgeht und in dessen Hand alle Fäden des Geschehens zusammenlaufen (II. Sam. 11,27; 12,24; 17,14). Die deuteronomistische Geschichtsschreibung dagegen will ganz bewußt ein theologisches Wort zur Geschichte sein, sie will, indem sie die Geschichte darstellt, zu Gott zurückrufen. Es gibt also auch in der Bibel den Unterschied zwischen einem bewußten Reden von Gottes Wirken in der Geschichte und einem anderen, sachlichen Darstellen geschichtlicher Zusammenhänge, bei dem eine Erwähnung Gottes und seines Tuns weithin fehlen kann! Daß *Gott* die Geschichte lenkt und ihr Herr ist, kann aber gerade in einer rein sachlichen Geschichtsdarstellung zum Ausdruck kommen.

Die Geschichte von Davids Thronnachfolge nimmt ihren Ausgangspunkt bei einer anscheinend nebensächlichen Episode am Ende der Erzählung von der Überführung der Lade nach Jerusalem. David tanzt vor der Bundeslade, und Michal, die Königin, nimmt daran

Anstoß. Wegen der Worte, die sie dem heimkehrenden David in stolzem Zorn entgegenrief, bleibt sie kinderlos. So kann von ihr, der Königstochter und ersten Frau Davids, der Thronerbe nicht kommen. Die Mutter des Thronerben wird Batseba. Davids Feldherr Joab, ein grader und tapferer Soldat, erkämpft einen glänzenden Sieg gegen die Ammoniter und zugleich gegen die Syrer, ihre Helfer. David selbst — daran zeigt sich, daß etwas anders geworden ist — bleibt in Jerusalem. Im nächsten Jahr zieht Joab wieder gegen Ammon aus, während David im Palast auf dem Zion bleibt. Vom Dach seines Hauses sieht er eine sehr schöne Frau und begehrt sie. Er erfährt, daß sie die Frau eines seiner Offiziere, des Uria, ist. Und nun wird mit unbestechlicher Sachlichkeit berichtet, wie David, um die Frau zu bekommen, den Uria durch seinen Feldherrn Joab in einen besonders gefährlichen Einsatz schicken läßt, bei dem Uria fällt. Darauf nimmt David die Frau, Batseba, zu sich. Am Ende dieses Berichtes steht der kurze Satz: „Es war aber schlecht in den Augen des Herrn, was David getan hatte." Damit war die Stunde gekommen, in der das Amt der Propheten an den Königen einsetzte. Der König hatte seine Macht mißbraucht zu einer gemeinen und verabscheuungswürdigen Tat. Das schlimmste daran war, daß er sie als König ungestraft tun konnte. Wäre dem David diese Tat durchgegangen, dann wäre in dieser Stunde das israelitische Königtum in den orientalischen Absolutismus abgeglitten, die Salbung wäre zur Formalität degradiert, und eine Wandlung wäre nur noch durch den Sturz des Davidhauses möglich gewesen. Es gab keine Instanz, die gegen die Tat Davids hätte einschreiten können. David allein hatte die höchste Gewalt inne. Da schickt Gott seinen Boten, den Propheten Nathan. Der trägt dem David einen Rechtsfall vor von dem reichen Mann, der das einzige Lamm des armen Mannes diesem wegnimmt, um es einem Gast vorzusetzen; die vielen eigenen Schafe und Rinder will der reiche Mann schonen. „Da entbrannte der Zorn Davids heftig wider den Mann, und er sprach zu Nathan: So wahr der Herr lebt, der Mann, der das getan hat, muß sterben! Und Nathan sagte zu David: Du bist der Mann!" Diese Anklage erläuternd, sagt er dem König ohne Furcht und ohne jede Scheu in dürren Worten mit Nennung der Namen seine Schuld ins Gesicht. Darauf kündet er ihm im Auftrag Gottes die Strafe an: „So spricht der Herr: Siehe, ich werde in deinem eigenen Hause Unheil

131

wider dich anstiften!" Mit der Leuchtkraft und der Schärfe eines einschlagenden Blitzes schlägt hier mitten in die Geschichte des glücklichen, von Gott gesalbten, in allem erfolgreichen und klugen Königs David das Zornwort des lebendigen Gottes. In diesem einen Wort des Propheten Nathan, in dieser einen Stunde ist die Prophetie in ihrer im ersten Augenblick ihres Auftretens im wesentlichen vollendeten Form auf dem Plan. Was in dieser Stunde geschah, wird nun — nicht wesentlich gewandelt — den Weg der Könige Israels begleiten bis zum bitteren Ende. Von hier an bis zum letzten Wort des letzten Propheten an den letzten König besteht das Prophetenwort aus denselben beiden Grundbestandteilen: der Anklage, die einfach auf den Tatbestand einer Verschuldung weist, und der Ankündigung des Gerichtes, der Strafe Gottes für diese Verschuldung.

Die Stunde, in der Nathan vor David trat und ihm sagte: „Du bist der Mann!", gehört zu den entscheidenden Geschehnissen im Alten Testament. An diesem Bericht mag einer, dem die Bibel noch fremd ist, erkennen, warum das Alte Testament geschrieben wurde und warum es zur Bibel der Christenheit gehört. Diese Stunde kann zeigen, warum das Kommen eines anderen Königs notwendig wurde, sie kann aber auch deutlich machen, warum das Alte Testament zum Bericht von Gottes Taten hinzugehört. Auch die Kirche Jesu Christi muß sich das immer wieder neu sagen lassen, und sie muß es in der Härte und Unnachgiebigkeit hören, wie es hier in dieser Erzählung berichtet ist, daß die Stunde kommen kann, wo sie den gleichen Auftrag bekommt: dem Mißbrauch der Macht in aller Schärfe und Kühnheit und Rücksichtslosigkeit gegen sich selbst entgegenzutreten, komme daraus, was da will. Und es muß hier auch gesagt werden, daß die Kirche diese Stunde manches Mal verpaßt hat. Es ist in der ersten Stunde der Prophetie ein für allemal deutlich und ohne Vorbehalt gesagt: Wo ein solcher Mißbrauch der Macht eintritt, wo ein „Armer" durch einen „Reichen" vergewaltigt wird, da steht Gott auf der Seite des Armen. Daran hat sich nie etwas geändert, und es ist auch hier nichts damit geändert, daß der „Reiche" der Gesalbte Gottes ist. Es ist leider in der Geschichte der christlichen Kirche oft nicht gesehen worden, daß, wenn Jesus von Nazareth sich auf die Seite des Armen stellt, sich zu den Verlorenen, den Kranken, den Verachteten gesandt weiß, dies nur auf dem Hintergrund der alttestamentlichen Prophetie recht verstanden und in seinen Konsequenzen für das Stehen der Kirche in der Welt realisiert werden kann.

Was bedeutet dieses Ereignis für den König David? Das ist jedenfalls an den unmittelbar folgenden Ereignissen nicht abzulesen. David stellt sich der Anklage des Propheten Nathan und bekennt sich schuldig. Das ist eine große Sache für den König. Es wäre ihm ein leichtes gewesen, die Anklage des Propheten zum Schweigen zu bringen. So aber kann ihm Nathan die Vergebung Gottes zusagen. Das bedeutet zunächst: „Du wirst nicht sterben." Vergebung bedeutet im Alten Testament oft Aufhebung des Todesurteils, dem Schuldigen wird die verwirkte Zukunft wiedergegeben. Das heißt aber durchaus nicht völlige Straffreiheit. Das Vergeben Gottes kann im Alten Testament im Auferlegen einer Strafe bestehen, deren Bejahung und Annahme gleichzeitig das Annehmen der Vergebung ist. So ist es hier. Das Kind, das dem David von Batseba geboren ist, stirbt. Aber dies ist nun wirklich nicht die ganze Strafe, es ist nur das sehr ernste Zeichen dafür, daß Gott David weiterleben und ihn weiter König sein läßt. Die erste Gerichtsankündigung Nathans bleibt bestehen.

Diese Ereignisse spielen auf der Höhe der Königsherrschaft Davids. Das 8. Kapitel erzählt von Davids Kriegen und von der Einsetzung von Beamten in den Gauen Israels. David ist Herr über ein beachtliches, innen und außen gefestigtes Reich, ein Reich, wie es vorher und nachher niemals auf dem kleinen Raum und kargen Boden Palästinas bestand. Nur an einer Stelle hatte der König David kein Glück: in seiner Familie. Seinem Haus, seiner Familie ist die Verheißung gegeben, aber diese Verheißung bedeutet keineswegs, daß in seinem Hause alles glatt geht. Der nun noch folgende Teil des II. Samuelbuches hat wie der zweite Teil des I. Samuelbuches in der Hauptsache einen Rivalitätskampf zum Gegenstand: Davids Sohn Absalom empört sich gegen seinen Vater. Es hatte damit angefangen, daß Amnon, der erstgeborene Sohn Davids, der zum Thronerben bestimmt war, seiner Halbschwester Tamar Gewalt antat. David muß als Leidender erfahren, was er selbst anderen angetan hatte. Es zeigt sich, daß er an dieser Stelle schwach ist: „Er wollte seinem Sohn Amnon nicht wehtun, weil er sein Erstgeborener war" (13,21). Absalom aber, Tamars Bruder, „haßte Amnon, weil er seine Schwester entehrt hatte". Er wartet lange auf eine Gelegenheit. Bei einem Fest der Schafschur, zu dem

133

er alle Königssöhne einlud, läßt er von seinen Knechten Amnon ermorden. Er selbst flieht außer Landes. Nach einiger Zeit kommt es zur Versöhnung. Der König ist auch diesem Sohn gegenüber schwach. Er ist ein schöner, bestrickender Mann, er ist wie David in seiner Jugend, er hat zu viele und zu leichte Erfolge bei den Menschen. So kommt es, daß er die Herrschaft an sich zu reißen versucht. Systematisch bereitet er einen Aufstand vor. Die Leute, die wegen einer Rechtsentscheidung zum König kommen, fängt er vor dem Tor ab und bringt sie auf seine Seite. Der Bericht sagt es so: „So stahl sich Absalom die Herzen der Männer Israels." Er bereitet eine Verschwörung vor und läßt sich in Hebron zum König ausrufen, ein großer Teil des Volkes fällt ihm zu. David muß aus Jerusalem, aus der „Stadt Davids", fliehen, von Schmähungen verfolgt, ein bitterer Weg (Kap. 15). Auf diesem Weg aber kommt dem David wieder zurück, was seine Jugend hell und stark gemacht hatte: die Freundestreue. Nicht nur sein Feldherr Joab, auch ein philistäischer Hauptmann mit seiner Schar, dem David den Abzug freistellt, hält zu ihm: „Wo mein Herr, der König, sein wird, es gehe zum Tode oder zum Leben, da wird auch dein Knecht sein." David zieht sich bis über den Jordan nach Machanaim zurück. Auch dort drüben findet er Freunde, die ihm in der Not beistehen. Absalom setzt ihm nach und wird in einer furchtbaren Schlacht von dem überlegenen Feldherrn Joab geschlagen, Absalom, der sich, auf dem Maultier reitend, mit dem Kopf im Geäst einer Eiche verfangen hatte, wird von Joab getötet. Wieder ist David der Lage nicht gewachsen: Er klagt unmäßig und unwürdig um den Sohn, der ihn betrogen und verraten hat, und muß von Joab hart zurechtgewiesen werden, damit er sich überhaupt dem Volk zeigt, das ihm die Treue gehalten hat. Die Stunde ist so kritisch, daß es fast jetzt schon zu einem Abfall der Nordstämme gekommen wäre. Gleich danach macht der Benjaminit Seba noch einen Aufstandsversuch, der ebenfalls die Lösung der Nordstämme von David zum Ziel hat. Nur der Entschlossenheit und dem eisernen Zugriff Joabs ist es zu danken, daß auch dieser Aufstand im Keim erstickt wird.

Die Ereignisse am Königshof in den letzten Jahren Davids sind wenig erfreulich. David ist gelähmt von den schweren Schlägen in seiner Familie. Er ist ein schwacher, alter Mann geworden. Um die Nachfolge entstehen häßliche Intrigen und Rivalitätskämpfe: Salomo, ein Sohn der Batseba, geht aus ihnen als der Thronerbe hervor. In diesen Kämpfen muß noch ein Sohn Davids, Adonija, der von einer Partei schon zum König ausgerufen war, sein Leben lassen. Er ist nicht der einzige. Als ein Opfer dieser Parteikämpfe erliegt auch Joab der Gewalt, der tapferste und geradeste Mann der Davidzeit. Schließlich sitzt Salomo fest auf dem Thron; es ist wieder Ruhe im Lande, aber diese Ruhe hat etwas Lastendes, an die Ruhe des Grabes Erinnerndes. Jedem Leser dieser ergreifenden und erschütternden Geschichte von Davids Thronnachfolge drängt sich am Ende die Frage auf: Wird es mit diesem Königtum ein gutes Ende nehmen? Aber das ist nicht der einzige Eindruck, der bleibt. Am Ende steht vor uns die Gestalt Davids – die Gestalt eines Menschen. Von seinem Glanz ist wenig übriggeblieben. So, wie er in diesem gewaltigen Geschichtswerk beschrieben ist, wird er jedenfalls nicht in die Erinnerung seines Volkes eingehen. Der Mann, der diese Chronik der Ereignisse am Königshof aufschrieb, hat es gewagt, schonungslos objektiv zu berichten. Er hat nichts aus David gemacht. Er hat ihn so gelassen, wie er war: ein Mensch mit seinen guten und mit seinen schlechten Seiten, nicht so selten ein schwacher Mensch. Keine Spur von Herrscherverehrung oder Verherrlichung des Königs! In diesem Geschichtsdokument ist damit Ernst gemacht, daß Gott Gott ist und wir Menschen sind. Es ist nüchtern gesagt, daß auch die hervorragenden Menschen auf unserer Erde in allem Wesentlichen mit den anderen zusammengehören. Diese Erzählung von der Thronnachfolge Davids, die von Gott sehr wenig sagt, steht darin doch mitten in der Bibel, daß sie wie die ganze Bibel jeder Menschenverherrlichung tief abhold ist. Denn sie weiß: Jede Menschenverherrlichung nimmt Gott etwas von seiner Ehre. Das ist nun das eigentliche, das positive Zeugnis dieser Geschichte: Sie sagt mit einem unüberhörbaren Ernst: Wenn Gott mit diesem Volk etwas vorhatte und mit ihm einen Weg gehen wollte, wenn Gott dem Haus Davids eine Verheißung gab und eine hohe Bedeutung für die kommende Zeit, so ist in dieser Geschichte Gott der Handelnde. Das Große, das hier geschieht, bleibt Gottes Tun. Den Menschen, auch David, ist die Größe nicht eigen, die diesem Tun gemäß wäre. Wenn hier jemand zu rühmen ist, dann ist es Gott.

In dieser Aussage behält die Geschichte von der Thronnachfolge Davids ihre Bedeutung in der Bibel der Christenheit. Diese Königs-

geschichte weist unübersehbar auf den anderen König. Wenige Geschichten des Alten Testaments sind so deutlich wie diese nach vorn
hin offen, wenn am Ende die Frage steht: Was wird aus diesem
Königtum? Darüber hinaus aber hat sie auch der Christenheit zu
sagen, wie es mit den Helden, den Großen, den Berühmten auf
Gottes Weg mit seinem Volk bestellt ist. Es wäre besser für die
Kirche Christi, wenn sie öfter in dieser schonungslosen Sachlichkeit von den führenden christlichen Persönlichkeiten, von
den Schlüsselfiguren der Kirchengeschichte gesprochen hätte. Es
gibt hier leider zuviel Idealisierung, zuviel Menschenverherrlichung
und zuviel Vertrauen auf menschliche Größe. Es wäre gut, wenn
wir von dieser Darstellung der Geschichte Davids diese Erinnerung
mitnähmen: So hat Israel von seinem größten König reden können.
So hat es von ihm reden können, weil es Gott die Ehre gab, der
der Herr der Geschichte ist und auch durch David, ein fehlsames
Werkzeug, Großes tun konnte.

KÖNIG SALOMO

Bei dem, was das Buch der Könige von Salomo berichtet (I. Kön.
3—11), fällt eine eigentümlich starre, förmlich unpersönliche Art
auf. Keine Spur findet sich mehr von der menschlichen Nähe und
Bewegtheit der Erzählungen von David und Saul. Diese Art des
Berichtes von Salomo ist wahrscheinlich ein echter Spiegel seines
Königtums. Es ist anscheinend auch gegenüber dem des David
eine neue Ausprägung des Königtums, dem Absolutismus näher,
ein Königtum, das eine auffällige Demonstration und Repräsentation in Macht und Glanz braucht. Salomo als erster hat eine Hofhaltung, die sich denen der orientalischen Könige anzugleichen
sucht, mit einem großen Harem, mit einer großen Dienerschar, mit
prächtigen Gebäuden und vielem Aufwand. Dadurch trat ganz von
selbst eine Entfremdung zwischen König und Volk ein. Der König
war weit entfernt von dem einfachen judäischen Bauern, er war
von einem Hofzeremoniell umgeben, das ihn mit dem Volk kaum
mehr in Berührung kommen ließ. Der König ist jetzt eine „Majestät" geworden.
Politisch konnte Salomo das Davidreich etwa auf der Höhe halten,
die es unter seinem Vater erreicht hatte; allerdings gegen Ende

seiner Regierungszeit wird das Gebäude des Reiches rissig, und es bröckelt an den Rändern ab. Immerhin ist ihm noch eine Reihe der Randländer tributpflichtig, so daß der König noch über einen für das damalige Volk sagenhaften Reichtum verfügt.

Innenpolitisch trifft Salomo eine Maßnahme, die ihm zwar sehr viel einbringt, die sich aber für die Folgezeit verhängnisvoll auswirkt: Den Heeresdienst, zu dem alle israelitischen Stämme bei der Bedrohung durch einen Feind verpflichtet sind, dehnt Salomo in den ruhigen Zeiten — und er hat anscheinend sehr wenige Kriege geführt — auf einen Arbeitsfrondienst aus. Hiermit überschritt Salomo die Kompetenzen eines Königs in Israel. Jetzt gab es eine Arbeitsfron im eigenen Lande! Durchzuführen war diese Maßnahme nur durch eine ausgedehnte Organisation. Salomo teilte das Land in zwölf Gaue ein, setzte Beamte und Arbeitsvögte ein, und es entstand ein durchorganisiertes Staatswesen, das in seiner zentralistischen Struktur der alten Stämmeverfassung und ihrer patriarchalischen Ordnung ganz entgegen war. In den Beamten des Königs, die natürlich königliche Privilegien hatten, entstand eine neue besitzende Schicht, und damit traten in Israel zum ersten Mal seit seinem Bestehen zwei Klassen gegeneinander. Von diesem Klassengegensatz muß dann bei den Propheten weiter die Rede sein.

Auf dem Gebiet, das wir heute Kultur nennen, hat Salomo Erhebliches geleistet. Zu seiner Zeit und wesentlich durch seinen Hof entwickelt sich in Israel ein selbständiges kulturelles Leben. Er ist ein großer Baumeister; in der Mitte seines Lebenswerkes steht der Bau des Tempels zu Jerusalem, der den größten Teil des Berichtes über Salomo ausmacht (I. Kön. 5—8), und des neuen Königspalastes auf dem Zion; außerdem aber hat Salomo noch viel gebaut. In I. Kön. 9,19 und 10,26 ist von Wagenstädten die Rede, die Salomo anlegte für die Streitwagen und die Pferde. In den folgenden Versen wird ausführlich von der Einfuhr der Pferde aus Ägypten und dem Weiterverkauf von Pferden durch den Hof Salomos berichtet. Es ist eines der besonders wertvollen Ergebnisse der Ausgrabungen in Palästina, daß bei Megiddo eine solche „Wagenstadt" Salomos gefunden worden ist. Die Fundamente der Pferdeställe sind gut erhalten; die einzelnen, durch Pfosten voneinander getrennten Boxen der Pferde sind noch zu erkennen, und sogar einzelne Steinkrippen sind noch erhalten. Diese Stallungen sind so großzügig und sorgfältig angelegt, daß dadurch die Angaben in I. Kön. 10

voll bestätigt werden. Durch einen einzigen solchen Fund wie den
der Ställe Salomos ist die Zeit der Könige Israels auf einmal in das
helle Licht geschichtlicher Wirklichkeit gerückt. Ein Mensch unserer
Tage kann aus seinem Auto steigen und auf dem Gang zwischen
den Pferdeboxen entlanggehen, wo Salomos Pferde standen und
seine Offiziere den Knechten den Befehl zum Anspannen zuriefen!
In jüngster Zeit wurden Spuren einer erheblichen Kupfer-Eisen-
industrie, Schmelzöfen und Kläranlagen gefunden, die höchstwahrscheinlich auf Salomos Zeit zurückgehen. In I. Kön. 9,26 wird berichtet, daß Salomo in Ezjon-Geber nahe Elath am Schilfmeer
Schiffe baute und daß Salomo Flotten ausrüstete, die vor allem
Gold und Edelmetalle nach Palästina brachten. Dieses Ezjon-Geber
ist jetzt wahrscheinlich gefunden (durch den amerikanischen Archäologen Nelson Glueck); am gleichen Ort waren Kupferberg-
werke und Kupferhütten. Durch diese neuen Funde wird uns der
erstaunlich schnelle Aufstieg von Saul über David zu Salomo, sein
Reichtum und seine Pracht verständlicher. Gerade eben noch war
Palästina ein reines Bauernland; unter Salomo wird Israel ein
Land mit bedeutendem Handel und wichtiger Industrie. Dieser
große Aufschwung geht allerdings mit der Reichstrennung nach
Salomos Tod rapide zurück; aber daß zur Zeit Salomos Israel
tatsächlich eine solche Höhe und Fülle erreichte, ist durch die
letzten Funde nicht mehr zu bezweifeln.

Fast immer entspricht einem solchen Aufschwung von Handel
und Industrie auch ein kultureller Aufschwung. Salomo ist als der
weise König in die Geschichte eingegangen. Von seiner Weisheit
erzählt die Geschichte vom salomonischen Urteil (3,16—28). Das
Gerichtswesen war eines der Gebiete, auf dem Weisheit in der
antiken Welt sich besonders entwickeln konnte und wo sie besonders geschätzt war. Die Königin von Saba (Südarabien) besucht
Salomo, angelockt von dem Ruf seines Reichtums und seiner Weisheit: „sie kam, ihn mit Rätseln zu erproben", und sie muß erfahren, daß er ihr auf alle Fragen, die sie sich vorgenommen hatte,
Bescheid geben konnte. Wir stoßen hier auf eine uralte, über die
ganze Erde verbreitete frühe Form „geistreicher Konversation".
Die Rätselfrage und ihre Lösung ist eine Vorform der Wissenschaft
dort, wo Wissenschaft noch umfangen ist vom Spiel, Spiel allerdings in einem viel höheren, edleren Sinn, als wir ihn dem Wort
meist geben (vgl. hierzu Huizinga: „Homo Ludens"). Dieses Frage-

und Antwort-Spiel der Rätselfrage war die Form geistigen Wetteifers, die einmal in der menschlichen Gesellschaft etwa den Platz einnahm, den heute das Bücherlesen einnimmt. (Wenn heute hochgebildete Leute Kriminalromane lesen, so ist das ein ganz ähnliches Teilnehmen an einem Rätselspiel.) Noch eine dritte Form der Weisheitsübung treffen wir bei Salomo: Er dichtet Sprüche, Lieder und Tier- und Pflanzenfabeln (5,9—14). Dies ist eine der erstaunlich präzisen und wirklichkeitsgeladenen kleinen Bemerkungen in den Geschichtsbüchern des Alten Testaments, die uns ganz unbekannte Bereiche aufzuschließen vermögen. Jetzt endlich in der allerjüngsten Zeit ist durch die Erforschung volkstümlicher Ausdrucksformen (folklore) klargeworden, daß das in dieser kleinen Bemerkung Angegebene genau einer Frühform der vorliterarischen Wortkultur entspricht, in der eben diese Formen ihre Heimat haben: Rätsel, Sprüche, Lieder und Märchen bzw. Fabeln von Tieren und Pflanzen. Von alledem ist in der Bibel selbst nur noch ganz wenig erhalten; aber das Erhaltene bestätigt diese Angabe von Salomos Weisheit vollauf: Wir können danach gewiß sein, daß im Israel der frühen Könige eine hohe Blütezeit der Wortkunst war, einer vorliterarischen Wortkunst, deren Gebilde jeweils ganz kleine Einheiten, eben die oben genannten Formen, waren. Wir müssen uns vorstellen, daß es eine überschwengliche Fülle von Liedern, Sprüchen, Rätseln und Märchen oder Fabeln gab (es braucht also keine Übertreibung zu sein, wenn es von Salomo 5,12 heißt: „Er dichtete 3000 Sprüche und seiner Lieder waren 1005"), die im Leben des Volkes ihren Ort hatten bei Zusammenkünften, Festen, im Dorfkreis am Feierabend, auf dem Wege und dann vor allem in der höfischen Geselligkeit am Königshof, wo diese vorliterarische Wortkunst zum ersten Mal bewußt gepflegt und gesammelt wurde.

In dieser Wortkunst nun lernte man auch gern von anderen, so wie das z. B. schon der Besuch der Königin von Saba zeigt. In Ägypten gab es die Kunst des Spruches schon jahrtausendelang, und so ist es kein Wunder, daß bei den engen Handelsbeziehungen mit Ägypten auch ein kultureller Austausch stattfand. Besonders von der ägyptischen Spruchweisheit hat man in Israel manches übernommen, wie es uns das Spruchbuch, das in der Bibel aufbewahrt wurde, noch zeigt. Damals, in jener ersten kulturellen Blüte in Israel, zeigte es sich schon, daß die Weisheit als ein internationales Gut galt, daß man auf diesem Gebiet gern und eifrig von anderen Völkern lernte. Der übernationale, universale Charakter der Wissenschaft hat hier seinen Ursprung. In anderer Hinsicht aber mußte das Übernehmen fremden Gutes zu schweren Konflikten führen. Zu Salomos Hofhaltung gehörte ein großer Harem, dem auch ausländische Prinzessinnen angehörten. Es war verständlich, daß sie im fremden Land den Gottesdienst ihres Heimatlandes fortführten; aber Salomo ließ in der Umgebung Jerusalems Heiligtümer für die Götter ihres Landes bauen, und das mußte den einfachen, ihrem Gott treuen Judäern schweren Anstoß geben. Die spätere Beurteilung des Deuteronomisten, die wir deutlich aus der Sprache des 11. Kapitels vernehmen, wird auch darin recht haben, daß Salomo selbst notwendig in diese Fremdkulte hineingezogen wurde. Damit war der echte, treue Jahwedienst angegriffen und bedroht. Dazu kam ein anderes: Für die vielen Bauten, vor allem den Bau des Tempels, mußte Salomo eine ganze Schar von ausländischen, vor allem tyrischen Facharbeitern heranziehen. In ihrem Handwerk berührten sich Kunst und Religion. Die Motive, mit denen sie die Wände des Tempels ausschmückten, die Art und Form der Tempel- und Kultgeräte, die sie anfertigten, – dies alles brachte notwendig in den israelitischen Gottesdienst fremde Elemente hinein. Vielleicht war diese Überfremdung des israelitischen Gottesdienstes durch Salomos Tempelbau viel eingreifender, als es uns die jetzige Schilderung erkennen läßt.

Im letzten Teil des 11. Kapitels fangen drei Abschnitte mit den Worten an: „Gott ließ dem Salomo einen Widersacher erstehen . . ." Die Abgötterei Salomos wird stärker in die Zukunft hineinwirken als aller wirtschaftliche und kulturelle Glanz, den seine Regierungszeit tatsächlich brachte. Das Gebäude des Reiches Salomos stand auf keinem sehr festen Boden. Es bedurfte nur eines Anstoßes für den schnellen Zusammenbruch aller Herrlichkeit Salomos. Etwas muß noch zu Salomos Regierungszeit bemerkt werden: Während seiner langen Herrschaft ergeht niemals das Wort eines Propheten an ihn. Das ist sehr auffällig, da sonst durch die ganze Königsgeschichte die Reihe der Propheten die Reihe der Könige begleitet. Nur einmal ganz am Ende ergeht ein Wort des Propheten Ahia, die Teilung des Reiches ankündigend, an Jerobeam, der damals noch ein Fronvogt Salomos war. Um so auffälliger, daß kein

Prophetenwort an Salomo ergeht. Dem entspricht nun, daß nicht ganz selten von einem unmittelbaren Gespräch zwischen Gott und Salomo erzählt wird; so am Anfang, wo Gott dem Salomo einen Wunsch freigibt (Kap. 3), und im Tempelweihgebet (Kap. 8), in dem auch ein Zwiegespräch angeführt ist. Sollte dahinter etwa stehen, daß Salomo eine Form des Königtums angestrebt hat, bei der der König eine größere Unmittelbarkeit zu Gott hat als die gewöhnlichen Menschen? Sollte hier doch ein gewisser Einbruch des orientalischen Gottessohn-Königtums vorliegen, der von dem späteren Bericht möglichst verdeckt wurde? Ausgeschlossen ist das nicht; soviel läßt sich jedenfalls sagen, daß diese Zeit größten Reichtums und hoher kultureller Blüte für Israel zu den ganz gefährlichen, ganz kritischen Abschnitten gehörte.

DIE ZWEITE EPOCHE DES KÖNIGTUMS IN ISRAEL
VON DER REICHSTRENNUNG BIS ZUM FALL SAMARIAS

Die Regierungszeit der drei ersten Könige in Israel umfaßt etwas weniger als 100 Jahre, die zweite Epoche, die Zeit, in der Nordisrael selbständiges Königreich war, erstreckt sich über genau 200 Jahre. In diesen 200 Jahren regierten in Israel 20 Könige; durchschnittlich kommen auf einen König 10 Regierungsjahre (in Juda sind es 12 Könige in der gleichen Zeit).

Dieser häufige Wechsel der Könige im Nordreich hat einen bestimmten Grund. Er wird verständlich durch den Vorgang der Trennung des Nordreiches vom Südreich.

Wie es zur Trennung kam, wird im 12. Kapitel des ersten Königsbuches berichtet. Dahinter stand Salomos Innenpolitik. Salomo hatte die israelitischen Stämme nicht nur zum Heeresdienst, sondern im Frieden auch zum Arbeitsdienst herangezogen. Er hatte ein Zwangsarbeitssystem eingerichtet, nach dem jeder erwachsene Israelit für eine bestimmte Zeit zum Arbeitseinsatz eingezogen wurde. Das war die andere Seite des Reichtums und der Herrlichkeit Salomos: die Fronarbeit der israelitischen Bürger. Dagegen

141

begannen schon zur Zeit Salomos Revolten. Jerobeam, einer der zur Beaufsichtigung der Arbeiter eingesetzten nordisraelitischen Vögte, machte einen Aufstandsversuch. Er wurde niedergeschlagen, aber Jerobeam selbst entkam und floh nach Ägypten. Bei dieser Erhebung Jerobeams spielte ein Prophet, Ahia von Silo, eine entscheidende Rolle. Es wird erzählt (I. Kön. 11,29—40), daß er eines Tages dem Jerobeam auf freiem Feld entgegentritt, einen neuen Mantel, den er anhat, in zwölf Stücke zerreißt, und zehn dieser Stücke dem Jerobeam gibt: Zehn der Stämme Israels soll Jerobeam erhalten, dem Haus David sollen nur zwei verbleiben. Noch einmal also, wie bei den beiden ersten Königen, setzt ein Gottesspruch im Munde eines Propheten den Anfang einer neuen Herrschaft. Daß das große und reiche salomonische Reich zerschnitten wird, geschieht auf Gottes Geheiß, und die Trennung wird begründet mit dem Versagen des großen, weisen und mächtigen Königs Salomo an der entscheidenden Stelle: im Gehorsam gegen Gott. Es sei hier erinnert an die Geschichte am Anfang (Kap. 3). Dort wird Salomo von Gott im Traum eine Bitte freigestellt. Er bittet nicht um Reichtum oder langes Leben, sondern um „ein weises und verständiges (eigentlich hörendes) Herz", und diese Bitte gefällt Gott so wohl, daß er ihm auch das andere dazu gibt; am Ende aber muß gesagt werden, daß Salomo im Entscheidenden gefehlt hat, so daß sein Werk keinen Bestand haben konnte. „Was ist der Mensch, daß du seiner gedenkst, und des Menschen Kind, daß du dich seiner annimmst?"

Solange Salomo regierte, konnte ein Auseinanderbrechen vermieden werden. Sofort beim Regierungsantritt Rehabeams, des Sohnes und Nachfolgers Salomos, kommt es zum Bruch. Wie es dazu kommt, das ist eine geradezu klassische Darstellung einer politischen Fehlentscheidung. David und Salomo waren Könige Israels nur in Personalunion, auf Grund eines Vertrages. So muß der Vertrag mit dem neuen König, Rehabeam, erneuert werden. Dies soll in Sichem geschehen, dem Ort, wo schon Josua den Landtag mit den Stämmen gehalten hatte. Die Nordstämme knüpfen an die Erneuerung des Vertrages eine Bedingung. „Dein Vater hat unser Joch hart gemacht; mache du nun die harte Fron deines Vaters . . . leichter!" Rehabeam berät diese Forderung zunächst mit den Alten, die seinem Vater Salomo gedient hatten. Sie raten ihm, auf die Forderung einzugehen, und begründen den Rat mit dem Hinweis, daß durch das Nachgeben in diesem Punkt der Zusammenhalt nur gefestigt werden könne. Dann aber berät sich Rehabeam mit den Jungen, die mit ihm am Hof aufgewachsen sind. Sie können durch ein Nachlassen der Forderungen an die Nordstämme nur verlieren. Man spürt hier sehr deutlich, daß an Salomos Hof eine neue Herrenschicht herangewachsen ist, die das alte Gefühl der Bruderschaft des ganzen Volkes verloren hat und ganz bewußt von der Arbeit der unteren Schichten leben will. Sie raten Rehabeam, die Forderungen an die Nordstämme im Gegenteil noch zu erhöhen. So solle er antworten: „Hat mein Vater euch mit Geißeln gezüchtigt, so will ich euch mit Skorpionen züchtigen!" Rehabeam folgt dem Rat der Jungen; die Folge ist, daß die Nordstämme die Personalunion mit dem König von Juda aufheben; der Spruch, in dem die Trennung vollzogen wird, ist uns überliefert:

Was haben wir für Anteil an David?
Wir haben kein Erbe an dem Sohn Isais!
Auf! Israel, zu deinen Zelten!
Nun sieh zu deinem Hause, David! (II. Kön. 12,16)

Diese Trennung war endgültig. Die beiden Teile sind nie wieder zusammengekommen. Sie hatte sofort eine wesentliche Wandlung im Gottesdienst Israels zur Folge. Die Nordstämme erhoben Jerobeam zum König über Israel. Er sah sein Königtum durch die Tatsache bedroht, daß Jerusalem zum Zentralheiligtum für alle Stämme geworden war, seitdem David die Lade hatte nach Jerusalem holen lassen, daß man also auch von den nördlichsten Orten Israels zu den großen Festen nach Jerusalem zog. Jerobeam mußte mit Recht befürchten, daß Jerusalem dann doch immer die Hauptstadt bleiben werde und dies politische Folgen haben könnte. So schuf er in zwei Städten des Nordreiches, in Bethel und Dan, zwei neue Zentralheiligtümer für Israel und stellte in beiden Stierbilder auf: „Siehe, das sind deine Götter, Israel, die dich aus dem Lande Ägypten heraufgeführt haben!" Die Stiere sollten wahrscheinlich nicht Gottesbilder im eigentlichen Sinn sein, sondern nur Podeste, so daß damit das Bilderverbot nicht direkt überschritten war; außerdem zeigt der Vorstellungsspruch klar, daß Jerobeam an Jahwe, dem Gott, der Israel aus Ägypten geführt hatte, festhielt. Dieser Tatbestand ist in späterer Zeit sehr vergröbert worden, wenn man vom Stierdienst und von Abgötterei Jerobeams sprach. Aber der Stier ist für Kanaan altüberliefertes Symbol der Fruchtbarkeitsgottheit; durch die Stierbilder, auch wenn sie nur als Piedestale gemeint waren, mußten fast notwendig kanaanäische Elemente in den Gottesdienst Israels eindringen. Dazu kam die Zweiheit der Stierbilder, die dazu verführte, das unbedingte Einssein Gottes zu verdunkeln, was in einer ganz polytheistischen Umgebung sehr gefährlich war. So ist es von diesen Gründungen neuer israelitischer Kultstätten her sehr verständlich, daß in Nordisrael bald ein Kampf auf Leben und Tod um die Frage entbrannte, ob Jahwe allein der Gott Israels sei, ein Kampf gegen die allmähliche Durchsetzung des Gottesdienstes mit den Einflüssen der Religion des Landes, der kanaanäischen Religion.

Der Bericht von diesem Kampf nimmt in den Königsbüchern einen breiten Raum ein. Tatsächlich ist der deuteronomistische Geschichtsschreiber an dieser Auseinandersetzung mehr interessiert als an den rein politischen Ereignissen der Königszeit. Von dieser erfahren wir über die ganze Zeit des israelitischen Königtums hin nur sehr wenig. Für große Abschnitte dieser 200 Jahre sind uns in den Königsbüchern nur ganz dürftige Daten überliefert: die Regierungszeit der Könige in Israel und in Juda, einiges wenige von den Kriegen, vom Wechsel der Herrscherhäuser in Nordisrael, von Kämpfen zwischen Juda und Israel und höchst selten einmal eine ausführliche Schilderung außen- oder innenpolitischer Vorgänge. Wir müssen damit rechnen, daß sich in diesen 200 Jahren vieles Wichtige abgespielt hat, wovon wir nie etwas erfahren werden. Wenn die meisten Könige dieser Zeit eine bloß negative Beurteilung bekommen, dann müssen wir auch darin eine gewisse Einseitigkeit sehen, weil das Geschichtswerk, das unser einziger Zugang in jene Zeit ist, sehr strenge und auf ganz wenige Vorgänge beschränkte Maßstäbe anlegt. Das gilt wahrscheinlich besonders bei dem israelitischen König Ahab. Er interessiert den Bericht des Königsbuches nur in der Auseinandersetzung mit Elia, und dabei kommt er sehr schlecht weg. Aber wahrscheinlich ist Ahab ein sehr tüchtiger, einer der fähigsten Könige Israels gewesen, der für die Geschichte Israels eine hohe Bedeutung hatte. Aus den Namen seiner Söhne, die alle den Namen Jahwe enthalten, läßt sich auch entnehmen, daß er wenigstens willens war, dem Gott der Väter die Treue zu halten. Daß er nur ein Baalsdiener war, wie es das Königsbuch in seiner summarischen Beurteilung sagt, wird man kaum sagen können. Darin wird die Darstellung der Gegnerschaft zwischen Ahab und Elia recht haben, daß Ahab in entscheidenden Stunden nicht radikal und eindeutig genug gegen die Einflüsse des Baalsdienstes vorgegangen ist und daß er selber in seiner Regierung — nicht anders als David — schwere Verfehlungen begangen hat. Aber damit ist sicherlich kein vollständiges Bild der Regierung dieses Königs gegeben.

Einen besonders breiten Raum nehmen in den Königsbüchern die Geschichten von Elia und Elisa ein. Sie reichen von I. Kön. 17 bis II. Kön. 9 und sind nur selten von geschichtlichen Nachrichten unterbrochen. Damit tritt zum ersten Mal in größerem Umfang die Geschichte der Prophetie neben die Geschichte des Königtums. Schon neben dem ersten König stand ein Prophet; bei David spielt der Prophet Nathan eine wichtige Rolle; Jerobeam wird durch einen Propheten die Herrschaft über zehn Stämme zugesagt. Derselbe Prophet Ahia von Silo kündigt dem Jerobeam später Gottes Gericht an (14,1—18), und noch mehrere Male ist von Propheten erzählt, die in den Gang der Geschichte eingreifen (12,21—24; 13; 14,1—18; 16,1—4). Jetzt aber, im Kampf zwischen Ahab und Elia, kommt es zur ersten großen Auseinandersetzung zwischen König und Prophet, jedenfalls der ersten, von der uns ausführlich berichtet wird.

Es muß zunächst etwas zu der Art dieser Geschichte gesagt werden. Unter den Geschichten von Elia sind solche, die den Berichten von der späteren Prophetie ganz entsprechen. Das gilt besonders von der Erzählung von Naboths Weinberg (I. Kön. 21). In der Mitte dieser Geschichte steht ein Wort Elias an Ahab, das in seiner Schärfe und kurzen Prägnanz wahrscheinlich wörtlich so im Bericht des Königsbuches erhalten ist, wie es damals gesprochen wurde. Daneben aber stehen Berichte von seinem Wirken, die so ganz anders klingen, daß man fragen muß, ob das wirklich derselbe Elia ist. Die Erzählung vom Gottesurteil am Karmel (I. Kön. 18,20—40) gehört in diese andere Linie, aber auch die Erzählung von der Himmelfahrt des Elia (II. Kön. 2,1—12). Die erstere ist für die christliche Gemeinde heute nicht leicht als Teil der Bibel zu hören, vor allem ihr Schluß: Elia schlachtet die Baalspriester (18,40). Nicht die Grausamkeit dieses Aktes als solche ist anstößig — grausame Taten sind im Alten Testament mehrfach berichtet, sie gehören einer anderen Zeit mit anderen Maßstäben an —, wohl aber die Tatsache, daß hier ein Prophet nicht nur Bote, sondern eigenhändig Vollstrecker des Gerichtes Gottes ist. Es ist zunächst einfach festzustellen: das geschieht in der Geschichte der Prophetie allein hier. Eine weitere Schwierigkeit liegt darin, daß es sich bei dem Gottesgericht auf dem Karmel um ein Opfer, also einen gottesdienstlichen Vorgang handelt. Die Propheten, von denen das Alte Testament berichtet, haben es sonst so direkt nicht mit dem Opfer zu tun, das ist Sache der Priester. Auch hierin fällt also diese Geschichte auffällig aus dem sonstigen Reden von den Propheten heraus. Aus diesen und manchen anderen Gründen ist von Alttestamentlern neuerdings eine ganz andere Deutung dieser Geschichte vorgeschlagen worden, die ich hier wiedergeben will mit dem ausdrücklichen Vorbehalt, daß dies nur ein *Versuch* ist, der nicht beansprucht, die schlechthin gültige Deutung zu geben. Es könnte sein, daß die Geschichte vom Gottesurteil auf dem Karmel gar nicht beabsichtigt, ein einmaliges historisches Ereignis mit Ahab, Elia und den Baalspriestern als handelnden Einzelpersonen darzustellen, sondern den Kampf zwischen Jahwe und Baal, der damals in Israel tobte, als ganzen. Die in dieser Geschichte Handelnden sind dann nicht als Individuen, sondern als Repräsentanten gemeint. Ahab stellt das damalige Israel dar, von dem Elia einmal sagt: „Wie lange hinkt ihr auf beiden Seiten?" Damit wäre erklärt, daß die Haltung des Ahab in dem ganzen Geschehen so merkwürdig passiv und abwartend, so gar nicht einem König entsprechend ist. Elia stellt das Eifern für Jahwe, den Kreis der Jahwetreuen im damaligen Israel dar, und die Baalspriester repräsentieren die kanaanäische Religion. Die Geschichte zeichnet den Kampf der jahwetreuen Minderheit gegen die Übermacht des im Lande wurzelnden Baalsglaubens und die Unentschlossenheit und Neutralität der großen Mehrheit. Entschieden wird der Kampf durch Gottes Eingreifen, der sich an seinem Volk als der Mächtige und als der Helfer erweist; so unterliegt der Baalsdienst, und die wenigen, die Jahwe die Treue gehalten haben, behalten den Sieg.

Die Geschichte von Elias Himmelfahrt gehört schon in den Kreis der Elisa-Geschichten am Anfang des II. Königsbuches. Von den Elisageschichten gilt in noch höherem Maß, daß sie eine Erzählungsform darstellen, die nicht einfach als geschichtlicher Bericht genommen werden darf. Eine einfache Beobachtung kann das deutlich machen. Vergleichen wir, was uns von dem Propheten Elisa erzählt wird, mit dem, was das Jesajabuch vom Propheten Jesaja sagt, so ist Jesaja gegenüber Elisa ein einfacher, schlichter Mann, der nichts hat als das ihm anvertraute Wort, keine Macht, keine gewaltigen Wirkungsmöglichkeiten, abgesehen von seiner Verkündigung überhaupt nichts Besonderes. Elisa dagegen mußte nach der Erzählung am Anfang des II. Königsbuches ein gewaltiger Mann gewesen sein, der eine Fülle auffallendster Wunder getan hat, die vom Kleinsten bis zum Größten reichen: Er vermag eine Axtschneide, die ins Wasser gefallen ist, wieder an die Oberfläche zu bringen, und ein ganzes Heer wird auf seine Bitte mit Blindheit geschlagen (beides II. Kön. 6). Zur Erklärung dieser Geschichte muß ich etwas sagen, was bei manchem Leser Anstoß erregen wird. Wenn Jesaja im Alten Testament so schlicht, so ohnmächtig und ganz menschlich dargestellt wird, während Elisa ein in der Fülle seiner Wunder gewaltiger Mann ist, so muß das an der Darstellungsweise liegen. Wir können einfach nach allem, was wir von der Geschichte der Prophetie wissen, nicht annehmen, daß Elisa so viel gewaltiger, geistesmächtiger und wirksamer war als Jesaja oder Amos oder Jeremia. Von diesen, von den Schriftpropheten, ist uns in äußerster Sachlichkeit, Strenge und Einfachheit berichtet. Die Erzählungen von dem Propheten Elisa sind gänzlich anderer Art. Ich scheue mich nicht, sie — wenigstens teilweise — als Legenden zu bezeichnen. Es sind fromme, erbauende Erzählungen, die in einem kleinen Kreis, im Kreis der Jünger Elias und Elisas, von denen mehrfach in den Elisa-Geschichten die Rede ist, entstanden sind und dort erzählt wurden zur Ehre und zum Gedächtnis des Meisters. Ich bitte nun gerade die unter meinen Lesern, die an dem Wort „Legende" Anstoß nehmen, einmal II. Kön. 6,8—23 ruhig und unvoreingenommen zu lesen. Kaum jemand kennt diese Geschichte. Ihre Ähnlichkeit mit frühmittelalterlichen oder auch altkirchlichen Legenden ist gar nicht zu verkennen. Versucht man, sie als geschichtliche Darstellung geschichtlicher Vorgänge zu erklären, so muß etwas Verkrampftes oder Unechtes herauskommen. Liest man sie aber als Legende, die auf eine einfältige, legendenhafte Art etwas vom Wirken des Gottesmannes weitergibt, so wie dieser Mann im Gedenken seiner Jüngerschar weiterlebte, so gewinnt sie einen Sinn und einen Wert auch für uns. Es ist ein tiefer und schöner Sinn in dem Zug dieser Legende, daß der Gottesmann aus einer belagerten Stadt mitten durch die Feinde

hindurchgeht, die mit Blindheit geschlagen sind, und seinen zitternden Diener auf die Scharen Gottes weist, die ihn schützend umgeben: „Fürchte dich nicht! Denn derer, die bei uns sind, sind mehr
als derer, die bei ihnen sind!" Elisa vermag das mit Blindheit
geschlagene Heer der Feinde mitten in die Reihen des israelitischen
Königs nach Samaria zu führen; aber anstatt daß sie dort niedergemacht werden, bewirkt der Gottesmann, daß sie mit Essen und
Trinken bewirtet und dann in Frieden entlassen werden.

Diese ganze Erzählung trägt so deutlich, so unverkennbar das Gepräge einer Legende, daß es doch wohl besser ist, dies klar zuzugeben, anstatt solche Geschichten in der Bibel mit dem Schweigen
der Verlegenheit zu übergehen. Warum soll in unserer Bibel nicht
auch für die Legende ein Platz sein? Warum sollten wir nicht einfach zugeben, daß die Gestalt des Elisa als eine geschichtliche Gestalt uns ferngerückt ist — anders als die Schriftpropheten — und
wir nur noch das Gewand der Legende erkennen können, in die
seine Gestalt gekleidet wurde? Es gibt auch von Elisa Geschichten,
die ganz anders sind, etwa die Geschichte von der Heilung des Sy-
rers Naeman (II. Kön. 5); es sollte aber nicht geleugnet werden,
daß neben diesen klaren und schlichten Erzählungen manche der
Wundergeschichten als Legenden gemeint und so auch von uns zu
hören sind. Es ist aber nicht möglich, zwischen den Legenden und
den einfachen Berichten eine feste Grenze zu ziehen. Für den Leser
dieses höchst eigenartigen, auch im ganzen Alten Testament so nie
wieder begegnenden Geschichtenkreises muß es genügen, daß in ihm
einfacher Bericht und Legende ineinander übergehen. So soll auch
für die Geschichte von Elias Himmelfahrt nicht einfach so oder so
entschieden werden. Es ist mir sicher, daß auch diese Geschichte
legendenhafte Züge trägt, doch soll ganz offen bleiben, was damals
beim Abschied Elias von Elisa geschehen ist.

Die geschichtliche Gestalt des Propheten Elia tritt aus einer Reihe
anderer Erzählungen klar hervor. Die Tatsache, daß damals ein
Prophet auftrat und sich gegen den König und die Königin allein
auf Gott und seine Botschaft verließ und für ihn eintrat, hat sich
dem Bewußtsein des Volkes tief eingeprägt und ist aus dem Ge-
samtverlauf der Geschichte Israels nicht fortzudenken. Elia hat
einen merkwürdigen Beinamen erhalten: „Wagen Israels und seine
Reiter" (II. Kön. 2,12; 13,14 wird auch Elisa so genannt). Dieser
Name, von dem wir sicher annehmen können, daß er tatsächlich

wiedergibt, was den Zeitgenossen Elia bedeutete, zeigt uns eine wichtige Entwicklung im Israel der Frühzeit. Die Richter waren die von Gott beauftragten Retter Israels. Die Könige traten an ihre Stelle; die ersten Könige wurden im Auftrag Gottes gesalbt, weil Gott sie zur Rettung Israels von seinen Feinden bestimmt hatte. Aber schon die frühe Geschichte des Königtums hat erwiesen, daß die Könige nicht nur Retter des Volkes waren, sondern durch Ungehorsam das ganze Volk schwer gefährden konnten. In dieser Gefährdung bedurfte es neuer Wege und neuer Mittel der Rettung. In diese Gefährdung hinein hat Gott die Propheten gesandt als neue, gänzlich andere Werkzeuge der Hilfe, des Rettens. So ist der Name des Elia zu verstehen: „Wagen Israels und seine Reiter". Dieser Name bezeugt, daß es damals in Israel doch eine kleine Gruppe gegeben haben muß, die erkannte, welche Art von Hilfe das Volk damals in seiner Bedrohung durch kanaanäische Überfremdung brauchte und daß der Prophet der war, den Gott seinem Volk als eine „gute Wehr und Waffen" geschickt hatte.

Anlaß des Auftretens Elias war der Baalskult, den die tyrische Königstochter Isebel als Frau des Königs Ahab in das Land brachte. Was im Königsbuch schon Salomo vorgeworfen wird, daß die ausländischen Königstöchter in seinem Harem sich in Jerusalem Heiligtümer ihres Glaubens einrichten ließen, das wurde bei der tyrischen Königstochter deshalb besonders gefährlich, weil Glaube und Kult ihrer Heimatstadt dem Glauben und Kult der früheren Bewohner Nordisraels ganz nahe standen und unter der Decke fortlebten. Die Volksreligion damals in Israel war sicher stark beeinflußt von der Religion des Landes, in der die Naturgottheiten, die Baalim, eine starke Rolle spielten. Wir können uns das etwa so vorstellen, wie es in den germanischen Ländern nach der Christianisierung war, wo auch eine eigentümliche Mischreligion entstand, die noch ganz starke Motive der germanischen Religion enthielt, wo z. B. in den Gestalten mancher Heiliger ziemlich deutlich erkennbare Züge germanischer Götter weiterlebten oder im Glauben an Hexen und Geister noch viel ältere, viel tiefere, in den Animismus hinabreichende Schichten unter der Decke weiterbestanden und weiterwirkten, zum Teil — vor allem in den nordischen Ländern — bis zum heutigen Tag. Von diesem Vergleich her mag man ermessen, was für ein gewaltiger Geisteskampf damals im Israel der Königszeit durchgekämpft wurde.

Der Gott, zu dem sich Israel in seinem Bekenntnis „Jahwe ist unser Gott" bekannte, war ein Gott der Geschichte, der Retter in der Wüste, der Helfer im Kampf. Es war kaum denkbar, daß er mit der Landnahme mit einem Schlage zu einem Gott des ansässigen Bauern werden konnte, dessen Tun und Walten ein so gänzlich anderes ist. Das Land hatte seine Götter, die seit Jahrtausenden zu den Bergen, den Äckern, den Wäldern, Flüssen und Quellen gehörten und die bei ihnen heimisch waren. Das Gedeihen der Saat, die Fruchtbarkeit des Viehes, das Kommen des Regens, die Stetigkeit der Quellen — dies alles war nach der Meinung der Bevölkerung des Landes unbedingt an die Verehrung der Götter des Landes, seiner eigentlichen Herren (baal heißt Herr), gebunden. Es war sehr verständlich, daß die einwandernden Israeliten fragten, ob es nicht gut und heilsam wäre, wenn nun im Bereich des neuen Landes und seiner Götter neben der Verehrung Jahwes, des Gottes von der Wüste her, den Göttern des Landes eine teilweise Verehrung eingeräumt werden müsse. Oder aber, wenn man wenigstens davon überzeugt war, daß Jahwe allein verehrt werden dürfe, so meinte man doch, einiges von den Formen der Gottesverehrung, wie sie im Lande üblich waren, übernehmen zu müssen. Es ergab sich ja fast von selbst, daß bei der Übernahme der alten Kultorte auch einiges von deren Gebräuchen in den neuen Gottesdienst hinüberging. Aber gerade darin lag eine hohe Gefahr: Der geringste Kompromiß mit der Baal-Religion des Landes konnte zur Folge haben, daß sich die Landesreligion ganz langsam, ganz allmählich, aber unaufhaltsam wieder durchsetzte und den Glauben Israels an den Gott, der es aus Ägypten errettet hatte, langsam zersetzte. Hier konnte es nicht ohne Kampf abgehen, und in diesem Kampf ging es einfach darum, ob Israel seinem Gott treu bleiben wollte oder nicht. Es gab nur ein Entweder — Oder.

In diesem Kampf stand Elia. Daß er seine Zeit mit den Anfängen, mit der Frühzeit Israels in der Wüste in Zusammenhang bringen und an das Werk des Mose anknüpfen will, zeigt sich deutlich in der Erzählung von einer Gottesbegegnung des Elia (Kap. 19), die sich sehr nahe mit der Gottesoffenbarung an Mose (Ex. 19) berührt. Elia ist vor Isebel in die Wüste geflohen und dort fast verschmachtet. Von einem Boten Gottes wird er auf den Weg zum Horeb, dem Gottesberg der Wüstenzeit, geschickt. Dort am Horeb übernachtet er in einer Höhle, und Gott zeigt sich ihm (11—18). Er geht vor Elia vorüber in einem Sturm, in einem Erdbeben, in einem Feuer; aber es heißt jedesmal: Gott war nicht darin. Damit wird dem Elia gezeigt: Die für die Wüstenzeit und die Zeit der Wanderung und Eroberung typischen Erscheinungsweisen Gottes sind nun vorbei, er kommt jetzt anders: „in einem stillen, sanften Sausen". Der Ausdruck könnte auch übersetzt werden: „eine leise, flüsternde Stimme". Die Fortsetzung zeigt, daß dies nicht schon selbst die Offenbarung ist, sondern sie nur vorbereitet; es ist die Stille, in die hinein nun ein Wort ergeht. Wir können diese eigenartige Geschichte einer Offenbarung zwar nicht mit voller Sicherheit deuten, wahrscheinlich aber weist sie auf einen Wandel in der Geschichte Gottes mit seinem Volk: Dem Elia wird gezeigt, daß fortan nicht die gewaltigen, elementaren und von allen in ihrer Furchtbarkeit wahrnehmbaren Manifestationen Gottes die Geschichte seines Volkes bestimmen werden, sondern das stille, ohne Macht auftretende Wort, das Gottes Bote auszurichten hat.

Das erste aus dieser Stille an Elia ergehende Wort ist eine Frage: „Was tust du hier, Elia?" Und die Antwort ist eine Klage des Propheten, der in seinem einsamen Kampf für die alleinige Verehrung Gottes an seinen überschweren Aufgaben verzweifelt. Es ist die erste Klage eines Propheten im Alten Testament. Wir denken zurück an die Klagen des Mose und erkennen die Linie, die von Elia weiterführt zu den späteren Propheten, vor allem zu den Klagen Jeremias und schließlich zu den Klagen von Gethsemane. Die Klage ist: „Israel hat dich verlassen." Das ist die neue Situation, der sich die Propheten gegenübersehen; das ist die neue Not, in die hinein sie als Retter gesandt werden, die sie als die Boten in erster Linie zu durchleiden haben, von der Klage Elias am Horeb an bis zum Weinen Jesu über Jerusalem.

Noch etwas anderes, die kommende Epoche Bestimmendes begegnet hier zum ersten Mal. Am Ende seiner Antwort auf die Klage Elias gibt Gott eine Verheißung für die Zukunft: „Doch 7000 will ich in Israel übriglassen; alle, deren Knie sich vor Baal nicht gebeugt haben." Gott kann nun nicht mehr sein Volk nur dadurch retten, daß er es von seinen Feinden befreit; er muß selbst gegen sein Volk, das ihn verlassen hat, einschreiten. So bekommt Elia hier den Auftrag, Jehu und Hasael zu salben. Jehu wird als Revolutionär gegen ein gottlos gewordenes Königshaus aufstehen, Hasael, ein Syrer, wird von einem Propheten Israels in seinen Kämpfen gegen

Israel bestätigt und bestärkt! So wird es also in der Zukunft entscheidend um die Treue zu Jahwe gehen. Eine Scheidung zwischen den Treuen und denen, die sich von Gott abwenden, ist nicht mehr zu vermeiden, und die Verheißung Gottes kann daher nicht mehr dem ganzen, ungeteilten Volk gelten, sondern nur einem Rest. Viel später wird Jesaja einem seiner Söhne den Namen geben: „Ein Rest kehrt um." Es ist dieselbe Verheißung, die hier dem Elia gegeben wird. Hier schon, bei Elia, beginnt die allmähliche Loslösung des Gottesvolkes als den Getreuen von dem Gottesvolk als den geborenen Israeliten; hier fangen die ersten Spuren der Kirche an, der Kirche als der sich zu Gott Bekennenden.

Diese Geschichte von Elia am Horeb (I. Kön. 19) gehört ganz in die Linie der Prophetie, so wie wir sie aus den Prophetenbüchern kennen. (Daß es eine Frühform der Prophetie ist, zeigt sich u. a. daran, daß Elia in dem Auftrag, Jehu und Hasael zu salben, noch direkt in das politische Geschehen hineinwirkt. Hier ist ein Übergang vom charismatischen Führertum zur frühen Prophetie erkennbar.)

Ganz in die Richtung der späteren großen Propheten gehört auch die als Erzählung herrliche Geschichte von Naboths Weinberg (I. Kön. 21). Sie steht in der Mitte zwischen Nathans Wort an David (I. Sam. 12) und den Worten des Amos. Diese drei Punkte verbindet eine gerade Linie: Das Prophetenwort hat an allen drei Stellen den genau gleichen Charakter. Dabei spiegelt diese Geschichte so unmittelbar und lebendig die einmalige Situation am Hof Ahabs und seiner Königin, daß wir in diesem Kapitel sicherlich treue geschichtliche Überlieferung vor uns haben.

Der Einfluß der tyrischen Königstochter Isebel konnte sich nicht auf das Gottesdienstliche beschränken; das Politische gehörte damals zu nahe mit jenem zusammen. Isebel bringt ein grundanderes Verständnis des Königtums mit. Der kanaanäische Stadtkönig ist in seinem Bereich ein kleiner Großkönig; er regiert absolutistisch, und nicht das Bruderverhältnis zu den Untertanen ist hier entscheidend, sondern das Herrenverhältnis. Ahab will den Weinberg Naboths haben, der an seinen Palast grenzt. Er bietet Naboth vollen Ersatz an, aber Naboth will das Erbe seiner Väter nicht hergeben. Nach altem israelitischem Recht ist Naboth zu dieser Weigerung durchaus berechtigt, und Ahab weiß das. Es ärgert ihn schwer, daß er den Weinberg nicht bekommt, aber er weiß genau, daß er auch als König nicht berechtigt ist, einem israelitischen Bauern sein ererbtes Eigentum fortzunehmen. Das Land ist Israel von Gott verliehen worden, und jeder Israelit hat ein gottunmittelbares Recht an seinem Erbteil. Jetzt greift Isebel ein. Eine herrliche Szene (Vers 5 ff.)! Sie läßt sich erzählen. Dann fragt sie: „Übst du denn tatsächlich noch die Königsherrschaft über Israel aus?" Für sie nämlich ist das gar kein richtiger König, der sich so etwas gefallen läßt. Wenn der Bauer so stur ist, das Angebot des Königs auszuschlagen, hat er verdient, was ihm nun geschehen wird. Isebel nimmt die Sache in die Hand. Sie bestellt falsche Zeugen, die eine erlogene Beschuldigung gegen Naboth erheben: „Du hast Gott und dem König geflucht!" Das genügt. Naboth wird durch Steinigung hingerichtet, dem König steht das Recht zu, das Gut eines zum Tod Verurteilten einzuziehen. Der König läßt das geschehen, die Beamten, die für diesen Justizmord benutzt wurden, haben der Obrigkeit gehorcht. Damit scheint der Fall erledigt zu sein. Dies ist der Augenblick des Boten Gottes.

Wenn er jetzt dem König entgegentrat, so geschah darin Gottes rettendes Handeln an seinem Volk. Durch das Vergehen des Königs war Gottes Volk als solches ernsthaft bedroht. Wenn eine einzige Tat dieser Art durchkam und wenn das Volk Gottes sie sich gefallen ließ, dann war etwas anderes stärker geworden als Gottes Tun und Gebieten. Es kommt hier sehr viel auf den ersten Übergriff an, den sich ein König erlaubte (genau wie bei David!) Damit war ein Weg beschritten, von dem eine Umkehr schwer war. Es kam viel darauf an, daß einer da war, der dem ersten Übergriff entgegentrat. Das Amt des Boten Gottes als des Dazwischentretenden ist hier besonders klar zu erkennen. Er muß dazwischentreten, wo ein offensichtliches Unrecht geschieht, wo Gottes Gebot mißachtet und das Gericht zu einem Mord mißbraucht wird — wenn niemand von denen, die über das Recht zu wachen beauftragt sind, eingreift. Das prophetische Amt im ganzen Alten Testament ist ein Dazwischentreten dort, wo eine der ständigen Instanzen versagt. Eben darum ist sie selbst keine ständige Instanz, sondern der Bote wird, wenn ein solcher Augenblick wie dieser hier gekommen ist, von Gott gerufen. Hier schon läßt sich etwas für die Prophetie überhaupt Wesentliches zeigen. Es ist gar nicht wahr, daß die Prophetie es zuerst und zunächst mit dem „Prophezeien" von Zukünftigem zu tun hätte. Die Ankündigung des Gerichtes an Ahab ist hier erst das zweite, das Hinzukommende. Das erste ist das Dazwischentreten in dem Augenblick, in dem es aus den oben dargelegten Gründen notwendig ist. Alle Prophetie hat es immer zunächst mit der Gegenwart zu tun. Die Botschaft des Propheten ist Wort in die Gegenwart eines einzelnen oder einer Gemeinschaft hinein; dieses Wort in die Gegenwart hinein bekommt seine Gültigkeit oder seine Notwendigkeit aus der Zukunft. Die Zukunft wird die Notwendigkeit des in die Gegenwart gesprochenen Wortes erweisen.

Elia tritt Ahab entgegen mit den Worten:

> *Du hast gemordet und dann in Besitz genommen.*
> *Darum so hat der Herr gesprochen:*
> *An dem Ort, wo die Hunde Naboths Blut geleckt haben,*
> *werden die Hunde auch dein Blut lecken. (I. Kön. 21,19)*

Wir haben in diesem Wort die Grundform des Prophetenspruches in reinster Form vor uns. Das Wort besteht aus zwei Teilen, einer Anklage („Du hast...") und einer Strafankündigung oder Gerichtsankündigung. Zwischen beiden steht wie ein beide Teile verbindendes Gelenk die „Botenformel": „darum so hat der Herr gesprochen". Der erste Satz tut nichts, als daß er einen Tatbestand feststellt. Das Wort weist wie ein Finger auf einen vorliegenden Tatbestand, den an sich auch jeder andere feststellen könnte, wozu es keinerlei prophetischer Begabung bedarf. Nur daß eben in dieser bestimmten Situation niemand wagt, den König auf diesen nackten Tatbestand hinzuweisen. Der zweite Teil kündigt Ahab einen gewaltsamen Tod an. In diesem Satz, in der Gerichtsankündigung ist er Bote, dies könnte und dürfte er nicht von sich selbst aus sagen. Die Ankündigung der Strafe ist verbunden mit einem Zeichen: Der gewaltsame Tod Ahabs wird genau an dem Platz erfolgen, an dem Naboth sterben mußte. Dieses Zeichen genügt, dem Ahab den Zusammenhang zwischen seinem Tod und dem Tod des Naboth zu zeigen, den Zusammenhang von Schuld und Strafe.

Um die Wahrung dieses Zusammenhanges geht es in der gesamten Prophetie. Das Volk Israel hatte Gott versprochen, ihm treu zu bleiben (Josua 24). Ein Bund ist zwischen dem Volk und Gott geschlossen worden. Es war dabei von vornherein klar, daß auf

seiten des Volkes Untreue und Ungehorsam kommen werden.
Darum war auch die Möglichkeit der Umkehr von einem
Abweg hinzugenommen worden. Wenn aber das Volk als Ganzes oder der König als Vertreter des Volkes ein schweres Vergehen beging, und es erfolgte gar nichts darauf, so war an dieser
Stelle der Zusammenhang zwischen dem Handeln Gottes und dem
Handeln der Menschen zerbrochen. Es wird der Anschein erweckt,
als könne ein Mensch machen, was er wolle, wenn er nur die Macht
habe, sich mit seinem Tun durchzusetzen, und als seien das Reden
von Gottes Eingreifen, von Bundestreue, Gehorsam und Strafe
eben nur fromme Worte. Es geht in der Prophetie um die Wirklichkeit der Beziehung zwischen Gott und Mensch, um die Wirklichkeit
des Handelns Gottes.

Zur Zeit Elias wird das syrische Reich mit der Hauptstadt Damaskus, von dessen Gründung zur Zeit Salomos berichtet wird, zum
gefährlichsten Gegner Israels. Etwa hundert Jahre lang dauerten
die Kriege mit Aram (so nennt das Königsbuch das syrische Reich)
mit wechselndem Erfolg. Sie endeten erst, als das assyrische Reich
so erstarkt war, daß es zunächst Syrien bedrängte und schwächte,
dann aber Aram und Israel fast zu gleicher Zeit eroberte und vernichtete.

In dem auf die Geschichte von Naboths Weinberg folgenden Kapitel wird uns eine Episode aus dem Aramäerkrieg berichtet, etwa
um das Jahr 852. Der judäische König Josafat besucht Ahab, den
König von Israel; sie beschließen einen gemeinsamen Feldzug gegen
die Aramäer. Vor dem Auszug der Heere bittet der judäische den
israelitischen König: „Befrage doch zuvor den Herrn!" — und nun
spielt sich eine höchst eigenartige, unserem Denken und Empfinden
sehr fremde Szene ab. Der König von Israel läßt die zu seinem
Hof gehörenden Propheten, etwa 400 Mann, zusammenrufen und
fragt sie: „Soll ich wider Ramoth in Gilead in den Krieg ziehen,
oder soll ich es lassen?" Die Propheten geben die für den König
günstige Antwort: „Zieh hinauf, und der Herr wird es in die Hand
des Königs geben." Dem König von Juda genügt diese Antwort
nicht. Anscheinend ist er mißtrauisch. Er fragt: „Ist sonst kein
Prophet des Herrn da, den wir befragen könnten?" Der König von
Israel antwortet: „Ja, da ist noch einer, Micha, der Sohn Jimlas;
aber ich hasse ihn, er weissagt mir nur Schlechtes." Während nun
dieser Micha geholt wird und die beiden Könige in ihrer Kriegs-

rüstung vor dem Tor auf erhöhten Thronen sitzen, machen die 400 Propheten alle Anstrengungen, ihre Weissagung zu bekräftigen. Einer macht sich eiserne Hörner und führt vor, wie der König die Syrer niederstoßen wird, die anderen wiederholen immer wieder das Heilswort. Indessen wird Micha gebracht. Der Bote, der ihn holt, versucht unterwegs schon, ihn zu beeinflussen, daß er doch ja den richtigen Spruch abgebe, die anderen hätten einstimmig Glück prophezeit. Micha erwidert: „Ich kann nur sagen, was mir von Gott gesagt wird." Wie er dann vor den beiden Königen steht und gefragt wird, sagt er tatsächlich dasselbe wie alle anderen. Offenbar hatte das niemand erwartet, und nun dringt der König in Micha, ihm nichts als die Wahrheit zu sagen. Nun erst sagt Micha, was ihm wirklich zu sagen aufgetragen war; er kündigt eine schwere Niederlage an. Er wird von dem Sprecher der Heilspropheten geschlagen, vom König ins Gefängnis geworfen, wo er bleiben soll, bis das Heer wohlbehalten zurückgekommen ist. Das Heer zieht trotz Michas Warnung in den Kampf; Ahab wird schwer verwundet, hält sich aber in seinem Kampfwagen tapfer aufrecht den Syrern gegenüber bis zum Abend. Dann stirbt er. Die Nachricht läuft durchs Heer, und es löst sich auf. Die Leiche des Königs wird auf seinem Wagen nach Samaria gebracht, der König wird begraben. „Und als man den Wagen am Teich von Samaria abspülte, leckten die Hunde sein Blut ... nach dem Wort, das der Herr geredet hatte."

Wir treffen in dieser Geschichte auf eine für das Prophetentum in Israel wesentliche Erscheinung, die von hier ab bis zum letzten Propheten vor dem Untergang dazugehört: das Gegenüber von Heils- und Unheilsprophetie. Das muß es schon lange vor dieser Geschichte gegeben haben, sonst wäre es nicht verständlich, daß Josafat von Juda den vielen und lauten Stimmen der Heilspropheten offenbar mißtraut. Wir wissen von diesen Heilspropheten, die es anscheinend von der frühen Königszeit an gab, wenig. Wir kennen sie vor allem nur aus den Schilderungen, die sie von vornherein ablehnen; es kann sein, daß wir im Alten Testament nicht genügend über sie unterrichtet werden, da so gut wie nur Negatives von ihnen gesagt wird. Einige häufig begegnende Züge lassen sich klar erkennen.

In den Elia- und Elisageschichten ist von Prophetenschulen erzählt. Elisa ist Elias Schüler und Nachfolger. Es wird sogar von einer

Salbung zum Propheten gesprochen, und es ist von Gruppen von Propheten die Rede, die zusammen leben, unter sich eine feste Tradition haben und einen eigenen Stand darstellen. Es könnte sein, daß solche Prophetengruppen oder -schulen sich zu bestimmten Heiligtümern hielten und an diesem Heiligtum dann auch ganz bestimmte Funktionen innehatten. Leider läßt das Alte Testament wenigstens direkt davon nichts erkennen. Eine Richtung der alttestamentlichen Forschung unserer Zeit hält diese sogenannte Kultprophetie für sehr wichtig; hier wird auch die Meinung vertreten, die meisten oder alle Schriftpropheten seien eigentlich Kultpropheten, obwohl das nicht direkt überliefert sei. Es ist z. B. versucht worden, die Berufung Jesajas (Jes. 6) als einen Kultvorgang, der Kultprophetie zugehörig, zu erklären. Es ist sicher, daß bei dieser Neuentdeckung der Kultprophetie Übertreibungen vorkommen und manches reine Phantasie ist; doch wird es in Israel eine solche Kultprophetie an Heiligtümern des Landes gegeben haben, wobei diese Kultpropheten bestimmte gottesdienstliche Funktionen hatten. Es wird später noch davon die Rede sein, was für welche das gewesen sein könnten.

Der wichtigste Unterschied zwischen diesen Kultpropheten und den Propheten, die im Alten Testament als die *wirklichen,* von Gott gesandten Propheten dargestellt werden, ist nicht etwa, daß die einen nur Heil, die anderen nur Unheil verkündigt hätten – dies ist nur im Laufe der Zeit als der am stärksten nach außen wirkende Unterschied herausgetreten –, sondern daß die Kultpropheten ein ständiges Amt hatten, während die Propheten wie Micha ben Jimla, Amos und Jeremia in eine bestimmte Stunde hinein von Gott berufen wurden. Diese schwiegen dann entweder für eine lange Zeit, bis ein neuer Ruf kam, oder sie traten nur einmal für eine kurze Zeit auf, um dann wieder zu sein, was sie vorher waren. So war es bei Amos, der dem Oberpriester Amazja gegenüber betont: „Ich bin kein Prophet und keines Propheten Sohn" (= Prophetenschüler). Hier also liegt der wesentliche Unterschied: Zum Propheten im eigentlichen Sinn mußte man besonders von Gott berufen werden; zum Propheten in der Art der Kultpropheten wurde man durch Zugehörigkeit zu einer Gruppe, die so etwas wie eine Schule darstellte, indem man lernend und dienend in die Tradition dieser Gruppe hineinwuchs.

Es ist leicht verständlich, daß solche Prophetengruppen sich besonders in den Residenzen der Könige und an den königlichen Heiligtümern bildeten. Hier hatten sie die besondere Aufgabe — das wenigstens wissen wir aus vielen Schilderungen mit Sicherheit —, bei wichtigen politischen Entscheidungen die Fragen, die ihnen Könige und Beamte des Königs stellten, zu beantworten. Bei den ersten Königen wurde in solchen Fällen durch einen Priester das Orakel befragt. Offenbar ist diese Orakelbefragung allmählich zurückgetreten, und an ihre Stelle trat die Befragung des oder der Hofpropheten. Diese Hofpropheten müssen durch eine lange Zeit hindurch ihren Platz an den Höfen der israelitischen Könige gehabt haben, wir treffen sie von Ahab an (wahrscheinlich aber gab es sie schon an dem Hof Davids, wo der Seher Gad vielleicht ihr Vorgänger ist) bis zum letzten judäischen König Zedekia (zu ihm gehört Chananja, der Gegner Jeremias). Da sie einen ständigen Dienst hatten, mußten sie vom Ertrag dieses Dienstes leben, am Hof wurden sie also gewiß vom König ernährt. Es ist verständlich, daß sie deshalb — besonders als Gruppe — ganz von selbst dazu neigten, dem König Glück zu weissagen. Das ist menschlich und kaum anders möglich. Hier aber lag die große Gefahr, daß sie etwas voraussagten, was sie nicht wirklich als Gottes Boten, sondern aus menschlichen Erwägungen heraus sagten. Und dieser Fall ist nach dem, was die Königs- und Prophetenbücher berichten, oft eingetreten.

Das aber hat zu den Begegnungen geführt, wie sie uns in I. Kön. 22 und dann noch oft berichtet werden: Ein Prophet steht gegen einen Propheten, beide behaupten sie, im Namen Gottes zu sprechen, aber der eine sagt das Gegenteil von dem, was der andere sagt. Es ist das erschütternde Bild der Kirche, die in sich selbst entzweit ist, das traurige Schauspiel der Diener Gottes, die sich gegenseitig bekämpfen und dadurch vor der Welt unglaubwürdig werden.

Hier muß das einmal gesagt werden: Wenn heute, im 20. Jahrhundert, nun schon mehrmals deutlich vor aller Welt Kirche Christi gegen Kirche Christi stand, wenn sich „Kirchenkämpfe" abgespielt haben und abspielen, so ist das in bestimmten geschichtlichen Stunden nicht zu vermeiden. Wenn wie zur Zeit des Nationalsozialismus eine Gruppe in der Kirche offenbare Verbrechen der Staatsführung verschweigt oder gutheißt, so kann die Kirche in diesem Lande nur dadurch gerettet werden, daß dieser Gruppe, die weiterhin im Namen Gottes ihre Gottesdienste hält,

eben dies, daß sie noch im Namen Gottes rede und handle, mit
Einsatz der Existenz bestritten wird. Es gibt Stunden – wie die
Stunde, von der dieses Kapitel I. Kön. 22 erzählt –, in denen im
Namen Gottes nur *gegen* die herrschende Richtung in der Kirche
gehandelt werden kann.

Die ersten acht Kapitel des II. Königsbuches enthalten fast ausschließlich Prophetengeschichten. Von einigen dieser Geschichten
war schon die Rede, eine aber soll hier noch erwähnt werden. Eine
erhebliche Gruppe der Elia-Elisa-Geschichten hat es mit dem persönlichen Leben, der privaten Sphäre zu tun. Hier treffen wir
auf denselben Unterschied, den wir zwischen den Sehern und Propheten fanden (vgl. das zu I. Sam. 9 f. Gesagte!). Die Gottesmänner der frühen Zeit hatten offenbar als den eigentlichen Schauplatz ihres Wirkens das Haus, die Familie; und erst allmählich
trat bei einigen die Aufgabe am Gesamtvolk und an den Führern
des Volkes so in den Vordergrund, daß wir fast nur die Propheten
kennen, die zu Israel, zu den Königen, zu den zur Führung Berufenen sprechen. Bei den Elia-Elisa-Geschichten zeigt sich deutlich
der Übergang. Sie schildern nur zu einem kleinen Teil Worte und
Ereignisse, die die Gesamtgeschichte angehen. Und auch bei dieser
Gruppe von Geschichten ist das Thema nur zum Teil die politische Seite des Volksschicksals. Viele dieser Geschichten sprechen
von dem Land und seinen Früchten, vor allem von dem Kommen
des Regens. Damit in nahem Zusammenhang steht die größte
Gruppe der Elia-Elisa-Geschichten, in denen es um ein persönliches Schicksal geht. Hier haben wir es ganz deutlich mit einer
früheren Schicht der „Prophetie" zu tun, einem Wirken von Got-
tesmännern, die eigentlich gar nicht Propheten genannt werden
sollten, die in der Sphäre des vorgeschichtlich Familiären wirkten,
zu denen Menschen in großer Not kamen, die weit berühmt waren
und von denen Geschichten erzählt wurden, die oft ins Phantastische gingen. So wird von Elia erzählt (I. Kön. 17,7–24), wie er einer
Witwe in der Hungersnot Mehl und Öl im Überfluß schafft und
ihren Sohn vom Tode erweckt; von Elisa, wie er schädliches Wasser
trinkbar macht, wie er dem fast verdurstenden Heer Wasser verschafft, wie er einer kinderlosen Frau ein Kind verheißt; mehrere
Speisungswunder werden von ihm erzählt, wovon das eine
(II. Kön. 4,42–44) ganz erstaunlich an die Geschichte von der
Speisung der 5000 im Neuen Testament anklingt. Die Erweckung

eines toten Kindes wird von Elisa wie von Elia erzählt und wie
er der Mutter des Kindes einen Acker zurückgewinnt.
Dazwischen steht die Erzählung von dem Syrer Naeman, einem
Hauptmann, der an Aussatz erkrankt ist. Seine Frau hat eine
Dienerin, die bei einem Raubzug der Syrer in Israel als kleines
Mädchen als Beute mitgenommen worden war. Und wie das manchmal in der Bibel ist, weist ein ganz geringer, unbedeutender Mensch
den Großen und Mächtigen den Weg zum Heil. Sie sagt ihrer
Herrin von dem Gottesmann Elisa, der die Kraft haben könnte,
den Aussatz zu heilen. Als Naeman dann schließlich zu Elisa
kommt, läßt der ihm durch einen Boten sagen, er solle sich siebenmal im Jordan baden, dann werde er rein werden. Dem Hauptmann kommt diese Aufforderung wie ein Hohn vor, und er wendet sich im Zorn zum Rückweg. Da sind es wieder seine Diener,
die den stärkeren Glauben haben und ihn dazu bringen, das von
Elisa Verordnete dennoch zu tun. Am Schluß ein kostbares und
eindrucksvolles Bild des Glaubens der damaligen Zeit: Der syrische
Hauptmann ist als Diener des Königs an den Gottesdienst seines
Landes und seines Königshauses gebunden, aber er muß dem Gott
Elisas, in dessen Kraft er geheilt wurde, in seinem ferneren Leben
Ehre erweisen. So erbittet er sich von Elisa eine Last Erde, soviel
zwei Maultiere tragen können, damit er in seiner Heimat auf diesem Flecken Erde des nun auch für ihn heiligen Landes dem Gott
Israels Ehre erweisen könne. Ein erstes, weit in die Ferne der Zukunft reichendes Zeichen, das auf die Kraft des Heiles hinweist,
die einmal von diesem Lande ausgehen soll. Naeman ist ein Offizier der gefährlichsten Feinde Israels. Das hat den für den Gott
Israels eifernden Propheten Elisa nicht daran gehindert, dem leidenden Menschen zu helfen ohne Rücksicht darauf, daß durch
diese Heilung die Kampfkraft des Gegners gestärkt wurde. Wir
hören in der Ferne die Worte des Heilandes.
Es sei noch ein abschließendes Wort zu dieser großen Gruppe der
Elia-Elisa-Geschichten gesagt. Sie stehen in mancher Beziehung
sehr am Rande unserer Bibel. Es steht vieles vom Neuen Testament her für uns Anstößige darin; manche dieser Geschichten
haben ganz ausgesprochen den Charakter von Legenden. Aber
dem steht gegenüber das auffällige Anklingen einer ganzen Reihe
von Motiven aus den Evangelien in diesen Geschichten. Die wichtigsten Typen der Geschichten, die von Jesu Taten erzählen, be-

gegnen hier: Krankenheilung (Aussatz!), Speisungswunder, Totenerweckung, die helfende Tat für die Armen. All dies zusammen begegnet in der Bibel nirgends als an diesen beiden Stellen. Ein sehr merkwürdiger und bisher noch kaum beachteter Tatbestand. Was daraus zu schließen ist, kann ich auch nicht sagen, es mag späteren Geschlechtern vorbehalten bleiben, hier die Zusammenhänge zu erkennen. Eines nur läßt sich als wahrscheinlich annehmen: Der Gottesmann, der wie Elia und Elisa für das persönliche Leid der Armen und vom Schicksal Geschlagenen da war, der ihnen half ohne Ansehen der Person und zu dem die Menschen in ihrer Not kamen, wird in Israel nicht allein durch Elia-Elisa vertreten gewesen sein. Es wird auch später solche gegeben haben, die ganz in der Stille wirkten, auch wenn wir nichts mehr von ihnen hören. Es ist auch nicht ausgeschlossen, daß manche der späteren Propheten in dieser Richtung gewirkt haben, obwohl wir nichts davon hören. Sicher aber ist dies: Das Heilen und Helfen des Heilandes, wie es uns die Evangelien erzählen, ist ganz tief in der Geschichte des Alten Bundes begründet, es gehört zu dem, was Gott in diesem Volk anrichten und sich entfalten lassen wollte. Auch in seinem Tun als der Heiland ist Jesus von Nazareth der Erfüller und Vollender des Tuns Gottes an diesem Volk von Anfang an.

Für uns aber, die wir heute wieder versuchen, die Bibel als ein Ganzes zu hören und das Alte Testament in unsere Gegenwart hinein sprechen und wirken zu lassen, ist dies ein besonders schönes Zeichen dafür, daß es Sinn hat, auf das Alte Testament zu hören auch in den Teilen, zu denen wir schwer einen Zugang finden und wo wir — mit Recht — manchen Anstoß haben. Es wird gut sein, wenn wir unsere Kritik nicht unterdrücken, sondern auch einmal offen sagen, wo wir nicht mehr mitkönnen. Es wird aber gerade dann gut sein, daß wir hier keine allgemeinen und apodiktischen Vorurteile aussprechen, sondern darauf warten, daß auch Zusammenhänge des Alten Testaments, die uns scheinbar gar nichts mehr zu sagen haben, neu zu reden beginnen.

Der nun folgende Abschnitt der Königsgeschichte ist noch ganz vom Wirken des Elia und Elisa bestimmt. In Kapitel 9—10 wird die Revolution des Jehu berichtet. Jehu wird von einem Jünger Elisas zum König gesalbt (II. Kön. 9,1—15); er rottet in einem wilden Aufstand das Haus Ahabs aus; er geht gegen sie vor als Baalsdiener

und versucht eine Reformation im Sinn des reinen Jahwedienstes —
zu einer wirklichen Wandlung in Israel führt sie nicht. Aber eine
parallele Revolution in Juda bringt einen Reformkönig, Joas von
Juda, an die Regierung. Nordisrael erlebt zwar unter einem der
folgenden Könige, Jerobeam II., einen hohen politischen und wirtschaftlichen Aufschwung; aber diese letzte Blütezeit dauert nicht
lange und trägt die Keime des Verfalls schon in sich. Etwa zehn
Jahre nach dem Tod Jerobeams II. fällt zum ersten Mal ein assy-
risches Heer unter Tiglatpileser IV. (745—727) in Israel ein. Tri-
bute müssen gezahlt werden, Provinzen gehen verloren, die Könige
wechseln in schneller Folge, und im Jahr 721 fällt Samaria nach
langem, heldenhaftem Widerstand. Der größte Teil der Bevölkerung Israels wird deportiert, fremde Völker werden angesiedelt,
aus dem Reich Israel wird die assyrische Provinz Samaria. Dem
staatlichen Eigenleben Nordisraels ist für immer ein Ende gemacht.
Ausführlich berichtet ist von diesem Abschnitt der Geschichte Israels nur ein Ereignis: die Revolution Jehus (II. Kön. 9—10). Es
soll hier gerade deshalb nicht übergangen werden, weil wir sie als
Christen in unserer Bibel nur mit Grauen lesen können. Jehu, ein
Feldherr des israelitischen Königs, wird von einem Jünger Elisas
zum König gesalbt. Die Szene ist herrlich geschildert. Die Offiziere
des Königs sitzen bei einem Gelage, der Abgesandte Elisas tritt
herzu und sagt, er habe eine Botschaft an Jehu. Jehu geht mit ihm,
sie gehen in das Haus, und der Prophetenjünger salbt Jehu mit
dem ausdrücklichen Auftrag, das Haus Ahabs auszurotten und den
Baalsdienst im Lande ebenso. Jehu geht zu den Offizieren zurück.
Sie fragen: „Warum ist dieser Verrückte zu dir gekommen?" Und
wie es Jehu nach anfänglichem Zögern sagt, rufen ihn die Offiziere
zum König aus. Nun folgt in schauriger Dramatik die blutige Revolte Jehus. Wie die wilde Jagd rast er mit seinen Leuten zu dem
Ort, wo Joram, der israelitische König, seine im Kampf mit den
Aramäern erhaltenen Wunden ausheilt; bei ihm ist Ahasja, der
judäische König. Die Kunst der Darstellung des Treffens zwischen
Jehu und den Königen wie auch der Fortgang der Revolution hat
die ganze Dramatik des Geschehens in die Grußworte gelegt, die
hier gewechselt werden; man kann das im Deutschen kaum wiedergeben. Als z. B. der König sich bei seinem Feldherrn erkundigt,
wie es steht, und Jehu ihm darauf keinen Bescheid gibt, weiß der
König, daß Jehus Kommen Verrat bedeutet. Doch an Flucht ist

nicht mehr zu denken. Beide Könige fallen, getroffen von den Waffen der eigenen Soldaten. Es folgt ein schauerliches Morden, von Ahabs Söhnen bis zu den Baalspriestern, die bei einer Opferfeier umgebracht werden. Dazwischen stirbt Isebel, stolz und ungebrochen bis zum letzten Augenblick. Hat man die Geschichte dieser blutigen Revolte, die ausgelöst war durch eine Salbung im Namen Jahwes, die im Namen Jahwes ein Königshaus mit allen seinen Gliedern hinwegfegt und die den Baalsdienst mit brutaler Gewalt ausrottet, zu Ende gelesen, so kann man gar nicht anders als fragen: War das wirklich Gottes Wille? Die Antwort darauf kann nicht eindeutig sein. All dies ist tatsächlich in Gottes Auftrag geschehen, daran ist nichts zu ändern. Daß Gott sich Jehu zum Werkzeug auserlesen hatte, war schon dem Elia am Horeb (I. Kön. 19) gesagt worden. Aber die Darstellung der Revolution Jehus gibt selbst einen Hinweis, daß damit nicht alles gesagt ist. Am Ende dieser Darstellung heißt es: „Zu jener Zeit fing der Herr an, Israel Abbruch zu tun" (10,32). Jehu bekommt trotz seiner Ausrottung des Baalsdienstes keine gute Beurteilung: „Jehu war nicht darauf bedacht, von ganzem Herzen im Gesetz Gottes zu wandeln." Auch gelingt es Jehu nicht, mit Israels Gegner Aram fertig zu werden, er unterliegt und muß schweren Tribut zahlen. Jehu ist also in der späteren Beurteilung wegen der blutigen Ausrottung des Baalsdienstes nicht verherrlicht worden. Es scheint durch die Darstellung eine Ahnung hindurch, daß hier ein Weg zu Ende gekommen ist, daß dieses wilde Zerstörungswirken im eigenen Volk nicht mehr der Weg war, auf dem Gottes Volk gerettet werden konnte. Und damit zugleich trifft doch — ob bewußt oder nicht — die Tendenz jener frühen Prophetie, die noch meinte, mit dem vernichtenden Eifern für den Gott Israels das Erbe der alten Zeit retten zu können, eine gewisse Fraglichkeit. So gesehen könnte diese Darstellung der Revolution Jehus gerade in ihrer nackten Brutalität als eine Warnung oder wenigstens als eine Frage in der Bibel stehen. Sicher ist jedenfalls dies: Sowohl im Nordreich wie im Südreich ist nicht viele Jahrzehnte vor dem Untergang eine gewaltige Anstrengung gemacht worden, zum reinen Jahweglauben und zum reinen Jahwedienst zurückzukehren. Im Norden geschah das durch die blutige Revolution Jehus. Der Bericht des Königsbuches muß selbst zugeben, daß sie keine entscheidende Wendung brachte. Es muß damit zusammenhängen, daß Nordisrael, obwohl es sich unter Jerobeam II. noch einmal zu Größe und Glanz erhob, mit der Einnahme Samarias 721 völlig unterging und die Deportierten nicht mehr zurückkehrten, sondern in den fremden Völkern sich auflösten. Im Süden geschah dieser letzte große Versuch einer Umkehr durch eine Reformation unter Anführung des Königs: der deuteronomischen Reform. Von dieser Reform kurz vor dem Untergang Judas sind Impulse ausgegangen, die nach der Katastrophe bei den Übriggebliebenen wirksam wurden und wesentlich dazu beitrugen, daß etwas Neues wurde.

Die Reform Josias steht in der Mitte des letzten Abschnittes der israelitischen Königsgeschichte, der Geschichte Judas vom Untergang des Nordreiches bis zum Fall Jerusalems. Hier muß auf eine höchst eigenartige, aber auch höchst bedeutsame Ähnlichkeit zwischen dem Alten und dem Neuen Testament aufmerksam gemacht werden. In der Mitte des Neuen Testamentes steht ein Sterben; in der Mitte des Alten Testamentes steht auch ein Sterben. Im Neuen Testament ist es das Sterben eines Menschen; im Alten Testament ist es das Sterben eines Volkes. Es ist die oft beobachtete und oft betonte Eigentümlichkeit der Evangelien, daß die Geschichte von der Passion Christi so stark in ihrer Mitte steht, daß man gesagt hat, alles, was die Evangelien sonst von Jesus von Nazareth sagen, sei lediglich Einleitung der Leidensgeschichte. In den Geschichtsbüchern des Alten Testaments ist das ähnlich. Das große deuteronomistische Geschichtswerk (von Josua bis II. Kön.) ist von einem Punkt aus konzipiert, an dem eine Gruppe Übriggebliebener auf die Katastrophe des Volkes zurücksieht; das ganze Werk hat ein Gefälle auf diese Katastrophe hin. Die Eigentümlichkeit der Geschichtsschreibung des Alten Testaments besteht gerade darin, daß sie den Endpunkt der Geschichte eines Volkes, den Zusammenbruch, als Gottes Gericht über diese ganze Geschichte so tief ernst nimmt und in ihm — so paradox das klingt — das Ziel der Geschichte Judas und Israels sieht. Die gesamte Geschichtsschreibung ist aus einer Bejahung des Volkstodes, gründend auf dem Bekenntnis der Schuld, erwachsen. Darin ist diese Geschichtsdarstellung einzigartig, darin ist ihre Zusammengehörigkeit mit den „Geschichtsbüchern" des Neuen Testamentes, mit den Evangelien, am allerdeutlichsten. Sogar die Vorgeschichte des Volkes, die Vätergeschichte, ist heimlich schon von daher bestimmt; ich erinnere an das zur Darstellung Abrahams Gesagte: Abraham ist der Mann, der lassen muß. Mit Abraham ist das ganze israelitisch-jüdische Volk das Volk, das lassen muß. Es ist die Geschichte vom Weg eines Volkes in seinen Tod, die zu ihrem Ziel die Geschichte des einen Mannes hat, der auch in den Tod muß und aus dessen Sterben das neue Volk Gottes erwächst.

VOM FALL SAMARIAS BIS ZUM FALL JERUSALEMS

Der letzte Teil des II. Königsbuches (Kap. 18–25) stellt in wenigen Daten und Berichten den letzten Akt der Geschichte des israelitisch-jüdischen Königtums dar, die kurze Zeit des selbständigen Königtums Judas nach dem Zusammenbruch des Nordreiches. Ausführlicher hören wir hier nur noch von den Königen Hiskia, zu dessen Zeit Jesaja wirkte, und Josia, zu dessen Zeit Jeremia lebte. Diese beiden Könige erhalten vom Geschichtsschreiber eine positive Beurteilung. Beide haben eine Reform des Gottesdienstes durchgeführt, beide werden als fromme Könige gelobt.

Zur Zeit Hiskias, in dessen sechstem Regierungsjahr Samaria fiel, hätte Jerusalem wenige Jahre später um ein Haar das gleiche Schicksal getroffen. Der assyrische König Sanherib zieht sieben Jahre später gegen Juda und nimmt alle festen Städte Judas ein. Hiskia ergibt sich und schickt Sanherib nach Lachis, wo er sein Lager hat, einen hohen Tribut. Sogar die goldenen Beschläge der Tore und Pfeiler des Tempels opfert er für diesen Tribut. Trotzdem schickt Sanherib seinen Feldherrn nach Jerusalem, die Stadt zur bedingungslosen Übergabe aufzufordern. Der assyrische Feldherr steht in Rufweite vor der Stadt. Er versucht, die Männer auf der Mauer von der Sinnlosigkeit des Widerstandes zu überzeugen. Die Worte, die er spricht, sind ein höchst beachtliches Beispiel dafür, ein wie selbstverständlicher Bestandteil des gemeinsamen Lebens — auch zwischen den Völkern — der Gottesglaube war. Er weiß wohl, daß die Soldaten dort auf der Mauer zum Durchhalten gerufen werden mit dem Hinweis auf Gottes Hilfe in der Not. Er weiß aber auch die schwache Stelle dieses Glaubens:

Hört also nicht auf Hiskia!
Denn er verführt euch, wenn er spricht:

Der Herr wird uns retten.
Haben etwa die Götter der Völker (nun werden die eroberten Völker und ihre Götter aufgezählt)
ein jeder sein Land aus der Hand
des Königs von Assyrien gerettet? (II. Kön. 18,32—34)

Nachdem der erste Versuch, die Stadt Jerusalem zur Übergabe zu
bewegen, gescheitert ist, schickt Sanherib noch einmal eine persönliche Botschaft mit der gleichen Aufforderung an Hiskia. Und nun
wird eine Szene erzählt, die noch einmal einen König auf dem
Thron Davids zeigt, wie er in der alten Verheißung an das Haus
Davids gemeint war. Es heißt jetzt: „Als Hiskia den Brief aus
der Hand des Boten empfangen hatte, ging er hinauf in das Haus
des Herrn und *breitete ihn vor dem Herrn aus.*" Hier hat ein
König zu seinem himmlischen Herrn Vertrauen. Hier geht er in
der höchsten Not zu ihm hin und breitet das, was ihm so schwere
Sorge macht, vor ihm aus in dem einfältigen, starken Glauben:
Gott allein weiß, was ich jetzt mit diesem Brief machen soll; er
allein kann hier noch helfen. Und dann fleht er aus seiner Not zu
diesem Gott um Hilfe.

In dieser Stunde ist es der Prophet Jesaja, der Bote des Gerichts,
der Mann so vieler Unheilsworte, der beauftragt wird, dem König
anzukündigen, daß sein Flehen erhört ist. Das Wort, das Jesaja in
dieser Stunde aufgetragen ist, ist zwar auch jetzt ein Unheilswort
(II. Kön. 19,20 ff.), aber es ist gegen Assur gerichtet; dem König
aber kündet er die Befreiung der Stadt an. Sanherib mußte tatsächlich von Jerusalem abziehen — das wird nicht nur hier, sondern auch
im Bericht einer assyrischen Chronik dieser Ereignisse gesagt —,
und die Stadt war noch einmal gerettet.

Von Hiskias Sohn Manasse weiß das Königsbuch nur Schlimmes
zu berichten. Er treibt alle nur denkbaren Arten von Abgötterei
und macht alle Reformen seines Vaters wieder rückgängig. Er wird
als ein gewalttätiger Herrscher geschildert, der „sehr viel unschuldi-
ges Blut vergoß". Er regiert am längsten von allen Königen Judas,
55 Jahre. Wahrscheinlich war Juda in diesem halben Jahrhundert
fast wie eine assyrische Provinz; anders ist die lange, ungestörte
Regierungszeit Manasses kaum zu erklären. Der Bericht deutet an,
daß Propheten gegen Manasse aufgestanden sind und ihm Gottes
Gericht angekündigt haben. Aber die wenigen Worte über Ma-

nasses Regierungszeit sind blaß und allgemein; wir wissen nicht, was damals in Juda geschah. Sein Sohn Amon wurde nach zwei Jahren ermordet. Die Verschwörer wurden vom Landvolk Judas getötet, und Amons Sohn Josia wurde König.

Josia brachte dem Land Juda noch einmal eine letzte große und glückliche Zeit. In der Mitte seiner Regierung steht ein grundlegendes Reformwerk, eine wirkliche Reformation, die noch einmal in aller Entschiedenheit zu den Grundlagen des Glaubens und der Ordnung des alten Israels zurückkehrte. Die Reform war nur möglich durch das Abwerfen des assyrischen Joches. Assyrien war kurz vor dem Zusammenbrechen. Gleichzeitig mit der Reform des Gottesdienstes und des sozialen Lebens war es Josia möglich, noch einmal die Grenzen des Landes zu erweitern, einen großen Teil des früheren Nordisraels wieder an Juda zu bringen. Das davidische Reich schien in altem Glanz und in alter Reinheit wiederzuerstehen, die alten Hoffnungen wachten auf, und es sah wirklich so aus, als hätte sich nun endlich das Schicksal des Gottesvolkes zum Guten gewendet.

Um so furchtbarer traf dann der Schlag, der alle Hoffnungen wieder zum Einsturz brachte: Der Pharao Hofra zog von Süden her durch Palästina, um das sinkende Assur zu stützen. Josia stellte sich ihm entgegen, er unterlag und fiel. Mit den nun noch folgenden letzten beiden Jahrzehnten bis zum endgültigen Untergang ist die Geschichte Jeremias eng verbunden. Von diesem Ende Judas wird im Zusammenhang des Wirkens Jeremias die Rede sein.

Die Reform Josias, obwohl sie nach seinem Tod zusammenbrach und wenig oder nichts davon übrig blieb, behielt ihre Bedeutung. Das Gesetzbuch, auf Grund dessen der König Josia die Reform durchführte, war das uns erhaltene Deuteronomium. Von diesem Buch gingen wesentliche Impulse in die kommende Zeit aus. Auf diesem Buch gründete die deuteronomistische Schule, die im Exil die Traditionen Israels sammelte. Von ihm her gewann sie einen festen Ort in der Katastrophe, von dem Buße und Neubesinnung ausgehen konnten. Von diesem Buch muß nun noch eingehender die Rede sein.

Das 5. Buch Mose, in der griechischen Übersetzung Deuteronomium genannt, ist als eine große Rede Moses stilisiert, die er an das Volk Israel richtet, bevor es den Jordan überschreitet. Die Rede verbindet die Wüstenzeit mit der Zeit des Wohnens im Lande in rückblickender Erinnerung, vorblickender Mahnung und vor allem in der Proklamation eines Gesetzes (12—26), dessen Geist der der Anfänge und der Frühzeit ist. Es ist das Gesetz der Reformation Josias im Jahr 622, nicht lange vor dem Ende des Staates. In der alttestamentlichen Forschung ist eine fast völlige Einstimmigkeit darin erreicht, daß es sich hier um ein Reformgesetz handelt, das in den Jahrzehnten vor seiner Auffindung im Tempel und seiner Proklamation entstanden ist als ein großangelegter Reformversuch, ausgehend vom „ᶜam hāārez", dem Landvolk Judas, zusammen mit einer Gruppe der Priester. Das Ziel der Reformation war eine Reinigung des Gottesdienstes von allen Fremdelementen, eine entschlossene Rückkehr zu den Grundlagen des Glaubens Israels, wobei die meist vergeblich gebliebene Predigt der Propheten anerkannt und bejaht wurde. Die wichtigste Maßnahme dieser Reform war die Zentralisierung allen Gottesdienstes an dem Tempel von Jerusalem; alle Höhenheiligtümer im Lande sollten vernichtet werden, weil der Gottesdienst an ihnen durchsetzt war von fremden, den Glauben Israels schädigenden Elementen. Neben der Reformation des Gottesdienstes war das Hauptanliegen eine soziale Reform. Wenn das Verhältnis des Volkes zu seinem Gott wieder in Ordnung kommen sollte, so mußte sich das notwendig auf das Zusammenleben der Menschen auswirken; und so geht durch das ganze deuteronomische Gesetz ein stark sozialer Zug, der seine wichtigste Quelle in der sozialen Predigt der Propheten hatte. Hier sei auf zwei besonders charakteristische Begründungen der sozialen Reform hingewiesen: Durch das ganze Gesetz zieht sich die Mahnung, die Sklaven menschlich zu behandeln, sie in das Leben der Familie und die gottesdienstlichen Feste hineinzunehmen, ihnen die notwendigen Pausen zu gönnen. Dazu kommt ein Gesetz, in Schuldsklaverei geratene Israeliten nach sieben Jahren freizulassen. Die Begründung für all diese Gesetze und Mahnungen ist die Erinnerung: „Gedenke, daß du auch Sklave gewesen bist im Lande Ägypten und daß der Herr, dein Gott, dich befreit hat; darum gebiete ich dir heute dieses" (15,15). Eine andere Reform betrifft den Grundbesitz: Die Anhäufung von vielen Ländereien in einer Hand, das Bedrängen der kleinen Bauern, der Mißbrauch des Gerichtes durch die Reichen, die scheinbar legal sich den Besitz der Geringen aneigneten, das war schon von den Propheten mit aller Schärfe angegriffen worden. Jetzt versucht das Deuteronomium eine gesetzliche Grundlage für eine soziale Reform zu schaffen, die eine gerechte Verteilung des Landes garantiert. Die Begründung dieser sozialen Reform ist wieder eine Erinnerung: Vergeßt nicht — so sagt Mose zu Israel — daß dieses Land die Gabe eures Gottes ist! Vergeßt nicht, daß ihr arm in dieses Land gekommen seid, daß ihr seine Kultur nicht erst geschaffen habt; vergeßt nicht, daß ihr aus der Wüste kamt! Diese Vergangenheit aber bejahen heißt praktisch: *Alle* Familien des Volkes haben grundsätzlich den gleichen Anteil an dem Land, das Gott seinem Volk geschenkt hat, keiner darf leer ausgehen, und es ist nicht gut, wenn einige zuviel und einige zuwenig von dem allen anvertrauten Besitz des Landes abbekommen haben. Hier wird also aus dem Anerkennen der *Gabe* des Landes dessen gerechte Verteilung gefordert, ein soziales Programm, das sein Motiv in der Bejahung Gottes als des eigentlichen Besitzers des Landes hat und in der Anerkennung, daß dem Volk selbst das Land nur als Lehen anvertraut wurde. Beide Seiten der deuteronomischen Reform, die gottesdienstliche und die soziale, gründen sich also eindeutig und nachdrücklich auf den Anfang der Volksgeschichte: die Errettung aus Ägypten, den Weg durch die Wüste, die Verheißung und Gabe des Landes. So wird es verständlich, daß Mose zum Verkünder dieses Rufes zur Umkehr gemacht wird, daß dieser Ruf als eine Rede des Mose in dem Augenblick vor dem Betreten des verheißenen Landes gefaßt wird. Damit wird das ganze Reformwerk unter die Autorität des Mose gestellt. Wenn die einleitenden und die Schlußreden und, von ihnen eingerahmt, das ganze deuteronomische Gesetz dem Mose in den Mund gelegt werden, so wird darin eine bewußte und betonte Anknüpfung an eine frühere Epoche vollzogen, eben die von dem Namen Mose bestimmte Epoche. Jedoch ist damit gar nicht beabsichtigt, Mose zum literarischen Autor oder zum historischen Urheber des Gesetzes zu machen. Noch nach dem Deuteronomium wurde das gesamte Priestergesetz als dem Mose von Gott offenbart dargestellt. Hier liegt genau die gleiche Absicht zugrunde, nämlich auch dieses Priestergesetz im Ursprung der Volksgeschichte zu verankern. Wir dürfen hierbei unser Verständnis von historischer „Echtheit" und „Unechtheit" keinesfalls zum Maßstab machen.

169

DAS DEUTERONOMIUM,
THESEN EINER REFORMATION

In der Mitte der Eingangsreden Kapitel 1—11 steht in 6,4 ff. das Bekenntnis Israels zu dem *einen* Gott, seinem Herrn:

> *Höre Israel!*
> *Jahwe, unser Gott, Jahwe ist einer!*
> *Und du sollst den Herrn, deinen Gott, lieben*
> *von ganzem Herzen, von ganzer Seele und mit*
> *all deiner Kraft.*

Dieses Bekenntnis Israels zu dem einen Gott, das sogenannte „schemå" (= Höre . . .), reicht von der Frühzeit Israels bis in unsere Gegenwart. Es ist das Bekenntnis der Christenheit wie auch der jüdischen Gemeinde, in der es — ebenfalls über die ganze Erde hin — bis zum heutigen Tag in der Mitte jedes Gottesdienstes steht. Es ist für die Geschichte der Menschheit von tiefgehender Bedeutung geworden. Man hat für dieses Bekenntnis den Begriff „Monotheismus" geprägt und hat die Verehrung des *einen* Gottes als eine besonders hoch entwickelte, geistige Gottesverehrung angesehen. Darin aber ist die wirkliche Bedeutung dieses Bekenntnisses noch nicht erkannt. Vergleicht man den Glauben Israels an den *einen* Gott mit den Religionen der benachbarten Kulturvölker, so ist der entscheidende Unterschied: in der kanaanäischen, babylonischen, ägyptischen Religion gibt es eine Geschichte der Götter unter sich. Darin eben liegt das Wesen des Mythos, daß er Geschichten von Göttern, dramatische Vorgänge zwischen den göttlichen Wesen darstellt: Kämpfe um die Vorherrschaft, Kämpfe um Herrschaftsbereiche; dazu die ganze mit der Zweigeschlechtlichkeit der Götter gegebene Dramatik wie Liebesdramen und Familiendramen mit allen ihren Begleiterscheinungen. Das zwischen Göttern und Menschen Geschehende bleibt dann am Rande. Im babylonischen Schöpfungsmythos z. B. ist die Erschaffung der Erde und des Menschen nur Bestandteil eines Götterdramas, das als ein Drama auf höherer, göttlicher Ebene viel wichtiger ist als die Schöpfung, die sich daraus ergibt.

Im Alten Testament hat es Gott, weil er der *eine* Gott ist, in radikaler Ausschließlichkeit mit der Welt, mit seiner Schöpfung zu tun.

Er hat keine Geschichte in seinem göttlichen Bereich, er hat nur eine Geschichte mit seiner Welt und mit seinem Volk. Hier liegt die eigentliche Bedeutung des sogenannten Monotheismus, das heißt des Bekenntnisses zu dem einen Gott. Der *eine* Gott, das ist der, der in seinem ganzen Sein der Welt zugekehrt ist. Von hier aus ist es verständlich, daß das geschichtliche Denken, wie es sich im Abendland entwickelte, seine wichtigste Quelle in der Bibel und besonders im Alten Testament hat. Denn gerade dadurch ist in Israel das Sehen und Begreifen großer geschichtlicher Zusammenhänge möglich geworden, daß die Geschichte ein stetiges, unveränderliches Gegenüber in dem *einen* Gott hatte, dessen Handeln über gewaltige Zeiträume hin Höhen und Abgründe der Menschengeschichte umspannte und sinnvoll verband. Wo, wie in Ägypten und im Zweistromland, mit den Dynastien der Könige sich die Dynastien der Götter wandeln, kann geschichtliches Denken in großen Zusammenhängen nicht aufkommen.

Noch etwas anderes hat im Bekenntnis zu dem *einen* Gott seinen Grund: Weil die zu Gott Rufenden, Flehenden und ihn Preisenden es nur mit *einem* Gott zu tun haben, bekommt dieses Rufen zu Gott eine Unbedingtheit und Ausschließlichkeit, die dort kaum zu erreichen ist, wo immer noch die Möglichkeit offen bleibt, daß vielleicht ein anderer Gott anzurufen ist, vielleicht ein anderer Gott helfen kann, wo der Angerufene versagt. So ist es zu erklären, daß der Gott Israels, der eine Gott, auch dann noch angerufen wurde, wenn er versagte, wenn er den Ruf nicht zu hören schien. Dann konnte sich das Rufen in ein Anklagen Gottes wandeln. Aber selbst als Anklage Gottes blieb es einzige Möglichkeit! Darum ist das Volk Israel in den Zeiten der tiefsten Not, in den Zeiten, als Gott schwieg, als viele oder fast alle an ihm verzweifelten, dennoch bei ihm geblieben und hat *gegen* ihn *zu* ihm gerufen, bis er sich wieder erbarmte. Darum sind viele einzelne Menschen bis in die tiefsten Tiefen der Anfechtung gegangen, haben gegen Gott geschrien – aber sie sind in alledem bei ihm geblieben:

Höre, Israel!
Der Herr, unser Gott, der Herr ist einer!

Die Dramatik der Göttergeschichte ist in Israel in die Dramatik der Geschichte Gottes mit seiner Welt, mit seinem Volk und mit seinen Angefochtenen eingegangen und hat dieser Geschichte ihre einzigartige Dichte, Intensität und Zielstrebigkeit gegeben. Nur auf dem Grunde dieses Bekenntnisses konnte in der Zeit des Gottesgerichtes ein so intensives Warten entstehen, das durch Jahrhunderte des Niedergeschlagenseins auf die Wendung, auf die Erlösung, auf den Kommenden wartete, bis die Zeit erfüllt war.

Die Bedeutung des Erlösers Jesus Christus über seine Zeit und über seinen Raum hinaus als des in der Mitte der Zeit für die ganze Welt gekommenen Erlösers konnte nur auf diesem Bekenntnis erwachsen: dem Bekenntnis zu dem *einen* Gott.

Vor diesem Grundbekenntnis der alttestamentlichen Gemeinde zu dem *einen* Gott in Kap. 6 sind die Zehn Gebote, der Dekalog, als Grundlage des Lebens der Gemeinde in die Mitte des Deuteronomiums aufgenommen (Kapitel 5). Ähnlich wie in unseren Katechismen sind im Deuteronomium die Grundlagen des Lebens der Gemeinde zusammengefügt: die Gebote, der Glaube, das Wichtigste zum Gottesdienst (bes. Kap. 12 und 26). Die Tatsache, daß der Dekalog zweimal, Ex. 20 und Deut. 5, überliefert ist, pflegt mechanisch vermerkt und auswendig gelernt zu werden. Aber was hat das für einen Sinn, wenn man nicht weiß, welche Bedeutung das grundlegende Zehngebot gerade an diesen beiden Stellen hat? In Ex. 20 ist es der Grundpfeiler der Willensoffenbarung Gottes an sein Volk, das, nachdem es die seine Geschichte begründende Rettung (Ex. 1—14) und Bewahrung (16—18) Gottes erfahren hat, ihm zu dienen bereit ist und nun hört, was Gott von ihm haben will (19—20). In Deut. 5 ist es die Bejahung dieses gleichen Gotteswillens am Ende der Volksgeschichte in der Reformation, die angesichts des drohenden Zusammenbruches noch einmal vor dem Volk den am Anfang offenbarten Gotteswillen aufrichten will.

Der Zusammenhang der beiden Stellen, an denen der Dekalog begegnet, wird noch deutlicher, wenn man sieht, wie die Kapitel 4—6, in denen die Mitte des Glaubens Israels zusammengefaßt ist, in eine geschichtliche Erinnerung gerahmt sind, die die Gegenwart mit den Ereignissen des Anfangs verbindet. In den Kapiteln 1—3 wird der Weg vom Aufbruch vom Sinai bis zur Ankunft in Moab vor dem Jordan noch einmal nachgezeichnet; die Kapitel 7—10 sehen auf die Eroberung des Landes voraus, knüpfen dabei aber immer wieder an die Ereignisse des Anfangs vom Auszug aus Ägypten bis zum Bundesschluß und Abfall am Sinai an. So spannt sich ein

Bogen von jener Stunde, in der das Volk Gottes Willen zum ersten
Mal vernahm und sich auf ihn verpflichtete, in die gegenwärtige
Stunde, in der Israel noch einmal vor die Entscheidung gestellt
wird.

Dieses letztere ist dem Alten Testament immer wieder ganz besonders wichtig: Der Gehorsam gegen Gott muß freie Entscheidung
sein! Auf den Ruf zu freier Entscheidung läuft der Schlußteil des
Deuteronomiums (27—30) hinaus in einem der sprachlich und inhaltlich schönsten und gewaltigsten Abschnitte des Alten Testaments (30,11—20). Der in den vorher proklamierten Gesetzen
(12—26) dargelegte Gotteswille wird nun am Ende als ein ein-
faches, aus der Liebe des Vaters kommendes Angebot vor die Gemeinde des Gottesvolkes gestellt.

Denn dieses Gesetz, das ich dir heute gebe,
ist für dich nicht zu schwer und nicht zu ferne ...
Sondern ganz nahe ist dir das Wort
in deinem Munde und in deinem Herzen,
daß du danach tun kannst.

Siehe, ich habe dir heute vorgelegt
Leben und Glück, Tod und Unglück ...

Ich rufe heute Himmel und Erde wider euch zu Zeugen an:
Leben und Tod habe ich euch vorgelegt, Segen und Fluch.

So erwähle nun das Leben! ...
indem du den Herrn, deinen Gott, liebst,
auf sein Wort hörst und dich fest an ihn hältst.

An diesem Wort mag man erkennen, was der Gemeinde Gottes im
Alten Bund das Gesetz, das Gebot Gottes, bedeutete: Angebot des
Lebens, des Glückes, des Segens. Hier hat das Gesetz ganz und gar
nicht den Charakter des Drohenden, Einengenden, einer Verbots-
tafel, einer Schranke oder Mauer, im Gegenteil: es ist ein offener,
ein schöner Weg, ein Weg in das Leben hinein, den man mit Freude
und Lust zu gehen vermag. Er ist nicht zu schwer, dieser Weg;
denn Gott weiß, wo unsere Grenzen und Anfechtungen liegen. Und
all die vielen und mannigfaltigen Gebote, Satzungen und Mahnungen führen immer wieder auf das eine, einzige Gebot zurück,
das gleichzeitig das große, schöne Angebot ist: das vertrauende

und wachsame Sich-Halten an Gott, das Hören auf seine Worte. Und noch einmal sei das am Schluß betont: Das Bejahen des Gebotes Gottes ist die Sache freier Entscheidung: So wähle nun das Leben!

Aus dem Gesetz, das in diesen Rahmen gefaßt ist, seien einige wesentliche Züge hervorgehoben. Vom Gottesdienst handeln das erste und letzte Kapitel des Gesetzes. Nur an einer einzigen Stelle, „an dem Ort, den Gott erwählen wird", sollen Opfer dargebracht werden; gemeint ist der Tempel zu Jerusalem. Die Begründung dieses Gebotes der Kultzentralisation wurde schon erwähnt: Man erwartete von ihr eine Reinigung des Gottesdienstes von all den fremden Elementen, die sich an den Höhenheiligtümern überall im Lande eingeschlichen hatten. Es ist die gottesdienstliche Entsprechung zu dem Gebot der Verehrung des *einen* Gottes (Kap. 6), ein Weg, dieses Gebot in die Praxis umzusetzen. Diese Beschränkung der Opferdarbringung auf die Stadt Jerusalem allein hatte aber eine weittragende Folge. Da die Familien, die draußen im Lande wohnten, nur zu den großen Festen nach Jerusalem kommen konnten, war für sie die Opferdarbringung auf diese wenigen Gelegenheiten beschränkt; sie konnten nicht mehr von jedem Tier, das sie schlachteten, den gebotenen Teil auf dem Altar opfern. So wurde denn vom Deuteronomium die Schlachtung im Heimatort von der Opferpflicht gelöst, sie war jetzt eine profane Handlung (12,15; 21—25). Das war in der antiken Welt eine gewaltige Wandlung. Jahrtausendelang war jede Schlachtung eines Haustieres ein heiliger Akt gewesen. An diesem Punkt zeigt sich eine Übereinstimmung jener Reform des Deuteronomiums mit der Reformation im 16. Jahrhundert in der Christenheit, denn auch diese hatte zur Folge, daß ganze, große Gebiete, die vorher noch vom Kultischen umgrenzt waren, davon radikal befreit wurden.

Im letzten Kapitel des deuteronomischen Gesetzes ist eine Anweisung für die Darbringung der Erstlinge der Feldfrüchte gegeben, die den Geist des deuteronomischen Gesetzes besonders schön zeigt. Hier muß ich den Leser bitten, die Bibel aufzuschlagen und das Stück 26,1—11 zu lesen, er wird die kleine Mühe nicht bereuen. Ein israelitischer Bauer kommt mit den Erstlingen seiner Feldfrüchte in einem Korb zum Tempel, der Priester nimmt ihm den Korb ab und setzt ihn vor den Altar. Und nun spricht der Bauer als seinen Opferspruch ein Bekenntnis, das diese Früchte, die er von seinem

Acker zum Heiligtum gebracht hat, in Zusammenhang bringt mit den großen Taten Gottes an seinem Volk, von der Vätergeschichte an bis zur Gabe des Landes. In einer in ihrer Einfachheit überraschenden, aber völlig überzeugenden Weise ist es in dieser Anweisung gelungen, die Alltagswirklichkeit eines Bauern im damaligen Israel mit der großen, Jahrhunderte umspannenden Linie der Geschichte Gottes mit seinem Volk in Verbindung zu bringen oder besser: zu einer Einheit zu verschmelzen. Es ist der Bauer selbst, der allein vor dem Altar das „kleine geschichtliche Credo" spricht und in diesem Sprechen den Weizen in seinem Korb *wirklich* und *leibhaft* dem zufügt, was Gott an seinem Volk getan hat von Anfang, von der Errettung aus Ägypten an. Wenn er seinem Herrn im Himmel dankt für die Ernte, die er daheim einbrachte und deren Erstling da vor ihm am Altar steht, so stimmt sein Dank in das Lied ein, das seine Väter sangen, wenn Gott seine großen Taten an ihnen tat. Hier ist Acker und Kirche, Arbeit und Altar, Alltag und Gottesdienst gleich notwendig und gleich sinnvoll in der gleichen Welt.

Was könnten wir aus diesem Kapitel lernen, wenn wir mit etwas Mut und Phantasie, aber in der gleichen Einfalt in unseren Gottesdiensten die vielfältige Arbeit des heutigen Menschen in der gleichen Weise mit unserem Bekenntnis, Gebet und Lied zu verbinden wagten! So würde der Mensch unserer Tage endlich wieder merken, daß es im Gottesdienst um seinen Alltag, um die Realitäten seiner Arbeit geht, indem sie mit den großen Taten Gottes verbunden werden.

Aus der Fülle der Gebote zwischen diesen beiden Kapiteln 12 und 26 könnte auf manches hingewiesen werden, was zu beachten uns heute gut täte. Luthers Urteil, die Gesetze des Alten Testamentes seien „der Juden Sachsenspiegel" und gingen uns deshalb nichts an, sollte mehr nach seiner positiven als nach seiner negativen Seite gehört werden. Es ist völlig richtig, daß hier das Gesetz eines geschichtlichen Volkes, an eine bestimmte Zeit gebunden, vorliegt. Es ist auch richtig, daß uns diese Gesetze insofern nichts angehen, als sie nicht unsere Gesetze sein können, weil für uns die geschichtlichen Vorbedingungen nicht mehr bestehen. Luther hat aber noch nicht gewußt, daß das Gesetz des jüdischen Volkes nicht von Anfang an fertig da war, sondern sich erst ganz allmählich entwickelt hat, daß uns im Alten Testament verschiedene Stadien des

Gesetzes aus verschiedenen Zeiten überliefert sind. Sie stellen jetzt für uns ein wichtiges Stück der Geschichte des Gottesvolkes dar und sind als solche durchaus wichtig. Aber darüber hinaus zeigen sich hier und da in diesen Gesetzen Tendenzen, die für das Leben der christlichen Gemeinde, die auch für die Verkündigung wichtig werden können. Auf eine solche will ich jetzt hinweisen. Durch das deuteronomische Gesetz geht ein ganz starker bewußt sozialer Zug. Er äußert sich an vielen Stellen in ganz verschiedener Weise, am deutlichsten und häufigsten aber im Eintreten für die Armen und für die Sklaven. Es war schon darauf hingewiesen, daß dahinter gewiß die soziale Predigt der Propheten steht.

15,11: Nie wird es an Armen fehlen in diesem Lande.
Darum gebiete ich dir:
Willig sollst du deine Hand auftun
für deine dürftigen und armen Brüder in diesem Lande.

Das ist ein Beispiel für sehr viele. Aber es gibt einige unter diesen sozialen Geboten, die noch etwas anderes zeigen. Es ist hier schon erkannt, daß die soziale Frage weithin eine Ehrenfrage ist und daß sehr viel darauf ankommt, die Ehre des Armen und Geringen zu achten. An scheinbaren Kleinigkeiten kommt dies zum Ausdruck:

Wenn du deinem Nächsten irgend etwas leihst,
so sollst du nicht in sein Haus hineingehen und ihm
ein Pfand nehmen;
draußen sollst du stehen bleiben,
und der, dem du leihst, soll das Pfand zu dir heraus-
bringen (24,10—11).

Mancher sozialen Gesetzgebung und mancher Praxis sozialer Hilfe und Fürsorge unserer Tage täte es außerordentlich gut, wenn sie auch nur eine Spur dieser zarten Rücksicht auf die Ehre des Armen kennen würde! Die sozialen Gebote des Deuteronomiums strahlen eine echte Menschlichkeit aus. Jenes Gebot geht so weiter:

Und ist es ein armer Mann,
so sollst du dich mit seinem Pfand nicht schlafen legen,

sondern du sollst ihm sein Pfand zurückgeben, wenn die
Sonne untergeht,
daß er in seinem Mantel schlafen könne
und dich segnet. *(6,6—7)*

Es ist ein besonders schöner Zug im deuteronomischen Gesetz, daß sich diese Menschlichkeit auch auf die Beachtung der Kreatur erstreckt (z. B. 22,4 und 6 f.; 25,4). Bis in erstaunliche Einzelheiten hinein wird hier den Gliedern des israelitischen Volkes zugetraut, daß sie jeglichen Mangel, jede Bedürftigkeit, jede auch geringe Not in ihrem Umkreis wahrnehmen und sich frei und willig dieser Not annehmen, ob es die schwierige Lage einer Witwe, die gedrückte Situation eines Sklaven oder der gestürzte Esel ihres Nachbarn ist. Hierin soll es sich zeigen, ob sie wirklich Gott von ganzem Herzen lieben und auf seine Worte hören. Liest man diese Gebote des Deuteronomiums heute, im Abstand von 2000 Jahren, so wird man fragen müssen, ob an dieser Stelle die christliche Gemeinde nicht auch heute noch viel zu lernen hätte. Es könnte sein, daß das einfache Abtun dieser Teile des Alten Testaments als „der Juden Sachsenspiegel" der christlichen Kirche deshalb einen schweren Schaden zugefügt hat, weil nirgends in der Bibel so konkret, so bis in die Einzelheiten hinein und so menschlich-selbstverständlich das allgemeine Reden von Nächstenliebe in die realen alltäglichen Gegebenheiten ausgezogen wird, so daß man dem einfach nicht mehr ausweichen kann.

WENN DICH DEIN KIND FRAGT...

Mit dem Bekenntnis zu dem *einen* Gott in der Mitte der Eingangsrede des Deuteronomiums hatten wir eingesetzt. Zum Schluß sei aus dem gleichen Kapitel (6) noch ein für dieses Buch und für das ganze Alte Testament wichtiger Vorgang dargestellt. Dem Gebot der Verehrung des *einen* Gottes folgt die Mahnung:

Diese Worte sollen dir ins Herz geschrieben sein,
und du sollst sie deinen Kindern einschärfen . . .

Auch darin also steht das 5. Buch Mose unseren Katechismen nahe, daß ihm — und zwar sehr häufig — die Weitergabe an die Kinder, an die kommende Generation besonders wichtig ist. Bei dem „Einschärfen" in dem eben zitierten Wort ist aber nicht an ein „Einpauken" in unserem Sinn zu denken. Gegen Ende dieses selben Kapitels ist der Vorgang des Weitergebens an die Heranwachsenden näher beschrieben:

Wenn dich dann künftig dein Sohn fragt:
Was sollen denn die Verordnungen, Satzungen und Rechte,
die euch der Herr, euer Gott, geboten hat?
so sollst du deinem Sohn sagen:
Wir waren Sklaven des Pharao in Ägypten.
Da führte uns der Herr ... *(6,20)*

Hier folgt nun das gleiche Bekenntnis zu Gottes Taten mit seinem Volk, das wir bei der Darbringung der Erstlingsfrüchte schon kennenlernten. Eine ganz ähnliche Situation ist in Josua 4,21 f. erzählt: „Wenn in Zukunft eure Kinder ihre Väter fragen: Was bedeuten diese Steine? so sollt ihr ihnen kundtun ..." Ähnliche Stellen gibt es noch viele. Es wird erzählt, wie der Glaube der Väter den Kindern weitergegeben wird. Etwas daran scheint mir für uns von wesentlicher Bedeutung zu sein: Der Anlaß des Weitergebens ist in jedem Fall eine Frage der Kinder, und zwar eine Frage, die durchaus verständlich und natürlich ist, eine *echte* Kinderfrage. Im Hineinwachsen in ihre Welt stoßen sie auf etwas ihnen Unverständliches und fragen ihre Eltern danach. Die Eltern geben darauf keine frommen Antworten, sondern sie berichten einfach, wie es zu dem gekommen ist, was die Kinder erklärt haben möchte. In unseren heutigen Versuchen, den Kindern den Glauben der Väter weiterzugeben, ist dieser so einfache und natürliche Vorgang teilweise geradezu auf den Kopf gestellt, die Fragenden sind nämlich die Eltern oder die Lehrer. Es wird geradezu eine Wissenschaft daraus gemacht, wie die Lehrer die richtigen Fragen an die Kinder zu richten haben, um ihnen das beizubringen, was sie ihnen beibringen wollen. Dieser eine Hinweis mag zeigen, wie weit wir uns von dem in der Bibel gezeigten einfachen Vorgang des Weitergebens der großen Taten Gottes entfernt haben. Liegt nicht sehr viel daran, daß das Leben, in dem sich der Glaube der Erwachsenen darstellt, vielfach so starr und konventionell, so wenig durchglüht von Freude und Leidenschaft ist, daß die Kinder auf ihrem

178

Sich-Vortasten in das Leben hinein gar keinen Anlaß haben, nach dem Gottesdienst, dem Zusammensein der Gemeinde, den Bräuchen und anderem zu fragen, weil ihnen das nicht wirklich interessant und lebenswichtig erscheint?

Eines jedenfalls zeigt uns das Reden von der Tradition zu dem kommenden Geschlecht im Deuteronomium sicher: Da ist die Tradition echt, da ist sie lebendig, wo die Fragen der Kinder ganz von selbst erwachsen, gefesselt vom Leben der Großen mit Gott, wo die Antworten einfach von dem berichten, was geschehen ist, daß es so wurde, und wo die Kinder und jungen Menschen ganz von selbst, fragend, hörend und aufnehmend, in das Leben der Gemeinde hineinwachsen.

Und es muß dabei wohl auch noch gesagt werden: Kein noch so guter Unterricht kann ersetzen, was hier im Deuteronomium geschildert ist, daß die Kinder von ihren Eltern die ersten Fragen nach Gott, nach der Kirche, nach den Festen, nach der Bibel beantwortet erhalten und von denen, die sie aufziehen, die sie liebhaben, die Ehrfurcht lernen, die einen Menschen dazu bringt, daß er sich vor Gott neigt.

DIE PROPHETEN

Hier sollten wir zuhören, wir Menschen in der Mitte des 20. Jahrhunderts! Es ist merkwürdig: Es gibt wohl kaum einen Teil der Bibel, der so oft in der Geschichte neu entdeckt wurde und sich gleichzeitig dem Verstehen der vielen und dem Verstehen auf die Dauer entzog. Jeder Prophet war zu seiner Zeit und auf seine Weise ein Fremdling, und davon haben die Prophetenbücher etwas an sich behalten. Es kommen Zeiten, in denen sie aus der Versenkung auftauchen und mächtig zu reden beginnen, dann aber schweigen sie wieder für eine lange Zeit, oder sie werden so mißverstanden, daß man sich kein Bild von ihnen machen kann. Wir Menschen in der Mitte des 20. Jahrhunderts sollten deshalb hier besonders aufmerken, weil zu unserer Zeit ein Menschentyp aufkommt, der vom Typ des Propheten denkbar weit entfernt ist. Man redet heute vom instrumentalen Menschen und meint damit den sich wohl oder übel dem Maschinenzeitalter anpassenden Menschen, einen Menschen, der eine Maschine zu bedienen imstande ist, der „sich einschaltet" und dann funktioniert. Zu vermeiden war und ist diese Anpassung an die Maschine nicht, das Jammern darüber sollte allmählich aufhören. Wer möchte denn wirklich, daß die Magd mit dem Besen, von der Luther das berühmte Wort von ihrem Gottesdienst gesagt hat, wieder an die Stelle der Hausfrau mit dem Staubsauger treten sollte? Gerade bei voller Bejahung der veränderten menschlichen Arbeit ist es sinnvoll, auf den Teil der Bibel zu achten, der von den Propheten und ihrem Wirken berichtet. Der Prophet ist der äußerste Gegensatz zum instrumentalen Menschen. Man hat ihn „Sprachrohr Gottes" genannt; das ist aber ein sehr schlechtes und irreführendes Bild. Die Propheten haben nichts von einem Instrument, auch nicht von einem Instrument Gottes, an sich. Zu ihrem Wesen gehört das völlig Ungreifbare, das das eigentliche Wesen des Menschen ausmacht, so etwa wie die Liebe zwei Menschen überfällt, sie zueinander treibt und aneinander bindet und dabei aller Institutionen, aller von den Menschen aufgerichteten Grenzen und Konventionen spottet. So steht ein Prophet plötzlich vor dem Volk oder dem König mit einem Wort von Gott. Die Propheten haben in besonderem Maß die Einheit von höchster Gebundenheit und höchster Freiheit zugleich, die überall, wo sie begegnet, die eigentliche Würde des Menschlichen ausmacht. Die Propheten und die Prophetie lassen sich in gar keiner Weise einordnen, organisieren, einschalten, berechnen oder reglementieren, und dennoch haben sie dafür gestanden und geredet, daß Bindung, die echte, von Gott autorisierte Bindung zwischen den Menschen erhalten bleibe.

In äußerstem Gegensatz zum instrumentalen Menschen steht der Prophet auch deshalb, weil sich in seinem Leben und in seinem Auftrag alles um das Persönlichste dreht. Sie sind Boten des Zornes Gottes; aber daß überhaupt statt des Gerichtes die Boten des Gerichtes kommen, ist Gottes erbarmende Güte. Die Propheten selbst verkörpern in ihrem Auftreten und bringen in ihren Worten dies unlösbare Gegeneinander und Ineinander von Liebe und Zorn. Sie sind Exponenten der Klage, die Gott über sein Volk führt, und Träger seiner Liebe zu den Verlorenen. In der Leidenschaft ihrer Rufe leidet Gott an seinem Volk. Auch darin sind die Propheten Person im extremsten Sinn, daß in jedem von ihnen das ganze Drama der Prophetie sich abspielt zwischen Ruf und Ruf: dem Ruf, den sie hören, und dem Ruf, den sie weitergeben. Sie haben keine Lehre, kein System, keine Grundsätze, sie sind darauf angewiesen weiterzugeben, was sie empfangen haben und allein dieses. Das eigentliche Wunder aber ist die *Reihe* der Propheten, diese Reihe, die parallel der israelitischen Königsgeschichte neben dem ersten König beginnt und neben dem letzten König zu ihrem Abschluß kommt. Jeder von ihnen ist *einer* und bleibt einer. Mancher steht ganz allein, mancher hat einen kleinen Kreis um sich. Keiner hat die Massen bewegt. Die Spannung zwischen jedem dieser einzelnen und dem Volk, zu dem sie gesandt sind, ist zum Zerreißen. Dieses Volk ist wie ein Bergstück, das von seinem Fundament abgebrochen ist, das langsam ins Rutschen gerät und durchzogen wird von Rissen und Brüchen, bis sich schließlich alles auflöst und das Ganze in einem Sturz donnernd dem Abgrund entgegenrast. Mitten in diesem Bergrutsch stehen die Propheten, einer nach dem anderen, von dem Augenblick an, wo die ersten Risse aufspringen, bis in das letzte Stadium des Unterganges hinein. Sie können und sie sollen sich aus dem Abgleiten nicht heraushalten; sie gleiten mit und sie stürzen mit — obwohl sie die einzigen sind, die den Zusammenhang mit dem Fundament nicht verloren haben. Ihrer aller Werk scheint vergeblich. An dem Bergrutsch ändern sie nichts, sie haben – nach unseren Maßen gemessen – keinen Erfolg. Sie kommen und rufen – und ihr Ruf verhallt. Dann kommt der nächste, und es ist nicht anders. So geht das 200 Jahre lang, und nimmt man die Vorgeschichte der Propheten hinzu, 400 Jahre lang. Rückblickend sagt einer von dieser Geschichte der Prophetie (Jes. 49,4):

Ich aber dachte: Umsonst habe ich mich gemüht,
um nichts und nutzlos meine Kraft verzehrt ...

Der Zusammenhang dieser 200- oder 400jährigen Geschichte der Prophetie liegt allein bei Gott. Ich meine das so: Daß hier immer wieder einer kam, redete, warnte, litt, verzweifelte und verstummte, das ist von der menschlichen Seite her nicht mehr zu erklären. Menschlich gesehen war dieses immer neue Auftreten der Propheten, das doch niemals das ganze Volk zur Umkehr brachte, sinnlos. Wozu denn? Wenn der Berg nun doch schon ins Gleiten geraten war, was sollten alle die Worte der Propheten da noch ausrichten? Waren sie nicht eher ein Zeichen der Ohnmacht Gottes gegenüber einer der Geschichte immanenten Schwerkraft? Warum konnte Gott nicht den Bergrutsch stoppen, wenn es doch *sein* Volk war, das da langsam abrutschte? Warum die Geschichte dieser ohnmächtigen Leute, die ihre Stimme warnend erhoben, aber doch im Grunde nichts ändern konnten? Wenn irgendwo das *Geheimnis*, das unergründliche Geheimnis der Majestät Gottes als des Herrn der Geschichte in unser Menschenleben hineinragt, dann hier in der Geschichte der Prophetie. Dieses Geheimnis hat einen sehr deutlichen Niederschlag in der Tatsache gefunden, daß die Prophetie sich als eine geistes- und religionsgeschichtliche Erscheinung nicht einordnen läßt; sie fügt sich nicht den uns geläufigen Maßen und Kategorien. Es gibt hier nicht das uns gewohnte Bild von Aufstieg, Entwicklung, Höhepunkt, Verbreitung, Auswirkung, in das man sonst eine solche Bewegung faßt. Auf der Seite der Menschen wird aus den einzelnen Punkten des Auftretens eines Propheten keine Linie. Jeder der Propheten steht am Ende da, wo er am Anfang stand, und der nächste muß von vorn anfangen. Aus der Geschichte der Prophetie wird nicht eine Gegenbewegung, die den Bergrutsch aufzuhalten imstande wäre. Am Ende der Reihe der Propheten, an deren Anfang beispielhaft Elia auf dem Berg Horeb seine Klage erhebt, steht ein einzelner, geschlagener Mann, Jeremia, der den letzten Zusammenbruch mitgemacht hat und als ein Ohnmächtiger gegen seinen Willen von den Übriggebliebenen mitgeschleppt wird auf die letzte Flucht nach Ägypten. Das Wunder ist die *Reihe* der Propheten: diese erschreckende Paradoxie des rettenden Handelns Gottes, verborgen in dem scheinbar erfolglosen, immer neuen Ansatz eines immer neu geschickten Boten des Gerichts. In sich selbst und mit den uns verfügbaren Maßen gemessen, kann diese Geschichte keinen Sinn haben. Es kann davon nur gesagt werden, was der Gottesknecht von seiner vermeintlich vergeblichen Arbeit sagt.

In der Geschichte der Prophetie liegt der im ganzen Alten Testament stärkste Hinweis, der über dieses Buch hinaus auf ein anderes deutet. Es ist mit dem Abgleiten und dem schließlichen Sturz des Berges nicht zu Ende gewesen. Es ist aus dem Zusammenbruch ein Neues erwachsen. Dieses Neue aber hat seine Wurzel in der Verkündigung der Propheten. Die Propheten sind verstummt, einer nach dem anderen, ohne daß einer von ihnen das Volk Gottes zur Umkehr gebracht hat. Dennoch wurden ihre Worte eine Saat, aus der Neues erwuchs, so wie es wieder der Prophet des Exils von Gottes an die Menschen ergehendem Wort sagt:

... es soll nicht wieder leer zu mir zurückkommen,
sondern soll wirken, was ich beschlossen,
und durchführen, wozu ich es gesendet. (Jes. 55, 11)

DIE STUNDE DER PROPHETEN

Die Prophetie hat ihre Stunde. Während der Geschichte Israels lassen sich ihr Anfang und ihr Ende mit ziemlicher Deutlichkeit erkennen; es war schon gesagt, daß sie die Geschichte des israelitischen Königtums von ihrem Anfang bis zu ihrem Ende begleitete. Es ist zwar vorher und nachher von Propheten die Rede; aber dann ist „Prophet" in einem weiteren Sinn gebraucht. Die Prophetie hat eine Vor- und Nachgeschichte gehabt; die Prophetie im engeren Sinn des Wortes bleibt auf die Zeit des Königtums begrenzt. Während dieser Zeit treten Propheten nicht beliebig und auch nicht regelmäßig auf. Auf lange Strecken der Königsgeschichte hören wir nur hin und wieder von einzelnen Prophetenworten, an einigen Punkten aber konzentriert sich der Ruf der Prophetie. Auch darin haben die Propheten ihre Stunde, daß ihre Stimme an den entscheidenden Krisen- und Wendepunkten der Geschichte besonders laut und vielfältig vernehmbar wird. Diese Tatsache allein ist ein untrügliches Zeichen dafür, daß das prophetische Wort aus besonderen geschichtlichen Stunden erwächst und in diese hinein ergeht; man kann es dort nicht herauslösen und aus ihm eine zeitlos gültige Lehre abziehen, sowenig man eine Botschaft von dem Ereignis abziehen kann, das sie ankündigt.

Die israelitische Geschichte enthält vier besonders schwere Krisenpunkte: für Nordisrael die Aramäerkriege im 9. und die Bedrohung durch Assyrien im 8. Jahrhundert, die schließlich zum Untergang des Nordreichs führte. In der gleichen Zeit wird Juda von Assur bedroht, bleibt aber wie durch ein Wunder verschont. Schließlich kommt für Juda die Krise mit dem Aufkommen des babylonischen Reiches, dessen Angriffen Juda erliegt.

Um diese vier Krisenpunkte der israelitischen Geschichte gruppieren sich die Propheten. In der Zeit der Aramäerkriege wirken im Nordreich Elia, Micha ben Jimla (I. Kön. 22) und eine Reihe anderer Propheten. Die Worte dieser Propheten wurden noch nicht gesammelt und überliefert; wir wissen von ihnen nur, was die Geschichtsbücher über sie berichten.

Die erste Periode der Schriftprophetie, etwa die Zeit von 750—700, trifft mit der Höhe des assyrischen Reiches zusammen. Im Nordreich wirken in dieser Zeit Amos (um 750) und Hosea (750—725), im Südreich Jesaja (740—701) und Micha (722—701). Die beiden wichtigsten Ereignisse dieser Zeit sind der Fall Samarias (721) und die Belagerung Jerusalems durch Sanherib (701).

Die zweite Periode der Schriftprophetie, etwa die Zeit von 650 bis 600, trifft mit dem Niedergang Assyriens und dem Aufkommen Babylons zusammen. Um die beiden wichtigsten Ereignisse dieser Zeit bewegt sich die Prophetie dieser Periode: um den Untergang Assurs (612) Nahum, Habakuk und Zephanja, um den Untergang Judas und die Eroberung Jerusalems (597 und 586) Jeremia und Ezechiel.

Eine dritte Periode schließt sich unmittelbar dem letzten Ereignis an: die Prophetie in der Zeit des Exils, vertreten durch Ezechiel und Deuterojesaja. Auch diese Periode kreist um ein weltgeschichtliches Ereignis: den Sturz des babylonischen Weltreiches durch die aufkommende persische Macht (Fall Babylons im Jahr 539).

Die vierte Periode gehört nicht mehr zur Prophetie im strengen
Sinn, sie ist wie ein Nachhall dessen, was einmal die Prophetie ge-
wesen war; es fehlt, wie schon in der dritten Periode, der Zeit des
Exils, das Gegenüber, das den Auftrag der Propheten bestimmt
hatte: Staat und Königtum. Juda ist jetzt eine Provinz, eine der
Provinzen des persischen Reiches, und aus dem Volk Israel ist die
jüdische Gemeinde in dieser Provinz geworden. Deshalb müssen in
dieser vierten Periode die geschichtlichen Ereignisse wegfallen.
Jetzt erst hat es die Nachfahrin der Prophetie nur noch mit den
Angelegenheiten der jüdischen Gemeinde zu tun. In diese Periode
gehören die Propheten Haggai und Sacharja, beide um 520, und
der Prophet Maleachi um 470. Um den Wiederaufbau nach dem
großen Zusammenbruch kreist diese letzte erkennbare Epoche der
Prophetie, die aber nun in andere Formen übergeht. Die Zeit der
Prophetie ist vorbei.

Was uns in den Prophetenbüchern außerdem noch überliefert ist:
das Buch Daniel unter den großen, die Bücher Joel, Obadja, Jona,
Anhänge und Einfügungen in andere Prophetenbücher wie Jesaja
24—27, Anhänge an Sacharja und Deuterojesaja, dies alles hat mit
der klassischen Prophetie der vorexilischen Zeit nur noch wenig zu
tun. Es sind Nachwirkungen der Prophetie aus den letzten Jahrhunderten vor Christus, aus der Zeit des Wartens auf ein Neues.

So also stellt sich die Prophetie im ganzen, auf die großen geschichtlichen Linien gebracht, dar: als das Wort der Boten Gottes in die
Stunden der Entscheidung, die Geschichte des Volkes Gottes be-
gleitend und hinüberweisend auf die Stunden der Entscheidung in
den großen Reichen der alten Welt.

Überblickt man diese wenigen Daten und Linien der Geschichte
der Prophetie in Israel, so drängt sich einem ein ganz bestimmter
Eindruck auf: Diese Geschichte hat nicht den Charakter des Zufäl-
ligen; was hier geschah, gehört notwendig zum Ganzen der Geschichte jener Welt. Es kann nicht zufällig sein, daß sich im Verlauf der israelitischen Prophetie die wesentlichen Daten der Geschichte des Vorderen Orients, von den Anfängen des assyrischen
Reiches über das babylonische bis zum persischen Reich, spiegeln,
dem persischen Reich, das dann die Brücke bildet von den orientalischen Großreichen hinüber zu den abendländischen Weltreichen.
Hier spüren wir hinter dem Drama auf kleinstem Raum, dem
Drama, das sich zwischen dem Gott Israels und seinem ungehor-

samen Volk auf dem schmalen und kargen Boden Palästinas ab-
spielt, das Drama auf weitestem Raum, das Drama der Welt-
geschichte. Eine Weltgeschichte, deren Höhe- und Tiefpunkte, deren
Aufstiege und Zusammenbrüche aus dem Planen und aus dem
Handeln desselben Gottes kommen, der auf dem Weg des kleinen
Volkes Israel die besondere Geschichte geschehen ließ, die vom
Herausrufen Abrahams zum Kommen des Christus führte. Daß
Gott *einer* ist, derselbe, der im Kleinsten und im Größten wirkt,
und daß dieser eine Gott die Geschichte lenkt und in die Geschichte
eingreift, ist in der Geschichte der Prophetie für alle Zeiten gezeigt.
So wie in den Worten der Propheten Assur und Babel, Ägypten,
Persien und Syrien begegnen, ihre Könige und Feldherren, ihr Gottesdienst und ihre Kultur, wie an der Geschichte des Christus ein
Pontius Pilatus, Cyrenius, Augustus, Herodes und Antipas teilhaben, so ist in jeder Epoche der Kirchengeschichte das, was in der
Kirche und in den Gemeinden geschieht, niemals das ganze Handeln Gottes; immer reicht es über die Kirche hinaus und umfaßt
es alles Geschehende. Aber immer bleibt dieser gleiche, für uns nicht
mehr zu fassende Kontrast zwischen dem geringen, schmalen Raum
der Kirche, in der Gottes Wort gehört wird, wo er angerufen und
gelobt wird von einem kleinen Häuflein, während die Weite der
Welt, die weltbewegenden Ereignisse und die großen Leistungen
des Menschen draußen bleiben, da, wo nicht deutlich ist, daß alles
Handeln Gottes das Ganze meint und das Ganze will: die ganze
Welt, die ganze Menschheit, die Geschichte als ganze. Aus der Geschichte der Prophetie aber müssen wir uns immer von neuem sagen
lassen, daß zwischen dem oft so dürftigen und armseligen Geschehen
im Volk Gottes und dem uns gewaltig erscheinenden Auf und Ab
des Weltgeschehens Zusammenhänge bestehen, die wir für gewöhnlich überhaupt nicht zu sehen imstande sind, die aber manchmal
plötzlich hell aufleuchten wie hier in der Prophetie und zeigen,
daß Gott der Herr des Ganzen ist.

WURZELN DER PROPHETIE

Das Wort Prophet (aus dem Griechischen prophetes) bedeutet nicht
„einer, der etwas vorher- oder voraussagt", sondern das „vor" hat
den Sinn: vor allen Leuten, vor der Öffentlichkeit. Der Prophet ist

also einer, der vor der Öffentlichkeit etwas redet oder kündet. Dasselbe bedeutet wahrscheinlich der dem Griechischen zugrunde liegende hebräische Ausdruck (nābi); von anderen wird er als „der Verzückte" gedeutet.

In der Prophetie kommen mehrere Linien zusammen, sie hat ihre Wurzeln tief in der Geschichte; bei ihrem Entstehen können auch außerisraelitische Einflüsse mitgewirkt haben. Ein Vorgänger des Propheten ist der Seher. Ausführlich erzählt die Bibel von einem Seher, von Bileam, den der Moabiterkönig Balak holen läßt, um das Heer Israels durch einen Fluch zu lähmen, der aber von Gott in einen Segen gewandelt wird (Num. 22—24). Ein Seher ist ursprünglich auch Samuel (I. Sam. 9); am Hofe Davids ist ein Seher Gad (II. Sam. 24), und später begegnet der Seher Ahia von Silo (I. Kön. 14). Auch bei Elia und Elisa begegnen Züge des Sehers. Der Seher muß in der frühen Zeit eine große Bedeutung gehabt haben, aber wir wissen nur wenig von ihm. Er begegnet nicht nur in Israel; der Seher Bileam z. B. kommt aus der Ferne, vom Euphrat. Wir kennen die Gestalt des Sehers von vielen Völkern und aus vielen Religionen.

Eine andere Wurzel der Prophetie ist der Ekstatiker. Auch die religiöse Ekstase ist ein weit verbreiteter Vorgang in primitiven und Kulturreligionen. Ein besonders anschauliches Beispiel für ein aus der Ekstase heraus vernommenes und gesprochenes Gotteswort begegnet im Reisebericht des Ägypters Wen-Amon. Der Vorgang spielt sich in der kanaanäischen Hafenstadt Byblos um 11 v. Christus ab, also in zeitlicher und räumlicher Nähe zu Israel. In viel späterer Zeit haben sich die ekstatischen Erscheinungen über den ganzen Mittelmeerraum ausgebreitet; bei Cassandra im „Agamemnon" und bei der Sibylle zu Cumä im VI. Buch der Äneis. Auch das Zungenreden in der Gemeinde zu Korinth geht wahrscheinlich auf Erscheinungen der Ekstase zurück. Aus dem Alten Testament können wir mit Sicherheit entnehmen, daß es Formen der Ekstase auch im frühen Israel gab; I. Sam. 10,5 ff. wird erzählt, wie Saul, nachdem er von Samuel gesalbt war, in einen Prophetenschwarm gerät, der in Ekstase ist, und wie er von ihnen angesteckt wird; ähnlich noch einmal I. Sam. 19,15 ff., wo Saul bei der Verfolgung Davids im Prophetenhaus zu Rama von der Verzückung ergriffen wird wie vorher die Diener, die er schickte. Hier ist der Vorgang näher beschrieben: Die von der Ekstase Ergriffenen reißen ihre Kleider vom Leib und liegen nackt in einem Trancezustand auf dem Boden. Noch an einer ganzen Reihe anderer Stellen wird von ekstatischen Zuständen und den von Ekstase Ergriffenen geredet. Zu Anfang dieses Jahrhunderts hat die Ekstase für die Erklärung der Prophetie eine besondere Rolle gespielt: man versuchte, die gesamte Prophetie aus der Ekstase zu erklären. Man meinte, auf diese Weise das Reden der Propheten psychologisch erklären zu können. Aus einer übergroßen seelischen Spannung heraus seien in den Krisenzeiten einige für psychische Einwirkungen empfängliche Menschen von solcher Ekstase befallen worden, in der sich ihnen wie von selbst Worte formten, die sie als ihnen in der Ekstase übermittelten Gottesspruch verstanden und weitergaben. Es wurde eine Fülle von Arbeiten über diese „Ekstasetheorie" geschrieben, und man meinte, damit das Rätsel der Prophetie gelöst zu haben. Die Erklärung ist nicht als solche zu verwerfen; warum sollte Gott nicht auch auf dem Weg der Ekstase seine Worte den Menschen kundtun? Und daß es solche ekstatische Prophetie in der Frühzeit gegeben hat und daß sie als im Dienste Gottes stehend anerkannt wurde, kann nicht bestritten werden. Jedoch die gesamte Prophetie aus dieser Wurzel der Ekstase zu erklären, ist nicht gelungen. Der Versuch ist einfach daran gescheitert, daß bei den Schriftpropheten auch mit der größten Phantasie das Herkommen der Worte des Propheten aus der Ekstase nicht zu erkennen ist. Vielmehr ist es gerade für die Prophetie charakteristisch, daß das Geheimnis, *wie* die Propheten ihre Worte von Gott empfingen, streng gewahrt bleibt. Die Propheten wie Amos, Jesaja, Jeremia sind keine Ekstatiker. Jedoch in der Entstehungszeit der Prophetie hat auch die Ekstase ihren Platz und ihre Bedeutung.

Eine dritte Wurzel der Prophetie ist der Gottesmann, ein von Gott mit besonderen Kräften ausgestatteter Mann, der Wunder tat, heilte und auf mancherlei Weise Gott näher stand als andere Menschen. Von ihm wissen wir noch weniger als vom Seher. Gewiß war mancher Gottesmann auch ein Seher. Von einem solchen Gottesmann wird in I. Kön. 13 erzählt, daß er aus Juda nach Bethēl kam, um Jerobeam das Gericht Gottes anzusagen; er ist Seher und Wundertäter. Ein wenig deutlicher tritt die Gestalt des Gottesmannes in den Elia-Elisa-Geschichten heraus, hier manchmal auffällig an die Schilderung Jesu in den Evangelien erinnernd. Solcher Gottesmänner hat es wohl nicht wenige gegeben, die ganz in der Stille

wirkten und nur selten einmal in das Licht der Öffentlichkeit traten. Hin und wieder begegnen bei den Schriftpropheten Züge, die
an den Gottesmann erinnern, etwa wenn Jesaja dem König Hiskia
die Heilung ankündigt und das Mittel der Heilung sagt oder im
Verhältnis Jeremias zu seinem Gefährten Barūk. Aber auch hier
erkennen wir nur wenige Spuren. Die Prophetie hatte mancherlei
Wurzeln, zu erklären ist sie aus diesen Spuren nicht.

Die einfachste und sicherste Erklärung der Prophetie geben uns die
Propheten selbst in ihrer Sprache. Es ist eine geprägte Sprache, die
in festen, vorgegebenen Formen verläuft. Der Prophetenspruch hat
seine feste und klare Fügung, die aber niemals zum Schema wird.
Es begegnen in dieser Sprache bestimmte Formeln, die alle eine besondere Funktion haben. Eine dieser Formeln ist: „So hat Jahwe
gesprochen" (kō āmar jhwh; bei Luther meist übersetzt: „So spricht
der Herr"). Erst in jüngster Zeit ist Ursprung und Sinn dieser
Formel gefunden worden (Ludwig Köhler): Es ist die Botenformel,
mit der der Bote die ihm aufgetragene Botschaft einleitet, wenn er
vor dem steht, dem er sie zu überbringen hat. Um Sinn und Bedeutung dieser Formel recht zu verstehen, müssen wir uns eine Zeit
vorzustellen versuchen, in der es — noch vor der Erfindung der
Schrift — eine Übermittlung von Botschaften *allein* durch den Boten
gab, der, vor dem Absender der Botschaft stehend, sie in sein Gedächtnis aufnehmen, über den Abstand hinüber bei sich bewahren
und, wenn er vor den Adressaten trat, sie diesem mündlich wiedergeben mußte. Dies geschah in direkter Rede, die der Bote einleitete:

„So hat N N gesprochen: ..."

Damals lag alles an der treuen und zuverlässigen Übermittlung des
Boten. Die erste Technisierung des Botenberichtes bestand in der
Erfindung der Schrift, die eine technisch fixierte Botschaft ermöglichte; nun konnte man sie „schwarz auf weiß besitzen". Die Bedeutung des Boten ist damit tief gesunken; er war nun nicht mehr
im eigentlichen Sinn Vermittler der Botschaft, sondern nur noch
„Briefträger". Für den Empfänger einer schriftlichen Botschaft kam
jetzt alles auf die Unterschrift unter dem Brief an; war die Unterschrift echt, so konnte er sich auf den Inhalt des Briefes verlassen.
Die Unterschrift des Briefes ist an die Stelle getreten, die einmal
die Botenformel: „So spricht NN" innehatte.

Wenn die Propheten ihre Worte einleiten: „So hat Jahwe gesprochen", so weisen sie sich damit als Boten in dem alten, ursprünglichen Sinn des Wortes aus. Zwischen Gott und den Menschen gibt es keine technische, gibt es nur die persönliche Verbindung, die damit ermöglicht wurde, daß Gott den Menschen nach seinem Bild geschaffen hat. Der Bote zwischen Gott und Mensch kann nichts Schriftliches vorweisen; er ist darauf angewiesen, daß die, zu denen er gesandt ist, ihm darin vertrauen, daß seine Botschaft wirklich von Gott kommt. Wieder zeigt sich, wie sehr der Prophet Gegentyp zum instrumentalen Menschen ist. Er ist Bote, wie die Boten waren, als noch nicht einmal die Technik der Schrift erfunden war, Bote, der hört, und Bote, der sagt, bei dem alles auf dem Hören und Sagen, auf dem Empfangen und Weitergeben steht ohne die geringste Möglichkeit objektiver Nachprüfbarkeit.

An dieser Stelle muß ein Wort zu einem tief in der Geschichte der Kirche verwurzelten falschen Verständnis des Bibelwortes gesagt werden. Man nennt dieses falsche Verständnis die Inspirationslehre. Was damit gemeint ist, ist allgemein bekannt. In dieser Inspirationslehre liegt der erste Versuch vor, das Verhältnis des Menschen zur Bibel und damit zu Gott zu technisieren. Wenn bei der Bibel die Menschlichkeit der Entstehung, die menschliche Vermittlung und damit die menschliche Fehlsamkeit und Gebrechlichkeit ausgeschaltet wird und man sie aus mechanischer Inspiration der Worte und der Buchstaben entstanden denkt, wird gerade das abgetötet, was nirgends so wie in der Prophetie deutlich wird: Dem Propheten werden die Worte Gottes eben nicht schriftlich gegeben, sie werden ihm nicht diktiert, sondern gesagt, gesagt ohne jede Garantie. Das eben ist das Wesen der Prophetenworte, daß sie nicht „garantiert echt" sind, sondern daß sie auf das Vertrauen des Hörenden angewiesen sind. Genauso ist es mit dem Bibelwort im ganzen. Es hat keine Garantie der Echtheit, die ihm durch einen mechanischen Prozeß der Inspiration verliehen wäre, sondern es bleibt angewiesen auf das Vertrauen des Hörenden. Weil, wenn die Inspirationslehre recht hätte, dieses Vertrauen gar nicht mehr nötig wäre, hat sie schweren Schaden in der Kirche angerichtet. Sie hat der Bibel nicht nur den Charakter des Menschenwortes, sondern auch den des Gotteswortes genommen; denn Gott vermittelt — wie die Prophetie zeigt — sein Wort nicht mechanisch, sondern persönlich, der Menschlichkeit des Menschen entsprechend.

Es ist recht bezeichnend, daß die Inspirationslehre im 17. Jahrhundert schon an der Frage ins Wanken geriet, ob denn beim hebräischen Text des Alten Testamentes bloß die Konsonanten oder auch die Vokalzeichen inspiriert seien. Als bekannt wurde, daß die ursprünglichen Texte ohne Vokalzeichen geschrieben worden sind und diese erst Jahrhunderte später durch die gelehrte Arbeit der Synagoge den unvokalisierten Texten hinzugefügt wurden, war das ein schwerer Schlag für die Inspirationslehre. Nein, die Worte der Bibel sind uns nicht mechanisch, sondern menschlich vermittelt worden; hinter die Formel des Boten: „So hat Gott gesprochen" kommen wir nicht einen Schritt zurück; es gibt für uns kein Diktat und keine Unterschrift Gottes. Wenn wir seinen Boten nicht trauen, können wir seine Botschaft nicht vernehmen.

Wenn die Propheten sich selbst als Boten verstehen, die ihrem Volk Worte von Gott zu übermitteln haben, so werden wir durch keine Erklärung der Prophetie an diesem Anspruch vorbeikommen. Es wird also schließlich darauf allein hinauskommen, ob wir den Worten, die sie sagen, zutrauen, daß sie von Gott kommen. Hier liegt wieder eine wesentliche Entsprechung zwischen dem Alten und dem Neuen Testament vor. Auch das Neue Testament ist uns wesentlich durch Boten vermittelt. Die Apostel (apostoloi) sind Boten. Sie sind in anderer Weise Boten, Boten des Jesus von Nazareth als des Mensch gewordenen Gotteswortes. Aber das Wesentliche ist hier und dort gleich: daß die Worte der Boten wirklich von Gott kommen, kann auch hier auf gar keine Weise garantiert werden; man muß schon den Boten trauen, daß sie von Gott beauftragt sind, daß sie wirklich Boten sind.

Das hat dann noch eine andere Seite: Die Boten sind Menschen, die Apostel wie die Propheten. Als Menschen sind sie fehlsam. Wir können der Tatsache nicht ausweichen, daß es in der Geschichte der Prophetie wahre und falsche Propheten gab, daß auch im Neuen Testament gelegentlich Apostel gegen Apostel stand. Nicht jedes Wort jedes Boten ist als solches schon garantierte Wahrheit, wir haben Gottes Wort nicht anders als im fehlsamen und gebrechlichen Menschenwort. Das zu bejahen und anzuerkennen ist der Kirche immer wieder sehr schwer geworden. Immer wieder ist die Kirche dieser Tatsache ausgewichen und hat nach Garantien gesucht. Die Geschichte der Prophetie kann zeigen, daß Gott gerade darin die Ehre gegeben, gerade darin ernst genommen ist, daß sein Wort durch seine Boten, die nicht unfehlbar sind, ausrichtet, wozu er es sandte.

DIE PROPHETENBÜCHER

Auf zwei verschiedenen Wegen haben wir Nachricht prophetischer Wirksamkeit bekommen. Einmal durch Prophetenworte, die nach dem Auftreten eines Propheten — ob von ihm selbst oder von anderen — aufgeschrieben und gesammelt wurde. Die uns erhaltenen Propheten stellen solche Sammlungen dar. Der andere Weg ist die bloße Nachricht vom Wirken eines Propheten im Zusammenhang eines Geschichtsberichtes. Innerhalb solcher Nachrichten kann gelegentlich das Wort eines Propheten zitiert sein, oder es wird frei wiedergegeben; manchmal aber bekommen wir nur die Nachricht, daß zu bestimmter Zeit an bestimmten Orten ein Prophet gewirkt habe. Solche Nachrichten begegnen in allen Geschichtsbüchern. Diese beiden Wege der Überlieferung können sich begegnen, sich überschneiden, berühren. Ein Teil der Prophetenbücher enthält außer den Worten des Propheten auch Berichte von seinem Wirken und seinem Schicksal, sogar auch die Schilderung der geschichtlichen Lage, in die hinein der Prophet sprach: Es kommt auch vor, daß derselbe Bericht sich in einem geschichtlichen und einem prophetischen Buch findet.

Die bloßen Nachrichten vom Wirken eines Propheten umfassen in der Hauptsache die Zeit vor der Schriftprophetie. Hätten wir von all den hier genannten Propheten die Sammlungen ihrer Worte erhalten, so würde der Umfang der Prophetenbücher um ein Vielfaches anwachsen. Was uns von Israels Prophetie überliefert ist, ist nur ein Ausschnitt.

Wir können einen wesentlichen Grund dafür, daß in der frühen Zeit die Prophetenworte kaum gesammelt und überliefert wurden, noch erkennen. In der Frühzeit hatten die Prophetenworte meist ihre Bedeutung ganz in der Stunde, in der sie ergingen, in einem nur kurzen Zeitraum. Die Strafe, die sie ankündigten, traf bald ein. So ist es bei Nathans Wort an David, so bei Elias Wort an Ahab. Es zeigte sich bald, ob das Angekündigte eintraf oder nicht. War es eingetroffen, verlor es an Interesse. Es genügte dann, daß die Tatsache festgehalten wurde: Damals hat dort ein Prophet gewirkt. Dies wurde dem kommenden Geschlecht überliefert, das ging in den Geschichtsbericht ein und manchmal noch dazu ein besonders denkwürdiges Wort wie die beiden oben genannten. Es ist zwar für unsere Kenntnis der Frühzeit Israels bedauerlich, daß wir von den frühen Propheten so wenig wissen; aber an diesen kurzen, trockenen Nachrichten vom Wirken eines Propheten kann eine Seite des Wesens der Prophetie besonders deutlich werden: Einen Augenblick tritt der Prophet in das Scheinwerferlicht der Geschichte. Man erfährt nicht, woher er kommt und was später aus ihm wird; nicht sein Leben als der von Geburt zum Tod sich erstreckende Bogen ist wichtig, sondern der eine Schnittpunkt der Linie seines Lebens mit der Linie der Geschichte des Gottesvolkes, wichtig ist die Stunde seines Rufes, der in der Gefahr die Richtung weist. Oder von einer anderen Seite her gesagt: Die alte Art des Gottes vom Sinai und vom Schilfmeer, der plötzlich, eruptiv in der Stunde der Not herbeikommt, seinem Volk zu helfen, lebt in den Propheten weiter.

Daneben stehen die Prophetenbücher. Über sie herrschen weithin ganz falsche Vorstellungen. Sie sind nicht geschrieben, wie man heute schreibt. Ihr Werden kann man mit dem der Dome des Mittelalters vergleichen, an denen Generationen gebaut haben und die daher ganz verschiedene Baumaterialien, Stilarten und Kunstprägungen erkennen lassen. Jedes der Prophetenbücher hat eine Zeit des Wachstums hinter sich, bevor es die Gestalt bekam, in der es uns überliefert ist. Manche der Prophetenbücher, das Buch Jesaja vor allem, sind in Jahrhunderten das geworden, was sie jetzt sind. Aber wichtiger noch ist das andere: Die prophetischen Bücher bis zum Exil sind überhaupt nicht als Bücher, das heißt als geschriebene Worte, entstanden, sondern als gesprochene. Am Anfang des Prophetenbuches steht der Propheten*spruch*, das einzelne Prophetenwort. Hier liegt wieder eine wichtige Entsprechung zwischen Altem und Neuem Testament vor: Das Wort der Propheten, die Verkündigung Jesu und die Verkündigung der Apostel, alles ist ursprünglich gesprochenes, lebendiges, noch nicht in Schrift gefaßtes Wort! Hierin ist es begründet, daß in den beiden Jahrtausenden der Kirchengeschichte das Leben der Kirche nicht zuerst auf dem schriftlichen, sondern auf dem mündlichen Wort, auf der lebendigen Verkündigung beruhte. Das schriftliche Wort kann das mündliche niemals ersetzen. Und so müssen wir uns auch von vornherein bescheiden, wenn wir nicht die wirkliche Prophetie kennen, sondern nur ihren schriftlichen Niederschlag.

Von dem einzelnen gesprochenen Prophetenwort bis zum Prophetenbuch ist es ein weiter und durchaus nicht immer gerader Weg. Die meisten Prophetenbücher stellen keineswegs nur Sammlungen von Prophetenworten dar, sondern enthalten daneben noch so manches andere.

Die prophetischen Bücher erweisen sich darin als die eigentliche Mitte des Alten Testaments, daß in ihnen — jedenfalls in vielen von ihnen — alle drei Hauptteile des Alten Testaments zusammenkommen: außer dem Prophetenspruch der Geschichtsbericht (entsprechend den Geschichtsbüchern) und das Reden zu Gott (oder Gebet, entsprechend den Psalmen). Um dies gleich an einem Beispiel zu zeigen: Das Jesajabuch ist aus vielen einzelnen Sammlungen allmählich entstanden. Eine solche Teilsammlung umfaßt die Kapitel 1—12. Den Abschluß der Sammlung bildet ein Psalm, das 12. Kapitel. So wie wir heute in unseren Bibeln das Jesajabuch lesen, würden wir die Worte des 12. Kapitels ohne weiteres als eines der Worte Jesajas lesen. Als solches ist es aber niemals gemeint gewesen. Es ist ähnlich zu verstehen, wie heute z. B. eine Predigt mit einem Gesangbuchvers abschließen kann. Solcher Psalmen und Psalmenteile gibt es in den Prophetenbüchern eine Fülle; sie können uns wunderbar zeigen, wie die Worte der Propheten in das Leben der Gemeinde eingingen und sich mit den Liedern und Gebeten der Gemeinde verbanden. Ebenfalls im Jesajabuch findet sich in den Kapiteln 36—39 ein ausführlicher Geschichtsbericht, der sich zum Teil mit den Kapiteln 18 und 19 des II. Königsbuches trifft. So sind die Prophetenbücher recht komplexe Gebilde; die Bücher Jesaja, Jeremia, Ezechiel vor allem sind große Sammelwerke, die eine Fülle vielfältiger Worte enthalten, die zeitlich, ihrer Form und ihrem Inhalt nach weit voneinander entfernt sind.

DER PROPHETENSPRUCH

Der Prophetenspruch ist, wie wir sahen, ein Botenspruch. Von da aus müssen auch seine verschiedenen Formen verstanden werden. Ein Bote auf seinem Weg erweckt zwei Fragen: Zu wem kommt er? Was bringt er? Von diesen beiden Fragen her gliedern sich alle Prophetensprüche, die das Alte Testament enthält. Die Frage: „Zu wem kommt er?" bekommt eine dreifache Antwort: Der Prophetenspruch richtet sich an das Gottesvolk (Juda oder Israel oder beide), an einen im Volk Verantwortlichen oder eine Gruppe Verantwortlicher (König, Königshaus, Priester, Propheten, Richter, Beamte, Feldherren) oder schließlich an andere Völker. Hier zeigt es sich eindeutig, daß die Prophetie es mit der Geschichte zu tun hat. Niemals richtet sich ein Prophetenwort an eine beliebige Privatperson; niemals beschäftigt sich ein Prophetenwort mit dem bloßen Nachdenken über Gott, mit einer abstrakten Theologie. Wenn sich eine große Fülle von Prophetenworten an andere Völker, Völker mit einem anderen Glauben und mit einem anderen Gottesdienst, richtet, so ist dies wieder ein klares Zeichen dafür, daß die Propheten den Gott Israels als den Herrn der Geschichte der Welt bekennen. Wenn es die Prophetie mit der Geschichte zu tun hat, so hat sie es mit dem Ganzen des in der Welt Geschehenden zu tun.

Die andere Frage: „Was bringt der Bote?" kann nur eine zwiefache Antwort bekommen: Heil oder Unheil. Damit das recht verstanden werde, bitte ich meinen Leser, sich an eine Situation in seinem eigenen Leben zu erinnern, in der er diese Alternative von Heil und Unheil, in einer Botschaft kommend, selber erfuhr. Jeder kennt diese Spannung beim Öffnen eines Telegramms, eines Briefes, beim Öffnen der Tür, vor der einer steht, der die Nachricht bringt. Jeder weiß, wie in solchen Augenblicken der Atem stockt, wie all unser Denken und Fühlen eingespannt ist in der atemlosen Erwartung: Was bringt die Botschaft? In einer Zeit, in der die Menschen mit Gott rechneten als dem, von dem alles Heil und alles Unheil kam, konnte ein Bote Gottes bei den Menschen, zu denen er gesandt war, mit dieser atemlosen Spannung rechnen. Was muß es dann bedeutet haben, daß die Propheten Jahrhunderte hindurch Boten des Gerichts, des Unheils sein mußten! Überblicken wir die gesamte Prophetie, so überwiegen in der Zeit vom Beginn des Königtums bis zu seinem Ende, also bis zum Exil, die Gerichtsworte, die Worte des Unheils. Keiner der Propheten dieser Zeit war ausschließlich Künder des Gerichts, aber bei allen überwog die Unheilsbotschaft. Mit dem Augenblick des Zusammenbruchs kommt die Wendung: Der Prophet Ezechiel, der bis zu dieser Stunde wesentlich Künder des kommenden Gerichtes war, wird nun ein Bote des Heils, und Deuterojesaja, der Prophet des Exils, ist nur Heilsprophet. Auch in der Zeit nach dem Exil überwiegt die Heilsprophetie.

Die Botschaft an die anderen Völker ist fast durchweg Unheilsbotschaft, aber doch nicht nur; in der vorexilischen Zeit, während des Exils und noch in späterer Zeit bricht es hier und da und auch am Ende in leuchtender Klarheit durch: Gott hat noch einen Plan mit den Völkern, sein letztes Wort zu den Völkern ist nicht Gericht, sondern Heil.

Zu der Einteilung der Prophetensprüche, die sich aus den beiden an den Boten sich richtenden Fragen ergibt, kommt eine große Fülle von Formen und Arten der einzelnen Sprüche. Ob die Botschaft Heil oder Unheil ankündigt, dies Ankündigen hat eine solche Fülle von Ausdrucksmöglichkeiten, daß sich niemals auch nur zwei Prophetenworte völlig gleichen. Das ist um so erstaunlicher, als sich in dieser Fülle und Vielfalt eine Grundform des Prophetenspruches erkennen läßt: der Spruch des Boten, der das Gericht ankündigt. Wir fanden diese Form schon in der einfachsten Ausprägung in dem Wort, das Elia dem König Ahab sagte, als dieser den Frevel an Naboth begangen hatte (s. o. S. 154). Dieses Wort hatte den Aufbau:

Anklage (die hier in einer bloßen Feststellung besteht)
Botenformel („Darum so hat Jahwe gesprochen . . .")
Ankündigung der Strafe Gottes.

Das Prophetenwort enthält zwei Teile, die Ankündigung der Strafe oder des Gerichtes Gottes und die Begründung der Strafe in einer Anklage. Die beiden Teile sind durch die Botenformel verbunden. Bei den Schriftpropheten ist dies die Grundform prophetischer Rede geblieben, wobei aber meist die beiden Teile noch einmal in sich gegliedert sind. An sehr vielen Prophetenworten wird man diesen Aufbau erkennen können:

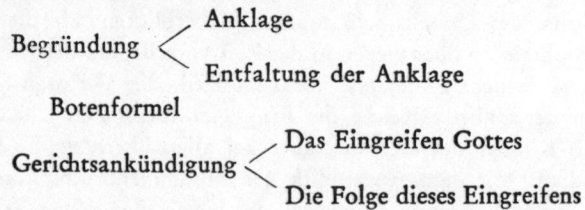

Beide Teile können auch umgekehrt werden; manchmal steht die Gerichtsankündigung allein, manchmal die Anklage, beide Teile können beliebig erweitert werden, es gibt eine ganze Fülle von Variationsmöglichkeiten. Aber sieht man auf die Prophetie als ganze, dann ist dies die Grundform des Botenspruches, wo der Bote Gottes Gericht anzukündigen hat, von Amos bis Ezechiel und noch bei Sacharja und Maleachi. Wenn trotzdem die prophetische Verkündigung niemals gleichförmig wirkt und eine so lebendige Vielfalt aufweist, so liegt das vor allem daran, daß die Propheten andere, in ihrem Volk lebendige Weisen der Rede und des Liedes für ihre Botschaft benutzen und umgestalten. Es genügt, wenn ich hier zwei Beispiele nenne: Amos hebt eine Totenklage auf die Jungfrau Israel an (5,1–2); Jesaja singt ein Volkslied vom Weinberg seines Freundes (5,1–7), das sich plötzlich in ein hartes Gerichtswort verwandelt. Der Prophet kann in der Form der Priesterthora (Jes. 1,10–17) reden oder die Art der Weisheitsrede annehmen (Jes. 28,23–29). Die Propheten sind wirkliche Boten; sie sprechen keine theologische Sprache, sondern die Sprache des Alltags ihres Volkes. Sie mühen sich darum, verstanden zu werden; so bleiben sie nicht eingezäunt in eine abstrakte Begrifflichkeit, sondern sie sprechen einfach, konkret und jedem Menschen verständlich. In ihren Worten lebt die Wirklichkeit ihrer Zeit. Wir kommen beim Hören auf ihre Worte den Menschen nahe, zu denen die Propheten gesandt waren, wir sehen sie lachen und weinen, bei ihrer Arbeit und bei ihren Festen, auf den Gassen ihrer Städte und draußen auf ihren Äckern. Wir sehen die Kinder spielen, die Mädchen beim Reigentanz und die Männer im Kampf; wir erleben es mit, wie schwer der Auftrag der Boten Gottes ist und wie sie an dem Unheil leiden, das ihnen anzukündigen geboten ist.

DIE PROPHETEN
DER SOZIALEN BOTSCHAFT

In der ersten Periode der Prophetie, um die Mitte des 8. Jahrhunderts, tritt im Nordreich wie im Südreich ein Prophet auf, der mit besonderer Leidenschaft eine soziale Anklage erhebt: im Nordreich Amos, im Südreich Micha.

Wir müssen uns einen Augenblick bei dem Wort „sozial" aufhalten. Der Begriff hat im Raum unserer Sprache in unheimlich kurzer Zeit einen völligen Bedeutungswandel durchgemacht. Aus der Kampfparole einer kleinen Gruppe wurde nach dem ersten Weltkrieg ein Bekenntniswort auf der einen („Ich bin Sozialist"), ein Schimpfwort („die Sozis") auf der andern Seite. Inzwischen ist es Bezeichnung einer Fülle von Institutionen geworden (Sozialunterstützung, sozialer Wohnungsbau), und es hat den Wert einer Kampfparole verloren, weil heute jeder sozial ist. Es gehört zum Programm aller Parteien; „man" ist heute überall sozial. Das Wort ist völlig gezähmt, es hat seine Hörner und Zähne verloren, und es hat keine Gegner mehr. Dieser schnelle Bedeutungswandel wirft ein Schlaglicht auf die chaotische Bewegung, in der sich die „soziale Frage" im Zeitalter der Revolutionen befindet. Versucht man einmal, die sozialen Revolutionen des Abendlandes seit der Französischen Revolution leidenschaftslos nach ihrem Ergebnis zu befragen, so wird man wohl beides sagen müssen: Sie waren alle notwendig, aber an keiner Stelle ist die „soziale Frage" gelöst worden. Das bedeutet wahrscheinlich, daß die von der sozialen Frage ausgelösten Bewegungen noch an keiner Stelle auf der Welt abgeschlossen sind. Wir müssen weiter fragen. Dabei sollten wir die Propheten nicht überhören. Ihre soziale Botschaft ist von den Kirchen des 19. Jahrhunderts oft überhört worden, woran sie noch heute schwer zu tragen haben.

Niemand, der die Bibel als ganze zu hören bereit ist, kann überhören, daß die Propheten — und ganz besonders Amos und Micha — an der sozialen Frage leidenschaftlich interessiert sind. Wenn in Israel zur Zeit des Amos eine Gerichtsverhandlung stattgefunden hatte, bei der ein armer Mann verurteilt wurde, weil sein reicher Gegner es verstanden hatte, das Gericht zu seinen Gunsten zu beeinflussen, dann wußte sich der Prophet gerufen einzuschreiten:

... weil sie den Unschuldigen um Geld verkaufen
und den Armen um ein Paar Schuhe.
Sie treten in den Staub das Haupt des Geringen
und drängen die Elenden beiseite (2,6—7).

Seht das große Getümmel daselbst und Bedrückung
in seiner Mitte!
Sie verstehen nicht, das Rechte zu tun, sie häufen Gewalttat
auf Unrecht (3,9—10).

Hört dieses Wort!
Ihr Basan-Kühe auf dem Berg von Samaria,
die ihr die Geringen bedrückt
und die Armen zerbrecht,
die ihr sprecht zu euren Gebietern:
Schafft uns zu trinken! ... (4,1–3).

Weh denen, die Recht in Wermut wandeln
und die Gerechtigkeit zu Boden beugen!
Sie hassen den, der im Tor für das Recht eintritt,
und verabscheuen den, der die Wahrheit redet (5,7–11).

Die ihr bedrängt den Gerechten, Bestechung nehmt
und den Armen im Tor wegstoßt (5,12.16.17).

Hört dies, die ihr den Armen tretet,
auszurotten die Geringen im Lande,
die ihr sagt: Wann ist der Neumond vorbei,
daß wir Getreide handeln können,
und der Sabbat, daß wir den Kornhandel aufmachen
und den Getreideabfall verkaufen?
Daß wir das Efa klein und den Sekel groß,
die Waage zum Betrug falsch machen?
Zu verkaufen für Geld den Geringen
und den Armen um ein Paar Schuhe? (8,4–6)

In dieser sozialen Anklage, die Amos in seinem Volk erhebt, geht es um dieselben Schäden im Volksleben, die zu den großen sozialen Revolutionen geführt haben. Es gibt ein durchaus gesundes, durchaus normales Nebeneinander von Reichen und Armen. Das ist hier nicht gemeint. Amos geht es ganz und gar nicht um ein Prinzip, etwa das Prinzip der Gleichheit. Seine Anklage richtet sich nicht gegen den Reichtum oder die Reichen als solche, sondern sie setzt da ein, wo in das Nebeneinanderleben der Reichen und Armen offensichtliche Schäden und Verderbnisse eingedrungen sind. Drei solcher Schäden hebt er besonders heraus: die Verderbnis der Rechtsprechung durch Bestechung und Beeinflussung der Reichen, das Enteignen der Armen unter dem Deckmantel des Rechts (das Pfänden), das „Bedrücken" der Armen, das Treten und Wegdrängen, das vielerlei Gestalt haben kann, aber immer die eine Seite hat, daß dem Armen seine Ehre genommen wird. Die Propheten haben erkannt, daß die soziale Frage im tiefsten Grunde eine Frage der Ehre ist.

In allen drei Anklagen ist vorausgesetzt, daß es sich um das Fortnehmen von etwas handelt, was dem Beraubten eigentlich unbestreitbar gehört, auch wo das Wegnehmen „rechtlich" ist. Es handelt sich um Enteignung im ursprünglichen Sinn. Wenn Karl Marx die Revolution als Enteignung der Enteigner durch die Enteigneten versteht, so sagen die Propheten an einem Punkt dasselbe: Die tiefe Kluft zwischen reich und arm in Israel ist tatsächlich durch eine Enteignung entstanden, eine Enteignung in den drei oben beschriebenen Teilvorgängen. Die soziale Anklage weicht darin von Marx ab, daß sie diesen Vorgang nicht prinzipiell sieht, sondern grundsätzlich ein gesundes Nebeneinander von Armen und Reichen für möglich hält. Noch stärker aber weicht sie darin von Marx ab, daß sie den Zustand einer klassenlosen Gesellschaft — den sie wie Marx für den gesunden und normalen Zustand der Gesellschaft hält — ganz unmittelbar, ganz direkt und massiv in Gottes Handeln begründet. Gott hat Israel das Land gegeben, in dem sie jetzt wohnen. Das ist nicht eine fromme Phrase, sondern eine geschichtliche Wirklichkeit, die sich darin ausprägt, daß jeder Israelit ein Recht hat, von dieser Gabe seines Gottes einen Teil abzubekommen. Jeder Israelit hat ein Anrecht auf seinen Ackerteil. Das Bekenntnis „Jahwe ist unser Gott" reicht hier bis in soziale und wirtschaftliche Realitäten hinein. Besonders in der Gesetzgebung des Deuteronomismus ist das klar und eindeutig ausgesprochen. Die Israeliten und vor allem die Propheten waren viel zu nüchtern, daraus ein Privileg der Gleichheit zu machen. Sie wußten zu gut, daß der eine etwas anderes aus dem ihm zukommenden Anteil machen würde als der andere. Sie wußten, daß es Arme und Reiche immer geben wird. Aber sie haben daran unbedingt festgehalten, daß das Nebeneinander von Armen und Reichen niemals zu einem Klassengegensatz werden durfte. Das ist nicht Illusion und Utopie, sondern das sind geschichtliche Fakten. Es kann als sicher angesehen werden, daß Israel bei seiner Einwanderung in Kanaan wesentliche soziale Schichtungen noch nicht kannte. Man kann das an einem Vergleich zwischen dem Codex Hammurapi (etwa 1700 in Assyrien) und dem Bundesbuch, die manche Ähnlichkeiten aufweisen, erkennen. Während der Codex Hammurapi eine sozial ge- schichtete Gesetzgebung kennt, gelten in Israel alle Gesetze für alle Israeliten gleich. Die ersten erheblichen sozialen Unterschiede kom- men in Israel durch das Königtum, besonders durch Salomo, aber mit der Reichsspaltung ging diese Entwicklung wahrscheinlich wieder zurück. Unter Jerobeam II. erlebte Israel eine neue Blüte- zeit; sie hatte zur Folge, daß soziale Gegensätze heraustraten und, wie das ja bei einer plötzlichen Blütezeit so oft ist, sich auch sofort schwere soziale Schäden einstellten. Da hinein erhebt Amos seine Anklage. Amos mag mit seiner Anklage übertrieben haben. Er war sicher einseitig; er sah nicht, was durch den in wenigen Händen zu- sammenkommenden Reichtum an Kulturwerten geschaffen wurde. Man kann das ruhig zugeben. Der Ruf aber, den er hier erhoben hat, behält seine tiefgreifende Bedeutung für die ganze Mensch- heitsgeschichte.

An dieser einen Stelle in der Geschichte, in der sozialen Anklage der Propheten Israels, ist der geschichtliche Augenblick festgehal- ten, in dem das Auseinanderklaffen der Gemeinschaft eines Volkes in soziale Schichten oder Klassen begann. Darin eben liegt das Amt der Propheten, daß sie von der Zukunft her, nämlich von dem kommenden Gericht Gottes her, das sie anzukündigen haben, den Ansatzpunkt der sozialen Zerklüftung hell in das Licht der Ge- schichte rücken. Das ist, soweit ich sehe, sonst an keiner Stelle in der Weltgeschichte geschehen. Überall sonst setzten die sozialen Er- neuerungsbewegungen erst in einem viel späteren Stadium der sozialen Spaltung ein.

Die Anklage des Amos gegen sein Volk im Augenblick dieser ersten Enteignung der Schwachen sagt dazu folgendes: 1. Diese erste Ent- eignung ist nicht durch eine besonders schwere Notzeit verursacht, in der die Stärkeren die Schwächeren um der Notdurft willen ent- eigneten, sondern genau im Gegenteil dadurch, daß ein kleines Volk einen neu und schnell gewonnenen Reichtum nicht vertra- gen konnte. 2. Amos sieht diesen Vorgang als ein Geschehen zwi- schen diesem Volk und seinem Gott. Diese erste Enteignung ist Fre- vel, sie ist direkt und unmittelbar gegen Gott gerichtetes Handeln und fordert sein Gericht heraus. Es gibt für Amos keine sozialen Vorgänge, die aus diesem Gegenüber Gottes zu seinem Volk herausgelöst wären. Die soziale Frage *als solche* entsteht hier aus einem Weggehen von Gott. Sie besteht darin, daß das wirkliche

Recht und das formale Recht auseinanderbrechen, und wenn in diese Krankheitserscheinungen hinein die Propheten als Gottes Boten rufen und mit ihrem Ruf eingreifen, so sagt das: Dieses Auseinanderbrechen des formalen und des wirklichen Rechtes, das die soziale Zerklüftung unter dem Schein des Rechts ermöglicht, kann durch nichts anderes mehr geheilt werden als durch Gottes hineingreifendes Wort. Am Hören oder Nichthören dieses Wortes entscheidet sich jetzt Bleiben oder Vernichtung des Volkes.

Die soziale Predigt ist nicht nur bei Amos zu finden. Mit gleicher Schärfe und Leidenschaft erhebt sie Micha im Südreich; die prophetische Anklage findet sich ebenso kompromißlos bei Jesaja, bei Jeremia und noch in nachexilischen prophetischen Texten. Sie ist ein wesentlicher Teil des Gotteswortes der Bibel, das ist nicht zu bestreiten. Es ist dieselbe Linie, die im Neuen Testament aufgenommen wird, wenn Jesus sich vornehmlich zu den Armen, den Benachteiligten und Verachteten gesandt weiß.

Die Kirche hat die soziale Predigt der Propheten zu oft und zu lange überhört. Es ist nicht leicht, sich ihr zu stellen. Es ist heute an der Zeit, sie ernsthaft in Erinnerung zu rufen. Wir können uns dem nicht mehr verschließen, daß die sozialen Revolutionen des 19. und 20. Jahrhunderts kommen mußten, weil die soziale Predigt der Propheten in der Kirche nicht mehr wirksam war. Inzwischen ist eine neue Lage eingetreten. Heute erhebt sich aus diesem Abschnitt der Bibel die noch tiefer greifende Frage: Glauben wir noch ernsthaft, daß der Gott, der damals seine Boten schickte, als die ersten schweren Risse die Gemeinschaft im Gottesvolk zu zerstören drohten, heute noch die Zerstörung, Zerklüftung und Entfremdung einer Gemeinschaft heilen kann? Das müßte dann von der kleinsten Gemeinschaft, z. B. einer Arbeitsgruppe, bis zu den größten Gemeinschaftsformen gelten: Die Kirche ist in unserer Welt nicht dazu da, ihre eigene Gemeinschaft zu pflegen, sondern die Klüfte, Risse und Erkrankungen der Gemeinschaften zu heilen, in die hinein sie gestellt ist. Die Kirche steht als ein Zeichen dafür, daß jene erste Enteignung, die zu den sozialen Zerklüftungen führte, nicht Gottes Wille für das Zusammenleben der Menschen ist.

In der Geschichte des Abendlandes ist die Kirche immer mehr eine bewahrende, erhaltende, konservative Größe geworden. Das gilt für fast alle Gebiete des Lebens. Dies ist zweifellos eine wesentliche Aufgabe der Kirche. Aber wenn es zur einzigen Aufgabe wird, wenn die Kirche nur noch konservativ ist, kann sie sich damit nicht mehr auf die Bibel berufen. Wenn bis zum heutigen Tage eine gegenkirchliche Propaganda damit arbeiten konnte, daß die Kirche dazu da sei, eine bestehende patriarchalische oder kapitalistische Gesellschaftsordnung zu stützen und zu rechtfertigen, so ist dies doch nicht ganz aus der Luft gegriffen. Der bloß konservative Charakter der Kirche war zu offensichtlich. In der sozialen Predigt der Propheten steckt ein erhebliches revolutionäres Element. Die Propheten haben hier gewagt, gegen die bestehende Ordnung und gegen die Herrschenden für die Bedrückten, die Benachteiligten und Entrechteten, für die „Erniedrigten und Beleidigten" in aller Rücksichtslosigkeit einzustehen. Sie haben das im Namen Gottes getan und haben nach den Folgen nicht gefragt. Das haben wir heute zu hören.

Wer war Amos? Das Buch Amos enthält einen einzigen Bericht: das Zusammentreffen des Amos mit dem Oberpriester Amazja (7,10—17). Eine kurze Szene, die in ihrer Klarheit und Prägnanz ein helles Licht nicht nur auf den Mann Amos, sondern auf einen Wesenszug der Prophetie überhaupt wirft. Amazja, Priester des königlichen Heiligtums von Bethēl (dort stand noch immer das Stierbild, das Jerobeam I. hatte errichten lassen!), hatte Amos beim König angezeigt. Amazja hatte damit nur seine Pflicht getan. Er hatte als Oberpriester die Pflicht, für Ruhe und Ordnung im Tempel zu sorgen, und die Predigt des Amos mußte ihm gefährlich erscheinen. Er hat vom König den Auftrag bekommen, dem Propheten Amos das öffentliche Reden an einem Tempel in Israel zu verbieten und ihn des Landes zu verweisen. Jetzt stehen sich die beiden Männer gegenüber, ein Priester und ein Prophet. Zwei Männer, die beide im Auftrag Gottes, des Gottes Israels, reden und handeln, die beide ihrem Land dienen wollen. Wir müssen uns vorstellen, daß das nun folgende Gespräch vor der Öffentlichkeit stattfand. Es mußte vor Zeugen geschehen. Die Männer Israels sahen vor sich zwei Beauftragte Gottes, die gegeneinander standen. Der eine sprach kraft seines Amtes und im Auftrag des von Gott gesalbten Königs. Der andere sprach im Namen Gottes ohne jeden Ausweis, ohne jedes Amt, ohne irgendeine Macht hinter sich. Und er kündigt dem von Gott gesalbten König, dem von der Kirche eingesetzten Priester Gottes Gericht an: Untergang, Schande. Was für eine schwere Anforderung an die Zeugen dieser Szene!

Amazja begründet das Redeverbot und die Ausweisung mit dem Zitat eines Spruches des Amos:

Denn so spricht Amos:
Durch das Schwert soll Jerobeam umkommen,
und Israel muß in die Verbannung, hinweg aus seinem Land.

Es ist höchst bezeichnend, daß der Priester die Gerichtsankündigung des Amos nennt, daß er aber ihre Begründung, nämlich die Anklage, die Amos erhoben hat, verschweigt. So ist es geblieben bis zum heutigen Tag! Wenn ein totaler Staat im 20. Jahrhundert sein Vorgehen gegen die Kirche öffentlich begründet, dann hält er es genauso, wie es damals der königliche Priester Amazja hielt: Es wird laut verkündet, die Kirche bedrohe den Staat, es wird dagegen verschwiegen, daß die Kirche den Finger auf eine kranke Stelle gelegt hat. Eben darin aber zeigt sich die Schwachheit des Mächtigen. Gewiß, dem Propheten wird der Mund geschlossen, er muß das Land verlassen. Aber es dauert nicht lange, bis es sich zeigt, daß Gott nicht auf der Seite des königlichen Priesters, sondern auf der Seite des machtlosen Propheten ist.

Amazja handelt auftragsgemäß, aber es ist von ihm freundlich gemeint, wenn er bei der Ausweisung sagt:

Flüchte dich ins Land Juda;
dort iß dein Brot und dort prophezeie!

Er setzt dabei voraus, daß das prophetische Verkündigen dem Amos seinen Lebensunterhalt einbringt; er legt ihm nahe, daß er ja auch in Juda sein Brot mit Prophezeien verdienen könne. So kann Amazja nur sprechen, wenn dies damals das Gewöhnliche war. Wir haben von den Prophetenschulen oder Prophetengilden an den Heiligtümern und an den Höfen schon gehört; dies gab es, und Amazja meint, Amos gehöre dazu. Darauf erwidert Amos:

Ich bin kein Prophet und kein Prophetenjünger,
sondern ein Hirt bin ich und ziehe Maulbeerfeigen.
Aber der Herr hat mich hinter der Herde weggenommen,
und der Herr hat zu mir gesprochen:
Gehe hin und weissage wider mein Volk Israel!

Das ist Amos, und das ist das Wesentlichste an der Prophetie: „Der Herr hat mich hinter der Herde weggenommen." Hier sind wir, wenn wir diese Sätze heute lesen, gefragt, ob wir das ernsthaft glauben. Hier sind wir an dem einen entscheidenden Punkt, an dem das Handeln Gottes unsere Erde berührt: Gott greift sich einen Menschen heraus und tut durch ihn sein Werk. Es ist etwas Ärgerliches, Anstößiges und eigentlich Unerhörtes, was den Menschen, die an Gott glauben, hier zugemutet wird. Warum konnte Gott, was er hier vorhatte, nicht durch Amazja tun? Es gab doch zur Zeit des Amos eine Kirche, es gab genug Priester, es gab auch genug berufsmäßige Propheten. Warum handelt Gott hier nicht durch die Institutionen, die zu seinem Dienst da sind? Warum greift er sich einen Bauern, einen Hirten heraus? Aber Amos war nicht der einzige. So ist es nun weitergegangen. Immer wieder kam einer von draußen, einer, der nicht für den kirchlichen Dienst vorbereitet war, einer, der nichts, gar nichts vorweisen konnte als die Behauptung, von Gott gerufen zu sein, mit der hier Amos vor Amazja tritt. Aber dies gerade ist die Bedeutung der Prophetie: auf die Freiheit und Majestät des Rufes Gottes, des Handelns Gottes, der Wege Gottes mit den Menschen hinzuweisen, diese Freiheit Gottes, die sich in keine Institutionen fassen läßt. Es ist immer so gewesen, seit Gott den Abraham herausrief: Aus einem neuen Ruf, einem neuen Anstoß, einem frischen Glauben wurde nach einer Weile ein Gebilde, an das sich die Menschen gewöhnten, in dem sie sich sicher fühlten und in dem sie sich einrichteten (das heißt ja eigentlich Institution), so wie es ihnen richtig erschien und so wie es ihnen gefiel. Und dann kam es bald so, daß Gott nicht mehr wirklich gehört wurde. Man wußte so gut über Gott Bescheid, daß man eines neuen Wortes und einer neuen Weisung gar nicht mehr bedurfte; man wurde sicher, und man wurde kalt. So ging es bald nach dem Wirken der Apostel, bald nach den großen missionarischen Aufbrüchen, bald nach dem Bußruf des Franz von Assisi, bald nach der Reformation. Wenn es diesen direkten, unmittelbaren Ruf Gottes in ein Menschenleben nicht gäbe, auf den sich hier Amos beruft, dann gäbe es die Kirche nicht mehr.

Und noch etwas ist hier für uns wichtig. Amos ist ein einfacher Mann. Er ist kein Gebildeter. Er spricht eine einfache, allen verständliche Sprache. Er hat für seine prophetische Verkündigung keinerlei theologische Begriffe nötig. Auch das ist für die Prophetie überhaupt charakteristisch: Sie bedarf keiner besonderen, geprägten, theologischen Sprache, sondern spricht die alltägliche Sprache der Menschen, an die sie sich richtet. Die Sprache des Priesters und die Sprache der Kirche hat eine starke Tendenz zu fester, sakraler Prägung. Das ist schon in der Bibel Alten Testaments festzustellen: Die „Priesterschrift" im Pentateuch spricht eine geprägte, mit vielen festen theologischen Begriffen durchsetzte, fast liturgisch zu nennende Sprache. Diese priesterlich-kirchlich-liturgische Sprache hat eine starke Tendenz zur Erstarrung. Sie kann der Wandlung, der jede lebendige Sprache im Laufe der Zeit unterliegt, nicht folgen, und so bekommt sie den altertümlichen Klang, den zeitlosen Charakter, der sie für die Liturgie so geeignet macht. Die Prophetie zeigt eindeutig, daß die Verkündigung der Kirche in der alltäglichen Sprache der Menschen geschehen muß, an die sie sich richtet. In unserer evangelischen Kirche herrscht ja leider jetzt noch eine große Unsicherheit. Luther, der sich gelegentlich „Prophet der Deutschen" nennen konnte, hat bewußt mit der sakralen Sprache der römischen Kirche gebrochen, um zu seinem Volk in der Sprache zu sprechen, in der es lebte, und zwar in Predigt *und* Liturgie. Er wollte wirklich in der Sprache verkünden, die die Menschen sprachen, zu denen er geschickt war. In *diese* Sprache hat er die Bibel übersetzt. Es ist eine fast tragisch zu nennende Entwicklung, wenn in der Luther folgenden Kirche die Sprache Luthers sowohl in der Bibelübersetzung wie in der Liturgie und zum Teil auch in der Sprache der Predigt wieder zu so etwas wie sakraler Sprache geworden ist. Das steht in völligem Gegensatz zu dem, was Luther mit seiner Bibelübersetzung, mit der Predigt in der Muttersprache und mit der deutschen Liturgie wollte. Die Sprache der Propheten könnte uns hier zur Klarheit führen.

Worauf sich Amos dem Propheten Amazja gegenüber berief: „Der Herr nahm mich hinter der Herde weg", das hat er in einem anderen Wort noch einmal besonders gesagt. Er zählt eine Reihe von Ereignissen auf, die in einem notwendigen Zusammenhang miteinander stehen (3,3—8):

Gehen etwa zwei miteinander —
und sie haben sich nicht getroffen?

Brüllt der Löwe im Wald —
und er hat keinen Raub?
Fällt ein Vogel auf die Erde —
und es ist keine Falle da?

Am Ende dieser Reihe steht, was er eigentlich sagen will:

Der Löwe brüllt — wer fürchtet sich nicht?
Der Herr Jahwe redet — wer verkündet nicht?

In diesem Wort erklärt oder begründet Amos, warum er Gottes
Bote ist. Es entspricht der Berufungsgeschichte in anderen Prophetenbüchern. Er redet nicht von sich selbst. Er selbst tritt völlig hinter der Sache zurück, an der er steht. Er will in diesem Wort nur
eines sagen: Ich muß. Es ist eine Reihe rhetorischer Fragen, deren
Antwort sich von selbst ergibt. So notwendig, sagt Amos, wie in
jedem dieser Fälle das eine sich aus dem anderen ergibt, so notwendig ergibt sich das Botesein für den, der Gott zu sich reden
hörte. Genausowenig, wie einer sich der Furcht entziehen kann,
wenn er das Brüllen eines Löwen hört, genausowenig kann sich
einer dem Prophezeien entziehen, wenn Gott geredet hat. Wie auf
das Brüllen des Löwen etwas folgen muß, was ihm notwendig zugehört, so muß dem Reden Jahwes etwas folgen, was ihm notwendig zugehört: der Gehorsam des Hörenden.
Daß Gott redet, ist hier einfach vorausgesetzt. Es ist für Amos
genauso wirklich wie das Brüllen des Löwen. Unsere Unterscheidungen zwischen physisch und metaphysisch, zwischen real und
transzendent, zwischen geschichtlich und übergeschichtlich brechen
vor diesem Wort des Amos einfach zusammen. Hier gibt es *nur*
eine Wirklichkeit. Dieser Wirklichkeit gehört das Reden Gottes an
wie das Brüllen des Löwen.
Daß ein Mensch auf dieses Reden Gottes hinhört und ihm gehorcht, behauptet nun Amos als ebenso notwendig. Noch einmal:
Amos sagt in diesem ganzen Wort nichts anderes als dies: Ich muß.
Es sollte niemand dieses Wort des Amos lesen ohne einen Augenblick stillen, ehrfürchtigen Einhaltens. An Worten wie dem Wort
des Amos können wir ahnen, daß sich dieses Leben mit all seinen
Rätseln und Dunkelheiten lohnt. Daß Menschen so gesprochen
haben, führt uns näher an die Wirklichkeit Gottes heran als alle
Gedanken, die sich Menschen über Gott gemacht haben. Zwischen

diesem Wort des Amos und dem Sterben der Märtyrer ist eine tiefe Verwandtschaft. Hinter beidem steht dieses „Ich muß". Und in der Mitte von beidem steht das „Ich muß" des Heilandes. Dafür gehen Menschen getröstet und willig in den Tod, heute wie vor 2000 Jahren. Deswegen gibt es die Kirche; darin haben Menschen den „einigen Trost im Leben und im Sterben" gefunden. In dieser unbedingten Gewißheit ist der feste Punkt, von dem aus hier der Glaube die Welt aus den Angeln heben kann; das wissen die, die keinen Glauben haben. Deswegen haben Menschen aus der Tiefe Gott gelobt, weil es diesen festen Punkt, dieses Unbedingte gibt, das einen Mann sprechen läßt: Ich muß.

Während die Worte in Kapitel 3 äußerst zurückhaltend sind, was die Begegnung Gottes, sein Reden zu Amos oder seine Berufung betrifft, scheint uns ein anderes Stück näher an das zwischen Gott und dem Propheten Geschehene heranzuführen. In 7,1—9; 8,1—3 und 9,1—6 sind uns fünf Visionen des Amos berichtet, die offenbar einen Zusammenhang bilden. In den ersten beiden Visionen (7,1—3 und 4—6) sieht Amos eine Heuschreckenplage und eine Dürre, die beiden von den Bauern in Palästina am meisten gefürchteten Plagen, die die Ernte eines ganzen Jahres zu vernichten vermögen. Auf beide Gesichte hin wendet sich Amos flehend für sein Volk zu Gott: „Herr Jahwe, laß ab! Vergib doch! Wie soll Jakob bestehen? Es ist ja so klein!" Und beide Male läßt Gott auf die Fürsprache des Propheten hin die Plage nicht eintreffen. Es zeigt sich uns in diesen beiden ersten Visionen ein wichtiger Abschnitt der uns unbekannten Vorgeschichte der Prophetie. Wir sehen, wie sich eine Linie von Mose zu den Propheten zieht: Wie Mose fürbittend vor Gott für das Volk eintrat, so war es offenbar auch das Amt der Propheten von früher Zeit an bis zuletzt; denn noch bei Jeremia begegnet der gleiche Vorgang. Dem Propheten Jeremia wird von Gott — auch bei einer Dürre (Kap. 14) — die Fürbitte für das Volk in seiner Not verboten, weil das Maß der Sünde voll ist. Dies hat es offenbar viel häufiger gegeben, als wir wissen. Vielleicht kommt an diesem Punkt die Aufgabe der „Kultpropheten" und der Gerichtspropheten zusammen. Für das Gesamtbild der Prophetie ist es sehr wichtig, daß wir hier erfahren, daß auch die Gerichtspropheten, auch ein Prophet wie Amos, der uns sonst als ein kompromißloser Bote des Gerichts begegnet, die Aufgabe des fürbittenden Mittlers zwischen Volk und Gott haben. In den Notzeiten sind sie es, die das Flehen des Volkes vor Gott bringen und auf Grund der ihnen gegebenen Fähigkeit vor Gott dafür eintreten, daß ein Unheil abgewendet wird, daß die Kinder ihr Brot bekommen und die jungen Menschen sich ihres Lebens freuen können. Aber die Fürbitte hat eine Grenze. Davon handeln die dritte bis fünfte Vision. Amos sieht: „Es stand einer auf einer Mauer, ein Bleilot in der Hand", und Gott deutet ihm das Gesicht: „Siehe, ich lege ein Lot inmitten meines Volkes Israel!" Es soll dies das richtende Eingreifen Gottes in die Geschichte seines Volkes darstellen (in unserer Sprache heißt „richten" dasselbe, was dieses Bild sagt!). Das vierte Bild zeigt Amos die Folge des Eingreifens Gottes. Amos sieht einen Korb mit Obst, und das Gesicht wird ihm gedeutet: „Reif zum Ende ist mein Volk Israel!" Das hebräische Wort für Spätsommer kann gleichzeitig für das Obst dieser Jahreszeit stehen; es klingt ähnlich wie das Wort für „Ende". Im letzten Gesicht sieht Amos Jahwe am Altar stehen, „und er schlug den Knauf, daß die Schwellen bebten". Das in den beiden vorigen Gesichten angekündigte Gericht wird unausweichlich sein. Der Schlag, der das Volk treffen wird, setzt in der Mitte des Volkslebens an, beim Altar. Was für ein ungeheuerliches Bild! Gott zerschlägt den Altar, auf dem ihm geopfert wird, das Zeichen seiner Gegenwart, den Ort seiner Ehrung! Aber eben dies Furchtbare wird Amos hier gesagt, das hat er dann zu verkündigen: Das kommende Gericht trifft das ganze Leben des Volkes einschließlich seines Gottesdienstes, von dessen schweren Schäden Amos auch zu künden hat. Von dieser Mitte aus umgreift das Gericht Gottes das ganze Volk, niemand wird ihm entfliehen können:

Sollten sie ausbrechen in die Hölle, meine Hand
soll sie von dort holen.
Und sollten sie in den Himmel hinaufklettern,
so will ich sie von dort herunterholen. (9,2)

Die fünf Visionen enthalten die Botschaft, die Amos aufgetragen ist, die Botschaft des unerbittlichen Gerichts. Sie machen deutlich, daß nicht der Prophet, daß nicht Amos es ist, der das Gericht will. Er will lieber seinem Volk in fürbittender Vermittlung Frieden und Wohlergehen bewahren helfen, wie es die beiden ersten Visionen zeigen. Und zweimal läßt sich Gott erbitten; auch er will das Heil seines Volkes. Dann aber kommt eine Stunde, in der das Gericht nicht mehr abgewendet werden kann. Einer sieht es: der Bote Gottes. Und er muß nun zum Boten des Gerichtes werden. Auch das harte, schwere, vernichtende Tun Gottes kommt zunächst in einem Wort. So erbarmungslos die Botschaft des Amos ist — daß Gott sein Gericht erst ankündigt, ist ein Tun seines Erbarmens. Er gibt seinem Volk noch eine letzte Chance. Der Bote des Gerichts kommt mit dem Angebot dieser Chance. Dieses paradoxe Angebot des Erbarmens in der Botschaft des Gerichts hat das Gericht überdauert; der Bote des Gerichts gehört in die Geschichte des Heils. Wir spüren auch hier das Handeln des Gottes, der, als die Zeit erfüllt war, der Welt das Heil unter dem Zeichen des Kreuzes gab.

Zum Schluß noch ein Wort zu den Visionen selbst. Sie zeigen nicht die Spur von mystischen Erlebnissen, nicht die Spur von Ekstase oder Trance oder Halluzination. Amos sah diese Dinge bei klarem Bewußtsein, mit hellem Verstand, als ein wacher und nüchterner Mann. Das andere würde auch zu dem Hirten aus Thekoa, seiner klaren, nüchternen Sprache und höchst realen Botschaft wenig passen. Bei vier von den fünf Gesichten handelt es sich denn auch um Vorgänge im Leben Israels, die nichts Übernatürliches an sich haben. Nur die fünfte Vision, in der Amos Gott zum Schlag gegen den Altar ausholen sieht, ist eine Vision in unserem Sinn. Im Ganzen der fünf Visionen bedeutet aber die fünfte nur die Unausweichlichkeit und Unentrinnbarkeit des vorher Gesehenen. Was geschehen wird, sagen die dritte und vierte Vision schon. Es kommt hinzu, daß jede der Visionen erst durch das Wort, das an Amos ergeht, vollständig wird. Was Amos sieht, ist nur eine Bekräftigung oder Realisierung dessen, was er hört. Die Wirklichkeit des Gehörten wird wirklicher in dem Gesehenen, der Bote ist auch noch Augenzeuge. Er hört das kommende Geschehen nicht nur, er sieht es auch. Wenn ein Mensch von Gott zum Boten seines Wortes gemacht wird, so sieht er notwendig mehr als andere. Es ist für die frühe Prophetie bezeichnend, daß sie in der Wiedergabe des von den Propheten Geschauten äußerst zurückhaltend ist. Das gerade macht ihre Botschaft so glaubwürdig und läßt sie uns noch nach Jahrtausenden nahekommen, daß sie an diesem Punkt so zuchtvoll und nüchtern gewesen sind. Wir werden sehen, daß das vom Exil ab anders wird. Es ist höchst beachtenswert: Dort, wo die Kraft der Prophetie zu erlahmen beginnt, genau dort beginnen die Gesichte zu wuchern! So müssen wir also die Visionen des Amos ansehen als einen auf das Äußerste beschränkten Hinweis auf die dem Propheten eröffnete Welt der Gesichte, die nicht auf den schmalen Horizont des Ortes und der Zeit beschränkt ist, der unser Sehen begrenzt. Was Amos zu sehen vermag, das ist ihm nicht entscheidend, das kann er beiseite lassen. Wichtig allein ist das Wort, das er als Bote zu bringen hat, das Wort, das sein Volk vor eine letzte Entscheidung, vor den Rand des Abgrundes stellt. Sie haben das Wort nicht gehört; aber das Wort war dennoch nicht vergeblich.

JESAJA, PROPHET DES HEILIGEN

„Heilig" ist ein Wort, das so wenig zu begreifen ist wie das, worauf es deutet. Was damit gemeint ist, wird vielleicht am besten vom Negativen her deutlich. Wir können von einem Menschen sagen: „dem ist nichts mehr heilig". Wir meinen damit viel mehr als bloß: „der glaubt nicht mehr an Gott". Wir meinen damit: Ein Mensch, dem nichts mehr heilig ist, kennt keine Grenze mehr. Er tut, was er will. Er scheut vor nichts zurück, er setzt sich brutal durch, und es ist ihm ganz gleich, was er dabei zerstört. Es kommt ihm nicht darauf an, zu zertrampeln, was anderen heilig ist. Damit ist schon klar: Heilig ist nicht nur ein religiöser Begriff. Er hat es mit Gott zu tun, aber auch mit der Welt, auch mit den Menschen. Wir wissen alle noch: Wenn die, denen nichts mehr heilig ist, alle Gewalt bekommen, dann bedeutet das Chaos und Untergang, zuletzt natürlich auch für die, denen nichts heilig ist. Wir ahnen alle: Die Welt existiert davon, daß den Menschen etwas heilig ist. Die Ahnung davon ist immer wach geblieben, auch dort, wo der Glaube an Gott erlosch. Aber heute tritt dies Wissen auf einmal wieder hell in das Bewußtsein der Menschheit angesichts der Massenvernichtungswaffen. Ob diese Waffen eingesetzt werden oder nicht, wird nicht so sehr von politischen Verträgen oder Resolutionen abhängen als davon, ob den Menschen noch etwas heilig ist.
Das Heilige hat eine höchst spannende Geschichte in der Entwicklung der Menschheit. Alle Religionen der Menschheit wissen zu allen Zeiten etwas vom Heiligen, auch die Religionen, die keinen

persönlichen Gott kennen. Und dort, wo eine Aufklärung die Religion verdrängt hat, muß irgend etwas anderes die Stelle des Heiligen einnehmen, wenn es auch sehr anders aussieht und sehr anders genannt wird. Wir leben in einer Zeit, in der das Heilige sich in besonderer Weise mit dem politischen Bereich verbunden hat. Was im Extrem die totalen Staaten getan haben, daß sie ihre Staatlichkeit für heilig erklärten und für sie die Verehrung des Heiligen forderten, ist nur die letzte Folge des Nationalismus, der überall aus der Aufklärung, der Lösung von Gott erwachsen ist.

Es kann vieles einem Menschen heilig sein, und es ist gut und sinnvoll, solange er weiß, daß das ihm Heilige in irgendeinem Sinn auf Gott weist. Es wird gefährlich, wenn das einem Menschen Heilige, sei es eine Idee, eine Macht oder eine Erinnerung, selbst zum Gott wird. Menschen, denen etwas heilig ist, können miteinander auskommen, auch wenn sie in dem, was ihnen heilig ist, voneinander getrennt sind. Sie können einander trauen, weil sie dies doch gemeinsam haben, *daß* ihnen etwas heilig ist. Einem Menschen, dem nichts mehr heilig ist, kann man auch nicht mehr trauen. Nun gibt es aber noch die Möglichkeit, daß ein Mensch oder eine Menschengruppe sehr viel vom Heiligen redet, das Wort sehr häufig gebraucht, sehr viele Riten vollführt, die alle die Verehrung des Heiligen zum Ausdruck bringen sollen, aber das alles ist zur bloßen Form, zu bloßen Vokabeln, zu erstarrter Gewohnheitshandlung geworden. Dies ist meist dort der Fall, wo um den heiligen Gott sich zu viele heilige Orte, heilige Handlungen, heilige Gegenstände sammeln. Es ist die Bedrohung des Heiligen durch die Religion. In diese Bedrohung hinein ist Jesaja gesandt worden. Jesaja berichtet uns von seiner Berufung (Kapitel 6). Wenn mich jemand fragte, in welchem Kapitel das Eigenste des Alten Testamentes anzutreffen ist, dann würde ich ohne Bedenken auf Jesaja Kapitel 6, den Bericht von Jesajas Berufung, weisen. Alle drei Teile des Alten Testamentes kommen hier zusammen: Es ist geschichtlicher Bericht („im Jahre, da der König Usia starb ..."), es ist Berufung eines Propheten in seinen Botendienst, und es enthält die beiden Grundelemente der Psalmen: Lob und Klage. Ich müßte dem Fragenden dann allerdings sagen, daß ich selbst nicht imstande bin, dieses Kapitel zu erklären. Das Erklären hört hier auf. Was Jesaja von sich berichtet, was ihm begegnet ist, kann nur ein Mensch recht hören, dem Gott kein Gedanke, sondern Wirklichkeit ist. Dann aber braucht nicht mehr viel erklärt zu werden. Die Geschichte von Jesajas Berufung hat drei Teile. Jede Begegnung mit dem lebendigen Gott hat diese drei Seiten, die hier in den drei Teilen der Berufungsgeschichte dargestellt sind. Es ist ganz gleich, ob das Amos ist, Jesaja, Jeremia, Petrus oder Paulus, Luther oder wer sonst: Wenn einer von Gottes Wirklichkeit in seinem Leben weiß, dann versteht er, was geschah, als Jesaja zu Gottes Boten berufen wurde. Diese drei Seiten hat die Begegnung mit Gott:

1. Gott begegnet Jesaja als der Heilige (V. 1–4).
2. Jesaja entdeckt sich vor Gott als unrein und wird gereinigt (V. 5–7).
3. Jesaja wird gesendet (V. 8–11).

1. Gott begegnet Jesaja als der Heilige.

Jesaja sieht Gott im Tempel thronen. Was Jesaja hier sieht, ist durchaus eine Vorstellung seiner Zeit. Ähnlich berichtet Micha ben Jimla von einer Vision des thronenden Gottes (I. Kön. 22). Es ist die jahrtausendelang beherrschende Vorstellung von Herrschaft und Majestät: der thronende König, der sitzend seinen Dienern, die seinen Thron umstehen, Befehle gibt. Dieses Bild verkörperte den Begriff des Herrschens schlechthin. Zum Thronen des Herrschers kommt ergänzend der heilige Ort: der Tempel, der Ort, an dem die Menschen vor Gott treten. Statt der Minister, der Diener, die den Thron des Königs umgeben, sind es hier Seraphen, himmlische geflügelte Wesen (mit den Bildern solcher Wesen waren die Wände des Tempels und war das Allerheiligste geschmückt), die Gott loben und ihm dienen; es ist Gotteslob und Gottesdienst auf einer höheren Ebene.

Mit alledem hat Jesaja in seiner Vision nichts gesehen, was nicht jeder Israelit, der im Todesjahr des Königs Usia den Tempel zu Jerusalem betrat, hätte schauen können. Jesaja sieht nichts Besonderes. Er sieht nichts anderes als das, was der Glaube seines ganzen Volkes ist. Man kann darüber hinaus sagen: Was in den ersten vier Versen von Jesaja 6 steht, könnte im Rahmen vieler Religionen geschehen sein. Es ist der klassische Ausdruck der Begegnung mit dem Heiligen. Das Einzigartige dieser Schilderung liegt in der unübertroffenen Einfachheit und Unmittelbarkeit des hier Geschilderten. Es wird wenig Menschen geben, die sich dem entziehen können, daß Jesaja hier ein wirkliches Geschehen bezeugt. Der Gesang der Seraphen ist das Urbild des Gotteslobes. Auf dieser höheren Ebene vermag das Gotteslob eintönig zu sein. Hier hört die Vielzahl und Vielfalt menschlicher Worte auf. Alle Vielfalt des Gotteslobes kommt hier zurück in das Lob des Gottseins Gottes, in das Lob des Heiligen in seiner Heiligkeit. Dem Einssein Gottes und seiner Ewigkeit entspricht das eine, ewig gleiche Lob.

Am Ende des Bildes steht der Satz: „Und das Haus ward voll Rauch." Einen Augenblick hat Jesaja gesehen — nun ist schon wieder alles verhüllt. Das Gesicht bleibt nicht. Es ist nicht festzuhalten. Nicht das Gesehene ist das Wichtige.

2. Angesichts der Heiligkeit Gottes erkennt Jesaja, wer er ist.

Ein Mensch ist nicht so, daß er Gott sehen könnte. Und Jesaja schreit auf: „Wehe mir! Ich vergehe...!" Vor Gottes Heiligkeit erkennt er, daß er ein Mann unreiner Lippen ist. In diesem Mittelteil der Berufungsvision Jesajas ist etwas für das Reden der Bibel von der Sünde entscheidend Wichtiges gesagt. Sünde kann nur im Angesicht Gottes als Sünde ernst genommen werden. Alles andere ist Gerede. Man kann einem Menschen nicht einreden, daß er Sünder ist. Man kann auch nicht theologisch oder sonstwie beweisen, daß alle Menschen Sünder sind. Wir haben uns leider angewöhnt, viel zu allgemein und theoretisch von der Sünde zu reden. Die Folge ist, daß dieses Wort „Sünde" abgebraucht ist und seine Kraft verloren hat. Die Berufungsgeschichte des Jesaja kann auch einem Menschen unserer Zeit sagen, was Sünde ist. Wenn ein Mensch nicht einmal im Angesicht Gottes davor erschrocken ist, furchtbar erschrocken, daß er vor Gott ein Sünder, vor Gott unrein ist, dann wird er es nie einsehen. Aber daß einen Menschen diese Erkenntnis überfällt, das gibt es in der Mitte des 20. Jahrhunderts genauso wie im Jahr, da der König Usia starb. Ich habe es mir von diesem Kapitel her angewöhnt, mit dem Wort Sünde vorsichtiger und ehrfürchtiger umzugehen.

Auch in diesem Überfallenwerden von seiner Unreinheit vor Gott erfährt Jesaja noch nichts Besonderes. Das Besondere fängt erst hier an. In der Welt Jesajas und im Volk Jesajas hatte man ein Mittel gegen die Sünde. Man konnte sich durch eine gottesdienstliche, eine kultische Handlung von der Sünde reinigen lassen. Es gab eine Fülle solcher kultischer Reinigungs- oder Entsühnungshandlungen. Jesaja aber weiß: Die Unreinheit, die er in Gottes

Angesicht an sich entdeckt hatte, war durch ein kultisches Mittel nicht zu beseitigen. Er berichtet, daß sie von Gott selbst durch einen seiner Diener auf Gottes Wort hin beseitigt wurde. Einer der Seraphen nimmt vom Altar mit der Zange einen Glühstein und berührt damit den Mund Jesajas. Mit der Berührung zusammen sagt er das Wort der Vergebung. Diese Stelle ist für das Verständnis der Prophetie besonders wichtig. Die Bewegung der gottesdienstlichen Sühnehandlungen ist eine von unten nach oben gehende. Von dem Priester wird mittels des Gott dargebrachten Opfers auf Gott eingewirkt, daß Gott die Sünde vergebe. Diese Bewegung wird hier umgekehrt: Die Geräte des Opfers (die Zange, der Glühstein) wirken in der Hand des Dieners Gottes in der umgekehrten Richtung, von oben nach unten! Gegen allen Kultus, der seiner selbst sicher wird und meint, über Gottes Vergebung verfügen zu können, gibt Jesaja hier Gott darin die Ehre, daß er deutlich macht: Nur Gott kann Sünde vergeben, nur Gott kann einen Menschen vor sich rein machen. Gottes Vergebung läßt sich niemals in eine kultische Institution zwingen. Es muß und es wird immer dies geben, wovon Jesaja hier berichtet: daß ein Mensch die Vergebung Gottes ohne jedes kultische Mittel unmittelbar erfährt und durch sie befreit wird von der Not seiner Sünde. Bei einer Institution der Sündenvergebung besteht immer die Gefahr, daß die Institution an die Stelle Gottes tritt. Damit dies nicht geschehe, ist Gott den umgekehrten Weg gegangen: Was hier Jesaja für sich selbst erfahren hat, ist für alle geschehen, indem Gott von oben nach unten das Werk der Sühnung für alle und das unmittelbar gesprochene Wort der Vergebung in der Sendung seines Sohnes geschenkt hat.

3. Damit aber ist das Geschehen zwischen Jesaja und Gott nicht zu Ende. Es ist kein Geschehen „zwischen Gott und der Seele", sondern zwischen Gott und seinem Volk und dadurch der Welt. Die Heiligkeit Gottes ist nicht für Gott da und die Reinigung des Menschen nicht für die Seligkeit des Menschen, sondern damit von dieser Begegnung etwas ausgehe in die Welt hinein. Es gibt keine echte Gottesbegegnung ohne diese dritte Seite, ohne die Sendung zu den anderen. Gott fragt: „Wen soll ich senden?", und Jesaja antwortet: „Hier bin ich, sende mich!" An dieser Stelle liegt der tiefe, der unüberwindliche Gegensatz zwischen aller mystischen Frömmigkeit und dem biblischen Gottesglauben. Was in der Bibel

zwischen Gott und Mensch vorgeht, das hat nicht bei dem Menschen ein Ende, an dem es geschieht. Es geschieht nicht zur Erbauung, Erhebung, zum Genuß oder zur frommen Versenkung dessen, dem Gott begegnete, sondern damit etwas von diesem Menschen zu den anderen ausgehe. Jesaja ist durch die Berührung der glühenden Kohle ein ganz gewöhnlicher Mensch geblieben. Etwas aber ist für ihn anders geworden. Er weiß sich jetzt — nicht von sich aus, sondern durch das, was an ihm geschah — befähigt, Gottes Bote zu sein. Wenn er jetzt von Gott den Auftrag bekommt: „Gehe und sage...!" dann wird er gehen, und dann wird er reden. Und keine Macht der Welt und keine eigene Schwachheit wird ihn daran hindern.

Noch eins: Diese Berufung hätte auch einen anderen Schluß haben können. Es wäre an sich denkbar, daß die Entsühnung den Jesaja zu etwas ganz anderem fähig gemacht hätte: nämlich in den Gesang der Seraphen einzustimmen und ihrer himmlischen Liturgie eine irdische Liturgie an die Seite zu stellen, die hier auf Erden, im irdischen Tempel und mit menschlichen Kräften, der himmlischen Liturgie korrespondieren könnte. Dies gerade geschieht nicht. Jesaja ist Gott nicht begegnet, daß er als ein Priester die Liturgie des Tempels in Jerusalem reinige und erneuere oder reformiere, sondern daß er Gottes Bote sei. Es darf nicht übersehen werden, daß hier, in der Mitte des Alten Testaments, das Lob der Heiligkeit Gottes seine irdische Entsprechung nicht in der Liturgie, sondern im Dienst des Boten, in der Verkündigung des Wortes Gottes bekommt. In die gleiche Richtung weist im Neuen Testament die Geschichte von der Verklärung.

Nun noch ein abschließendes Wort zu der Dreiteilung der Berufungsgeschichte Jesajas. Die Geschichte ist die alttestamentliche Lesung der Kirche zum Sonntag der Dreieinigkeit. Das ist wahrscheinlich geschehen, weil man das dreimalige Heilig auf den dreieinigen Gott deutete. Ich möchte die Frage stellen, ob nicht die drei Teile der Gottesbegegnung in Jesaja 6 dem entsprechen, was mit der Dreiteilung des apostolischen Glaubensbekenntnisses gemeint ist. Ich brauche das nicht mehr auszuführen; die Entsprechung der drei Teile von Jesaja 6 zu den drei Artikeln des Glaubensbekenntnisses wird jedem schnell deutlich werden. Das würde allerdings bedeuten, daß wir die seinsmäßige Dreiheit Gottes umdenken in eine Dreiheit, die sich notwendig aus der Begegnung Gottes mit der Welt oder mit einem Menschen ergibt. Wenn Gott in Jesus Christus unserer Welt begegnet, so mußte diese Begegnung dieselben drei Seiten haben, die schon die Begegnung Gottes mit Jesaja hatte: Gott in seiner Majestät; der sich zu den Menschen herabneigende Gott; der den Gereinigten aussendende Gott. Es wäre weiter zu fragen, ob es nicht in jedem Gottesdienst um dieses dreifache Geschehen gehen sollte, das die Berufung des Jesaja bestimmt.

Jesaja ist Gott als dem Heiligen begegnet. Mehrfach bezeichnet er Gott als den „Heiligen Israels", eine für Jesaja besonders bezeichnende Gottesbenennung. Er ist der Bote des Heiligen. Im 1. Kapitel (1,10—17) des Jesajabuches ist uns ein Wort des Propheten überliefert, das er gegen den Gottesdienst seines Volkes gesprochen hat, ein wahrhaft erschütterndes Wort. Nach der Einleitung, die zum Hören des Gotteswortes auffordert, fragt Gott:

Wozu mir die Menge eurer Schlachtopfer? spricht der Herr.
Satt habe ich die Brandopfer von Widdern und das Fett
der Mastkälber.

Es folgt ein die gottesdienstlichen Feste verwerfendes Wort, und dann richtet sich das Gotteswort sogar gegen das Gebet:

Und wenn ihr eure Hände ausbreitet,
verhülle ich meine Augen vor euch.
Und wenn ihr auch noch so viel fleht, ich höre nicht.
Eure Hände sind von Blut besudelt!

Und das Wort klingt aus in einen Ruf Gottes, in dem er das Volk zu dem ruft, was er wirklich von ihm haben will:

Trachtet nach Recht! Schafft Weg dem Bedrückten!
Schafft den Waisen Recht! Tretet ein für die Witwen!

Die drei wichtigsten, das ganze gottesdienstliche Leben Israels bestimmenden Handlungen werden hier von Gott selbst verworfen: Opfer, Gebet und Feste. Die Worte Jesajas malen uns ein Bild, würdig eines großen Dramas.

Da stehen im Vorhof des Tempels zu Jerusalem die Menschen, die

Hände zum Gebet emporgestreckt. Und es ruft ihnen einer entgegen, einer, der dies im Auftrag des Gottes sagt, an den die Gebete gerichtet sind: Gott hört euch nicht! Gott will euch nicht hören! Eure Hände sind mit Blut besudelt!

Man kann es wahrhaftig verstehen, daß die Propheten Anstoß erregten! Dies Wort des Jesaja will zwar nicht grundsätzlich den Gottesdienst verwerfen oder abschaffen. Es will aber sagen: Dieser Gottesdienst, so wie er jetzt in Jerusalem gehalten wird, kann von Gott nicht angenommen und anerkannt werden. Denn in ihm wird Gott nicht ernst genommen. Dieselben Hände, die sich jetzt im Gebet zu Gott erheben, haben gerade vorher einem Armen das Letzte genommen, das er hatte, oder sie haben vor Gericht für den Mächtigen gegen den Rechtlosen gestimmt. Im Leben derer, an die das Wort Jesajas ergeht, geht beides nebeneinander her: die egoistische Härte des Alltags und die frommen Übungen des Sonntags. Sie wagen, vor Gottes Angesicht zu treten, ohne daß davon das übrige Leben irgendwie betroffen wird. Hier sieht Jesaja die Heiligkeit Gottes auf das tiefste verletzt. Diesen Menschen kann Gott nicht wirklich heilig sein! Damit aber werden alle ihre gottesdienstlichen Handlungen wertlos und sinnlos, dann ist es besser, sie ganz zu lassen. Wenn die Leute in Jerusalem nicht wirklich willens sind, in ihrem Zusammenleben mit den Mitmenschen gründlich anders zu werden, dann verachtet und verwirft Gott ihren Gottesdienst. Wäre Gott ihnen heilig, dann müßte die Begegnung mit Gott zu einer Wandlung ihres ganzen Daseins, und zwar zuerst im sozialen Bereich, führen. Bleiben sie hier aber verhärtet, dann muß das Gericht kommen, und das Gericht wird dann auch über den Gottesdienst Israels ergehen. Genau dasselbe hatte Amos gesagt in Nordisrael, diesen Sinn hatte die letzte Vision, und auch bei Amos gibt es eine Reihe von Worten, in denen er die gleiche Anklage gegen den Gottesdienst in Nordisrael erhebt wie Jesaja gegen den Gottesdienst in Juda und Jerusalem. Bei Jeremia werden wir dann die gleiche Anklage hören.

Was die Propheten hier angreifen, ist nicht der Gottesdienst als solcher, es ist das Auseinanderfallen von echter und nur scheinbarer, nur formaler Hinwendung zu Gott, die tötende, fressende Lüge eines Gottesdienstes, der nur noch eine fromme Übung des Sonntags ist, aber nicht mehr in die harten Realitäten des Alltags hineinreicht. Sie haben damit auf eine Gefahr hingewiesen, die jedem regelmäßig gehaltenen Gottesdienst droht. Dieser Hinweis der Propheten auf die tödliche Gefahr eines bloß noch regelmäßig ablaufenden Gottesdienstes ist in der Kirche selten gehört worden. Es ist doch wohl des Nachdenkens wert, daß in der Zeit nach dem zweiten Weltkrieg in Deutschland mit großem Eifer und großer Intensität gefragt wurde: Welches ist die richtige Form des Ablaufs des Gottesdienstes?, daß aber nicht mit der gleichen Intensität gefragt wurde: Wie können unsere Gottesdienste so werden, daß das, was in ihnen vorgeht, in die Häuser hineinreicht und an die Arbeitsstätten, auf die Straßen und in die großen Räume der Öffentlichkeit? Ein einziger Gottesdienst, in dem Pfarrer und Gemeinde ernsthaft damit rechnen, daß die im Gottesdienst empfangene Vergebung eine Härte im Alltag wandelt, daß die in der Predigt gehörte Weisung eine Umkehr bewirkt und daß der zugesprochene Friede eine quälende Angst zum Schweigen bringen kann, ist in Gottes Augen mehr wert als eine lange Reihe von Gottesdiensten, die zwar liturgisch einwandfrei und erbaulich sind, aber in den Wänden der Kirche eingeschlossen bleiben.

Die Heiligkeit Gottes schließt seine Majestät oder Hoheit ein. Jesaja sah den Herrn thronen auf einem hohen und erhabenen Thron. Mit diesem Begriff der Hoheit oder Erhabenheit Gottes macht Jesaja in seiner Verkündigung Ernst. Es ist hier ähnlich wie mit dem Gottesdienst. Dort sagt Jesaja: Man kann sehr viele, schöne und feierliche Gottesdienste halten und mit alledem doch nicht wirklich Gott dienen, das heißt, ihn nicht wirklich als Herrn, als Herrn über das ganze Leben anerkennen. Hier sagt er: Man kann sehr viel von Gottes Hoheit, von seiner Erhabenheit und Majestät reden, ohne Gott wirklich in seiner Hoheit zu respektieren. Das kann nur einer, der bereit ist, die Konsequenzen der Erhabenheit Gottes zu sehen. Jesaja kündigt einen Gerichtstag Gottes über alles Hohe und Erhabene an (2,12—17):

> *Denn einen Tag hat der Herr der Heerscharen*
> *über alles Stolze und Hohe und über alles*
> *Erhabene und Ragende.*

Nun wird das Hohe und Ragende aufgeführt, von den Zedern des Libanons bis zu hohen Türmen und steilen Mauern. Und dann schließt das Wort:

Und gebeugt wird der Stolz der Menschen,
und es sinkt der Hochmut der Männer,
und erhaben ist der Herr allein an jenem Tag.

Auf dieses „allein" kommt das ganze Wort hinaus. Gottes Hoheit und Erhabenheit ist nicht die höchste Spitze dessen, was bei den Menschen auf dieser Welt hoch und erhaben ist, sondern ist eine Hoheit anderer Art. Alles Hohe und Erhabene auf dieser Erde geht dem Tag entgegen, an dem es gestürzt wird. Es hat nicht den Charakter des Ewigen. Ob das ein Bauwerk ist oder ein Reich oder ein philosophisches System, alles Große, alles Hohe und Erhabene erweckt Staunen, Bewunderung und vielleicht Ehrfurcht; aber gerade hier ist der Mensch besonders gefährdet, die Grenze zu überschreiten zu einer Anerkennung von Hoheit eines Geschaffenen oder von Menschen Gemachten, die nur Gott zukommt. Die Erhabenheit Gottes kann nur der Mensch wirklich erkennen, der alle menschliche und geschaffene Größe in ihrer Grenze sieht.

Man muß dieses Wort auf dem Hintergrund der Geschichte Judas in jenen Jahrzehnten zur Zeit Jesajas sehen. Das kleine Land Juda bekam das riesige assyrische Reich zum Nachbarn. Es erlebte den Fall der Stadt Damaskus, die Eroberung Samarias, die Exilierung des Nordreiches. Es erlebte eine politische Großmacht, ein Reich, das wuchs und wuchs und immer noch mächtiger wurde, das die kleinen Länder niedertrat und dem sich die Vorsichtigen ohne Schwertstreich ergaben. Was war da eigentlich noch der Gott Israels? War es nicht einfach Torheit, jetzt noch behaupten zu wollen, der Gott des kleinen Völkleins Israel sei Herr der Geschichte, und der König Assyriens habe sich seinem Willen zu fügen? Angesichts dieser Frage mußte es sich zeigen, was mit der Hoheit und Majestät Gottes gemeint war. Und angesichts dieser Frage hat der Prophet Jesaja den Gott zu verkünden gewagt, der Assur zum Werkzeug seines Zornes, zu seiner Zuchtrute, sein ungehorsames Volk zu strafen, macht, der aber andererseits das übermächtige, stolze Assur zu zwingen vermag, im Augenblick höchster Gefahr vom belagerten Jerusalem abzuziehen (im Jahr 701), ja der diesem Machtkoloß Assur das baldige Gericht ankündigt, weil es sich in seiner Größe und seinem Machtrausch überschlagen hat.

Wir halten einen Augenblick inne. Da steht Jesaja im Land seiner Väter, das sehr klein und sehr arm geworden ist, und sieht das assyrische Weltreich aufstehen und wachsen, und es kann nach menschlichem Ermessen nur noch eine Frage der Zeit sein, bis es sich Juda auch einverleibt hat. Es ist ja dann wirklich so gekommen, Juda ist assyrische Provinz geworden. Aber der assyrische Machtblock konnte Jesaja nicht imponieren. Er hat sich, den politischen Realitäten spottend, an das Wort gehalten, das er als ein Bote Gottes weiterzusagen hatte. Gott hat einen Tag des Gerichts über alles Hohe und Erhabene angekündigt. Dieser Tag wird kommen. Deshalb kann Jesaja das Anwachsen der Macht Assurs, sein mächtiges Emporragen ruhig und unbewegt sehen. Er sieht die steigende und sich übersteigernde Macht Assurs jetzt schon als die, die einmal gebrochen am Boden liegen wird. Sie kann bis dahin noch viel ausrichten und noch viel zerstören, aber das ändert nichts an dem Tag, der kommen wird:

Und gebeugt wird der Stolz der Menschen . . .

Darin nimmt Jesaja die Hoheit Gottes ernst, daß er sich von der Hoheit menschlicher Macht, und sei sie noch so gewaltig, nicht mehr faszinieren läßt.

In dieser Stunde ist unser Begriff des Glaubens geprägt worden. Jesaja hat ihn geprägt. Das Wort gab es schon lange vorher, aber der eigentliche, prägnante Begriff des Glaubens hat hier seinen Ursprung. Im 7. und 8. Kapitel des Jesajabuches wird uns erzählt, wie Jesaja in eine Stunde von weittragender geschichtlicher Bedeutung dem König eine Botschaft zu sagen gesandt wird. Syrien und Nordisrael haben sich zusammengeschlossen zu einem Bündnis gegen Assyrien. Der König Ahas von Juda weigert sich, dem Bündnis beizutreten. Die Verbündeten wollen ihn zwingen und ziehen gegen Jerusalem. Der Feind ist nicht mehr weit entfernt, der König ist dabei, die Wasserversorgung der Stadt für den Fall der Belagerung nachzuprüfen. Da tritt ihm Jesaja entgegen. Er kündigt ihm an, daß der Plan der Verbündeten mißlingen wird, sie werden Jerusalem nicht erobern. Jesaja beschließt sein Wort mit dem Ruf: „Glaubt ihr nicht, so bleibt ihr nicht!" In dieser Szene mit diesem abschließenden Wort wird in klassischer Weise deutlich, was das Wort glauben in der Bibel meint. Der Ruf war notwendig. Der König glaubt der Ankündigung Jesajas nicht. Jesaja bietet ihm an, sich irgendein Zeichen zu erbitten, das sein

Wort bestätigen soll. Der König weist das Zeichen zurück, er will Gott nicht versuchen. Die Szene endet damit, daß es bei der Rettung der Stadt von den jetzt ankommenden Gegnern bleibt, daß Jesaja aber dem König ein kommendes Gericht ankündigt, *weil er nicht geglaubt hat.* Der König Ahas verläßt sich nicht auf das Wort Jesajas; er ruft die Assyrer zu Hilfe, und das war der Anfang vom Ende.

Es war eine Stunde tiefer Tragik. Der König handelte im vollen Bewußtsein seiner Verantwortung. Das politische Geschehen hatte für ihn schon eine solche Eigengeschichtlichkeit bekommen, daß er glaubte, aus den Gegebenheiten der politischen Lage heraus entscheiden zu müssen. Jesaja aber fordert von ihm den rückhaltlosen Glauben. In dieser Stunde wird es zum ersten Mal deutlich, daß Gott und Gottesvolk keine Einheit bleiben werden; an die Stelle des politischen Volkes wird die Gemeinde der Glaubenden treten. Und die Gemeinde der Glaubenden wird auf einen anderen König warten.

Noch in einem anderen, viel späteren Wort Jesajas begegnet der Ruf zum Glauben in einem ähnlichen Zusammenhang (Kap. 28, 14–22). Es richtet sich gegen die Politiker in Jerusalem, die meinen, durch eine kluge Bündnispolitik sich gegen jede Katastrophe gesichert zu haben. Jesaja kündigt ihnen an, daß ihre ganze Bündnispolitik hinweggefegt wird, sie kann die kommende Katastrophe nicht verhindern. Dem entgegen kann es für das Gottesvolk Sicherheit nur auf eine ganz andere Weise geben:

> *Siehe, ich lege in Zion einen Stein,*
> *einen bewährten Stein, einen kostbaren Edelstein der*
> *Gründung.*
> *Wer glaubt, wird nicht zuschanden!*

Die jetzt auf dem Zion stehende Stadt, der jetzt den Zion krönende Tempel, all das jetzt Bestehende, das die Politiker durch ihre Bündnisse sichern zu können meinen, wird in die kommende Katastrophe hineingerissen werden. Aber durch den Zusammenbruch hindurch fängt Gott an derselben Stelle ein Neues an, er gründet ein Neues, und in diesem Neuen bestehen allein die Glaubenden. Noch deutlicher als in Kapitel 7 weist Jesaja hier über die Einheit von politischem Volk und Gottesvolk hinaus auf eine andere Gemeinschaft, ein neues Volk Gottes, das seine Dauer allein im Glauben hat.

Anschließend an das Gerichtswort von den Spöttern und dem Eckstein steht ein Gleichnis (28,23—29). Dieses Gleichniswort sagt Jesaja nicht als Bote Gottes, sondern er sagt es als sein eigenes Wort, und zwar in einem Gespräch, in dem er auf einen — nicht ausgesprochenen — Einwand antwortet. Der Einwand ist verständlich, er ist gegen viele Propheten erhoben worden. Man sagte ihnen: Ihr Boten des Gerichts redet so viel von einer kommenden Katastrophe, dabei geht alles ganz gut weiter, wir leben, freuen uns unseres Lebens. Ihr stört nur und erschreckt die Ängstlichen mit euren Drohungen! Einmal zitiert Jesaja diese Gegner:

> ... die da sagen: Er beeile doch, er beschleunige sein Werk,
> daß wir es sehen!
> Der Ratschluß des Heiligen Israels nahe und treffe ein,
> daß wir es erfahren!

Jesaja antwortet diesem Einwand mit einem Gleichnis. Es hat, wie so viele Gleichnisse im Alten und Neuen Testament, zwei Teile. Er weist auf die Arbeit des Bauern. Der Bauer macht nicht immer das gleiche; zu seiner Zeit pflügt er, dann aber kommt die Zeit des Säens. Noch etwas anderes zeigt die Arbeit des Bauern: Beim Ernten behandelt er nicht alle Früchte gleich, jede Frucht wird vielmehr nach ihrer Art geerntet. Beides hat der Bauer von Gott gelernt; es ist Gottes Art, alles zu seiner Zeit und auf die ihm gemäße Weise zu tun. Hinter alledem steht Gottes wunderbarer Rat, in dessen Lob das Gleichnis ausklingt. Der Plan Gottes umspannt das Ganze, im Gleichnis das Handeln des Bauern insgesamt, Säen und Ernten, Pflügen und Dreschen. In der Wirklichkeit, auf die das Gleichnis zielt, umspannt der Plan Gottes die Geschichte als ein Ganzes, in der das Gericht und das Heil seine Zeit haben. Der Prophet ist sich dessen wohl bewußt, daß er als Gottes Bote immer nur *eines* zu sagen hat, eben das, was dem Volk in eine bestimmte Stunde hinein zu hören notwendig ist. Er weiß, daß Gottes Plan mit seinem Volk unter den Völkern viel mehr umfaßt, als er sagen kann. Es entspricht durchaus dem das Ganze umfassenden Rat Gottes, wenn das Gericht jetzt noch nicht kommt. Gott tut alles zu seiner Zeit. Es ist genug, wenn er die

Stunde des Gerichtes weiß. Jesaja ist es auch bewußt, daß sein Gleichnis von Gottes Tun nur hindeuten kann auf das die Geschichte umfassende Handeln Gottes. Deuten kann auch er, der Bote, das Ganze nicht. Er kann nicht mehr tun, als die Spottenden und die Zweifelnden zur Ehrfurcht davor zu rufen: „Er schafft wunderbaren Rat, hat große Weisheit!" Hier hören wir wieder Jesaja, den Propheten des Heiligen. Ihm ist aufgetragen, von Gottes Handeln zu verkünden.

Er selbst kann Gottes Pläne nicht erkennen, er selbst kann immer nur sagen, was ihm in eine neue Stunde neu aufgetragen ist; sein Wissen ist nur ein Hinweis auf das majestätische Walten des Herrn der Geschichte, dessen Horizonte für das menschliche Verstehen viel zu gewaltig sind.

Noch an anderen Stellen ist zu spüren, mit wie tiefer Ehrfurcht Jesaja auf das so oft unverständliche Tun Gottes in der Geschichte sah. Einmal kündigt er das kommende Gericht an (18,4–6), und ein Gotteswort erklärt das lange Säumen:

> *Ruhig will ich zuschauen an meinem Ort*
> *wie glühende Wärme in der Mittagssonne,*
> *wie flimmernde Glut in der Erntezeit ...*

Diesen Worten Gottes, diesen langen Zeiten, in denen nichts geschieht von dem, was doch nach Gottes Wort geschehen müßte, entspricht auf seiten der Menschen das stille und vertrauende Warten auf Gott, aller Wirklichkeit zum Trotz:

> *Denn so spricht der Herr, der Heilige Israels:*
> *In Umkehr und Ruhe liegt euer Heil,*
> *im Stillehalten und Vertrauen besteht eure Stärke.*
> *Doch ihr habt nicht gewollt.*

JEREMIA, DER PROPHET DER ANFECHTUNG

In der ersten Epoche wirkten Propheten im Nordreich Israel und im Südreich Juda. Das von den Propheten des Nordreichs, von Amos und Hosea, Angekündigte traf ein: Samaria wurde erobert, das Volk zum großen Teil deportiert, das Land wurde assyrische

Provinz mit fremden Ansiedlern. Etwa ein Jahrhundert später wirkte Jeremia in Juda. Er hat als der Bote des Gerichtes den Untergang nun auch des Südreiches, die Zerstörung Jerusalems, das Ende der Herrschaft der Davididen anzukündigen. Es ist alles so eingetroffen, wie Jeremia es Jahrzehnte vorher gesagt hatte. Volk und König hörten bis in die Stunde des Zusammenbruches hinein die Stimme der Warnung, das Angebot der Umkehr. Die Stimme wurde nicht gehört, die Katastrophe nahm ihren Verlauf. Die Aufgabe des Propheten, der diesen letzten Abschnitt der Geschichte Israels bis zum Exil zu begleiten hatte, war fast übermenschlich schwer. Über vierzig Jahre lang mußte hier ein Mann einen Weg mitgehen, von dem er wußte — von Anfang an wußte —, daß er ins Verderben führte. Er wurde nicht gehört, er wurde gemieden und verachtet, er wurde schließlich als Verräter verhaftet, aber er konnte nicht fort von diesem Volk, das in sein Verderben lief. Er mußte mit, bis zuletzt.

Sein Leben und Wirken umspannt eine bewegte Zeit. Zur Zeit seiner Geburt (um 650) ist Assur auf der Höhe seiner Macht. Von der Zeit seiner Berufung (627) ab beginnt Assurs Macht zu wanken, und im Jahre 612 ist das assyrische Weltreich gestürzt, Ninive fällt, und der Siegeszug des babylonischen Reiches beginnt. Es tritt die Erbschaft des assyrischen Reiches an und ist nach kurzer Zeit noch größer, noch mächtiger als dieses.

Das kleine Land Juda atmet zunächst bei dem Nachlassen des assyrischen Druckes auf, es kann sich noch einmal vom Joch der Fremdherrschaft befreien, der König Josia kann noch einmal die Grenzen des Landes erweitern und gewinnt einen großen Teil des ehemals nordisraelitischen Gebietes zurück. Er führt eine Reform durch (622), die den Gottesdienst und die Volksordnung in der alten Reinheit und Kraft herstellt, und Juda hat noch einmal eine schöne, glückliche Zeit. Ihr wird ein jähes Ende durch die Niederlage bei Megiddo (609) bereitet. Josia hatte sich dem Pharao Necho entgegengestellt, der dem sinkenden Assur zu Hilfe eilen wollte. Er unterlag und fiel. Nach seinem Tod beginnt das rettungslose Treiben auf die Katastrophe zu, Juda wird hin- und hergerissen zwischen Ägypten und dem aufstrebenden Babylon. Es wird in diesem Kampf aufgerieben, 586 ist das Ende Jerusalems, das Ende Judas und das Ende des davidischen Königtums gekommen.

Die Eigenart der Prophetie Jeremias ist auf diesem Hintergrund

225

zu sehen. Jeremia ist der Prophet, bei dem zum ersten Mal in der Geschichte Gottes mit seinem Volk das Leiden einen positiven Sinn bekommt. Das ist schon am Aufbau und an der Art des Buches Jeremia zu erkennen, vor allem an zwei Stellen: Das Buch Jeremia hat zwei Hauptteile; es enthält die Worte Jeremias (Kapitel 1—33 Worte an Israel; 25 und 46—51 Worte an die Völker) und einen Bericht von seinem Schicksal (Kapitel 26—29 und 34—45), der nur die letzte Zeit seines Wirkens umfaßt und im wesentlichen ein Bericht von den Leiden des Propheten ist. Hier liegt eine gewisse Ähnlichkeit mit den Evangelien vor, die im ersten Teil ebenfalls hauptsächlich Worte Jesu enthalten und im zweiten eine zusammenhängende Leidensgeschichte. Dazu kommt eine Reihe von Klagen des Jeremia (zwischen Kapitel 10 und 20), die nur bei diesem Propheten begegnen und die Schwere der Aufgabe in erschütternden Worten eines leidenden Menschen zum Ausdruck bringen. Sowohl in der Leidensgeschichte Jeremias, die sein Gefährte Baruk aufgeschrieben hat, wie auch in den Klagen, die er selbst erhob, spürt man, daß hier etwas ganz Neues beginnt. Man muß es spüren, wenn man von hier zurücksieht auf Amos, der in seiner leidenschaftlichen, kompromißlosen Schärfe, in seiner ungebändigten, überschäumenden Sprache das jugendliche Stadium der Prophetie darstellt; wenn man zurücksieht auf Jesaja, in dem die Prophetie zur Reife gekommen ist in der männlichen Klarheit und Ruhe des Boten des Heiligen. Bei Jeremia stößt die Prophetie in einen neuen Bereich vor. Man kann beileibe nicht sagen, daß Jeremia ein Stadium des Alterns der Prophetie anzeige. Vielmehr stellt sich dieser Prophet einem übermenschlich schweren Schicksal, er hält darunter aus und wartet unter dem schwersten Druck des Leides, daß Gott etwas Neues, Anderes, Gewandeltes beginnt.

Es ist, als werfe der Zusammenbruch des Gottesvolkes in der Gestalt dieses Propheten und in seinem Leiden seine Schatten voraus und werde in ihm schon vorauseilend, schon in ein Neues hinüberweisend, vorläufig bestanden. Je schwerer es für den Menschen Jeremia wird, der das Leben liebte, nach Freude und nach Gemeinschaft sich sehnte und stöhnte unter der Last, die ihm auferlegt ist, desto deutlicher ist, daß ein Sinn in dem Leid dieses einzelnen ist, der an den anderen, der am Volksganzen fruchtbar werden muß. Die Linie von Abraham über Mose, Elia, über die Prophetie und den Gottesknecht des Deuterojesaja zu Jesus Christus hinüber, hier bei Jeremia wird sie am deutlichsten erkennbar. Andererseits wird durch diese Linie klarer, welchen Sinn das Erlösungswerk durch das Leiden Christi im Neuen Testament hat. Daß am Ende des Werkes Gottes an unserer Welt und an den Menschen die Erlösungstat durch das Leiden des Gottessohnes, der ein Mensch war, steht, ist nur recht gesehen, wenn man den Weg sieht, der zu diesem Ziel führte. Alle anderen Möglichkeiten der Vermittlung, der Mitteilung des Heils sind dieser letzten voraufgegangen und haben sie vorbereitet: Mose war Mittler des Wortes und der Tat zugleich; die Richter und die Könige waren Mittler der Tat, die Propheten Mittler des Wortes. Die Geschichte der Prophetie aber führt unmittelbar hinüber zu der Notwendigkeit des Leidens für das Kommen des Heils zu den Menschen. Dafür steht die Gestalt des Jeremia am Ende der Reihe der Gottesboten vor dem Exil; die Botschaft, die er zu bringen hat, führt in das Leiden hinein.

Sieht man diesen Zusammenhang, so kann man das Leiden als Weg des Heiles Gottes zu den Menschen nicht mehr in falscher Weise verabsolutieren. Man sieht dann zunächst: Christus hat ja nicht nur gelitten, sondern zu seinem Werk gehören das Freude bringende Wort und die Heil schaffende Tat. Alle drei Wege des Heils von den Mittlern des Alten Testaments kommen bei ihm zusammen. Das Leiden als Weg der Erlösung der Menschen hebt die anderen Wege nicht auf. Das Leiden für die anderen, das Leiden für die Welt setzt voraus, daß unser Dasein Freude und Glück zu geben vermag, für das es sich zu leiden lohnt. Christus hat nicht für uns gelitten, damit alle anderen nun auch leiden, sondern damit in der Deckung durch sein Leiden Freude und Frieden blühen.

Das wird einem klar, wenn man den Propheten Jeremia liest. Er hilft einem, das Neue Testament besser zu verstehen. Man sieht dann klarer, in welch großem Zusammenhang das Leiden Jesu Christi für uns steht. Jeremia ist als ein ganz junger Mensch zum Propheten berufen worden. Im ersten Kapitel berichtet er von seiner Berufung. Sie unterscheidet sich in charakteristischen Zügen von der des Jesaja. Jeremia schrickt vor dem Auftrag zurück: „Ach, Herr, mein Gott, ich verstehe ja nicht zu reden, ich bin zu jung!" Hier, im ersten Wort Jeremias, tritt uns schon die Menschlichkeit dieses Propheten entgegen, die bei ihm nicht völlig absorbiert wird von seinem Amt wie etwa bei Amos, sondern die immer wie-

der in Spannung gerät zu dem zu schweren Auftrag. Dem Erschrockenen setzt Gott die uralte Zusage seiner helfenden Gegenwart entgegen: „Fürchte dich nicht, ich bin mit dir!", und Jeremia spürt eine Berührung seiner Lippen und hört: „Siehe, ich lege meine Worte in deinen Mund." Die Berufung des Jesaja war beherrscht von der Spannung: der heilige Gott und das sündige Volk. Bei der Berufung Jeremias ist die Spannung in den Auftrag des Boten verlegt: Einem jungen, vor der Aufgabe des Boten zurückschreckenden Menschen wird zugemutet: „Siehe, ich setze dich heute über Völker und Königreiche ..."
Der Auftrag, den der Bote mitbekommt, wird ihm in zwei Bildern gezeigt (Vers 11—16). Er sieht einen Mandelzweig, und das Gesicht wird ihm gedeutet: „Ich wache über meinem Wort" (die hebräische Vokabel klingt wie „wachender Zweig"). Er sieht einen von Norden her überkochenden Topf, und das Gesicht wird ihm gedeutet: „Von Norden her kocht über das Unheil über alle Bewohner des Landes." Diese beiden Bilder fassen die Grundform des prophetischen Gerichtswortes zusammen, das Gottes Eingreifen und die Folge dieses Eingreifens ankündigt. Das wird nun Jeremia ein Leben lang zu sagen haben. Und so, wie die beiden Bilder ihm nur ein Stück der ihn umgebenden Wirklichkeit gezeigt haben, so ist das mit den Bildern bezeichnete Geschehen ein Stück Wirklichkeit mit der Unerbittlichkeit und Unausweichlichkeit, die dem Wirklichen eignet, auch wenn Jeremia ganz allein, als ein Einsamer, von den anderen ignoriert oder gehaßt oder verhöhnt, dieser von ihm gesehenen Wirklichkeit standhalten muß. Er weiß, daß Gott über seinem Wort wacht, dem Wort nämlich, das das kommende Gericht angekündigt hat. Aber er hat ein Menschenleben lang zwischen der Ankündigung und ihrem Eintreffen auszuhalten, während um ihn herum das Leben weitergeht wie vorher und man ihn, den lästigen Boten des Gerichtes, hinauszudrängen und zum Schweigen zu bringen sucht. Es ist zu verstehen, daß Jeremia manchmal unter dieser Last fast zusammenbricht. Es ist zu verstehen, wenn er die Klage erhebt: „Von deiner Hand gepackt, saß ich einsam."
Die Klagen Jeremias (in Kapitel 11; 15; 17; 18; 20) gehören zum Gewaltigsten und Furchtbarsten in unserer Bibel. Es geht in ihnen um die menschlichste der menschlichen Nöte: Einsamkeit, Verlassenheit, Alleinsein.

Ich kann hier nur andeuten, was das für uns bedeutet. Wir kommen her aus der romantischen Erfahrung der Einsamkeit, wie sie in klassischer Form in dem Gedicht Hermann Hesses „Im Nebel" zum Ausdruck kommt: „Seltsam, im Nebel zu wandern. Leben heißt einsam sein. Kein Mensch kennt den andern, jeder ist allein..." Wir gehen hinein in eine ungleich ernstere, tödlichere Erfahrung der Einsamkeit: die Einsamkeit des funktionalen Menschen. Es gibt eine Reihe von Funktionen des politischen, wirtschaftlichen Lebens und der Technik, die einen Menschen in einer noch nicht dagewesenen Weise zu isolieren vermögen. Es gibt an manchen Stellen einen Zwang zum Schweigen oder zum Verdecken oder zum Vortäuschen, der die an diesen Funktionen Beteiligten in einer Weise isoliert, deren Folgen wir noch gar nicht ermessen können. Ein Mensch kann heute dadurch einsam werden, daß er „ausgeschaltet" wird. Es muß hier bei Andeutungen bleiben. Sie können eins zeigen: Die romantische Erfahrung der Einsamkeit meinte noch, daß Einsamkeit ein Vorgang zwischen zweien oder zwischen dem Einsamen und den anderen Menschen sei. Heute beginnen wir wieder zu spüren und zu erfahren, daß die wirkliche, die tödliche Einsamkeit dreidimensional ist. Diese Einsamkeit hat es nicht nur mit den Mitmenschen, sondern noch mit einer dritten Instanz oder einer dritten Macht zu tun. In der Härte unseres von den Maschinen bestimmten Lebens wird das — gerade weil die Maschine oder die Organisation nicht Gefährte sein kann — allmählich wieder deutlich.

Unsere Zeit wird darum die Klagen Jeremias wieder besser verstehen. Die Einsamkeit, über die Jeremia hier klagt, ist dreidimensional. Da ist einmal die Isolierung von den Menschen. Jeremia wird von Gott geboten, daß er allein bleibe, ohne Frau, ohne Kinder, ohne einen Kreis, in dem er ausruhen konnte (16,1—13). Aber dabei bleibt es nicht. Ihm gehen plötzlich die Augen auf; die Leute von Anatot, mit denen er täglich zusammenlebt, seine Nachbarn, mit denen ihn die Geschäfte des Alltags verbinden, haben einen Anschlag gegen ihn geplant. Er hat ihnen nichts getan, er ist ihnen wehrlos ausgeliefert. Jeremia klagt Gott sein Leid, er fragt, wie Gott das zulassen könne, und bekommt eine unfaßlich harte Antwort: Es wird noch viel schlimmer. Du darfst nicht einmal deinen nächsten Verwandten trauen! Hier zeigt sich die dritte Dimension seiner Einsamkeit: Der Einsame will sein Herz bei Gott ausschütten und wird – scheinbar – schroff zurückgewiesen (11,18 bis 12,6). Jeremia sehnt sich nach einem Kreis fröhlicher Menschen. Er möchte so gern fröhlich sein mit den Fröhlichen. Er bäumt sich auf gegen dieses furchtbare Alleinsein (15,10–20):

> *Von deiner Hand gepackt, saß ich einsam.*
> *Denn du hast mich mit Zorn erfüllt.*

Und seine Klage wird zur Anklage:

> *Du bist mir geworden wie ein Trugbach!*
> *Wasser, auf das kein Verlaß ist!*

Wir erschrecken vor diesem Wort, aber wir werden es nicht leichtfertig verurteilen. Wir haben heute an vielen Stellen wieder eine Ahnung davon bekommen, bis wohin Menschen getrieben werden können. Wir ahnen wieder, daß die Einsamkeit des Menschen unter den Menschen noch nicht die letzte Einsamkeit ist. Wir werden von diesem Aufschrei des unter Gottes Faust einsam Gewordenen auch den Schrei Jesu am Kreuz ernsthafter hören. Es ist gut für uns, zu wissen, daß Menschen bis in diese tiefere Einsamkeit hinein gegen Gott an Gott festgehalten haben. Hier ist es wirklich todernst. Jeremia hat nicht nur gegen ein Gefühl der Einsamkeit zu kämpfen. Es ist sein Auftrag, sein Daseinssinn, der ihn in die tiefere Einsamkeit wirft:

> *Das Wort des Herrn ist mir geworden*
> *zum Schimpf und Hohn den ganzen Tag!*

Dasselbe Wort, von dem Jeremia auch sagen kann:

> *Fanden sich Worte von dir, so verschlang ich sie,*
> *und es ward mir dein Wort zur Freude.*

Es kamen in Jeremias Leben Stunden, in denen diese Spannung unerträglich wurde und er versuchte, die Last abzuwerfen, nicht mehr Prophet zu sein. Aber da war es wie ein brennendes Feuer in seinem Innern, er konnte nicht weg von Gott, er mußte weiter vor den Menschen für ihn einstehen (20,7–11).

Die Leidensgeschichte Jeremias beginnt mit der Tempelrede (hier ist einmal die Rede selbst, Kap. 7, und die Geschichte der Rede, Kap. 26, überliefert). Vor den Menschen, die zum Gottesdienst in den Tempel gehen wollen, erhebt er eine scharfe Anklage gegen den unecht gewordenen Gottesdienst, dieselbe Anklage, die auch Amos (z. B. Kap. 5) und Jesaja (1,10—17) erhoben haben.

Wie: Stehlen, töten, ehebrechen, falsch schwören,
und dann kommt ihr und tretet vor mich in diesem Hause
und sagt: wir sind geborgen!
Um alle diese Greuel wieder zu tun!
Ist denn in euren Augen dies Haus, über dem mein Name
genannt ist, eine Räuberhöhle?

Die empörten Bürger von Jerusalem, voran die Priester, dringen auf Jeremia ein, und sie hätten ihn wahrscheinlich getötet, wären nicht die Beamten dazwischen gekommen, die eine ordentliche Gerichtsverhandlung forderten. Bei dieser Verhandlung zeigt sich, was dem schwachen und angefochtenen Jeremia bei seiner Berufung verheißen war: „Ich will dich zur ehernen Mauer machen." Die Hoheit und Würde seines Auftrages spricht aus den Worten, die er jetzt an die wütende Menge richtet. Nicht ein Wort, mit dem er sich selbst herauszuziehen oder zu verteidigen versuchte, sondern allein eine Warnung an die, zu denen er gesandt ist und die ihn jetzt in ihrer Wut am liebsten beseitigen wollen. Gerettet wird Jeremia in dieser Stunde dadurch, daß sich die Beamten an ein Wort des Propheten Micha erinnern, der hundert Jahre vorher auch ein Gerichtswort über den Tempel zu Jerusalem gesprochen hatte und den man dieses Wort ungestraft hatte sprechen lassen.
Die falsche Sicherheit der Leute in Jerusalem, die Jeremia in der Tempelrede scharf angriff, steht in schroffstem Gegensatz zu den Anfechtungen des einsamen Propheten. Mit dieser stupiden, sich breit machenden Sicherheit hatte er es immer wieder zu tun. In der Tempelrede stieß er auf sie bei dem Volk und den Priestern. Schwerer noch war es, daß er sie auch bei den Propheten fand, die wie er im Namen Gottes verkündeten. Nach der ersten Belagerung Jerusalems, nachdem ein Teil der Bevölkerung und die wertvollen Geräte des Tempels nach Babylon fortgebracht worden waren, erweckt die Hoffnung auf Ägypten in Jerusalem einen blinden, ge-

fährlichen Optimismus. Einer der Heilspropheten, Chananja, tritt in Jerusalem mit einem angeblichen Gotteswort auf: „Binnen zwei Jahren bringe ich die Geräte des Hauses Gottes zurück!" Chananja trifft auf Jeremia, und Jeremia trägt ein Joch, ein sprechendes Zeichen in den blinden Optimismus hinein. Das ist für Chananja die gegebene Gelegenheit. Er reißt dem Jeremia das Joch vom Hals, zerbricht es und begleitet den Akt mit dem Wort: „Ebenso zerbreche ich binnen zwei Jahren das Joch Nebukadnezars!" Wir können uns denken, wie dies vom Volk Jerusalems aufgenommen wurde. Und nun folgt eine tief bewegende Szene: Jeremia hat in diesem Augenblick tiefster Demütigung nichts zu sagen. Es heißt nur: „Und der Prophet Jeremia ging seines Weges." Erst später, nach einem Abstand, bekommt Jeremia den Auftrag, Chananja erneut entgegenzutreten. Zusammengedrängt in einen einzigen Satz, wird die Tat Chananjas zu seinem Gericht, wird das Wort Chananjas zunichte: „Hölzernes Joch hast du zerbrochen, eisernes Joch hast du geschaffen." Jeremia spricht dem Chananja die Vollmacht ab, Prophet zu sein. Für den Mißbrauch des Wortes Gottes muß er sterben. Der Bericht schließt: „Der Prophet Chananja starb im selben Jahr im siebten Monat."

Die höchste verantwortliche Instanz in Juda, der König, verschließt sich den Warnungen des Propheten wie das Volk, die Priester und die Heilspropheten. Bei einem Fest, zu dem viele Leute im Tempel sind, läßt Jeremia die ihm aufgetragenen Gottesworte durch Barük, seinen Gefährten und Schreiber, auf dem Tempelplatz verlesen. Ihm selbst ist der Zutritt zum Tempel verboten. Unter den Zuhörern ist ein Hofbeamter. Er reagiert auf die vorgelesenen Worte Jeremias genauso wie der Oberpriester Amazja auf die Worte des Amos: sie scheinen ihm staatsgefährdend. So bringt er die Sache vor die Minister, und diese bringen sie vor den König. Der König sitzt im Winterhaus, vor sich ein Becken mit brennenden Kohlen. Ein Diener des Königs liest aus der Rolle des Buches Wort für Wort vor. Ringsherum stehen die Beamten, Minister und Diener. Nach jedem Abschnitt schneidet der König das Vorgelesene ab und wirft es ins Feuer, bis die ganze Rolle vernichtet ist. Wie tief noch den, der den Vorgang berichtet, dieser Frevel traf, zeigen die Worte:

Und niemand erschrak und zerriß sein Kleid,
weder der König noch seine Diener. (36,24)

Hier zum ersten Mal wirkt das geschriebene Gotteswort in die Geschichte hinein. Das eben Berichtete ist mit einem Stück unserer Bibel geschehen. Es ist dabei zu beachten, daß das Verlesen alles andere als gottesdienstlichen Charakter hatte. Die Worte setzen sich selbst in dieser Situation durch. Sie finden zwar kein Gehör, aber sie stellen die letzte, dramatische Warnung an den König und die leitenden Staatsmänner dar. Der Akt des Zerschneidens und Verbrennens dieser Warnung bedeutete das abschließende Urteil über das Königshaus und den judäischen Staat. Die vernichteten Worte aber haben das Verbrennen überlebt. Man kann Gottes Worte nicht vernichten, indem man das Buch zerstört, in das sie geschrieben sind. Das hat sich in den folgenden Jahrtausenden noch oft gezeigt. Es sind viele Versuche gemacht worden, es zum Schweigen zu bringen. Dies Buch aber kann durch keine Gewalt der Menschen zum Verstummen gebracht werden.

Fünf Könige hat Jeremia erlebt. König Jojakim, der Jeremias Buch verbrannt hatte, führt die erste Wegführung nach Babel 597 herbei, unter den Weggeführten ist sein Sohn Jojachin, der nur wenige Monate König war. Der letzte König, Zedekia, ist von Nebukadnezar eingesetzt. Er schwankt zwischen Ergebenheit und Rebellion hin und her, Jerusalem wird vom Kampf der Parteien zerrissen. Diese letzten zehn Jahre bis zum Fall Jerusalems 586 sind wie ein Taumeln auf den Abgrund zu. Noch einmal spitzt sich der Konflikt zwischen König und Prophet auf das äußerste zu. Unheimlich sticht die stetige Ruhe des Propheten, der *eines* zu sagen hat und dies sagt trotz aller Schwankungen der Lage, trotz Drohungen und Gefängnis und Todesgefahr, trotz einer Anklage des Verrats, von der Zickzacklinie der Politik dieses letzten Jahrzehnts ab. Der König ist schwach und unsicher. Er läßt Jeremia verhaften, aber er schickt heimlich zu ihm nach einem weisenden Wort von Gott. Er hört nichts anderes, als was Jeremia immer gesagt hat, findet aber zu keiner Entscheidung mehr. Unerschrocken setzt Jeremia sein Leben ein, um noch das letzte Leben in der Stadt zu retten. Er wird in eine Zisterne geworfen, in der er umgekommen wäre, hätte ihn nicht ein Kuschit gerettet. Aber er bleibt dabei bis zuletzt. Und nachdem Jerusalem gefallen ist und der babylonische Feldherr ihm freistellt, im Land zu bleiben oder mitzukommen nach Babylon und dort in Sicherheit für den Rest seines Lebens auszuruhen, da entscheidet sich Jeremia, lieber bei dem armseligen, zusammengeschlagenen Rest zu bleiben. Er bleibt bei denen, die ihn ein Leben lang bekämpft, verdächtigt und verachtet haben. Es ist sein Volk, Gott hat ihn zu diesen Menschen geschickt. Auch bei diesem kläglichen Rest muß er weiter das sein, was er bisher war, ein Bote von Gott, dessen Worte nicht angenommen werden. Er wird von den Flüchtenden nach Ägypten mitgenommen und muß am Ende sehen, wie sie fremden Göttern dienen.

Aber Jeremia weiß jetzt, daß dies nicht das Letzte ist. Er hat das Schicksal seines Volkes bis zum bitteren Ende geteilt. Aber als er noch während der Belagerung im Burghof in Haft war, bekam er einen neuen Auftrag. Ein Verwandter bot ihm einen Acker draußen vor der Stadt zum Kauf an. Jeremia kauft auf Gottes Geheiß diesen Acker, der Kaufvertrag wird in seinem Gefängnis in aller Form abgeschlossen. Es sind Zeugen dabei, die hören das Gotteswort, das in der Zeichenhandlung des Ackerkaufs dargestellt ist:

Man wird in diesem Land wieder Häuser und Äcker
und Weinberge kaufen. (32,15)

Es ist wahrhaftig ein äußerst bescheidenes, zurückhaltendes Heilswort, es sagt nur: Zerstörung, Untergang und Zusammenbruch sind nicht das Letzte. Es kommt noch etwas danach. In dieser nüchternen Zurückhaltung wirkt das Wort doch stärker als die schönsten Ausmalungen eines kommenden Heilszustandes. Man muß die Lage kennen, aus der es gesprochen ist, um es zu verstehen.

Von dem, was dann später einmal kommen wird, sagt Jeremia nur, daß es etwas ganz anderes, ganz Gewandeltes sein wird. Gott wird einen neuen Bund mit seinem Volk schließen. Der neue Bund wird nicht mehr die Grundlage des geschriebenen Gesetzes haben:

Ich werde mein Gesetz in ihr Inneres legen
und es ihnen ins Herz schreiben.
Ich werde ihr Gott sein,
und sie werden mein Volk sein. (31,33)

Man kann nicht sagen, daß die Zeit nach dem Exil dieser Ankündigung des neuen Bundes entsprach. Hier weist Jeremia hinüber auf eine neue Epoche der Geschichte Gottes mit seinem Volk. Dies Wort kann nur auf die Zeit der Erfüllung gedeutet werden.

234

DER PROPHET DES TROSTES

Die Prophetie im engeren Sinn des Wortes begleitet das Königtum Israels von seinem Anfang bis zu seinem Ende. Sie hat begonnen, als Samuel dem König Saul und Nathan dem David gegenübertrat. Sie endete mit den letzten Worten, mit denen Jeremia dem König Zedekia den Fall Jerusalems ankündigte. Aber die Prophetie hat eine Nachgeschichte im Exil und nach dem Exil. Ganz nahe zur alten, klassischen Prophetie gehört der Prophet des Exils, den wir Deuterojesaja nennen. So bezeichnet man seit einiger Zeit den Unbekannten, dessen Worte uns angefügt an das Buch des Propheten Jesaja, in den Kapiteln 40—55, erhalten sind. (Ob die Kapitel 56—66 ganz oder teilweise zu ihm gehören, ob sie die Prophetie eines dritten, des sogenannten „Tritojesaja", enthalten oder verschiedene Anhänge zu Deuterojesaja sind, ist nicht geklärt.)

Hier hat einmal die wissenschaftliche Arbeit an der Bibel der Gemeinde ein schönes und wertvolles Geschenk gemacht. Schon um 1775 sahen Forscher in diesem Teil des Jesajabuches die Worte eines Mannes, der im Exil spricht, rund 200 Jahre später als Jesaja selbst. Allmählich wurde immer deutlicher gesehen, daß dieser Unbekannte eine völlig andere Sprache spricht, einen anderen Stil hat, sich anderer Redeformen bedient, vor allem aber, daß er eine andere Botschaft in eine andere Stunde zu bringen hat. So kann es denn heute als ganz sicher gelten, daß hier zu den uns bekannten Propheten ein neuer Prophet entdeckt ist, eine weitere Stimme im Chor der Prophetie.

Deuterojesaja ist Bote des Trostes. Im Prolog seines Buches (40,1—11) wird diese seine Aufgabe verkündet. Gott ruft nach einem Trostboten für das Volk im Exil: „Tröstet, tröstet mein Volk!" Er hat seinem Volk nach einer Zeit des Leidens vergeben; dies soll nun verkündet werden und damit der freie Weg in eine neue Zukunft, die Erlösung aus der Gefangenschaft. Nur andeutend und verhüllend ist dann von der Berufung des Propheten die Rede. Einer hat den Ruf gehört. Aber er fragt: „Was soll ich rufen?" und begründet seine Frage mit der Vergänglichkeit alles Lebendigen. Wir können nur ahnen, daß hinter diesen Worten die tiefe Skepsis eines Mannes steht, der nicht mehr glauben kann, daß aus den zerfetzten und zerstreuten Resten des Volkes noch einmal neues Leben erwachen kann. Er bekommt eine Antwort, die diese

Vergänglichkeit bestätigt: „Ja, das Gras verwelkt, die Blume verdorrt." Dieser Wirklichkeit aber wird eine andere entgegengesetzt: „... aber das Wort unseres Gottes bleibt in Ewigkeit." Damit ist das durch die Propheten an Israel ergangene Gotteswort gemeint. Die Gerichtsbotschaft der Propheten ist eingetroffen. Es hat sich als richtig bewährt. Die Propheten aber haben auch gesagt, daß mit dem Gericht nicht alles aus ist, daß von Gott noch etwas erwartet werden kann. Es genügt, auf die Worte Jeremias hinzuweisen. Deswegen kann nun, mitten im Exil, zum Trost gerufen werden, damit hat der Bote des Trostes ein Fundament: Die Verheißungen Gottes bleiben bestehen durch den Zusammenbruch, ja durch den Tod des Volkes hindurch.

Mit dem Verkünden des Bestehenbleibens des Gotteswortes beginnt und endet das Buch Deuterojesaja. Am Ende des 55. Kapitels ist es noch einmal bestätigt in dem Gleichnis vom Regen, der die Frucht aus der Erde sprossen läßt: „... so auch mein Wort, das aus meinem Munde kommt; es kehrt nicht leer zu mir zurück, sondern wirkt, was ich beschlossen, und führt durch, wozu ich es gesendet." Diese Sätze am Anfang und am Schluß des Deuterojesaja sind wie ein Siegel unter die Geschichte der Prophetie. Jahrhundertelang waren die Worte der Boten an Israel ergangen — scheinbar ohne Erfolg. Sie sind aber dennoch nicht ins Leere gefallen. Die Worte, von Gott gesendet, rissen nicht ab, ein Bote löste den anderen ab bis zum letzten, dem dieses Wort Freude und Qual brachte. Jetzt erst, am Ende der Reihe der Boten, erweist sich der Sinn dieser Reihe: Im Sterben des Volkes im Exil kann an die — nicht vergeblichen — Worte der Boten in der langen Reihe angeknüpft werden. Das von ihnen verkündete Wort gibt nun das Fundament, auf dem der Bote des Trostes — selbst ein Verzweifelter — stehen kann.

Das schönste Beispiel des Trostrufes Deuterojesajas schließt gleich an den Prolog (40,12—31). Hier sieht man auch, wie anders er redet als die Propheten vorher. Das Ganze ist eine Kette von Fragen: „Wer hat die Wasser mit der hohlen Hand gemessen ...? Wem wollt ihr Gott vergleichen ...? Wißt ihr es nicht? Hört ihr es nicht ...? Wer hat jene geschaffen ...? Warum sagst du, Jakob ...?" Man spürt sofort, daß es Worte eines Gespräches sind, das der Prophet mit seinen Schicksalsgefährten im Exil führt. Er greift ihre Klage auf, die ja auch seine eigene Klage gewesen war:

Mein Geschick ist dem Herrn verborgen,
und mein Recht geht an meinem Gott vorüber.

Die so Klagenden und Gott Anklagenden weist er in einer herrlichen Dichtung auf die Majestät des Schöpfers und sagt ihnen dann zu, daß er sich ihrer annimmt:

Der Herr, der ewige Gott, der die Enden der Erde geschaffen
hat ... er gibt den Müden Kraft ...

Liest man diese starke Dichtung in einem Zug und hört man genau zu, so wird man überrascht von der Entdeckung: Das ist ja die Sprache der Psalmen! Die von Deuterojesaja aufgenommene Klage der Verbannten (Vers 27) könnte wörtlich so in einem Klagepsalm des Volkes stehen, und das Lob Gottes in seiner Majestät, das Lob Gottes, des Schöpfers und des Herrn der Geschichte, genauso in einem Lobpsalm. Das gerade ist charakteristisch für den Propheten des Exils: Bei ihm fließen die beiden Ströme der Prophetie und der Psalmen zusammen. Man kann das durch alle Worte Deuterojesajas hin genau verfolgen. Hier wird eine der großen Linien der Geschichte des Gottesvolkes deutlich: Die Prophetie im engeren Sinn ist mit der Zerstörung Jerusalems zu Ende. Der neue Ansatz der Prophetie im Exil lenkt in eine neue Richtung: Die Psalmen als der Widerhall der Taten Gottes, der Widerhall in Gebet und Lied der Gemeinde bekommen jetzt ihre tragende Bedeutung für die lange Zeit des Wartens, in der die eigentliche Prophetie schweigt, bis das ganz andere, die Zeit der Erfüllung, kommt.
Aus einer Disputation ist auch das Wort am Ende des 43. Kapitels (Vers 22—28) erwachsen, aber hier wird die Disputation zu einem Rechtsstreit zwischen Gott und dem Volk. Gott begegnet einer Anklage, die gegen ihn erhoben wird: Wie konntest du, Gott, uns so völlig verstoßen! Haben wir dir nicht in Treue gedient, seit du uns in das gelobte Land brachtest? Haben wir dir nicht Opfer gebracht, jahrhundertelang, von unserem Gut, von unserem Vieh, von unserer Nahrung? Ist das etwa alles umsonst gewesen? Die Antwort auf diese anklagende Frage des Volkes im Exil ist ein erschütterndes, radikal verneinendes Urteil über den Opferdienst des Volkes durch die ganze Geschichte der Ansässigkeit hindurch, es ist eine volle, abschließende Bestätigung der Worte, die die Pro-

pheten jeweils zum Opferdienst ihres Volkes gesagt hatten. Das ist
die Antwort: Die Opfer, die ihr all diese Zeit hindurch gebracht
habt, ihr habt sie gar nicht wirklich *mir* gebracht. Denn dieser
Opferdienst hat euch nicht gewandelt, er hat euer Leben nicht verändert. Ihr habt mir damit nicht wirklich einen Dienst getan. Vielmehr habt ihr im Lauf dieser Geschichte einen Berg von Sünde an-
gehäuft, die durch die Opfer nicht abgesühnt ist. „Du hast mir Arbeit gemacht mit deinen Sünden, mir Mühe gemacht mit all deiner
Verschuldung." Wenn die Geschichte zwischen mir und euch jetzt
weitergehen soll, dann ist nichts da, worauf ihr euch berufen könn-
tet mir gegenüber. Es ist nur der Berg von Sünde da. Und darum
kann es nur so weitergehen: „*Ich,* ich trage deine Missetaten um
meinetwillen, und deiner Sünden will ich nimmermehr gedenken!"
Aber es macht Arbeit, es macht auch Gott Arbeit, den Berg von
Sünde abzutragen. Und hier schließen die Lieder vom Gottesknecht
an, die der Prophetie Deuterojesajas angefügt sind. Es sind die
Stücke 42,1—4; 49,1—6; 50,4—9; 52,13—53,12. Diese Gottesknechtlieder fordern zum Fragen heraus und haben eine gar nicht mehr
zu übersehende Fülle von Deutungen bekommen. Was ich im Folgenden dazu sage, kann nur ein Versuch der Deutung neben vielen
anderen Versuchen sein. Ich möchte aber von vornherein dazu be-
merken, daß das nicht enden wollende Fragen, wer mit dem Gottesknecht gemeint sei, doch wahrscheinlich einem bewußt verhül-
lenden Reden der Texte entspricht, die eine ganz präzise und ganz
sichere Lösung der Frage überhaupt nicht ermöglichen.

Man kann die Lieder vom Gottesknecht richtig nur auf dem Hintergrund der ganzen Geschichte Israels hören. Gott hat sein Werk
an diesem Volk immer durch einzelne getan. Ganz am Anfang war
es *ein* Mittler, Mose, der Führer des Volkes und Sprecher Gottes
zugleich war, Mose wird Gottes Knecht genannt. Im Lande Kanaan
teilte sich die Linie der Mittlerschaft. Neben die Mittler der Tat
(die Richter und die Könige) traten die Mittler des Wortes. Im
Knecht Gottes des Deuterojesaja laufen die beiden Linien wieder
zusammen. Der Mittler des Werkes Gottes an seinem Volk ist nun
wieder *einer,* und dieser eine wird, wie Mose, Gottes Knecht genannt. Daß er Knecht ist, dieser neue Mittler des Heils, ist ein be-
wußtes Anschließen an die Linie der Könige: die Zeit der politischen Könige ist endgültig vorbei, an die Stelle des Königs tritt
der Knecht. Dies sagt besonders das Lied 42,1—4, dessen Worte

deutlich an die alte Designation des Königs bei der Königssalbung anschließen (vgl. Psalm 2). Das Werk des Knechtes wird hier im bewußten Gegensatz zur Verwaltung der Macht durch den König dargestellt: Sein Amt ist es, die Wahrheit hinauszutragen. Eine genaue Entsprechung hierzu ist im Neuen Testament das Gespräch zwischen Jesus und Pilatus.

Das Amt, die Wahrheit hinauszutragen, ist ja eigentlich die des Boten Gottes, des Propheten. Der Knecht steht am Ende der Reihe der Propheten. Dies sagt das zweite Lied 49,1—6. Der Knecht ist von Geburt an berufen, genau wie das von Jeremia (Kap. 1) gesagt wird, er wirkt durch sein Wort (Vers 1—2). Wie manche Propheten sich zunächst gegen ihre Berufung gesträubt haben, so auch der Knecht. Aber er sieht dabei auf die Vergangenheit zurück:

Ich aber sprach: Umsonst habe ich mich gemüht,
um nichts und nutzlos meine Kraft verzehrt . . .

Dies ist offenbar ein Rückblick auf die Prophetie als ganze, auf die lange Reihe der Propheten, deren aller Wirken dem äußeren Anschein nach vergeblich war. Aber anstatt die schwere und scheinbar vergebliche Arbeit des Knechtes zu erleichtern, gibt Gott ihm auf diese Klage zur Antwort: Es ist eine zu geringe Aufgabe für dich, „die Stämme Jakobs aufzurichten und die Geretteten Israels zurückzubringen; ich will dich auch zum Licht der Völker machen". In diesem zweiten Gottesknechtlied ist ganz deutlich und betont ausgesprochen, was im ersten schon anklang: Der Knecht Gottes bekommt einen Auftrag über Israel hinaus an die Völker.

Wir müssen hier einen Augenblick zurücksehen. Das Alte Testament beginnt mit der Erschaffung der Welt, und am Ende der Urgeschichte steht (Gen. 10) die Völkertafel. Damit ist von vornherein deutlich: Der Gott der Bibel ist der Gott der ganzen Welt, alle Menschen sind seine Geschöpfe, und sein Wirken erstreckt sich auf alle Kreatur. Dann beginnt die besondere Geschichte Gottes mit dem einen, den er herausruft, der zu dem einen Volk wird, das Gott erwählt hat, mit dem er seinen besonderen Weg geht. Aber in den ersten Worten dieser Geschichte, gleich am Anfang von Genesis 12, klingt die Verheißung an Abraham in die Worte aus: „. . . und in dir sollen gesegnet werden alle Geschlechter der Erde." Genau an diese Verheißung schließen die Gottesknechtlieder wieder an. Gott hatte in dem besonderen Tun an dem einen Volk von vornherein das Ganze der Welt im Auge: In diesem Volk geht Gott den Weg mit den Völkern der Welt, die alle teilhaben an diesem Weg von dem wandernden Ahnen über das Wachsen der Sippe und alle Stadien der Geschichte einer gewachsenen Gemeinschaft bis zum Zusammenbruch des Staates und der Entwurzelung des Volkes.

Es ist nun ganz gewiß kein Zufall, sondern ein klares Zeichen für den tiefen geschichtlichen Sinn der Bibel, wenn im Nachhall der Katastrophe des Volkes, also genau an der Stelle, wo nach menschlichem Ermessen der Weg des Volkes zu Ende ist, der ursprüngliche, eigentliche Schauplatz der Taten Gottes wieder ans Tageslicht kommt: Die neue Epoche der Heilsgeschichte hat es wieder mit der ganzen Welt zu tun, der Knecht, der das neue Werk Gottes zu tun beauftragt wird, soll das Licht der Völker werden, und der Plan, der dahinter steht, wird am Ende des Liedes deutlich: „daß mein Heil reiche bis an das Ende der Erde."

Wer der Knecht ist, kann man aus den ersten beiden Liedern noch nicht ersehen. Deutlich sind zwei Bestimmungen seines Werkes: Er ist der neue Mittler des Heiles Gottes, in dem die beiden Linien der Könige und der Propheten wieder zusammenkommen; er ist wieder der *eine* Mittler. Es ist ihm aufgetragen, das scheinbar vergebliche Werk der Propheten, Israel aufzurichten und zurückzubringen, fortzusetzen. Aber darüber hinaus soll er Gottes Heil zu den Völkern bringen.

Das dritte und vierte Lied bringen dazu eine eindeutige und klare Bestimmung des Werkes dieses Knechtes: das stellvertretende Leiden. Im dritten Lied (50,4–9) ist die besondere Seite des Trostamtes des Knechtes verbunden mit Schlägen und mit Schande, und der Knecht bejaht Leid und Schande und nimmt es geduldig auf sich. Im vierten Lied (53) ist diese Aussage nach zwei Seiten weitergeführt: Die Schläge führen zum Tod des Knechtes. Das Leiden und den Tod hat der Knecht stellvertretend auf sich genommen. Dieser Tod aber ist nicht das Ende; es wächst Frucht aus diesem Tod, und eine vom Leiden und Sterben des Knechtes überwundene Gemeinde bekennt: Wir wissen jetzt, das alles ist für uns geschehen. In den vier Gottesknechtliedern ist das Werk des Knechtes klar und für jeden verständlich herausgestellt, doch die Person des Knechtes bleibt im Dunkel. Deutlich ist, daß er dem Gottesvolk angehört, deutlich ist auch, daß er in irgendeiner Weise die Linie der Propheten fortsetzt bzw. zu Ende führt. Aber es ist nicht einmal sicher, ob mit dem Knecht ein Individuum gemeint ist oder ob er eine Gemeinschaft verkörpern soll. Ebensowenig ist sicher, ob das Leiden des Knechtes in der Vergangenheit, Gegenwart oder Zukunft gedacht ist. Sicher ist soviel: In der nachexilischen Gemeinde bis hin zum Kommen Christi sind die Gottesknechtlieder nicht auf eine bestimmte einzelne Person in der Zeit des Exils oder kurz danach bezogen worden. Sollte Deuterojesaja an eine bestimmte geschichtliche Gestalt oder auch an sich selbst gedacht haben, so ist daraus jedenfalls keine feste Tradition geworden, die das Werk des Knechtes an diese Person gebunden hätte. So ist es wahrscheinlicher, daß mit dem Knecht der „letzte Prophet" gemeint ist, der zum neuen Mittler durch das stellvertretende Leiden wird. Dieser letzte Prophet ist für Deuterojesaja noch keine geschichtliche Gestalt. Er sieht in ihm die ganze Reihe der Propheten und sich selbst in dieser Reihe. In den Gottesknechtliedern meint er auch sich selbst, aber nicht nur und nicht eigentlich sich selbst. Ist der Gottesknecht so von Deuterojesaja gemeint, dann ist die Erfüllung dieser Lieder durch den zur Zeit des Deuterojesaja (6. Jahrhundert) noch nicht gekommenen, sondern erst ein halbes Jahrtausend später, als „die Zeit erfüllt war", erstandenen Jesus von Nazareth am sinnvollsten. Dann kann man die Gottesknechtlieder — ohne einen ursprünglich fremden Sinn hineinzulegen — nach ihrem eigentlichen Sinn als den deutlichsten, unmittelbarsten und tiefsten Hinweis des Alten Testamentes auf Jesus Christus sehen.

DIE BEDEUTUNG DER PROPHETIE
FÜR DIE MENSCHHEITSGESCHICHTE

Die Propheten sind nur aus einer Epoche menschlichen Seins und Denkens zu verstehen, in der Gott oder Götter noch zu den Denkvoraussetzungen, aber nicht zu den Denkobjekten gehörten. Es ist wohl die entscheidendste Wandlung in der Menschheitsgeschichte überhaupt, daß Gott, daß die Götter oder das Göttliche zum Gegenstand menschlichen Nachdenkens wurden und daß der Mensch von einem selbständigen, objektiven Standort aus zu dem Göttlichen Stellung nehmen konnte, sich entscheiden konnte, ob er Gott bejahen oder verneinen sollte. Die Emanzipation von Gott fing damit an, daß man über ihn nachdachte. Man überschritt die Grenze von einem Denken an Gott — so wie ein Mann aus der Gefangenschaft an seine Frau und seine Kinder denkt, oder wie der 23. Psalm an Gott denkt — zu einem Denken, das Gott in die Reihe des Gegenständlichen, in die Reihe der Objekte des menschlichen Geistes stellt. Dies ist ein langer, vielgestaltiger Prozeß, der an vielen Stellen auf der Erde zu erkennen ist. Überall ist er verbunden mit dem, was wir als geschichtliche Erscheinung „Aufklärung" nennen. Oft hat sich dieser Prozeß über Jahrhunderte erstreckt. Überall endet er in einer Überordnung des menschlichen Denkens oder des Menschengeistes über alles, was von Gott oder den Göttern oder dem Göttlichen gesagt werden kann. Aus diesem Prozeß ist auch der Begriff „Religion" hervorgegangen.

Das Volk Israel ist von diesem Prozeß nicht verschont geblieben, aber er verlief hier anders als gewöhnlich. Er hatte hier ein unheimliches Gefälle und vollzog sich in einer einzigartigen Dramatik. Das eigentlich Dramatische ist dabei der erste Anfang dieses Prozesses der Lösung von Gott. In diesem kleinen, weltgeschichtlich nicht bedeutenden Volk wurden die ersten, die frühesten Zeichen der Emanzipation von Gott wahrgenommen, und einige wenige Männer standen dagegen auf. Sie sahen die ersten Risse und stellten sich dorthin, wo ein Riß war.

Darin liegt die Bedeutung der Prophetie für die Gegenwart. Was die Propheten über Gott gedacht haben, kann uns heute interessant, es braucht aber nicht lebenswichtig für uns zu sein. Als religiöse Persönlichkeiten waren die Propheten Gottes einzigartig. Aber hier gilt dasselbe: Es ist zu verstehen, wenn ein Mensch unserer Tage im Blick auf die Propheten sagt: Wir haben andere Probleme. An einer Stelle aber werden sie für uns doch lebenswichtig, da gehen sie uns an, da handelt es sich bei ihnen um unser Grundproblem: Können wir ohne Gott leben? Für den einzelnen Menschen ist diese Frage seit etwa hundert Jahren für Millionen von Individuen mit ja beantwortet worden. Für das Gemeinschaftsleben ist die Frage noch nicht beantwortet. Die Zeit seit der Aufklärung ist noch zu kurz, als daß wir sagen könnten, was aus einer Gemeinschaft, die als Gemeinschaft Gott verneint, werden wird. Das Weggehen einzelner von Gott kann die Frage noch nicht beantworten, unsere Frage nämlich: Was geschieht dort, wo ein Volk oder ein Reich sich zum Atheismus entschieden hat? Weil wir an dieser Frage heute nicht vorbei können, ist es für uns wichtig, zu wissen, was am Anfang der Linie geschah, an deren Ende wir heute stehen.

Die Dramatik des Prozesses ist in Israel in dem eigenartigen Verlauf seiner Frühgeschichte begründet. Am Anfang dieser Geschichte stand ein Bekenntnis, das Bekenntnis zu dem Gott, der Israel am Beginn in seiner größten Not rettete. Dieses Bekenntnis hielt durch die Wüstenzeit hindurch bis in die erste Zeit der Landnahme. Es schuf sich seine besondere politische Ausdrucksform in dem Stämmebund, der durch dieses gemeinsame Bekenntnis zusammengehalten wurde, und im charismatischen Führertum. Mit dem Entstehen des Königtums wurde die Geltung des Bekenntnisses in Frage gestellt. Das Königtum, das sich auf eine göttliche Stiftung berief, bewirkte ganz von selbst, daß das gottesdienstliche Leben in Israel in eine stetige, geregelte Form kam, in der die wichtigen Entscheidungen sowohl politischer als auch religiöser Art immer mehr der Leitung, also den Königen und ihren Priestern, überlassen wurden. Es entstand eine Staatsreligion, in der der einzelne einer festen Institution gegenüberstand, die eine politische und eine religiöse Seite hatte. Wenn jetzt z. B. des Königs Wille im Lande etwas durchsetzte, was gegen den Willen Gottes war, so war es für den einzelnen Israeliten äußerst schwer, diesem Willen des Königs entgegenzutreten. Das Politische bekam sein eigenes Schwergewicht. Es traten politische Notwendigkeiten auf, die unvermeidbar schienen, auch wenn es nicht sicher war, ob sie mit dem Willen Gottes übereinstimmten. Aber nicht nur auf dem Gebiet des Politischen, sondern auch auf dem sozialen Gebiet, auch auf dem Gebiet der Gottesverehrung trat eine allmähliche Eigengesetzlichkeit jeder dieser drei Gebiete ein. Wenn z. B. den Nebenfrauen Salomos in Jerusalem Altäre der Götter ihrer Heimat errichtet wurden, so war das scheinbar eine politische Notwendigkeit.

Diese Entwicklung hätte glatt gehen können. Die politischen, sozialen und wirtschaftlichen Notwendigkeiten hätten sich allmählich durchsetzen und die Herrschaft erlangen können — wie es fast überall tatsächlich geschehen ist. Der Wille Gottes wäre damit nicht einfach aufgegeben, er wäre aber immer mehr auf die private Sphäre eingeengt worden. Die Staatsreligion wäre zu einer feierlichen Bestätigung und Verbrämung der politischen Vorgänge ge-

worden und hätte daneben zu privater Gottesverehrung Platz gelassen. Dann wäre die israelitische Religion eine der orientalischen
Religionen neben vielen anderen gewesen.
Die Propheten haben sich gegen diese Entwicklung gestellt. Warum
sie es taten, ist nicht völlig zu erklären. Zu ihrer Zeit hat man sie
nicht verstanden, obwohl man sie im allgemeinen achtete. Ihre
Gegenspieler, die Könige, haben nicht etwa aus Gottlosigkeit oder
Leichtsinn gegen die Propheten gestanden, sondern in Verantwortung vor Gott als Schützer des Gottesdienstes, als die Gesalbten
Gottes. Der Konflikt zwischen Prophet und König war ein tragi-
scher Konflikt. Auch dem Volk gegenüber dürfen die Propheten
nicht idealisiert werden. Für das Volk lag das Schwergewicht des
gottesdienstlichen Lebens im Stetigen, in den stetig wiederkehrenden, fest geregelten Institutionen. Es konnte die Angriffe der Propheten gegen den Gottesdienst und gegen die Politik der Könige
nur schwer verstehen. Es mußte verwirren, daß die Propheten oft
die Priester angriffen und daß manchmal sogar Prophet gegen Prophet stand. Es war kaum denkbar, daß die Propheten die Nachfolge des gesamten Volkes fanden. Die Prophetie also war von
Anfang an zur Erfolglosigkeit verurteilt. Gerade dies wurde ein
lebendiges Zeichen. Das Leben des Volkes, das sich auf dem politischen, sozialen und wirtschaftlichen Gebiet allmählich von Gott gelöst hatte, ging auf den Abgrund zu. Die Prophetie war von dieser
Bewegung ausgenommen. Hier liegt der Grund, warum die Geschichte Israels mit dem babylonischen Exil nicht zu Ende war. Die
Geschichte der Prophetie weist über sich hinaus auf den Mann, der
als Erfüller dieser Geschichte denselben Weg der Erfolglosigkeit
ging bis zum Ende und darin den neuen Anfang setzte. Diese Geschichte des erfolglosen Widerstandes gegen die Loslösung von
Gott durch die Verselbständigung der führenden Lebensgebiete liegt
wie ein großer Block auf dem Weg der Menschheit von Gott weg
und konnte nicht fortgeräumt werden. Hier ist das eine große
Zeichen im Gang der Weltgeschichte, daß es außer der heute noch
immer fortschreitenden Loslösung und Verselbständigung noch etwas anderes gibt. Einmal wurde diese Loslösung an einer Stelle
aufgehalten! Dies ist ein Faktum der Weltgeschichte, beginnend in
der Prophetie, endend in Christus und seiner Kirche. Das Bestehen
und Wirken der Kirche ist die Fortsetzung dieses Zeichens bis in
unsere Gegenwart.

NACH DEM BABYLONISCHEN EXIL

Es kam wirklich der Tag der Heimkehr für die nach Babylon verbannten Judäer. Nur noch ein halbes Jahrhundert nach der Eroberung Jerusalems hielt das babylonische Weltreich zusammen. Im Jahr 539 fiel Babylon in die Hand des Kyros, Königs der Perser, den Deuterojesaja begeistert begrüßt hatte; im folgenden Jahr gab er den Judäern die Rückkehr in ihre Heimat frei und gab die Erlaubnis zum Wiederaufbau des Tempels in Jerusalem (der königliche Erlaß ist uns in Esra 6,3—5 erhalten). Es traf ein, was Deuterojesaja den Exilierten angekündigt hatte: sie wurden wieder frei!

Aber nun trat etwas ein, was mit der durch fünf Jahrzehnte genährten Hoffnung, mit den leuchtenden Farben, in denen Deuterojesaja die Heimkehr geschildert hatte, wenig übereinstimmte: eine Ernüchterung und geradezu Enttäuschung, die alle Glut der Hoffnung und Erwartung schnell zum Erkalten brachte.

Wir können uns davon heute eine gewisse Vorstellung machen. In den Zeitungen wird noch jetzt hin und wieder von Menschen berichtet, die zwölf Jahre nach dem Ende des Krieges erst die Heimat wiedersehen. Das ist fast nie eine glückliche Heimkehr. Die Zeit war zu lang. Das Exil der Judäer dauerte fünfzig und das der im Jahre 598 Exilierten sechzig Jahre. Von denen, die bei der Zerstörung Jerusalems dreißig Jahre alt waren, konnten unter den Rückkehrern nur noch wenige alte Leute sein, von den im Jahre 598 Deportierten wird bei der Rückkehr kaum einer gewesen sein. Die Kinder der Deportierten aber waren in einem anderen Land aufgewachsen, sie kannten die Heimat der Eltern nur aus deren Erzählungen, sie hatten in Babylon wohl oder übel Fuß fassen müssen. Das alles muß man sehen, wenn man Erwartung und Wirklichkeit der Heimkehr vergleicht. Dazu kommt die andere Seite: das Land, in das die Heimkehrer kommen, ist nicht leer. Die Häuser, soweit sie nicht zerstört waren, hatten andere bezogen, die Äcker und Weinberge andere in Besitz genommen. Es waren ja viele Judäer im Lande geblieben, viele waren nach Beendigung der Kämpfe aus Verstecken zurückgekommen, dazwischen saßen Zuwanderer aus anderen Ländern. Diese alle waren wahrscheinlich wenig begeistert von der Rückkehr der Exilierten. Man hatte nicht mehr mit ihnen gerechnet, das Leben war weitergegangen. Schließlich kam noch hinzu, daß die Rückkehrer ja nicht in ein freies, eigenes Land zurückkamen, sondern in eine Provinz des persischen Reiches, die unter persischer Verwaltung war, unter fremden Gesetzen stand, in der man fremden Beamten und Soldaten begegnete, Abgaben an die Statthalter zu richten waren und die Herrschenden, Entscheidenden und Mächtigen Feinde waren. Hier trat noch einmal ein, was ganz am Anfang der Geschichte Israels schon einmal hatte bestanden werden müssen: eine Rettung war von Gott angekündigt worden, und sie traf auch wirklich ein, aber die Geretteten fanden sich in der Wüste vor. Nachdem der Jubel über die Rettung verklungen war, gab es kein Ausruhen auf der Erfüllung, sondern harte, schwere Jahre der Bewährung. So war es nach der Rettung am Schilfmeer, so war es nach der Ankunft im gelobten Land, so war es jetzt nach dem babylonischen Exil noch einmal, aber nun unter der Last des Gerichtes Gottes, das das Volk als Ganzes getroffen hatte, unvergleichlich schwerer und härter. Die Träume von Größe und Herrlichkeit, von einer Wiederaufrichtung des alten Reiches Davids, von Vernichtung aller Feinde des Gottesvolkes und dessen Neuerstehen in Glanz und Macht zerrannen angesichts dieser Wirklichkeit sehr schnell. An ihre Stelle trat ein mühevolles Sich-Einrichten in den vorgefundenen kleinen Verhältnissen, die Ermattung durch kleine Reibereien und kleine Rivalitäten, der mühsame Kampf um das tägliche Brot und der ganz allmähliche Aufbau der Häuser, der Gemeinwesen und der Beziehungen zu den Herrschenden. Daß es überhaupt dazu kam, war ein Wunder. Und hinter diesem Wunder steht nichts anderes als die Brücke des Handelns Gottes, die über diesen Abgrund reichte.

Der neue Anfang konnte nur im Zeichen der Umkehr stehen. Im Exil entstand das deuteronomistische Geschichtswerk, das, wie wir schon sahen, aus dem Bekenntnis der Schuld erwachsen war. Eine Gruppe der Exilierten hatte gesehen, daß alles so gekommen war, wie es die Propheten angekündigt hatten, und darin hatten sie die Möglichkeit eines neuen Anfangs gefunden, der Gott recht gab in seinen Gerichten, und die eben deshalb mit leeren Händen darauf warteten, daß er noch etwas mit seinem Volk vorhatte. Dieses Geschichtswerk, die Zeit vom Überschreiten des Jordan bis zum Fall Jerusalems umfassend, war von der Rückkehr der von Gottes

Gericht Gebeugten bestimmt, es war aber konzipiert worden als ein Werk, das die Kinder, die kommende Generation, rufen sollte zum Bejahen ihrer Geschichte als der Geschichte eines Zusammenbruches, zur Umkehr und zum Warten auf Gottes Tun, das nicht zu Ende sein *konnte*.

Hier spüren wir etwas von den Kräften, die vor dem Schwersten nicht zurückschreckten, dem Anfang, von dem menschlich gesehen nichts zu erwarten war als Mühsal, Mangel und Enge.

Tatsächlich war es nur ein Teil der Exilierten, der das Wagnis der Rückkehr auf sich nahm. Es waren nur Gruppen, die zurückkehrten, und keine allzu großen Gruppen. Rund hundert Jahre nach dem Edikt des Kyros bedurfte es eines neuen entscheidenden Anstoßes von den in Babylon Gebliebenen, den kläglichen Anfängen des neuen Jerusalem aufzuhelfen und der neuen Gemeinde ein neues Gefüge zu geben. Zu einer Rückkehr des ganzen Volkes kommt es nicht mehr; vom babylonischen Exil ab gibt es die Diaspora, gibt es die Zerstreuung des Volkes Israel, bei der es trotz aller Versuche neuer Staatenbildung geblieben ist bis zum heutigen Tag. Juda, Jerusalem und der neue Tempel war wohl die Mitte, aber es war von nun an nie mehr das Ganze, es war keine geschlossene Ganzheit mehr.

Das Fehlen der Geschlossenheit zeigte sich noch auf eine ganz andere Weise. Vom babylonischen Exil ab ragten fremde Mächte in das Leben des Volkes hinein und hatten in ihm Entscheidungsgewalt. Das hatte fast notwendig tiefe Spaltungen im Volkskörper zur Folge. Es gab von jetzt ab über die persische, griechische und römische Zeit hin eine Richtung, die sich mit dem Tatbestand, daß Juda nun nichts mehr war als Provinz eines Großreiches, abfand und sich der neuen Situation weitgehend anpaßte in Sprache, Sitte und Lebensweise. Das hatte Folgen für Glauben und Gottesdienst; diese Gruppe war „liberal" und zu allerlei Kompromissen geneigt. Die andere Richtung war in ihrem Denken und Hoffen völlig von der Vergangenheit bestimmt, sie schloß sich von allem Neuen und allem Fremden hermetisch ab und lebte davon, das Vergangene auf ein Kommendes hin durchzutragen und durchzuretten.

Dazu kam ein anderer tiefgehender Gegensatz, der aber auch nicht ausgetragen werden konnte: die Provinz Juda hatte im Bereich des Politischen alle Selbständigkeit verloren, es blieb ihr die Selbständigkeit in ihrem Gottesdienst. So ist es fast notwendig dazu gekommen, daß die Kraft und der Geist des Volkes sich nun ganz auf diese ihm gebliebene Möglichkeit freier Entfaltung konzentrierten und der Gottesdienst das Gesamtleben des Volkes in einem außerordentlich hohen Maße bestimmte. Hier hatte das Volk einen Sammelpunkt, hier hatte es die Verbindung zu seiner Vergangenheit und gleichzeitig eine Quelle neuen, in die Zukunft weisenden Lebens. Die große Reform Esras hundert Jahre nach der ersten Rückkehr gab der judäischen Kultgemeinde eine Gestalt, die den kommenden Jahrhunderten das Gepräge gab und durch viele Geschlechter als Fundament der Gemeinschaft durchhielt. Aber es konnte nicht ausbleiben, daß der das ganze Leben des Volkes beherrschende Gottesdienst am Tempel zu Jerusalem sich in vielem verhärtete, formalistisch wurde und sehr menschliche Tendenzen und Ansprüche sich in ihm durchzusetzen begannen. Er bekam einen stark institutionellen Charakter, Subjekt des Gottesdienstes wurde immer mehr der Klerus, während die Gemeinde immer mehr nur zum Publikum der gottesdienstlichen Veranstaltungen wurde, und so bekam die Mitte des Gottesdienstes, das Opfer, immer stärker den Charakter eines opus operatum, einer in sich funktionierenden heiligen Handlung. Im Zusammenhang damit wurde das Opferwesen immer mehr in der Menge gesteigert, die Zahl der Opfertiere wuchs und wuchs und damit auch die Zahl des Klerus; die Priester gliederten sich in eine Hierarchie, geteilt in höheren und niederen Klerus, an der Spitze stand der Hohepriester. Es gab Zeiten, in denen das Amt des Hohenpriesters stark verweltlichte und Machtkämpfe um dieses Amt entbrannten. So wird es verständlich, daß im Volk eine stille Opposition gegen den veräußerlichten Gottesdienstbetrieb entstand und uns eine Reihe von Zeugnissen aus der frühen wie späten nachexilischen Zeit überliefert ist, die von tiefem Mißtrauen gegen den zum Betrieb gewordenen Gottesdienst erfüllt sind und offen die Überzeugung vertreten, daß Gott die Opfer von Tieren gar nicht will. Es heben sich ganze Kreise des Volkes heraus, die zwar die Opfergottesdienste nicht bekämpfen, aber von ihnen nicht mehr das Heil für das Volk erwarten.

Ein dritter Gegensatz zeigt sich in der Einstellung zu den anderen Völkern. Dieser Gegensatz ist wahrscheinlich der schärfste. Es stehen zwei Erwartungen für die Zukunft schroff nebeneinander: die Erwartung, daß die Heilszeit Reichtum, Größe und Glück für

Israel bringt, Gericht und völlige Vernichtung für die Heiden (hier erst, in der nachexilischen Zeit, bekommt das Wort gojjīm = Völker den Klang, den wir in dem Wort „Heiden" hören!). Daneben aber begegnet die ganz andere Erwartung, daß Gottes letztes Ziel für die anderen Völker auch Heil, Frieden und die Anbetung des Schöpfers und Erlösers ist, der seinen Weg mit Israel ging, damit einmal alle Völker ihn kennen, ihn als den Herrn Himmels und der Erde anerkennen und bei ihm Ruhe und Errettung finden unter den Zeichen seines Heils.

Diese Gegensätze, die mit dem eben Gesagten nur gerade skizziert sind, ziehen sich durch den ganzen nachexilischen Teil des Alten Testaments. Wir müssen es einfach zugeben, daß von dem Gericht Gottes über Israel und der Ankündigung eines neuen, ganz anderen Weges Gottes durch die Propheten des Exils an eine einheitliche, klar erkennbare Linie in der Geschichte des Gottesvolkes nicht mehr so zu finden ist, wie sie sich etwa vorher in der Geschichte der Prophetie darstellte. Wir müssen zugeben, daß vom Exil ab in den späteren Schriften ein Weg zu erkennen ist, der endlich zu Johannes dem Täufer und Jesus von Nazareth führt, daneben aber ein anderer, der zu denen führt, die Jesus von Nazareth verwarfen und ausstießen. Von beiden Wegen können wir nur Spuren erkennen; aber diese Spuren weisen in verschiedene Richtung. Wir erkennen damit nur an, was das Neue Testament bestätigt, daß in den Worten Jesu Christi über das Alte Testament nebeneinander die volle Bejahung des Alten Testamentes (z. B. in der Bergpredigt Matth. 5,17—19) und eine sehr deutliche Kritik an ihm (z. B. in den Gegensatzsprüchen Matth. 5: „Ihr habt gehört, daß zu den Alten gesagt ist, ... ich aber sage euch ...") zu finden ist.

Für das Verständnis der späten Teile des Alten Testamentes ist es wichtig, von vornherein diese beiden Linien zu sehen; manche Schwierigkeit wird hierin ihre Erklärung finden.

DIE NACHGESCHICHTE DER PROPHETIE

In einem späten Psalm hören wir einmal die Klage: „Kein Prophet ist mehr da" (74,9). Das Wort stellt einfach fest, daß es so ist, und setzt dabei voraus, daß die Prophetie einer begrenzten Zeit angehört, anders als z. B. das Priesteramt. Wir sahen, daß die

Prophetie das Königtum vom ersten bis zum letzten König begleitet; sie ist der Zeit des Staates Israel-Juda zugeordnet. Wenn vorher einmal Propheten erwähnt werden, so ist das Wort in einem weiteren Sinn gemeint, so gehören diese Erscheinungen zur Vorbereitung oder Vorgeschichte der Prophetie. Wenn nach dem Exil die Geschichte der Prophetie sich scheinbar noch lange fortsetzt und uns aus dieser Zeit noch Prophetenbücher überliefert sind, so ist das dennoch bloß wie ein Nachhall dessen, was einmal die Prophetie war. In Einzelzügen stimmt diese späte Prophetie mit der vorexilischen überein, aber das Wirken dieser späten Propheten ist als Ganzes doch etwas wesentlich anderes. Im Bereich des Politischen ist ein ähnlicher Vorgang häufig. Wenn eine bestimmte staatliche Form sich der Geschichte eines Landes tief eingeprägt hat, etwa das Königtum, so kann nach der Errichtung einer anderen Staatsform das Königtum noch Jahrhunderte bestehen, obwohl es die Funktion, die es einmal ausübte, abgegeben hat. Oder aber, wenn an die Stelle der Demokratie eine Diktatur tritt, kann in ihr „die Partei" weiterbestehen, obwohl sie jetzt eine völlig andere Funktion hat als in der Demokratie. Das Weiterleben der alten Form ist dann immer ein Zeichen für die Wirkung, die sie zu ihrer Zeit ausgeübt hat. Ähnlich ist es mit der nachexilischen Prophetie in Israel, sie hat ihre Bedeutung weniger in sich selbst als im Wachhalten dessen, was die Prophetie einmal war.

HAGGAI, SACHARJA UND MALEACHI

Die drei Propheten des Wiederaufbaus gehören in die ersten Jahrzehnte nach der Rückkehr. Die Worte Haggais und Sacharjas sind genau datiert, die des Haggai wurden im zweiten Jahr des Darius, 520, die des Sacharja in den Jahren 520—518 gesprochen. Aus der Chronik erfahren wir, daß der Tempelbau, den Kyros schon 538 gestattet und unterstützt hatte, nicht vorangekommen war, daß es eines neuen königlichen Erlasses bedurfte, damit die Arbeiten an ihm wieder in Gang kamen und erst im Jahr 515 fertig wurden. In den wenigen Prophetenworten, die uns von Haggai überliefert sind, geht es fast nur um den Wiederaufbau des Tempels. Die Zurückgekehrten haben so viel mit sich selbst, mit ihren eigenen Häusern und dem Aufbau einer neuen Existenz zu tun, daß man allgemein sagt: „Jetzt ist die Zeit noch nicht gekommen, das Haus des Herrn wieder aufzubauen" (1,2). Haggai erreicht mit seinen Aufrufen, „daß sie hingingen und am Hause des Herrn der Heerscharen, ihres Gottes, sich an die Arbeit machten" (1,14). Dabei ist bezeichnend, daß er nicht mehr, wie die früheren Propheten es getan hätten, seinen Aufruf zum Bau des Tempels einfach mit Gottes Befehl begründet. Er gibt vielmehr eine recht rationale Begründung: er weist die Leute in Jerusalem auf ihre mühsamen und kärglichen Anfänge, auf die Rückschläge durch Dürre und Mißernten: „Ihr zähltet auf viel, und es ward zu wenigem", und sagt: das kommt davon, daß ihr bis jetzt Gottes Haus wüst liegen ließet. Wenn ihr aber den Bau angreift, dann werdet ihr sehen, wie Gott euch segnet! Damit ist im wesentlichen zusammengefaßt, was Haggai zu sagen hat. Der gewaltige Abstand von den früheren Propheten liegt auf der Hand. Die Worte Haggais liegen mehr in der Richtung der vorexilischen Heils- und Kultpropheten. Man könnte sagen, daß dies nur ein in die Form des Prophetenwortes gekleideter Aufruf zum Tempelbau ist.

Wenn es auch klar ist, daß in Haggai nicht ein Fortgang der vorexilischen Prophetie gesehen werden kann, wenn auch seine Verheißung neuer und größerer Herrlichkeit für Juda und den neuen Tempel in dieser Direktheit gefährlich ist, — es ist so manches in diesem kleinen Prophetenbüchlein, das uns an die ersten Jahre nach dem Krieg erinnert, in denen mit denselben Argumenten in einer ähnlichen Lage die Anstrengungen des Aufbaus so einseitig auf die wirtschaftliche Seite, auf das Bauen der Häuser und das „Ankurbeln" der Wirtschaft konzentriert waren, daß die Folgen dieser Einseitigkeit in den kommenden Jahren mit Händen zu greifen waren. Es ist doch ein Zeichen nicht ohne Bedeutung, wenn damals in den harten Jahren des Aufbaus von all dem, was geleistet wurde, damit das Volk wieder in seinem Land leben konnte, nur dies eine der Überlieferung für würdig gehalten wurde: die eine Stimme, die trotz der Notzeit zum Aufbau der Kirche rief.

SACHARJA

In den wichtigsten Zügen stimmt die Prophetie Sacharjas mit der Haggais überein: auch er ist Heilsprophet und Kultprophet. Bei ihm kommt aber etwas wesentlich Neues hinzu: die Gesichte, in denen er, in Bilder verhüllt, Zukünftiges schaut. Auch bei Sacharja hängt das zukünftige Heil am Tempelbau (8,9—12). Dabei werden noch nachdrücklicher die beiden Männer hervorgehoben, die damals die Führung hatten: der Statthalter Serubbabel und der Hohepriester Josua. Sacharja verkündet: „Die Hände Serubbabels haben zu diesem Haus den Grund gelegt, seine Hände werden es auch vollenden" (4,8—10). Wie die Vollendung des Tempels die Heilszeit einleiten wird, so wird Serubbabel der König der Heilszeit sein, der Gesalbte, ein Sproß des Davidhauses. Sacharja wird beauftragt, ihm jetzt schon eine Krone aufzusetzen und ihn als den zu bestimmen, der König der Heilszeit werden wird. Neben ihm soll als Hoherpriester Josua stehen. In einem Gesicht sieht Sacharja zwei Ölbäume zur Rechten und Linken des Leuchters: die beiden Gesalbten (4,11—14), König und Priester der Heilszeit. Die hohen Erwartungen, die Sacharja in die Person Serubbabels, des Statthalters unter persischer Oberhoheit, setzte, gingen nicht in Erfüllung. In den späteren Heilsworten Sacharjas fehlt der Name Serubbabels ganz, auch aus dem Geschichtsbericht der Chronik erfahren wir nichts mehr von ihm. Das Nichteintreffen dieser Ankündigung ist am Sacharjabuch selbst zu erkennen. In 6,11 erscheint es nach dem uns überlieferten Text so, als werde die Krone Josua, dem Priester, aufs Haupt gesetzt. Das ist sehr unwahrscheinlich. Es wird deshalb angenommen, daß hier der Name Serubbabels stand und der Josuas später an seine Stelle gesetzt wurde. Vers 13a jedenfalls paßt nicht zum Amt des Priesters, sondern zu dem des Königs. Bei Sacharja treffen wir nach dem Zusammenbruch der Königsherrschaft der Davididen zum ersten Mal die politisch bestimmte Messiaserwartung: die Erwartung eines Königs aus dem Haus Davids, der Israel die alte Größe und den alten Glanz wiederbringt. Sie wird von hier ab immer wieder auftauchen, sie wird im Volk weiterleben bis in die Tage Johannes des Täufers und Jesu, wo sie als der Hintergrund des Wirkens Jesu noch einmal eine entscheidende Rolle spielt. Jesus von Nazareth entscheidet sich (vgl. die Versuchungsgeschichte!) eindeutig und vorbehaltlos für die Linie des von Deuterojesaja geschauten leidenden Gottesknechtes gegen die Hoffnung auf einen politischen Messias. In diesem Zusammenhang müssen wir es sehen, daß die

Ankündigung einer Heilszeit, die Serubbabel als der Gesalbte einleiten sollte, nicht eintraf.

Die Visionen Sacharjas, die sieben Nachtgesichte, zeigen den Übergang der Prophetie in die Apokalyptik. Ihre ersten Ansätze sind schon bei Ezechiel, dem Propheten des Exils, zu finden. Man erkennt sie sofort, wenn man die Berufung Ezechiels mit den Berufungen Jesajas oder Jeremias vergleicht. Auch Jesaja hat ein Gesicht, eine Vision; aber das ist mit größter Zurückhaltung und Scheu gezeichnet; nur einen Augenblick sieht Jesaja den Herrn thronen, von Seraphen umgeben, der Ton liegt hier ganz auf dem Wort, das ihm gesagt wird. Bei Ezechiel (Kap. 1—3) hat die Berufungsvision einen geradezu barocken Charakter. Was er sieht, ist ein vielgestaltiges, kompliziertes Bild, das einer langen, eingehenden Erklärung bedarf, und aus dem Bild wird eine Folge wechselnder Bilder. Hier kündigt sich schon die Apokalyptik an, die dann im Buch Daniel und später in der Offenbarung Johannes ihre alttestamentliche und neutestamentliche Ausprägung bekommen hat.

Die Nachtgesichte Sacharjas kommen alle auf eine Schau des kommenden Heilshandelns Gottes hinaus. Im ersten z. B. sieht Sacharja einen Mann auf rotbraunem Roß und dahinter viele Rosse. Es sind Boten, die die Erde durchzogen; sie melden: Noch ist alles ruhig. Es erhebt sich die Klage des Gottesvolkes, das schon so lange leiden muß; die Antwort ist die Ankündigung, daß Gott sich wieder in Erbarmen Jerusalem zukehren werde, aber voll glühenden Zornes gegen seine Feinde ist: „Der Herr wird Zion noch trösten und Jerusalem wieder erwählen."

Die dann folgenden Nachtgesichte Sacharjas brauchen nicht aufgezählt zu werden, das Gesicht von dem Leuchter und den beiden Ölbäumen war schon erwähnt worden (Kap. 4). Es wird deutlich sein, daß in dieser Aufzählung vielfältiger, phantastischer Gesichte, die sich vom ersten bis zum sechsten Kapitel des Sacharjabuches erstreckt, an die Stelle der Prophetie etwas wesensmäßig anderes tritt, die Schau des Apokalyptikers. Der Wandel zeigt sich besonders eindrücklich an einem Punkt: Wenn wir heute verwirrt und bestürzt vor dieser Folge von Gesichten stehen, in denen Rosse und Reiter, Hörner und Schmiede, ein Mann mit der Meßschnur, Leuchter und Ölbäume, eine fliegende Schriftrolle, eine Frau in einem Hohlmaß, vier Wagen zwischen zwei erzenen Ber-

gen mit roten, schwarzen, weißen und gescheckten Rossen erscheinen, so ist das bei dem Mann, der diese Gesichte zuerst sah, nicht
wesentlich anders. Er selbst kann diese Gesichte nicht erklären, er
steht ihnen hilflos gegenüber. Sie müssen ihm erst von der anderen
Seite her erklärt werden. Hierbei ist nun bezeichnend, daß sie ihm
nicht von Gott erklärt werden, sondern ein vermittelnder Engel
tritt zwischen Gott und den Propheten und erklärt ihm die Gesichte (1,9—10). Gott und die göttliche Welt sind hier scharf geschieden von der Welt des Menschen. Der Seher hat zwar Gesichte aus der jenseitigen Welt, aber sie übersteigen seine Fassens-
kraft. Auf der anderen Seite aber ist Gott in so majestätischer
Ferne, daß ein Mittler notwendig ist, das, was Gott dem Propheten durch die Gesichte kundgeben will, zu übermitteln. Dieser
Deuteengel (angelus interpres) ist für die Spätzeit der Prophetie
im Übergang zur Apokalyptik in den zu weit gewordenen Abstand zwischen Gott und Mensch getreten. Er begegnet genauso im
Buch Daniel und in der Offenbarung Johannes. Auch der Verkün-
digungsauftrag (1,14—15) ergeht nicht mehr direkt von Gott an
den Propheten, sondern durch den Engel. Ja sogar die Klage des
Volkes: „Wie lange noch?" (1,12—13) wird nicht mehr vom Volk,
sondern von dem vermittelnden Engel erhoben!

Das indirekte, durch Zwischenwesen vermittelte Verhältnis zwischen Prophet und Gott in der Spätzeit hat eine Entsprechung im
Gottesdienst der späten Zeit, bei dem die Gemeinde in eine immer
mehr passive Haltung kommt, während das, was im Gottesdienst
gesagt und getan werden muß, so gut wie ausschließlich von den
Priestern getan wird. Dahinter steht die gleiche Ferne, die gleiche
Transzendenz Gottes: Gott ist in so majestätischer Ferne, daß ein
gewöhnlicher Laie es gar nicht mehr wagen kann, unmittelbar vor
sein Angesicht zu treten, vor Gott zu tun und zu sprechen, wie es
ihm ums Herz ist; er ist vielmehr froh, daß ihm das alles von den
Fachleuten, von denen, die des Heiligtums Diener und mit seiner
Heiligkeit vertraut sind, abgenommen wird. Der Laie besucht den
Gottesdienst; veranstaltet wird er vom Klerus. — Wir erkennen
den gleichen Grundzug in der Apokalyptik wie im Kultus der
Spätzeit: Gott rückt weit ab von den Menschen in eine erhabene
Ferne; einen Zugang gibt es zu ihm und von ihm nur noch durch
Vermittlung.

Ganz von selbst legen sich Parallelen nahe. Wie schnell ist es in der christlichen Kirche ähnlich geworden! Und wie auffällig, daß zur Zeit der weitesten Entfernung zwischen Klerus und Laien im Mittelalter auch Gesichte eine hohe Bedeutung in der Kirche bekamen, allerdings nicht Gesichte der Apokalyptik, sondern der Mystik.

Wenn sich im hohen Mittelalter neben dem vom Klerus bestimmten Gottesdienst und neben der Mystik die kirchliche Lehre, die Scholastik, besonders entwickelte, so hat auch diese Seite in der spätjüdischen Gemeinde nach dem Exil ihre Parallele. Und wie sich die Apokalyptik aus der Prophetie heraus entwickelte, so auch diese andere Seite, die Lehrdisputation. Den Weg dahin zeigt das kleine Prophetenbüchlein Maleachi.

Es ist etwa 50 Jahre nach Haggai und Sacharja entstanden, um 470. Maleachi ist der letzte Prophet, von dem wir eine, wenn auch kleine, so doch geschlossene Prophetie erhalten haben. Nachher hat es zwar noch mancherlei einzelne Prophetenworte gegeben, und es sind noch Männer aufgestanden, die Propheten genannt wurden; aber zu einer geschlossenen Gestalt und einem geschlossenen Werk ist es nicht mehr gekommen. Ob allerdings der Prophet dieser drei Kapitel Maleachi hieß, wissen wir nicht; es kann sein, daß der Name nachträglich aus Kapitel 3, Vers 1 (mein Bote = maleaki) erschlossen und das Büchlein zuerst anonym überliefert wurde. Maleachi bleibt darin ganz auf der Linie Haggais und Sacharjas, daß seine Worte sich zum großen Teil auf den Gottesdienst und gottesdienstliche Vorgänge beziehen; er ist also ebenfalls ganz Kultprophet. Eine seiner Anklagen (Kapitel 1) ist, daß man Gott minderwertige Opfergaben darbringt. Eine ganz neue Linie aber zeigt sich bei ihm darin, daß hier — am Ende der Prophetie — das Wort derer, gegen die der Prophet Anklage erhebt, in den Prophetenspruch eindringt in Widerspruch, Abwehr bis zur Lästerung (1,7; 2,2.14.17; 3,7.13—15). Da werden Stimmen laut, die sagen: „Es ist umsonst, daß man Gott dient. Was nützt es uns, daß wir seine Ordnung eingehalten haben...?" In jedem der Sprüche Maleachis steht dem, was er im Namen Gottes zu sagen hat, solche Gegenstimme gegenüber; diese Sprüche geben also ein Zwiegespräch wieder, wir stehen hier auf der Grenze zwischen dem im Namen Gottes ergehenden Prophetenspruch und der Lehrdisputation der Synagoge. Auch wenn die Prophetie Maleachis fast ganz auf den Kult beschränkt ist, auch wenn man die Enge der Verhältnisse nach dem Exil sehr deutlich spürt, diese vier Kapitel des Maleachibüchleins sind doch ein erschütterndes Zeugnis für den Beginn des Kampfes zwischen Glaube und Unglaube, der jetzt in das Gottesvolk hinein die Spaltung bringt zwischen denen, die Gott treu bleiben, und den vielen anderen, die ihrem Vorteil nachgehen und sich um Gottes Gebot nicht mehr kümmern. Von jetzt ab leben Glaubende und Abgefallene, Treue und Untreue nebeneinander in den Städten Judas und in den Straßen Jerusalems, bis einst der Tag kommt (3,1 ff.; 4,1 ff.), an dem Gott Gericht hält, „daß von ihnen weder Wurzel noch Zweig übrig bleibt. Euch aber, die ihr meinen Namen fürchtet, wird aufgehen die Sonne der Gerechtigkeit" (4,2).

DAS GESETZ

Der Aufbruch des Volkes zum Bau des Heiligtums nach der Zerstörung brachte zwar den Wiederaufbau des Tempels zustande, aber die großen Hoffnungen, die die Propheten Haggai und Sacharja – und gewiß nicht nur sie – mit der Fertigstellung des Tempels verbunden hatten, erfüllten sich nicht. Das Wiederaufleben des alten staatlichen Gefüges unter einem neuen König und dem Hohenpriester neben ihm hatte man sich ersehnt, und diese Sehnsucht blieb durch die Jahrhunderte in der politischen Messiaserwartung. Als aber an eine Verwirklichung dieses Traumes nicht mehr zu denken war, mußte irgend etwas anderes in die leere Stelle treten, sollte das Volk Selbständigkeit und Geschlossenheit bewahren.

Das Neue brachte der Schreiber Esra, ein Beamter des persischen Hofes jüdischer Herkunft, der etwa um 450 mit einer neuen Schar Rückwanderer nach Jerusalem kam. Von seinem und Nehemias Wirken berichten ausführlich die Bücher Esra und Nehemia. Einiges, vor allem die zeitliche Folge der Ereignisse im Wirken beider Männer, wird aus der Darstellung nicht klar, wohl aber, daß Esra bald nach seiner Ankunft in Jerusalem eine Schrift proklamiert und für verbindlich erklärt, die im Esrabuch „das Gesetz des Gottes des Himmels" genannt wird. In fast allgemeiner Übereinstimmung nehmen die Forscher an, daß es sich dabei um die sogenannte „Priesterschrift" (oder den Priesterkodex) handelt, die das Rahmenwerk des Pentateuch, der fünf Mosebücher, bildet. Ob das Buch Esra *nur* die Priesterschrift oder aber schon der in der Priesterschrift gefaßte Pentateuch ist, kann dabei unentschieden bleiben. Jedenfalls sind in die Priesterschrift — ob vor oder nach oder durch Esra — die älteren Traditionen von der Frühgeschichte Israels, von der Schöpfung bis zur Landnahme, eingearbeitet worden, und daraus ist der Pentateuch entstanden, das Buch, das dann einfach „das Gesetz" genannt wird, auch im Neuen Testament.

Damit begann die Epoche der Geschichte Israels, die wesentlich vom Gesetz bestimmt war, die Zeit nicht sehr lange nach dem Exil bis zum Kommen Christi und in der jüdischen Synagoge weit darüber hinaus. Zum Verstehen des Alten Testamentes ist es sehr wesentlich, daß wir das Reden vom Gesetz, wie wir es im Alten Testament selbst vorfinden und wie es dann im Neuen Testament fortgesetzt wird, in seiner zeitlichen Perspektive sehen. Dazu ist ein Blick in die Forschung am Alten Testament notwendig. Schon bald nach der Reformation entstanden Zweifel daran, daß Mose die nach ihm benannten fünf Bücher verfaßt habe. Man fand, daß dieses große Gebilde nicht einheitlich, daß es zu verschiedenen Zeiten entstanden sei. Die Frage nach den Quellen des Pentateuch wurde eine der Hauptfragen der alttestamentlichen Wissenschaft. In der langen und komplizierten Geschichte der Quellenforschung war die wichtigste Entdeckung, daß die priesterliche Quelle oder priesterliche Überlieferungsschicht, die durch ihre geprägte Sprache schon lange als besondere Schicht erkannt worden war, die jüngste ist, daß sie erst im Exil oder nach dem Exil, also im 6.–5. Jahrhundert, entstand (Wellhausen u. a.). Mit dieser Entdeckung wandelte sich das Bild von der Geschichte Israels, wie man es bisher hatte, ganz erheblich. Die großen, das Gesetz enthaltenden Teile im Pentateuch, von Exodus 25 über das ganze Buch Leviticus bis Numeri 10 (mit wenigen Unterbrechungen), gehören der Priesterschrift an. Sie fügt das Gesetz dem Bericht von den Anfängen Israels in der Weise ein, daß die ganze Fülle dieser Gesetze schon am Berg Sinai, gleich nach dem Auszug aus Ägypten, dem Volk durch Mose übermittelt und damit in Geltung gesetzt sei. In der Annahme, daß dies als eine historische Darstellung anzunehmen sei, hatte man früher die Zeit der Propheten der Zeit des Priestergesetzes nachgeordnet. Man sah die Frühzeit Israels von diesem Gesetz bestimmt und verstand die Prophetie als Gegenbewegung,

257

auf die Zeit des Gesetzes folgend. Diese Sicht erwies sich aus vielen Gründen als unhaltbar. Als erkannt war, daß die Priesterschrift erst um das Ende des Exils entstand und das in ihr enthaltene Gesetz in seinem ganzen Umfang erst in der nachexilischen Zeit in Kraft gesetzt worden ist, wurde auch die Darstellung der Priesterschrift, die dieses ganze Gesetz durch Mose am Sinai vermittelt sein läßt, anders gedeutet. Die Priesterschrift – bzw. der Kreis, in dem sie zusammengefaßt wurde – wollte damit keine historische Angabe machen, sondern diesen gesamten, allmählich entstandenen Gesetzeskomplex unter die Autorität des Mose und damit unter die Autorität der Gottestat am Anfang, der Befreiung des Volkes aus der Knechtschaft, stellen. Wenn wir aus unserer heutigen Sicht sagen: „Dann stimmt es also nicht, was da steht, daß nämlich alle Gesetze von Exodus 25 bis Numeri 10 damals am Sinai von Gott dem Mose offenbart wurden und er sie aufgeschrieben hat; dann ist das ja eine Fälschung", so bringen wir damit Begriffe und Maßstäbe an jene alten Dokumente, die ihnen schlechthin nicht gemäß sind. Diese Zuordnung zu Mose und zum Sinai war niemals als eine historische Angabe gemeint, sie bringt vielmehr die Anerkennung der Autorität des Mose für die gesamte Gesetzgebung des Volkes zum Ausdruck. Das ist genauso beim deuteronomischen Gesetz: es ist in der Reform Josias zum Volksgesetz erklärt worden (621); aber auch dieses Gesetz wurde als ein durch Mose dem Volk vermitteltes Gesetz verfaßt und dargestellt (s. o.). Um das richtig zu verstehen, müssen wir uns klarmachen, daß unser Begriff von Geschichte und geschichtlicher Entwicklung noch jung ist. Die Verfasser dieser Gesetze wollten den geschichtlichen Zusammenhang der später entstandenen Gesetze mit der Frühgeschichte des Volkes, mit den Fundamenten der Volksgeschichte zum Ausdruck bringen. Das taten sie, indem sie sagten: Sie sind durch Mose dem Volk vermittelt worden. Es ist mir klar, daß für einen einfachen Leser der Bibel dies anzunehmen eine Zumutung ist. Ich will deshalb noch eine Erwägung hinzufügen, die vielleicht manchem zur Klarheit helfen kann. Überall in der Welt braucht eine Gemeinschaft von Menschen zu Anfang nur wenige, grundlegende Regeln oder Gebote oder Gesetze, um ihr Zusammenleben zu ordnen. Je mehr sie dann wächst und je vielfältiger diese Gemeinschaft sich allmählich gliedert, desto mehr Regeln, Vorschriften, Gesetze werden notwendig. Das uns am nächsten liegende Beispiel ist die Entwicklung der Verkehrsregeln in den letzten 30 Jahren. Nun, das war in Israel ganz genau so. Am Anfang stehen die Zehn Gebote, der Dekalog, die für die Frühzeit des Volkes genügen. Als das Volk in Kanaan ansässig wurde, bedurfte es für die neue Lebensweise neuer Regeln. In die Frühzeit der Ansässigkeit gehört das Bundesbuch (Ex. 20—23). In der Folgezeit wuchs das Gesetz allmählich an; eine ganz neue Zusammenfassung ist uns erst vom Ende der Königszeit erhalten, das deuteronomische Gesetz (Deut. 12—26). Jede neue Gesetzessammlung ist erheblich umfangreicher als die vorige. Die weitaus umfangreichste ist das priesterliche Gesetz. Schon deshalb ist anzunehmen, daß es auch das späteste ist. Natürlich darf man das Anwachsen in der Größe nicht einfach mechanisch als Maß für das Alter verwenden; es gibt dazwischen auch hin und wieder kleinere Sammlungen wie z. B. das sogenannte Heiligkeitsgesetz Lev. 19—26 (es ist jetzt dem Priestergesetz eingefügt, war aber einmal eine selbständige Gesetzessammlung), aber man kann doch sagen, daß das Anwachsen der Gesetze im Lauf der Geschichte ein allgemeiner und aus dem Wesen der Sache sich ergebender Vorgang ist.

Vor allem aber wird das Priestergesetz aus der Zeit nach dem Exil erst wirklich verständlich. Das staatliche Gefüge hatte Israel verloren. Sein Eigenleben konnte es nur noch als gottesdienstliche Gemeinde bewahren. Damit bekamen die Ordnungen des gottesdienstlichen Lebens eine das ganze Leben der Gemeinschaft tragende Bedeutung. Am Halten des Gesetzes hing jetzt wirklich das Bestehen der Gemeinschaft. Durch das deuteronomistische Geschichtswerk, beruhend auf dem Gesetz der Josia-Reform, zog sich als das eine starke, beherrschende Grundmotiv: Wenn ihr Gott gehorsam seid — dann bedeutet das Leben. Wenn ihr euch von Gott abwendet zu anderen Mächten — so bedeutet das Tod. Die nachexilische Gemeinde hat dieses Entweder-Oder bejaht, sie hat damit die Schuld der Väter bejaht und baute nun das Neue auf den Gehorsam gegen Gottes Gesetz.

DIE PSALMEN

Ein wesentlicher Unterschied zwischen dem Alten und dem Neuen Testament liegt darin, daß das Alte über den Bericht von Gottes Taten und die Weitergabe der von Gott ergangenen Worte hinaus in einem dritten Teil den Widerhall der Taten und Worte Gottes festgehalten und zu einem Stück der Bibel gemacht hat. Dieser dritte Teil, „Die Schriften" genannt (in unseren Bibeln „Lehrbücher"), hat den Psalter in seinem Kern, an den sich allmählich eine Reihe sehr verschiedenartiger Schriften angliederte. Nahe zum Psalter gehören das Buch Hiob und die Klagelieder; in den Büchern dieser Gruppe ist der Widerhall der Taten Gottes der des Liedes in Klage und Lob mancherlei Abarten. Eine zweite Hauptgruppe, die Sprüche und das Buch des Predigers enthaltend (aber auch eine Linie des Hiobbuches gehört hierher), stellt einen ganz anderen Widerhall der Taten Gottes dar, den der Weisheit. Ursprünglich gehören in diesen dritten Teil auch das Chronikwerk — I. und II. Buch der Chronik, Esra, Nehemia — und das Buch Esther von den Geschichtsbüchern. Sie sind daher den anderen bis zum babylonischen Exil reichenden Geschichtsbüchern nicht ohne weiteres gleichzustellen. Von den prophetischen Büchern gehörte das Buch Daniel ursprünglich in diesen dritten Teil, es ist eine Apokalypse und nicht eigentlich Prophetie.

Um das Alte Testament in seiner lebendigen Ganzheit zu verstehen, ist es wichtig, den Unterschied seiner drei Teile klar zu sehen. Sie dürfen nicht einfach wie drei Posten einer Summe gesehen werden, die man addieren kann, um so das Ganze zu gewinnen. Der erste Teil ist Bericht von Gottes Taten über einen bestimmten Zeitraum hinweg. Der zweite Teil ergänzt diese Geschichte durch den Ruf der Propheten, die Gottes Worte in diese Geschichte hineinriefen, wo es nötig war. Der dritte Teil setzt die ersten beiden voraus und ist wie eine vielfältige, vielgestaltige Antwort des Gottesvolkes auf das in den ersten beiden Teilen Geschehene und Gesagte. Die bloße Tatsache, daß die Bibel beide Seiten enthält: Worte von Gott her kommend und Antwort von den Menschen zu Gott hin, zeigt etwas für das Gottesvolk Wesentliches: es ist immer, es ist notwendig Wort im Dialog; es erfordert den Widerhall, es ist nicht wirklich Gottes Wort, ohne daß es Antwort bekäme, ohne daß es den Widerhall erweckte.

So ist denn auch in der Bibel die Antwort auf Gottes Tun und Gottes Reden nicht auf besondere Teile der Bibel beschränkt, sie zieht sich vielmehr im Alten und im Neuen Testament durch die ganze Bibel hindurch.

Im Alten Testament gibt es daher Psalmen, Gebete und Lieder

nicht nur im Buch der Psalmen, sondern in allen Büchern. Ich erinnere jetzt nur an zwei Stellen, an denen die Antwort des Gotteslobes in den Geschichts- und Prophetenbüchern begegnet: in Ex. 15 das Lob der Geretteten als Antwort auf Gottes wunderbare Tat am Schilfmeer; in Jesaja der Abschluß der ersten Sammlung der Jesajaworte in dem aus Psalmen gefügten Kapitel 12. Man könnte aber nun einen Weg durch alle Bücher des Alten wie des Neuen Testamentes gehen und würde finden, daß in keinem das Gotteslob ganz fehlt, vom Buch Genesis an bis zur Offenbarung des Johannes. Ich will dabei noch besonders auf das Chronikwerk aufmerksam machen, das ganz durchzogen ist von Psalmen, die dem Geschichtsverlauf an den Stellen eingefügt wurden, wo bei einem wichtigen Ereignis oder Geschichtsabschnitt die Antwort des Volkes in einem Loblied oder auch in einem Bußgebet zum Ausdruck kommen sollte. Die Psalmen sind ein ganzes Buch des Widerhalls auf Gottes Taten und auf Gottes Worte. Sie sind Antwort, von daher müssen sie verstanden werden; sie sind Teil des Wechselgeschehens zwischen Gott und Mensch. Niemals ist ein Psalm etwas allein von Menschen Ausgehendes, es ist ihm immer schon etwas vorausgegangen, was von Gott ausging. Deswegen sind die Psalmen in keinen unserer Begriffe ganz zu fassen. Sie sind Gebete und sie sind Lieder zugleich, aber sie entsprechen weder genau dem, was bei uns Lieder, noch dem, was bei uns Gebete sind. Sie sind Reden *zu* Gott, aber dieses Reden zu Gott kann unvermittelt übergehen in ein Reden *von* Gott; Anrede Gottes, die mit der Anrede an die Gemeinde wechseln kann. Sie sind Lieder, die eine feste, gebundene Form haben, aber wiederum doch etwas ganz anderes als unsere Lieder, die man nach festgelegten Melodien in gleichmäßigen Strophen singt; es ist ein anderes Singen als das uns geläufige, unserem Sprechen doch näher als unserem Singen. Sie sind auch darin jenseits unserer Begriffe, daß sie Dichtung und Gebet in eins sind, gebetete Dichtung. In den Psalmen reden Menschen, deren ganzes Dasein — im Guten wie im Bösen — so ganz Gott gegenüber ist, daß die dichtende Kunst am Reden zu Gott wie selbstverständlich beteiligt ist. In den Jahrtausenden der Menschheitsgeschichte seither ist dieser Zusammenhang zwischen Dichtung und Gebet niemals ganz vergessen worden. In der Dichtung aller Völker gibt es die Höhepunkte, in denen die Dichtung wieder zum Gebet wurde oder doch in die Nähe des Gebetes kam.

Wenn die Psalmen in den letzten Jahrzehnten an vielen Orten zu neuem Leben erwachten, wenn sie für viele Menschen wieder plötzlich klar und stark zu sprechen begannen, so hat das jedenfalls einen Grund, den wir verstehen können. Die Psalmen zeigen eine Unmittelbarkeit des Redens zu Gott, die uns weitgehend verlorengegangen ist. Hier herrscht nicht ein gemäßigtes Klima frommer Ausgeglichenheit, sondern der Kontrast von Glut und Frost; die vom Schmerz zitternde Klage wechselt mit jubelndem Lob, hinter den stillen Worten des Vertrauens hört man noch das Toben der Mächte, denen sich dieses Vertrauen entgegenstellt. Was hier zwischen Gott und Mensch vorgeht, ist elementar und betrifft den Menschen mit allen seinen Möglichkeiten, nicht nur den frommen, sondern auch den rebellischen, kämpfenden, verzweifelnden Menschen. Und noch etwas spricht in unsere Zeit mit besonderer Kraft. Was hier zwischen Gott und Mensch geschieht, umgreift den Menschen in seinem ganzen Sein in der Welt und es umgreift Gottes Handeln an der ganzen Welt, an der ganzen Geschichte, am ganzen Kosmos. Wenn im Psalter alle Kreatur zum Loben Gottes gerufen wird (besonders Ps. 148), die Berge, die Felder, die Gestirne und die Tiere, so treffen wir hier auf eine Auffassung der Natur, die es ausschließt, daß uns die Welt oder ein Bestandteil der Welt zur Materie wird, die ihren letzten Sinn darin hätte, vom Menschen benutzt oder gar vom Menschen vergewaltigt zu werden. Alles Geschaffene, alles hat seinen letzten Sinn in seinem Geschaffensein, und das heißt in seinem Gegenüber zu Gott; daran kann auch die höchstentwickelte Fähigkeit des Menschen, sich die Stoffe dieser Welt dienstbar zu machen, nichts ändern. Diese Fähigkeit aber und damit alle technischen Möglichkeiten des Menschen können ihr Maß und ihren Sinn gerade darin finden, daß das technische Tun in allen seinen Entfaltungen sich getragen weiß von der frohen Dankbarkeit des Geschöpfes und der Demut der Kreatur, die sich vor ihrem Schöpfer neigt.

Wenn ich auf einem Flugplatz sehe, wie sich ein Flugzeug vom Boden erhebt, wenn ich selbst im Flugzeug sitze und die Motoren vor dem Start anlaufen und dann wieder abschwellen, so kommen mir ganz von selbst Worte der Psalmen auf die Lippen. Wie gewaltig könnte das Lob des ewigen Gottes sich aus den Kirchen unserer Tage erheben, wenn wir das technische Tun mit all seinen furchtbaren wie mit all seinen fördernden und das Leben bereichernden und bewahrenden Möglichkeiten in das Gebet der Gemeinde aufnähmen! Gerade so wie im 8. Psalm das Lob des Schöpfers sich staunend freut an der Fähigkeit des Menschen, Tiere zu lenken, zu beherrschen und in den Dienst des Menschen zu stellen, so könnte heute die Fülle der Möglichkeiten, die Kräfte der Erde zu beherrschen und sie den Menschen dienstbar zu machen, das Lob des Schöpfers und Herrn der Geschichte reicher und gegenwartsmächtiger machen. Die ungeheuren Gefahren, die dieselbe technische Entwicklung mit sich brachte, bedürfen heute — und es ist dafür gewiß höchste Zeit — des Wachens und des Betens einer Kirche, die sich in ihrem Gottesdienst dem gewandelten, weithin von der Maschine bestimmten Dasein unserer Zeit voll erschließt, um diesen Gefahren eine Verkündigung und ein Gebet entgegenzustellen, in dem sich dieser veränderte, mit der Maschine lebende Mensch zunächst einmal verstanden und bejaht fühlen muß, um dann auch Warnung und den Ruf zur Umkehr, wo er notwendig wird, annehmen zu können.

Wenn heute ein Mensch in einem Bürohaus mit vielen hundert Zimmern an einer Akte unter tausend Akten arbeitet, wenn ein Arbeiter einen Handgriff unter Tausenden zu machen hat und niemals selbst ein Ganzes schaffen kann, so kann es für ihn gerade das sein, was ihm niemand sonst geben kann und das er doch braucht wie Nahrung und Freude, wenn er aus einem der Psalmen, etwa dem 139., hört, daß ein Mensch Jahrtausende vor ihm zu Gott sprach als dem, der sein Dasein der großen Schöpfung sinnvoll einordnete und diesem winzigen Dasein eine ewige Bedeutung darin gab, daß er diesem Menschen zu verstehen gab: Du bist, wo du auch bist, was du auch tust, wohin du dich auch versteckst, mir gegenüber, mir, der ich das Ganze in meinen Händen habe und bei dem eure Maße von nah und fern, von klein und groß, von Ganzem und Teilen zerbrechen. Diese mächtige und klare Gewißheit der Unmittelbarkeit zu Gott für jeden Menschen wie für jedes kleinste Glied des Geschaffenen durchzieht den ganzen Psalter und läßt ihn in einer ganz neuen Weise zu dem Menschen unserer Zeit sprechen. Man muß dann auch in aller Nüchternheit sehen, daß das von der Nähe des Psalters zu unserer Zeit Gesagte keineswegs für jeden Psalm oder gar jedes Wort des Psalters gilt. Viele Psalmen können wir heute in der christlichen Gemeinde nicht ohne weiteres mitbeten. Manches bleibt uns überhaupt unverständlich, und sehr vieles in diesem Buch ist uns nur zugänglich, wenn wir die Psalmen zunächst aus ihrer Welt und ihrer Umgebung erklärt haben. Gerade das aber ist uns nur in einem beschränkten Maß möglich, vieles im Psalter wird uns immer dunkel bleiben. Es ist nicht schwierig, sich das zu erklären. Die Psalmen lebten Jahrhunderte lang im Beten und Singen der Gemeinde, bevor sie aufgeschrieben wurden. Im Lauf dieser langen Zeit veränderte sich manches, manches wurde ausgelassen, manches hinzugefügt. Vor allem entwickelte sich eine geprägte Sprache dieser Psalmen mit bildhaften Ausdrücken, bei denen die Menschen damals ganz konkrete Vorstellungen hatten, die wir nicht mehr kennen. In den Klagepsalmen des einzelnen wird sehr viel von den Feinden der Klagenden gesprochen. Aber alles, was von ihnen gesagt wird, ist so schematisch und allgemein, daß bis heute nicht wirklich klar ist, wer mit diesen Feinden des einzelnen Beters gemeint ist.

Diese allgemeine, stark bildhafte Redeweise war auch deswegen nötig, weil gerade in den Klagen das vielfältige Leid, das einen einzelnen Menschen treffen konnte, in Worte der Klage gefaßt wurde, die Jahrhunderte vorher geprägt waren und die das Leid sehr vieler, sehr verschiedener Menschen zum Ausdruck bringen sollten. Wenn da z. B. von den Feinden im Bild von wilden Tieren gesprochen wird, wenn ihr Tun als Aufstellen von Fallen oder Überfall eines Räubers beschrieben wird, so war damit auf ein ganz bestimmtes Tun der Feinde angespielt, von dem wir nur noch erkennen können, was uns das Bild ahnen läßt.

Eine besondere Schwierigkeit für unser Verstehen und Mitbeten der Psalmen hängt gerade mit diesem Reden von den Feinden zusammen. In sehr vielen dieser Psalmen begegnen Bitten *gegen* die Feinde. Man hat die Psalmen, in denen sie besonders hervortreten, „Rachepsalmen" genannt. Diese Bezeichnung ist falsch und irreführend. Man kann Rache nehmen oder üben, aber man kann nicht um Rache beten! Es gibt zwar — und für die alte Welt in viel höherem Maße als heute — eine Rache durch das Wort; aber das ist gerade nicht das Gebet, sondern der Fluch, das Fluchwort. Die Eigenart des Fluchwortes liegt aber gerade darin, daß es *direkt*, ohne den Umweg über Gott, gegen den geschleudert wird, den es treffen soll. Fluch ist Machtwort, über das der Fluchende verfügt, ohne daß er Gott dazu braucht. Es gibt im Alten Testament genug Beispiele dafür, daß dieses Fluchwort in früher Zeit eine große

Rolle gespielt haben muß und daß man allgemein an seine Wirksamkeit glaubte. Vor allem war es die Waffe des Ohnmächtigen gegen seinen übermächtigen Feind. Sieht man diesen Hintergrund, dann geraten die Bitten gegen die Feinde in den Psalmen in ein anderes Licht. Allen diesen Psalmen geht schon der Verzicht auf das Fluchwort, die Anerkennung des Satzes: „Die Rache ist mein; ich will vergelten, spricht der Herr", voraus. Die uns heute oft so furchtbar erscheinenden Bitten und Wünsche gegen die Feinde (z. B. in Psalm 109) sind daher für die Zeit, in der sie entstanden, etwas anderes, als wir darin sehen. Aber damit sind sie noch nicht wirklich erklärt. Die Begründung dieser Bitten gegen die Feinde, dieser Wünsche, daß Gott die Feinde möglichst schlimm strafen möge, liegt tiefer. Sie sind darin begründet, daß für die Beter der Psalmen das Handeln Gottes auf dieses Leben beschränkt ist. Was Gott an den Menschen tut, ist mit dem Tod schlechthin zu Ende. Hier liegt das dem Alten Testament gegenüber eigentlich und wesentlich Neue und Andere in der Botschaft des Neuen Testaments: durch Tod und Auferstehung Christi wird diese Grenze des Handelns Gottes durchbrochen. Weil aber für das Alte Testament diese Grenze noch besteht, weil alle Taten Gottes an einem Menschen nur diesen Schauplatz zwischen Geburt und Tod haben, kann in den Augen der Beter des Alten Testamentes das Ja Gottes zu einem Menschenleben nur *vor* dessen Ende gesprochen werden. Wenn nun die Not, aus der ein Mensch zu Gott ruft, eine durch andere Menschen verursachte ist, so kann der Beter ein Ja Gottes nur in Gottes Eingreifen zu seinen Gunsten sehen, und das bedeutet für ihn notwendig ein Eingreifen gegen seine Feinde. Dabei ist vorausgesetzt, daß seine Feinde auch die Feinde Gottes sind. Wie diese Feinde Gott verachten und seiner spotten, wird in den Psalmen oft geschildert. Wenn Gott wirklich für den Frommen und gegen den Gottlosen entscheidet, dann muß diese Entscheidung auf dieser Erde fallen; und es kann im Denken dieser Menschen nur eine zweiseitige Entscheidung sein: für den einen und darum gegen den anderen.

Ist diese Erklärung richtig, dann braucht die Gemeinde Christi diese Bitten gegen die Feinde in den Psalmen *nicht* mehr mitzubeten. Für sie ist durch das Sterben und Auferstehen Christi hier eine grundlegende Wandlung eingetreten. Sie kommt am klarsten und unmittelbarsten in der Fürbitte Christi für seine Feinde vom

Kreuz herab zum Ausdruck. Mit diesem Ereignis ist die *gegen* Menschen gerichtete Bitte aus dem Gebet der Gemeinde ausgeschieden. Man hat nun das Mitbeten dieser gegen Feinde gerichteten Bitten in den Psalmen so für das Beten der Gemeinde zu bewahren versucht, daß man sagte: Für uns stehen an der Stelle der Feinde der Beter in den Psalmen entweder der Teufel oder die Sünde oder unser eigenes sündhaftes Ich. Man kann das wohl machen; aber das ist dann eine bewußte Umdeutung, die jedesmal in Gedanken vollzogen werden muß. Es scheint mir doch klarer und ehrlicher zu sein, hier eindeutig zu sagen, daß diese Bitten gegen Menschen in den Psalmen durch das Werk Christi für uns abgetan sind. Wenn also in einer Gemeinde, etwa bei Morgen- oder Abendandachten, die Übung besteht, die Psalmen gemeinsam oder im Wechsel zu sprechen, so ist es vom Ganzen der Bibel her durchaus berechtigt, Psalmen oder Psalmenteile auszulassen, in denen solche Bitten gegen die Feinde einen besonders breiten Raum einnehmen, wie etwa den 109. Psalm oder Psalm 69, 23—29. Es sei hierbei noch erwähnt, daß der 137. Psalm, der mit seinem für uns schrecklichen Schluß vielen, die den Psalter lieben, ein schwerer Anstoß ist, gar nicht ein Psalm im eigentlichen Sinn ist, sondern ein Volkslied aus dem Exil, das als ein Anhang in das Buch der Psalmen hineinkam.

Außer diesem bleibt uns im Psalter vieles schwierig und vieles dunkel; das ist bei dem weiten Abstand nicht verwunderlich. Um so erstaunlicher, um so wunderbarer ist es dann, daß er dennoch weithin unmittelbar und ohne alle Erklärung zu uns heute spricht und von uns nachgesprochen werden kann.

Zwei Grundtöne bestimmen den ganzen Psalter: Lob und Klage. Sie entsprechen den beiden Grundweisen des Handelns Gottes: Gericht und Gnade. Dem Gericht antwortet die Klage, der Gnade das Lob. Diese beiden Grundtöne sind elementar wie die großen Gegenpole in der Schöpfung: Tag und Nacht, Stille und Sturm, Ebbe und Flut, Leben und Tod. Es ist diesem Gegenüber von Klage und Lob durchaus entsprechend, wenn in einer Gruppe der Psalmen häufig ein Satz begegnet wie: „Herr, du hast meine Seele aus dem Totenreich heraufgebracht und zum Leben mich zurückgerufen..." Todesangst und Lebensfreude kommen in Klage und Lob zu Wort.

Beide, Klage und Lob, werden in den Psalmen in überschwenglicher Vielfalt entfaltet, und dennoch sind in allen einige große, klare Grundlinien zu erkennen, die die Vielheit zu einem geschlossenen Ganzen machen. Sie sind nicht individuelle Dichtungen, sondern alle sind sie aus dem großen Dialog zwischen Gott und seinem Volk erwachsen, an dem jeder Dichter und jeder Beter der Psalmen teilhat. Jeder einzelne ist ein Besonderes, aber jeder einzelne ist mehr noch Teil des Ganzen, das heißt der Ganzheit der Antwort auf Gottes Tun. Darin ist es begründet, daß aus dem Wesen dieser Antwort heraus einige große Gruppen oder Arten von Psalmen erwuchsen und innerhalb dieser wieder eine Fülle kleinerer Arten und Gruppen. Sie gleichen im Ganzen einem Baum mit zwei Ästen und vielen kleinen Zweigen, einem lebendigen Gebilde, bei dem auch die kleinste Einheit am Baugesetz des Ganzen teilhat.

Zum 73. Psalm sei noch ein Wort gesagt. Auf seinem Höhepunkt steht das Bekenntnis der Zuversicht:

Dennoch bleibe ich stets bei dir,
du hältst mich bei meiner rechten Hand,
du leitest mich nach deinem Rat
und nimmst mich nachher in Ehren an.

Der letzte Satz ist in der Übersetzung unsicher. Diese und die folgenden Worte klingen uns so, als sei hier schon ein Handeln Gottes an seinen Frommen über den Tod hinaus ausgesagt oder doch geahnt. Aber wahrscheinlich lesen wir da etwas in die Worte hinein, was nicht gemeint war. Der Ton liegt jedenfalls ganz auf dem unbedingten Vertrauen des Betenden, der trotz des ihn bedrohenden Todes unbeirrbar an Gott und seinem Tun vertrauend festhält, obwohl er es nicht verstehen kann. An diesem Vertrauen hält er auch angesichts des Todes fest. Es liegt dem Beter nichts daran, etwas über den Zustand nach dem Tod auszusagen, aber alles liegt ihm daran, Gottes Tun dem Tod zum Trotz zu bejahen. An diesem Psalm können wir etwas ahnen von einer Zuversicht, die der äußersten Grenze der menschlichen und der damals erkannten Möglichkeiten Gottes nicht zu weichen bereit war; einer Zuversicht, die Gott auch noch das Unmögliche und Undenkbare zutraute und eben darin auf dem Weg war zum Glauben an die Durchbrechung der Todesgrenze. Das schwerste Hindernis war für diesen Glauben die Tatsache des Wohlergehens der Gottlosen. Der Anfang des Psalms beschreibt, daß der Psalmist daran fast gescheitert wäre. Wie ist es im Angesichte Gottes möglich, daß die Frevler gedeihen und die Frommen schwer leiden müssen? Genau das ist auch die Frage des Hiobdichters; in dieser Frage sind einander der 73. Psalm und das Hiobbuch ganz nahe. Bei beiden ist zu spüren, wie in der Spätzeit Israels an dieser Frage die schwersten Anfechtungen entstehen, wie hier um das Verstehen des dunklen Handelns Gottes gekämpft und gelitten wird, wie es hier nach einem Neuen, ganz Anderen drängt und gerade die, die es mit Gott und seinem Tun todernst nehmen, in schwerste Konflikte geraten, die nach einer Lösung rufen.

Nahe mit dem Psalter zusammen gehören die Klagelieder und das Buch Hiob. Die ersteren sind Klage des Volkes nach der Eroberung Jerusalems im Jahr 587, das Hiobbuch ist die zu einem gewaltigen Drama gestaltete Klage eines einzelnen, die am Ende wunderbar gewandelt wird. Dieses Buch ist unserer Zeit erregend nahe und vermag besonders zu denen zu sprechen, die mit dem Zweifel und der Verzweiflung kämpfen.

WEISHEITSLITERATUR

Wenigstens erwähnt werden soll am Schluß noch die Weisheitsliteratur, im Alten Testament vertreten durch das Buch der Sprüche, das Buch des Predigers, Teile des Hiobbuches und in den Apokryphen weitergeführt im Buch Jesus Sirach. In diesen Büchern treffen wir auf die Vorgeschichte der Wissenschaft. Überall in der Welt geht der Wissenschaft eine Lebensweisheit voraus, die ihre eigentümliche Form in ganz kurzen Sprüchen oder, wie wir sagen, Sprichwörtern hat. Sie ist Ausdruck der Lebensklugheit im Alltag und hat von ihrem Ursprung her gar nichts mit Gott oder Gotteswort zu tun. So enthalten denn auch die Sprüche im biblischen Spruchbuch überwiegend durchaus profane Lebensweisheit. Wenn diese ein Teil der Bibel wurde, so steht dahinter die Erkenntnis, daß auch diese profane Lebensklugheit ihre — oft ganz verborgene — Wurzel in der Ehrfurcht vor Gott hat und daß keine menschliche Weisheit ohne diesen Wurzelgrund bestehen kann. Diese Spruchweisheit steht ganz am Rande der Bibel, aber sie hat dort am Rande doch eine wichtige Aufgabe: In einer Zeit, in der die Weisheit als Wissenschaft sich stark vom übrigen Leben abgesondert und in sich gewaltig verzweigt hat, kann das Achten auf die Anfänge und erste Entfaltung der Weisheit dazu helfen, daß das in aller Wissenschaft Gemeinsame und der tiefe Zusammenhang wissenschaftlichen Fragens und Forschens mit der Ehrfurcht vor Gott und der Anerkennung der von ihm her dem Menschen gesetzten Grenzen wieder deutlicher gesehen wird.

Noch etwas ist gerade für uns heute an den Weisheitsschriften des Alten Testamentes wichtig: In der Weisheit ist die Bibel offen zu den anderen Völkern hin. Es sind in das Spruchbuch Weisheitsworte anderer Völker aufgenommen; die Israeliten haben von der Weisheit Ägyptens, der Araber und anderer gelernt und manches von ihnen angenommen. Hier ist also in der Bibel selbst der übernationale Charakter der Weisheit anerkannt: auf diesem Gebiet hat auch das Volk Gottes von anderen zu hören und zu lernen. Dieser nicht an die Grenzen eines Volkes, eines Reiches, einer Religion oder Weltanschauung gebundene Charakter der Weisheit wurde von der Wissenschaft übernommen. Wenn heute mit der Teilung der Welt auch der übernationale Charakter der Wissenschaft bedroht ist, so können wir im Namen der Bibel uns darauf stellen, daß nach Gottes Willen Weisheit und Wissenschaft den Menschen gemeinsam bleiben sollen.

Wir sehen heute auf Jahrhunderte zurück, in denen zwischen dem Glauben an Gott und der Wissenschaft eine immer tiefere Kluft entstand, in der an mancher Stelle im Namen der Wissenschaft der Glaube an Gott bekämpft wurde. Jetzt erst zeigen sich die ersten Spuren einer rückläufigen Bewegung. Sogar diese Versuchung der Weisheit, den Menschen von Gott abzubringen, zeigt sich in den ersten Spuren schon in der Bibel. In den wenigen Weisheitsbüchern zeichnet sich doch schon ein Weg der Weisheit ab: zuerst ist sie sehr schlichte Lebensweisheit; später verbindet sie sich mit dem Reden von Gott ähnlich, wie in der Scholastik Aristoteles und die Bibel verbunden wurden; am Ende mündet die Weisheit in eine resignierende Skepsis ein (Buch des Predigers), für die es nichts Gewisses mehr gibt. Zwar ist für den Prediger der Glaube an Gott nicht erschüttert, aber Gott ist für ihn in eine weite, transzendente Ferne gerückt, fast wie der Gott der Deisten. — Wenn in der Bibel selbst Skepsis, Resignation und die Ahnung des Nihilismus am Rande angedeutet sind, so ist das für unser Stehen in einer Welt, in der sich viele von Gott abgewandt haben und in der es sogar Kampf gegen den Glauben gibt, ein Trost. Die Bibel ist auch diesen skeptischen, atheistischen und nihilistischen Versuchen des Menschen schon voraus.

DAS OFFENE BUCH

Das Alte Testament ist nach vorn hin offen. Die Verheißungen, die sich über die Epochen der Geschichte des Alten Bundes spannen, kommen innerhalb der in diesem Buch berichteten Geschichte immer nur zu einem Teil, immer nur gebrochen oder auch gar nicht zur Erfüllung. Vor allem in der Zeit nach dem Exil, die viel mehr Enttäuschung als Erfüllung brachte, wird die Kraft des Gottesvolkes immer mehr die Kraft des Wartens. Die Erfüllung, die in Jesus von Nazareth, seiner Verkündigung und seinen Taten, seinem Leiden, Sterben und Auferstehen kam, war aber auch nicht so, daß man sie einfach an Tatsachen ablesen konnte. Sie war so wie das Zeichen, das Mose in der Wüste unter den von den Schlangen Gebissenen aufrichtete: man mußte hinsehen und man mußte glauben, nur dann wurde man heil. Dieser Jesus von Nazareth brachte nicht einfach die Erlösung aller, sondern er brachte ein Angebot, das angenommen oder ausgeschlagen werden konnte. Daran hat sich bis heute nichts geändert.

Daß in den tausend Jahren des Alten Testaments Gott, der Schöpfer der Welt und Herr allen Geschehens, seinen besonderen Weg mit diesem *einen* Volk gegangen ist und in diesem Weg das große Ganze der Welt und ihrer Geschichte meinte, das ist so wenig zu beweisen wie der Anspruch des Jesus von Nazareth, daß durch ihn Gott der Welt das Heil bringen wollte. Und darum ist es nicht zu beweisen und wird es nie zu beweisen sein, daß die tausend Jahre auf den einen Tag zugingen, an dem Jesus von Nazareth am Kreuz starb. Jede neue Generation, durch die Jahrhunderte und durch die Jahrtausende, ist an dieser Stelle neu gefragt, ist neu vor das Geheimnis des Handelns Gottes an unserer Welt vom größten bis zum kleinsten Kreis gestellt. Das Buch, das davon redet, die Bibel Alten und Neuen Testaments, ist niemals zu Ende gelesen, niemals restlos gedeutet. Sie bleibt offen, daß wir neue Wunder darin finden, daß wir in gewandelten Zeiten in neuen Sprachen dem begegnen, vor dem tausend Jahre sind wie der Tag, der gestern vergangen ist.

Gerhard Gloege

Neues Testament

ALLER TAGE TAG

Das Neue Testament ist wie das Alte kein Buch, sondern eine Bibliothek. Freilich steht diese Bibliothek, was Zahl und Umfang ihrer einzelnen Schriften anlangt, hinter der des Alten Testaments weit zurück. Selbst wenn man die alttestamentlichen Apokryphen abrechnet, füllt das Neue Testament nur ein Drittel des Alten aus. Es enthält 27 Schriften, deren längste — das Lukasevangelium — sich einigermaßen mit den alttestamentlichen Geschichtsbüchern messen kann, während die kürzesten — der 2. und 3. Johannesbrief — räumlich kaum an das Blatt heranreichen, auf das man die Orakelfragmente des Propheten Obadja schrieb.

Auch die Weiträumigkeit der Zeiten, von der die Schriften des Alten Testamentes erzählen, die Dehnung der Jahrhunderte, in denen sie

273

entstanden, ist auf wenige Jahrzehnte zusammengezogen. Der Historiker sieht sich auf Urkunden angewiesen, deren wesentlicher Bestand sich innerhalb von zwei bis drei Menschenaltern bildete. Die zeitliche Erstreckung ist so kurz bemessen, daß einander ablösende Stadien, wie sie die großen Geschichtsentwürfe des alten Israel voraussetzen, zurücktreten. Ausreifende Entwicklungen sind kaum zu beobachten, höchstens Ansätze dazu. Manches, was aus späterer Sicht als Moment eines Ablaufs erscheint, mag in Wirklichkeit Element neben anderen gewesen sein.

Noch dichter drängt sich alles zusammen, wenn man auf den Gegenstand der Darstellung blickt. Abgesehen von der Apostelgeschichte, die weitere Räume und Zeiten umgreift, ist es einzig und allein das Geschick Jesu von Nazareth, das im Blickpunkt dieser Schriften steht. Auf seinen „Tag" sammelt sich alles Interesse. Denn in seinem „Tage" sind die tausend Jahre gegenwärtig, die auf ihn hinstreben. Erfüllt werden in seinem Geschick die Verheißungen Gottes und die Hoffnungen der Menschen, die Drohungen der Propheten und die Sehnsüchte des Volkes, die Nöte der Völkerwelt und das dumpfe Harren der Kreatur. In Jesu Geschick! Darum ist sein Geschick das Ziel der Zeit — der „Tag aller Tage". Darum bildet literarisch gesehen das Neue Testament eine so schmale Bibliothek. In der räumlichen Enge dieser Sammlung spiegelt sich die zeitliche Kürze des entscheidenden Tages.

Vom Tage Jesu her empfängt alles, was die Schriften des Neuen Testaments sagen, Sinn und Einheit. Freilich bedeutet diese Einheit weder Uniformität noch Harmonie. Das Neue Testament ist vielschichtig. Seine Klanglichkeit ist alles andere als einstimmig. Wenn sich gerade daran der aufmerksame Leser stößt, so empfindet er ganz richtig. Wer mit der modernen Vorstellung, ein „Buch" müsse literarisch und inhaltlich eine Einheit darstellen, an das Neue Testament herantritt, wird mit Recht enttäuscht, vielleicht sogar verwirrt werden. Nicht nur in den Äußerlichkeiten der Berichte, die etwa historische oder geographische Dinge betreffen, treten Unterschiede und Gegensätze hervor. Selbst in den gewichtigen Zeugnissen von Gottes entscheidenden Kundmachungen werden Verschiedenheiten und Widersprüche laut. Gewiß gibt es im Neuen Testament keine einzige Stimme, die nicht der Rühmung Gottes diente, kein „Lied", dessen „Text" nicht „Jesus von Nazareth" hieße. Aber Melodie und Rhythmus, Tonart und Klangstärke sind jeweils verschieden. Das Neue Testament stellt einen polyphonen Chor dar, in dem jede Stimme ihr eigenes Leben besitzt und damit das Recht, auf ihre Weise sich auszusprechen, unter Umständen gegen andere Stimmen anzusingen. Der Fernerstehende, der Einzelaussage neben Einzelaussage hört, vermeint zuweilen nur Mißklänge zu vernehmen. Da spannen sich gegeneinander nicht nur die Aussagen über Mensch und Welt, sondern auch die über Gott und Jesus. Da streitet nicht nur Schrift wider Schrift — das vierte Evangelium gegen die drei ersten, Lukas gegen Matthäus, Jakobus gegen Paulus. Da geht der Widerspruch durch ein und dieselbe Schriftengruppe hindurch — mitten durch dasselbe Evangelium, mitten durch die Briefe des Paulus.

Das Neue Testament doziert nicht in Form eines Vortrages „über" Mensch, Welt, Gott, Jesus. Die Schriftsteller des Neuen Testaments stehen von vornherein in einem *Gespräch:* sie sprechen mit ihrer Zeit, sie sprechen untereinander, sie sprechen zu uns. Es handelt sich um ein hörbares, mitunter recht lautes Gespräch. Längst bevor wir uns nähern, ist dieses Gespräch im Gange. Wer das Neue Testament für einen göttlichen Monolog hält, mißversteht es von vornherein. Es hat seiner Entstehung nach dialogischen Charakter. Das bedeutet: es zieht auch uns in seine Gesprächigkeit hinein. Das Gespräch der Zeugen der Frühzeit rauscht nicht an uns vorüber, wie ein Tonfilm auf der Leinwand, wie ein Dialog auf der Bühne, vor dem Mikrophon, vor der Fernseh-Kamera. Das Neue Testament geht auf uns zu. Es beteiligt uns. Denn was immer diese Männer vor Gott da über uns sagen mögen — eins steht fest: über *uns* reden, über *uns* verhandeln sie. Keiner, der sich dem Neuen Testament nähert, kann es sich leisten, Zuhörer zu bleiben. Er muß auf die Bühne springen, in den Gesprächskreis treten. Er wird diesem zustimmen und jenem widersprechen. Er muß hier ja und dort nein sagen. Nur eines kann er nicht: er kann nicht mehr schweigen. Der „Tag aller Tage" löst die Zunge. Tag heißt „Termin". Wir werden als Zeugen aufgerufen und vernommen.

Die folgende Darstellung will dazu helfen, unsere Zeit und damit uns selbst im Neuen Testament als Gesprächspartner aufzuspüren. Nicht *ob* wir sprechen, steht zur Frage — denn wir stehen bereits, ohne es zu wissen, selbst mitten in seinem Gespräch —, sondern: *was* wir sprechen werden. Damit dieses Gespräch in seiner klaren Artikulation verstanden werde und damit es redlich geschehe, werden wir uns der kritischen Methode der historischen Wissenschaft bedienen und die Ergebnisse ihres gegenwärtigen Forschungsstandes berücksichtigen. Denn der Verfasser wie der Leser hätten es nicht mit dem Neuen Testament zu tun, wenn sie sich nicht zu selbständigem, begründetem Urteil aufgerufen wüßten. Es wäre für das Vorverständnis dessen, was uns jetzt zu beschäftigen hat, schon viel gewonnen, wenn sich beide darauf einigen könnten, ein altes Vorurteil preiszugeben, um dafür ein neues zu gewinnen. Preiszugeben ist das Vorurteil, das Neue Testament sei ein Buch, das ein System von Äußerungen Gottes über die Menschen oder der Menschen über Gott enthalte, die unter sich in völligem Einklang stünden! Versuchen wir es statt dessen zunächst mit einem anderen Vorurteil: das Neue Testament sei eine Einladung an uns, uns an einer Geschichte beteiligen zu lassen, an der wir von je bereits engagiert sind.

Weil diese Geschichte kein Mythos ist, sondern die Geschichte eines wirklichen Menschen wie wir, die sich einmal in der wirklichen Welt zutrug und die Welt ins Gespräch nahm, fragen wir zuerst nach ihrem historischen Rahmen. Denn „aller Tage Tag" ist ein wirklicher Tag — inmitten vergehender Zeit.

ZWISCHENZEIT

Die tausend Jahre, die das Alte Testament umfaßt, gehen nicht unmittelbar in den einen Tag des Neuen Testaments über. Ihr Weg erfährt eigentümliche Biegungen und Brechungen. Das *Volk Gottes* hatte nie isoliert gelebt, sondern stets inmitten von Völkern und in Auseinandersetzung mit ihnen existiert. Aber in den letzten drei Jahrhunderten vor dem Auftreten Jesu hatte es eine besondere Gefahrenzone zu durchlaufen. Die Bedrohungen sind durch zwei Worte markiert: „Hellenismus" und „Römisches Reich". Jener stellte eine mehr innere Bedrohung dar, dieses eine mehr äußere. Zwischen dem hellenistischen Weltbürgertum und dem römischen Imperium stehend, hatte es den Ansturm und die Verlockungen der modernen Welt zu bewältigen. Darüber hat es selbst einen äußeren und vor allem einen inneren Gestaltwandel erfahren. Es entstand das *Judentum*. Von Jesus her gesehen, bildet es eine Zwischenzeit. Literarisch klafft zwischen den Büchern des Alten und denen des Neuen Testaments eine Lücke. Sie ergab sich daraus, daß Schriften, die in diesem Zeitraum entstanden, verschieden bewertet wurden. Sie wurden nicht allgemein als heilige Schriften anerkannt. Man verweigerte ihnen weithin die Aufnahme in den Kanon. Das rabbinische Judentum hat sie nach der Katastrophe des jüdischen Staates im Jahre 70 n. Chr. überhaupt auszumerzen versucht. Daß sie uns trotzdem, wenn zum Teil auch nur in Bruchstücken, erhalten blieben, verdanken wir dem Interesse der christlichen Kirche, zuweilen auch ihrer Ketzer. Die offizielle Synagoge hat die historische Pause durch die literarische Lücke markiert.

Man kann das Neue Testament nicht voll verstehen, wenn man weder um jene Zwischenzeit noch um diese Lücke weiß. Man muß wissen, was „inzwischen" geschah, gedacht, geglaubt, geschrieben und gelitten wurde. Der eine Tag ist nicht nur die Erfüllung der tausend Jahre, sondern auch jenes seltsamen Zeitraumes, der für viele heilsgeschichtlich im Schatten liegt und dennoch zugleich historisch im Lichte. Im Lichte einer hellen Zeit: der „Moderne" des Altertums.

DIE MODERNE MENSCHHEIT

Die Welt, in der Jesus von Nazareth auftrat, war geographisch und geistig weiträumig. Sie war eine moderne Welt. Sie stellt die Spätzeit der Antike dar — den Herbst des Altertums. Sie beginnt mit Alexander dem Großen und kommt in Augustus zum Ziel. Sie wird geformt durch die Kultur der Alexanderzeit, die wir Hellenismus nennen.

Der Hellenismus verbindet Orient und Okzident, Asien mit Europa. Zeitlich bauen seine drei Jahrhunderte zwischen den Schlachten von Gaugamela (331 v. Chr.) und Actium (31 v. Chr.) die Brücke zwischen dem Perserreich und dem Römischen Reich. Als Jesus auftrat, war die Welt äußerlich und innerlich eine Einheit, eine Ganzheit geworden.

Seit der Eroberung Ägyptens und des vorderen Orients durch Alexander hatte sich die Welt, in deren Mitte der schmale Landstreifen Palästinas lag, geweitet. Ein einheitliches Leben durchflutete sie. Ein

gemeinsames Weltbewußtsein hatte die Völker der drei Erdteile ergriffen, die um das große Becken des östlichen Mittelmeeres lagen.

Das Perserreich

Die Umrisse dieser Welt waren Alexander vorgezeichnet gewesen.
Er hat sie nur übernommen. Geschaffen wurden sie von dem ersten
indogermanischen Großreich, das die Geschichte kennt: dem Reich der
Perser. Der tatenlustige Kyros II. — der „Koresch" Deuterojesajas:
„Hirte" und „Messias" des Herrn (Jes. 44,28; 45,1) — hatte um die Mitte
des 6. Jahrhunderts v. Chr. die Reiche der Meder, der Lyder und der
Neubabylonier gestürzt. Er hatte im nördlichen Iran seinen medischen
Lehnsherrn entthront und im Westen den sprichwörtlich reichen
Kroisos besiegt, dessen kleinasiatische Küstenländer den Raum grie-
chischer Kultur umgriffen. Ohne Schwertstreich war er 539 in Babylon,
die Stadt Nebukadnezars, eingezogen. Sein Sohn Kambyses hatte
Ägypten erobert. Dessen Nachfolger Dareios I. dehnte die persische
Herrschaft bis an den Indus im Osten und den Aralsee im Norden aus.
Östlich und westlich des Hochlandes von Pamir, des Daches der Welt,
gehörten die Steppen Turkestans zur Interessensphäre des Reiches.
Das persische Großreich stellte einen zentralistisch durchorganisier-
ten *Militär- und Beamtenstaat* dar. Es verfügte über ein ausgezeich-
netes Kontroll- und Spionagesystem. Seine 20 großen Satrapien waren
als Verwaltungsbezirke durch ein Netz von Heer- und Handels-
straßen untereinander verbunden. Ein stolzes Symbol dieses Verkehrs-
gefüges, das zugleich ein staatliches Post- und Fernmeldewesen um-
schloß, war die Königsstraße von Sardes nach Susa. Fast 3000 Kilometer lang, verband sie den bedeutenden Mittelmeerhafen Ephesus
mit der Residenz im Herzen des Reiches.
Erstmalig schuf ein Staat ein einheitliches Maß- und Münzsystem. Der
persischen Reichswährung lag der Gold-Dareikos als Rechnungs- und
Zahlungseinheit zugrunde. Zur Kanzlei- und Verkehrssprache wurde
das sog. „Reichs-Aramäisch" erhoben, in dessen Dialekt einige Teile
später alttestamentlicher Bücher (z. B. Daniel, Esra) geschrieben
sind.
Die *persische Religion* war seit alters eine Religion ohne Tempel und
Götterbilder. Seit den Tagen des Dareius huldigte der Großkönig und
sein Hof dem „Weisen Herrn" Ahura-Mazda, der Himmel und Erde,
der den Menschen und sein Glück schuf, „der Dareius zum König
machte, den einen zum Herrn der vielen". Der Gott Zarathustras,
dessen Rechtswalter auf Erden der Großkönig war, bestimmte die

persische Außenpolitik. Seine Priester lehrten das Dasein als Walstatt der beiden Zwillingsgötter verstehen: der „gute Geist" und der „böse Geist" — später Ormuzd und Ahriman — liegen als feindliche Brüder miteinander im Streit. Das Leben ist Entscheidungskampf zwischen Licht und Finsternis, Gut und Böse, Wahrheit und Lüge. Der Mensch ist aufgerufen, handelnd „in Gedanken, Worten und Taten" einzugreifen. Die Welt wurde, ähnlich wie bei den alttestamentlichen Propheten, wesentlich als Geschichte verstanden. Die Anschauung von ihrem dramatischen Ablauf setzte einen neuen Akzent und wirkte bestimmend für das Judentum und seine Apokalyptik. Ja sie bestimmte darüber hinaus auch das Weltverständnis des Neuen Testamentes. Im Rahmen von vier Weltperioden zu je 3000 Jahren werden Urzeit und Endzeit aufeinander bezogen. Die Welt läuft dem Gericht entgegen. Ihm geht die Auferstehung der Toten voraus. Ihm folgt die „Wunderbarmachung" des Kosmos. Eine in sich geschlossene Endzeitlehre (Eschatologie) wird verkündet. Ihre einzelnen Elemente sind: das Reich, die Rechts-Ordnung, die Gestalten der jungfräulich geborenen Rechtsbringer, der Urmensch, die Engel, die Dämonen, der Weltlauf als Rechtfertigung Gottes (Theodizee), der Appell an die Verantwortlichkeit des Menschen, die Zuversicht auf den Endsieg des Guten. Alle diese Elemente mußten zuvor in den großen Schmelztiegel der anbrechenden Moderne geworfen werden, um später ihre Sendung zu erfüllen.

Immerhin hat die Dynastie Ausschließlichkeitsansprüche der Religion Zarathustras entschärft und, wie alle kraftvollen Despotien der Geschichte, religiöse Toleranz als höchste Staatsweisheit walten lassen. Bereits ein Jahr nach dem Fall Babylons hatte Kyros den dorthin verbannten Juden die Rückkehr in die Heimat und die Wiederherstellung des Tempels zu Jerusalem gestattet. Im folgenden Jahrhundert wurde Nehemia zum Statthalter von Juda bestellt und der Referent für Religionsangelegenheiten Esra zum „Kirchenkommissar" in Jerusalem ernannt. Solche Maßnahmen sollten der innerpolitischen Entspannung dienen.

Dagegen drohten die außenpolitischen Pläne ins maßlose zu wachsen. Die Spaltung der griechischen Welt in ein freies europäisches Hellas und ein unterjochtes persisches Griechentum bereitete das *Zeitalter der Perserkriege* vor. Ein halbes Jahrhundert über hatten die kleinen Verbände des griechischen Heeres und der Flotte gegen den Angriff der größten Militärmacht der Welt die Freiheit der Kultur verteidigt. Aber nach der kurzen Blütezeit Athens unter Perikles hatte sich die innere Zwietracht der griechischen Völkerfamilie im Peloponnesischen Kriege entladen. Die Niederlage des attischen Volkes bestätigte den Niedergang seiner „Demokratie" nur nach außen. Im Zuge der sophistischen Aufklärung hatte man das Prinzip des Rechtes mit der Prinzipienlosigkeit der Gewaltmoral vertauscht. Athen, Sparta, Theben hatten die Führung an eine außerhalb ihres Kreises stehende Nation abgetreten: an Makedonien.

Die griechische Revolution

Im äußeren Wandel der Machtverhältnisse spiegelt sich ein innerer. Auf allen Gebieten des öffentlichen und privaten Daseins begann sich ein Bewußtseinswandel durchzusetzen, der dem Glauben an die Eigenmacht der Vernunft entsprang. Man verstand Dasein nicht mehr als ein Werdendes, sondern als etwas Herstellbares. An die Stelle des Wachstums trat die Planung. Die Theorie maßte sich das Richteramt über das Leben an. Eine tiefgreifende Umwälzung erfaßte vom Geistigen her das politische Leben. Der Gedanke des Universalstaates ersetzte das Nationalitätenprinzip. Das Großreich sollte den Stadtstaat ablösen, das Reich die Polis.

Schon Heraklit (um 500), der den Logos als die die Welt durchwaltende Vernunft verkündigte, hatte sich als Kosmopolit gewußt, als Weltbürger. Euripides hatte es zwei Menschenalter später ausgesprochen: „Was ist des Wackeren Vaterland? Die ganze, weite Welt." Bevor die Stoiker den Begriff des Weltstaates entfalteten, hatte der jugendliche Makedone Alexander ihn bereits verwirklicht — in seiner Monarchie.

Das neue Königtum hellenistischen Stils wurde zur Absage an den alten Staatsgedanken. Der große „Einzelne", eine Idee der Sophistik, wurde zum Schicksal von Staat und Volk. Das romantische Motiv des panhellenischen Rachekrieges gegen die Barbaren beflügelte die Entscheidungen des Realpolitikers. Rache für die Einäscherung Athens vor — 143 Jahren! Alexander übernahm väterliches Erbe: den bereits von Philipp in Angriff genommenen Plan des Zuges gegen Asien. Die „griechische Revolution" gewann in ihm Gestalt.

Im Frühjahr 334 überschritt Alexander als Feldherr des gesamtgriechischen Bundesheeres mit 30 000 Fußsoldaten und 5000 Reitern die Dardanellen. Innerhalb von vier Jahren war die vielfach überlegene Streitmacht der Perser vernichtet und das Großreich erobert. Die Legende überhöhte deutend die historische Wirklichkeit: auf dem Schlachtfeld von Gaugamela, unweit der Ruinen Ninives, sollen ihn im Herbst 331 die siegreichen Truppen zum „König von Asien" ausgerufen haben.

Die Paläste von Persepolis gingen in Flammen auf. Die Leiche des Dareios ließ Alexander nach feierlichem persischem Zeremoniell beisetzen, seinen Mörder nach orientalischer Art grausam hinrichten. Das Bundesheer wurde in die Heimat entlassen.

In Athen begann man zu ahnen: *„Die Welt ist anders geworden."* Noch ehe Alexander nach Indien vordrang, sprach es Äschines im „Kranzprozeß" gegenüber Demosthenes aus: „Gibt es wohl noch etwas alle Hoffnungen und Erwartungen Übersteigendes, das nicht zu unserer Zeit wahrhaftig eingetreten wäre? Wir haben ja kein gewöhnliches Menschenleben gelebt, sondern sind der Nachwelt zum Gegenstand für die wunderbarsten Erzählungen geworden."

Alexander selbst hat um die epochale Bedeutung seines Unternehmens wie seiner Person gewußt. Ja er hat sie angestrebt. Seine Pläne galten nicht einer Reichsgründung, sondern der Welteroberung. Seine Züge nordostwärts über den Hindukusch nach dem heutigen Samarkand und Taschkent, wie ostwärts über die Kabulpässe nach Indien, in das heutige West-Pakistan, galten nicht nur der militärischen Sicherung des Eroberten. Seine Lektüre auf diesen Feldzügen machen ebenso wie sein Nachlaß seine weiteren Pläne deutlich. Er wollte die Westhälfte der Mittelmeerwelt erobern.

Wenn auch sein plötzlicher Tod die Aufrichtung des Imperiums über die Oikumene vernichtete, so hat doch sein Leitbild das Bewußtsein der Menschheit tief geprägt. Der Griff nach der Weltherrschaft forderte die *Apotheose des Herrschers,* forderte den Weltherrscher als Gott. Dem Griechen war seit alters die Heroisierung überragender Männer nichts Ungewöhnliches. Mit Altären, Festen, Monatsbezeichnungen und anderen Ehrungen wurden die Auszuzeichnenden in den Kreis der Stadtgötter aufgenommen. Der Orient aber war seit je die Wiege des Herrscherkultes. Während in Mesopotamien der König als Sohn des höchsten Gottes durch Adoption galt, war er es in Ägypten durch Geburt. Gerade hier aber, in der Oase Siwa, redete der Orakel-Gott Ammon, der neben dem delphischen Apollon bei den Griechen höchstes Ansehen genoß, den Eroberer als seinen Sohn an. Niemand hatte sich verhört. Die Verbindung griechischer und orientalischer Herrscherverehrung durch Alexander hatte in erster Linie politische Zwecke. Sie sollte dazu beitragen, die hellenische Demokratie der Weltmonarchie leichter einzugliedern und den griechischen Gedanken der persönlichen Freiheit mit dem der überpersönlichen Ordnung zu versöhnen.

Man wird aber auch die durchaus profane Rücksichtnahme auf die religiöse Kraft des Weltkönigtums ägyptischer Herkunft nicht unterschätzen dürfen. Als über acht Jahrhunderte zuvor Pharao Ramses IV. den Thron bestieg, war die königliche Gewalt Thema einer *religiösen Frohbotschaft* geworden: „Welch schöner Tag! Himmel und Erde freuen sich, denn Du bist der große Herr von Ägypten. Die Geflohenen sind wieder in ihre Städte zurückgekehrt, und die sich versteckt hatten, sind wieder hervorgekommen. Die Hungernden sind gesättigt und fröhlich, und die Durstenden sind trunken. Die Nackten sind in feines Leinen gekleidet, und die Schmutzigen haben weiße Kleider. Die im Gefängnis waren, sind freigelassen, und wer gebunden war, ist voll Freude" (vgl. Luk. 4, 18—19). Gewiß, Alexander besaß noch keinen Vergil oder Horaz, die seinen göttlichen Ruhm sangen. Aber das Königszeremoniell einer zerfallenden und längst verfallenen Zeit wurde zum Königserlebnis. Die Machtergreifung des Weltkönigs bedeutete die Geburt einer neuen Welt: des Hellenismus.

Das Erlebnis der Menschheit

Die Welt begann sich selbst zu entdecken: als Menschheit. Dieses Menschheitserlebnis läßt sich schwerlich überschätzen. Die Grenzen der Stämme, Völker, Rassen wurden fließend. Der Gegensatz zwischen Griechen und Barbaren, der sich in Sprache und Gesittung ausdrückte, schwand dahin. Alexander hatte ihn bewußt zu beseitigen versucht. Die Massenhochzeit zu Susa, auf der sich der König mit zwei Prinzessinnen aus dem Hause des Großkönigs vermählte und etwa 80 seiner Generäle vornehme Perserinnen heiraten ließ, wirkte ebenso programmatisch wie die Aufnahme gebürtiger Perser in die makedonische Armee. Auf allen Gebieten des Lebens wurde eine Verschmelzungspolitik eingeleitet, die sowohl den Hellenen wie den Orientalen neuartig erschien und die eine neue Weise des Regierens erforderte. Die neue Zeit bedeutete die Hellenisierung des Orients, zugleich aber auch eine Orientalisierung des Hellenentums.

Das Weltreich Alexanders, das vom Balkan bis zum Himalaja und von der Sahara bis zur Wüste Gobi reichte, zerfiel nach seinem Tod in den wechselvollen Nachfolge-Kriegen seiner machtgierigen Marschälle. Der Menschheitsgedanke aber ließ sich, einmal gedacht und erprobt, nicht mehr rückgängig machen. An die Stelle des Weltreiches trat das *hellenistische Staatensystem*. Die mächtigsten unter den Nachfolger-Staaten waren das Ptolemäer-Reich in Ägypten und das Seleukiden-Reich in Syrien, das sich anfangs über Persien bis zum Indus erstreckte. Beide Großmächte stritten sich um das strategisch und handelspolitisch so wichtige kleine Palästina, das von der Nord-Süd-Achse des Landverkehrs durchquert wurde. Nach hundert Jahren ägyptischer Herrschaft gewannen die Syrer das Land (198 v. Chr.).

Unterdessen schritt die planmäßige Durchdringung der Welt mit dem neuen Geist und seinen Leistungen auf fast allen Gebieten der Zivilisation voran. Die hellenistische Epoche wurde zur *Gründerzeit* des ausgehenden Altertums. Uralte Kulturgebiete wurden kolonisiert. In allen Teilen der östlichen Welt wuchsen Alexander-Städte aus dem Boden. An ihrer Spitze stand zeitlich und größenmäßig das ägyptische Alexandrien, das der Monarch noch selbst gegründet hatte. Diese Weltstadt an der Mündung des Nils von bald 1 Million Einwohnern wurde mit ihren Hochhäusern und Hafenanlagen zum Umschlagplatz des Handels zwischen Afrika und Indien, aber auch zum Ort des Austausches der Kulturen von Ost und Welt. Als Zentrum von Kunst und Wissenschaft, von Industrie und Gewerbe ist es vor und neben der syrischen Residenz Antiochia „die Stadt des Erdkreises". Für das Diaspora-Judentum war es zugleich eine geistige Hochburg — neben Jerusalem.

Überall entstanden Städte, deren rechtwinklige Straßen und Plätze, zum Teil schachbrettartig geordnet, den rationalen Geist der Zeit widerspiegeln. Ihre öffentlichen Bauten, Bibliotheken und Sternwarten, Theater, Sportbahnen und Schwimmbäder, Wasserleitungen und Straßenbeleuchtungen zeugten von Nützlichkeitssinn und Erfolgsstreben. Europäische Städtenamen, etwa in Nordsyrien, zeigten, wie inmitten alter Herrschaftsgebiete ein neues Makedonien entstand. Im Herzen Asiens aber erlebte das Griechenreich von Baktrien eine kurze, jedoch kraftvolle Blütezeit. In diesem „Reich der tausend Städte", im heutigen nördlichen Afghanistan, trafen und mischten sich hellenische, indische und chinesische Kulturüberlieferungen, um sie bis in die Welt des fernen Ostens auszustrahlen. Die hellenistischen Städtegründungen stellen die größte Kolonisation dar, die je in der Weltgeschichte ein Staat planmäßig durchführte.

Die Zivilisation des Geistes

Durch ebenbürtige Werke sprach sich der Geist dieser Moderne in Wissenschaft und Bildung aus. Metropole der Wissenschaft wurde das ägyptische Alexandrien mit seiner Bibliothek von rund einer halben Million Werken. Die *Großmacht Wissenschaft* spezialisierte sich hier in theoretische und praktische Sonderdisziplinen. Die Zeit war von einem Hunger nach welthaften, greifbaren und meßbaren Realitäten erfüllt, von einem Hunger nach Sichtbarkeit. Das Fremde und Ferne lockte: das Exotische der neu entdeckten Wunder'länder der Erde, aber auch die fernen Welten des Himmelsgewölbes. Alexander, der Schüler des großen Aristoteles († 322), hatte selbst, ähnlich wie später Napoleon, seine Feldzüge im Stile wissenschaftlicher Expeditionen durchgeführt. Ein Stab von Gelehrten begleitete ihn, die den Bestand des Neuen geographisch, topographisch, botanisch, zoologisch und ethnographisch zu erfassen und das Beobachtete zu registrieren hatten. In den Einzelwissenschaften standen *Mathematik*, Geometrie, Geographie und Astronomie in hohem Ansehen. In Alexandrien schrieb Euklid um 325 seine „Elemente". Hier studierte Archimedes von Syrakus. Hier ersetzte Aristarch von Samos um 280 — also 1800 Jahre vor Kopernikus — das geozentrische Weltsystem des Aristoteles durch das heliozentrische. Er vermochte aber seine Entdeckung gegen die Autorität des Archimedes und den Widerspruch der stoischen Philosophen nicht durchzusetzen. Hier berechnete, auf ihm fußend, der Oberbibliothekar Eratosthenes mittels Messungen des Sonnenstandes in Assuan (Syene) und in Alexandrien annähernd richtig den Umfang des Planeten Erde und entwarf seine Erdkarte. Hier entwickelte um 200 Apollonius von Perge seine Theorie der Kegelschnitte.

Auf allen Gebieten erschlossen hellenistische Forscher kraft kühl rechnenden Verstandes neue Tatbestände. Die *Anatomen* begannen mit der Obduktion von Leichen. An zum Tode verurteilten Verbrechern wurden Vivisektionen durchgeführt, an denen sich in widerlicher Spielerei der neugierige Monarch beteiligte. In der Medizin kam man der Entdeckung des Blutkreislaufes nahe.

Die *exakte Physik*, insbesondere die Mechanik, erwies die technische Verwertbarkeit des wissenschaftlich Erkannten. Heron von Alexandrien konstruierte das erste Feldmeßinstrument (Diopter). Mittels Schrauben und Zahnrädern wurde, auch ohne Fernrohr, eine Feineinstellung ermöglicht. Mit seinen mechanischen und hydraulischen Apparaten wurde er zum Vorläufer der neuzeitlichen Dampfmaschinen-Technik. Auf der Burg von Pergamon gab es eine Druckrohr-Wasserleitung. Auf der Insel Pharos zeigte das Feuer des ragenden Turmes, der zum Ahnherrn der späteren Leuchttürme wurde, den Hochseeschiffen nachts die Einfahrt zum Hafen von Alexandrien. So viele Versuche technischer Möglichkeiten, so viele Zeichen eines neuen, aufgeklärten Weltbewußtseins!

Ältere Projekte der Erderkundung wurden aufgenommen und intensiviert. Die Phöniker und die Perser hatten bereits früher in ägyptischem Auftrag Afrika in drei Jahren umschifft. Pharao Necho von

Ägypten hatte den Plan entworfen, den Nil durch einen ost-westlichen Schiffahrtskanal mit dem Roten Meer zu verbinden. Hundert Jahre später führte Dareios das Projekt durch — eine Tat, die die Inschriften vom Suezkanal über Jahrtausende hinweg staunend vermerken: „Nie geschah desgleichen." Zwei Jahrhunderte später suchte Ptolemäus II. den Kanal wieder schiffbar zu machen. Nach vergeblichen Versuchen von Persern und Karthagern, den schwarzen Erdteil zu umschiffen, hatte, gleichzeitig mit Alexanders Zügen im Osten, Pytheas von Marseille Westeuropa umfahren und war bis ins Wattenmeer der Nordsee, wo er Ebbe und Flut wahrnahm, und bis zu den Orkneys und Shetlands vorgedrungen.

Wie hellwach die Epoche war, zeigt besonders die *bildende Kunst*, und hier wieder die Kunst des Reiches von Pergamon. Der gewaltige Zeusaltar, dessen Marmorfries im Sieg der Götter über die Giganten den Sieg der Griechen über die eingefallenen Gallier feiert, ist Ausdruck höchster Bewußtheit. An die Stelle der Ruhe der attischen Kunst ist das Bewußt-Erregende, das Gewollt-Lärmende getreten. Diese Kunst ist aus auf Effekt. Zugleich spricht sich in ihr das Realistisch-Naturgetreue aus, das die Wissenschaften der Zeit kennzeichnet. Gelehrte Vollständigkeit und künstlerische Virtuosität in der Darstellung des mythologischen Stoffes machen das Werk zu einer Angelegenheit von Kennern. Nicht nur der hellenistische Dichter, auch der Künstler ist nicht ohne seine Bibliothek zu denken. Darüber begann Kunst zu Kunstgewerbe zu werden, drohten die Grenzen zwischen Kunst und Kitsch zu verfließen.

Im Banne des Dranges nach Vergöttlichung des Verstandes geriet die hellenistische Geistigkeit mehr und mehr in die *Krise*. Die Idee des Weltreiches entfremdete das politische Leben seinen großen, tragenden Überlieferungen. Kosmopolitismus und Individualismus nährten und förderten sich wechselseitig. Große einzelne begannen die Öffentlichkeit zu beherrschen: Gewaltmenschen, aber auch Verbrecher, bedeutende Frauen, aber auch intrigante Mätressen. Das freigesetzte, dem Ich anheimgegebene Gewissen sollte sich selbst erziehen. Aber es verlief sich in die Weite der Bindungs- und Skrupellosigkeit. Die Aufgipfelung der Freiheits-Idee führte zum Subjektivismus und zur Skepsis.

Die Wahrheitsfrage wurde entweder zur akademischen Fachfrage sterilisiert: das ergab ein totes, verstaubtes Bücherwissen, den „Alexandrinismus" — Wissenschaft um der Wissenschaft willen. Oder sie wurde durch die Frage nach dem Nutzen verdrängt: Maßstab der For-

schung wurde ihre Anwendbarkeit, ihre Verwertbarkeit. Die Spezial-
wissenschaften blühten; das wissenschaftliche Denken erlahmte.
Die Bildung verflachte. Das geistige Leben verödete. Die Verlagerung
des Schwergewichtes nach dem immer stärker sich hellenisierenden Rom
formalisierte die Kultur zur *Zivilisation*. Die methodisch gelehrte Rhe-
thorik wurde zur Nebenbuhlerin der Philosophie. Der griechischen
Sophistik entsprossen, paßte sie sich den Modebedürfnissen an. Sie
besaß das Gespür für das jeweils Gefragte und Gewollte, für das
Gängige. Sie bot das „Interessante" an, das Sensationelle, das Prik-
kelnde. Sie war anregend und unfruchtbar zugleich. In ihrem Sieges-
zuge wurden die Wissenschaften popularisiert.

Trotzdem wirkten geistige Mächte der allgemeinen Auflösung entgegen.
Zu ihnen gehörte an erster Stelle *die Sprache*. Die Vielheit der Völker
und die Mannigfaltigkeit realer Interessen fanden ihre höhere Einheit
in einer alle umgreifenden Sprache. Seit Alexander begann das Griechische das Medium zu werden, in dem sich Mensch und Mensch begegneten, Land und Land sich austauschten. Das Reichs-Aramäisch der
Perserzeit wurde durch das Weltgriechisch der „Moderne" überboten.
Die „gemeinsame" Sprache — griechisch *„Koiné"* — hatte sich auf der
Grundlage des Attischen unter Einwirkung des Jonischen, also eines
kolonialgriechischen Dialekts, gebildet. Sie ersetzte nicht die Volks-
sprache. Aber sie nötigte jeden Nichtgriechen, der am allgemeinen
Leben teilnehmen wollte, zur Zweisprachigkeit. Sie wurde auf den
Kanzleien der allgemeinen Verwaltung wie in den Kontoren der Han-
delsgesellschaften ebenso gesprochen wie bei den Soldaten und Matro-
sen im Dienst. Sie wurde allmählich zur Lingua franca der kulturell
geeinten Welt. Sie verband Ost und West, Freie und Sklaven, öffent-
liches und privates Leben, Büro und Haus. Man sprach sie am Kaiser-
hofe zu Rom ebenso wie auf den Märkten und Bazaren des Orients.
Als lebendige Umgangssprache sprach sie sich wie von selbst in das
Leben der Menschen hinein und erschloß gerade so auch den Fragenden
den Zugang zu den literarischen Überlieferungen des alten Hellas.
Aus ihrem Sprachklima, das die profane wie die religiöse Welt umgab,
sollte das hebräische Alte Testament als „Septuaginta" (LXX) seine
griechische Wiedergeburt erfahren. Aus ihm sollte das Neue Testament
sein sprachliches Dasein empfangen.

Oekumenische Ökonomie

Die Menschheit erlebte sich erstmalig als Einheit. Die weite Welt ist
ihr Haus (griech. Oikos). Die bewohnte Welt — Oikumene — birgt sie

in sich als Familie. Gemäß den äußeren Daseins-Ordnungen hat sie ihren Haushalt — ihre Oikonomie — zu regeln.

Einen weltgeschichtlichen Beitrag lieferte der Hellenismus auf dem Gebiet der *Wirtschaft*. Das Gleichgewicht der politischen Mächte hatte sich aus der Auflösung des Alexanderreiches (ab 301) ergeben. Der Krieg schien keiner der Mächte ein Mittel zur Lösung ihrer politischen Fragen. So hatte das große, stillschweigende Moratorium einen ungeahnten wirtschaftlichen Aufschwung erzeugt. Neben schwach- oder gar unterentwickelten Ländern standen die produktionskräftigen „Großen". Durch das urbanisierte Syrien liefen die Karawanenwege des Ost-West-Handels: von und nach Iran, Indien, China. Ägypten aber, wo unter den Ptolemäern Staat und Monarch identisch waren, wurde zum Musterland normativer Planwirtschaft und zum Urbild des späteren Staatskapitalismus.

Ökonomisch autark, wurde *Ägypten* zum Anreger und Angreifer auf dem sich bildenden Weltmarkt. Fast alle Funktionen seines wirtschaftlichen Lebens waren verstaatlicht. Der Ackerbau wurde zwecks Ertragssteigerung sorgfältig organisiert. Die Industrie wurde staatlich monopolisiert. Warenaustausch und Handelsbeziehungen unterlagen der königlichen Kontrolle. Namentlich in der Landwirtschaft wurde die Arbeitskraft des ganzen Volkes mobilisiert, natürlich mittels Zwangsorganisation. Unter den Augen der Staatsfunktionäre hatte auch der „freie" Pächter sein Ablieferungssoll zu erfüllen. In allen Stadien wurde der Verarbeitungsprozeß peinlich überwacht.

Ein raffiniert ausgeklügeltes *Steuersystem* machte, direkt oder indirekt, jeden, ob Erzeuger, Händler oder Verbraucher, zum Objekt des Fiskus. Das Prämienprinzip diente als Mittel des Anreizes. Private Steuerpächter, die mitunter in Gruppen oder Gesellschaften arbeiteten, schröpften nicht nur willkürlich ihre Opfer (Lk. 3, 13), sondern überwachten auch die staatlichen Erhebungsbeamten. Vereint mit ihnen war nicht nur das Opfer machtlos, sondern auch der Finanzminister in der Hauptstadt. Sie sind die „Zöllner", die in den Evangelien meist in einem Atemzuge mit den „Sündern" genannt werden (Mk. 2, 15). In Ägypten waren sie zugleich die „Ohren des Königs", d. h. seine Spione, also fiskalische und politische Agenten in einem. Als „Sykophanten", d. h. berufsmäßige Erpresser, tauchen sie auch im Neuen Testament auf: Lk. 3, 14 und Lk. 19, 8. Diese skrupellosen Denunzianten waren, wie zeitgenössische Berichte zeigen, so allgegenwärtig, daß „ein Vogel in der Luft die Stimme dessen weitertragen würde, der dem König im Geheimen flucht".

288

Die „Gebote der Götter und des Königs" banden die Untertanen. „Das geduldige Volk war an Gehorsam und Prügel, Steuern und Fronden gewöhnt" (Wilamowitz). Was Wunder, wenn das Feuer des Aufruhrs unter der Asche schwelte und zeitweise in einer ganzen Landschaft hell aufloderte! Die neue wirtschaftliche Struktur des Landes ruhte zwar auf altägyptischen Traditionen aus der Pharaonenzeit, war aber wesentlich Schöpfung des modernen griechischen Geistes. Ein Werk des griechischen Geistes war auch das hellenistische *Bank- und Sparkassenwesen*. Die alten Kreditinstitute Griechenlands bestanden in den Formen von Tempel-, Stadt- und Privatbanken. Sie erlebten samt ihrem Depositenwesen in einer sich ständig differenzierenden Wirtschaft neue Ausformungen. Der Verkehr brachte auch das Geldwesen in Fluß und lies es nach abstrakteren Regeln kursieren. Der hellenistische Giro-Verkehr blühte auf. Wiederum war es Ägypten, dessen Zentralismus bei wachsendem Lebensstandard Ausbau und Aufgliederung begünstigte. Von der Staatlichen Zentralbank in Alexandrien aus wurde das ganze Land mit einem Netz von Zweigbanken und Nebenstellen in Städten und Dörfern überzogen. Hier wurden Darlehen und Hypotheken gewährt und gehandelt und Wechselgeschäfte und Kreditüberweisungen aller Art vorgenommen. Neuartig war dabei die schriftliche Abwicklung der Bankgeschäfte. Besonderer Beliebtheit erfreute sich die bargeldlose Überschreibung von Konto zu Konto.

Freilich war die *wirtschaftliche Gesamtlage* in den Ländern verschieden. Starke Konjunkturschwankungen und die Unausgeglichenheit von Erzeugung und Absatz, Angebot und Nachfrage waren ohnehin wenig geeignet, ein stabiles Wirtschaftssystem zu schaffen. Nun trat Rom immer stärker als Unsicherheitsfaktor in der Weltsituation auf. Wer konnte sicher rechnen, wenn dieses weltpolitische X noch nicht eindeutig zu bestimmen war? Schließlich machte der Ausgriff Roms nach dem Osten das hellenistische „Wirtschaftswunder" zu einer weltgeschichtlichen Episode, die den Ruhm hat, imposant gewesen zu sein. Territorial begrenzte Interessenkämpfe der sozialen Gruppen, Streiks und offene Revolten, Bürgerkriege und auswärtige Konflikte, Einfälle barbarischer Stämme von jenseits der Grenzen und besonders die Geißel der Seeräuberei lähmten Handel und Verkehr. Nicht zufällig sollte später Vergil ein Paradies entwerfen, in dem es keinen — von den Piraten bedrohten — Handelsverkehr geben sollte! Erst die Konsolidierung des Römischen Reiches unter Augustus setzte auch hier der äußersten Anarchie die Schranken der Macht. Rom gliederte auch die hellenistische Wirtschaft seinem großen Gesamtgefüge als Erbe ein.

Massengesellschaft

Der „Herbst des Altertums" begann auf allen Lebensgebieten anzubrechen. Die Unterschiede innerhalb der damaligen Welt kann man sich nicht mannigfaltig genug vorstellen, ihre Widersprüche nicht zu gegensätzlich. Herrschende und Beherrschte, Besitzende und Habenichtse, Bourgeoisie und Arbeiter, Stadt und Land, wachsender Wohlstand und ebenso wachsende Verelendung standen sich gegenüber, standen dicht beieinander: Lazarus vor der Tür des anonymen Reichen (Lk. 16, 19—31). Als Extreme boten sie Spielraum für eine Fülle von Zwischenmöglichkeiten. Unternehmergeist und Abenteuerlust bildeten den Rhythmus der Pionierzeit. Aber unter dem Strom von Auswanderern und Neusiedlern blieb das breite, beharrliche Flußbett: die seßhafte Bevölkerung, die dem neuen Geist des Rechnens und Planens sich nur zögernd anschloß und das Erbe der Väter, zuweilen bewußt, zuweilen gedankenlos, festhielt.

Schatten und Lichter mischten sich hier und machten Welt, Zeit und Mensch zwielichtig. Neben Selbstsucht, Erwerbsstreben und Machtgier war auch Hilfsbereitschaft am Werke. Hungersnöte und Erdbebenkatastrophen riefen spontane Hilfsaktionen hervor, die über die Ländergrenzen hinweg echte Solidarität im Menschlichen bekundeten. Zwar verwandelte sich Kultur-Freudigkeit, besonders in den gehobeneren Schichten, immer wieder in Zivilisations-Ekel. Aber kritische Geister nannten die neuralgischen Punkte der Gesellschaft mit Namen. Sie versuchten die konventionelle Lüge des zivilisatorischen Scheines zu entlarven. Die Welt wurde redlicher, aber in gewisser Hinsicht auch zynischer.

Im *privaten Bereich* spiegelte das häusliche Leben alle Möglichkeiten und Unmöglichkeiten des damaligen Daseins wider: die glückliche, die gesunde, die hausbacken-genügsame, die fragwürdige, die zerfallende Ehe und Familie. Die *Frau* wurde rechtlich und gesellschaftlich dem Manne weithin gleichgestellt. Sie konnte, wie 1. Kor. 7, 10 voraussetzt, von sich aus den Antrag auf Ehescheidung stellen. Auch politisch konnte sie sich betätigen, etwa in Kleinasien. In den Kreisen der Intellektuellen wurde die Emanzipation der Frau diskutiert und gefordert. Aber nicht nur im Volke wertete man die Frau weithin als „notwendiges Übel".

Besonders zwiespältig erscheint die Beurteilung des *Kindes*. Die hellenistische Zeit ist erfüllt von einer fast sentimentalen Kinderfreundlichkeit. Sie hallt wider von Lobpreisungen der Mütterlichkeit. Auch die Mysterienreligionen trugen dieser Stimmung Rechnung. Aber dem steht schroff gegenüber die rational begründete, teilweise von ärztlichen Autoritäten hygienisch gelenkte Geburtenbeschränkung. Der Wunsch nach Wohlstand erstickte den Willen zum Kinde. Über Geburtenrückgang und Bevölkerungsabnahme klagte bereits der Grieche Polybios († 120 v. Chr.), der Roms Geschichte schrieb. Die grausame antike Unsitte des Aussetzens der Kinder blieb weit verbreitet. Ergreifend wirkt noch heute der schlichte, in holperigem Griechisch geschriebene Brief des Lohnarbeiters Hilarion, den er aus Alexandrien an seine verhärmte Frau Alis schrieb, die daheim in der Provinz ihrer Niederkunft entgegenbangte. Auf dem Papyrusblatt, datiert vom 17. Juni des Jahres 1 v. Chr., heißt es da: „Ängstige dich nicht, wenn ich bei der Rückkehr der Arbeitskolonne noch in Alexandrien bleibe. Ich bitte dich flehentlich: sorge für das Kindchen. Und sobald wir erst Lohn erhalten, werde ich ihn dich (gemeint ist: dir) hinaufsenden. Wenn du gebierst: wenn es männlich war, laß es leben; wenn es weiblich war, setze es aus ..."

Wie sehr gleicht diese spannungsreiche Welt der großstädtischen Zivilisation der unseren mit ihrer Hast und Zerfahrenheit, ihrer Nervosität und Natursehnsucht — mit ihrer Hilflosigkeit gegenüber fast allen wesentlichen Fragen, die eine heraufziehende Massengesellschaft aufgibt! Nahezu alle heutigen Probleme sind beieinander, insbesondere das zentrale Problem: Wie kann der Mensch in der Massengesellschaft *noch Mensch bleiben?* Wie kann er der tödlichen Gefahr widerstehen, sich in ein empfindungsloses, herzloses Gesellschaftsgefüge hinein verplanen zu lassen? In ein Gefüge hinein, das der Welt zum Schicksal zu werden droht?

Signal und Siegel dieser Verplanung des Menschen stellt in hellenistisch-römischer Zeit das *Sklavenproblem* dar. Freilich wurde es hier und dort human gemildert. In Ägypten wurde der Sklavenhandel eingeschränkt. Ein königliches Gesetz verbot sogar ausdrücklich die Versklavung freier Personen. Auch dem Sklaven billigte man weithin das Koalitionsrecht zu. Man erleichterte seine Freilassung. Die Unterschiede, die etwa Paulus Gal. 3, 28 voraussetzt, ebneten sich ein. Dennoch blieb der Sklavenmarkt eine der wichtigsten und dunkelsten Erscheinungen im internationalen Handel der späthellenistischen Welt. Die allgemeine Barbarisierung der Zeit tat das ihre. Vom Ende des 3. vorchristlichen Jahrhunderts an wurde die schon früher gewiß nicht gerade menschliche Kriegsführung erheblich roher. Nicht selten wurde

die Bevölkerung ganzer Städte und Gebiete brutal in die Sklaverei verkauft. Für die Nöte des Proletariats — Arbeitslosigkeit und sinkende Löhne — hatte gerade die geistige, die freie Welt weder Auge noch Ohr. Das Wort des Stoikers Chrysipp († um 204) drückt die Gleichgültigkeit der ganzen Epoche aus, die nur das Glück will: „Wahnsinnig sind die, die Reichtum, Gesundheit, Muße und volles leibliches Wohlbefinden für nichts achten und sich damit nicht befassen wollen."
Wo bleibt in dieser Welt die Freiheit? *Wo bleibt der Mensch?* Die Summe der antiken Moderne gibt Fragen auf, die in der Richtung dessen liegen, wonach Bert Brecht fragt:

Wer baute das siebentorige Theben?
In den Büchern stehen die Namen von Königen.
Haben die Könige die Felsbrocken herbeigeschleppt?
Und das mehrmals zerstörte Babylon —
Wer baute es so viele Male auf?
... Das große Rom
Ist voll von Triumphbögen. Wer errichtete sie? Über wen
Triumphierten die Cäsaren? Hatte das vielbesungene Byzanz
Nur Paläste für seine Bewohner? ...
Der junge Alexander eroberte Indien.
Er allein?
Cäsar schlug die Gallier.
Hatte er nicht wenigstens einen Koch bei sich? ...
Jede Seite ein Sieg.
Wer kochte den Siegesschmaus?
Alle zehn Jahre ein großer Mann.
Wer bezahlte die Spesen?
So viele Berichte.
So viele Fragen.

Hinter den vielen Fragen steht unausgesprochen die eine Frage: Wann tagt *der Tag des Menschen?*

DER GOTTESSTAAT

Die Bekenntniskirche
Unter den Persern: 539—332 v. Chr.

Jesus trat in einem Volke auf, das einem Tropfen glich im Völkermeer. Den schmalen Landstrich nannten die Römer nach dem Untergange des jüdischen Staates „Palästina", d. h. Philisterland. Mit fast jedem Jahrhundert hatte das Land im Kampf der Großmächte den Besitzer gewechselt.

Und doch stand zu Beginn der leidvollen Geschichte des Judentums *die große Freude*. Das späte prophetische Orakel erfüllte sich: „Der Herr wird sich Jakobs erbarmen und Israel noch einmal erwählen und sie auf ihren Heimatboden versetzen" (Jes. 14, 1). Kyros hatte den Wiederaufbau des Tempels zu Jerusalem gestattet. Unter seinen Nachfolgern setzten sich die Trecks der Heimkehrer aus dem Zweistromland in Bewegung. Die „ersten Zionisten" sahen die David gegebene Verheißung Gottes wunderbar erfüllt. Es herrschte nicht das dumpfe, im Grunde subalterne Empfinden: „Wir sind noch einmal davongekommen." Es glühte vielmehr die Gewißheit: „Er hat uns noch einmal erwählt."

Ein *Gottesstaat* entstand. Von der wieder erbauten Veste auf dem Zion wurde das Land Juda beherrscht. Gott selbst residierte im Himmel. Aber im Tempel gab er seine Audienzen. Der Gottesstaat auf Erden wurde von einem Ältestenrat regiert. Er bestand aus zwölf Ministern, unter ihnen war der Rangälteste, sozusagen der Premier, der Hohepriester (Esra 2, 2). Die Verfassung des Gottesstaates war das „Gesetz des Himmelsgottes" (Esra 7, 12). Der Staatssekretär Esra hatte es aus Babylon mitgebracht. Auf diese Urkunde waren Regierung und Volk auf einem großen „Kirchentag" feierlich vereidigt worden (Neh. 8—10). So erstand nach dem Modell des babylonischen Tempelstaates der neue jüdische Gottesstaat, mit eigenen Gemeinschaftsformen, bis hin zum Münzrecht und zur Miliz.

Unter der Pflicht und dem Schutz des Gesetzes — der *Tora* — vereinte der Gottesstaat alle seine Bürger. Aber er schied sie zugleich von den nichtjüdischen Landbewohnern, den „Kanaanäern", und den halbjüdischen Mischlingen, den Samaritanern. Der Jude Flavius Josephus, der als Günstling des flavischen Kaiserhauses zu Rom die Geschichte seines Volkes schrieb († Anfang des 2. Jahrhunders n. Chr.), nannte dies Staatsgebilde eine „*Theokratie*". In seinem Raum wurde das Volk zur Gemeinde. Hier fielen Politik und Religion wesenmäßig zusammen.

Auch die Juden machten seit der Perserzeit in der weiträumiger werdenden Welt auf ihre Weise die *Erfahrung der Weite*. Rein äußerlich gesehen, waren sie seit Jahrhunderten zum ersten Male im politischen Verband eines Großreiches vereint — ganz gleich, ob sie am Euphrat oder am Nil oder im Jordanland wohnten. Das Perserreich war auf dem Grundsatz der kulturellen Dezentralisation aufgebaut. Es gewährte seinen Untertanen, unter der Grundbedingung der Loyalität, volle Kulturautonomie. Es ließ jeden nach seiner Façon selig werden. Der Gottesstaat in Judäa war ein sichtbares Zeichen dieser interessierten Toleranz.

Man mußte diese Wende als etwas in jeder Hinsicht Befreiendes erfahren. Seit Salomos Tod (925) war die Personalunion des Südstaates Juda mit dem Nordstaate Israel zerfallen. Die Assyrer hatten die Gebiete des Kleinstaates Israel, zuletzt Samarien, in assyrische Provinzen umgeschmolzen (733 und 722). Schließlich waren Juda und Jerusalem von den Babyloniern erobert und die führenden Schichten zwangsweise umgesiedelt worden. Nun hatte der persische Großkönig unter ein halbes Jahrhundert verfehlter Gelegenheiten einen Strich gezogen. Freilich, Davids Großreich war nicht wiedererstanden, wohl aber *Davids Stadt.*

Ein neuer Anfang war gegeben. Neue Möglichkeiten warteten darauf, verwirklicht zu werden. Und doch wurde der Schritt nach vorn nicht gewagt. Schuld daran waren nicht nur und nicht zuerst das enge Land und seine begrenzten Verhältnisse, auch nicht die Hemmungen und die Rückschläge des gemeinsamen Alltags, unter denen man müde und verzagt wurde. Die äußere Enge hätte sich tragen, hätte sich bewältigen lassen, wenn nicht ein enger, engender Geist mit eingezogen wäre: der Geist der *Gesetzlichkeit.* Ein neuartiges Gesetzesverständnis beherrschte Denken und Handeln. Das Gesetz hatte in seinem Kern, der ja auf älteste Überlieferungen zurückging — auf Mose —, die Probe geschichtlicher Krisen bestanden. Ja es hatte sich als Macht in der großen Katastrophe erwiesen. Nun traute man ihm auch die Kraft zu, die neue Gemeinschaft im Gottesstaat zu — schaffen!

Das altisraelitische Gottesrecht hatte nicht diesen Sinn gehabt. Jahwe, der Herr, hatte allein den Anfang gemacht. Allein durch seinen gnädigen Ruf hatte er die Mannschaft Israels aufgeboten, hatte er den Bund geschlossen, hatte er das Volk geschaffen. *Gottes Bund* begründete die Ordnung der Dinge. Unter Voraussetzung des Bundes und allein in seinem Rahmen galten *dann* auch Gottes Gebote und Gesetze. Gottes Gesetz setzte in jeder Hinsicht die Gemeinschaft voraus. — In dieser Spätzeit kehrte sich das Verhältnis um in sein genaues Gegenteil. Das Gesetz bekam schöpferischen, es bekam „kirchengründenden" Charakter. Die gottesdienstliche Gemeinde wurde „Bekenntniskirche".

Bereits aus dem Exil hatte man Sabbat und Beschneidung als „Konfessionsmerkmale" mitgebracht. Nun aber wurde das *Gesetz* zur *absoluten Größe.* Es war fortan zeitlos gültig. Es ordnete nicht mehr von Gott geschaffene Geschichte. Es erzeugte diese Geschichte selber. Um die reine, die sündlose Gemeinde herzustellen, mußten z. B. alle bestehenden Mischehen rigoros gelöst werden (Neh. 10, 7—44). Selbst voraussetzungslos, wie vom Himmel gefallen, wurde das Gesetz *die* Grundbedingung der Theokratie. Ein gefährliches Gefälle entstand: vor, neben und über der Erwählungstat Gottes wurden jetzt entscheidend die Taten des Menschen, und zwar des einzelnen Menschen. Wie immer die innerjüdischen Bewegungen sich künftig gegeneinander spannen sollten, für sie alle blieben die beiden Bezugspunkte bindend: Tempel und Tora, Gotteshaus und Gesetz.

Orthodoxie und Pietismus

Die priesterliche Orthodoxie sah im Gottesstaat die Verheißungen der Propheten erfüllt, und zwar restlos. Die endzeitliche Hoffnung war ans Ziel gelangt und damit grundsätzlich erledigt. Der Gottesstaat war „des Gesetzes Ende" (vgl. dagegen Röm. 10, 4). Der Gottesstaat war bereits verwirklichte Endzeit. Das Geschichtswerk der Chronisten (1. und 2. Chron.) beschreibt die am Gesetz ausgerichtete „Kirchengeschichte von Jerusalem". Der Weg Gottes geht von der Schöpfung bis zum Gottesstaat vom Zion. Das Ziel der Geschichte ist der Tempel und das Gesetz. Aus dem Geiste des Gesetzes wurde der Gottesstaat geboren.

Schon von Anbeginn hatte die Gründung des neuen Staats- bzw. Kirchengebildes zu Spaltungen und Spannungen geführt. Die Dissidenten der *samaritanischen Gemeinde,* die die ältere Form des Gesetzes zu besitzen meinten, standen von vornherein abseits (Esra 4, 1—5). Vermutlich bevor Alexander das Perserreich vernichtete, hatte „das törichte Volk, das zu Sichem wohnt" (Sir. 50, 26), hatten „die Frevler, die den Herrn hassen" (2. Chron. 19, 2), auf dem Berge Garizim ihr Konkurrenzheiligtum errichtet (etwa 350—330).

Bedeutungsvoller als diese Abspaltung aber wurden die innerjüdischen Spannungen. Die *Propheten,* die den Blick intensiv in die Zukunft gerichtet und Gottes Aufbruch und Gericht in den kommenden Katastrophen angekündigt hatten — wohin waren sie entschwunden (Ps. 74, 9)? Sie waren wieder auf dem Plan, mitten im Bereich des Gottesstaates, der ihrer doch nicht mehr bedurfte! Die Geschichte der Propheten war eine Geschichte von *Erweckungen* gewesen. Erweckungen waren immer wieder durchs Land gegangen. Mose selbst hatte es doch verheißen: der Herr werde unter den Brüdern „je und je" einen Propheten wie ihn erwecken (5. Mose 18, 15). Und Gott machte auch in der Theokratie des Tempelstaates seine Verheißung wahr. Sobald die priesterliche Rechtgläubigkeit den prophetischen Geist in heilige Institutionen meinte hineingebannt zu haben, rang er sich frei, wie einst der gefesselte Simson. Gegen die Orthodoxie stand der Pietismus auf. In kleinen Gruppen, in größeren Bewegungen meldete sich immer wieder der Geist zu Worte. Nicht in klingenden Namen sprach er, sondern zunächst — anonym. Hier und dort wächst einer älteren Prophetenschrift das eine oder das andere neue Kapitel zu: etwa in Jesaja 24—27, Sacharja 12—14, Joel 3—4 (bei Luther: Joel 3).

Das kleine Vier-Kapitel-Büchlein *Jes.* 24—27 war wahrscheinlich ursprünglich ein selbständiges *Brevier* der Frommen. Diese Frommen gaben sich mit der Lösung der Theokraten zu Jerusalem keineswegs zufrieden. Der Tempelstaat vom Zion war ihnen zwar nicht gerade nichts. Aber er war ihnen auch nicht alles. Er war das Vorletzte, nicht das Letzte. Er war nur ein Provisorium, eine Zwischenlösung. So begannen sie auf ein Bleibendes zu hoffen, auf „jenen Tag" (Jes. 27). Jener Tag würde sein der *Tag der Wiedervereinigung* des Nord- und Südstaates in einem geeinten Davidreich. Zuvor aber würden die Weltmächte vernichtet werden. Spätere weiteten diese Hoffnung aus: sie sahen sogar den ganzen Kosmos in das Geschehen des „Tages" mit hineingerissen. Die ganze Erde, die gesamte Menschheit würde ins Gericht gerufen werden (Jes. 24, 1—6). Irdisches Geschehen und himmlisches Geschehen würden sich dann nicht mehr trennen lassen (Jes. 24, 23):

Der Bleichmond errötet,
der Glutball erblaßt.
Denn der Herr der Heerscharen
tritt die Königsherrschaft an
auf dem Berge Zion und in Jerusalem
vor seinen Ältesten
in leuchtendem Glanz.

Noch trennt man nicht „diese" von „jener" Weltzeit, noch nicht den gegenwärtigen „Äon" vom kommenden. Jener „Tag" wird das Tor zu einem Endzustand *innerhalb* dieser Welt sein. Doch der gebrochene „Bund der Vorzeit" (Jes. 24, 5) wird nicht nur für Israel erneuert werden, sondern für alle Völker: ein Festmahl wird der Herr auf dem Zion zurüsten, am Ort seines königlichen Advents. Ja ein neuer, ein so noch nie gehörter Klang wird vernehmbar (Jes. 25, 7—8):

Er vernichtet auf diesem Berge
die Hülle, die alle Nationen umhüllt.
Vernichten wird er den Tod auf ewig.
Abwischen wird Gott, der Herr,
von alljedem Antlitz die Tränen,
wird die Schmach seines Volkes
abtun allüberall auf Erden.

Der universale Ausblick auf die Auferstehung der Toten (Jes. 26, 19) schließt aber ein das partikulare Gericht: Wie ein scharfes Schwert wird das Gericht mitten durch die Tempelgemeinde selbst hindurchfahren und scheiden zwischen Gerechten und Gottlosen — zwischen Harrenden und Habenden (Jes. 26, 7—11).

Frühe Enthüllungen

Der Gottesstaat, der das „Hiesige" und das „Heutige" repräsentiert, muß sich von den Frommen, den Hoffenden immer wieder befragen lassen: Wie haltet ihr es mit dem „Dortigen", dem „Morgigen"? Dem Schoße dieser Frommen entwächst die neue Zukunfts-Schau, die man „Apokalyptik" nennt. Sie weiß um Offenbarung, die bald „enthüllt" werden wird. Der Ursprung des apokalyptischen Denkens wurzelt in altprophetischem Geist. Seine Form aber ist kaum zu begreifen ohne die Begegnung mit der Anschauungswelt der persischen Religion. So pflegt es in der Welt des geschichtlichen Daseins zuzugehen. Einzelne und Völker schleichen ja nie stumm aneinander vorbei. Auch wenn sie oft genug durch Mauern und Zäune voneinander getrennt sind, rufen sie einander Worte zu — gute und böse und auch nichtssagende. Ihre Anschauungen und Vorstellungen, ihre Worte und Erkenntnisse prägen sich wechselseitig. Vieles stoßen sie ab, manches nehmen sie auf. Von anderen lernen sie, ihr Eigenes besser zu sagen. So heute, so damals. In den Städten und Siedlungen, auf den Straßen und Märkten des Reiches wurden nicht nur Waren verglichen und ausgetauscht. Dort begegneten sich lebendige Menschen, die miteinander redeten und dachten und voneinander lernten. Oder sollte nur der unfromme Verstand lernen können? Es spricht für die Kraft des altprophetischen Zeugnisses, daß es sich in der Begegnung mit dem Zeugnis fremder Religionen auseinanderzusetzen vermochte. Es nahm vor allem persische Vorstellungen in seinen Dienst. So hielt es nicht nur alte Überlieferungen durch, sondern vergegenwärtigte sie für den jeweiligen Augenblick. Das prophetische Zeugnis verjüngte sich in den Worten derer, die auf den „Tag" warteten.

Und dennoch: die heraufziehende Apokalyptik weitete nicht nur den Blick. Sie *verengte* ihn zugleich! Schon das Brevier der Jesaja-Apokalypse (Jes. 24—27) vollzog die Trennung zwischen den Frommen und den Frevlern. Die Apokalypse des *„Dritten Sacharja"* (Sach. 12—14) läßt über Jerusalem Rettung und Reinigung anheben. Zwar soll über Davids Haus und Jerusalems Bürger der „Geist der Gnade und des Gnadenflehens" ausgeschüttet werden. Aber die Propheten mit dem härenen Mantel und der Geist des Makels sollen ausgeräumt werden aus dem Lande — „an jenem Tage" (Sach. 13, 2—6). Gott selbst wird unmittelbar gegenwärtig sein. Nur ein *Rest,* und zwar ein Drittel, soll im Feuergericht geläutert werden. Zwei Drittel werden völlig vernichtet (Sach. 13, 7—9). Die Frommen, die so den Tag erwarten, halten am Tempelkult und am Gesetz fest. Aber im Unterschiede zu den Regenten und Bürgern des Gottesstaates schauen sie zugleich in die Zukunft und verstehen von *dort* her die Gegenwart.

Schließlich hat die dem *Joel-Büchlein* angefügte Apokalypse (Joel 3) die Verheißung, daß über „ganz Israel" der Geist ausgegossen werden soll, an eine grundlegende Bedingung geknüpft: nur die, die durch den Geist den Namen Jahwes anrufen, werden im endzeitlichen Weltgericht gerettet werden (Joel 3, 5). Die Beschränkung auf das *Konventikel* kündigte sich an. Schon jetzt spähte man nach den etwaigen Merkmalen für die künftige Absonderung, die der Geist bewirken wird. Kann man es heute schon den Menschen anmerken, ob sie zu den Geretteten gehören? Man kann es zumindest denen ansehen, die dereinst *nicht* gerettet werden. Wer den Gottesstaat als Letztes ansieht, ist heute schon gezeichnet für das Verderben. Nur wer sich bereits heute von der Erwartung des Künftigen bestimmen läßt, wird zum wahren Israel gehören: d. h. nur der, der über den Gottesstaat von Jerusalem hinauszuhoffen vermag.

Die Gruppen, in denen die drei kleinen „Enthüllungs"-Büchlein gesammelt und gelesen wurden, redeten vom *kommenden Gericht,* das Gott selbst an seinem eigenen Hause vollstrecken würde (vgl. Hes. 9, 6; 1. Petr. 4, 17). Sie grenzten sich gegen die Theokraten ab. Aber — sie blieben dem Tempel und der Tora treu. Und doch vermochten sie über die Mauern des Kultischen und des Gesetzlichen hinauszuschauen. Wundersame Erkenntnisse blitzten ihnen in den ekstatisch bewegten Orakel-Sammlungen auf. Alle drei Sammlungen wissen davon, daß Gott durch die Katastrophe hindurch handeln wird. Zwei von ihnen kündigen den Geist als Gabe der Endzeit an: Sacharja und Joel. Aber jede der kleinen namenlosen Apokalypsen spendet ihren besonderen

Beitrag für die allgemein im Wachsen begriffene Zukunftserwartung. Jesaja (26) verheißt die *Auferstehung der Toten*. Joel (3) kündet die *Geistausgießung* „über alles Fleisch" an. Sacharja aber redet, im Zusammenhang mit der Geistverheißung, in rätselhafter Rede von einem *Ungenannten*, der *„durchbohrt"* wurde: man werde auf ihn blicken und „an jenem Tage" in Jerusalem (!) die große Totenklage halten — wie es die Kanaanäer um den sterbenden Vegetations-Gott zu tun pflegen in der Fruchtebene von Megiddo (Sach. 12, 10—14). Offensichtlich sind die Trauernden selbst am Tode des Getöteten schuldig. Auch scheinen sie willig zu sein, Buße zu leisten. Völlig rätselhaft bleibt die Gestalt wie das genauere Geschick des Getöteten. Ist es ein Märtyrer? Jede Auskunft, ja auch nur Vermutung versagt. Die Forschung hält es für möglich, daß sich das Wort rückwärtig an das Motiv vom leidenden Gottesknecht anlehnt, der die Sünde der vielen beseitigt (Jes. 53). Andererseits schaut der Apokalyptiker in neue Ferne und scheint die Gestalt eines Kommenden zu umkreisen, der Opfer einer Untat erst werden wird. Durch die Nennung des Gottes Hadad Rimmon rührt er sogar an das Geheimnis der Auferstehung des Getöteten. Aber er nennt es nicht, er übergeht es eigentlich.

Die jüdische Apokalyptik ist bereits in diesen ersten Zeugnissen, den versprengten Bruchstücken, die durch keinen Namen ausgezeichnet sind, trächtig an Geheimnissen. Es flackert wie Wetterleuchten kommender Zeit über dämmrigem Land. Man meint am fernen Horizont Karfreitag und Ostern, Pfingsten und den Jüngsten Tag zugleich zu sehen. Aber sofort ist alles wieder vom Dunkel verschlungen. Nur ein grollender Klang wie von fernem Gewitter bleibt im Ohr: „an jenem Tage".

Ausbeuter und Verzweifelte
Unter den Ptolemäern: 323—199 v. Chr.

Mit dem Blick auf die kleinen namenlosen Offenbarungs-Orakel stehen wir bereits in der hellenistischen Epoche des Judentums, genauer gesagt: in der ägyptisch-ptolemäischen Zeit. Sie währte das ganze 3. Jahrhundert über. Alexander, der „Heldenkönig" (Dan. 11, 3), hatte auf seinem stürmischen Zuge Palästina kurz hintereinander zweimal durchquert. 332 zog er, von Syrien kommend, als Sieger von Issus, an der Mittelmeerküste entlang südwärts nach Ägypten. Nach siebenmonatiger Belagerung hatte er die alte phönikische Inselfestung Tyrus erobert (Sach. 9, 2). Mit den Mitteln der modernen Kriegstechnik hatte er den tapferen Widerstand brutal gebrochen. Zwei Monate lang mußte Gaza in der Philister-Ebene das gleiche Schicksal erdulden. Dann war der Weg nach Ägypten frei. Ein Jahr später war der inzwischen zum Gottessohn proklamierte Herrscher wiederum durch Palästina gezogen, diesmal nordostwärts in das Herz des persischen Reiches. Sein Aufenthalt in Jerusalem ist Legende. Im Tempel auf dem Zion war für ihn nichts zu holen. Der Tempelstaat lag damals im Schatten des Weltwindes, der nahe genug an ihm vorbeifegte.

Äußerlich änderte sich für den Gottesstaat zunächst nichts. Aber der Geist der modernen Zeit drang unaufhaltsam herein. Von Phönikien und besonders von Ägypten her wurde das Judentum chronisch hellenisiert. Der neue Zeitgeist war der kalt rechnende und berechnende Verstand, *der Geist des rationalen Planens.* Palästina wurde zum Objekt der ägyptischen Planwirtschaft. Auch hier erwies sich das ptolemäische System des Steuerpacht-Monopols für die Ausbeutung recht geeignet. Das im wesentlichen naturalwirtschaftlich ergiebige Land geriet unter die Regie profitgieriger Geschäftsleute. Die „Zöllner", die jetzt ihr Unwesen zu treiben begannen, waren ja nicht harmlose Zolleinnehmer, die gelegentlich den Tarif zuungunsten ihrer Kunden nach oben abrundeten, sondern *Gangster* von Format.

Die alten Krongüter aus salomonischer Zeit waren der Kern jenes Königslandes, das an der Küste, im Jordangraben und in Transjordanien lag. Es wechselte öfters den politischen Besitzer und bildete stets für den jeweiligen Fiskus eine rentable Haupteinnahmequelle. Der rationelle Geschäftssinn von Gutsbesitzern, Schafzüchtern, Unternehmern und Geldverleihern fand in diesen Domänen, die durch Verpachtung nur noch begehrenswerter wurden, sein Eldorado. Ein gewisser Zenon vereinigte alle die eben genannten „Berufe" in einer Person. Er war die rechte Hand des alexandrinischen Finanzministers. Wie sehr sein Geschäft blühte, zeigt noch heute sein im Original auf uns gekommener umfangreicher Briefwechsel.

Das Treiben dieses Mannes und anderer Manager reizte natürlich die Phantasie der Erzähler. Heute würde man eine Posse über sie schreiben oder einen Film um sie drehen. Damals entstand ein märchenhaft anmutender „Roman", der *Tobiaden-Roman,* der nicht mit dem apokryphen Buch vom gottesfürchtigen Tobias zu verwechseln ist. Der Roman erzählt von den gerissenen Söhnen eines im Ostjordanland ansässigen „Tobias". Genauer handelt es sich um Sohn und Enkel, die nacheinander ihre Abenteuer erleben. Der Sohn sticht bei der Auktion des Steuerpachtrechtes in Alexandrien alle Bewerber als Meistbietender aus. Seine Leute erpressen mit List und Gewalt die Domänenpächter. Seine bewaffneten Mannschaften terrorisieren ganze Städte und Landstriche. Sie sind mit dem Hohenpriester in Jerusalem versippt und ziehen ihn in ihre schlauen Spekulationen hinein. Shylock ist ein Edelmann gegen sie. Auch wenn die Erzählung oft im Stil von „1001 Nacht" Märchen erzählt und die Lust am Fabulieren alle historischen Bezüge überwuchert, so ist im Kern der Charakter der Zeit getroffen: so etwas konnte damals geschehen. Bruchstücke zuverlässigerer Quellen deuten auf ähnliche Zustände hin. Josephus, dem wir den Bericht verdanken, wird nicht nur eine Zeit, über die ihn spärlichere Quellen unterrichteten, durch die amüsante Einlage aufgefüllt haben.

Im Zuge der Hellenisierung der Welt wurden auch die Hierarchen auf dem Zion allmählich weltförmiger. Die Einheit von „Staat" und „Kirche" trug ohnehin schon den Keim der Säkularisierung in sich. *Gesetz und Besitz, Tempel und Geschäft* verbündeten sich. Bald sollte selbst das Amt des Hohenpriesters käuflich werden. Eine unbekannte Stimme machte sich zum Sprecher der Stummen (Pred. 4, 1; 3, 16):

Ich erschaute alle Bedrückungen,
die da verübt werden unter der Sonne,
und sah die Tränen der Bedrückten,
und sie hatten keinen Tröster,
noch vor der Gewalt ihrer Bedrücker
einen Richter.
Am Orte des Rechts,
da war das Unrecht,
und am Orte der Gerechtigkeit,
da war der Frevel.

Der *„Prediger Salomonis"*, dessen Worte damals erklangen, litt unter dem Dasein noch in einem tieferen Sinne. Seit langem war in die patriarchalische Welt des Kultes das rationale Denken eingebrochen. Viele Kultbegriffe waren vergeistigt und umgedeutet worden. Die blutigen Opfer hatte man abgewertet (Ps. 50, 8—15). Darüber hinaus drohte die allgemeine Aufklärung den Glauben fragwürdig zu machen, seine Gewißheit in Zweifel aufzulösen. Das Schicksal des einzelnen stand bereits lange unter der Warum-Frage Hiobs. Hatte die große Geschichte überhaupt einen Sinn? War in ihr, auf Gottes ureigenem Felde, das Wirken des Herrn noch zu spüren? Er wirkte offenbar „weder Gutes noch Böses" (Zeph. 1, 12).

Diese Anfechtungen wurden durch die moderne Zeit zunehmend radikalisiert. Der Zweifel begann kräftig um sich zu fressen: nicht der Zweifel an Gottes Dasein, wohl aber an seiner Bereitschaft, helfend

einzugreifen in die Geschichte der Völker und das Leben des einzelnen. Daß Gott so verborgen und so unbegreiflich ist, führte gerade den
Ernsten an den Rand von Skepsis und Zynismus. Ein Gefühl allgemeiner Lebensunsicherheit griff um sich. Hat sich Gott seinen Plan aus
den Händen winden lassen? Liegt er nun allein in den Händen des
alles planenden Menschen? Und doch: gerade der seinem eigenen Verstande preisgegebene Mensch wäre der Verzweiflung ausgeliefert.
„Alles ist nichtig und Weiden des Windes. Alles ist so voller Mühe.
Alles Ding schafft sich müde. Nichts Neues gibt's unter der Sonne.
Alles ist nichtig." — Aber der Mensch, der so spricht, weiß sich über
dem Abgrund der Sinnlosigkeit irgendwie von fremder Hand gehalten.
Er resigniert — aber er resigniert vor dem Angesicht Gottes. Vielleicht,
daß er dennoch von Gott gesehen wird, von dem Gott, den er selbst
nicht mehr zu sehen vermag.
Der Mensch erklärt seinen eigenen Bankrott. Für eine Bankrotterklä-
rung seines Gottes weiß er sich nicht zuständig.

Umgang mit Menschen

Der Weltmüdigkeit des „Predigers" tritt der Wille zur Weltbewälti-
gung gegenüber, die das Weisheitsbuch des Jesus, des Sohnes *Sirachs,*
atmet. Es ist erst nach Abschluß der ptolemäischen Zeit geschrieben
und zieht deren Summe. Zwei Menschenalter später übersetzte es sein
Enkel in Alexandrien aus dem Hebräischen ins Griechische. Wer die
jüdische Gesetzesfrömmigkeit im hellenistischen Zeitalter verstehen will,
muß dieses Buch lesen. Es ist kultgebunden und weltoffen zugleich.
Hier spricht der Geist derer, die ungebrochen und ohne apokalyptische
Phantasien zur Priesteraristokratie von Jerusalem stehen. Hier hält
man zu den Sadokiken, von denen sich die Sadduzäer der Evangelien
(Mk. 12, 18) herleiten. Tempel und Tora sind die Brennpunkte dieses
Lebensideals. Kultus und Ritus sind die entscheidenden Lebenshilfen.
Das *Gesetz* aber ist identisch mit der *Weisheit.* Es ist der Quell der
Paradiesesströme. Die Weisheit selbst ist ewig. Sie gleicht der Fülle
des Urmeeres (Sir. 24, 1—29). Gottesfurcht ist darum Gesetzeserfül-
lung (19, 20).
Der Weisheitslehrer ist folgerichtig von nun an Gesetzeslehrer oder,
wie man bald sagen wird, Schriftgelehrter. Die Schriftgelehrsamkeit
trat mit dem griechischen Zeitgeist ins Gespräch. Sie begann sich der
Idee der *Bildung* zu öffnen. Aber sie gab darüber das Erbe der Väter
nicht preis. Im Gegenteil: sie sang ihr Lob in den sieben Kapiteln
des Sirachbuches (44—50), die man ein „kleines Nationalepos" genannt

hat. Der Höchste hat die Väter seit den Tagen der Vorzeit vor den Männern aller anderen Völker mit Weisheit ausgezeichnet. Von Henoch her bis zu Nehemia, ja bis zum gegenwärtigen Hohenpriester Simon II. (um 190 v. Chr.) läuft die stolze Reihe. Dieses Verständnis der Weisheit vermochte nun eine ebenso einleuchtende wie griffige Moral zu begründen und zu tragen. Es herrscht die rationalistische Grundeinsicht: Erfüllung des Gesetzes stiftet Nutzen, Versäumnis aber bringt Schaden. Gutestun schafft Heil, Sünde dagegen Unheil. Dies Handbuch praktischer Lebensregeln ist, recht verstanden, so etwas wie ein *„sittlich-religiöser Knigge"*. Es will erziehen zum „Umgang mit Menschen". Es will Ratschläge erteilen und Warnungen für alle Lebenslagen. Es lehrt, wie man sich zu verhalten hat: in Familie und Öffentlichkeit, gegenüber Eltern und Alten, Freunden und Frauen, Vorgesetzten und Sklaven. Es lehrt, hilfsbereit zu sein gegen Arme, gastfreundlich gegen Fremde und sogar rücksichtsvoll gegenüber dem Publikum (7, 7). Im Geiste der vernünftigen Orthodoxie, also der religiösen Aufklärung, werden für kranke Tage neben Gebet und Opfer die Künste des Arztes und die Mixturen des Apothekers empfohlen (38, 1–15). Das alles wird zuweilen sehr hausbacken, aber nie langweilig vorgetragen. Immer wieder klingt hymnische Beschwingtheit durch das Buch. Gegen Schluß erschallt der Grundtext von „Nun danket alle Gott" (50, 22–24). Aber deutlich bleibt: der Verstand läßt die Frömmigkeit nie im Stich. Ja der Gottesgedanke hat nur noch die Aufgabe, das verständige Tun des Menschen nachträglich zu rechtfertigen. Nicht zufällig hat der große Humanist Erasmus gegenüber Luther den „freien" Menschen gerade durch Hinweis auf Sirach 15, 11–20 zur Selbstverantwortung aufgerufen. So denkt fromme Gesetzlichkeit, die die „Erziehung" griechisch versteht. Irgendeine Zukunft erwartet man hier nicht mehr. Die Logik des hierokratischen Gefüges hat sie gegenstandslos gemacht. Der Mensch schafft und gestaltet seine Zukunft selbst. Er „übt immer Treu' und Redlichkeit bis an sein kühles Grab".

Die altgriechische Bibel: LXX

Das bedeutendste kulturelle Ereignis der ägyptischen Zeit war für das Judentum literarischer Art. Es war die Übersetzung des Alten Testamentes aus dem Hebräischen ins Griechische. Die Legende, die uns der sog. Aristeasbrief aufbewahrt hat, erzählt: König Ptolemäus II. Philadelphus (285–247) habe für die Bibliothek in Alexandrien auf Anregung ihres Direktors das Gesetz übersetzen lassen. Dazu habe ihm der Hohepriester in Jerusalem 72 Tora-Gelehrte und die Tora-Rolle selbst übersandt. In einem Palais auf der Pharos-Insel, also im Zeichen des Leuchtturms, hätten diese Gelehrten im vernünftigen Wechsel von Arbeit und Freizeit, die der Körperpflege diente, gewirkt. In einer gemeinsamen Klausur hätten sie in 72 Tagen das Werk vollendet. Daher rühre der Name „Septuaginta", „die Siebzig", abgekürzt: LXX (das lateinische Zahlwort).

Dieser legendäre Bericht hat offenbar den Zweck, das jüdische Gesetz, das jerusalemitische Priestertum und die jüdische Bildung zu verherrlichen. Er tut das mittels anschaulicher Anekdoten in maßloser Weise. Historisch an ihm ist jedoch das, was er über Zeit, Ort und Abfolge der Übersetzung andeutend erkennen läßt. Richtig ist, daß die Übersetzung im 3. Jahrhundert erfolgte. Ferner, daß Alexandrien der Geburtsort der griechischen Bibel wurde: die ägyptische Königsstadt beherbergte seit langem ein zahlreiches, geistig hochstehendes *Diaspora-Judentum*. Richtig ist schließlich, daß zuerst der Pentateuch (1. bis 5. Mose) übersetzt wurde und daß verschiedene Hände an der Übersetzung beteiligt waren. Ursache war jedoch kaum der Befehl eines Königs, sondern das Bedürfnis der hellenistischen Kultgemeinde, die nicht mehr genügend Hebräisch oder Aramäisch verstand, sondern nur noch Griechisch, wie später der große alexandrinische Jude Philo, der Zeitgenosse Jesu. Desgleichen konnte man auf dem Missionsgebiet die hebräische Bibel so gut wie gar nicht verwerten. Die Aufnahme von Proselyten, d. h. der aus dem griechischen Sprachraum „herzugekommenen" Heiden, die durch Beschneidung zum Judentum übergetreten waren (Apg. 2, 11: die „Judengenossen"), forderte verständliche Texte. So war die Septuaginta von Anbeginn das Buch der *Synagoge,* die, im Unterschied zum Tempel und dessen Opferdienst, im wesentlichen Andachtsstätte für Predigt und Gebet wurde. Nicht zufällig fand man die ältesten Synagogen im Ägypten des 3. Jahrhunderts.

Im Laufe von rund hundert Jahren wurden die übrigen Schriften des Alten Testamentes in die Übersetzung einbezogen, ja darüber hinaus sogar die sog. *„Apokryphen"* (eigentlich die „Verborgenen", d. h. die Inoffiziellen). Die „hebräische" Reihenfolge der Schriftgruppen: Gesetz, Propheten und Schriften (Hiob, Psalter, Sprüche, Prediger, Hoheslied) wurde dabei in die „griechische" abgewandelt: Gesetz, Schriften, Propheten. Diese Reihenfolge bestimmt bis heute den Aufriß unserer Bibeln.

Die Septuaginta ist mehr als nur eine Übersetzung. Ganz abgesehen davon, daß die Übertragung in den verschiedenen Büchern recht verschiedenwertig ist, ist sie inhaltlich oft auch frei, bis hin zur Umschreibung. Auch nahm man teilweise Änderungen und Umdeutungen absichtlich vor. Wieweit der griechische Text ältere und bessere Grundschriften benutzt als der hebräische, kann hier nicht erörtert werden. Wichtig für uns ist vor allem: das geistliche Grundverständnis der alttestamentlichen Botschaft hat sich durch den Übergang aus der hebräischen Sprachwelt in die griechische zum Teil nicht unerheblich *verschoben*. Das gilt von Begriffen und von Anschauungen im einzelnen wie vom geistigen Gesamtgefüge. Das Klima, in dem die fromme Aussage atmet, scheint merkwürdig rationalisiert und moralisiert zu sein, im Sinne der jüdischen Gesetzlichkeit. Meinte z. B. die hebräische Aussage von der Versöhnung dies, daß *Gott* ihr Stifter und der Mensch ihr Empfänger ist, so läßt der griechische Text den *Menschen* durch kultische Handlungen Gott versöhnen. Das Neue Testament konnte hier an Form und Inhalt nicht nur anknüpfen, sondern mußte beide immer wieder auch innerlich überwinden.

Trotzdem hat die Synagoge diese eigens für sie bestimmte große Gabe nicht bewahrt. Die Septuaginta wurde in der christlichen Gemeinde zur Grundlage der christlichen Bibel, zur Quelle christlicher Erkenntnis und zum Werkzeug urchristlicher Mission. Dadurch geriet sie bei den Juden in Mißkredit. Das rabbinische Judentum suchte sie durch neue griechische Übersetzungen (Aquila, Theodotion, Symmachus) zu verdrängen. Im Raume der alten Kirche aber wurde sie zur Mutter von Übersetzungen, namentlich in östlichen Ländern nichtgriechischer Zunge. Die älteren Übersetzungen ins Lateinische (die „Alte Lateinische"), Koptische, Äthiopische, Armenische und Arabische sind ihre „Töchter". So wurde das altgriechische Alte Testament ungewollt *das Geschenk des hellenistischen Diaspora-Judentums an die Christenheit*. Die von ihm mitgeerbten Apokryphen aber wurden die Pfeiler der Brücke, die geschichtlich die „1000 Jahre" mit dem „einen Tag" verbindet.

Akute Säkularisierung
Unter den Seleukiden: 198—129 v. Chr.

Im Jahre 198 v. Chr. wurde der Kampf zwischen den Großmächten — dem „König des Nordens" und dem „König des Südens" (Dan. 11) — um Palästina entschieden. Der Syrer Antiochus III. der Große besiegte das Heer des Pharao im Gebiete der Jordanquellen, nahe bei der heiligen Grotte des Pan — bei Paneas, später Cäsarea Philippi (Mk. 8, 27). Das Verhältnis zum neuen Oberherrn gestaltete sich zunächst freundlich. Im Triumph rückte der große Syrerkönig in Jerusalem unter dem Beifall der Menge ein. In einem Erlaß an einen seiner Minister sagte er selbst: „Die Juden haben, als wir in ihr Land einrückten, ihren Eifer für uns gezeigt, uns beim Einzug in die Stadt unter Führung des Rates glänzend empfangen, den Soldaten und den Elefanten reichliche Verpflegung gewährt und bei der Besiegung der in der Burg liegenden ägyptischen Besatzung geholfen." Die Großmut des Siegers ließ es nicht an Gunstbezeugungen fehlen. Die heimkehrenden Evakuierten erhielten Steuerfreiheit auf drei Jahre und künftig 33 % Nachlaß. Besondere Privilegien sollten dem Gottesstaat zugute kommen: Bauhilfen für die Erweiterung des Tempels, laufende Naturallieferungen für den Opferdienst, dauernde Steuerfreiheit für den Klerus, den Ältestenrat und die hier erstmalig genannten „Schriftgelehrten".

Die Thronwirren im syrischen Königshause einerseits und die Auseinandersetzungen im Jerusalemer Tempelstaat andererseits ließen jedoch diese Blütenträume nicht reifen. Die Gunst der Zeit war nur von allzu kurzer Dauer. Die im letzten Jahrhundert eingeleitete Hellenisierung Jerusalems machte reißende Fortschritte. Hatten hin und her im Lande hellenistische Städte den modernen Geist der Überfeinerung und der Zersetzung hereingetragen, so konnte die Hauptstadt der chronischen Verweltlichung auf die Dauer nicht widerstehen. Es entstand ein aufgeklärtes *Reformjudentum,* das nicht zuletzt die führenden Schichten, besonders die Priesterschaft liberalisierte. Während das gläubige Volk gefühlsmäßig noch an Ägypten hing, orientierte sich die Aristokratie syrisch. Der Hohepriester Jason beantragte beim König, den Bürgern Jerusalems das „antiochenische Bürgerrecht" zu erteilen, das die Teilnahme am *griechischen Sportleben* gestattete. Er baute unterhalb der Davidsburg ein „Gymnasium", d. h. eine Anlage für Sport und Spiel.

Der griechische Geist faszinierte besonders die Jugend aus gutem Hause. Die jeunesse d'oré gab sich den Modetorheiten hin. Mit breitkrempigem griechischem Hut — dem Zeichen des „Freien" — eilte man auf die Sportplätze, wo die Teenager den Ton angaben. Dem Sog der Ausländerei entzogen sich selbst die Mitglieder des Kultpersonals nicht. Priester vernachlässigten den Dienst am Altar und liefen in die Arena, um sich im Diskuswerfen zu üben und griechische Ehrenpreise zu erringen (2. Makk. 4, 7—17). Wie ein Rausch muß der Geist der Emanzipation damals über das junge Jerusalem gekommen sein. Man wollte nicht nur körperliches Vergnügen, nicht nur mit nacktem Leib

Spiel und Sport genießen, weswegen man das Zeichen der Beschneidung auf operativem Wege unkenntlich machte. Man wollte endlich aus der Enge heraus. Man wollte teilhaben am weltweiten Menschheitserleben: „Laßt uns doch mit den Völkern, die rings um uns her sind, uns verbrüdern! Denn seit wir uns von ihnen abgesondert haben, hat uns viel Unglück getroffen" (1. Makk. 1, 11—14). Diese Parole der Alten fand ihren Widerhall in der Jugend.

Zum neuen Lebensstil gehörte freilich auch die *Korruption.* Derselbe Jason hatte im Jahre 175 die Hohepriesterwürde für 360 Silbertalente zugesprochen bekommen — das sind etwa 324 000 Goldmark. Dafür hatte er seinen Bruder aus dem Amte verdrängt. Der Eingriff des Königs in die „innerkirchlichen" Angelegenheiten des Tempelstaates ging aber nicht zu seinen Lasten. Er ging auf das Schuldkonto der „modernen" Priesteraristokraten. Diese gaben nicht nur den Grundsatz preis, daß das höchste Amt lebenslänglich war, sondern sie forderten die fremdstaatliche Einmischung geradezu heraus. Der Präzedenzfall machte Schule. Kein Wunder, daß drei Jahre später ein anderer Interessent, ein gewisser Menelaos — auch er griechischen Namens — den Auftrag Jasons, in Antiochien Abgaben abzuliefern, dazu benutzte, um seinen Herrn auszustechen. Durch ein Überangebot von nochmals 270 000 Goldmark erfreut, setzte der König Jason ab und gab dessen gewandtem Botschafter die hochpriesterliche Würde.

König über Syrien war damals *Antiochus IV.* mit dem Beinamen *„Epiphanes",* d. h. „der erscheinende Gott". Er war Sohn und zweiter Nachfolger des großen Antiochus, ein energischer Herrscher, aber ein schlechter Politiker. Er sollte zum Totengräber des eigenen Staates werden. Die Angebote der zahlungskräftigen jüdischen Bewerber um das Amt des Hohenpriesters erweckten das Interesse des Königs an den Schätzen des Jerusalemer Tempels. Seine Kriege kosteten Geld. So erschien er zwischen zwei ägyptischen Feldzügen im Jahre 170 in Jerusalem und beschlagnahmte die kostbare Inneneinrichtung des Heiligtums (1. Makk. 1, 17—24). Schon damals soll er Unruhen in der jüdischen Hauptstadt durch Metzeleien erstickt und den Tempel betreten haben (2. Makk. 5, 11—16). Auch berichteten Spätere die groteske Szene: der König habe auf dem Altar im Freien eine Sau geopfert, die heiligen Schriften mit ihrem Blute besprengt und die Juden samt dem Hohenpriester gezwungen, Schweinefleisch zu essen.

Historisch ist jedoch auf alle Fälle der weltgeschichtlich veranlaßte Schritt zur *Liquidierung des jüdischen Kultus im Jahre 168.* Hinter dem wechselvollen Geschick der hellenistischen Monarchen stand bereits seit langem die wachsende Gestalt der westlichen Weltmacht — Roms. Durch den dritten Makedonischen Krieg (171—168) kräftemäßig selbst gebunden, sah Rom dem Treiben des ehrgeizigen Seleukiden zunächst abwartend zu. Antiochus hatte bereits ganz Ägypten besetzt — bis auf die Hauptstadt. Da fiel im Sommer 168 bei Pydna die Entscheidung: für Rom, gegen Makedonien. Rom gewann seine Handlungsfreiheit wieder. Der römische Senat entsandte eilends einen Sonderbotschafter zu Antiochus und forderte energisch und ultimativ von ihm die sofortige bedingungslose Räumung ganz Ägyptens einschließlich Zyperns und den endgültigen Verzicht auf alle Forderungen. Die Nachricht von Roms Intervention lief mit Windeseile durch die ganze östliche Welt. Antiochus mußte abziehen. Sein Ansehen hatte einen fast tödlichen Schlag empfangen. Gerüchte wollten wissen, er sei bereits tot. In Phönikien und Palästina flackerten Aufstände auf, die die rückwärtigen Verbindungen zu zerschneiden drohten. Da beschloß der gedemütigte König, vor aller Welt ein drastisches Exempel zu statuieren. Niemand sollte ihm fortan widerstehen. Die Rebellen sollten in abschreckender Weise gestraft werden. Antiochus wollte den Gottesstaat für immer ausradieren. An einem Sabbat rückten seine Regimenter mordend und plündernd, sengend und brennend in Jerusalem ein und richteten unter der wehrlosen Bevölkerung ein wildes Blutbad an. Orientalische Vernichtungswut gab allen Brutalitäten freien Lauf. Die Mauern wurden geschleift, Davids Palast sollte durch eine syrische Burg ersetzt werden.

Das Entscheidende jedoch war der Erlaß, der *den Tempelkult auslöschen* sollte. Die Losung lautete fortan: „Ein König, ein Reich, ein Kult." Unter Androhung der Todesstrafe wurde den Juden alles verboten, was ihnen seit alters heilig war. Es wurde vieles von ihnen verlangt, was sie unter gar keinen Umständen tun konnten, wenn sie nicht aufhören wollten, Juden zu sein. Verboten waren fortan: alle gottesdienstlichen Handlungen, alle Opfer, die Feier des Sabbats, das Zeichen der Beschneidung, der Besitz der heiligen Schriften des Alten Testamentes (1. Makk. 1, 41—64). Der Tempel sollte den Namen des Olympischen Zeus erhalten (2. Makk. 6, 2).

Allmonatlich sollte der Geburtstag des Königs festlich begangen werden und die Juden am Opferschmaus teilnehmen. Der Terror zwang die Bevölkerung, sich efeubekränzt an den Dionysos-Umzügen zu beteiligen (2. Makk. 6, 7). Das ganze Volk hatte seine aktive Loyalität durch Teilnahme am neuen Kult in Stadt und Land unter Beweis zu stellen. Jeder Ort hatte seinen Altar, auf dem jedermann zu opfern hatte. Beamte des Königs überwachten die Durchführung des Erlasses. Der „Greuel der Verwüstung" (Dan. 9, 27; vgl. Mk. 13, 14) — vermutlich der Zeusaltar in Jerusalem — war an heiliger Stätte aufgerichtet (1. Makk. 1, 54). Der Plan des Königs schien gelungen zu sein. Die neue Religion lebte auf, vermutlich kraft des Appells an die erdgebundenen Volks-Instinkte, in denen uraltes kanaanäisches Heidentum schlummerte. Die jüdische Religion war schlagartig liquidiert.

Der König hatte sich jedoch letztlich verrechnet. Große Teile der Stadt hatten ohne Frage versagt. In Kreisen der Hochfinanz und der Kult-Aristokratie war man jeder Gesinnungslosigkeit fähig. Die Reformpartei der „Antiochener" zu Jerusalem mußte kapitulieren. Dafür war sie ja im Grunde seit je bezahlt worden. Sie hatte das Pulver lange gehäuft, ehe der Funke zündete. Der chronischen Hellenisierung war nun die akute gefolgt: die Explosion hatte stattgefunden.

Die Bauernrevolution

Aber auf dem Lande lebten hin und her ungebrochene Zuversicht und frommes Brauchtum, zum Teil in patriarchalischen Formen. Die Frommen beteten noch immer ihre apokalyptischen Breviere. Sie wußten sich mit allen verbunden, deren Stärke die Freude am Herrn war (Neh. 8, 10). In der Stunde der vaterländischen Not, mehr: der Glaubensverfolgung müssen die Frommen aller Richtungen zuerst sich selbst gegenständlich geworden sein. Die Frommen des Gesetzes und des Tempels und die Frommen der endzeitlichen Hoffnung fanden zueinander. Das kam so:

In einem Gebirgsdorf westlich von Jerusalem wohnte eine priesterliche Familie. Nach ihrem Ahnherrn nannten sich ihre Glieder „Hasmonäer". Der syrische Kontrollbeamte erschien eines Tages und verlangte von den Bauern das staatlich vorgeschriebene heidnische Opfer. Der betagte Hausvater Mattathias verweigerte es. Als ein anderer Jude es vollzog, erschlug ihn der Alte, und den königlichen Kommissar erschlug er obendrein (1. Makk. 2, 15—28). Damit war das Zeichen zum offenen Aufruhr gegeben.

Die ganze Welt der Frommen geriet in Bewegung. Der Pietismus schickte sich an, militant zu werden. Anfangs ließ man sich noch am Sabbat, getreu dem Gesetz, von den Feinden wehrlos hinschlachten. Aber wo man fortan angegriffen wurde, verteidigte man sich wenigstens am Gottestage (1. Makk. 2, 29—48). Ja man ging selbst zum bewaffneten Angriff über, wo es die Lage verlangte. Der Führer des Aufstandes wurde *Judas*, der dritte Sohn des inzwischen verstorbenen

Mattathias. Dem Junglöwen gleich stürzte er sich brüllend auf seine Beute (1. Makk. 3, 4). Man nannte ihn „Makkabäus" — „Hammerhart" — und seine Brüder *die Makkabäer"*. Mit elementarer Wucht entlud sich die makkabäische Bauernrevolution, spontan und urgewaltig zugleich. Die syrischen Kultstätten hin und her im Lande wurden zerstört. Der anfangs improvisierte Kleinkrieg wurde allmählich zur planvollen militärischen Aktion. Aus Überfällen wurden Schlachten, aus Partisanengruppen Heere. Schließlich wurde Jerusalem erobert. Der Tempel wurde im Dezember 165, also genau drei Jahre nach seiner Schändung durch den Heiden, feierlich wiedergeweiht und dem väterlichen Gottesdienst übergeben. Die Hauptstadt und die Provinz wurden militärisch und festungstechnisch gesichert.

Obwohl Antiochus IV. im Feldzuge gegen die Parther im Jahre 164 starb, ging der Freiheitskrieg weiter. Er wurde zum *„heiligen Krieg"*, wie ihn Altisrael 1000 Jahre zuvor, bis in die Richterzeit hinein, mit den Urbewohnern des Landes geführt hatte. Ähnlich war seine äußere Form: man kämpfte ohne König und ohne Rückhalt an eine staatliche Organisation. Nicht Söldner kämpften, sondern der bäuerliche Heerbann. Die Juden kämpften für Gottesdienst und Gesetz. Sie kämpften gegen die kanaanäischen Kulte, deren Renaissance zum Teil von den Herrschern gefördert wurde und die, im Zuge des allgemeinen Erwachens, die Gegengabe des Ostens an die griechische Welt bildete. Aber — ein entscheidender Unterschied — die „Hammerhart"-Brüder waren nicht Charismatiker wie einst Gideon oder wie Simson. Man erwartete kein göttliches Wunder, sondern menschlichen Einsatz. Gewiß wurden wieder wie einst Kriegsansprachen gehalten. Aber man bezeugte in ihnen nicht so sehr den Herrn, der allein helfen kann, sondern man appellierte an menschliche Tapferkeit. Gott erweckte die Herzen nicht mehr. Daß „die Juden groß dastehen" vor Freund und Feind — das ist oberstes Ziel (1. Makk. 11, 51). War das die Verwirklichung der großen Losung des Deuteronomiums? Dort hieß es (5. Mose 6, 4—5): der Herr ist Einer; und als der Eine verlangt er die ungeteilte Hingabe des ungeteilten Volkes in einem gesamt-israelitischen Kultus an Einer Stätte. Diese Hingabe wurde durch Zwangsuniformierung ersetzt. Judas und seine Brüder drangen im Norden bis zum Libanon vor, im Süden über Hebron hinaus und gliederten alles, was dazwischen und was östlich des Jordans lag, politisch und religiös dem Tempelstaat an. Heiden und Abtrünnige sollten entweder ausgerottet oder zwangsweise bekehrt werden.

Dank der Thronstreitigkeiten im syrischen Königshaus wurde schließlich nicht nur die Freiheit der Religion zugestanden, sondern auch die politische Unabhängigkeit errungen. Judas' Bruder Simon (142—135) begründete die *Dynastie* der Hasmonäer. Er war Feldherr, Großfürst (Ethnarch) und Hoherpriester in einem. Nun regierten *Priesterfürsten* zu Jerusalem. Sie waren reine Politiker, ebenso aufgeklärte Despoten hellenistischer Prägung wie die großen Sultane ringsum. Künstlich umhüllte man sie mit dem Nimbus des Göttlichen. Von Johannes Hyrkanus (134—104) sagte Josephus, Gott habe ihm die drei höchsten Gnadengaben verliehen: die Würden des Königs, des Hohenpriesters und des Propheten. Erstmalig ist ein Mensch Träger des *„dreifachen Amtes"*. In Wirklichkeit waren die Hasmonäer kalte Machtpolitiker. Nach außen hin führten sie fast ständig Krieg. Sie legten sich Diadem und Titel des Königs zu. Sie ließen die Münzen ihres Staates ihren Ruhm verkünden. Sie liebäugelten kulturell mit dem Hellenismus. Sie erhoben innenpolitisch den Terror und hofpolitisch die Intrige und den Verwandtenmord zur Staatsraison.

Das hochpriesterliche Amt wurde nebenbei, sozusagen mit der linken Hand, erledigt. Als der beim Volk verhaßte „König" *Alexander Jannäus* (103—76) einst beim Laubhüttenfest, am Altar amtierend, die übliche Wasserspende daneben goß, wurde er von der johlenden Menge „Bastard" gescholten und mit den Zitronen beworfen, die zu anderem Zweck zum Ritual der Feier gehörten. Seine Antwort? Auf seinen Befehl sollen die kleinasiatischen Söldner 6000 Menschen niedergemacht haben. Die politisch-religiöse Opposition der Gesetzesfrommen konnte er erst nach sechsjährigem Bürgerkrieg niederwerfen. Dann nahm er furchtbare Rache. Die letzten 800 Aufständischen, die lebend in seine Hand fielen, ließ er in Jerusalem, während er selbst mit seinem Harem ein Gelage hielt, ans Kreuz schlagen und ihre Weiber und Kinder vor ihren Augen abschlachten. In den Kreisen derer, die den Aufständischen nahestanden, setzte eine Massenflucht ein. Erst der Römer Pompejus machte im Jahre 63 v. Chr. der degenerierten Dynastie, die sich noch dazu im Bruderzwist aufrieb, ein Ende.

Ein großes geschichtliches Erbe war verbraucht. Ein geistiger und geistlicher Aufwand von Generationen schien schmählich vertan zu sein. Die Opfer der für den Glauben und das Gesetz Gefallenen waren umsonst. Das Kriegslager, das für Altisrael „die Wiege der Nation" war (Wellhausen), schien Judäas Grab zu werden. Der Kirchenkampf der Makkabäer hatte die Dämonen der heidnischen Säkularisierung ausgetrieben, um sieben schlimmeren Geistern jüdischer Verweltlichung Raum zu schaffen. Dennoch hatte die furchtbare Zeit nach verschiede-

311

nen Seiten hin erweckend und klärend gewirkt. In ihr formten sich zumindest zwei Bewegungen, die die Zukunft bestimmen sollten, weil sie beide mit der Zukunft rechneten: die Genossenschaft der Pharisäer und die Gruppe der Apokalyptiker. Beide haben Jesus von Nazareth und besonders Saul von Tarsus bestimmt. Beide haben durch sie auf die christliche Gemeinde eingewirkt. Man kann das Neue Testament nur unvollkommen verstehen, wenn man sie nicht kennt. Die Apokalyptiker haben darüber hinaus das gesamte Geschichtsdenken des Abendlandes, bis hinein in die Gegenwart, geprägt, auch das nichtchristliche.

Die Bruderschaft

Der Jude Josephus berichtet, rückblickend aus späterer Zeit (75/79 n. Chr.): „Es gibt bei den Juden drei Arten von philosophischen Schulen: die eine bilden die Pharisäer, die andere die Sadduzäer, die dritte, welche nach besonders strengen Regeln lebt, die sog. ,Essener'." Unter diesen drei „Sekten" sei die der *Pharisäer* die älteste. „Sie gelten für besonders kundige Erklärer des Gesetzes, machen alles von Gott abhängig und lehren, daß Recht und Unrecht zwar größtenteils den Menschen freistehe, daß aber bei jeder Handlung auch eine Mitwirkung des Schicksals stattfinde. Die Seelen sind nach ihrer Ansicht alle unsterblich, aber nur die der Guten gehen nach dem Tode in einen anderen Leib über, während die der Bösen ewiger Strafe anheimfallen." Das ist alles durch die Brille der hellenistischen Popularphilosophie gesehen und reichlich schematisiert. Denn „philosophisch" sind die Pharisäer nirgends unterzubringen. Auch sind die drei „Sekten" nicht so einfach unter dem Gesichtspunkt ihrer Stellung zu dem „Schicksal" zu befragen und dann so einzustufen: daß die Essener zur Rechten als Fatalisten schicksals-gläubig, die Sadduzäer zur Linken als Nihilisten schicksals-skeptisch gewesen wären und daß schließlich die Pharisäer die Mitte hielten zwischen der alles bestimmenden Notwendigkeit und der Freiheit menschlichen Handelns.

Aber darin hat Josephus recht: die Pharisäer treten im makkabäischen Kirchenkampf als älteste Gruppe hervor. Und die Schwerpunkte ihres Denkens und Lehrens sind — wenn man die Formeln enthellenisiert: das Gesetz Gottes, der Gehorsam des Menschen und die Zukunft der Welt. „Wer die Worte des Gesetzes erwirbt, erwirbt das Leben in der zukünftigen Welt", heißt es in den „Sprüchen der Väter". „Auf drei Dingen beruht die Welt: auf dem Gesetz, auf dem Gottesdienst und auf Liebeserweisungen." Kurz formuliert: der Mensch existiert *zwi-*

schen dem gegebenen Gesetz und der kommenden Welt. Fromm sein heißt für die Pharisäer: zwischen dem Gestern und dem Morgen leben —in einem echten, einem erfüllten Heute. Dies „Zwischen" gab ihnen von Anfang an eine Sonderstellung innerhalb des jüdischen Gottesstaates. Sie standen einerseits zum Gesetz der Väter: das verband sie mit der aristokratisch-priesterlichen Orthodoxie der Sadduzäer; das trennte sie von allen Schwarmgeistern, die in den apokalyptischen Gruppen daheim waren. Andrerseits wußten sie um die zukünftige Welt: das trennte sie von der Hierokratie, für die die Zukunft bereits vollendete Gegenwart war und im Tempelkult erfahren wurde; das verband sie mit der Hoffnung der Apokalyptiker. Aus ihrer Zwischenstellung ergab sich die zwiespältige Beurteilung durch Außenstehende. Die Priester mußten sie für fortschrittlich halten, die Apokalyptiker für rückständig.

Im alten Tempelstaat, der der schleichenden Krise der Zeit anheimzufallen begann, gab es bereits vor der syrischen Bedrückung *die Frommen*. Sie waren keine „Richtung" oder gar „Sekte", sondern inmitten der weltförmiger werdenden Zivilisation lediglich das geistlich wache Gottesvolk. Sie sahen, wie in die Gemeinde die moderne Weltanschauung eindrang und den Väterglauben zersetzte. Sie spürten die Kluft zwischen Frommen und Gottlosen, in der sich der Riß zwischen Gott und der Welt kundtat. Sie wurden ganz einfach „Fromme" genannt: Leute, denen es ernst war um Gott. Auf Hebräisch hießen sie „Chasidim" — in griechischer Umschrift „Asidäer". Das ist dasselbe Grundwort, das in der Bezeichnung „Chassidismus" steckt. Chassidismus meint jene Bewegung der Gottinnigen im hart heimgesuchten Ost-Judentum des 18. Jahrhunderts. Sein Urheber, der Baal-Schem-Tob, war aufs Jahr genau Zeitgenosse des Grafen Zinzendorf (beide 1700– 1760). Martin Buber hat die religiöse Gestalt dieses Chassidismus uns Heutigen tief und feinsinnig gedeutet. Aber den „Chasidim" des 3. vorchristlichen Jahrhunderts fehlte noch jene gottinnige, der Mystik nahe Beseeltheit. Sie waren innerlich noch undifferenzierter und standen sozusagen noch diesseits der großen Entscheidungen, in denen die Geschichte ihre Gestalt ausformen sollte. Das verwandte aramäische Wort für „Fromme" führt, ins Griechische umgeschrieben, zu der Bezeichnung „Essener". So verbergen sich hinter dem einen Begriff frühzeitig ganz verschiedene Gruppen. Das eine, was sie zusammenhielt, ist der Widerspruch gegen die verweltlichten Führer des Gottesstaates und die Erwartung künftiger göttlicher Ereignisse. Im weiteren Sinne gehörten auch die frühen Apokalyptiker zu ihnen.

Als die Notzeit hereinbrach, wurden die Frommen zu Mitkämpfern der makkabäischen Erhebung (1. Makk. 2, 42). Aber sie blieben teilweise auch weiterhin in Spannung zu den Priestern (vgl. 1. Makk. 7, 13). Später wurden diese Teile der Frommen von den Gegnern „Peruschim" genannt, griechisch „Pharisaioi", d. h. „die Abgesonderten". Vermutlich bezieht sich dieser Name nicht auf die politische Separation. Zwar standen sie von früh an zu den Hasmonäern und anderen frommen Aktivisten in Opposition. Das Streben nach weltlicher Herrschaft, noch dazu mit List und Lüge, war ihnen zutiefst zuwider. Die Befreiung aus den Drangsalen der Zeit erwarteten sie von Gottes Eingreifen, nicht von den Aktionen der Politiker und Staatsmänner. So zerfiel das Bündnis mit den Machthabern, sobald das äußere Ziel des Kirchenkampfes erreicht war. Ja es verwandelte sich in bittere Feindschaft. Alexander Jannäus verfolgte die Pharisäer. Erst auf dem Sterbebett gab er seiner Gemahlin Alexandra den Rat, sich mit ihnen auszusöhnen. Das geschah aus politischer Klugheit: wollte man das Wohlwollen der Massen, so mußte man sich mit den Pharisäern gutstellen. Denn sie waren im Volk eine moralische Macht. Im Hohenrat erlangten die Pharisäer damals sogar die Mehrheit. Aber nicht wegen der vorübergehenden politischen Abspaltung nannte man sie „die Abgesonderten", sondern wegen ihrer Grundhaltung gegenüber der „Welt". Ihre Absage galt ebenso den hellenistischen Kollaborateuren von Rang und Bildung, für die das Gesetz traditionelle Geltung behielt, wie dem Am-ha-aräz (Joh. 7, 49), d. h. den Leuten, die, abgesehen von ihrer gesellschaftlichen Stellung, dem Gesetz entfremdet waren und von ihm auch nichts wissen wollten.

Die Pharisäer nannten sich selber „Chabirim", d. h. „Genossen", „Gemeinschaftsleute". Ihr Zusammenschluß war weniger ein „Orden", geschweige denn eine „Sekte", als vielmehr eine „Bruderschaft". Die Vereinigung der Pharisäer stellte vereinsrechtlich etwa das dar, was man heute unter einer „landeskirchlichen Gemeinschaft" versteht. Obwohl sie sich aus „eingeschriebenen Mitgliedern" zusammensetzten, die sich bestimmten Regeln unterwarfen, wurden sie nicht „Verein", sondern blieben „Bewegung". Kirchlich gesehen waren sie eine Laienbewegung, ähnlich wie unser „Kirchentag", überwiegend aus dem Bürgertum. Aber auch gehobene Stände, Wohlhabende gehörten zu ihnen (vgl. Mk. 12, 40; Lk. 16, 14). Diese ließen sich ihre Frömmigkeit etwas kosten und waren zu Opfern bereit (Mt. 6, 2). Um Zinzendorfs bekanntes Wort abzuwandeln, „statuierten sie kein Judentum ohne Gemeinschaft".

Wir sind gewohnt, in den Pharisäern fast durchweg abschreckende Gestalten zu sehen. Aber nicht einmal die Worte des Pharisäers im Gleichnis Lk. 18, 11—12 sind mit dem Unterton wiedergegeben, als seien sie der Verachtung wert. Der Ausdruck „Heuchler", wörtlich „Schauspieler", etwa in Mt. 6 (Vers 2.5.16), meint zunächst nicht die subjektive Verlogenheit, sondern den objektiven Zwiespalt des Daseins, das der Mensch aus reinem Ethos heraus zu leben trachtet und das doch immer wieder auseinanderfällt. Ehe wir Jesu „Wehe!" über die Heuchler hören (Mt. 23, 13), haben wir den Ernst dieser Männer zu beachten.

Die Pharisäer wollten eine *Bußbewegung* sein. Sie wollten das, was Gottes Volk durch Bosheit oder Gedankenlosigkeit seinem Herrn vorenthielt, durch doppelten Einsatz in guten Werken wiedererstatten. Die Pharisäer erklärten ihr Leben als bußfertiges Dasein in Permanenz. Ihr Ziel war nicht ein liturgisch-isoliertes Sabbat-Judentum, sondern ein Werktags-Judentum der Tat. Sie wollten wirklich „mit Ernst Juden sein". Nicht der Tempel, sondern vornehmlich die Synagoge war ihr eigentlicher Ort. Nicht das kultische Opfer, sondern der sittliche Entschluß war die eigentliche Weise ihres Gottesdienstes. Was nicht zur Tat wurde, hatte für sie keinen Wert.

Gewiß, ihre Frömmigkeit war durch *das Gesetz* normiert. Aber nicht durch das Gesetz, das — wie bei den Sadduzäern — fromme Relique war und so das gute Gewissen gab, rechtgläubig zu erscheinen. Gegenüber konservativer Gewohnheit wie gegenüber moderner Gleichgültigkeit appellierten die Pharisäer an die Existenz. Das Gesetz war ihnen keine vergangene Größe. Es sollte aktualisiert, es sollte *vergegenwärtigt* werden. Es sollte wirklich heute und hier zur Entscheidung aufrufen. Es sollte praktiziert und exerziert werden. Den Pharisäern ging es um eine griffige „Einübung ins Judentum".

Damit das Gesetz von einst, aus den Tagen des Mose, aber heute angewendet werden konnte, mußte es zeitnahe und zeitgemäß ausgelegt werden. Im Zweifelsfalle entschied nicht der Buchstabe, sondern seine Tendenz: der Sinn. Dem diente im großen Stil die *Überlieferung*. Ursprünglich mündlich, sollte sie die Bedeutung des schriftlichen Gesetzes für die Gegenwart entfalten und das Leben des modernen Menschen unter den alten Gotteswillen beugen. So entstanden im Laufe der Zeit auch schriftlich fixierte Gesetzes-Erklärungen, die man zu Sammlungen zusammenstellte. Das sind die Zusätze oder „Aufsätze der Ältesten", von denen Mk. 7, 13 geredet wird. Sie betrafen die konkrete Gestaltung des Lebens in Gottesfurcht und in Nächstenliebe.

Sie schützten zugleich den Garten des Gesetzes, wie ein „Zaun" es tut. Ohne Gesetz keine Sitte. Mit der Sitte zerfalle die Sittlichkeit. Darum strenge Ruhe am Sabbat, darum Beten, darum Fasten, darum Almosen. Darum vor allem auch Waschungen. Denn die Welt ist böse und unrein. Das alte Leitbild taucht wieder auf: das *Königreich von Priestern,* ein heiliges, d. h. ein von Gott aus der unreinen Welt ausgegrenztes Volk" zu sein (2. Mose 19, 6). Dies Wort ist ihnen verbindliche Forderung. Zum Beruf der Priester aber gehören die täglichen Waschungen. Waschungen und Gesetzesgehorsam.

Vielen Richtungen war dieses Leitbild gemeinsam. Aber die Methoden, es zu verwirklichen, gingen weit auseinander. Die pharisäische Bruderschaft hatte ihm einen Sinn abgewonnen, der ernst, praktisch und volksgemäß zugleich war. Die pharisäische Auslegung des Gesetzes suchte es erfüllbar zu machen für jedermann, der guten Willens war. Über die Grenzen und Schwächen dieses Unternehmens wird uns Jesus noch einiges eröffnen. Hier genügt es, die geschichtlichen Wurzeln dieser volksnahen und volkstümlichen Sittenlehre zu erkennen und ihre Beweggründe wie ihre Ziele zu verstehen. Das hervorstechende Merkmal des Pharisäismus dürfte deutlich sein. Es liegt in der Überzeugung: Gottes Wille, wie er sich im Gesetz niedergeschlagen hat, geht ganz Israel an. Ja letztlich geht er die ganze Welt an. Ruht doch die Welt auf der verborgenen Grundlage des Gesetzes: die ganze Welt, die ganze Menschheit. Hier hat der pharisäische Wille zur Mission (Mt. 23, 15) seinen Grund. Im Pharisäismus meldet das Judentum seinen religiösen Öffentlichkeitsanspruch an. Der Pharisäismus proklamiert ein „Jahrhundert des Judentums".

Die Gruppe: der Sinn der Geschichte

Die Makkabäerzeit hat nicht nur die Bruderschaft der Pharisäer geformt. Sie hat auch die Gruppe der Apokalyptiker aus dem Dunkel der Anonymität hervortreten lassen. Freilich schritten sie nicht ins Licht, sondern hielten sich im Halbschatten der Pseudonymität. Der erste große Entwurf wurde das *Buch Daniel.* Es ist sofort ein klassisches Buch: inhaltlich wie formal „Weltliteratur". In ihm zittert noch das frische Erleben der syrischen Religionsverfolgung nach. Unter Verwertung älterer Stoffe schreibt hier ein Unbekannter unter dem Decknamen eines jüdischen Sehers „Daniel", der um 540 am babylonischen Königshofe gelebt haben soll. Wahrscheinlich ist das Offenbarungsbuch kurz vor dem Tode Antiochus IV., um die Jahreswende 165/64, komponiert.

Ein von prophetischem Geist erfüllter Mann — oder eine Gruppe? — erfaßt den Sinn dieser drängenden Zeit als den Sinn der Geschichte schlechthin. Mögen die Einzelheiten und Zusammenhänge gekünstelt sein, die Ereignisse in der Geheimschrift zuckender Bilder 'legendarisch überhöht werden und die Traumgesichte mythologisch überladen erscheinen — gemessen an späteren Apokalypsen wirkt die Phantastik unseres Buches maßvoll, gebändigt und nüchtern.

Dreierlei ist sachlich äußerst wichtig:

Zunächst: Hier wird der Begriff der *Weltgeschichte* geboren und *zum ersten Male* sinnvoll entfaltet. Nebukadnezars Traum (Dan. 2) und Daniels Gesicht (7) bringen das mehrfach umkreiste Thema am klarsten zum Ausdruck. Mit Hilfe der aus dem Persischen übernommenen Vorstellung von vier einander ablösenden Weltreichen wird gesagt: Geschichte ist nie isoliertes Einzelgeschehen, das Menschen vollziehen, sondern ein Gesamtgeschehen, das Gott wirkt. In Gottes ewigem *Plan* gründet die Weltgeschichte. Das in ihm gesetzte Ziel gibt bereits jetzt dem Ganzen den Trend auf das Gericht.

Sodann: Weltgeschichte geschieht als *Widerstreit* zwischen den vergänglichen Mächten dieser Welt und dem ewigen Reich des „Höchsten". Von oben fällt „ohne Zutun von Menschenhand" der Stein herab, zerschmettert die vielteilige Kolossalstatue und erfüllt als Berg die ganze Erde (Dan. 2, 34) — Gottes himmlisches Reich. Auf den Wolken des Himmels wird das ewige Reich sichtbar, repräsentiert durch den Menschen. Es erscheint, um die vier Raubtier-Reiche zu richten (Dan. 7, 13—27). Das Gottesreich ist Richter nicht nur über die Weltreiche, sondern zugleich Überwinder des Gottesstaates.

Schließlich: Das Rätsel der Weltgeschichte ist der „*Mensch*" (Luther übersetzt: „Menschensohn"). Wer ist dieser Mensch? Ist es ein einzelner? Etwa der Seher selbst? Oder eine Gemeinschaft von Heiligen? Etwa die Gruppe der Apokalyptiker? Wem werden hier „Macht, Ehre und Reich" (Dan. 7, 14; vgl. 7, 27) verliehen? — Der Mensch ist jedenfalls keine irdische Macht mehr, sondern eine jenseitige Größe. So jenseitig ist er, daß nicht einmal davon geredet wird, daß er vom Himmel *herab*kommt! Alles spielt sich „droben" ab.

Man kann Weltgeschichte nicht verstehen, ohne ihre drei Erstreckungen zu beachten: „Anfang, Mitte und Ende". Drei Motive sind in ihr am Werk. Der Ursprung: Gottes ewiger Plan. Der Verlauf: der zeitliche Widerstreit zwischen Gottes- und Menschenmacht. Das Ziel: Gottes ewiges Reich.

Die Daniel-Apokalypse arbeitet mit Mitteln, die nicht nur aus dem

Denken und Vorstellen des Gottesvolkes stammen. Sie kommen von außen herein, aus der Religion des Persers Zarathustra, zum Teil auch aus der Babyloniens. Dazu gehört: die Vorstellung von den vier Weltaltern; die mit dem Gericht verbundene Auferweckung der Toten; der himmlische „Mensch". Aber der Seher arbeitet weder aus persischem noch aus babylonischem Geist, sondern aus dem Geist der alten Prophetie. Er sieht die Geschichte nicht mythisch als Zusammenhang überirdischer Vorgänge. Er sieht sie *geschichtlich*. Wo er mythologische Bilder und Anschauungen benutzt, deutet er mit ihnen wirkliche, auf Erden geschehende Geschichte. Personen, Ereignisse, Orte, Daten, Zusammenhänge, die heute Gegenstand historischer Feststellung sind, sind in seinem Buche bis ins einzelne hinein fixierbar. Aber: gerade als profane Begebenheiten sind sie Ausdruck von Gottes Walten.

Die neue Geschichts-Schau — denn um eine „Schau" handelt es sich! — bedeutet eine *Weiterbildung des prophetischen Geschichts-Zeugnisses*. Die Forschung stellt bei einem Vergleich zwischen beiden drei Unterschiede fest. Erstens: Die Propheten sehen Gott als Schöpfer und Herrn der Geschichte mit der Welt wesentlich zusammen. Die Apokalyptiker sehen beide nicht als Partner, sondern als *Kontrahenten* im Gegensatz. Die Bezeichnungen „monistisch" dort, „dualistisch" hier umschreiben den Unterschied, treffen ihn aber nicht ganz. — Zweitens: Die Propheten erwarten die Vollendung der Geschichte, die Apokalyptiker rechnen mit ihrer *Aufhebung* durch eine ganz neue Welt. — Drittens: Nach den Propheten geschieht das Gericht innerhalb der kommenden Geschichte; es kann von denen, die Buße tun, abgewendet werden, freilich auch die, die rückfällig werden, erneut treffen. Nach den Apokalyptikern ist *das Gericht ein einmaliges Ereignis:* unwiederholbar, unwiderruflich, unabänderlich wie der Tod. Das Gericht ist, apokalyptisch gesehen, festgelegt auf einen bestimmten Termin — den „Tag", der sich kalendarisch berechnen läßt.

Das Ziel der Geschichte

Damit stoßen wir auf eine entscheidende Grundauffassung der Apokalyptik: Geschichte läßt sich *berechnen und beschreiben*. Sie läßt sich vergegenständlichen, „objektivieren". Der erkennende Mensch vermag sich ihrer zu bemächtigen. Der Geschichtserfassung dient u. a. auch ihre Einteilung in *Perioden*. Geschichts-Erkenntnis und Geschichts-Erfassung lernt man und übt man im Konventikel der Eingeweihten. Apokalyptisches Wissen ist Geheimwissen. Nur Auserwählten wie dem Seher wird es, in der Entrückung, zuteil. Er darf jetzt schon schauen, was „in Bälde" (vgl. Lk. 18, 8; Röm. 16, 20; Offbg. 1, 1) geschieht. Diese Grunderkenntnis ist — wie alles Große — ein zweideutiges Geschenk an die Menschheit. Auf der einen Seite ist sie ein Ergebnis des allgemeinen Rationalismus der spätantiken „Moderne". Daß die apokalyptische Literatur am Schreibtisch entstanden ist, teilt sie mit aller Literatur. Aber sie ist auch am Schreibtisch *erdacht*. Ihr „Sitz im Leben" ist der Kreis der Schriftgelehrten. Sie ist ein typisches Produkt frommer Reflektion. Wieweit sich dahinter lebendige Erfahrung verbirgt, wissen wir nicht. Jedenfalls dürfen wir uns die Apokalyptiker nicht als trunkene Enthusiasten vorstellen. Entzückt und entrückt werden sie allenfalls, wenn sie die Tora-Rolle studieren. Wenn sie über dem Gesetz, den Schriften und Propheten zu meditieren beginnen, mögen ihnen geistliche Erleuchtungen zuteil werden. Diese göttlichen Eingebungen werden dann in heiliges Wissen umgemünzt.

So passen ihre Offenbarungs-Schriften durchaus in die Zeit. Sie ist ja die Zeit des Hellenismus und des Judentums, die Zeit des Verstandes und des Gesetzes zugleich. Der *heilshistorische Terminkalender* ist ebenso ein Kind der Zeit wie der Generalkatalog der Staatsbibliothek zu Alexandrien; wie der Himmelsglobus und die Erdkarte, die die Gelehrten erstmalig in Gradnetze einfingen; wie das landwirtschaftliche Lehrbuch mit seiner Ertrags-Statistik und das Geschichtswerk mit seinen Zeittabellen; wie die Katasterrolle der ptolemäischen Grundbuchämter, das Steuerregister der Rechnungskammern, der Kontoauszug der Spar- und Girokassen — und nicht zuletzt wie das Horoskop, das der Hofastrologe dem Herrscher und seinen Höflingen stellte. Hatte doch gerade im Hellenismus die „chaldäische Kunst" einen glänzenden Aufstieg erlebt. Alexandrien, Jerusalem und Rom waren sich im Zeitalter von Zahl und Maß nicht nur geographisch nahe.

Auf der anderen Seite bereichert und vertieft die Apokalyptik das bisherige Geschichtsverständnis der Propheten. Sie weitet den Horizont der Historie eines Volkes zur *Universalgeschichte* der Völkerwelt. Sie bezieht den Kosmos in allen seinen Dimensionen, himmlischen wie höllischen, in das Blickfeld ein. Sie befriedigt dabei nicht zuerst das Interesse des Zuschauers, sondern ruft den Betroffenen in die Entscheidung vor letzter Instanz. Mit dem Hinweis auf das Geheimnis des „Menschen" vollends verknüpft sie die Frage nach der Geschichte mit der Frage nach dem Menschen. Seit Daniel hat die Weltgeschichte im „Menschen" ihre spezifische Kategorie: die *Kategorie der Humanität*. Die Apokalyptik erweckt das Wissen um menschliche Existenz

319

und schärft den Sinn für Geschichtlichkeit. Geschichtlich leben heißt verantwortlich leben.

Die christliche Welt hat dieses Geschichtsdenken, das im Neuen Testament seine besonderen Inhalte empfing, übernommen. Das abendländische Geschichtsbewußtsein ließ sich von Augustin bis Hegel, und darüber hinaus bis zu unserer Gegenwart, von den Antrieben der hohen Apokalyptik bewegen. Die neuzeitliche historische Wissenschaft ist von ihren Denkformen geprägt. Sie hat die Grundzüge des damals neuartigen Fragens bewahrt und kritisch-methodisch ausgearbeitet. Die säkularisierte Welt lebt, selbst in der entschiedenen Absage, die seit Voltaire alle paar Jahrzehnte den christlich „kanonisierten Fabeln" erteilt zu werden pflegt, unbewußt und ungewollt von der Wahrheit *der* Geschichte, die den Glauben wirkt. Gerade heute erkennen wir es deutlicher denn je: die jüdischen Apokalyptiker waren die spätantiken Historiker. Und umgekehrt: die heutigen Historiker sind die neuzeitlichen Apokalyptiker.

Jesus selbst und die Kreise, aus denen er kam, haben höchstwahrscheinlich im Klima der apokalyptischen Frömmigkeit gelebt. Er selbst hat viele grundlegende Anschauungen mit ihnen geteilt. Aber er hat sich auch mit ihnen, nicht weniger und nicht sanfter als mit den Pharisäern, auseinandergesetzt. Deswegen müssen wir noch einen kurzen Blick auf weitere Ausformungen der Apokalyptik werfen.

Das Konventikel

Das Buch Daniel war nur ein Anfang. Es war Ausdruck einer viel breiteren und in sich selbst differenzierten Welt apokalyptischer Frömmigkeit. Unter den Bedrückungen und Verfolgungen der Makkabäer- und Hasmonäerzeit wollte die Frage nicht verstummen: Was hat das leidvolle Geschehen der Gegenwart für einen Sinn? Wann bricht die bessere Zukunft an? Man stützte sich bei der Beantwortung dieser Frage auf mannigfache Überlieferungen, die nach Herkunft und Wert recht unterschiedlich waren. Babylonische und persische Weisheit, ägyptisches und griechisches Wissen verbanden sich untereinander und verflochten sich mit jüdisch-prophetischer Grundtradition.

Noch bevor die Römer in Palästina auftraten (63 v. Chr.), wurden Buchrollen, die über ein Jahrhundert verstreut entstanden waren, zu einem Sammelwerk zusammengefaßt. Man gab es als Offenbarung des siebenten Stammvaters der Menschheit aus und nannte es nach ihm „*Henoch*". Die Zahl der Lebensjahre Henochs entsprach genau den 365 Tagen des Sonnenjahres. Aus dem ersten Buche des Alten

Testamentes wußte man: Henoch hatte schon zu Lebzeiten geheimnisvolle Gemeinschaft mit Gott. Aber das Seltsamste war sein Abschied aus der Welt: „Und dann war er nicht mehr, denn Gott hat ihn entrückt" (1. Mose 5, 18—24). Henoch war nicht gestorben. Er hatte den Tod nicht erlitten. Er wurde zu Gott erhöht, wie man aus einem tieferen in einen höheren Raum durch fremde Hilfe gelangt. Spätere sahen ·in Henoch „ein Wunder der Gotteserkenntnis für alle Geschlechter" (Sir. 44, 16), ja den Erfinder aller Wissenschaft: Mathematik, Astronomie, die Buchstabenschrift und andere Geheimwissenschaften hatte Henoch erfunden. Nun wird der Urvater zum Deuter der Gegenwart und zum Seher der Zukunft. Zeitgeschichte und mythologisches Erbe spiegeln sich auf den Seiten dieses barocken „Buches". Das Buch Henoch ist weder ein Brevier für Beter — wie Jesaja 24—27 — noch ein Manifest für Hörer — wie Daniel —, sondern ein gelehrtes Handbuch für Fromme, die nach geheimem Universalwissen dürsten. Seine Leser sollen allerdings nicht nur in ihrem Verstande belehrt werden. Sie sollen inmitten dieser argen, sündhaften Welt gemahnt, getröstet getadelt werden. Sie sollen Weisung empfangen, was sie zu tun haben. Der zu Gott entrückte Urvater schildert nun seine Erlebnisse in Traumgesichten und grotesken Bildern. Was er in Gottes verborgener Welt sah, vermag er zu enthüllen: die Geschichte des Gottesstaates von Adam bis zum Messias, die Heils- und Weltgeschichte zugleich ist. Wieder erscheint die Geschichte vierfach periodisiert. Sie wird in wilden und wirren Allegorien ausgemalt. Die Helden der Gottesstaats-Geschichte gleichen Haustieren, die Altvorderen Stieren, die Nachfahren Schafen. Die Heiden werden teils mit Raubtieren und Raubvögeln verglichen, die himmlischen „Genien" ihrer irdischen Heerschar mit Hirten, die gefallenen Engel mit Sternen, die treu gebliebenen Engel mit Menschen. Gott aber, der „Gott der ganzen Welt", erscheint als „Herr der Schafe". Am Schluß tritt der Messias auf als — weißer Büffel.

Alle diese und noch einige andere Absonderlichkeiten hätten für uns heute lediglich antiquarisches Interesse, wenn nicht der „Mensch" des Danielbuches hier wieder auftauchte und im Blick auf die kommenden Ereignisse eine besondere Gestalt empfinge. Wieder erscheint diese apokalyptische Figur im Rahmen des Weltgerichtes. Gottes Zorn ruht über dem „Menschenfleisch" — bis zum „Tage" des neuen Sintflutgerichtes. Die Flut wird kommen, aber ein Rest bleibt. Die Völker werden gegen Jerusalem stürmen, aber der Schlund des Totenreiches verschlingt sie. Die zerstreuten Bürger des Gottesstaates werden aus

allen Windrichtungen heimgeführt werden. Dann wird der „Mensch"
erscheinen. Der „Mensch" existiert bereits jetzt verborgen im Himmel.
Ja er ist präexistent, d. h. älter als die Welt: „Bevor die Sonne und
die Tierkreis-Zeichen geschaffen, bevor die Sterne des Himmels gemacht, wurde sein Name vor dem Herrn der Geister genannt." Dieser
„Mensch" wird bereits jetzt im Himmel aufbewahrt als der Richter
über die Mächtigen der Welt. An „jenem Tage" wird der Verborgene
offenbart werden und mit ihm die Seinen, die ebenfalls bereits jetzt
aufbewahrt werden bei dem „Herrn der Geister".

Ein Dreifaches wollen wir beachten. Erstens: Der „Mensch" wird
hier mit dem „Messias" identifiziert; ein von Gott zum König gesalbter Mensch ist zugleich ein Wesen von göttlicher Art und soll das
Weltgericht halten. Er ist der *Weltrichter.*

Zweitens: Dieser Weltrichter, beiläufig „der Gerechte" genannt, ist
als „*der* Auserwählte" nicht von „*den* Auserwählten" zu scheiden. Er
und *die Seinen* gehören zusammen: sie sind miteinander präexistent
und miteinander in der himmlischen Welt verborgen. Miteinander
werden sie offenbart werden. Nach Gottes Beschluß sollen die Seinen
in allem Schicksalsgefährten des „Menschen" sein.

Drittens, das Seltsamste: Der Messias-Mensch ist *Henoch* selbst! Er
wird in den Himmel entrückt und zum „Menschen" eingesetzt werden.
Zur Gerechtigkeit ist er geboren, und Friede wird ihm von Gott zu-
gerufen im Namen der zukünftigen Welt.

Wann wird das alles geschehen? Besser: Wann wird das alles enthüllt
werden? Denn im Himmel *ist* ja alles bereits „da". Wann also wird es
„hier" sein? Antwort: „an jenem Tage", der der Tag des Gerichtes und
der Tag der Erlösung ist, der Tag der Auferstehung, der „Tag des
Menschen" (siehe Lk. 17, 30). Das apokalyptische Denken ist fließend,
und seine Aussagen sind gleitend. Ständig wechselnd, versucht es immer neue Vorstellungen in seinen Wirbel zu reißen und zu verarbeiten.
Auch die Vorstellung von der Gestalt des Erlösers wandelt sich innerhalb derselben Aussagesphäre. Eins aber bleibt: die Blickrichtung auf
den „*Tag aller Tage*". Immer deutlicher klärt es sich heraus: dieser
„Tag" wird der Tag *Gottes* und der Tag des *Menschen* und der Tag
der *Welt* in einem sein. Oder — er wird nicht sein.

Die Welt der jüdischen Frommen ist vielgestaltig. Zwischen der Moral
der pharisäischen Bruderschaft und der Mystik der apokalyptischen
Gruppe bestehen Unterschiede und Spannungen. Selbst innerhalb der
Gruppen müssen Sonderbildungen, Konventikel, bestanden haben.
Aber alle Spannungen gründen in einer großen Einheit. Diese Einheit

schafft, diese Einheit stellt dar das Gesetz: Vernunft macht fromm; Frömmigkeit macht vernünftig. Was ein Forscher vom Buche Daniel sagte, das trifft für sie beide zu; das trifft für die Bewegung der „Frommen" zu, der sie entwuchsen: die Frommen, Pharisäer *und* Apokalyptiker, bereiten „den ideologischen Widerstand" vor, *„die moralische Aufrüstung" Israels.* Sie verzichten bewußt und grundsätzlich auf Waffengewalt. Denn sie erwarten alles von Gott. Nur die Intensität, mit der sie auf Gottes wunderbare Offenbarung warten, ist verschieden.

DAS WELTREICH

Der Vasallenstaat

Ende des 6. vorchristlichen Jahrhunderts hatte sich zu Jerusalem mit persischer Lizenz der jüdische Tempelstaat gebildet (520–510). Der Vorgang geschah im hellen Licht der Weltgeschichte. Zu etwa derselben Zeit hatte sich — wie die Sage kündet — in Mittelitalien der damals unbedeutende Stadtstaat *Rom* der etruskischen Dynastie entledigt. Rom hatte sich in langen inneren und äußeren Krisen als Republik behauptet. Es hatte durch die opfervollen Anstrengungen der Punischen Kriege im Raume des westlichen Mittelmeers die Vormachtstellung errungen. Der Karthager Hannibal, der dem Westen die moderne hellenistische Strategie und Taktik schmerzhaft zu fühlen gab, war zum großen Antiochus nach Syrien geflohen. Die innere und äußere Krise der hellenistischen Zivilisation bereitete der politischen Ausweitung der römischen Macht den Weg. Kraft kämpfte und siegte über überlegene Kriegstechnik.

Der Imperialismus im Osten und sein tatsächliches Versagen vermachten im Ergebnis Rom eine Erbschaft, die es nicht angestrebt hatte und nur zögernd entgegennahm. Mommsen behält recht, daß „die römische Weltherrschaft keineswegs als ein von unersättlicher Ländergier entworfener und durchgeführter Riesenplan erscheint, sondern als ein Ergebnis, das der römischen Regierung sich ohne, ja wider ihren Willen aufgedrungen hat". Man darf sagen: zum Glück. Denn der römische Sieg verhinderte das völlige Aufgehen des Hellenismus im Orientalismus.

Freilich stand die *„Befriedung" der Welt* unter dem nüchtern-pedantischen Augustus noch aus. Und zunächst schien der Preis, den die Betroffenen für das künftige Glück ihrer Enkel pränumerando zu zahlen hatten, erschreckend hoch. Kein Volk war über die „Pax Romana" wirklich beglückt.

Roms Schatten hatte sich seit langem über dem Weltgeschehen des Ostens gelagert, zumal über den Siegen und den Thronwirren der Seleukiden und schließlich über dem Zerfall des Syrerreiches (129 v. Chr.). Nun hatte Roms Fuß den Boden des „Philisterlandes" betreten. Pompejus hatte sich, nach dreimonatigem erbittertem Widerstand, mit seinen Belagerungsmaschinen den Zugang zur Festung Jerusalem erbrochen. Mit seinem Gefolge hatte er den Tempel und sogar das Allerheiligste betreten. Aber er war kein Seleukide: am nächsten Tage wurde der Opferkult weitergeführt, wie wenn nichts geschehen wäre. Palästina wurde Teil der römischen Provinz Syrien. Der Gottesstaat wurde auf Judäa, das Ostjordanland und Galiläa reduziert. Der Staat der Hasmonäer war als politisches Gebilde erledigt. Die letzten Sprößlinge des Herrscherhauses amtierten als Hohepriester im Tempel.

Allein ein Abenteurer namens *Antipater,* einst Statthalter in Idumäa, dem alten Edomiterlande im Süden, überspielte als Vezir des Tempelfürsten diesen seinen hohenpriesterlichen Herrn. Er hatte die Gunst des großen Caesar gewonnen. Die Protektion machte sich bezahlt: seine Söhne wirkten im Süden und im Norden als „Feldherren". Der jüngere von ihnen, *Herodes,* der „Heroensproß", säuberte damals das Bergland des aufsässigen Galiläa von den Freischärlern. Trotz heftiger Proteste und Maßnahmen des Hohenrates, die ihn in normalen Zeiten den Kopf gekostet hätten, führte er dort brutal das Standrecht durch. Im Blick auf etwaige künftige Erbfolge verlobte er sich mit der Prinzessin Mariamne aus dem Hasmonäer-Hause. Später heiratete er sie auch. Durch Vermittlung von Marcus Antonius erhielt er im Jahre 40 v. Chr. vom römischen Senat die *jüdische Königswürde* zugesprochen. Er mußte sich aber sein Königreich mit Hilfe der Römer erst erkämpfen, was drei lange Jahre in Anspruch nahm. Im Jahre 37 fiel die letzte Bastion — Jerusalem. Allerdings hausten die römischen Verbündeten so furchtbar in der Stadt, daß Herodes sie durch viele gute Worte und Geschenke zum Abzug veranlassen mußte. Durch stete Wachheit und Wendigkeit wußte sich Herodes allen Kurven der wechselreichen römischen Innen- und Außenpolitik anzupassen. Nach dem Siege von Actium (31 v. Chr.) bezeugte er eilfertig dem Todfeind seines bisherigen Herrn, Octavianus Augustus, seine Ergebenheit. Dafür wurde ihm sein Reich neu bestätigt und durch die Krongüter abgerundet, die Antonius der Kleopatra geschenkt und die die ebenso ehrgeizige wie geschäftstüchtige Königin, der Gepflogenheit der Zeit gemäß, weiterverpachtet hatte. Dazu gehörten die einträglichen Küstenstädte, die fruchtbaren Randgebiete Galiläas und die reiche Oase von Jericho mit ihren Palmen- und Balsam-Plantagen und den Nutzungsrechten an Salz- und Asphalt-Förderung. Mit Ausnahme von einigen Exklaven am Meer und am Jordangraben besaß das neue Königreich für den Umfang des Davidischen Großreiches und erstreckte sich nach Nordosten bis vor die Tore von Damaskus. Gegen Ende der langen Regierung des Herodes (40 bzw. 37—4 v. Chr.) sollte Jesus geboren werden (Mt. 2, 1; Lk. 1, 5).

Der Despot

Dreierlei ist von seinem Regiment zu sagen:
Zunächst: Herodes war ein mißtrauischer Despot. Mit brutaler Gewalt sicherte er seine Herrschaft. Palastintrigen hielten ihn fast ständig in Unruhe. Politische und religiöse Gegner wurden skrupellos liquidiert. Sein Schwager Aristobul, den er mit 17 Jahren zum Hohenpriester gemacht hatte, kam, als er Liebling des Volkes zu werden drohte, als erster um: nach fröhlichem Festmahl in Schloß Jericho spielten die Kameraden im Park so lange Untertauchen mit ihm, bis er erstickt war. Es folgte die zweite und die geliebteste seiner zehn Frauen, Mariamne. Ihre Ermordung vermochte Herodes zeitlebens nie zu überwinden. Ihr folgte deren Mutter, dann deren zwei Söhne. Noch vom Sterbebett aus gab er den Befehl, den Kronprinzen Antipater hinzurichten. Das war mehr an Mord, als die Hasmonäer sich herausgenommen hatten. Die Dämonie des abgrundtiefen Mißtrauens vergiftete alles und ließ ihn nur noch Gespenster sehen.

Auch das Volk hatte unter ihm zu leiden. Josephus berichtet: „Herodes ließ alle seine Untertanen auf das schärfste überwachen und nahm ihnen so jede Möglichkeit, ihre Unzufriedenheit mit seinem Regime auszudrücken. Er verbot den Bürgern alle Zusammenkünfte, öffentliche wie geheime, und stellte überall Spione an. Wurde jemand bei Übertretungen ertappt, so bestrafte er ihn streng. Viele wurden, offen oder heimlich, in die Festung Hyrkania gebracht und dort hingerichet. Überall, in der Stadt wie auf den Landstraßen, gab es Leute, die alle Zusammenkünfte zu beobachten hatten. Ja man sagt, der König habe sich oft selbst bei Nacht in der Kleidung eines Privatmannes unter die Menge begeben, um die Meinung des Volkes über seine Regierung kennenzulernen. Die meisten seiner Untertanen fügten sich seinen

Befehlen, teils aus wirklicher Zuneigung, teils aus Furcht. Wer jedoch in zähem Widerstand verharrte und sich nicht mit seinen Untaten abfinden konnte, wurde schonungslos beseitigt."

Aber derselbe Josephus rühmt Herodes als unwiderstehlichen Soldaten, Feldherrn und Politiker, als zielsicheren Bogenschützen und gewandten Sportsmann, als kecken Reiter und leidenschaftlichen Jäger und nicht zuletzt als fröhlichen und umgänglichen Kumpanen. Er muß, wie alle bedeutenden Menschen, *ein zwiespältiger Charakter* gewesen sein: ein Kind des Glückes, der die Zeitgenossen erschreckte und zugleich bezauberte. Jedenfalls war er eine recht vielseitig interessierte Natur: noch auf seine alten Tage nahm er Unterricht in Rhetorik und Philosophie.

Selbstverständlich mußte ein hellenistischer Fürst in der Römerzeit, der etwas auf sich gab, ein Mäzen von Kunst und Wissenschaft sein. So berief er hervorragende Männer griechischer Bildung an seinen Hof: der Rechtsgelehrte Ptolemäus wurde sein Kanzler, dessen Bruder Nikodemus von Damaskus, zugleich Philosoph und Naturforscher, sein Geschichtsschreiber. Auf ihn stützt sich weithin Josephus.

Der Kulturfreund

Damit stehen wir bereits beim zweiten: Herodes war eine durchaus moderne Natur. Er suchte zugleich fürsorglicher Landesvater im hellenistisch-römischen Stile zu *sein*, nicht nur ihn zu spielen. Sein Volk sollte in Ruhe und Frieden leben können. Es sollte ein gutes und ein schönes Leben führen. Dem allgemeinen Schutze in der Hauptstadt diente die Zitadelle, die Mark Antons Namen trug, „Antonia". In den Grenzbezirken am Rande der Wüste, die den Einfällen der Araber ausgesetzt waren, erfüllten die Forts den Zweck der Landessicherung. Ein Söldnerheer, das aus Thrakern, Galliern und Germanen bestand, war stets einsatzbereit.

Durch ausgedehnte Bautätigkeit veränderte Herodes das Gesicht *Jerusalems* und des Landes. Tempel und Burg wurden pompös umgebaut und erweitert, die Fundamente 45 Meter tief geschachtet, auch ein neues Palais erbaut. Nach den Namen der römischen Großen wurden nicht nur Gebäude in der Residenz genannt, sondern auch ganze Städte. Samaria erstand neu als *Sebaste* — das griechische Wort für Augusta. Stratons-Turm an der Küste hieß fortan *Caesarea* — Kaiserstadt — *am Meer*. Beide Namen verpflichteten zum Bau von Augustus-Tempeln, in denen — im Osten früher als in Rom — der Kaiserkult zelebriert werden sollte. Jerusalem, Jericho und Caesarea erhielten je ihr

Theater, Amphitheater und Hippodrom. Caesarea bekam einen Hafen mit 60 Meter breiter, 36 Meter tiefer Mole. Sein Amphitheater wurde im Jahre 10 v. Chr. mit Gladiatoren-Spielen und Tierkämpfen eingeweiht. Die ovale Arena übertraf in ihren Ausmaßen – 90 mal 60 Meter – sogar das Kolosseum in Rom, das 90 Jahre später entstand. Dem Andenken seiner Mutter weihte er, von italischen Baumeistern beraten, ein luxuriöses Lustschloß.

Seine Modernität und seine *internationale Kulturgesinnung* wußte er in drei Erdteilen eindrücklich zu dokumentieren. „Als er im Inland seine großartigen Bauwerke vollendet hatte, bewies er auch einer Anzahl auswärtiger Städte fürstliche Freigebigkeit. So versah er Tripolis, Damaskus und Ptolemais (Akko) mit Gymnasien, Byblos (Gebal) mit einer Stadtmauer, Berytus (Beirut) und Tyrus mit Säulengängen, Hallen, Tempeln und Märkten; Sidon und Damaskus mit Theatern; die Seestadt Laodicea (vgl. Kol. 2, 1) mit einer Wasserleitung; Askalon – seine Geburtsstadt – mit prachtvollen Bädern und Brunnen und außerdem noch mit Säulenhallen von staunenswerter Größe und Arbeit. Anderen Städten schenkte er Haine und Wiesen" (Josephus).

Obwohl er selbst solide zu leben pflegte, gehörten selbstverständlich zu seinem Hofe, der römisch-orientalischen Mode entsprechend, Haremswächter und Lustknaben, Freigelassene und Günstlinge, die den klingenden offiziellen Titel „Freund" (vgl. Joh. 19, 12) führten.

Der Schirmherr des Weltjudentums

Letztens: Herodes wollte trotz seiner Offenheit gegenüber der hellenistischen Zivilisation ein Jude sein. Er schämte sich seiner Gesten gegenüber Hellas und Rom nicht, nicht einmal der Unterstützung, die er dem Staatskult zuteil werden ließ. Aber er wußte sich zugleich als Schirmherr des Weltjudentums. Auch das gehörte zu seinen Aufgaben als moderner jüdischer König. Wo Glieder des Volkes, wo Glaubensgenossen aus irgendwelchen Gründen rechtlich oder religiös bedrückt wurden, machte er sich zum Anwalt der Bedrängten. Klug und energisch wußte er dann seine ganze Autorität geltend zu machen. Unter Umständen geschah dies an hoher und höchster Stelle, und dann nicht mit Erfolg.

Dem *Wohlstand* seines Volkes sollte auch die ausgedehnte Bautätigkeit zugute kommen. Die wirtschaftlichen und sozialen Verhältnisse der Juden zu heben, war eines seiner Hauptziele. Wenn der König baute, hatten die Kärrner zu tun. Gewiß, sie mußten arbeiten – und Herodes liebte eiserne Arbeitsdisziplin –, aber sie hatten auch ihren

Verdienst. Freilich verschlang der luxuriöse Betrieb des Hofes Un-
summen von Geld, die großenteils durch Steuern aufzubringen waren.
Aber die Steuern bewegten sich in den Grenzen, die auch in anderen
Despotien der Zeit im allgemeinen beachtet wurden. Durch planmäßige Kolonisation wurde blühendes Kulturland gewonnen und Gewerbe und Handel angeregt.

Die allgemeine politische Beruhigung kam auch der jüdischen Binnen-
wirtschaft zugute. Tempel und Tempelstadt sanierten sich in beschei-
denem Umfange gegenseitig. Jerusalem wurde wieder eine *Wallfahrts-
stadt* großen Stils. Der durch den Kultus angeregte Fremdenverkehr
erstreckte sich nachweislich über die gesamte damals bekannte Welt.
Zur Zeit der großen Feste überschritt die Zahl der Pilger weit die Zahl
der Einwohner. Die Gäste brachten Geld ins Land. Das war ein nicht
unbeträchtlicher materieller Gewinn, der zum geistlichen hinzukam:
Jerusalem und sein Kult bildeten das geistige Band, das die Welt-
judenschaft zusammenhielt.

Beides lag Herodes am Herzen: der Schutz der Auslandsjuden und
das Wohl der Reichsjuden. Die Mißernten der Jahre 24 und 23 hatten
Palästina an den Rand einer großen Hungersnot geführt. Herodes
wußte der Katastrophe durch entschlossene Schritte zu begegnen. Man
hat seine Maßnahmen als organisatorisch und sozial vorbildlich bezeichnet. Dabei scheute er nicht vor persönlichen Opfern zurück. Daß
er dem murrenden Volke Steuererleichterungen gewährte, um die
Festigkeit der eigenen Herrschaft zu gewährleisten, wird ihm niemand
verdenken. Überall war seine kräftige Hand zu spüren. Auch das
Banditen-Unwesen dämmte er ein und gab so dem Bürger das Gefühl
der Lebens- und Rechtssicherheit.

Dennoch fand der rührige König weder bei der Hierokratie noch bei
den Frommen jeglicher Observanz rechte Gegenliebe. Wie sollte er sie
erst beim Volke finden, das kaum über den Alltag hinausdachte! Daß
er ein Edomiter gewesen sei, wie Josephus angibt, läßt sich bezweifeln. Sein Vater war Statthalter *über* Idumäa, stammte daher schwerlich *aus* diesem Gebiet. In autokratischen Staaten pflegt man Ver-
trauensposten nur in Ausnahmefällen mit Einheimischen zu besetzen.
Hingegen soll seine Mutter Tochter eines arabischen Scheichs gewesen
sein. Wenn ihn die Juden wirklich den „idumäischen Sklaven" nannten, meinten sie wohl weniger seine Abstammung als seine Unebenen-
bürtigkeit gegenüber den Hasmonäern. Er war ein Emporkömmling
und zeigte das Benehmen eines solchen. Man haßte ihn weniger, weil
er kein reinrassiger Jude war, sondern deswegen, weil er ein Kollabo-

rateur größten Formats war. Er konspirierte mit den Unterdrückern der jüdischen Freiheit. Rom garantierte tatsächlich seine politische Existenz. Es garantierte den Vasallenstaat, d. h. praktisch sein Terrorsystem und seine Despotie, die mit dem Gottesstaat unvereinbar waren. Seine fast dämonisch zu nennende Verschlagenheit und Unberechenbarkeit war dem frommen wie dem verständigen Juden schlechterdings ein Greuel.

Sein *Charakterbild* hat Wellhausen in klassischer Eindrücklichkeit gezeichnet: „Herodes war einer von den Orientalen, die den Instinkt des Herrschens haben. Seine Moral war die Politik. Jeden von politischem Interesse gebotenen Frevel beging er gelassen. Er begriff nicht, daß ihm die Selbsterhaltung verdacht werden konnte; er wunderte sich über den Haß, den er sich zuzog, und wurde verbittert durch den Undank, der ihm begegnete. Er hatte bei seinen Untaten ein ganz gutes Gewissen, wenn sie ihm notwendig erschienen; er kam sich immer ganz korrekt vor. Boshafte Grausamkeit kann man ihm in der Tat nicht nachsagen. Er war kein Wüterich von Natur, sondern ein brutaler Gemütsmensch, leidenschaftlich und liebebedürftig. Die Verwandtenliebe bildete einen hervorstechenden Zug seines Naturells; antik zeigte er sich darin, daß Bruder und Schwester ihm heiliger waren als Weib und Kind.

Man hat ihn mit David verglichen. Aber David lebte in der ihm.gemäßen Zeit und in der ihm gemäßen Umgebung. Herodes war zu etwas anderem geboren, als im Zeitalter des Augustus die Juden zu regieren, ein Affe der Zivilisation zu sein und zugleich den Pharisäern Rechnung zu tragen. Er war ein Eber im Weinberge des Herrn und mußte doch den Hüter spielen. Seine ungemein schwierige Stellung machte er selber noch schwieriger durch seine Verschwägerung mit dem hasmonäischen Hause. Das war die große Torheit seines Lebens, daran ging er zugrunde.

Sein Reich hatte keinen Bestand, aber das Bild seiner Person, das sich so schneidend von dem Hintergrunde abhob, setzte sich mit schreienden Farben in der Erinnerung fest. Er ist zum Typus des Tyrannen, zum Antitypus des Kindes von Bethlehem geworden."

Jesus

Jesus ward nicht — wie der Dichter von sich sagt — „in Arkadien geboren", sondern in Palästina, im Palästina Herodes des Großen. An seiner Wiege schwur ihm keine „Natur" Freude. Es erklangen keine Schäferschalmeien. Die Hirten, von denen Lukas erzählt, waren nicht

Musikanten, sondern Gerufene, Hörende, Anbetende. Zwar singt nach dem dritten Evangelium (Lk. 2, 13) die Menge des Himmelsheeres bei seiner Geburt den Lobgesang Gottes:

Herrlich im Himmel ist Gott
Und mit Heil begnadet auf Erden sein Volk.

Aber eben im Himmel wird das gesungen, während auf Erden die Waffen klirren. Und der „Friede", d. h. die „Gesundheit der Welt", wird den Auserwählten zugesprochen, aber keineswegs dem kranken König, der in Bad Jericho seinen Darmkrebs kurieren möchte. Die Welt Jesu ist nicht romantisch, sondern höchst realistisch. Matthias Claudius erfaßt die Wirklichkeit jener Stunde:

Vor Gott geht's göttlich her,
Und nicht nach Stand und Würden.
Herodem läßt er leer
Mit seinem ganzen Heer;
Und Hirten auf dem Felde bei den Hürden
Erwählet er.

Wir notieren ein sehr simples Faktum: Jesus war *ein historischer Mensch*, wie Herodes und Augustus historische Menschen waren: Jesus lebte zu bestimmter Zeit, in einem bestimmbaren Raume — einmalig und unverwechselbar mit anderen Menschen.

Jesus hat wirklich gelebt. Mag man es begrüßen oder vielleicht auch bedauern: seine Existenz ist ein unbezweifelbares Datum der Weltgeschichte.

Die *Geschichtlichkeit Jesu* wurde dennoch seit dem Ende des 18. Jahrhunderts wiederholt bestritten. Im Oktober 1808 weilte Napoleon in Weimar zu Besuch. Der Kaiser unterhielt sich mit Wieland über das Christentum. Während dieses Gespräches flüsterte der hohe Gast dem Hofrat ins Ohr: es sei überhaupt eine große Frage, ob Jesus jemals gelebt habe. Der greise Satiriker lächelte: „Ich weiß wohl, Majestät, daß es einige Unsinnige gab, die daran zweifelten, aber es kommt mir ebenso töricht vor, als wollte man bezweifeln, das Julius Cäsar gelebt hat oder Ew. Majestät leben." Vermutlich spielte der Kaiser auf die Werke der Franzosen Dupuis († 1809) und Volney († 1820) an. Jener hatte in drei dickleibigen Bänden umständlich die Theorie begründet: Jesus sei eine mythische Gestalt, das Produkt astraler Spekulationen, sozusagen die vermenschlichte Sonne. Der Lauf der Sonne durch die Sternbilder des Tierkreises sei, gewissermaßen vom Himmel auf die Erde herabgeholt, zum Gang eines angeblich „historischen Menschen" in unserer Geschichtswelt umgedichtet worden. Volney hatte in Form

einer phantastischen Vision, die er auf den Ruinen von Palmyra erlebt
haben will, auf ganzen drei Seiten diesélbe These vertreten. In seinem
Reisebericht, der diese Schau enthält, läßt er dabei die „Jungfrau" —
das Sternbild — eine entscheidende Rolle spielen und entlarvt freimütig
alle christlichen Dogmen als Pfaffenbetrug.

Später (1844) sah der Theologe Bruno Bauer, besonders in seinem
Buche „Christus und die Cäsaren" (1877), in Jesus eine Personifika-
tion stoischer Ideen. Zu Beginn unseres Jahrhunderts versuchte der
Bremer Pastor Alb. Kalthoff, das Christentum „vom sozialtheologi-
schen Standpunkt" aus zu begreifen und Jesus als Produkt einer kom-
munistisch-volkschristlichen Bewegung zu erklären. Die ökonomische
Geschichtstheorie wurde auf das Urchristentum übertragen: die apokalyptisch denkende Judenschaft, die zur Proletariermasse gehörte, lieferte dem werdenden Christentum Anschauungen und Antriebe. „So
trägt der Christusglauben die messianische Zukunftshoffnung in die
organisierten Massen, er erobert mit seiner Zukunftstendenz alle an
der Vergangenheit krankenden und an der Gegenwart verzweifelnden
Herzen." Fast gleichzeitig suchten der englische Literat Robertson und
der amerikanische Mathematiker und Philosoph Smith die Evangelien
teils mythologisch, teils symbolisch aus vorchristlichem, z. T. bis auf
die Erzväter zurückgehendem Jesus-Kult abzuleiten. — Der Marbur-
ger Semitist Jensen wollte nicht nur Jesus, sondern sogar Paulus —
von den Männern des Alten Testamentes ganz zu schweigen — als
reine Sagengestalten begreifen, die aus dem altbabylonischen Gilga-
mesch-Epos herzuleiten seien. — Den Gipfel all dieser Bemühungen
stellt die Schriftstellerei von Arthur Drews dar, der bis in die zwanzi-
ger Jahre unentwegt einen monistischen Pantheismus verkündete. Seine
„Philosophie" verwarf im Namen der „Vernunft" die Geschichte überhaupt, die Geschichtlichkeit Jesu im besonderen. Er endete dort, wo
über 100 Jahre zuvor die Franzosen zu phantasieren angefangen hatten: bei der Astralmythologie.

So absurd all diese Annahmen sind und so wenig sie einer wissenschaftlichen Widerlegung wert erscheinen, so drücken sie doch ein echtes und
ursprüngliches Empfinden in bizarrer Form aus. Smith stellt die eigentliche Frage, die ihn bewegt, am klarsten: „Ist es denkbar, daß eine
einzelne Persönlichkeit eine so große und sich so schnell ausbreitende
religiöse Bewegung verursacht haben kann?" — Reine Vernunfts-
religion gibt ungewollt zu erkennen: die Person Jesu von Nazareth
ist rein historisch nicht zu bewältigen. Denn sie sprengt die uns zur
Verfügung stehenden Mittel geschichtlichen Verstehens. Im Grunde

steht hinter der Bestreitung der Geschichtlichkeit Jesu *die Glaubens-frage.* Sie verbirgt sich im Gewand der historischen Skepsis. Die Welt-gläubigkeit bekennt, um ein Wort Nietzsches abzuwandeln: „Wenn *Jesus* existiert hätte, wie hielte *ich* es dann aus, zu existieren? Also: Jesus hat nicht existiert." — Der glaubende Christ wird sich allerdings mit der bloßen historischen Existenz Jesu nicht zufrieden geben. Wenn auch die Leugnung der Geschichtlichkeit Jesu Zeichen eines falschen Glaubens ist, so ist doch ihre Behauptung als solche noch nicht Erweis des rechten Glaubens.

Im Laufe unserer Überlegungen wird es immer deutlicher werden, warum das so ist. Hier mag es genügen, das bekannte Wort (Jak. 2, 19) zu variieren: „Du glaubst, daß Jesus von Nazareth gelebt hat. Du tust recht daran: auch die Dämonen glauben es und — zittern." Die reformatorischen Bekenntnisse sagen es ganz schlicht: „Der historische Glaube *allein* rettet nicht." Wohl aber der Glaube, der in der Historie *eine Rede* vernimmt und sich dieser Rede stellt. Wir werden fortan das ganze Neue Testament zu befragen haben: Zeigt es uns eine Ge-schichte, in der uns eine Rede begegnet? Und wenn diese Rede in der Geschichte uns anruft, was sagt sie uns dann? Was vernehmen wir in dieser Rede? Was vernehmen wir aus der Geschichte Jesu, die das Neue Testament vermittelt?

Außerchristliche Jesus-Zeugnisse

Bevor wir so das Neue Testament befragen, fragen wir noch einmal zurück: Wird die Geschichtlichkeit Jesu auch außerhalb des Neuen Testamentes, und zwar in nichtchristlichen Quellen, bezeugt? Antwort: ja *und* nein!

Zunächst: ja. Die Geschichtlichkeit Jesu wird in keinem Lager be-zweifelt, weder bei den antiken Historikern noch bei den Juden. Der Römer *Tacitus* bemerkt in seinen Annalen XV, 44 (geschrieben nach 110 n. Chr.) im Rückblick auf die Christenverfolgung, die Nero im Jahre 64 in Rom veranstaltete, folgendes: Um den Verdacht der Brand-stiftung von sich abzulenken, habe der Kaiser die Schuld auf andere abgeschoben und sie mit den ausgesuchtesten Martern bestraft. „Es waren jene Leute, die das Volk wegen ihrer Schandtaten haßte und mit dem Namen ‚Chrestianer' (!) belegte. Dieser Name stammt von Christus, der unter Tiberius vom Prokurator Pontius Pilatus hinge-richtet worden war. Dieser verderbliche Aberglaube war für den Augenblick unterdrückt worden, trat aber später wieder hervor und verbreitete sich nicht nur in Judäa, wo er aufgekommen war, sondern auch in Rom, wo alle Greuel und Abscheulichkeiten der ganzen Welt zusammenströmen und geübt werden."

Etwas später berichtete *Sueton* in seiner Biographie des Kaisers Claudius (Kap. 25, 4) von diesem: „Die Juden vertrieb er aus Rom, weil sie, von einem Chrestus (!) aufgehetzt, fortwährend Unruhe stifteten." Beide Römer wissen also von Jesus recht wenig. „Christus" halten sie offensichtlich für einen Eigennamen. Sueton hat sich dabei noch verhört oder bereits Verhörtes niedergeschrieben und in „Chrestus" einen in Rom lebenden Juden gesehen. Von der Vertreibung selbst, die im Jahre 49/50 geschah, berichtet übrigens die Apostelgeschichte 18, 2: damals seien der judenchristliche Zeltmacher Aquila mit seiner Frau Priscilla bzw. Priska von Rom nach Korinth gekommen und mit dem Zunftgenossen Paulus in Verbindung getreten (vgl. Röm. 16, 3—4). — Tacitus scheint mit dem Worte „Christen" zu spielen: das Volk habe sie wegen ihrer Schandtaten die — „Ehrbaren" (Chrestiani) genannt. Aber gerade so tragen die Aussagen beider Geschichtsschreiber unverkennbar historisches Kolorit. Will man wissen, wie Berichte aussehen, die der Phantasie entstammen oder einer bestimmten Tendenz dienen, so muß man unten den Einschub in den Text des Josephus vergleichen. Im übrigen reden weder Tacitus noch Sueton von „Jesus", sondern allein von „Christus". Was sollte man als Römer, der auf die Juden herabsah, auch schon mehr von der jüdischen „Sekte" wissen! In der Interesselosigkeit des Gebildeten an dem, was im Winkel der Provinz Syrien passiert war, zeigt sich die Echtheit des berichteten Geschehens. So nahe sind einem noch die Ereignisse, daß man sie nur registriert, aber noch nicht auf ihre geschichtliche Bedeutung hin zu bewerten vermag. So äußerlich nahe: es fehlt der äußere Abstand und — die innere Nähe. Da ist etwas geschehen: ein religiöser Schwärmer wurde hingerichtet. Man weiß sogar den Namen des römischen Beamten, der ihm den Prozeß machte. Aber die große Geschichte geht darüber — damals wenigstens noch — zur Tagesordnung über.

Auch der jüdische Historiker Flavius *Josephus* weiß um die historische Existenz Jesu. In seinen „Altertümern" XX, 9, 1 (geschrieben um 90) erwähnt er Jesus zwar nur beiläufig, aber mit seinem richtigen Namen: Der Hohepriester „versammelte den Hohen Rat zum Gerichte und stellte vor denselben den Bruder Jesu, des sogenannten Christus, Jakobus mit Namen, nebst noch einigen anderen, klagte sie als Übertreter des Gesetzes an und ließ sie zur Steinigung verurteilen". Diese Hinrichtung des Herrenbruders Jakobus im Jahre 62 ist nicht zu verwechseln mit der des Zebedäussohnes Jakobus, des Jüngers Jesu, durch

Herodes Agrippa im Jahre 44 (vgl. Apg. 12, 2). Josephus selbst distanziert sich von Jesus und der Gemeinde durch den Zusatz „der sogenannte" Christus: für ihn ist Jesus nicht der Messias.

Daß diese Stelle echt ist, beweist die andere desselben Werkes (XVIII, 3, 3): „Um diese Zeit lebte Jesus, ein Mensch voll Weisheit, wenn man ihn überhaupt einen Menschen nennen darf. Er tat nämlich ganz unglaubliche Dinge und war der Lehrer derjenigen Menschen, welche gern die Wahrheit aufnahmen. So zog er viele Juden und viele aus dem Heidentum an sich. Er war der Christus. Auf Anklage der Vornehmen bei uns verurteilte ihn Pilatus zwar zum Kreuzestode. Gleichwohl wurden die, welche ihn früher geliebt hatten, auch jetzt ihm nicht untreu. Er erschien ihnen nämlich am dritten Tage wieder lebend, wie gottgesandte Propheten neben tausend anderen wunderbaren Dingen von ihm verkündet hatten. Noch bis jetzt hat das Volk der Christen, die sich nach ihm nennen, nicht aufgehört." — Es bedarf keines allzu feinen Ohres, um zu spüren: das kann unmöglich der Assimilationsjude Josephus geschrieben haben. Das stammt aus christlicher Feder, ist also ein nachträglicher Einschub, und zwar aus recht später Zeit. Alles ist überladen, wie in der späten Legende. Formal ist es ungeschickt eingeflickt. Inhaltlich stellt es schlechte Apologetik dar. Schließlich bringt der *Talmud* — also die offizielle Quelle des orthodoxen nachchristlichen Judentums — Hinweise auf Jesus von Nazareth, auf „Jeschu ha-Nozri". Die wichtigste Notiz lautet: „Am Rüsttage des Passah hat man Jeschu ha-Nozri gehängt, und ein Ausrufer ging vor ihm her (?) 40 Tage, mit dem Ruf: Er soll zur Steinigung abgeführt werden, weil er Zauberei getrieben und verführt und Israel abwendig gemacht hat. Jeder, der für ihn eine Rechtfertigung weiß, komme und mache sie für ihn geltend. Aber man fand für ihn keine Rechtfertigung, und so hängte man ihn am Rüsttage des Passah." Die Notiz ist in dieser Form offensichtlich recht spät. Die Phantasie hat manches hinzugetan, das die klare Erinnerung trübte. Durch den Schleier der wuchernden Überlieferung zeichnen sich aber die Umrisse einer historischen Gestalt ab.

Auch sonst hat die jüdische Legende in das Bild Jesu Züge hineingezeichnet, die ins Märchenhafte übergehen. Jesus soll Sohn eines gewissen Panthera (ursprünglicher Beiname des Vaters Joseph? oder des Großvaters?) gewesen sein. Aber erst der babylonische Talmud machte aus polemischen Absichten Panthera zum römischen Soldaten und zum Liebhaber der Maria. In der völkischen Religion der jüngsten Vergangenheit mußte der schmähende Hinweis auf den Ehebruch Marias dazu dienen, die Ehre der arischen Abstammung Jesu zu retten! — Im übrigen soll nach dem Talmud Jesus „fünf" Jünger gehabt haben. Das alles ist schlechte Tradition. Sie setzt voraus, daß man offiziell den Namen des Erzketzers nach Möglichkeit vermied. Weil man von Jesus nichts wissen wollte, wußte man schließlich auch historisch von ihm nur Törichtes oder — gar nichts. Aber die Minderwertigkeit dieser Überlieferung und ihre Absicht, Jesus totzuschweigen, beweist, wie wenig das talmudische Judentum die Existenz Jesu zu bewältigen vermochte. Doch gerade so wird sie zu einem gewichtigen außerchristlichen Zeugen seiner historischen Existenz. Übrigens: beweist unsere Unfähigkeit, mit dem historischen Jesus fertig zu werden, nicht das gleiche?

Als letztes jüdisches Zeugnis für die Geschichtlichkeit Jesu sei der Passus des jüdischen Hauptgebetes angeführt. In der 12. Lobpreisung des *Achtzehn-Bitten-Gebetes* hat man außer Rom auch die Christen um Jesu willen verwünscht. Da fleht man zu Gott: „Den Abtrünnigen sei keine Hoffnung, und die freche Regierung (= Rom) mögest Du eilends ausrotten in unseren Tagen, und die Nazarener und die Irrlehrer mögen umkommen! Sie mögen ausgelöscht werden aus dem Buche des Lebens und mit den Gerechten nicht aufgeschrieben werden! Gepriesen seist Du, Herr, der Freche beugt!" Dieses Gebet hat der Fromme täglich dreimal zu beten. In ihm verwahrt noch heute das rechtgläubige Judentum das Wissen um die Geschichtlichkeit Jesu.

Glaube und Geschichte

Damit „weiß" das Judentum aber mehr von Jesus als alle uninteressierte historische Forschung: mehr als Tacitus, mehr als Sueton und mehr auch als der eigene Blutsgenosse Josephus. Denn alle diese nur historisch Wissenden bezeugen die echte Geschichtlichkeit Jesu auch wieder nicht. Zunächst wissen sie von der wirklichen Geschichte Jesu so gut wie nichts. Sie begnügen sich nur mit dem „Daß", der Tatsache als solcher. Aber sie wissen nichts von dem „Was" und dem „Wie". Aber wäre ihr historisches Wissen auch weit umfangreicher, so würden sie *die Rede,* die in aller Geschichte erklingt, aus *dieser* Geschichte kaum vernehmen.

Diese Geschichte kann man nämlich nur glaubend verstehen, wie die ersten Christen sie verstanden, oder nicht-glaubend wie die Juden und die entschiedenen Bestreiter ihrer Geschichtlichkeit. *In Zustimmung und Ablehnung wird sie verstanden.* Ein Drittes — sozusagen Stimmenthaltung — gibt es nicht.

So sind wir bei der Frage nach der historischen Existenz Jesu von Nazareth schließlich auf *das Neue Testament* zurückgeworfen. Auch historisch gesehen sind die Schriften des Neuen Testaments die einzig ernst zu nehmenden „Quellen". Das gilt besonders von den Briefen des Paulus, deren Quellenwert in der gesamten Literatur des Altertums erstrangig ist. Es gilt aber auch von den Evangelien, obwohl sie nicht in allen Dingen aus der Feder von Augenzeugen stammen und schon ganz und gar nicht aus der Feder Jesu. Die Zuverlässigkeit dieser Quellenschriften wird durch die Tatsache, daß sie von Glaubenden geschrieben wurden, nicht gemindert, sondern gerade verbürgt. Denn *hier* machen Haß und Liebe sehend, während die Gleichgültigkeit des neutralen Beobachters blind macht. Der Wert der Quellen und der Grad ihrer Zuverlässigkeit wird im einzelnen von Fall zu Fall zu prüfen sein. Aber gerade die kritische Forschung hat die seit langem feststehende Beurteilung gesichert: „Keine Überlieferung der ganzen Weltgeschichte ist mit solcher Sorgfalt geprüft und nach allen Seiten hin erwogen wie die von Jesus; wie schnell wäre die Gestalt des Sokrates nach Drews'scher Methode aus der Geschichte zu streichen!" Und: „Kein Buch der Antike ist in so alten, so zahlreichen und so relativ übereinstimmenden Texten auf uns gekommen wie die Evangelien und die Paulusbriefe!" Daß beide Forscher — Heinrich Weinel und Martin Dibelius — ihre Feststellungen mit einem Ausrufungszeichen schließen, das in wissenschaftlichen Abhandlungen nur ausnahmsweise zugelassen wird, bezeichnet den grundlegenden Charakter ihrer Erkenntnis und des sie tragenden Tatbestandes.

Botschaft und Legende

An einem Musterbeispiel, das statt vieler hier kurz behandelt sei, wollen wir uns die Grenzen der historischen Angaben im Neuen Testament verdeutlichen: nämlich an der Überlieferung von dem *Geburtsort Jesu*.

Jesus wurde nicht in Jerusalem und nicht in Nazareth geboren, sondern in *Bethlehem*. So erzählen es uns wenigstens die Evangelien nach Matthäus und nach Lukas. Diese Angaben sind von der neueren Forschung seit langem weithin bezweifelt worden. Die Geburtsgeschichten stammen aus verhältnismäßig später Zeit. Sie sind stark legendarisch ausgeschmückt. Sie stehen zu den Aussagen des jeweiligen Evangeliums, dem sie als Vorgeschichte nachträglich verbunden wurden, in Spannung. Sie sind untereinander, aber auch in sich selbst widersprüchlich. Das alles läßt sich redlicherweise nicht bestreiten. Darüber hinaus gilt auch von ihnen, was von allen Evangelien gilt: Sie wollen nicht historische Referate oder gar genaue Protokolle sein. Sie wollen vielmehr zum Glauben rufen, und zwar nicht zum Glauben an einen Ort, sondern an einen Menschen.

Der Geburtsort als solcher kann nicht Grund für den christlichen Glauben sein, allenfalls Zeichen. Weder Markus noch Paulus nennen einen Geburtsort, geschweige denn, daß sie den Glauben an einen solchen zur Bedingung des Glaubens machen. Nach Joh. 7, 40—44 streiten sich die Juden um den *Herkunftsort* Jesu: „Einige sagten: Dieser ist der Messias. Andere sagten: Kommt denn der Messias etwa aus Galiläa? Sagte nicht die Schrift: ‚Aus dem Samen Davids‘ und: ‚aus Bethlehem‘, dem Dorfe, wo David war, ‚kommt‘ der Messias? Da entstand eine Spaltung in der Menge um seinetwillen." Die Spaltung hat aber sichtlich keine geographischen Gründe, sondern theologische: die galiläische Herkunft widerspricht der messianischen Weissagung *Micha 5, 1.* So sieht die Problemlage in nachchristlicher Zeit aus. Der ursprüngliche hebräische Text hat die Ortsbezeichnung Bethlehem überhaupt nicht. Er redet von dem kleinen „Haus Ephraim", der Sippe, aus der der zweite David kommen soll. An einem Geburtsort ist der Prophet Micha gar nicht interessiert. Denn im geheimnisvollen Ton des Orakelstiles kündet er, daß die Ursprünge des Messias in der Urzeit liegen. Als „Urmensch" wird er Schöpfung und Erlösung verbinden und nach Gottes Heilsratschluß die Vorzeit in der Endzeit vollenden. Auch sonst scheint in der vorchristlichen Messiaslehre des Judentums Bethlehem keine entscheidende Rolle gespielt zu haben und, wenn überhaupt, nur eine sinnbildliche. Das vierte Evangelium will vielleicht eine einseitige judenchristliche Messiastheologie, die in Jesus allein den Davidischen König sah, kritisieren. Vertreter eines solchen Kreises wäre etwa Nathanael, den er die zweifelnde Frage stellen läßt: „Kann aus Nazareth etwas Gutes her sein?" (Joh. 1, 46).

Matthäus 2 und Lukas 2 sagen nun übereinstimmend: Jesus wurde zu Bethlehem geboren, der „Stadt Davids", 7 Kilometer südlich von Jerusalem, im Bergland Judäas gelegen. Aber sie widersprechen sich sofort untereinander, wenn es um die Frage des Wohnsitzes der Eltern geht. Nach *Matthäus* wohnten die Eltern ursprünglich in Bethlehem. Sie wurden durch den Umbruch der politischen Verhältnisse, im Umwege über Ägypten, nach Galiläa verschlagen. Von einer römischen Schätzung ist keine Rede. Aus Furcht vor Archelaos, dem Nachfolger Herodes' des Großen, seien die Eltern gemäß göttlicher Weisung nach Nazareth übergesiedelt (Mt. 2, 22). — Nach *Lukas* dagegen wohnten die Eltern schon immer in Nazareth. Sie seien nur im Zuge der kaiserlichen Steuerverordnung unter dem syrischen Legaten Quirinius vorübergehend nach Bethlehem gekommen.

Versteht man die Berichte als historische Referate, so schließen sie sich beide gegenseitig aus. Historisch gelesen, bieten sie nur die eine Möglichkeit: Entweder — Oder. Irgendwelche Harmonisierungen würden gegen den Wortlaut jeden Textes verstoßen und zugleich gegen ihren Sinn. Sie wollen aber gar nicht protokollarisch verstanden werden. Sie wollen mittels des Verweises auf Ort und Umstände etwas über die *Person* Jesu aussagen. Auch hier unterscheiden sie sich inhaltlich. Matthäus will sagen: Jesus ist der von Gott für Israel bestimmte Heilskönig. Sein Geburtsort predigt ihn: er kommt als Davids Sohn für Davids Volk aus Davids Stadt. Lukas dagegen will sagen: Jesus ist der Heiland der Welt. Aus Galiläa kommt er. Aber er stammt nicht aus den Kreisen der galiläischen Patrioten, die die Steuerverordnung des Römers zur Revolte gegen Rom treibt. Gerade in jener Zeit erhob ein Galiläer namens Judas die Fahne des Aufruhrs, entfesselte eine Massenbewegung und kam dabei um (Apg. 5, 37). Die Untergrundbewegung gegen die Römer hatte sich, wie wir aus Josephus erfahren, zur Zeloten-Partei formiert. Jesu Eltern aber gehorchen dem Edikt des Kaisers, der politisch die Welt regiert, in der das Evangelium Fuß fassen soll. Das Kind von Bethlehem und die weite Welt sind füreinander bestimmt. So wollte es Gott.

Der legendarische Charakter der beiden Überlieferungen weckt geradezu die Frage nach dem *historischen Kern,* ohne den keine Legende erzählt zu werden pflegt. Dieser Kern aber ist: der Geburtsort heißt Bethlehem. Daß das Geschehen verschieden motiviert wird, ja daß die Angaben über den Wohnsitz der Eltern sich ausschließen, erhöht die Wahrscheinlichkeit der Annahme. Daß die uns so nebensächlich erscheinende Frage des Geburtsortes erst seit Jesu Geburt erörtert wird, spricht für Bethlehem. Kein einziger der zahlreichen Messias-Prätendenten erhob den Anspruch, aus Bethlehem zu stammen. Die Wüste oder der Ölberg oder der Jordan oder ein Mirakel oder das bloße Gebot der Stunde legitimierte sie ausreichend, nie aber die Geburtsurkunde aus Bethlehem.

Chronologisches

Wer das Ergebnis dieser Überlegungen ablehnt, ist deswegen kein Ungläubiger. Ebensowenig wird ein Mensch dadurch zum Glaubenden, daß er die Aussage für richtig hält, Bethlehem sei der Geburtsort.

Nochmals: auch die Dämonen können sich diese Erkenntnisse aneignen (Jak. 2, 19). Aber es gibt keinen Grund zu dem falschen Schluß: weil die Evangelien keine Geschichtsquellen sein *wollen,* seien sie es auch nicht. Gewiß, die Erzählungen des Neuen Testamentes haben kein Interesse daran, unsere Kenntnis der Vergangenheit zu bereichern. Sie wollen Glauben wecken, nicht historisches Wissen vermitteln. Trotzdem bieten sie, gegen ihre eigentliche Absicht, des historisch Wissenswerten genug: sie *sind* zugleich Geschichtsquellen.

Daß sie das im einzelnen nur in einem bestimmt umgrenzten Sinne sind, erhöht ihre Zuverlässigkeit im ganzen. Auch hier stehe die Nachricht von der Geburt Jesu als Beispiel für andere. Die Frage nach der *Zeit* lautet naturgemäß: Wann ist Jesus geboren? Die Antwort darauf lautet ebenso naturgemäß: im Jahre 0. Denn von diesem Jahre an rechnen wir ja rückwärts und vorwärts die Jahre der Weltgeschichte: „vor Christus" und „nach Christus". Nun ist aber Herodes der Große im Jahre 4 v. Chr. gestorben. Ist die Nachricht, daß Jesus unter Herodes geboren sei, historisch sicher, so muß Jesus spätestens im Jahre 4 vor seiner Geburt — geboren sein! Das aber wäre kein Paradox, sondern blanker Unsinn. Daran hat allerdings des Neue Testament keine Schuld, sondern ein gelehrter Chronologe, der ein halbes Jahrtausend nach Jesus lebte. Es war der römische Abt *Dionysius Exiguus.* Er legte um 525 die Geburt Jesu auf den 25. Dezember des Jahres 753 nach der Gründung der Stadt Rom fest und nannte das Jahr 754 das Jahr 1 der neuen Ära. Dabei hat er sich um fünf volle Jahre verrechnet. Denn Herodes starb bereits im Jahre 749 der damals üblichen Zeitrechnung. Jesus ist also wohl in den letzten Lebensjahren des Tyrannen geboren, wahrscheinlich zwischen 7 und 4 vor unserer Zeitrechnung.

Schwieriger ist die *Vermögenseinschätzung* zeitlich unterzubringen, die unter dem Lk. 2, 2 genannten Legaten Quirinius stattfand. Zur Zeit des Herodes konnte sie im autonomen Staat nicht stattfinden, zumal Quirinius zu dessen Lebzeiten noch nicht in Syrien amtierte. Selbst wenn sie sich über einen Zeitraum von 14 Jahren erstreckt haben sollte (von 7 vor bis 7 nach Chr.), so hätte sie vor 4 v. Chr. jedenfalls nicht in Judäa stattfinden können. Lukas denkt wohl an die Aktion der Jahre 6/7 n. Chr., die Josephus als Präzedenzfall nennt, weil sich an ihm der galiläische Aufstand entzündete (vgl. Apg. 5, 37).

Auch wird man sich hinsichtlich der Erzählung von den *Magiern* und vom *Stern* von Bethlehem (Mt. 2, 2) möglichst nicht auf astronomische Berechnungen einlassen. Auch dann nicht, wenn astronomische Autoritäten seit den Tagen Keplers (1606) bis zur Gegenwart Konstellationen von Jupiter, Venus und Saturn im Sternbild der Fische für das Jahr 7 v. Chr. errechneten. Mt. 2, 9–10 meint ja gerade keine Begegnung von Sternen, sondern den Aufgang eines bis dahin unbekannten einzigen Wundersternes. Man verfehlt den Sinn der Legende, wenn man sie nachträglich aus „frommen" Motiven historisiert oder sogar astronomisiert. Tut man das, so verliert sie ihre Stimme, die sagen will: Das Geschehen der Geburt des Kindes ist ganz und gar unberechenbar. Nur im unberechenbaren Ereignis erklingt die Rede des Evangeliums: Die Gesetze des Himmels haben ihren bindenden Zauber eingebüßt. Das himmlische Kind ist geboren. Die Sterne treten ihre Rechte ab an einen anderen.

Stammbaum und Ahnentafel

Die Verkündigungs-Tendenz der beiden großen Evangelien nach Matthäus und Lukas läßt sich besonders deutlich an den beiden Tabellen ablesen, die in Mt. 1, 1–17 und Lk. 3, 23–38 Jesus mit der Reihe der Vorfahren verknüpfen. Ihre Verschiedenheiten sind in jeder Hinsicht mit Händen zu greifen:

Matthäus eröffnet sein Evangelium und damit das ganze Leben Jesu, das er erzählen will, mit einem *Stammbaum*. — Lukas schließt seine *Ahnentafel* an die Taufgeschichte an, stellte sie also an den Anfang der öffentlichen Wirksamkeit des Mannes.

Matthäus läßt den Stammbaum bei Abraham beginnen und in drei Epochen von je 14 Generationen bis zum Kinde Jesus zeitlich aufsteigen: das ergibt 42 Geschlechter. — Lukas läßt die Ahnentafel beim Dreißigjährigen beginnen und bis Adam, ja bis Gott zeitlich hintersteigen. 77 einzelne werden genannt, die in vier Perioden eingeteilt sind: von Jesus bis zum Exil 21, vom Exil bis Nathan 21, von David bis Isaak 14, von Abraham bis Adam 21 Namen. In beiden Aufrissen spielt die Zahl 7 (2 x 7 und 3 x 7) als Exponent des apokalyptischen „Weltwochen"-Denkens eine Rolle.

Inhaltlich sind die beiden Tabellen *völlig verschieden*. Sie lassen sich genealogisch nicht miteinander ausgleichen oder verbinden, auch nicht dadurch, daß man — wie etwa Luther — bei Matthäus den Stammbaum Josephs, bei Lukas die Ahnentafel Marias zu finden meinte.

Daß sie beide auf je verschiedene Weise die 1000 Jahre mit dem einen Tag verbinden wollen, ist deutlich. Sie haben aber keine historische Absicht, sondern zielen auf Verkündigung. Aber auch ihre Verkündigungs-Tendenz ist je verschieden. Jeder Evangelist will etwas Verschiedenes betonen und auch sagen.

Matthäus verkündigt: Israels Gesalbter kommt aus Israel und für Israel. Israel aber bedarf der Überwindung der Sünde. Charakteristisch sind für Israel nicht die bei den Rabbinen verehrten Stamm-Mütter Sara, Rebekka, Rahel, sondern die großen Sünderinnen, die Ehebrecherinnen und Huren Thamar (1. Mose 38), Rahab (Josua 2), Bathseba (2. Sam. 11 und 12) und die fremdstämmige Ruth aus Moab. Nicht Verdienste, sondern Sünden königlicher Stamm-Mütter liegen auf dem Kinde, dem Sohne der makellosen Mutter. So erklärte ihn Gott bereits durch die Rede der bloßen Herkunft für solidarisch mit den Sündern. Der Stammbaum des Matthäus gleicht dem Vorzeichen einer Melodie. Wer es außer acht läßt, spielt falsch und hört falsch. Jesu Geschichte ist nur vom Alten Testament her zu verstehen. Wer sie nicht vom Alten Testament her versteht, versteht sie überhaupt nicht. Matthäus protestiert unüberhörbar gegen jede Form, Jesus gegenüber der Geschichte Israels zu isolieren. Sein „Weissagungsbeweis", der hier zum ersten Male hörbar wird, hat einen tiefen theologischen und geschichtlichen Sinn: Gott regiert durch sein *Erwählen* hindurch: im Kampf mit Treulosigkeit und Trotz eines bestimmten historischen Volkes führt er die Völkergeschichte seinem Ziele entgegen.

Gegenüber dem partikular einsetzenden Matthäus redet Lukas von Anfang an eine *universale* Sprache: Davids und Abrahams Sohn ist zugleich *Adams Kind*. Nicht nur die Väter des Volkes, sondern bereits die Urväter der Menschheit sind einbegriffen in Jesu Geschichte: Noah, der Bringer der Kultur nach dem Flutgericht; Henoch, der zu Gott Entrückte; Seth, der „Sproß" für Abel, den Kain erschlug, und schließlich oder vielmehr anfänglich: Adam, durch dessen Sünde der Tod König wurde in der Welt. Adam ist das Urbild des Abfalls, aber auch das Urbild der einen Menschheit. So ist Jesus Adams Sohn, der durch seinen Gehorsam das Regiment des Todes stürzt (Röm. 5, 12–17); der „letzte Adam", der allen das Leben schafft, der „zweite Mensch vom Himmel", der die Verkommenheit der Welt in die Unvergänglichkeit hinein überwindet (1. Kor. 15, 45–57). In ihm bricht das Reich des „Menschen" an (Dan. 7), des Menschen, „der Gottes ist" (Lk. 3, 38). Das Vorzeichen des Lukas heißt: Jesus ist der Welt-Retter. Die große Freude wird allem Volke zuteil (Lk. 2, 10). Die ganze Welt wird durch ihn engagiert.

Das große Schweigen

Das Neue Testament hat ein anderes Interesse an Jesus als wir. Uns interessieren alle möglichen Einzelheiten seines Werdens: seine Geburt, seine Jugend, seine Erziehung — kurzum: wie er wurde, was er war. Die Fragen nach dem Wo, Wann und Wie seiner Geburt interessieren die Evangelien weniger. Sie interessiert vor allem die Kunde, *daß* er und daß er *für die Menschen* geboren wurde. Ein wirklicher, historisch faßbarer Mensch trat auf. Er war kein leibloses Phantom, wie spätantike Gnostiker meinten. Er war keine menschgewordene Idee, wie die Spekulation dichtete, kein personifizierter Mythos, wie moderne Symboliker wähnten. „Das Wort ward Fleisch" (Joh. 1, 14). Ein Mensch trat auf, „geboren von einem Weibe und dem jüdischen Gesetz unterworfen" (Gal. 4, 4). Wie das konkret aussah, schildert Lukas 2, 21: Er wurde, wie jedes andere Judenkind, am achten Tage beschnitten und erhielt einen menschlichen Namen, der damals so weit verbreitet war wie irgendein Modename heute. Man nannte ihn Jesus. Angesichts der Erzählungen von der Geburt Jesu erscheint seine ganze *Jugend* in Dunkel getaucht. Nur Lukas erzählt, wie er einmal mit den Eltern zum Passahfest nach Jerusalem zog (Lk. 2, 41—52). Er sei damals 12 Jahre alt gewesen, nach der Sitte der Zeit, die ein Alter von 13 Jahren vorsieht, bald gesetzes- und kultpflichtig. Im Strudel der Pilgerscharen sei er den Eltern abhanden gekommen. Diese bekannte Erzählung steht zu den Kindheitsgeschichten des eigenen Evangeliums in Spannung. Denn wie sollte Maria vergessen haben (2, 48), was sie zuvor in ihrem Herzen verwahrte (2, 19)?

Jugendgeschichten ähnlicher Art liefen in der Welt der Frommen und der Weisen allüberall herum, um die Frömmigkeit oder Weisheit eines „Heiligen" schon über den Jahren des Werdens aufleuchten zu lassen. Unsere Erzählung ist in ihrer Zeichnung äußerst zurückhaltend. Später werden auch Christen in den *apokryphen Kindheits-„Evangelien"* Jesu Ruhm kräftiger singen, greller und grotesker. Jesus ist da ein kleiner frühreifer Naseweis, der unheimlich viel weiß und kann. Mit fünf Jahren modelliert er aus weichem Lehm zwölf Sperlinge — ausgerechnet am Sabbat. Beim Vater verpetzt, erhält er von diesem einen Verweis. Er aber klatscht in die Hände und ruft: „Fort mit euch!" Da flattern die Vögel davon, und alles staunt. Der Knabe ist aber auch sonst unleidlich. Einen Mitschüler, der ihn versehentlich an der Schulter anstößt, tötet er unverzüglich durch sein bloßes Wort. So tut er Schau- und Strafwunder, zuweilen auch helfende Mirakel: zerbricht der Krug, so holt er das Wasser im Mantelbausch. Verletzt sich jemand bei der Arbeit, so heilt er ihn sofort. Ein totes Kind macht er lebendig. Die Leute sagen: „Jedes Wort, das er redete, ob gut oder böse, war eine Tat und wurde zum Wunder." Aber selbst dem Vater ist das Kind unheimlich: „Maria, daß du mir ihn nicht hinaus vor die Tür lässest! Denn alle, die ihn erzürnen, sterben."

Wie zurückhaltend ist gegenüber diesen wildwuchernden Märchen Lukas, und wie „wahr" im höheren Sinne! Mit seiner Erzählung will er schlicht sagen: Jesus trat schon als Knabe in die Welt frommer Sitte und des Gesetzes. Doch im Tempel wußte er sich im Hause des Vaters. In Gott fand er sich ganz unmittelbar frei. Dort mußte man ihn suchen. Selbst die Eltern mußten das Bild preisgeben, das sie von ihm hatten oder das sie aus ihm machen wollten. Trotzdem wurde er ihnen so wieder neu geschenkt. Gerade weil er Gott gehörte, ordnete er sich den Eltern unter.

Rund 20 Jahre lang erfahren wir dann überhaupt nichts mehr von ihm. Selbst der sonst so beredte Lukas erstattet Fehlanzeige. Ein großes Schweigen breitet sich über Jesus. Wir wissen nur: er ist geboren. Er ist da. Aber wir hören *über* ihn kein Wort und — was schwerer wiegt — *von* ihm selbst kein Wort. Man sollte das Pathos dieser großen Pause, die dem Auftreten voraufgeht, stärker beachten. Man sollte es gewiß nicht mittels phantastischer Meditationen ausstaffieren: was in dieser Zeit äußerlich *mit* ihm und innerlich *in* ihm möglicherweise vorgegangen ist. Der zu seiner Stunde Redende läßt sich nicht danach ausfragen, was alles er zuvor in sich hineinschwieg. Wenn der Blitz zündet, wird die Frage gegenstandslos, wie es zu dieser Ballung der Energien kam. Das bloße Wissen, daß er bereits in der Welt lebt, genügt.

Entzwei' und gebiete!

Während Jesus schwieg, war die Welt weiter am Werk, die römische und die jüdische — die moderne Welt. Mit dem Tode des großen Herodes erlosch das jüdische Königtum für immer. Augustus zeigte kein Verlangen, den Erben Diadem und Titel zuzusprechen. Das väterliche Erbe zerfiel, dem Testament entsprechend, sowieso in drei ungleiche Teile. Der Grundsatz „Divide et impera" — Entzwei' und gebiete! — brauchte hier von Rom kaum mehr angewendet zu werden. Die Dinge regelten sich wie von selbst.

Archelaos residierte als „Großfürst" — Ethnarch — in Jerusalem über Judäa, Idumäa und Samarien. Seine Brüder Herodes Antipas über Galiläa und Peräa (Ostjordanland) und Philippus über die nördlichen und nordöstlichen Gebiete jenseits des Sees von Genezareth, die an Damaskus und den Libanon grenzten. Beide durften sich als „Kleinfürsten" — Tetrarchen — titulieren lassen. Philippus starb nach dreißigjähriger milder Regierung im Jahre 34 n. Chr.

Herodes Antipas, im Neuen Testament nur Herodes genannt, war der Landesherr Jesu. Er lebte in der neuerbauten hellenistischen Residenzstadt am See, die er zu Ehren des zweiten Kaisers Tiberias nannte. Von Jesus wurde er gelegentlich als Fuchs — oder Schakal — bezeichnet (Lk. 13, 32). Einem Halbbruder machte er die Frau abspenstig. Johannes den Täufer, der ihn deswegen zur Buße rief, ließ er hinrichten (Mk. 6, 17—29). Sein erster Schwiegervater, ein arabischer König von Damaskus, rächte sich für die seiner Tochter angetane Schmach durch einen erfolgreichen Rachekrieg. Kaiser Caligula setzte schließlich im Jahre 39 den ehrgeizigen Mann ab und verbannte ihn nach Lyon.

Am kürzesten hielt sich *Archelaos*. Er hatte die ganze Sippe der Herodianer und dazu das Volk gegen sich. Viele sahen die Stunde gekommen, um den Gottesstaat zu restaurieren. Die Pharisäer witterten messianische Morgenluft. Im Tempel kam es wiederholt zu bewaffneten Tumulten. Währenddessen lebte im Lande der Guerilla wieder auf. Fanatische Freischärler und deren Führer machten von sich reden. Es ging allerorts drunter und drüber. Endlich schlug Rom zu. Der syrische Statthalter Publius Quintilius *Varus* (6—4 v. Chr.) — derselbe Offizier, der 13 Jahre später im Teutoburger Walde Sieg und Leben verlor — erinnerte sich daran, daß er als kaiserlicher Legat nicht umsonst durch Degen und Feldherrnschärpe die Militärmacht des Reiches verkörperte. Er rückte von Antiochien mit zwei Legionen in Eilmärschen heran. Arabische Hilfstruppen, deren Häuptlinge die Gelegenheit zur Beute nicht vorübergehen lassen wollten, stießen dazu. Galiläa wurde gründlich von Partisanen gesäubert, Samaria überrannt, Jerusalem genommen. Varus ließ die Aufständischen, die noch nicht kapituliert hatten oder in die Provinz geflohen waren, verfolgen. 8000 Gefangene wurden lebend ans Kreuz geschlagen. Das alles — geschehen im Jahre 4 v. Chr. — machte weder die Römer noch den von ihnen ausgehaltenen Archilaos volkstümlicher. Jüdische Delegationen, darunter auch Angehörige des eigenen Hauses, forderten in Rom den Sturz des Großfürsten. Schließlich gab der alte Augustus dem Drängen nach und verbannte ihn im Jahre 6 n. Chr. nach Vienne an der Rhone.

Die Scheinmonarchie war endgültig erledigt. Für Judäa und Samarien wurde ein besonderes Besatzungs-Statut erlassen. Der Bezirk erhielt eine *römische Militär-Administration* und wurde zur „Prokuratur" degradiert. Prokuratoren, d. h. Spezialbevollmächtigte, wurden in solchen Provinzen eingesetzt, deren kulturelle Eigenart eine elastisch-unbürokratische, aber auch eine energische Behandlung erforderte. Die wichtigste Aufgabe dieser Sonderkommissare war die Finanzverwaltung. Wohl aus diesen Gründen wählte der Kaiser, dem diese Gebiete unmittelbar unterstanden, seine Prokuratoren aus dem Ritterstande, d. h. aus den Kreisen des Geldadels. Selbstverständlich hatten sie die Gerichtshoheit, übten den Blutbann und verfügten über Truppen. Ihr Hauptquartier war Caesarea am Meer. Die junge Kaiserstadt war Standort der Legion, deren Kohorten im Lande verteilt lagen. Eine von ihnen bildete die Besatzung der Burg von Jerusalem. Nur zu Festzeiten kamen die Prokuratoren in die jüdische Hauptstadt, um mit verstärkter Militärmacht die öffentliche Ruhe aufrecht zu erhalten. Einer in dieser Reihe war der als habgierig und brutal verrufene „Ritter" *Pontius Pilatus* (Lk 13, 1). Er beutete zehn Jahre lang (26—36) das Land aus. Daß sein Name mit dem Tode Jesu verknüpft blieb, wußten selbst die römischen und griechischen Historiker: bei ihnen taucht sein Name nur in Verbindung mit dem Namen Jesus auf.

Die Kaste

Während von Jesus noch nichts zu hören war, blieben die Vertreter des Gottesstaates und die Frommen jeglicher Richtung rege. Ihre Gruppen bekamen ein immer profilierteres Gesicht. Wir stellen sie einmal nebeneinander.

Da sind zuerst die *Sadduzäer* zu nennen. Sie haben ihren Namen nach Sadock (LXX: Saddouk), der maßgebender Priester am Hofe Davids war (2. Sam. 15) und nach Salomos Sieg Oberpriester zu Jerusalem wurde (1. Kön. 1, 32). Er wurde offenbar Gründer einer Priesterdynastie: der Sadokiden. Von ihnen leiteten sich die späteren Sadduzäer ab. Andere Überlieferung brachte sie in Zusammenhang mit einem ehemaligen Pharisäer Sadok, der mit dem galiläischen Freischarführer Judas im Jahre 6/7 n. Chr. die Partei der Zeloten gründete. Ihre historische Abstammung ist also weit verzweigt. Jedenfalls scheinen sie dem Priesteradel nahe gestanden zu haben, ohne die Verbindung mit endzeitlich ausgerichteten messianischen Kreisen zu verlieren. Unter den Hasmonäern standen sie zeitweise in Mißkredit, da sie, „klerikal" gesinnt, die Theokratie bejahten. Der Gegensatz der Dynastie gegen die Pharisäer machte sie jedoch wiederum zu Bundesgenossen der Priesterfürsten. So wurden sie zu einer aristokratischen Kaste, die den Gang der Geschichte mittelbar beeinflußte.

Eigentümlich ist ihre geistige Haltung. Religiös waren sie, im Zuge der Tempel-Überlieferung, konservativ, wenn nicht gar orthodox. Sie waren entschieden gegen unbiblische und nachbiblische Neuerungen. Sie erkannten nur das schriftlich fixierte Gesetz als verbindlich an. Die

Weiterentwicklung des Gesetzes im Gewohnheitsrecht, also das „mündliche Gesetz" der Pharisäer, lehnten sie strikt ab. Im Unterschied zu diesen betonten sie die Freiheit des Willens, die schwarmgeistiges Gottvertrauen und Wunderglauben überflüssig machte. Sie leugneten die Existenz einer unsterblichen Seele, das individuelle Fortleben nach dem Tode und ein jenseitiges Gericht. Für eine Lehre von der Auferstehung der Toten fanden sie keinen zureichenden Schriftgrund. Es gab für sie nicht zwei Äonen, sondern nur den einen, in dem alle Menschen leben. Auch kannten sie keine Engel und andere, etwa dämonische Zwischenwesen.

Gesellschaftlich vertraten sie das gutsituierte, wohl auch etwas satte Großbürgertum. Kulturell waren sie also weltoffen, dem Hellenismus erschlossen, kurzum „modern". Sozialethisch liberal, hatten sie Verständnis für Realpolitik. Frömmigkeit und Bildung, gesunder Menschenverstand und väterlicher Kultus wurden — ähnlich wie im Buche Sirach — aufeinander abgestimmt.

Im Neuen Testament tauchen sie eigentlich mehr am Rande auf. Ihre Frage an Jesus, welchem Manne denn die Frau, die nacheinander sieben Brüder zu Männern hatte, „in der Auferstehung" zu eigen sein werde (Mk. 12, 18—27), zeigt, wie sie Jesus provozierten, sich auch mit ihnen, den Vertretern der offiziellen Theologie des Gottesstaates, auseinanderzusetzen.

Der Orden

Aus der großen Bewegung der „Frommen", die wir schon aus der vormakkabäischen Zeit kennen, formte sich der mönchsartige Orden der „Essener". Das Wort ist die griechische Umschrift für die „Chasidim", die Frommen. Seitdem die Schriftrollen in den Höhlen am Toten Meer entdeckt wurden (ab 1947), sehen wir nicht nur deutlicher die Umrisse dieser Bewegung. Es erhoben sich auch viele, bisher ungelöste Fragen. Die Essener waren natürlich nicht eine „philosophische Schule", wie Josephus meinte. Sie waren nicht einmal eine einzige, abgrenzbare Gruppe. Sie bildeten vielmehr eine breite Bewegung, die zu gleicher Zeit verschiedene Zweige und unterschiedliche Gemeinschaftsformen an mancherlei Orten aufwies. Jede von ihnen wird im Laufe der wechselnden Geschichte wieder äußere und innere Abwandlungen erfahren haben.

Eine dieser essenischen Gründungen dürfte die Klostergemeinschaft von *Qumran* gewesen sein. Offenbar war hier das Mutterhaus, ausgezeichnet durch strengere Observanz und engere, festere Genossenschaftsformen. Die Tochtergemeinschaften im Lande, wie z. B. die Laienbruderschaft der „Gemeinde des Neuen Bundes im Lande Damaskus", scheinen den Forderungen der Ehe- und Besitzlosigkeit nicht in gleicher Weise unterworfen gewesen zu sein. Im ganzen herrschte in den einzelnen Siedlungen eine hierarchische Rangordnung unter einem Aufseher. Der Eintritt wurde nur nach mehrjähriger, zweistufiger Probezeit gewährt. Bereits Josephus berichtet von einem „furchtbaren Eid", den der eintretende Bruder schwören müsse, indem er sich u. a. zur Geheimhaltung der Lehren zu verpflichten habe.

Eine äußerst differenzierte *Disziplin* regelte das tägliche Leben. Es bestand in Schriftstudium, Gebet und Arbeit. Übertretungen der Regel, besonders während der Zusammenkünfte, wurden abgestuft, aber ziemlich streng bestraft. Zu den Eigentümlichkeiten der Gemeinschaft gehörten tägliche Waschungen und Tauchbäder sowie tägliche gemeinsame Kultmahlzeiten. An ihnen durften nicht einmal Novizen teilnehmen.

Sowohl die Wasser-Riten wie die Lehre von den zwei „Gesalbten" deuten darauf hin, daß es sich bei der Bewegung um den planmäßigen Versuch handelte, das „Königtum von Priestern" (2. Mose 19, 6) zu verwirklichen. Alte sadokitische, also priesterliche Leitbilder scheinen im Hintergrunde zu stehen. Wie wir aus den Urkunden erfahren, hatte tatsächlich, vermutlich während der Hasmonäerzeit, eine Spaltung innerhalb der Priesterschaft des Tempels stattgefunden. Die zunehmende Verweltlichung durch den Hellenismus hatte zum Auszug oder zur Ausscheidung einer strenger gesinnten Priestergruppe geführt. Die Wüste, in der das Gottesvolk seinem Herrn begegnen sollte, wirkte dabei als Motiv mit. Fortan sollten Gott keine blutigen Opfer dargebracht werden. Diese Gruppe wollte sein „ein Bund, nicht mehr zu gehen ins Heiligtum". Diese „Essener" waren also nicht einfach Bestreiter der Idee des Gottesstaates und des Gesetzes, sondern eher deren eifrigste Verfechter. Sie verwarfen nicht den Kult. Sie bereiteten vielmehr den Gottesdienst der Endzeit vor und rüsteten sich darauf, ihn an Stelle des verderbten Kultes dereinst im gereinigten Heiligtum zu zelebrieren. Aber gegenwärtig gewährte ihnen das säkularisierte Jerusalem keinen geistlichen Boden mehr. Oder besser: *noch* keinen! Die Zeit war dort noch nicht reif für sie. So wanderten sie als radikal messianisch denkende Büßergemeinde aus — in die Wüste.

Da man ihre Lehre in jüngster Zeit häufig mit der Jesu und der ersten christlichen Gemeinde vergleicht, fragen wir nach ihrer Botschaft und ihrem Selbstverständnis. In Kürze:

Diese Gemeinde wußte sich als der „Rest" des durchs Gericht zu läuternden Gottesvolkes. Ihre Glieder waren die Erwählten des ewigen, des neuen Bundes, der Jeremia 31 verheißen wird. Ja sie waren selbst der „Neue Bund" im Lande „Damaskus" (vgl. Amos 5, 27). In üppiger Zeit wählten sie „im Willen", d. h. freiwillig, die charismatische Armut. Mit innerer Freude empfingen sie sie wie ein Gnadengeschenk. Sie sahen die Endzeit im Anbruch, in der Gott seinen Rachekrieg über die Welt entbrennen läßt. Und sie — würden mitstreiten.

Denn das ist die Situation: zwei Geister liegen nach Gottes ewiger Vorherbestimmung miteinander im Kampfe, Gott und Belial — Licht und Finsternis — der Geist der Wahrheit und der Geist des Frevels bzw. der Lüge. Die Entscheidung ist für die Mönchsbrüder bereits gefallen. Sie haben es ja beim Eintritt in die Armee des Heils geschworen: „Zu lieben alles, was Er erwählt hat; aber zu hassen alles, was Er verworfen hat." Den beiden Geistern sind zwei Heere zugeordnet: die „Söhne des Lichtes" führen den Krieg gegen die „Söhne der Finsternis".

Wann beginnt dieser Krieg? Dann, „wenn die Verbanntenschaft der Lichtsöhne aus der Wüste der Nationen heimkehrt, um in der Steppe Jerusalems zu lagern". Mit diesem Krieg ist das Ende der Zeit bzw. die Endzeit-Periode angebrochen. 40 Jahre wird der endzeitliche Krieg dauern. Hin und her wird das Schlachtenglück schwanken. Drei Runden werden die Söhne des Lichtes gewinnen, drei Runden die Söhne der Finsternis. Endlich, „im siebenten Los aber unterwirft die starke Hand Gottes Belial und alle Engel seiner Herrschaft, und alle Männer seines Loses trifft ewige Vertilgung". Das Gericht bringt Lohn und Strafe. Ob die Leiblichkeit fortdauert oder eine neue geschenkt werden wird, bleibt unklar. Eine heilige Kampfordnung, ein Kriegsreglement mit genauen taktischen Vorschriften, rüstet schon jetzt die Kämpfer der Heilsarmee für den Ernstfall aus.

Besondere Fragen geben die für die Gemeinschaft von Qumran eigentümlichen drei Heilsgestalten auf: der Lehrer der Gerechtigkeit — der Priester-Messias — der Laien-Messias.

Der „Lehrer der Gerechtigkeit" ist offensichtlich der Stifter der „Gemeinde des Neuen Bundes". In einer kommentar-ähnlichen Auslegung des Propheten Habakuk Kap. 1 und 2 wird ein Stück Geschichte dieses Mannes sichtbar. Er, der Lehrer der Gerechtigkeit, steht in einem besonderen Verhältnis zu Gott. Er ruft all das aus, was über das letzte Geschlecht hereinbrechen wird. Denn die Zeit des Frevels ist da. Von Gott erleuchtet, weiß er alle Worte der Propheten, alle Geheimnisse

Gottes zu deuten. Auch heißt er der Priester, den Gott für das Haus
Juda gegeben hat. — Von der Stellungnahme zu seiner Person hängt
das Geschick der Seinen ab. Gott wird alle retten, die dem Lehrer treu
bleiben und fest das Gesetz halten. Von einem gottlosen, frevelhaften
Priester wird er verfolgt, von einem Mann der Lüge, dem Propheten
der Lüge.
Wir wissen nicht, wer mit dem Lehrer, und auch nicht, wer mit dem
Lügenpropheten gemeint ist. Auch besteht weder über die Zeit noch
über die näheren Umstände der angedeuteten Vorgänge Klarheit, geschweige denn Einigkeit. Besonders geheimnisvoll heißt es an einer
Stelle vom gottlosen Priester, er sei „zur Zeit der Festtagsruhe des Ver-
söhnungstages prächtig vor ihnen erschienen, um sie zu vernichten, daß
sie strauchelten am Fastentage, dem Sabbat ihrer Ruhe". Ob hier vom
Märtyrertode des Lehrers geredet wird, ist zweifelhaft. Des Lehrers
„Hinwegnahme" wird an andrer Stelle vorausgesetzt: das kann seinen
Tod, aber auch seine Entrückung bedeuten. Jedenfalls hoffte man, daß
er wiederkommt.
Sein Tod steht in einem mysteriösen Zusammenhang mit dem Auftreten zweier anderer Gestalten, nämlich der zwei „Gesalbten" (Messiasse). Der eine ist der priesterliche Messias „aus Aaron", der beim
Kultmahle den ersten Platz einnimmt. Der andere ist der königliche
Messias „aus Israel", der ihm im Range folgt. Dieser steht als der
kämpfende Messias an der Spitze der Generäle, die die „Tausend-
schaften Israels" im heiligen endzeitlichen Kriege kommandieren.

„Kirche" und „Staat"

Eine alte Überlieferung scheint hier neu belebt zu werden: die Überlieferung von der Teilung der Gewalten, der geistlichen und der weltlichen, der kultischen und der politischen Gewalt. Ihr liegt ein wirklicher Unterschied zugrunde, der sich im Nebeneinander und Gegeneinander zweier Institutionen ausdrückte. Der Unterschied von Priestertum und Königtum reicht in Israel weit zurück, bis in die Zeit, da
sich das seßhaft gewordene Volk seinen Staat bildete. Als Spannung
und Gegensatz belebt, ja beunruhigt er weithin seine Geschichte und
macht sie, profanhistorisch gesehen, so tragisch. Israels Geschichte ist
„nicht der Boden des Glücks."
Die Gründung des Tempelstaates mit persischer Unterstützung schien
eine ausgleichende Lösung zu bieten. Der Prophet Sacharja (um 520—
518 v. Chr.) schaute im Nachtgesicht einen Leuchter mit sieben Lampen
und zur Rechten und zur Linken von ihm zwei Ölbäume. Die sieben

Lampen sind die Augen des allsichtigen Herrn, die Ölbäume die beiden „Ölsöhne", d. h. die Gesalbten. Es handelte sich um wirkliche Gestalten der damaligen Gegenwart (Haggai 1, 14—15; Esra 5, 2): um den Staatskommissar Serubbabel, der die Repatriierung der Bekenntnisgemeinde aus Babylon durchführte, einen Mann aus Davids Stamm, und um den Hohenpriester Josua (Sach. 4, 1—14). Der Prophet erhält durch das Gesicht einen Auftrag: er soll Serubbabel zum königlichen Messias krönen. Der Tag, da der Messias den Thron besteigt, soll der Tag sein, da der Tempel vollendet wird. Dieser Messias wird nämlich den Tempel bauen. Neben ihm wird Josua als Hoherpriester amtieren. Zwischen der höchsten politischen und der höchsten kultischen Spitze im Tempelstaat wird es keine Streitigkeiten um irgendwelche Zuständigkeiten geben (Sach. 6, 9—15). Einmalig bezieht ein Prophet die Erwartung von einem künftigen „Messias" auf eine schon gegenwärtige geschichtliche Person. Erstmalig trägt ein Priester den Titel „Hoherpriester" als Oberhaupt einer Priester-Hierarchie.

Als die Erwartung auf den Messias-König enttäuscht wurde, erweiterten Spätere den Text dahin, daß die Krone nicht Serubbabel, dem politischen, sondern dem priesterlichen Führer Josua aufs Haupt gesetzt werden sollte. Noch Spätere änderten den Text dahin ab, daß nicht zwei, sondern nur ein Messias auf dem Throne sitzt: der Gesalbte, der König und Priester in einer Person ist (Sach. 6, 11). Der Priester-Messias hat dem Königs-Messias den Rang abgelaufen.

So hielt es auch die Gemeinde von Qumran, obwohl hier beide Gewalten wieder auseinandertraten und sich in zwei verschiedenen Personen darstellten. Die Grundtendenz blieb. Die politische Führung var verpriesterlicht: der Messias aus Aaron führte. Aber das oberste Laienamt war keineswegs im Führungsamt über den Klerus aufgegangen: der Messias aus Israel amtierte an zweiter Stelle.

Die *Zwei-Messias-Lehre* ist keine Sonderlehre einer bestimmten Richtung, sondern im Judentum der Zeit offenbar weit verbreitet. In den Höhlen am Toten Meer fand man unter den in den Tonkrügen verwahrten Handschriften u. a. auch ·Bruchstücke eines schon seit Jahrhunderten veröffentlichten apokryphen Buches, der sog. „Testamente der zwölf Patriarchen". (Bezeichnenderweise handelt es sich in Qumran um Fragmente des *„Testaments Levis"* und einer uns bisher unbekannten Grundschrift.) „Juda" redet da in seinem uns bereits längst bekannten Testament folgendermaßen zu seinen Nachkommen: „Kinder, liebt Levi, damit ihr bleibt, und erhebt euch nicht gegen ihn, damit ihr nicht vertilgt werdet! Mir nämlich (d. h. Juda) gab der Herr das

Königtum und jenem (d. h. Levi) das *Priestertum,* und er ordnete das Königtum dem Priestertum unter. Mir übergab er das auf der Erde, jenem das im Himmel. Wie der Himmel die Erde überragt, so überragt das Priestertum Gottes das Königtum auf Erden. Denn der Herr hat ihn auch vor dir erwählt, ihm zu nahen und seinen Tisch zu essen und die Erstlinge vom Mahle der Kinder Israels."

An dieser Stelle bekommen wir eine Gesamtauffassung zu sehen, die nicht nur die Heilsgeschichte Israels beleuchtet, sondern auch in weiten Schichten der Religionsgeschichte verwurzelt ist. Sie bildet auch für das Verständnis des Neuen Testamentes und der Person Jesu von Nazareth eine entscheidende Grundlage. Die herausfordernde Frage Jesu an die Pharisäer, wie in Psalm 110 die Aussage über den Messias zu verstehen sei — ist er Davids Sohn oder Davids Herr? — (Mk. 12, 35—37), setzt vermutlich die Zwei-Messias-Lehre voraus. Darüber hinaus hat die Konzeption von den beiden Gesalbten die Grundvoraussetzungen der abendländischen Gesellschaft geschaffen. Das *Mittelalter* verstand sich als die einheitliche, allumfassende Menschheit, als den christlichen Gottesstaat. Die eine Christenheit wußte sich regiert von zwei Gewalten, der geistlichen und weltlichen „Spitze". Priestertum und Königtum leiteten im Bunde miteinander die Geschicke des einen „christlichen Körpers". Zwar waren ihre Kompetenzen, die „geistlichen" und die „weltlichen" Dinge betreffend, zu unterscheiden, aber einheitlich auf die gemeinsame Aufgabe bezogen: auf das irdische und überirdische Ziel, das Wohl und das Heil der im Gottesstaat geeinten Menschheit. Entscheidend blieb jedoch, daß vom Ansatz der Konzeption her die weltliche Gewalt der geistlichen untergeordnet war.

Dieser Ansatz aber liegt deutlich in der jüdischen Grundauffassung von der Gewaltenteilung innerhalb der unteilbaren Theokratie. Die mittelalterliche Auseinandersetzung zwischen Papsttum und Königtum hatte ihren *Anlaß* in sehr realen Machtverhältnissen und Herrschaftstendenzen der Zeit. Ihr tieferer *Grund* lag jedoch in dem Sozialgefüge als solchem: in der Verbindung von paritätischer Nebenordnung der Ämter bei gleichzeitiger Unterordnung des einen unter das andere. Der vorchristliche Gottesstaat ist der Mutterschoß dieser Anschauung.

In der *Neuzeit* haben die mittelalterlichen Spannungen zwischen den höchsten Ämtern der Christenheit eine neue Form gefunden in den Rivalitäten zwischen „Kirche" und „Staat". Die modernen totalitären Staaten schließlich stellen eine Reaktion dar auf die klerikal-priesterliche Lösung von einst. Der Vergeistlichung des Weltlichen folgte,

351

bereits im hohen Mittelalter sich ankündigend, nun die Verweltlichung des Geistlichen. Die Kirche soll im Staat oder in der Gesellschaft aufgehen, und zwar restlos. Aber auch diese Lösung bewegte sich, wenn auch gegenläufig, innerhalb des Rahmens, der ihr durch die jüdische Zwei-Messias-Lehre vorgegeben war. Sie hat ihren geschichtlichen Präzedenzfall im Regierungssystem der Hasmonäer, die Propheten, Priester und Könige zugleich sein wollten und so der Dämonie der Macht verfielen.

Qumran

Qumran liegt bekanntlich an der Nordwest-Ecke des Toten Meeres auf schroff emporragender Mergelterrasse, die sich hervorragend zu Verteidigungszwecken eignete. Die Siedlung war *Kloster und Kaserne* zugleich. Die Ordensbrüder rüsteten sich im Gebet und Gesetzes-Studium zum letzten Streit. Jeder von ihnen war ein Kämpfer in der Heilsarmee des Herrn. Das alte Aufgebot Israels fand seine Auferstehung im neuen Heerbann. An die Stelle des alten Gottesberges Sinai war der neue Gottesberg Nebo getreten, auf dem Mose einst gestorben war. Aus Moabs blauschimmernden Bergen blickte er herüber über das Meer und über das Tal, in dem Gott seinen Knecht begrub, so daß niemand sein Grab kannte „bis auf diesen Tag" (5. Mose 34, 6).

Qumran wußte sich als Vorhut des Letzten. Es war Heilsanstalt und Rechtsstaat zugleich. Hierarchie und Ritus, inbrünstige Mystik und radikale Moral hatten hier ihre feste Stätte. Aber baut man so fest, wenn man wirklich die himmlische Welt im Anmarsch weiß? Offensichtlich rechnete man nur mit innerweltlichen Umwälzungen. Was auch immer die Zukunft bringen mochte, sie würde nichts Neues bringen über das hinaus, was man schon wußte oder gar schon besaß: den unabänderlichen Willen Gottes im Gesetz und den neuen Bund, die „Union" der Prädestinierten und der Treuen.

In Qumran erstand ein Stück altjüdischer Priester-Herrlichkeit in moderner Form. Gott thronte über den Lobliedern, die aus dem Geist der Psalmen neu gedichtet und gesungen wurden. In den Lehren, die den Gegensatz von Licht und Finsternis entfalten, war ähnlich wie bei den Apokalyptikern iranisches Gedankengut verarbeitet. Aber auch der hellenistische Geist war formend am Werk: die allegorische Exegese der alttestamentlichen Texte verfuhr ähnlich, wenn auch urtümlicher, wie die Diaspora-Synagoge etwa in Ägypten. Auch die Alexandriner, auch der Jude Philo, der nur noch griechisch sprach und die

Septuaginta las, deuteten das Buchstäbliche geistlich und bezogen das Mythologische von einst auf die Existenz von heute. Sie verstanden das Göttliche so, daß sie daraus die Möglichkeiten menschlichen Daseins abzulesen vermochten.

Auch das Geheimwissen der Mönche und besonders die bewußte Geheimhaltung von Lehre und Brauchtum zeigten fremde Einwirkung seitens des Zeitgeistes. Nicht nur die Zeugen Jahwes, des erwählenden Herrn, trugen in ernsten, göttlichen Dingen „den goldenen Schlüssel auf der Zunge" (Sophokles). Man braucht nicht erst die Pythagoräer anzuführen. Die Ordens-Verfassung aber entsprach in ihrer sakralen Struktur der altgriechischen Kultgenossenschaft, die ein halbes Jahrtausend zurückreicht. Philo irrte gewiß, wenn er die „Essener" zu Sonnenanbetern machte und sie „philosophisch" einstufte als Vertreter des „beschaulichen Lebens". Die späteren Freimaurer unseres 18. Jahrhunderts, die am „Salomonischen Tempel" bauten, hatten nicht viel mehr mit ihnen gemeinsam als die kleine Hacke, den Lendenschurz und das weiße Kleid, von denen Josephus erzählt. Trotzdem liegt ein Hauch modernen Lebensbewußtseins über den Emigranten der Wüste: vielleicht ein Stück Judentum in hellenistischem Gewand in der römischen Provinz Syrien?

Die Zunft

Stellen die Sadduzäer die Altgläubigen dar mit der Tendenz zur Kaste, die Pharisäer die pietistischen Bruderschaften, die Apokalyptiker die Gruppen der moralischen Aufrüstung, die Essener einen Bund für entschiedenes Judentum in Form eines Ordens, der in klösterlichen und halbklösterlichen Siedlungen wohnt — so hängen alle diese Richtungen trotz aller Verschiedenheiten und Gegensätze miteinander zusammen. Gesetz und Kult sind für alle — je verschieden gewertet — unverrückbare Bezugspunkte. Aus gemeinsamem Mutterboden waren sie hervorgewachsen: aus der Bewegung der „Frommen", in denen altprophetisches und priesterliches Erbe für die neue Weltstunde bereitgehalten wurde: sich mit dem hellenistischen Geist auseinanderzusetzen.

Nicht in diese Gruppen und Richtungen lassen sich die „Schriftgelehrten" einstufen. Daß sie in den Evangelien nach Lukas und Matthäus (besonders Mt. 23) in der Formel „Schriftgelehrte und Pharisäer" zusammengefaßt werden, förderte schon früh das Mißverständnis, als seien beide Bezeichnungen identisch oder als gehörten die Schriftgelehrten nur den Pharisäern zu. In Wirklichkeit meint der

Ausdruck „Schriftgelehrte" die Gesetzeskundigen. Er ist also eine Berufsbezeichnung. Entsprechend ihrem Stoffgebiet — dem Gesetz — sind die Schriftgelehrten Theologen und Juristen zugleich. Als „Lehrer", Rabbinen genannt, bildeten sie die Zunft der Gelehrten. Nach voller Ausbildung wurde der im Gesetz geschulte Nachwuchs förmlich in die Zunft aufgenommen. In einer öffentlichen *Ordination* wurde durch Handauflegung dem Lehramts-Kandidaten der Amtsgeist verliehen, der seit Mose (5. Mose 34, 9) in der ununterbrochen gedachten Kette aufeinander folgender Gesetzeslehrer wirksam war. Die Ordination gab dem Ordinierten das Recht, nunmehr als Richter in Strafprozessen zu fungieren und Lehrfragen entscheiden zu dürfen. Auch durfte er den Titel „Rabbi" führen, was etwa unserem Doktor-Titel entspricht. Diese Ordination hatte nichts mit einer sakramentalen Priesterweihe zu tun. Sie gleicht eher der alten Doktor-Promotion oder der heutigen Habilitation eines Dozenten an einer Universität. Eine Antritts- bzw. Probevorlesung schloß sich in der Regel an.

Überall, wo das Gesetz ernst genommen wurde, gab es also Schriftgelehrte, konnte es sie jedenfalls geben: bei den Sadduzäern wie bei den Pharisäern. Die Wertschätzung des Gesetzes durch die Pharisäer trug ihnen bei diesen besondere Hochachtung ein, sicherte ihnen deren Gefolgschaft und befähigte sie — zumal als Rechtskundige — zu den Regierungsämtern im Hohen Rat. So gaben sie gerade der Laienbewegung der Pharisäer zu Jesu Zeit das Gesicht. Sie konnten aber auch mit denjenigen Kreisen zusammenhängen, die wie die Apokalyptiker frommes Geheimwesen pflegten. Auch sie hüteten ja geheimes Wissen über Gott, Mensch und Zukunft. So verstand man zuletzt — etwa Philo und Josephus — unter den Schriftgelehrten die „Weisen". Neben dem Geburtsadel stellten sie die Bildungsaristokratie der Zeit dar.

Trotzdem gibt die Formel „Schriftgelehrte und Pharisäer" in gewisser Hinsicht den geschichtlichen Tatbestand wieder. Denn die Pharisäer beschworen mit Hilfe der Schriftgelehrten jene *Formalisierung der Frömmigkeit* herauf, die wir aus dem Neuen Testament zur Genüge kennen. Wir werden uns zu hüten haben, hier die Gegensätze schwarzweiß zu sehen. Das Gesetz sollte das Leben bis ins einzelne beherrschen. So entstand die jüdische *Kasuistik,* der Versuch, die Bestimmungen des Gesetzes anwendbar zu machen für den Einzelfall, an Werk- und Feiertag. Das Gesetz sollte die große Lebenshilfe werden, mittels deren man das Dasein bewältigte. So wirkte es belastend und befreiend zugleich. Man muß beides sehen.

Die *Belastung* bestand darin, daß man die Tora als eine Summe von Einzelbestimmungen verstand. Im Zeitalter der Zahl atomisierte man sie in der alten Synagoge in 613 Einzelsatzungen, und zwar in 248 Gebote — „Tu-Gebote" — und 365 Verbote — „Tu-nicht-Gebote". Doch damit war die Differenzierung keineswegs beendet: es gab schwere und leichte Gebote. Bereits darüber entspannen sich endlose Diskussionen zwischen den Gelehrten und ihren Schulen. Unter dem in alle Winkel schauenden Gesetz wußte man sich ständig beaufsichtigt. Atomisiert wurde aber auch das menschliche *Handeln*. Das Ganze des Lebens zerfiel in lauter selbständige Einzelhandlungen. Immer schärfer wurde die Unterscheidung innerhalb des Gesetzes-Corpus der vielen Paragraphen, die je bestimmte Akte des Menschen forderten. Immer spitzfindiger wurde der Disput der Spezialisten. Der Scharfsinn überschlug weithin sich selbst. Das gilt besonders für die Fragen der Sabbatheiligung. 39 Hauptarbeiten waren am Sabbat verboten. Sie wurden aufgezählt. Ihre Zahl wurde theologisch begründet. Jede Hauptarbeit wurde in Unterarbeiten aufgeteilt, 6 bzw. 39 an der Zahl. Auch diese Zahlen wurden theologisch begründet. Alles wurde dann systematisiert. Denn die Aufteilung des Gesetzes verlangte nach übergreifender Zusammenfassung. Wir befinden uns damit bereits in nachchristlicher Zeit. Aber das Gefälle zum talmudischen Denken wird schon zu Jesu Zeiten spürbar. Die „Aufsätze der Ältesten" (Mk. 7, 13) verlangten zusätzliche Geltung über das Gesetz hinaus.

Streitigkeiten entbrannten besonders zwischen der rigorosen Schule des Rabbi *Schammai* und der liberaleren des Rabbi *Hillel*. Beide wirkten in der Zeit von 20 vor bis 15 nach Christus. Schammai galt als aufbrausend, Hillel als sanftmütig. Ein Heide wollte einst zum Judentum übertreten. Er hatte für den Konvertiten-Unterricht wenig Zeit. Als Bedingung für seinen Übertritt verlangte er, man solle ihm das jüdische Gesetz beibringen, solange er auf *einem* Bein zu stehen vermöchte. Schammai warf den Kandidaten hinaus. Hillel nahm ihn an, indem er ihn die „Goldene Regel" lehrte: „Was dir verhaßt ist, tue keinem andern. Das ist das ganze Gesetz. Alles andere ist nur Kommentar dazu" (vgl. dazu Mt. 7, 12; Lk. 6, 31).

Der Inhalt der Streitfragen war oft spitzfindig genug: Von wann an liest man morgens das Bekenntnis? Antwort 1: von da an, wo man zwischen Purpurblau und Weiß unterscheiden kann. Antwort 2: nein, von da an, wo man zwischen Purpurblau und Lauchgrün unterscheiden kann. Weiter: betet man es im Liegen oder im Stehen? Wie spricht man es unterwegs? Wie während der Arbeit? Wie weit muß dabei der

Körper bedeckt sein? Wie weit muß die Andacht reichen? Welche Gebärden muß man dabei vermeiden? Antworten über Antworten. Und wieder Fragen über Fragen: Darf man ein Ei essen, das eine Henne am Sabbat legte? Schammai verneinte, Hillel bejahte die Frage. Daß die Henne das Gesetz nicht kannte, schützte nach des einen Meinung nicht davor, daß man sich selbst mittelbar durch das Essen mitschuldig machte: man legitimierte gewissermaßen nachträglich das gesetzwidrige Handeln des Tieres. Trotzdem läßt sich nicht sagen, daß die Gesetzeslehrer das Gesetz einseitig verschärfen wollten. Auch ohne den Hinweis auf Hillels Großzügigkeit wird deutlich: man wollte das Gesetz wirklich *gebrauchsfähig* machen. Das Gesetz war ja nach allgemeinem Urteil Gottes größte Gabe. Es war ewig wie Gott selbst. Es war präexistent wie er. Das Gesetz war Gottes Lieblingsbuch. Der Herr studierte es selbst am Sabbat. In den ersten Stunden jedes Tages las er es zu seiner Andacht und Erbauung. Das Gesetz war die leibhaftige Gestalt alles Guten und Göttlichen. Für den, der es befolgt, *mildert* es die Härte des Daseins in dieser bösen Welt. Es erleichtert schwere Entscheidungen. Kurzum: es ist erfüllbar, und zwar restlos.

Die Juden, die nach dem Gesetz zu leben trachteten, empfanden es als *Freudenmeister,* als Quelle himmlischer und irdischer Lust, als Arznei des Lebens. Der jüdische Rabbi Paulus, der selbst Pharisäer war (Phil. 3, 5), hat sich offenbar unter dem Gesetz nicht nur gequält, jedenfalls nicht so, wie später Luther unter dem Gesetz seines Ordens. Das Gesetz war für Paulus Israels Adelsbrief vor allen Völkern (Röm. 9, 4). Es hatte für die Zeitgenossen Jesu nicht den tierischen Ernst der kategorischen Imperative, die die Religionen und die Philosophien den Menschen einzuschärfen pflegen. Von Gott, dem „Liebhaber allen Lebens", sagte ja schon „Salomos Weisheit" (11, 26): „Du verschonst alles, weil es Dein ist, o Herr, der Du am Lebendigen Dich erfreust." Der Gott, der das Gesetz gab, lacht, wenn das Leben gelingt. Sollte er dem gram werden, der mit Hilfe dieser schriftgewordenen Lebenshilfe den Buchstaben entschärft, noch dazu, wenn die gelehrten Autoritäten ihm dazu das gute Gewissen geben? Das Gesetz läßt mit sich reden. Es lehrt, wie man zwischen zwei Übeln das kleinere wählt. Es ist nachgiebig gegenüber menschlicher Schwachheit. So gab Gott durch das Gesetz Israel z. B. das Recht zur Ehescheidung — als Privileg vor allen anderen Völkern.

Der Tag der Welt

All das, was — vor allem in nachchristlicher Zeit — mehr und mehr wie ein Zerrbild der Sittlichkeit wirkt, ist Entartung eines großen Erbes. Aber man kann der Bewegung, die dieses Erbe entarten ließ, als solcher nicht jeden Ernst absprechen. Ihr Ernst glühte in der Innigkeit der Gebete und der Hoffnungen, die gerade die Gesetzesfrömmigkeit im Judentum wachhielt. Die in griechischer Sprache geschriebenen sog. *„Psalmen Salomos"* machen das deutlich. Die großen Nöte der Zeit werden in ihnen hörbar: der Sieg des Pompejus über die Hasmonäer (63 v. Chr.), sogar sein Tod im folgenden Jahre und die Festigung des neuen Regimes des Herodes. Dazu wird der Gegensatz sichtbar zwischen „Frommen" und „Gottlosen", also wohl zwischen den Gesetzestreuen, deren Anwalt der Pharisäismus war, und den Weltförmigen, die wir in sadduzäischen Kreisen zu suchen haben. Hier betet und hofft nicht eine einzelne Richtung. Hier spricht die bekennende Tempelgemeinde. Hier vertraut man der Kraft des eigenen Willens, der frei ist zu wählen zwischen gut und böse, und dem Werke der eigenen Hände. Aber *zugleich* setzt man seine Zuversicht auf die künftige Auferstehung der Toten und auf den Messias Gottes. Betend erwartet man den Gesalbten, dessen König der Herr selbst ist. Er wird die Heiden vernichten, nicht mit Gewalt, sondern durch das bloße Wort seines Mundes (vgl. 2. Thess. 2, 8). Er wird Jerusalem reinigen und es heilig machen. Er wird ein heiliges Volk zusammenbringen. Denn Gott hat ihn stark gemacht an heiligem Geist:

Er verläßt sich nicht auf Roß und Reiter und Bogen,
Auch sammelt er sich nicht Gold und Silber zum Kriege,
Und auf die Menge setzt er nicht seine Hoffnung
Für den Tag der Schlacht.

Alles ist realistisch gedacht und doch ganz göttlich: ganz irdisch und ganz himmlisch zugleich. Ein königlicher Held greift an: „der rechte Mann, den Gott selbst hat erkoren". Und vom „alt bösen Feind" gilt: er ist bereits gerichtet. „Ein Wörtlein kann ihn fällen."
Der *„Tag"* steht unmittelbar bevor. So singt es die Sehnsucht in „Salomos Psalmen" kurz vor der Zeitwende. Es ist der Tag des Erbarmens — der Tag der Gnade — der Tag des Gerichtes — der Tag der Auswahl — der Tag des Gesalbten.
Als aber der Vasallenstaat Herodes' des Großen zerfällt (4 v. Chr.) und Archelaos von Augustus nach Gallien verbannt ist (6 n. Chr.), geht in der Gruppe der Frommen, vermutlich der von Qumran, eine Apoka-

lypse um, die den Titel trägt *Himmelfahrt des Mose*. Da wird genau vorgeschrieben, was mit den „Büchern" geschehen soll: „Du sollst sie ordnen, mit Zedernöl salben und in irdenen Gefäßen an dem Ort hinterlegen, den Er von Anfang der Schöpfung der Welt geschaffen hat, daß dort sein Name angerufen wird bis zu dem Tage der Buße bei der Heimsuchung, mit der sie der Herr heimsucht, wenn sich das Ende der Tage vollendet." Da ist beides beieinander: das scheinbar Äußere und das Innere. Das Depot der Tonkrüge mit den Schriftrollen, wie wir es aus den Funden in den Höhlen am Toten Meer kennen, und der *Tag der Buße*. Da wird Israels Geschichte von der Landnahme bis zur endzeitlichen Gegenwart kurz umrissen. Da wird aber auch „der freche König, nicht aus priesterlichem Geschlecht, ein verwegener und gottloser Mensch" erwähnt, der 34 Jahre „regierte" — offensichtlich Herodes. Da erscheinen „die Kohorten und des Abendlands mächtiger König", der die Juden scharenweise kreuzigen läßt — offenbar P. Quintilius Varus. Dann aber sollen sich die letzten Dinge ereignen. *Taxo*, „ein Mann vom Stamme Levi", wird auftreten mit seinen sieben Söhnen. Sie werden bereit sein, lieber zu sterben, als des Herrn Gebote zu übertreten. Und dann kommt „*der Bote*, der an höchster Stelle steht". Er wird den Teufel vernichten. In der kosmischen Katastrophe werden die Heidenvölker gerichtet werden. Israel aber wird erhöht werden in den Himmel hinauf.

Wer ist Taxo? Ein historischer Mensch? Eine himmlische Figur? Wer ist der „Bote"? Der wiederkehrende Mose? Rätsel über Rätsel. Wir wissen es nicht. Der Name Taxo, der dem Griechischen nachgebildet ist, meint einen „Ordner". Eine Gestalt wird verheißen, die die Zeit einrenken soll, die aus den Fugen ging.

Das schöne Jahrhundert

Hinter Taxo steht eine Frage. Sie lautet: Wann kommt der „*Tag der Welt*"?

Wie stand Rom zu dieser Frage? Sie war für Rom bereits beantwortet, als Jesus geboren wurde. Als die kleine jüdische Apokalypse „Taxo" und den „Boten" ankündigte, war für Rom der „Tag der Welt" längst angebrochen.

Auch in Rom war die Frage einst lebendig gewesen. Das klassische Altertum des Ostens und des Westens war von jeher erfüllt von Orakelstimmen. Die Weisheit der griechischen *Sibylle* war schon früh über Süditalien nach Rom gelangt. Die Sage berichtet, der letzte König Roms aus etruskischem Geschlecht habe im 6. vorchristlichen Jahrhundert die Sibyllinischen Bücher erworben. Seitdem wurden sie im Tempel auf dem Kapitol von einem besonderen Priesterkollegium gehütet. In den Entscheidungsstunden der Republik gaben sie auf feierliches Befragen göttliche Weisung. In den Sprüchen der Sibylle raunte uralte orientalische Weisheit, neu belebt durch den Hellenismus.

Jahrhunderte kaum abreißender Kriege in der westlichen und östlichen Mittelmeerwelt, besonders aber Jahrzehnte blutiger Bürgerkriege warfen die Frage auf: Was ist *der Sinn des Ganzen?* Worauf läuft alles Geschehen hinaus? In einem apokalyptischen Klima wurden messianische Hoffnungen wach. Der Dichter *Vergil* gab im Heldenlied der „Aeneïs" dem Römischen Reich seine weltgeschichtliche Rechtfertigung und dessen erstem Herrscherhause seine mythologische Heilsgeschichte. In seiner 4. *Ekloge* hatte er auf Grund eines Orakelspruches der Sibylle die Geburt des Weltheilandes und den Anbruch der „neuen Zeit" prophezeit:

Im Kreislauf der Weltzeitalter kehrt jetzt die Urzeit zurück. Vom hohen Himmel steigt ein neues Geschlecht herab. Ein Knabe wird geboren. Das waffenstarrende „eiserne Geschlecht" muß dem „goldenen" weichen. Damit wird jede Spur von Frevel und Grauen getilgt. Die Länder atmen erleichtert auf. Götter und Heroen grüßen das Kind, das der Welt den Frieden bringen wird. Die Welt wird paradiesischen Wohlstand genießen. Ein Weltenfrühling erblüht im Pflanzen- und im Tierreich. Das Schaf fürchtet nicht mehr den Löwen. Die Schlange stirbt. Das Giftkraut wird zur Arzenei. Am Dornstrauch reifen die Trauben. Von der Eiche träufelt der Honig. Reste alter Verderbtheit, die sich noch zu Lande und zu Wasser halten, wird ein zweiter Achilles beseitigen. Ist das Kind erst zum Manne geworden, bedarf die Welt nicht mehr des gefährlichen Schiffsverkehrs. Der Acker gibt ohne Hacke, der Weinberg ohne Winzermesser die Frucht — von selber. Der Stier wird frei vom Joch. Purpurwolle wächst dem Widder auf dem Leib, so daß sie keines Färbers bedarf. Das Kind kommt.

„Laufet, ihr Spindeln, o lauft
und bringt dies schöne Jahrhundert!"
Riefen die Parzen zumal,
getreu dem Willen des Schicksals.
Komm, es ist alles bereit:
genieße die Ehren der Zeiten,
Du, o Günstling der Götter,
des gewaltigen Jupiter Sprößling!
Schau, wie das schwere Gewölb'

des Weltalls schwankend sich regt,
Länder und Ströme des Meers
und sämtliche Tiefen des Himmels!
Siehe, wie alles sich freut
des kommenden seligen Alters!
Komm doch, Knäblein, o komm!

Im selben Jahre, als Vergil die Geburt des Knäbleins ankündigte, war der, auf den man später in Rom und noch später in der christlichen Kirche den Sang bezog, schon 23 Jahre alt. An seinen Händen klebte bereits Blut. Mit Terroraktionen, wie sie jeder Wechsel im Bürgerkriege mit sich brachte, war er auf der Bühne der Geschichte erschienen. Gerade in diesem Jahre hatte er die umbrische Bergfeste Perugia eingeäschert und ein furchtbares Blutbad angerichtet. Sein Adoptivvater, der große Julius Caesar, war vier Jahre zuvor, als er die Militärdiktatur durch den Griff nach der Krone in eine Erbmonarchie umwandeln wollte, Opfer einer Adelsverschwörung geworden. Ein Jahrzehnt später war der Jüngling zum Manne gereift und nach harten Kämpfen Alleinherrscher der Welt (31 v. Chr.). Der römische „Messias" Octavian, der sich selbst „Sohn des vergotteten Caesar" nannte, empfing von den Legionen den Titel Imperator, „Gebieter", und vom Senat den Namen Augustus, was zugleich „Mehrer" des Reiches bedeutete wie „der Erlauchte, Verehrungswürdige" oder „Majestät".

Das Hochamt auf dem Kapitol

Wenn auch die Bäume noch keinen Honig träufelten und den Widdern noch kein Purpurfell wuchs, so hat die damalige Menschheit den Frieden und Wohlstand, den *Augustus* brachte, wie ein göttliches Wunder empfunden. Der neue Herr wollte nicht „Kaiser" wie Caesar sein, sondern nur „Princeps": erster Minister im Senat und erster Bürger innerhalb der Welt-Demokratie. Als Sohn und Enkel von Bankiers war er ein ausgezeichneter Rechner und ein begabter Verwaltungsbeamter, im übrigen mehr eine Gelehrtennatur als ein Staatsmann. Seine betont bürgerliche Schlichtheit, seine Abneigung gegen allen höfischen Pomp machte ihn seinen Mitbürgern nur noch liebenswerter. Sein demokratisches Inkognito verlieh ihm noch mehr den Nimbus des Unberührbaren. Er selbst verbat sich jede kultische Verehrung. Aber das Volk sah in ihm den „Heiland", als den sich bereits so mancher hellenistische Monarch ausgegeben hatte. So opferte man wenigstens seinem „Genius", dem schöpferischen Geist, der sein Leben durchwaltete, und der „Göttin Roma", deren Repräsentant er war.

Im Amte des „Obersten Priesters", des Pontifex Maximus — eines Titels, den die römischen Päpste übernahmen —, zelebrierte er zur Jahrhundertfeier im Jahre 17 v. Chr. vor allem Volk die Jubelmesse auf dem Kapitolinischen Hügel zu Rom. Die Festakten berichten: In vier Nächten — vom 31. Mai bis zum 3. Juni — vollzog Caesar Augustus, getreu dem agendarischen Formular des Sibyllen-Orakels, nach griechischem Ritus Gebete und Opfer an die Gottheiten. Nächtliche Schauspiele folgten jedesmal.

Ein kleiner Zug ist bedeutsam: durch besonderen Erlaß wurden die Matronen angewiesen, ihre Trauerzeit zu verkürzen. Trauerzeit verbot an sich die Teilnahme an Festen. Nur wenn das Volk entsühnt und damit ein neuer Zeitabschnitt im gewöhnlichen Leben begonnen hatte, galt die Trauerzeit als beendet. Dieser Augenblick war — außergewöhnlich genug — nun für das Volk, ja für das Reich gekommen.

Der Jahrhundertwechsel wurde zur *Weltenwende*. Horaz hatte eigens dazu, auf kaiserliche Bestellung, seinen Jahrhundert-Hymnus gedichtet. Am letzten Tage, dem Höhepunkt des Jubiläums, sang ein Jugendchor von auserlesenen Kindern, je 27 Knaben und Mädchen, das große Bitt- und Preislied auf dem Kapitol. Eine gewaltige Doxologie machte den Beschluß: Kraftvoll ist Rom und weltenweit sein Imperium.

Schon scheut der Meder den Arm, der mächtig
Über Meer und Land.
Schon holt der Skythe, der Inder, voll Hochmut jüngst noch,
Seinen Entscheid sich.
Schon wagt Treue, Frieden und Ehre wieder,
Alte Zucht und Tugend, so lange verachtet,
Sich zurück. Es zeigt sich mit vollem Horne
Selige Fülle.
Der Seher Phöbus Apoll
Wird Roms Macht und Latium sicher fördern
In ein neu' Jahrhundert des Glücks und immer
Schönere Zeiten.

Den rituellen Spielen folgte eine allgemeine Theater-Festwoche —. „zu Ehren des Festes".

Die neue Zeit hatte sichtbar und hörbar ihren Einzug gehalten. Die *Welt* stand im Zeichen ihres Advents, ihres „Tages".

Die neuen Evangelien

Wenn Rom redete, konnte der Osten nicht schweigen. Auch er ließ in vollen Tönen der Freude und des Dankes sein Bekenntnis zum

Herrn in Rom erschallen. Nicht nur das neue Jahrhundert, sondern jedes Jahr innerhalb der „schöneren Zeiten" sollte fortan an den Namen des „Erlauchten" erinnern. Der sechste Monat trug schon den Namen „Augustus", und so blieb es bis heute (wenn es auch heute der achte Monat ist). Aber wie sinnvoll wäre es, wenn den Jahresanfang der Geburtstag Sr. Majestät bestimmte! In der Provinz Asien — dem heutigen Kleinasien — beschloß man im Jahre 9 v. Chr. diese Kalender-Regelung. In *Priene* und drei anderen Städten der Provinz fanden sich auf Inschriften zwei wichtige griechische Urkunden: ein Schreiben des dortigen Prokonsuls an den Provinzial-Landtag, betreffend den neuen Jahresbeginn, und sodann der Beschluß dieses Parlaments. Nicht nur der Gegenstand beider Dokumente interessiert uns, sondern vor allem die Begründung und ihr Ton.

Der Prokonsul regt an: Schwer sei es, zu sagen, „ob der Geburtstag des allerhöchsten Caesar mehr Freude oder mehr Vorteil gebracht hat. Gerechterweise dürften wir ihn dem Anfang des Alls gleich achten, wenn auch nicht dem Ursprung, so doch dem Nutzen nach. Denn jedwedes Ding verfiel und gestaltete sich unheilvoll. Da hat er es wieder in den ursprünglichen Zustand versetzt. Er gab der ganzen Welt ein neues Antlitz. Sie wünschte sich am liebsten den Untergang, wäre nicht ein allen gemeinsames Glück geboren worden, der Caesar. Deshalb dürfte man wohl mit Recht ihn als Anfang von Dasein und Leben betrachten. Dem Bedauern, geboren zu sein, ist endlich Ziel und Grenze gesetzt. Mit keinem anderen Tage könnte man zu öffentlichem und persönlichem Vorteil glücklicher beginnen als mit diesem, der allen Glück gebracht hat. Ohnehin liegt in dieser Zeit der Amtsantritt der Behörden in den Städten Kleinasiens — eine Ordnung, die offenbar nach göttlichem Ratschluß so gefügt ist, um Anlaß zu einer Ehrung des Augustus zu werden. Außerdem ist es ja schwer, wenn wir nicht eine neue Form des Dankes ersinnen. Schließlich feiern die Menschen doch am liebsten den Geburtstag ihrer aller, wenn auch ein besonderer freudiger Anlaß für sie durch den Amtsantritt vorliegt. Aus all diesen Gründen bin ich der Meinung: für alle Städte sollte als neuer Jahresanfang der Geburtstag des allergöttlichsten Caesar gelten, das heißt: der 23. September."

Der Provinzial-Landtag war genau derselben Meinung, beschloß der Anregung des Prokonsuls gemäß und begründete seinen Beschluß wie folgt: „Die Vorsehung, die unser ganzes Leben ordnet, hat in Fürsorge und Eifer unser Dasein mit dem vollendetsten Schmuck geziert, als sie Augustus hervorbrachte. Zum Wohlergehen der Menschen hat sie ihn mit Tugend erfüllt. Sie hat ihn uns und den Unsrigen als Heiland gesandt: Er hat den Krieg beendet und alles wohl geordnet. Des Caesars Erscheinen hat die Hoffnungen vorangegangener Zeiten überboten. Er hat nicht nur die vor ihm lebenden Wohltäter (vgl. Lk. 22, 25) der Menschen übertroffen, sondern auch den künftigen keine Hoffnung gelassen, es ihm zuvorzutun. Der Geburtstag des Gottes wurde für die Welt zum Anfang der seinetwegen ausgehenden Evangelien." Beide Dokumente sollten u. a. im Tempel der Göttin Roma und des Augustus zu Pergamon wie in den Bezirks-Hauptstädten aufgestellt werden.

Was uns heute als unterwürfige Schmeichelei anmutet, war damals gehobener Redestil. Hinter seiner Überschwenglichkeit verbargen sich echtes menschliches Empfinden und der Wunsch, sich der Wirklichkeit einer großen Stunde anzuvertrauen. Für Rom war in West und Ost, war im ganzen Reich mit Augustus der „Tag der Welt" angebrochen. Wer die neuen „Evangelien" vernahm, brauchte nicht länger auf ihn zu warten. Wir hören es deutlich: jeder kommende Tag ist im voraus überholt. Er ist überrundet durch Caesars Tag.

ALLER TAGE ABEND:

JESUS VON NAZARETH

Seit alters begann in Israel der Tag mit dem Abend, jedenfalls der kultische Tag, der Feiertag und der Sabbat. „Vom Abend bis wieder zum Abend sollt ihr euren Feiertag halten" — so schrieb es das levitische Festgesetz vor (3. Mose 23, 32). Die Erinnerung an Israels Auszug aus Ägypten begann mit Riten, die das Geschehen der Todes- und Befreiungsnacht vergegenwärtigten. Das Passahfest und das mit ihm verschmolzene Fest der ungesäuerten Brote stand unter der „Ordnung auf ewige Zeiten": „Am vierzehnten Tage des ersten Monats am Abend sollt ihr ungesäuertes Brot essen, bis zum Abend des einundzwanzigsten Tages des Monats" (2. Mose 12, 18). Der „erste Monat" erhielt später den babylonischen Namen „Nisan" und entsprach ungefähr unserem April. Aus Abend und Morgen ward der Tag der Freiheit. Aus Abend und Morgen wurden die Tage der großen Woche, in der Gott Himmel und Erde schuf. Am Abend begann der siebente Tag, an dem Gott von all seinem Werke ruhte, das er gemacht hatte (1. Mose 1, 5 — 2, 3). Sobald am abendlichen Himmel die ersten drei Sterne aufblinken, hat noch heutigen Tages für Israel der Sabbat begonnen.

Am Abend, da sonst in aller Welt sich der Tag dem Ende zuneigt, beginnt „aller Tage Tag". Er beginnt mit dem *Abend* aller Tage.

DER ABEND GOTTES

Die Ankunft des Elia

Am 19. August des Jahres 14 n. Chr. schloß der göttliche Augustus seine Augen für immer. Mit einem griechischen Wort auf den Lippen hauchte er sein Leben aus. Es war zu Nola nahe Neapel. Fünfundvierzig Jahre hatte er das Römische Reich regiert, siebenundsiebzig Jahre gelebt. Zu Rom setzte man seine Asche bei. Als die Flamme des Holzstoßes über seiner Leiche zusammengeschlagen war, wollte einer der Senatoren gesehen haben, wie Augustus aus Lohe und Rauch leibhaftig gen Himmel gefahren sei. Götter kehren dorthin zurück, woher sie gekommen sind.

Dem unvergeßlichen Kaiser folgte sein Stiefsohn Tiberius, der bereits sechsundfünfzig Jahre alt war. Das weise Regiment wurde abgelöst durch eine unnachsichtige Despotie. Die Machtbefugnisse des Senats wurden eingeschränkt und die Volkswahlen abgeschafft. Die Prätorianer, die schon Augustus als kaiserliche Garde nach Rom gelegt hatte, erhielten dort ihre große Kaserne und in ihrem Präfekten den mächtigsten Mann neben dem Kaiser. Das Denunziantenwesen blühte. Der Rechtsstaat verwandelte sich in den reinen Machtstaat.

Im fünfzehnten Jahre der Regierung des Kaisers Tiberius, nach syrischer Zählung zwischen Oktober des Jahres 27 und September 28 n. Chr., entstand in den östlichen Randgebieten Judäas, am Unterlauf des Jordans, eine eigentümliche Erweckungsbewegung. Sie entzündete sich am Auftreten und an der Botschaft eines Mannes, der *Johannes* hieß und den man, um des von ihm gestifteten neuartigen Tauchbades willen, den „Täufer" nannte. Alle vier Evangelien lassen den Tag Jesu mit dem Auftreten dieses Mannes beginnen.

Über die Herkunft Johannes des Täufers wissen wir wenig. Historisch zutreffend sind vermutlich die Nachrichten davon, daß er väterlicherwie mütterlicherseits aus priesterlicher Familie stammte und daß sein Vater Zacharias, seine Mutter Elisabeth hieß. Der Legendenkranz, der von der Ankündigung seiner Geburt (Lk. 1, 5—25), der Begegnung seiner Mutter mit der Mutter Jesu (Lk. 1, 39—45) und seiner Geburt erzählt (Lk. 1, 57—66), verflicht von vornherein sein Schicksal mit dem Jesu von Nazareth. Zwei Hymnen besingen Gottes Größe und Erbarmen, die sich in der Geburt dieses Kindes offenbaren, wie die Verläßlichkeit seiner Zusagen, die er einst seinem Volke und den Vätern zugeschworen hatte: der „Lobgesang der Maria", das *Magnificat* (Lk. 1, 46—55), und der „Lobgesang des Zacharias", das *Benedictus* (Lk. 1, 68—79). Auch sie sind der „Vorgeschichte" Jesu eingefügt.

Plötzlich und unvermittelt steht der Mann vor uns: als Einsiedler. Kleidung und Nahrung versichtbaren seine Sendung und seinen Ruf. Obwohl Jude aus altem Kulturland, trägt er wie ein Beduine ein Kamelsfell und einen ledernen Lendenschurz — wie der Prophet Elia (2. Kön. 1, 8). Er nährt sich von dem, was er in der Steppe findet: von Heuschrecken (vielleicht Kräutergemüse?) und vom Honig wilder Bienenschwärme. Im Vorblick (Lk. 1, 15) und Rückblick (Mt. 11, 18) wird von ihm berichtet, daß er weder Wein noch Rauschtrank genoß. Er lebt also, gleich den Nasiräern, den Gottgeweihten des Alten Bundes, vegetarisch und abstinent. So verkörpert er in seiner Gestalt den Protest des Propheten gegen die Zivilisation der hellenistisch-römischen Zeit, die mit ihrer Üppigkeit und mit ihrem falschen Glanz (vgl. Mt. 11, 8) hoch und niedrig verblendet. Aber er verkörpert nicht minder den Protest gegen die Welt des Gottesstaates und seine religiöse Sattheit.

Wie die Gestalt und das Gebaren des Mannes, so hat für jeden seiner Zeitgenossen auch der Ort, an dem er auftritt, etwas Alarmierendes. Er hält sich in der „*Wüste*" auf, genauer gesagt: im unbesiedelten Landstrich der Jordansteppe, wo der Wind durch Strauch und Schilf saust (Mt. 11, 7). Das vierte Evangelium gibt als Orte Bethanien bzw. Bethabara (Joh. 1, 28) und Ainon bei Salim (3, 23) an, die beide von Archäologen noch nicht identifiziert werden konnten. Entscheidend ist, daß für die apokalyptische Erwartung der Zeit die Wüste ein geographisches Zeichen ist: der Schauplatz, von dem aus die „letzten Dinge" ihren Lauf nehmen sollen. In der Wüste liegt Israels Urzeit. In der Wüste soll auch seine Endzeit anheben. Die Wüsten-Überlieferung geht bis auf die frühen Schriftpropheten zurück.

„An jenem Tage" will der lebendige Gott dem bundbrüchigen Volke eine neue Zukunft eröffnen. Er will es in die Wüste verlocken, wie ein Bräutigam seine Geliebte „verführt". Durch göttliche Wundermacht soll das Tal, auf dem der Fluch des Frevels lastet, zur Pforte der Hoffnung werden. Auf Weinbergen wird Israel wieder die „Tage der Jugend" erleben. Gott wird einen *neuen Bund* schließen, in dessen Frieden Mensch und Tier, ja Himmel und Erde einbezogen sind. Die Mitte der neuen Ordnung des Kosmos aber soll sein: das Verlöbnis des Herrn mit seinem Volke zu ewigem Brautstand, „in Gerechtigkeit und Recht, in Liebe und Erbarmen, in Treue und Gotteserkenntnis". In der Wüste wird Israel aufs neue erwählt, zu einem neuen Volk. Aber die Wiedergeburt in der Wüste geht durch das Gericht hindurch (Hosea 2, 16—25; 2, 1—3).

In der Wüste geht es um Gottesgehorsam und nicht um Schlachtopfer und Gaben, sagt Amos (5, 25). In der Wüste ist Israel frei von den fremden Einflüssen Kanaans, noch nicht erlegen den Genüssen irdischer Fruchtbarkeit, noch nicht verfallen den Baalim, den Göttern des Blutes und Bodens. — Jeremia sieht die Wüste als die Stätte, da Israel treu ist im Gehorchen (2, 2) und Gott treu ist im Geleiten (2, 6):

So spricht der Herr:
Ich gedenke dir
die Huld deiner Jugend,
die Minne deiner Brautschaft,
die du mir nach durch die Wüste gingst,
durch ein Land, das nie besät wird. —
Der Herr ist es,
der uns heraufholte aus dem Land Ägypten,
der uns geleitete in der Wüste,
in einem Land von Steppe und Schlucht,
in einem Land von Dürre und Dunkel,
in einem Land, das nie jemand durchreist hat,
darin nie ein Mensch hat gesiedelt.

In der Wüste lebte bereits vor Jahrhunderten die Bruderschaft der Rekabiten nach Nomadenart, getreu dem Gelübde: keinen Wein zu trinken, keine Häuser zu bauen, keinen Ackerbau zu betreiben (Jer. 35).

Durch das Neue Testament klingt das alte Wort von der Wüste. In der Wüste wurde Israel versucht und erhob sich wider Gott (1. Kor. 10, 5; Hebr. 3, 8—11. 17). In der Wüste erfuhr es Gottes Erbarmen in Zeichen und Wundern: hier ließ er das Bild der ehernen Schlange errichten und

Brot vom Himmel herabfallen (Joh. 3, 14; 6, 31). Immer wieder hat Gott in der Wüste auf besondere Weise gesprochen (Apg. 7, 30—44). Die Juden wissen zu Jesu Zeit, der Todesengel habe in der Wüste keine Gewalt. Was Wunder, daß die Wüste, dieses geheimnisvolle Niemandsland, der Raum wird, auf den man immer wieder blickt, in den man immer wieder hineinlauscht: ob sich von dort her nicht das Neue, das Endgültige rege! In der Wüste sollte der *Messias* erscheinen und mit seiner Wundermacht die Feinde vertilgen. Unbewaffnet, unter dem Eingriff himmlischer Hilfe, wie es die Psalmen Salomos sangen, würde er das „Wunder der Befreiung" vollziehen. Josephus berichtet verschiedentlich, daß das Jahrhundert Jesu immer wieder durch messianische Bewegungen beunruhigt wird, die ihren Ausgang oder Bezugspunkt in der Wüste haben. Zwischen 44 und 46 n. Chr. will der „Zauberer" Theudas, den auch die Apostelgeschichte (5, 36) erwähnt, seine 400 Mann von der Wüste her trockenen Fußes durch den Jordan führen. Er will also das Wunder der Frühzeit (Josua 3) wiederholen. Nach 52 n. Chr. ruft ein weiterer „Zauberer" zum Zuge in die Wüste auf. In der nordafrikanischen Cyrenaika, dem heutigen Libyen, führt ein jüdischer Weber namens Jonathan „viele Arme" in die Wüste. Die Apostelgeschichte (21, 38) erwähnt einen ägyptischen Juden, der einen Aufstand machte und 4000 „Dolchmänner" in die Wüste hinausführte. Diese Dolchmänner — „Sikarier" genannt — waren nationalistische Extremisten, die ihre Gegner, besonders bei religiösen Festen, mit der kurzen „sica" (lateinisch: Dolch) im Gedränge umbrachten. Josephus weiß von einem Ägypter zu erzählen, der 30 000 Männer (!) von der Wüste zum Ölberg führte, um Jerusalem im gewaltsamen Handstreich zu nehmen. Ein anderer „Prophet" soll die Menge fasziniert haben, auf den Ölberg zu ziehen: dort werde der Messias erscheinen, und sie würden mit eigenen Augen sehen, wie die Mauern Jerusalems zusammenstürzten. Seine Anhänger wurden vom Prokurator Felix (53—55 n. Chr.) vernichtet. Er selbst sei spurlos verschwunden. Immer wieder branden aus der Wüste die Wellen messianischer Bewegungen heran. Aber nicht alle kommen aus der Wüste. Ein Unruheherd war von jeher Galiläa gewesen. Von Judas dem Galiläer hörten wir bereits: er war Schriftgelehrter und Mitbegründer der Zelotenpartei aus den Tagen der Schatzung im Jahre 6 n. Chr. (Apg. 5, 37). Wahrscheinlich war auch der aus dem Prozeß bekannte Barabbas, der als Schwerverbrecher (Mt. 27, 16), Räuber (Joh. 18, 40) und Mörder (Apg. 3, 14) bezeichnet wird, Bandenführer innerhalb einer antirömischen Untergrundbewegung (Lk. 23, 19).

Johannes tritt in der „Wüste" auf. Aber sein Auftreten ist der denkbar stärkste Widerspruch zu den messianischen Bewegungen der Zeit. Die frommen und unfrommen Aktivisten, die die Gesellschaftsordnung umstürzen wollen oder ihren Umsturz erhoffen, finden in ihm weder einen Bundesgenossen noch einen Nebenbuhler, sondern ihren Gegner. Johannes predigt nicht den Umsturz der Verhältnisse, sondern den Umsturz des Menschen. Er predigt „das Tauchbad der Umkehr zum Erlaß der Untaten" (Mk. 1, 4; Lk. 3, 3). Matthäus hat diesem Thema noch das Wort „Himmelsherrschaft" hinzugefügt (Mt. 3, 2). Der *Mensch* muß neu werden!

Der Bußprediger entfesselt eine *Bußbewegung.* „Ganz Judäa und ganz Jerusalem" pilgert zu ihm hinaus an den Jordan. Die Menschen strömen ihm zu. Sie bekennen ihm ihre Untaten und empfangen das endzeitliche Sakrament, das man nur einmal auf sich nehmen kann, um im bevorstehenden Gericht gerettet zu werden: sie lassen sich im fließenden Wasser untertauchen (Mk. 1, 5). Auch viele Angehörige der pharisäischen Bruderschaft und der sadduzäischen Kaste (Mt. 3, 7) kommen zu ihm, um die Taufe zu begehren. Aber der Täufer herrscht sie an: „Ihr Schlangenbrut! Wer wies euch den Weg, dem kommenden Zorn zu entfliehen? Bringt Frucht, die der Umkehr entspricht! Wähnt nur nicht bei euch: Wir haben ja Abraham zum Vater. Denn ich sage euch: Gott vermag aus diesen Steinen dem Abraham Kinder zu erwecken. Doch die Axt liegt bereits an der Wurzel der Bäume. Jeder Baum, der nicht gute Frucht bringt, wird umgehauen und ins Feuer geworfen" (Mt. 3, 7–10). Der Gott, dessen Kommen Johannes verkündet, kennt kein Ansehen der Person. Die hohen Herren des Tempelstaates und die Führer der Frommen müssen ins Gericht. Der alte Gegensatz von Frommen und Frevlern bricht zusammen. Die Grundüberzeugung, in der sich alle Juden einig waren — die Bruderschaft und die Kaste, die Priester und die Zunft der Schriftgelehrten, die apokalyptische Gruppe und die Heilsarmee des „neuen Bundes" — diese Grundüberzeugung, die diskussionslos feststand, wird ebenso diskussionslos zerschlagen.

Man kann sich die Botschaft des Täufers nicht revolutionär genug vorstellen. Wenn jemals, so gilt für seine Botschaft das uns heute so geläufige und reichlich abgegriffene Wort *„radikal".* Ob und wieweit es für Jesu Botschaft gilt, werden wir noch sehen. Aber hier gilt es in des Wortes tiefster Bedeutung: Johannes greift an die Wurzeln des Menschseins. Er greift an die Fundamente, auf denen der jüdische Gottesstaat als religiöses Gebilde ruht. Die Frevler werden, wenn sie um-

kehren, durch das Tauchbad feuerfest gemacht für die Lohe des Gottesgerichtes. Die Frommen werden ihm preisgegeben. Die Versicherungen,
die der Abrahamsbund zu gewähren scheint, werden ungültig, wenn
der Mensch sich auf ihnen ausruht. Johannes schlägt mit seiner Gerichtsrede alle falsche fromme Sicherheit nieder.

Lukas hat diese Schroffheit gegen die führenden Kreise offensichtlich
nicht mehr ertragen und die Gerichtsworte auf die Volksmassen bezogen (Lk. 3, 7). Aber er hat versucht, die Rede des Täufers für die
einzelnen Schichten des Volkes zu vergreifbaren. Die Menge, die Zöllner, die Soldaten kommen zu ihm mit der konkreten Frage, was denn
nun gerade *sie* tun sollten; und jede Gruppe erhält ebenso konkrete
Antwort. Man kann die konkrete Forderung des Johannes in dem
einen Satz zusammenfassen: Tut das Normale! Tut das, was die
menschliche Vernunft, was der Zolltarif, was die Dienstordnung vorschreiben! Gott ist ein Gott des Gewöhnlichen und des Alltäglichen.
Der Glanz des Außerordentlichen ist ihm zuwider. Er ist nicht der
Gott der Sensation.

Die Gerichtsrede des Täufers erhält nun dadurch eine besondere Zu-
spitzung, daß er in einem Rätselworte das Kommen eines *„Stärkeren"*
verkündigt. So gewaltig ist der Kommende, daß sich Johannes nicht
für würdig hält, ihm den geringsten Sklavendienst zu erweisen. Ein
Nichts ist er vor seiner Größe. „Ich taufe euch nur mit Wasser. Er aber
wird euch taufen mit heiligem Geiste" (Mk. 1, 7—9). Matthäus und
Lukas haben noch hinzugefügt „und mit Feuer" und den Kommenden
mit dem Bauern in der Erntezeit verglichen: mit der Worfschaufel
wirft er das ausgedroschene Getreide gegen den Wind in die Höhe,
so daß Spreu und Körner sich scheiden (Mt. 3, 11—12). Der Täufer
erwartet Gott selbst oder seinen Bevollmächtigten, der Richter und
König zugleich ist. Wird der Kommende den Weltbrand entfachen?
Wird er die Wassertäuflinge zu Geisttäuflingen machen? Wie immer
man die Fragen beantwortet: die Welt treibt der letzten Entscheidung
entgegen. Auch wenn das Messiasbild des Johannes nicht das Jesu ist:
der Tag steht unmittelbar bevor.

Man hat neuerdings Johannes zuweilen mit dem Orden von *Qumran*
in Verbindung gebracht, wie früher bereits mit den Essenern. Äußeres
und Inneres scheinen solche Verwandtschaft nahezulegen: die Nähe
der Orte, die priesterliche Tradition, die Verbindung von Buße und
Taufe, messianische Erwartungen, asketische Gepflogenheiten. Aus
Lukas 1, 80 schloß man: Johannes sei bis zu seiner Berufung durch
Gott „in der Einöde" gewesen; man habe ihn schon als Kind dem

Kloster Qumran zur Erziehung übergeben. Wenn er als Einsiedler plötzlich am Jordan erschien, so müßte das seinen Bruch mit der Klosterbruderschaft zur Voraussetzung haben. Aber beide Daten finden im Neuen Testament keine hinreichende Stütze. Zudem ist die Gerichtspredigt des Täufers grundverschieden von der Mentalität des Ordens. Die Wüsten-Typologie hat er zwar mit der „Emigration der Wüste" gemeinsam, besonders die Auslegung von Jes. 40, 3, die entgegen dem hebräischen, aber gemäß dem griechischen Text der Septuaginta, nicht nur den „Weg des Herrn" in der Wüste gebaut werden, sondern dort auch den „Rufer" die Stimme erheben läßt. Aber die Wüsten-Anschauung war auch den zahllosen messianischen Politikern und ihren Scharen gemeinsam, von denen sich zumindest Johannes schied.

Dreifach ist die Bedeutung Johannes' des Täufers zu bewerten:

Einmal: Seine *Gerichtsverkündigung* geht unfraglich zurück auf die großen Propheten des Alten Testaments. Wenn auch die Apokalyptik seine Anschauungen und Begriffe, wie die aller anderen hoffenden Zeitgenossen, zugeschärft hatte, so war er doch kein Apokalyptiker. Sein Bußruf ist unmittelbar und radikal wie der Bußruf eines Amos (9, 7–10), eines Micha (3, 12), eines Jeremia (Kap. 7; 26, 1–6). Er ist zudem völlig unpolitisch.

Sodann: Seine *Taufe* hat den außerordentlichen Charakter eines endzeitlichen Sakramentes (Hes. 36, 25; Sach. 13, 1). Sie geschieht nicht in Becken oder Bassins wie in Qumran, sondern im fließenden Wasser des Flusses. Sie ist — erstmalig — keine Waschung, die der Bußfertige an sich selbst vornimmt, sondern eine Eintauchung, die ein anderer an ihm vollzieht. Das Gegenüber von Täufer und Täufling bekundet, daß der Getaufte kein Handelnder, sondern ein Behandelter ist: daß er eine Gabe zu empfangen hat. Diese Gabe wird einmalig gegeben und nie wieder. Wer sich taufen läßt, läßt sich nicht nur reinigen, sondern er nimmt freiwillig und vorlaufend das Todesgericht auf sich, das Gott in Kürze über aller Welt vollstrecken wird.

Schließlich: Johannes' Sendung ist *universal*. Er will das Gottesvolk der Endzeit unmittelbar vor dem anhebenden Gericht sammeln, das priesterliche Volk. Aber er will keine Sekte gründen, die durch Auslese und Absonderung entsteht, wie die Gemeinschaft von Qumran. Gewiß, er hat Jünger gehabt, die regelmäßig fasteten und feste Gebetsformulierungen besaßen (Mk. 2, 18; Lk. 5, 33). Nach Lukas 11, 1 verdanken wir — im Unterschiede zu Mt. 6, 9 — diesem Umstand den Anstoß zum Vaterunser. Doch scheint der Kreis der Johannesjünger zunächst nicht

Selbstzweck gewesen zu sein. Ihr Vorhandensein deutet eher darauf hin, daß sich Johannes, im Unterschiede zum Orden, bewußt der Welt zuwandte und dazu seine Boten brauchte (vgl. Mt. 11, 2). Jedenfalls wendet er sich an alle und ruft alle in die Entscheidung.

Sein Lebensschicksal ist bekannt. Der Kleinfürst Herodes Antipas, der außer Galiläa das südliche Ostjordanland besaß, ließ ihn gefangensetzen, weil er seine Ehe mit seiner Schwägerin Herodias „und alles Böse, das Herodes getan", getadelt hatte. Aus dem Gefängnis heraus hatte er sich fragend an seinen Täufling Jesus gewandt, ob er „der Kommende" sei oder nicht (Mt. 11, 2—6). Josephus sieht in der Gefangennahme und Hinrichtung des Täufers die vorbeugende Vorsicht des Fürsten am Werke gegenüber drohendem Umsturz. Markus (6, 17—29) läßt ihn das Opfer der intriganten Fürstin werden, die das Bankett am Geburtstage ihres Mannes für ihre Zwecke ausnutzt. Seine Jünger sollen die Leiche des Enthaupteten in der Stille begraben haben. Der Bericht verschweigt den Ort.

Das vierte Evangelium überliefert ein Wort des Täufers über Jesus, das einer Aufforderung an seine Jünger nahekommt, dem Mann aus Nazareth nachzufolgen (Joh. 1, 29—37). Die anderen drei kennen umgekehrt nur Worte Jesu über den Täufer. In ihnen bekennt sich Jesus in betonter Weise zu Johannes als dem größten Menschen, der je gelebt habe. Er war kein Höfling, sondern ein Charakter, ein Prophet, ja mehr als ein Prophet (Mt. 11, 7—11). An ihm schieden sich die Geister und Schicksale: „Alles Volk, das ihn hörte, und die Zöllner gaben Gott recht, indem sie sich mit der Taufe des Johannes taufen ließen. Die Pharisäer aber und die Gesetzeskundigen verwarfen den Ratschluß Gottes über sie selber, da sie sich nicht von ihm taufen ließen" (Lk. 7, 29—30). Noch in den letzten Tagen seiner Wirksamkeit, als ihn Hohepriester, Schriftgelehrte und Älteste nach der Vollmacht fragen, kraft deren er den Tempelvorhof gereinigt habe, antwortet Jesus mit der Gegenfrage: „War die Taufe des Johannes vom Himmel oder von Menschen?" Die betreten Schweigenden würdigt er keiner weiteren Antwort. Beide — Johannes und Jesus — gehören zusammen: am Verhalten zu jenem ist bereits die Entscheidung vor diesem gefallen. Johannes war der wiedergekehrte Elia. Aber er war der Willkür der Menschen preisgegeben: so „taten sie an ihm, was sie wollten" (Mk. 9, 11—13).

Dieses Urteil ist um so bedeutsamer, als ein doppelter Unterschied zwischen Jesus und dem Täufer grundlegend ist. Von Johannes werden keine Wunder berichtet. Und: er selbst scheint kein Pneumatiker gewesen zu sein; sein Kreis behauptete nicht wie der Orden von Qumran, den Geist als die Gabe der Endzeit zu besitzen. Jesus hat offensichtlich von Johannes dem Täufer den an ihn selbst ergehenden Ruf Gottes vernommen. Nicht ein besonderes Wort dieses Mannes, sondern der Mann selbst war ihm dieser Ruf Gottes. Genauer gesagt sind für Jesus zwei Dinge im Dasein des großen Einsamen Gottes unmittelbare, lebendige Anrede an ihn selbst gewesen: das Auftreten Johannes des Täufers und sein Zeugentod. Vermutlich ist Jesus nicht nur sein Täufling, sondern auch zeitweilig sein Jünger gewesen. Doch darüber schweigen unsere Evangelien. Nur das vierte weiß davon zu reden, daß zwei Jünger Jesu ursprünglich Johannesjünger gewesen seien (Joh. 1, 35—40). Über weitere Zusammenhänge wissen wir nichts, sondern können nur Vermutungen anstellen.

Erst nach Jesu Tode bildeten sich Unterschiede und Gegensätze zwischen den Christen und den Johannesjüngern aus. Jedenfalls scheint es eine *Täufersekte* gegeben zu haben, die die Wassertaufe des Johannes als Ursakrament beibehielt (vgl. Apg. 19, 1—7). Ob aus ihrem Kreise der Legenden- und Hymnenkranz in Lukas 1 stammt, läßt sich nicht eindeutig entscheiden. In und zwischen manchen Zeilen des Johannesevangeliums vermag man Nachklänge einer ursprünglich heftigen Auseinandersetzung zu vernehmen. Jedenfalls gab es eine Täuferverehrung, die noch im 2. Jahrhundert in Johannes den Messias sah und auf seine Wiederkunft hoffte. Um 200 n. Chr. scheinen jedoch die Täuferverehrer in den syrischen Taufsekten aufgegangen zu sein bzw. in den Mandäern, die sich Johannes-Nazoräer nannten und noch heute im südlichen Irak und Iran als Sekte von 3000 bis 4000 Anhängern leben.

Zwischen Taufe und Tod

Zu den historisch sichersten Daten der Geschichte Jesu von Nazareth gehört die Tatsache, daß er von Johannes im Jordan *getauft* wurde. Alle vier Evangelien bezeugen sie. Sie bezeugen sie ebenso sicher wie die andere Tatsache, daß Jesus unter dem Prokurator Pontius Pilatus *gekreuzigt* wurde. Zwischen Taufe und Tod ist der für uns sichtbare Teil seines Lebens gespannt.

Dennoch vermögen wir auf Grund unsrer heutigen Kenntnis der Quellen *keine Lebensbeschreibung* Jesu von Nazareth zu bieten. Albert Schweitzer hat in seinem klassischen Werke die „Geschichte der Leben-Jesu-Forschung" von dem „Fragment des Wolfenbüttelschen Ungenannten" (H. S. Reimarus † 1768) an, das Lessing 1778 herausgab, bis 1912 dargestellt. Zweierlei Erkenntnisse ergaben sich dabei, eine positive und eine negative. Positiv war über die anderthalb Jahrhunderte historischer Arbeit zu sagen: „Man kann es nicht hoch genug anschlagen, was die Leben-Jesu-Forschung geleistet hat. Sie bedeutet eine einzigartig große Wahrhaftigkeitstat, eines der bedeutendsten Ereignisse in dem gesamten Geistesleben der Menschheit." Negativ ergab sich: Es ist unmöglich, ein „Leben-Jesu" zu schreiben. Wo man es dennoch versuchte, mußte man die historische oder die dichterische Phantasie bemühen.

Die negative Erkenntnis ergibt sich aus dem Charakter der *Quellen.* Die Evangelien sind zwar als spätantike Texte keineswegs schlecht. Bereits Schweitzer gestand: daß, wenn wir uns begnügten, nur eine Darstellung der öffentlichen Wirksamkeit Jesu zu geben, wir dann „von wenigen Persönlichkeiten des Altertums so viele unzweifelhaft historische Nachrichten und Reden besitzen, wie von Jesus". Aber die Evangelien wollen weder Biographien sein noch Material für eine Biographie liefern. Die Evangelien sind Glaubensurkunden. Sie sind niedergeschrieben bzw. zusammengestellt, um an Hand einer Auswahl von Erzählungen und von Aussprüchen Jesu Menschen zum Glauben zu erwecken. Auch über den ersten drei Evangelien steht unsichtbar das Wort, mit dem ursprünglich das vierte Evangelium schloß: „Viele und ganz andere Zeichen tat Jesus vor seinen Jüngern, die nicht in dieser Buchrolle niedergeschrieben sind. Diese aber sind niedergeschrieben, damit ihr glaubt, daß Jesus der Gesalbte, der Sohn Gottes ist, und daß ihr glaubend das Leben habt in seinem Namen" (Joh. 20, 30—31).

Die Evangelisten sind keine Biographen, sondern Sammler von überliefertem Gut. *Einzelne* Erzählungen, Gespräche, Gleichnisse, Worte Jesu liefen ursprünglich selbständig um. Bei verschiedenen Gelegenheiten waren sie gesprochen worden: im Gottesdienst, bei der Verkündigung und Unterweisung der Glaubenden, bei der Missionierung der Heiden und in der Auseinandersetzung mit ihnen. Später wurden diese in sich selbständigen kleineren Einheiten gesammelt, gerahmt und in größere Zusammenhänge eingespannt. Orts- und Zeitangaben verbanden das einzelne zum *Gefüge* des Evangeliums. Ohne literarischen Ehrgeiz schufen unbekannte einzelne und Gruppen aus „Perikopen", d. h. Lese- und Lehrabschnitten, Erbauungsbücher. Da sie der mündlichen Überlieferung nahe und dem volkstümlichen Denken verhaftet blieben, hat man sie als „Kleinliteratur" gekennzeichnet.

Aus diesen Gründen läßt sich weder eine äußere noch eine innere Ent-

wicklung Jesu darstellen. Die Evangelien bieten keinen äußeren Le-
bensgang. So wenig wir von Johannes dem Täufer wissen, wie lange
er — seit 27/28 — gewirkt hat, so wenig wissen wir es von Jesus. Das
vierte Evangelium erzählt von drei Passahfesten (Joh. 2, 13; 6, 4;
11, 55), rechnet also mit einem Zeitraum von zwei bis drei Jahren.
Die ersten drei Evangelien, die man wegen ihrer Zusammenschau die
„Synoptiker" nennt, kennen nur ein Passah, das Todespassah, und
geben die Möglichkeit, alles Berichtete in weniger als einem Jahr unterzubringen.

Eine besondere Frage stellt die Berechnung des Todesjahres Jesu dar.
Alle vier Evangelien stimmen darin überein, daß Jesus an einem
Freitag der Passah-Zeit gekreuzigt und an dem darauffolgenden Sonntag auferweckt wurde. Sie geben aber eine verschiedene Antwort auf
die Frage, wie sich jener feststehende Freitag — unser „Karfreitag" —
— zum *ersten Tage des Passah*, das ein bewegliches Fest war, verhielt.
Der erste Passah-Tag war der 15. Nisan, am Vorabend, dem 14. Nisan,
pflegte man das Passah-Mahl zu halten. Nach dem vierten Evangelium
(Joh. 18, 28) starb Jesus am Freitag, dem 14. Nisan: in der Stunde,
da die Passah-Lämmer geschlachtet wurden. Nach den Synoptikern
starb er am Freitag, dem 15. Nisan, d. h. am ersten Passah-Tage, an
dem Hinrichtungen sonst nicht vorgenommen wurden, woran Mk. 14, 2
noch erinnert. Beide Chronologien haben theologische, besser gesagt:
Verkündigungs-Tendenzen. Die johanneische Zeitangabe will sagen:
Jesus ist das wahre Passah-Lamm (vgl. z. B. Joh. 1, 29; 19, 36), denn
er starb am Vorabend des Festes, wo man das Passah-Lamm schlachtete
und aß. Im Unterschied zu Johannes, der von der Feier des Abend-
mahles schweigt, will die synoptische Zeitangabe sagen: Jesu letztes
Mahl war ein Passah-Mahl. Legt man die synoptische Angabe, gegen
die freilich manches spricht, zugrunde, so erhält man ein hinreichend
wahrscheinliches Datum, und zwar aus zwei Gründen. Einmal haben
astronomische Berechnungen ergeben, daß u. a. für das Jahr 30 der
15. Nisan auf einen Freitag fällt, und zwar auf Freitag, den 7. April
30. Das nächst-mögliche Datum — Freitag, der 3. April 33 (übrigens
ein 14. Nisan) — entfällt als weniger wahrscheinlich, da es sich nach
der in Delphi gefundenen Gallio-Inschrift mit der Bekehrung des
Paulus überschneiden würde. Frühere Daten — etwa der 11. April 27
(= 15. Nisan) — kommen wegen der Angabe Lukas 3, 1 nicht in
Betracht.

Jesus ist also zwischen 27/28 und 29 aufgetreten und wahrscheinlich
am 7. April 30 gekreuzigt worden. Das stimmte zu der Angabe aus

Johannes 2, 20, wo das 46. Baujahr des herodianischen Tempels erwähnt wird, also das Jahr 27/28. Nach Joh. 8, 57 war Jesus „noch nicht 50 Jahre", nach Lk. 3, 23 „etwa 30 Jahre alt".

So hinreichend genau der Beginn und das Ende der Wirksamkeit Jesu für die Zwecke des Historikers fixiert sein mögen, so wenig gilt das für den Verlauf dieser Wirksamkeit selbst. Denn die geographischen Angaben, aus denen Wanderungen und Reisen Jesu erkenntlich werden, entstammen der Komposition des jeweiligen Evangelisten. Aber diese Anordnung geschieht nicht willkürlich, sondern hat einen tieferen Sinn: sie dient der *Verkündigung*. Das gilt besonders von den Angaben des Lukas über Orte und Wege Jesu, und hier wiederum besonders von dem großen Reisebericht (Lk. 9, 51—19, 27): Jesu Weg von Galiläa nach Jerusalem ist der Weg zum Leiden, das er als der Christus nach Gottes Heilsplan auf sich nimmt. Schon das älteste Evangelium, Markus, hat den überlieferten Stoff gruppiert nach den großen Tendenzen der Verkündigung: in Galiläa wirkte er (Aktion: Mk. 1—9) — in *Jerusalem* litt und starb er (Passion: Mk. 11—16). Die Reise stellt den Übergang zwischen beiden her (Mk. 10).

Noch weniger als einen äußeren Gang der Ereignisse werden wir eine *innere Entwicklung Jesu* selbst darzustellen vermögen. Die Evangelien wollen kein Bild seines Charakters geben, sondern sein Heilswerk verkündigen. Wir können heute noch weniger, als selbst Albert Schweitzer es versuchte, ein dramatisch bewegtes Bild von den inneren Motiven, Entscheidungen und Tendenzen Jesu entwerfen. Entfällt bereits seit langem eine Gesamt-Biographie Jesu, so läßt sich selbst die verhältnismäßig kurze Zeit seines öffentlichen Wirkens kaum psychologisch deutend beschreiben. Tut man es doch, so retuschiert man das Bild; aber man macht es dadurch weder anschaulicher noch wahrer.

Der überwiegende Teil der Forscher erklärt seit langem diesen Tatbestand nicht nur aus dem vorhin erwähnten Charakter der Evangelien im allgemeinen, sondern auch mit dem besonderen Hinweis: daß ein ursprünglich menschliches Dasein durch die *Ostererfahrung* der Jünger und der Gemeinde neu erfaßt und gestaltet worden sei. Ein unmessianisches Leben eines Propheten sei nachträglich zum messianischen Leben des zum Christus erhöhten Herrn erhoben worden. In dieser Annahme spiegelt sich eine in der Tat entscheidende Beobachtung wider: unsere Evangelien entstammen einer Gemeinde, die erst seit Ostern und durch Ostern wirklich und endgültig weiß, wer Jesus von Nazareth eigentlich ist. Erst durch die Ostererfahrungen verstand sie den Sinn seines Lebens, Leidens und Sterbens. Erst die Erscheinun-

gen des von Gott auferweckten Herrn öffneten den ersten Zeugen die
Augen und setzten ihr Herz in Brand (Lk. 24, 31—32). Was Wunder,
daß sie nur aus der neuen, ihnen im Glauben geschenkten Existenz die
Worte und Taten Jesu, die sie von ihm in der vorösterlichen Zeit vernommen hatten, zu fassen und zu formen vermochten! Über allen
Teilen der Evangelien, die sich aus Botschaft und Bericht zusammen-
weben, liegt darum österliches Licht. Der alte Bengel sagte daher von
den Evangelien: „Sie atmen Auferstehung." Ja viele Ausleger meinen,
daß ganze Erzählungen — wie z. B. die Berufung des Petrus am See
(Lk. 5, 1—11) — ursprünglich Ostererfahrungen wiedergeben und erst
nachträglich in das Leben des irdischen Jesus hinein vordatiert wurden.
Auch manche Worte, die die Evangelisten den historischen Jesus sprechen lassen, sind höchstwahrscheinlich von Haus aus Worte, die die
nachösterliche Gemeinde durch Offenbarung vom Erhöhten empfing.
So lebendig erfuhr man im unmittelbaren Umgang des Geistes und
des Gebetes die Gegenwart des Lebendigen. Aber diese kraftvolle
Gegenwart erweckte nicht nur den Willen, das Vergangene neu zu
erwerben. Ihr gleißendes Licht ließ auch manchen historischen Umriß
im Hergang der Geschichte Jesu verschwimmen. Die Christus-Ge-
meinde hatte nicht den Ehrgeiz, durch eine protokollarisch genaue Ge-
samt-Dokumentation eine General-Bestandsaufnahme des wirklich
Gewesenen zu vollziehen.

Aber so richtig alle diese Überlegungen sind und so fruchtbar sie sich
für den Fortgang der Erforschung der Evangelien erwiesen haben, so
lassen sie doch eine gewichtige historische Möglichkeit nicht genügend
zur Geltung kommen. Wir sahen bisher: Eine Entwicklungsgeschichte
Jesu läßt sich deswegen nicht geben, weil die Quellen sie nicht geben
wollen. Aber es bietet sich daneben die nicht minder einleuchtende
Möglichkeit: daß sie sie nicht geben *können*. Nicht nur ihre Absicht
geht in andere Richtung. Vielmehr versagt sich ihnen ihr „Gegenstand"
selbst: Jesus. Die Evangelien dürften vor allem deswegen außerstande
sein, eine Entwicklung Jesu darzustellen, weil Jesus in der darzu-
stellenden Zeit keine Entwicklung durchlaufen hat. Als ein *Fertiger*
tritt er auf. Vom ersten Tage an, der uns geschildert wird, *ist* er bereits
der, der er werden soll. Das, was wir als Werden an ihm wahrzunehmen meinen, ist in Wirklichkeit nur die Entfaltung seines ursprünglichen *Seins*.

Was wir in den Evangelien als nachträgliche österliche Einblendungen
feststellen möchten, erweist sich als ein diesem Leben von vornherein
innewohnendes Licht. Psychologisch gesehen: die Jünger wurden gewiß

durch die bestürzenden Ostererfahrungen zum Osterglauben an den Lebendigen erweckt. Aber daß sie in den Ostererfahrungen wirklich *ihm* begegneten, verdanken sie dem Umstand, daß sie zuvor ihm als dem Irdischen begegnet waren. Sein irdisches Leben war gerade als Menschenleben von solcher Unwiderstehlichkeit, daß es die Formen ihrer künftigen Erfahrung prägte. Bereits der historische Jesus, der Jesus vor Ostern, mit dem sie durch Galiläa gewandert, über den See gefahren und nach Jerusalem gewallfahrtet waren, hatte sie mit seiner Kraft bei sich selbst behaftet. *Er selbst hatte sich ihnen imponiert.* Die Frage ist historisch unangemessen und scheint religiös fast blasphemisch zu sein. Aber sie muß um der Klarheit willen einmal versuchsweise gestellt werden, um sofort wieder zu verschwinden: Was wäre geschehen, wenn den ersten Zeugen keine Ostererfahrungen zuteil geworden wären? — Die Ostererfahrungen der Jünger verdanken gewiß ihren Inhalt nur dem machtvollen Eingriff Gottes. Aber das Maß ihres Umfanges und die Farbe ihrer Anschauung verdanken sie der vorgängigen Erfahrung des vorösterlichen Mannes von Nazareth. Ostern bedeutet den Rückruf Gottes zum historischen Jesus. Der verlorene Sohn wird dadurch ins Vaterhaus zurückgeholt, daß in der Fremde das Bild des Vaters Gewalt über ihn gewinnt (Lk. 15). So wird die erste Schar der Glaubenden aus der Fremde des Scheiterns heimgeholt zum historischen durch das Bild des historischen Jesus. Denn die Kraft des Irdischen ist der Erhöhte. Aber das Maß des Erhöhten ist der Irdische.

Heimat und Herkunft

Jesus heißt in den Evangelien der *Nazarener*, oder der *Nazoräer*, was beides „der Mann aus Nazareth" bedeutet. Nazareth wird nur im Neuen Testament, nicht einmal im Alten erwähnt. Obwohl Matthäus und Lukas es als „Stadt" bezeichnen, dürfte es damals ein bescheidenes Dorf mit israelitischer Bevölkerung im Berglande von Untergaliläa gewesen sein, vermutlich sogar eine relativ junge Siedlung. Josephus, der selbst aus Jerusalem stammt, kann sich nicht genug tun, die Fruchtbarkeit und Schönheit Galiläas zu rühmen. Der Reichtum an Herden und an Pflanzungen aller Art wird von ihm hervorgehoben, besonders aber das milde Klima am See Genezareth, in dem fast das ganze Jahr über ein „edler Wettstreit der Jahreszeiten" stattfindet.

Aus den Gleichnissen Jesu strömt uns der Erdgeruch seiner Heimat entgegen. *Galiläa* war uraltes Bauernland. Seit Jahrhunderten war es allerdings in seinen fruchtbaren Ebenen, die es umgaben, altes „Königsland", d. h. Domänengebiet, das von Großpächtern bewirtschaftet wurde. Seinen alten, vielleicht schon vorisraelitischen Namen „Galiläa, d. h. *Kreis* der Völker", trug es vermutlich nach den zum Teil ausländischen Feudalherren, den großen Rittergutsbesitzern, die eigene Landeshoheit und Gerichtsbarkeit besaßen und mit ihren Besitzungen den Kern des freien Berglandes einschlossen. Diese Bezeichnung „Kreis der Völker" (Jes. 8, 23; Mt. 4, 15) wurde weithin als „Galiläa der Heiden" in dem Sinne mißverstanden, als sei Galiläa ein halbheidnisches Gebiet gewesen. Im Bewußtsein des Volkes war eher das Gegenteil der Fall: Galiläas Judentum war seit jeher rassisch wie religiös besonders rein. Galiläa war das Heimatland der *Zeloten,* der religiössozialen Fanatiker, der patriotischen Aktivisten. Wie wenig vorbildlich allerdings die wirtschaftlichen und sozialen Verhältnisse und wie verhaßt die landfremden Großgrundbesitzer bei den galiläischen Bauern und Landarbeitern waren – auch das klingt durch Jesu Gleichnisse hindurch (vgl. Mk. 12, 1–11).

Nazareth ist das Vaterdorf Jesu (Mk. 6, 1). Hier wächst er auf im Kreise von mindestens sechs weiteren Geschwistern. Neben mehreren Schwestern, die wir uns wohl als verheiratet zu denken haben, werden die Namen von vier Brüdern genannt: *Jakobus,* der später die Gemeinde zu Jerusalem leitete (1. Kor. 15, ,7; Gal. 1, 19; Apg. 12, 17); *Joses,* gräzisiert aus Joseph; *Judas,* der als Verfasser des Judasbriefs nach dessen Selbstaussage gilt: seine als Kleinbauern in Palästina lebenden Enkel sollen dem Kaiser Domitian († 96) in Rom vorgeführt worden sein und noch unter Trajan (98–117) gelebt haben; schließlich *Simon,* von dem sonst nichts berichtet wird. Sämtliche Namen der Brüder sind Namen der Patriarchen und verraten, daß in der Familie alte Väterfrömmigkeit gepflegt wurde. Die Namen Joses und Jesus sind gräzisiert. *„Jesus"* ist die griechische Form des hebräischen Namens Jeschua, einer jüngeren Form des Names Jehoschua = Josua, den der Nachfolger Moses trug. Der Name des Vaters, Joseph, erscheint außer in Joh. 1, 45 und 6, 42, wo Jesus „der Sohn des Joseph" heißt, nur in den Kindheitsgeschichten des Matthäus und Lukas. Er war seinem Beruf nach nicht Bauhandwerker, sondern Zimmermann, der Holz zu verarbeiten hatte (Mt. 13, 55). Der Märtyrer Justin († 165) will wissen, er habe Ackergeräte aus Holz, Pflüge und Joche, verfertigt. Zur Zeit, da Jesus auftrat, scheint er bereits gestorben zu sein. Vom Vater lernte auch Jesus das Handwerk. Er heißt nicht nur „des Zimmermanns Sohn" (Mt. 13, 55), sondern selbst „der Zimmermann" (Mk. 6, 3).

Außer in den Kindheitsgeschichten (Mt. 1–2; Lk. 1–2) spielt die Mutter Jesu, *Maria,* nur eine beiläufige Rolle. Mit Namen wird sie nur gelegentlich erwähnt (Mk. 6, 3; Mt. 13, 55). Zu Jesu Lebzeiten gehörte sie nicht zu seinen Anhängern (Mk. 3, 31—32). Doch zählt Lukas sie und ihre Söhne zur Urgemeinde in Jerusalem (Apg. 1, 14). Das vierte Evangelium nennt sie nicht mit Namen. Nach ihm verweist Jesus sie mit schroffem Wort aus seinem engsten Bezirk (Joh. 2, 4), weist ihr aber dafür mit dem Wort vom Kreuz herab (Joh. 19, 26) den Platz in der Gemeinde an, wo sie sich geborgen, aber auch zur Liebe aufgerufen wissen soll. Aller künftigen Marienverehrung, die offensichtlich früh aufzukeimen begann, hat der vierte Evangelist einen sichtbaren Riegel vorgeschoben. Ähnlich ist das bei Lukas überlieferte Wort zu verstehen, in dem Jesus die Seligpreisung seiner Mutter durch die Seligpreisung derer zurückweist, die das Wort Gottes hören und bewahren (Lk. 11, 27—28).

Über Jesu Aussehen erfahren wir weniger als über das des Täufers. Es scheint das Maß des Normalen in keiner Weise überschritten zu haben. Auch das Selbstverständliche muß man sich vergegenwärtigen. Jesus konnte lesen: er kennt das Gesetz und die Propheten und vermag in der Synagoge aus ihnen die Lektion zu halten. Jesus konnte sicherlich schreiben, da man es mit dem Lesen zu lernen pflegte. Aber weder hat er ein einziges schriftliches Wort den Seinen überliefert, noch wird je berichtet, daß er geschrieben habe. Der Sonderfall, den die in das vierte Evangelium geratene Erzählung von der Ehebrecherin berichtet (Joh. 8, 6 und 8), bestätigt nur diesen bedeutsamen Tatbestand. Als schriftkundiger Galiläer wird Jesus wahrscheinlich dreisprachig gewesen sein: er kannte das *Hebräische,* die Sprache des Alten Testamentes und des Kultes; dazu selbstverständlich das *Aramäische,* die Sprache des alltäglichen Umgangs, vermutlich in der dem Galiläer eigentümlichen Dialektform, die der Großstädter als lässig und bäuerisch empfand (vgl. Mt. 26, 73) und über die er Witzworte erzählte. Angesichts der Tatsache, daß auch Galiläa von hellenistischen Gebieten umgeben und mit hellenistischen Städten besiedelt war und daß die griechische Verkehrssprache weite Verbreitung gefunden hatte, wird man es für möglich halten, daß Jesus und seine Jünger *Griechisch* zumindest verstanden, vielleicht sogar auch sprachen. Zwei- oder Dreisprachigkeit war keineswegs ein Zeichen von Bildung. Sie ergab sich notwendig aus den wirtschaftlichen und gesellschaftlichen Verhältnissen der Zeit.

Der Gottbesessene

Unvermittelt und jäh, wie vordem Johannes der Täufer, steht Jesus am Jordan. Der älteste Bericht schildert sein erstes Auftreten fast im

Telegrammstil: „Und in jenen Tagen ereignete es sich: Jesus kam von Nazareth in Galiläa und ließ sich im Jordan von Johannes taufen. Und alsbald, während er aus dem Wasser hinaufstieg, sah er die Himmel sich spalten und den Geist wie eine Taube hinabschweben auf ihn. Und eine Stimme aus den Himmeln: Du bist mein geliebter Sohn; dich habe ich erwählt" (Mk.1, 9—11).

Der kurze Bericht hält ein außerordentliches Ereignis fest. Seine Bedeutung läßt sich schwer überschätzen. In gewisser Hinsicht ist es das gewichtigste Geschehen im Geschick Jesu von Nazareth überhaupt. Es entfaltet sich in allen kommenden Geschehnissen, von denen die Evangelien erzählen. Es trägt die Zukunft in sich, oder genauer: die Zukunft Jesu meldet sich in diesem Geschehen zu Wort. Die Taufe Jesu ist in jeder Hinsicht ein *Urereignis*.

Die älteste Kunde von diesem Urereignis fand Markus bereits vor. Bei ihm ist es noch vom Hauch des Geheimnisses umwittert: Gott selbst spricht zu Jesus. Gott redet ihn mit seinem *Du* an. Ganz unmittelbar geschieht es, wie wenn kein anderer zusähe oder zuhörte — selbst der Täufer nicht. Gott spricht zu Jesus. Jesus hört Gottes Anruf. Offenbarung ereignet sich — in dreifacher Hinsicht:

Gott erklärt Jesus zu seinem Sohne. Gott adoptiert ihn. Der Gedanke, daß Gott Jesus zum Adoptivsohn einsetzt, ist durch gewisse Lehrer der alten Kirche in Mißkredit gekommen. Auch heute ist er manchem Christen anstößig, weil er die ewige Sohnschaft und Gottheit Jesu Christi auszuschließen scheint. Ist Jesus nicht Gottes Sohn „von Natur"? In der Tat: so dachte man sich in der alten kanaanäischen Baalsreligion den König als „Gottessohn". Das Alte Testament hat diese heidnische Anschauung abgewiesen. Es hat die Vorstellung von der leiblichen Gottessohnschaft des Gesalbten verwandelt in die Aussage von der Rechtserklärung, durch die Gott ihn in die Rechte eines Sohnes einsetzt. So spricht es der 2. Psalm aus. Er stellt ein Lied dar, das bei der Thronbesteigung des jüdischen Königs zu Jerusalem rezitiert wurde: „Mein Sohn bist du, ich habe dich heute gezeugt" (Ps. 2, 7). Diesen „Gottes-Beschluß" aus dem alten Königszeremoniell bekommt Jesus zu hören. Das Wort, daß er „heute gezeugt" sei, wird von allen Evangelisten — fortgelassen.

Dafür erhält das Wort eine eigentümliche Auffüllung aus dem ersten Liede Deuterojesajas vom Gottesknecht (Jes. 42, 1—4): „Du bist mein geliebter Sohn; dich habe ich erwählt." So hieß es in Jes. 42, 1:

Siehe, mein Knecht, an dem ich festhalte,
mein Erwählter, an dem meine Seele Wohlgefallen hat.

Vielleicht galt dieses Beschließen Gottes dem Volke Israel. Nun gilt es dem Zimmermann aus Galiläa. Nun trägt es Gott nicht mehr für sich im Herzen. Aus dem Selbstgespräch Gottes wird die Anrede an Jesus. Jesus ist *der Erwählte,* von dem die Apokalyptiker träumen. Bald wird aus Traum Wirklichkeit werden. Der Erwählte wird die Erwählten sammeln. Bei „Henoch" stand es ja: der Erwählte wird mit den Erwählten offenbart werden. Jesus wird die Seinen sammeln, wenn anders er den Ruf der Erwählung verstanden hat. Der Augenblick der Taufe Jesu ist bereits die Empfängnis der Kirche: bald wird sie geboren werden. — Aber die Erwählung des Sohnes zum „Knecht", d. h. zum Großvezir Gottes, bedeutet Dienst. Jesus erhält eine Aufgabe: er soll die Wahrheit oder — was dasselbe meint — das Recht den Weltstämmen künden. Wir werden sehen, wie er diesen Dienst verrichtet (Mt. 12, 18—21). Wird er, der Rechtsbringer, auch leiden müssen, wie es vom Gottesknecht (Jes. 53), wie es vom Gerechten (Ps. 34, 20) heißt? Die Erzählung von Jesu Taufe wird hier sicher überfragt. Aber das Urereignis, das Jesus widerfährt, ist offen nach allen Richtungen.

Schließlich: Adoption und Erwählung verleihen Jesus den *Geist.* Der Geist ist die Gabe der Endzeit. Er ist der Gemeinde der Endzeit verheißen. Wir hörten es schon: über „alles Fleisch" soll er ausgegossen werden (Joel 3), wie Wasser auf dürstendes Land (Jes. 44, 3). Der Geist ist die Kraft der Ekstase, der Träume und Gesichte, und zugleich die Macht der Wunderzeichen, die am Himmel und auf Erden geschehen sollen (Joel 3). Er ist die Freiheit der Gnade und die Freiheit des Flehens um die Gotteshuld für das Haus Davids und für alle Bewohner Jerusalems (Sach. 12, 10). So meditierten es die Apokalyptiker in ihren Brevieren. Der Geist wandelt den Menschen, den einzelnen und die Gemeinschaft, die Menschheit und die Welt. Gott erhört die Bitte der Seinen (Jes. 64, 1):

O daß du den Himmel zerrissest und führest herab!

Gott fährt herab. Aber nicht auf die vielen, sondern nur auf den Einen. Jesus wird zum Pneumatiker, zum *Geistträger* schlechthin. Wie ein Visionär sieht er das alles geschehen über und an sich: den Geist herabschwebend „wie eine Taube". Ist die Taube, wie im Märchen, der Königsvogel, der sich dem neu zu kürenden Herrscher aufs Haupt setzt? Ist sie die personifizierte Gotteskraft, die den König erfüllt, wie man sie in Persien darstellte? Ist sie Hinweis auf die Taube Noahs (1. Mose 8, 8—12), die das Ende des Flutgerichts ankündigt? Oder versinnbildlicht sie das Schweben des Geistes über den Wassern des Urmeeres (1. Mose 1, 2)? Wir wissen es nicht genau. Lukas hat den Geist „in leiblicher Gestalt" wie eine Taube herabfahren lassen. Woher immer die bildhaften Züge stammen, deutlich ist die Grundaussage: Wo Jesus auftritt, da ereignet sich die Nähe Gottes. Denn „Geist" meint letzlich: die *Selbstgegenwart* Gottes auf Erden. Geist meint: Gott, der heute und hier zugegen ist.

Es ist nicht verwunderlich, daß das Urereignis im Dasein Jesu von frommer Phantasie legendär ausgeschmückt wurde. Justin läßt dabei Feuer aus dem Jordan auflodern. Frühzeitig wird jenseits des Neuen Testamentes darüber spekuliert: Jesus habe durch seine Taufe das Taufwasser für die Christen geweiht. Am schönsten umschreibt das Urereignis ein gnostisches Lied (Oden Salomos 24):

> Die Taube flog auf den Christus hernieder,
> weil er ihr Fürst war.
> Sie sang über ihn,
> und ihre Stimme erscholl.

Da gerieten alle Menschen und Geschöpfe in Furcht. Aber die „Abgründe" wurden „versiegelt", d. h. die gegengöttlichen Mächte wurden vernichtet.

Matthäus hat aus dem Taufgeschehen, das sich nur zwischen Gott und Jesus ereignet, eine Epiphanie gemacht, eine aller Welt eröffnete Kundmachung: Aus der Anrede Gottes *an* Jesus wird eine Deklaration Gottes *über* Jesus: „Dies ist mein geliebter Sohn." Er hat außerdem ein Gespräch zwischen Johannes und Jesus vorausgehen lassen. Johannes der Täufer erwartet Jesus als Täufer, der ihn und alle Welt mit dem Feuer des Gerichtes taufen soll. Er weiß die Zeit seiner Taufe abgelaufen und die Zeit der Messiastaufe angebrochen. Jesus aber entgegnet: „Laß jetzt! Denn so geziemt es uns, alle Gerechtigkeit zu erfüllen" (Mt. 3, 14—15). Der neue Tag, der Abend aller Tage bricht damit an, daß der Feuer-Täufer zunächst ein Täufling wird, daß sich Jesus mit den Sündern solidarisch erklärt, daß er so die „Gerechtigkeit" erfüllt, die er der Welt bringen will. So „geziemt es sich" dem Ratschluß Gottes gegenüber.

Jesus kommt ohne Worfschaufel. Er kommt also ganz anders, als Johannes ihn erwartete und ankündigte. Die Person Jesu muß für den Täufer eine Enttäuschung gewesen sein (vgl. Mt. 11, 2—3). Aber auch Jesus muß von seiner Taufe durch Johannes etwas anderes erwartet haben. Gewiß vernahm Jesus aus dem Geschehen, das Johannes auslöste, einen lebendigen Anruf Gottes, zum Jordan zu ziehen. Gewiß sah er in der Taufbewegung das Signal, daß Gottes Herrschaft anbrechen würde. Aber daß Gott ihn selbst anredete und zu seinem Sohne, seinem Knechte, zum Träger des Geistes erwählen würde — das überraschte ihn mit elementarer Gewalt.

Im Widerfahrnis seiner Taufe vollzog sich an ihm, an ihm allein, *Pfingsten.* Die älteste Christengemeinde konnte nur deswegen die Worte und Taten Jesu österlich deuten, weil sie von Anbeginn vom Geistgeschehen seiner Taufe durchhaucht waren. Von Jesu Taufe her gilt von den Evangelien das Wort Bengels in abgewandelter Form: sie „atmen Geist".

Bald werden ihm am ersten Tage in Kapernaum die Dämonen entgegenrufen: „Was haben wir und du miteinander zu schaffen, Jesus von Nazareth? Du kamst, um uns zu verderben. Wir kennen dich, wer du bist: *der Heilige Gottes"* (Mk. 1, 24). Aber auch die Glaubenden werden ihren Willen, bei Jesus auszuharren, mit dem Bekenntnis begründen: „Wir haben geglaubt und erkannt, daß du der Heilige Gottes bist" (Joh. 6, 69). Der „Heilige Gottes" ist der Mensch, der ganz und gar von Gott beschlagnahmt ist und der in freiem, fröhlichem Willen ganz und gar ihm gehören will. Jedes Wort Jesu und jeder Bericht über sein Tun in den Evangelien zeigen ihn als einen Menschen, der so von Gott *besessen* ist, daß er über Gott seine eigene Person vergißt. Seine Selbstvergessenheit ist so tief, daß die Frage, für wen er sich selbst ausgegeben habe, zunächst keine rechte Antwort findet. Wir werden es noch deutlicher sehen: an irgendwelchen christologischen Hoheits-Prädikaten ist ihm gar nichts gelegen. Nur sehr indirekt vermögen wir sein sog. „Selbstbewußtsein" zu erschließen. Ihn interessierte allein Gott und seine Forderung und seine Verheißung. Weil er weiß, daß nur Gott „gut" ist, er ganz allein, lehnt er die Bezeichnung „guter Meister" ab (Mk. 10, 17—18).

Wollen wir wissen, wer Jesus wirklich war und wer er uns heute sein könnte, so müssen wir zunächst das Fragen nach seinen Würde-Titeln einstellen. Am wenigsten hülfe uns das gedankenlose Nachsprechen eines dieser Titel. Wer Jesus „den Christus", den „Gottessohn", den „Herrn" nennt, erweist sich dadurch noch keineswegs als Christ, sondern steht damit gerade unter dem Gericht seines Wortes: Mt. 7, 21—23. Wer sich oder anderen ganz schlicht klarmachen will, wer Jesus war, darf sich aus dem Neuen Testament sagen lassen: Jesus war *ein Glaubender.* Das Gespräch über den verdorrten Feigenbaum (Mk. 11, 20—25) deutet es an; einige Sondersprüche sprechen es aus: „Alles vermag, wer glaubt" (Mk. 9, 23) und: „Alles ist möglich bei Gott" (Mk. 10, 27). Aber auch umgekehrt gilt: Wer wissen will, was ein Glaubender sei, der muß die Evangelien lesen. Er sieht dort den Menschen reden und handeln, der glaubt: den Menschen, der Gott wirklich Gott sein läßt. Deshalb nennt ihn der Hebräerbrief (12, 2) den „Urheber und Vollender des Glaubens". Weil Jesus im Glauben sich selbst vergaß über Gott, konnte er den Abend Gottes heraufführen.

Die unmögliche Möglichkeit

Die Taufe löst eine ganze Kettenreaktion von Ereignissen und Taten Jesu aus, die man als Geistgeschehen zusammenfassen kann. Vermutlich stand man zu der Zeit, da man in den christlichen Gemeinden diese Überlieferungsfragmente sammelte und rahmte, diesen urtümlichen Geschehnissen bereits zu ferne, um sie ganz zu begreifen. Daß Jesus ein Pneumatiker war, leugnete man gewiß nicht. Aber daß er als der Ur-Charismatiker in Kraft des Gottesgeistes sehr Absonderliches tat und erfuhr, ist nur teilweise im Bewußtsein unsrer Evangelien aufbewahrt worden.

Kräftig drückt sich das Wissen um das Geschick des Geistträgers noch bei Markus aus. Unmittelbar anschließend an die Tauferzählung heißt es da kurz: „Und alsbald wirft ihn der Geist in die Wüste hinaus. Und er war in der Wüste vierzig Tage und wurde vom Satan versucht. Und er war zusammen mit den wilden Tieren, und die Engel leisteten ihm Dienste" (Mk. 1, 12—13). Wie Mose und Elia ist Jesus vor seiner öffentlichen Wirksamkeit in der Einöde. Ein Stück Paradies bricht an: zwischen Mensch und Tier herrscht Frieden. Die Engel dienen dem Menschen. Das sind alte apokalyptische Anschauungen. Aber die Wiederkehr des Paradieses ruht auf einer Voraussetzung: Adam muß die Versuchung des Satans bestehen. Weil Jesus den Versucher überwand, stehen ihm, dem neuen Adam, Tiere und Botenmächte zur Verfügung.

Verbirgt sich hinter diesem Kurzbericht ein sinnvolles Geschehen? Die Antwort auf diese Frage hängt davon ab, was man unter dem *Satan* zu verstehen hat. Im Alten Testament taucht die Vorstellung vom Satan sehr spät, erst in persischer Zeit, auf. Selbst da stellt der Satan eine Nebenfigur dar. Der Ausdruck stammt aus dem israelitischen Rechtsleben und bezeichnet den Ankläger vor Gericht. Bei Sacharja (3, 1—2) fungiert er als himmlischer Gottesbote. Er hat den Hohenpriester Josua zu bezichtigen und zu beschuldigen. Im Hiobbuche hat er innerhalb des Hofstaates Gottes das Amt eines Generalstaatsanwaltes, der alles auf Erden geschehene Unrecht aufzuspüren und anzuzeigen hat (Hiob 1, 6 — 2, 7); möglicherweise ist dieser Auftrag nicht an eine bestimmte Person gebunden, sondern kann diesem und jenem der „Gottessöhne" befristet erteilt werden. Daneben kann er das dämonisch-zerstörerische Prinzip verkörpern, das jedoch im Heilsplan Gottes verankert erscheint (1. Chron. 21, 1; vgl. 2. Sam. 24, 1). Erst das Judentum hat den Satan dogmatisiert und in ihm den bösen Geist gesehen, der das Verhältnis zwischen Gott und den Menschen, besonders zwischen Gott und Israel zu zerstören sucht. Während „Satan" zum Eigennamen wird, bleibt das Wort „Teufel", d. h. Verleumder, mehr Berufsbezeichnung. „Durch den Neid des Teufels kam der Tod in die Welt" (Weish. Salomos 2, 23—24). Das Neue Testament setzt diese jüdische Teufelsvorstellung im allgemeinen voraus.

Die spätere Zeit, besonders das Mittelalter, hat die Vorstellung vom Satan in grotesker Weise materialisiert. Besonders die Volksphantasie hat die von Haus aus mythologische Figur zu jener Mißgestalt umgebildet, die uns allen vertraut ist. Der nach Schwefel duftende Höllenfürst mit Hörnern, Schwanz und Pferdefuß, der die Menschen vergangener Zeiten das Fürchten lehren sollte, nötigt uns heute bestenfalls ein Lächeln ab. Aber selbst wenn sein Zerrbild vor dem Neuen Testament nicht bestehen kann, haben die Evangelisten, ja Jesus selbst und Paulus die mythologische Vorstellung ihrer Zeit geteilt. Daß *wir* sie nicht mehr zu teilen vermögen, nötigt uns zu der Frage: Ist mit der für uns erledigten *Vorstellung* auch die in der Vorstellung eingefangene Wirklichkeit verschwunden? Wir können die Antwort nicht aus unserem religiösen Empfinden heraus geben, sondern nur so, daß wir die Texte der Evangelien auf diese Wirklichkeit hin befragen.

Die Situation, die alle drei Synoptiker voraussetzen, ist aber eindeutig. Jesus ist der von Gott zum Sohn, zum Knecht, zum Geistträger erwählte Mensch. Er ist im Besitze höchster göttlicher Vollmachten. Vor ihm weitet sich die Welt mit ihren unerschöpflichen Möglichkeiten — die hellenistische, die jüdische, die römische Welt — kurzum: die Welt der spätantiken Moderne. Irdisch gesehen sind in dieser Welt alle Positionen besetzt. Kulturell, religionsgeschichtlich, politisch gibt es keinen freien Platz, den Jesus einnehmen könnte, geschweige denn, der für ihn reserviert wäre. Das damalige Dasein besitzt eine unheimliche Dichte. Es läßt sich historisch keineswegs der Beweis führen, daß die Zeit gerade damals für das Evangelium „reif" gewesen sei, daß der Ruf Jesu gerade damals erfolgen „mußte". Historisch wäre eher der Gegenbeweis zu erbringen. Für die Befriedigung der kulturellen, religiösen und politischen Bedürfnisse waren sach- und fachkundige Instanzen, Kräfte und Personen durchaus vorhanden. Jesus und sein Evangelium war ernstlich kaum gefragt.

Und doch: von Gott her gesehen war der „*Kairos*" erfüllt (Mk. 1, 15), war der endzeitliche Zeitpunkt erreicht, da das Letzte wirklich werden sollte. Paulus drückt es so aus: „Das Vollsein der Zeit war da" (Gal. 4, 4). Die Welt stand im Abend ihres letzten Tages, im Abend Gottes. Mit dem Abend Gottes war ihr ihre letzte, ihre einzige Chance gegeben.

Aber welches war diese Chance? Man antwortet gewiß richtig, wenn man sagt: Jesus von Nazareth. Aber wer war Jesus? Nicht irgend jemand. Jesus war der mit den höchsten Vollmachten Gottes ausgestattete Mensch. Über ihm und hinter ihm stand Gott, der Herr und Schöpfer der Welt. Aber vor ihm lag eben diese Welt mit ihren ungezählten, ihren unendlichen Möglichkeiten. Jesus, der vom Geiste Gottes Besessene, sah sich diesem Kosmos der unendlichen Möglichkeiten gegenüber. Er sah sich mit der reinen, der absoluten Möglichkeit konfrontiert. Wer oder was konnte ihn hindern, aus dem Schoße der reinen Möglichkeit, aus dem Raum des reinen Nichts eine Welt zu schaffen, die ganz seine eigene Welt wäre? Die Situation dieses Fragens war für Jesus die Situation seiner Versuchung. Wir haben hier nicht Psychologie zu treiben und uns mittels der Spekulation in Jesu Innenleben einzuschleichen. Über Jesu Innenleben verraten uns die Evangelien hier gar nichts. Wohl aber zeigen sie uns die einmalige Situation, in der Jesus stand, Gott im Rücken und vor sich — den *Versucher*. Denn eben das *ist* der Versucher (Mt. 4, 3) für Jesus, heiße er nun Satan (Mk. 1, 13) oder Teufel (Lk. 4, 3: diabolos): der Inbegriff der reinen, der absoluten Möglichkeit.

Matthäus und Lukas haben die Erzählung von der einen Versuchung Jesu erweitert und sie dreifach abgewandelt (Mt. 4, 1–11; Lk. 4, 1–13). Sie haben ihr dabei die Form eines Disputes zwischen zwei Schriftgelehrten gegeben, der in drei Gesprächsgängen verläuft. Sie haben es gewagt, das grundsätzlich Punktuelle gleichsam auf eine dreifach geteilte Strecke zu transponieren; das schlechthin Unanschauliche in drei dramatisch bewegten Vorgängen auszumalen. Alle drei Versuchungen haben ausgesprochen (Mt. 4, 3 u. 6) oder unausgesprochen (Mt. 4, 8–9) die Anschauung zur Voraussetzung, daß Jesus „Gottes Sohn" ist. Der Appell an diese Würde durch den Versucher legt es ihm nahe, drei Übelstände durch drei Wunderarten zu beseitigen:

Erstens: Jesus hat die Möglichkeit, seinen Hunger zu stillen durch ein Wunder der Selbsthilfe. Auf sein Wort würden sich die Steine der

Einöde in Brot verwandeln. Könnte er auch den Hunger aller Menschen und für immer stillen? (Diese Frage wird ausdrücklich nicht gestellt.) Jesus antwortet: der Mensch lebe nicht nur vom Brot, sondern von jedem Wort, das aus Gottes Munde kommt (5. Mose 8, 3). Das bedeutet nicht, daß der Mensch außer vom Brot zusätzlich von Gottes Wort lebe, sondern daß gerade im Darreichen des Brotes Gottes Rede geschieht. Gottes geschehendes Wort ist die Substanz des irdischen Ernährungsvorganges.

Zweitens: Jesus hat die Möglichkeit, sich von der Zinne des Tempels hinabzustürzen. Dazu ermächtigte ihn das Wort der Schrift (Ps. 91, 11—12). Den heimlichen Schaden des Gottesstaates vermöge er durch ein Schauwunder zu beheben, durch das er sich vor der Hierarchie und der Menge als der Gottgesandte ausweisen würde. Jesus antwortet: Gott darf nicht zum Mittel für religiöse Experimente gemacht werden (5. Mose 6, 16)!

Drittens: Jesus hat die Möglichkeit, die Weltherrschaft zu erlangen. Die Huldigung vor dem Teufel, dem Herrn der Oikumene (Lk. 4, 5—6; vgl. 2. Kor. 4, 4), würde ihn dazu befähigen. Jesus antwortet: Fort, Satan! Gott allein soll man huldigen und dienen (5. Mose 6, 13).

Es läßt sich unschwer erkennen, daß die Richtung der drei Versuchungen den drei Schichten entspricht, aus denen für Jesus wie für jeden damaligen Juden sich die Welt zusammenfügt. Die erste Versuchung ist gewissermaßen die „hellenistische" Versuchung; sie hat die Frage nach dem irdischen Wohl des Menschen zum Gegenstand. Die zweite, die „jüdische" Versuchung, möchte das himmlische Heil des Menschen im Gottesstaat sichern. Die dritte, die „römische" Versuchung, meint die Macht und den Glanz des fest geordneten Weltreiches.

Jesus hält den drei Versuchungen stand, indem er *das erste Gebot* verwirklicht. Er versagt sich der reinen Möglichkeit, die Gott, den Menschen und die Welt zum Spielball des eigenen Willens macht. Er beugt sich nicht vor fremder Notwendigkeit. Aber er bejaht Gottes Willen als den Grund aller *Wirklichkeit*. Er nährt sich davon, daß er den Willen des Vaters tun darf (Joh. 4, 34).

Lukas läßt den Teufel nur „für eine Zeit" von Jesus abstehen (Lk. 4, 13). Er gibt damit zu erkennen, daß die Versuchung die heimliche Begleiterin auf seinem weiteren Wege bleibt, daß sie spätestens in Gethsemane erneut an ihn herantreten wird (Lk. 22, 40—46; vgl. 22, 28).

Das Werk

Jesus vernahm im Auftreten Johannes des Täufers den ersten Ruf, den Gott im Geschehen der Zeit an ihn richtete. Der Ruf führte ihn an den Jordan. Nach Markus hat die Kunde von der Gefangennahme des Täufers Jesus nach Galiläa zurückgerufen (Mk. 1, 14). Wo ihn diese Kunde traf, wird nicht gesagt. Jedenfalls kann, er nicht in seiner Nähe gewesen sein. Aber wo war er dann? Und was tat er in der Zwischenzeit? Alle diese Fragen finden in den Texten keine Antwort. Nach dem vierten Evangelium wirkten Johannes und Jesus eine Zeitlang miteinander (Joh. 3, 22—26; 4, 1—3). Aber diese Notizen sind z. T. in sich widerspruchsvoll, da sie einmal Jesus selbst taufen lassen (Joh. 3, 22), zum andern aber diese Aussage in Abrede stellen und sie auf seine Jünger beschränken (Joh. 4, 2). Beides ist wenig wahrscheinlich, wie denn bei den Synoptikern die Taufe zu Jesu Lebzeiten überhaupt keine Rolle spielt. Das sog. „Taufevangelium" (Mk. 10, 13—16) deutet ja mit keinem Wort auf die Taufe.

Verzichten wir darauf, den historischen Ablauf der Ereignisse zu fixieren, so bleibt jedenfalls die Feststellung: die Verhaftung des Täufers ist für Jesus der Rückruf Gottes in seine Heimat. Nun verkündet er selbst — nicht das Gericht, wie der Täufer meinte, sondern die Nähe der *Königsherrschaft Gottes* als die große Freude. Nicht aus dem Ernst der Gotteskatastrophe, sondern aus der Freude, daß endlich „die Zeit erfüllt ist", ruft er die Hörer zur Umkehr (Mk. 1, 14—15). Es sind ähnliche Worte wie die Worte des Täufers. Aber es ist ein ganz anderer Klang in ihnen. Jesu Ruf ist, wie der Evangelist stilisierend sagt, Evangelium, Freudenbotschaft, Nachricht von einem errungenen Siege. Jesus verkündigt nicht mehr einen anderen. Jesus verkündigt auch nicht sich selbst. Jesus verkündigt allein den nahenden Gott. Und das Entscheidende: dieser Gott ist nicht der richtende, sondern der begnadigende Gott. Wie eine programmatische Überschrift setzt Markus diese Kunde über seinen gesamten Bericht.

Jesus macht sich sofort ans Werk. Wildfremde Menschen ruft er in seinen Dienst, und — was noch seltsamer wirkt — sie folgen ihm widerspruchslos. Zwei Brüderpaare sind seine ersten Mitarbeiter. Er findet sie am Gestade des galiläischen Sees — wo, wird nicht gesagt. Alle vier sind Fischer. Die ersten beiden mit den griechischen Namen Simon und Andreas sind dabei, im Wasser watend, das runde Wurfnetz auszuwerfen. Da trifft sie sein Ruf, mitten bei der Arbeit: „Kommt her, mir nach! Ich will aus euch Menschenfischer machen." Er gibt keinen näheren Grund an, und auch kein konkretes Ziel. Aber sie können dem Ruf nicht widerstehen und lassen um seinetwillen die Arbeit im Stich — alsbald. Ein Stück weiter arbeitet das kleine Fischerei-Kollektiv des Zebedäus: offenbar operieren sie etwas großzügiger als die ersten beiden: dem Alten stehen die beiden Söhne Jakobus und Johannes und seine Lohnknechte zur Seite. Außerdem besitzen sie ein Boot und Schleppnetze, die sie gerade instandsetzen. Auch sie lassen auf Jesu Ruf alles im Stich (Mk 1, 16—20).

Das alles wird sich in der Nähe von *Kapernaum* zugetragen haben, das an der Nordseite des Sees, nicht weit vom Einfluß des oberen Jordan lag. Die große Handelsstraße nach Damaskus lief durch die Stadt. Daher gab es dort ein Zollamt (Mk. 2, 14). Auch war Kapernaum Garnisonstadt (Mt. 8, 5—13). Jesus wählte, von Nazareth kommend, den Ort zeitweilig zum Wohnsitz, oder besser gesagt: zum Stützpunkt für seine Wanderungen (Mt. 4, 13).

Fast alles, was Markus in seinem ersten Kapitel von Jesus zu erzählen weiß, faßt er in den Rahmen eines *Tages* zusammen, und zwar eines Sabbats (Mk. 1, 21—39). Sie besuchen zusammen die Synagoge. Jesus lehrt dort. Was er lehrt, wird nicht gesagt. Aber der Widerhall wird geschildert. Sie geraten ins Staunen. Denn obwohl Jesus kein Schriftgelehrter ist, also nicht „studiert" hat (Mk. 6, 2), besitzt seine Lehre Vollmacht. Sie geschieht aus einer ursprünglichen Freiheit. Sie klingt unmittelbar. Sie trifft den Hörer. Sie „kommt an". Die Reflektion der zünftigen Theologen ist ihr fremd. Und vor allem: in, mit und unter diesem Lehren passiert etwas. Ein Besessener kreischt auf, protestiert gegen Jesu Anwesenheit und verrät inmitten der erregten Versammlung beinahe das Geheimnis Jesu: „Du bist der Heilige Gottes." Jesus bedroht den „unreinen Geist" und bringt ihn zum Schweigen. Schließlich fährt nach Zerren und Zetergeschrei der Geist aus. Ist Jesus ein Exorzist, ein Teufelsbanner? Sicherlich läge in solcher Auffassung mehr Wahrheit und auch mehr historische Richtigkeit als in so mancher modernen Jesus-Darstellung, die das uns auf die Nerven und auf den guten Geschmack Gehende aus seinem Bilde tilgt, weil es dem Normalmaß einer korrekten Theologie widerstreitet. Jesus war aber in diesem Sinne kein „Theologe", sondern — ein Mensch! Ein Geistmensch. Wo er auftrat, ging die Macht Gottes zum Angriff über auf die geruhsame Welt des Gottesstaates. Wo er den Mund auftat, „knisterte" es. Aber es „knisterte" nicht deswegen, weil etwas Sensationelles in modernem Sinne geschah, sondern weil in einer Welt dumpfer Schicksalszwänge plötzlich ein normaler Zustand eintrat. Jesu Handeln war nicht „die neueste Mode", sondern das schlechthin Unmoderne, das Altmodische, das Urtümliche und Ursprüngliche: *die Gesundheit Gottes* inmitten einer kranken Zeit.

Die Zeitgenossen nannten dieses Handeln eine „neue" — Lehre, eine Lehre „in Vollmacht". Sie drückten damit etwas sehr Eigenartiges aus, etwas, was für das Wirken Jesu von vornherein bezeichnend und in dieser Weise einmalig war: die Einheit von *Wort und Tat*. Was sonst bei uns Menschen auseinanderfällt und weithin widereinander streitet, das war in Jesus eine Einheit und Ganzheit. Daß Jesu Reden ein Handeln war und umgekehrt sein Handeln Zuspruch und Anspruch, hat jeder, der ihm wirklich begegnete, erfahren. Wer ihm aber als dem ganzen, dem „heilen" Menschen begegnete, kann diese Erfahrung nie wieder vergessen.

Aus der Synagoge (Mk. 1, 21—28) geht er „sogleich" in das Haus Simons und heilt dessen Schwiegermutter vom Fieber (Mk. 1, 29—31). Zum Schluß des Tages — des Sabbats! — von Kapernaum ein Bild, das Rembrandts Meisterhand auf seinem Hundert-Gulden-Blatt festgehalten hat: „Als es aber Abend wurde, da die Sonne untergegangen war, trugen sie zu ihm alle Leidenden und die Besessenen. Und es war die ganze Stadt an der Tür versammelt. Und er heilte viele Leidende, die mit mancherlei Krankheiten behaftet waren, und viele Dämonen trieb er aus, und er ließ die Dämonen nicht reden, weil sie ihn kannten" (Mk. 1, 32—34).

Ist damit Jesu Tagewerk beendet? Keineswegs: „Und in der Frühe, noch tief in der Nacht, stand er auf, ging hinaus und ging fort an eine einsame Stätte. Und dort betete er. Und es verfolgten ihn Simon und seine Gefährten. Und sie fanden ihn und sprechen zu ihm: Alle suchen dich. Und er sagt zu ihnen: Wir wollen anderswohin gehen, in die benachbarten Marktflecken, damit ich auch dort verkündige. Denn dazu bin ich ausgegangen. Und er ging und verkündigte in ihren Synagogen in ganz Galiläa und trieb die Dämonen aus" (Mk. 1, 35—39).

Lukas läßt Jesu Auftreten mit einer Antrittspredigt beginnen (Lk. 4, 14—30). Sie findet in Nazareth statt, „wo er aufgewachsen war" (4, 16). In der Kraft des Geistes nach Galiläa zurückgekehrt (4, 14), besucht er am Sabbat die Synagoge. Die Gottesdienstordnung sah zwei Schriftlesungen vor, eine aus dem „Gesetz", die andere aus den prophetischen Schriften. Die Lesung war nicht Vorrecht eines Standes, etwa der Priester oder Schriftgelehrten, sondern war jedermann erlaubt. Jesus meldet durch Aufstehen seine Bereitschaft an, eine Lesung zu übernehmen. Man reicht ihm die Schriftrolle des Propheten Jesaja (61, 1—2):

Der Geist des Herrn ist auf mir, weil er mich gesalbt hat.
Armen Glückskunde zu künden, sandte er mich,
Gefangenen Entlassung anzusagen
und Blinden das Augenlicht,
Gebrochene in Freiheit zu entsenden,
auszurufen des Herrn willkommenes Jahr.

Bis dahin verläuft alles der Synagogenordnung gemäß. Er gibt die wieder zusammengerollte Schrift dem Diener zur Verwahrung. Er setzt sich. Man erwartet einen Lehrvortrag von ihm. Er aber redet nicht *über* den Text, sondern läßt den Text die Stunde bestimmen: *„Heute* ist diese Schrift erfüllt vor euren Ohren." Er selbst ist der Geistträger, den der Text ankündigt. Das Wort der Prophetenschrift, dem Wort der Tora an Wert um vieles nachstehend, schafft lebendige Wirklichkeit: es stellt ihn als den Ur-Charismatiker in das Heute des Gottestages. Gottes Entscheidung ist gefallen, um die Menschen zur Entscheidung herauszufordern. Aus dem Staunen entsteht nicht der Glaube, sondern der Widerspruch. In hellem Zorn wirft man ihn aus dem Ort hinaus. Wie durch ein Wunder entgeht Jesus der Steinigung. Der Geist läßt sich nicht dämpfen. Jesus stellt sich den Menschen, den Widerstrebenden und den Glaubenden, in der Kraft, mit der er dem Versucher widerstand. Wir wissen nichts über Jesu Gemütszustand und sollen darüber auch nichts wissen. Aber die Bruchstücke, die sich in den Evangelien verstreut finden, deuten auf eine Daseinsweise Jesu hin, wie wir sie aus der Welt der Religionen allüberall antreffen. Dieser Jesus lebt in einer Atmosphäre, wo jederzeit etwas Außerordentliches geschehen kann und immer wieder geschieht. Unhörbare Stimmen umklingen ihn. Unsichtbare Lichter blitzen über ihm auf. Unvorhergesehene Dinge ereignen sich an ihm. Unerreichbare Einsichten überfallen ihn. Was nach Paulus (1. Kor. 2, 9) der Geist den Glaubenden, den Erwählten offenbart hat, das hat er zuvor ihm, dem Ur-Erwählten, kundgetan:

Was kein Auge geschaut und kein Ohr erlauscht
und keinem Menschenherzen entstieg,
was Gott bereitete den ihn Liebenden.

Die Kraft des Geistes muß ansteckend gewirkt haben. Sie sprang über auf die, die ihm am nächsten standen. Sie erschütterte sie und entzündete sie zu gleichen Gotteserfahrungen. Vielleicht sind aus diesen pfingstlichen Widerfahrnissen manche Berichte neu zu verstehen, die die Forschung „Epiphanien", Erscheinungen, nennt und die man als Einblendungen von Ostererfahrungen zu verstehen pflegt. Dazu gehört etwa die Erzählung von der *Verklärung* Jesu (Mk. 9, 2—8), die die Jünger aus der beseligenden Schau seiner Lichtgestalt herausreißt und sie auf sein prophetisches Wort verweist.

Von einer besonderen Pfingsterfahrung Jesu redet sein *Jubelruf,* den in ganz verschiedenen Zusammenhängen Lukas (10, 21—22) und Matthäus (11, 25—27) überliefern. Die Strophen dieses Liedes sind sehr eigenartig. Jesus „jauchzte in jener Stunde im heiligen Geiste" und sprach:

Ich preise dich, Vater, Herr des Himmels und der Erde,
daß du dies verbargest vor Weisen und Wissenden
und offenbartest es Unverbildeten.
Ja, Vater, denn so war es Wohlgefallen vor dir. —
Alles ward mir übergeben von meinem Vater,
und niemand erkennt, wer der Sohn ist,
es sei denn der Vater,
und wer der Vater ist,
es sei denn der Sohn
und der, dem der Sohn es will offenbaren.

Man vernimmt beim ersten Hören den seltsamen Klang dieses Offenbarungsliedes. Spricht so der synoptische Jesus? Oder nicht vielmehr der johanneische Christus? Allenfalls der Erhöhte redet in dieser Sprache, wie etwa der Schluß des Matthäusevangeliums (Mt. 28, 18—20) zeigt. Die Sprache ist hymnisch gebunden, rhythmisch bewegt. Worte und Begriffe verraten die Temperatur gnostischer Frömmigkeit. Der Inhalt scheint eher hellenistische Mystik darzustellen als jüdische Gotteserkenntnis, auch wenn sie semitisch gefärbt ist. Spricht so der Dichter der Gleichnisse? Ist das die Rede dessen, der in Gottbesessenheit sich selber vergaß? — Und doch spricht aus der einzigartig stilisierten Preisung Gottes und aus der Selbstaussage des Lobenden die Stimme Jesu, des Pneumatikers.

Im Hochgefühl seines endzeitlichen Sieges auf Erden singt er sein Lied. Gott hat Großes getan: er hat *ihn* auftreten, reden und handeln lassen. Jesus redet wie im Rausch unbändiger Ekstase. Es ist die einzige Stelle in den Evangelien, an der die Rühmung Gottes gleichsam überschäumt. Vor einigen Menschenaltern meinte man, auf Grund solcher Aussagen Jesus für einen Psychopathen, einen Hysteriker, für einen „Fall" von Größenwahn halten zu müssen. Welch ein Überschwang! Und welch ein Inhalt! Jesus dankt Gott nicht nur für den Widerhall, den sein Wort fand, sondern ebenso für den Widerstand. Gott hat sein Werk *verborgen:* den Schriftgelehrten, der Intelligenz, den Kulturschaffenden wie den Mächtigen und Einflußreichen. Dafür hat er es *offenbart:* den „Unmündigen", d. h. denen, die nichts zu vermelden haben, denen kein Organ der Meinungsäußerung zur Verfügung steht — wir würden heute sagen: weder Presse noch Rundfunk — und die als Menschen minderen Rechtes gelten und demgemäß behandelt werden. Dafür dankt Jesus! Dankt er damit nicht für den Mißerfolg? Nein, nicht ganz: denn er darf für einen Erfolg danken, aber für einen solchen, der, menschlich gesehen, vom Mißerfolg überschattet wird. Zu dieser, irdisch gesprochen, zweideutigen Tatsache sagt Jesus ja. Denn in ihr sieht er keinen Zufall, kein Mißgeschick, sondern den Willen Gottes, seinen Ratschluß. Gottes Wille ist frei. Das Geheimnis seines Planes heißt: *Erwählung.* Gott geruhte, so zu verfahren. Darum geschieht das, was geschieht und wie es geschieht, nach seiner gnädigen Bestimmung. — Von daher weiß er sich als Sohn mit dem Vater verbunden. Wer der Sohn ist, weiß nur der Vater. Wer der Vater ist, weiß nur der Sohn und der, dem der Sohn die Erkenntnis offenbart. *Wir* würden urteilen: Gott sei verborgen, und Jesus stehe im Licht. Er aber sagt umgekehrt: er selbst, Jesus, steht im Dunkel, allein von Gott erkannt; und als der im Dunkel Stehende zeigt er uns Gott. Nur durch Jesus wissen wir, wer Gott ist, was Gott will, was Gott tut.

Noch einmal: so sprach nicht der historische Jesus. Aber durch den Geist schafft der erhöhte Christus in der Gemeinde die volle Erkenntnis von sich. Im geistgewirkten Zeugnis vernehmen die Glaubenden, wer der historische Jesus bereits bei seinen Lebzeiten war. Sie wissen nun um das *Geheimnis seiner irdischen Existenz:* um den personhaften Umgang Gottes mit ihm, um die Nähe des kommenden Gottes in seinem Reden und Handeln. Mit eigentümlicher Sicherheit verkündet er: Gottes Abend ist angebrochen. Zu den Jüngern gewandt, spricht er die letzte Strophe „besonders" (Lk. 10, 23—24):

Heil den Augen, die sehen, was ihr sehet!

Denn ich sage euch:

Viele Propheten und Könige wollten schauen, was ihr sehet —
und haben es nicht geschaut!

Wollten hören, was ihr höret —
und haben es nicht gehört!

Die Verkündigung

Die Verkündigung Jesu hat nur ein einziges „Thema": Gottes Herrschaft naht! Mit dieser Verkündigung tritt Jesus auf (Mk. 1, 15). Diese Botschaft ruft er in ungezählten Worten aus. Den Inhalt dieser Botschaft entfaltet und beschreibt er uns in derjenigen Lehrform, die die evangelische Überlieferung literarisch am ursprünglichsten und historisch am zuverlässigsten bezeugt: in seinen Gleichnissen.

Den Begriff, der uns aus unseren Bibeln als „Reich Gottes" oder „Himmelreich" bekannt ist, hat Jesus aus dem Judentum seiner Zeit übernommen. Beide Bezeichnungen meinen dasselbe. „*Himmel*" im Worte „Himmelreich", das Matthäus gegenüber Markus und Lukas bevorzugt, ist nur die jüdische Umschreibung des aus Scheu vermiedenen Gottesnamens. „Reich Gottes" meint zweierlei: einmal das aktuelle *Regiment* Gottes, durch das Gott sich als König betätigt; zum andern die *Ordnung*, die Gottes herrscherliches Handeln darstellt und schafft. Der Ton liegt auf dem ersten Moment — dem personhaften Regieren Gottes —, so daß man den Ausdruck „Reich" besser mit *Herrschaft* wiedergibt. Gottes Herrschaft ist so sehr Gottes ureigene Tat, daß man versucht ist, im Worte „Gottesherrschaft" nur einen anderen Ausdruck für *Gott selbst* zu sehen, für ihn, den königlich handelnden Herrn. Jedenfalls darf man Gottes Reich zunächst nicht — statisch — als einen Bereich oder Bezirk verstehen, entsprechend irdischen Reichen. Trotzdem geht Gottes Herrschaft nicht in Gottes — dynamischem — Handeln auf. Gottes königliches Anordnen *ist* zugleich Gottes Ordnung. Und: es schafft Ordnung. Wenn Gott kommt, dann kommt er mit seiner, der göttlichen Welt. Denn Gott ist diese *Welt* und kann ohne sie nicht Gott sein.

Das alte Israel pflegte, wenn es von Gottes Macht sprach, eher von seiner „Erwählung" zu reden. Aber die Vorstellung, daß Jahwe der König ist, ist, auch wo die Bezeichnung fehlt, sehr alt. Sie war seit alters mit der Lade des Bundes verknüpft, dem sichtbaren Thron, auf dem der Unsichtbare saß. Wichtig ist dabei eine eigenartige Einsicht: *bevor* Jahwe Israels König war, war er der König eines himmlischen Hofstaates von ungezählten Gottwesen (1. Kön. 22, 19–23). Weil er zuvor der „Herr der Heerscharen" war, konnte er Israels Herrscher werden. So sah ihn Jesaja mit seinen Augen, ihn, „den König selbst" (Jes. 6, 5). So hatte man ihn lange zuvor, ohne den Königstitel zu benutzen, den „Regenten der ganzen Welt" (1. Mose 18, 25) genannt. Der zweite Jesaja hatte später den Gedanken des Gottkönigs präzisiert (Jes. 41, 21; 43, 15; 44, 6). Daß Gott König über Götterwesen war, gab ihm von vornherein die ausschließliche Überlegenheit über die Götterkönige jeden heidnischen Pantheons. Israels Gott war von jeher der „große König über die Götter" (Ps. 95, 3). In den Hymnen erklingt sein Ruhm: „Jahwe thront als König in Ewigkeit" (Ps. 29, 10).

Im Gottesdienst feiert Israel Jahr um Jahr neu das Fest seiner Thronbesteigung (Ps. 47; 93; 96—99). Israels Gott ist der Herr der ganzen Welt. Er kommt zum Gericht über die Völker und richtet seine Weltherrschaft auf (Ps. 96; 98). Glaubend nimmt die gottesdienstliche Gemeinde die Zukunft voraus, die ihr in der Verheißung zugesagt ist. Erst die Spätzeit redet statt von Gott, dem König: vom König*tum* Gottes (Ps. 103, 19; 145, 13; Dan. 3, 33; 4, 31). In der apokalyptischen Gruppe wurde die „Königsherrschaft Gottes" zum Grundbegriff. Auf ihr Kommen wartete man. Um ihren Anbruch betete man. Verschiedene Erwartungen liefen nebeneinander her, widersprachen sich, verbanden sich: irdische und himmlische, politische und religiöse. Man hoffte eng und selbstisch für Jerusalem. Nur selten hoffte man weit und selbstlos für alle Welt. Gerade zu Jesu Zeit hieß es (Himmelfahrt Moses 10):

Und dann wird seine Königsherrschaft erscheinen
über all' seine Kreatur.
Dann wird der Teufel ein Ende haben
und die Traurigkeit hinweggenommen werden mit ihm.

Jesus hat unfraglich viele Anschauungen des Judentums über die Gottesherrschaft geteilt. Selbstverständlich gehörten Auferstehung (Mk. 12, 18—27) und Gericht (Lk. 11, 31—32) mit Gottes königlichem Regiment zusammen. Selbstverständlich gleicht auch ihm das Reich dem üppigen Mahl, wo man mit den Vätern Abraham, Isaak und Jakob zu Tische liegen wird (Mt. 8, 11) und essen und trinken soll (Lk. 22, 30). Im „Himmelreich" gibt es Rangunterschiede: Kleine und Große (Mt. 11, 11), gewöhnliche Plätze und Ehrenplätze (Mk. 10, 35—40). Dann werden die Jünger „auf zwölf Thronen sitzen und die zwölf Stämme Israels regieren" (Mt. 19, 28). Und doch: wie sparsam und wie zurückhaltend sind die Ausmalungen dieser in sich gestuften Gotteswelt! Man halte daneben eine Probe aus der syrischen Baruch-Apokalypse (um 100—130 n. Chr.):

Die Erde wird ihre Frucht zehntausendfältig geben,
und an einem Weinstocke werden tausend Ranken sein,
und eine Ranke wird tausend Trauben tragen,
und eine Traube wird tausend Beeren tragen,
und eine Beere wird ein Faß Wein bringen.
Und die, die gehungert haben, sollen reichlich genießen,
weiter aber sollen sie auch Wunder schauen an jenem Tage.
Denn Winde werden von mir ausgehen,
um Morgen für Morgen den Duft aromatischer Früchte zu fächeln,

und am Ende des Tages Wolken, die balsamischen Tau träufeln.
Zu jener Zeit werden wieder die Mannavorräte herniederfallen,
und sie werden davon in jenen Jahren essen,
weil sie erlebt haben das Ende der Zeiten.
Von diesem paradiesischen Märchenlande erzählt Jesus nichts.
Aber noch wichtiger ist eine andere Tatsache. Jesus weiß, daß der Tag
Gottes anbricht, aber er verbietet seine Berechnung. *Der apokalyptische
Terminkalender verschwindet.* Gottes Herrschaft zieht herauf, ohne
daß man sie berechnen und beobachten könnte. Das meint Luthers
mißverständliche Übersetzung: „nicht mit äußerlichen Gebärden"
(Lk. 17, 20). „Um jenen Tag und jene Stunde weiß niemand, weder
die Engel im Himmel noch der Sohn, nur der Vater" (Mk. 13, 32).
Niemand, auch der Türhüter nicht, weiß, wann der Hausherr heimkehrt, vielleicht spät abends, vielleicht um Mitternacht, vielleicht um
den Hahnenschrei oder in der Frühe: plötzlich kommt er (Mk. 13,
33—37). Er kommt wie der Dieb — unangemeldet (Mk. 14, 42—44).
Weil niemand es weiß, gilt es, wachsam zu sein. Das Stichwort heißt
nicht Beobachtung, sondern — Achtung!
Bereits hier kündigt es sich an, daß *Jesus kein Apokalyptiker ist*. Im
Gegenteil: er bricht mit der Apokalyptik. Er greift in der Synagoge
in Nazareth nicht zufällig zuerst zur Prophetenschrift (Lk. 4, 17). Der
Geist der Verheißung lebt auf. Der Unverstand frommen Rechnens
wird abgetan.
Trotzdem beherrscht Jesus den apokalyptischen Wortschatz. Er kennt
apokalyptische Begriffe und Vorstellungen. Gewiß „die" jüdische Apokalyptik hat es nie gegeben, jedenfalls nicht als Begriffs-System. Was
man so zu nennen pflegt, ist ein vielschichtiges und in sich wider-
spruchsvolles Gebilde. Hier stehen nicht nur Schriften wider Schriften
und Gruppen wider Gruppen. Hier gehen die gedanklichen Widersprüche durch eine und dieselbe Schrift, durch eine und dieselbe Gruppe
hindurch. Und doch gibt es so etwas wie ein allen apokalyptischen
Anschauungen zugrunde liegendes *Koordinatensystem*, d. h. ein Be-
zugsgefüge, innerhalb dessen auch die widersprechenden Meinungen
ihren Ort haben. Dieses Koordinatensystem setzt Jesu Botschaft von
der Gottesherrschaft voraus.
Alle apokalyptischen Größen und Vorgänge können nämlich zugleich
in *zwei Dimensionen* gedacht und ausgesagt werden, die sich für unser
durchschnittliches Denken vollkommen ausschließen. Es handelt sich
um das Miteinander von Raum und Zeit. Auch der apokalyptische
Begriff der Gottesherrschaft nimmt an dieser Zwei-Dimensionalität

teil. Die Gottesherrschaft ist sowohl eine Raum-Größe wie eine Zeit-Größe.

Als *Raum-Größe* ist die Gottesherrschaft das *Jenseits,* das unserer Welt als dem Diesseits gegenübersteht. Die Gottesherrschaft wird nicht, sondern sie *ist.* Sie ist das ständige, das stehende Gegenüber der Welt. Sie ist die ewige Himmelswelt, in der alles schon bereit liegt, was sich auf Erden erst ereignen wird. Die ewigen, die entscheidenden „Dinge" stehen seit je in einem Bezug zu allem Hiesigen. Nicht über-zeitlich, aber zeit-überlegen existieren sie „droben". Will man die Be-ziehung zwischen dieser Welt präexistenter Wesenheiten und uns graphisch darstellen, so müßte man die Senkrechte, die Vertikale fällen.

Als *Zeit-Größe* jedoch ist die Gottesherrschaft die *Zukunft,* die unserer Welt als der Gegenwart begegnet. Die Gottesherrschaft ist nur, indem sie *geschieht.* Sie geschieht als die in unsere Gegenwart hineinstür-mende Zukunft. Sie ist die Zeit der sich entladenden Energien, die sich im Himmel angestaut haben, um loszubrechen. Die entscheidenden Ereignisse müssen erst, indem sie sich begeben, mit allem Jetzigen in Beziehung treten. Nicht überräumlich, aber raum-entzogen, sind sie im Anmarsch des „morgen". Will man die Beziehung zwischen dieser Welt künftiger Wirklichkeiten und uns graphisch darstellen, so müßte man die Waagerechte, die Horizontale ziehen.

Es ist nun gar keine Frage, daß, wenn Jesus den Anbruch der Gottes-herrschaft verkündigt, er sie in erster Linie *zeitlich* versteht. Die Gottesherrschaft ist die Zukunft der Welt. Sie ist der kommende Gott. Sie ist durch und durch „dynamisch" — Gottesgeschehen. Aber sie hat zugleich „statischen" Charakter — sie birgt Mensch und Welt in ihrem Gottesraum. Sie kann ihre Kräfte wirksam werden lassen auf Erden, weil sie seit je das Wesen der himmlischen Welt ausmachten. Gott kann „seinen Willen geschehen lassen auf Erden, wie er schon immer im Himmel gilt" (Mt. 6, 10). Geschieht aber sein Wille auf Erden, d. h., steht die Zeit im Zeichen seiner sich erschließenden Zukunft, dann hat die Welt und die Menschheit echte Gegenwart. Dann trifft sich die Waagerechte der sich erstreckenden Zeit — des Chronos — mit der Senkrechten der von Gott bestimmten Entscheidung im Zeit-Punkt des *Kairos.* Der Kairos ist die Gunst der guten Stnnde, wo heute und hier Gott seine Herrschaft verwirklicht (Mk. 1, 15).

Will man sich das Gesagte in einem Bilde verdeutlichen, so erhält man — unzulänglich genug — folgende Figur:

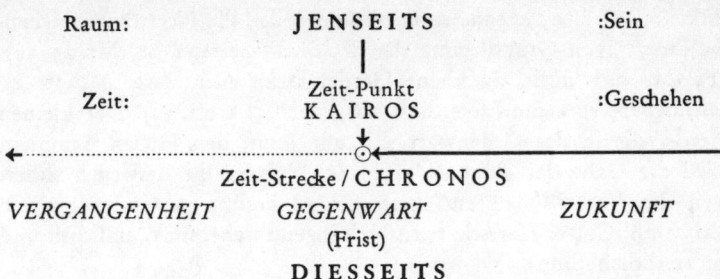

Hat Jesus nun diese Gotteswelt gebracht? Oder hat er sie nur angekündigt für später? Die Antwort, die die Evangelien geben, muß in dreifacher Hinsicht differenziert werden:

Zunächst (1): Gottes Herrschaft steht in dem Augenblick, da Jesus redet und ruft, unmittelbar bevor. Sie ist, zeitlich streng genommen, noch nicht da. Sie ist noch *Zukunft.* Sonst brauchte man ja nicht um sie zu beten (Mt. 6, 10). Sonst brauchte er nicht „Achtung!" zu rufen und: „Wachet!" Eine breite Schicht zahlreicher Stellen, die wir nicht im einzelnen aufzuzählen brauchen, macht das in unseren synoptischen Evangelien deutlich. Gottes Herrschaft ist „eschatologisch", d. h. endzeitlich zu verstehen. Albert Schweitzer und andere meinten: sie ist „konsequent eschatologisch" zu verstehen. Alle Worte, die vom Nahekommen der Gottesherrschaft reden, meinen ihre — wenn auch noch so nahe — Zukunft. „Vom Feigenbaum aber lernet das Gleichnis: wenn sein Zweig schon saftig wird und die Blätter hervorsprossen, so erkennt ihr, daß der Sommer nahe ist. So auch ihr: wenn ihr dies geschehen seht, so erkennet, daß er nahe ist vor den Türen" (Mk. 13, 28—29). „Der Sommer ist hart vor der Tür." So kommt Gott — wie in Palästina der Sommer auf die winterliche Regenzeit folgt, fast ohne Übergang, fast ohne Frühling.

Alle Sprüche, die vom „Tage" reden, bestätigen den Zukunftscharakter der Gottesherrschaft. Der Tag des Gerichts naht schrecklich, schrecklicher den Städten, die Jesu Angebot ablehnen, als Sodom und Gomorra (Mt. 10, 15). Er bricht schrecklicher an über den galiläischen Städten, Chorazin und Bethsaida, als über den phönikischen, Tyrus und Sidon (Mt. 11, 21—22). Er ist ja der Tag des kommenden Menschensohnes (Mk. 13, 32; Lk. 17, 24). Die Wendung *eingehen* in die Gottesherrschaft meint die Zukunft (Mk. 10, 15. 23; Mt. 5, 20). Sie ist ja gleichbedeutend mit dem künftigen Leben (Mk. 9, 43—48). Auch die Worte vom *Ererben* sind Verheißungen auf Kommendes

(Mk. 10, 17). Die Gesegneten des Vaters sollen die Herrschaft ererben, die ihnen „von Grundlegung der Welt an" bereitet ist (Mt. 25, 34). „Fürchte dich nicht, du kleine Herde! Denn euer Vater geruhte zu beschließen, euch die Herrschaft zu geben" (Lk. 12, 32). Der kleinen Herde, die in der Gegenwart sich um Jesus, den Hirten, sammelt, wird die Gabe der Zukunft verheißen. Sie ist ihr deswegen sicher, weil die Verheißung Jesu ihren Grund besitzt in Gottes ewigem Ratschluß. Gottes Herrschaft ist bedrängend nahe, im räumlichen und im zeitlichen Sinn.

Aber (2): all diesen und ähnlichen Stellen steht nun eine Reihe anderer gegenüber, die von der *Gegenwart* der Gottesherrschaft reden. Jesus sagt im Blick auf sein Wirken: „Wenn ich im Geiste Gottes die Dämonen austreibe, so ist ja die Herrschaft Gottes — bereits — zu euch gelangt" (Mt. 12, 28). Lukas überliefert uns dasselbe Wort, läßt Jesus aber statt von dem Geiste Gottes vom „Finger Gottes" reden (Lk. 11, 20). Das ist nicht nur einer der archaischen Ausdrücke, für die Lukas eine Vorliebe hat, sondern zugleich eine Auslegung: Gottes Finger (2. Mose 8, 19) bezeichnet Gottes wunderbaren Eingriff in die widerständige Welt, wie sein „Arm" (Jes. 51, 9) die Kraft ausdrückt, mit der Gott seine rettende Gegenwart auf Erden wirksam werden läßt.

Als die Siebzig von ihrem Missionszuge zurückkehren und ihm von ihren charismatischen Erfolgen über die Dämonen berichten, sagt Jesus zu ihnen: „Ich schaute den Satan wie einen Blitz aus dem Himmel fallen" (Lk. 10, 18). Das Wort ist einzig in seiner Art. Redet Jesus von einer Vision? Wann fand sie statt: erst jetzt, als die Taten der Siebzig geschahen? Oder als er selbst den ersten Besessenen heilte? Oder noch früher, als er den Versucher besiegte? Das Wort klingt nach besonderer Geisterfahrung. Jedenfalls versteht es gegenwärtiges Geschehen von einer vollendeten Tatsache her: Satans Macht ist im Himmel vernichtet; aus Gottes Welt ist er gestürzt. Bedeutet dies, daß er, vom Himmel auf die Erde herabgeworfen, nun „hier unten" sein Werk treibt? Die Offenbarung des Johannes (12, 9) sagt von der Geburt des Messias: sie bewirkte, daß die Bosheit aus dem Himmel hinweg an die Erde gebunden wurde. Sein Sturz aus der Ewigkeit sei seine Auferstehung in der Zeit. Er lebe aus seinem Gefälltsein. Jesu Wort sagt unmittelbar davon nichts. Aber es setzt voraus, daß die bereits erfolgte Entmächtigung des Satans der Grund dafür ist, daß Menschen ihn in Jesu Namen zu bannen vermögen. Gottes Herrschaft ist bereits auf dem Plan. — Ein Zeugnis für die Gegenwart der

Gottesherrschaft ist auch, obwohl das Wort selbst nicht fällt, die Antwort, die Jesus dem gefangenen Täufer erteilt, als dieser ihn durch seine Boten fragen läßt, ob er „der Kommende" (Ps. 118, 26?) sei (Mt. 11, 4—5):

Gehet hin und meldet Johannes, was ihr höret und sehet:
Blinde sehen wieder, Lahme wandeln umher,
Aussätzige werden gereinigt, und Taube hören,
Tote stehen auf, und Arme empfangen Freudenbotschaft.

Die Anklänge an die prophetischen Heilsverheißungen (Jes. 29, 18—19; 35, 5—6; 61, 1) weisen den großen Zusammenhang auf. Der Tag Gottes, auf den die prophetischen Stimmen aus dem alten Jahrtausend vorausweisen, ist angebrochen. Er ist Gegenwart im Wirken Jesu: „Heil dem, der nicht an mir zu Fall kommt" (Mt. 11, 6). Noch zwei Worte bezeugen, obwohl ihre Auslegung besondere Schwierigkeit bereitet, die Gegenwart der Gottesherrschaft. Zunächst Lk. 17, 20—21. Wir hörten bereits, wie Jesus auf die Frage (der Pharisäer?), wann die Herrschaft Gottes komme, antwortet: Das läßt sich grundsätzlich weder berechnen noch beobachten. „Man wird auch nicht sagen; siehe hier oder dort. Denn siehe, die Herrschaft Gottes ist — da!" Das Wort, das wir vorläufig mit „da" wiedergeben, übersetzte Luther mit „inwendig in euch". Die neuere Forschung hat sich, alte lateinische und syrische Übersetzungen aufnehmend, überwiegend für „mitten unter euch" entschieden, weil Jesus die Gottesherrschaft nicht im Sinne der „Innerlichkeit" verstanden haben könne und Lukas sich dann auch eindeutiger ausgedrückt hätte. Wie immer man sich entscheidet — in jedem Falle ist Gottesherrschaft gegenwärtig. Schwieriger ist die Deutung von Mt. 11, 12—13: „Von den Tagen Johannes des Täufers an bis jetzt wird das Himmelreich vergewaltigt, und Gewalttätige reißen es räuberisch an sich. Denn alle Propheten und das Gesetz haben bis auf Johannes prophezeit." Wiederum herrscht Unklarheit, wer die Gewalttäter sind. Die Weltregenten in der Geisterwelt? Jüdische Gegner auf Erden? Oder die Pharisäer, die es durch religiöse Inbrunst und sittliche Anstrengung — im guten Sinne — „herbeizwingen" wollen? Wie immer die Antwort lauten mag — mit Johannes dem Täufer haben Propheten und Gesetz ihre Zeit vollendet, die Zeit der Gottesherrschaft hat jene abgelöst. Schließlich (3): trotz ihrer Gegenwärtigkeit hat die Königsherrschaft nicht aufgehört, zukünftig zu sein! Sie ist noch nicht da — und wiederum ist sie doch schon da — und abermals wiederum steht sie noch aus. Zwischen „Schon" und „Noch nicht" ihres Daseins ist das Geschick des Menschen gespannt, gerade des an Jesus glaubenden Menschen. Bildworte und Gleichnisse rufen immer wieder zur Wachsamkeit. „Eure Hüften seien umgürtet und eure Lampen angezündet, und ihr gleichet den Menschen, die ihren Herrn erwarten, wann er aufbreche von der Hochzeit, damit, wenn er kommt und klopft, sie ihm sofort öffnen" (Lk. 12, 35—36). Einerseits ist die Hochzeit bereits im Gange, denn der Bräutigam ist da (Mk. 2, 19). Andrerseits steht sie noch aus, die Jungfrauen sollen ihm entgegenwachen (Mt. 25, 1—13).

Der Gang der Menschen ist Gang zum Gericht: Versöhne dich mit deinem Prozeßgegner unterwegs, ehe es zu spät ist (Lk. 12, 58—59). Seid beharrlich im Beten um das endzeitliche Recht! Hat die Witwe durch ihr Geschrei den ungerechten Richter zur Rechtshilfe veranlaßt, so wird Gott den Seinen gewiß „in Kürze" zum Recht verhelfen (Lk. 18, 1—8). Daß Jesus da ist, bedeutet gewiß Gegenwart der Herrschaft, aber so, daß er der letzte Rufer angesichts ihrer entscheidenden Nähe ist. „Die Männer von Ninive werden auftreten mit diesem Geschlecht und werden es verurteilen. Denn sie kehrten um auf die Verkündigung des Jona hin: und siehe, hier ist mehr als Jona" (Mt. 12, 41). Es wird dann um Verlust und Gewinn des eigenen Lebens gehen (Mk. 8, 35). Es wird um das ewige Leben in Gottes Herrschaft gehen oder um das unauslöschliche Feuer der Hölle (Mk. 9, 43—48; Mt. 25, 41. 46; Lk. 16, 23—24). Es wird! Die Gleichnisse vom Unkraut unter dem Weizen (Mt. 13, 36—43) und vom Schleppnetz (Mt. 13, 47—50) verwehren es ausdrücklich, die zukünftige Scheidung schon jetzt vorwegzunehmen. Das Endgericht bleibt der unberechenbaren Zukunft vorbehalten.

Wie ist das Nebeneinander und Gegeneinander der Aussagen zu erklären? Zwei Antworten bieten sich an. Beide zeigen, wie Jesus durch sein Auftreten und sein Wort die jüdischen und apokalyptischen Begriffe sprengte.

Einmal: für die *jüdische* Erwartung war die Abfolge der Zeiten kein Problem. Der bösen Weltzeit folgt die Gotteszeit auf dem Fuße. Im Bilde der feindlichen Brüder Esau und Jakob wird gegen Ende des 1. Jahrhunderts n. Chr. die Abfolge des römischen und des jüdischen Imperiums prophezeit: Jakobs Hand hält Esaus Ferse (1. Mose 25, 26). Die Zeiten scheiden sich klar: dieser Äon schließt mit dem römischen Weltreich; jener beginnt mit Israels Weltreich. Beide Äonen schließen sich aus und folgen einander. Nicht so bei *Jesus:* in ihm war Gottes Herrschaft gegenwärtig mitten in dieser Zeit. Der alte Äon bestand noch, während der neue bereits in seiner

Person angebrochen war. *Die Äonen* (Mt. 12, 32; Mk. 10, 30: wohl Gemeindebildungen) *überblenden sich gegenseitig.* Im Bilde gesprochen: wie ein ablaufender Filmstreifen verblaßt und der anlaufende klarer hervortritt, so ist es mit den beiden Weltzeiten. Freilich ist die neutestamentliche Situation die, daß während des Erdenlebens Jesu beide gleich klar laufen und so einander verdecken. Das normale Auge vermag nicht zu unterscheiden, welcher Bildfolge die Zukunft gehört. Die neuen Bilder sind da und sind auch wieder noch nicht da. Zum andern: für die jüdische Erwartung konnte erst dann von der Gegenwart der Himmelszeit geredet werden, wenn sie sichtbar in Kraft stand. Er verkündete: Gottes Herrschaft wird kommen „in Kraft" (Mk. 9, 1). Das meint ihre Zukunftsgestalt. Ihre Zukunftsgestalt schließt aber ihre *Gegenwartsgestalt* nicht aus, sondern gerade ein. Für sie fehlt in den Evangelien der Ausdruck. Paulus bietet ihn uns dar. Er lautet: „in Schwachheit" (1. Kor. 15, 43). Die Gleichnisse sagen die Sache, d. h. den Unterschied, ja Gegensatz der beiden Gestalten der einen Gottesherrschaft aus. Die Gegenwartsgestalt gleicht dem winzigen Senfkorn, das man übersieht oder mit dem Atem wegbläst, die Zukunftsgestalt der hohen Senfstaude, dem größten Gartengewächs (Mk.4, 30—32;vgl. Dan. 4). Die Anfangsgestalt gleicht dem Krümchen Sauerteig, vermischt unter fast 40 Liter Mehl, die Endgestalt der riesigen durchsäuerten Teigmenge (Mt. 13, 33). Nicht die „Entwicklung" des „Reiches" wird jeweils beschrieben, sondern der *Gegensatz* zwischen kümmerlichem Anfang und gewaltigem Ende. Hier der arme Wanderprediger: die Füchse haben Löcher, die Vögel Nester; er selbst hat keine Lagerstatt (Mt. 8, 20), und die Seinen sind Habenichtse; dort der Weltenrichter in der Glorie des Himmels. Hier der Mißerfolg des Säemanns: drei Viertel an Aussaat gehen verloren; dort der übervolle Ertrag der Ernte (Mk. 4, 3—8). Wäre Jesus nicht da, so gäbe es hier keine Widersprüche. Aber im Widerspruch zwischen Niedrigkeits- und Hoheitsgestalt der Gottesherrschaft ist der wunderwirkende Gott am Werke, der aus dem Nichts seine Herrschaft in Macht heraufführt.

In *Jesu Person* ist die Gottesherrschaft gegenwärtig und zukünftig zugleich. Ihre Schwachheit in Kraft zu verwandeln, ist aber allein Gottes Werk.

Menschen können das „Reich" nicht „bauen" und auch nicht herbeizwingen. Die Juden vermeinen es zu können. Die Rabbinen lehren: Durch Liebeswerke kann Israel sich das Heil erwerben. Eine einzige Tat des Gehorsams zieht Gottes Erbarmen hernieder: wenn Israel nur einen einzigen Sabbat in der rechten Weise beobachtete, würde sofort der Sohn Davids kommen! Die Herrschaft, die Jesus verkündigt, kommt allein *durch sich selbst*. Sie gleicht dem Geschehen auf dem Felde: die Saat ist gesät. Die Erde bringt von selbst — „automatisch" sagt der Text — Frucht, Halm und Ähre und in der prallen Ähre den Weizen. Während die Erde am Werk ist, kann sich der Bauer schlafen legen. Erst wenn die Ernte da ist, schickt er die Sichel ins Feld (Mk. 4, 26—29). Gegenwart und Zukunft sind durch Gottes Tun verbunden. Selbst Jesu Tun ist nur Funktion des Werkes Gottes. Genau genommen gilt: nicht er bringt die Herrschaft, sondern — die Herrschaft bringt ihn. Jesus ist so sehr Werkzeug Gottes, daß er selbst nicht weiß, wann sein Tag anbricht (Mk. 13, 32). Offensichtlich hat er damit gerechnet, die andrängende Nähe der Offenbarung der Herrlichkeit noch in seiner Generation zu erleben: „Wahrlich, ich sage euch, es sind einige, die hier stehen, die den Tod nicht schmecken werden, bis sie die Herrschaft Gottes kommen sehen in Kraft" (Mk. 9, 1; vgl. Mk. 13,30; Mt. 10, 23). Man wird dieses Wort Jesus kaum absprechen können. Es ist kaum denkbar, daß die Gemeinde ihm einen Ausspruch in den Mund gelegt hätte, der sich nachträglich als *irrig* erwies. Denn man sollte es offen zugeben, daß sich Jesus in dieser Hinsicht „verrechnet" hat. Man sollte aber noch mehr darüber staunen, daß dieser Irrtum nicht seine Glaubwürdigkeit in der Gemeinde minderte und daß das Ausbleiben des Tages der Herrlichkeit, genauer gesagt: seine Verzögerung, nach allen Aussagen des Neuen Testamentes, den Glauben keineswegs erschüttert hat. Der apokalyptische Terminkalender war durch Jesus selbst grundsätzlich abgeschafft. Damit war die Frage nach irgendeinem Termin — den übrigens Jesus auch hier nicht fixierte — ein für allemal überholt. Das Interesse an chronologisch errechenbaren Zeitpunkten gehörte der alten Weltzeit an. Daß es normalerweise erlosch, hat seinen Grund darin, daß für die Christen Gottes Herrschaft in Jesus gegenwärtig war.

Der Kampf

Die Zukünftigkeit der Gottesherrschaft zeichnet sich darin ab, daß Jesus sie verkündigte und daß er Menschen beauftragte, sie zu *verkündigen* und ständig um ihr Kommen zu *beten* (Mt. 6, 10; Lk. 18, 1—8). Ihre Gegenwärtigkeit bekundet sich darin, daß *Jesus selbst* da ist und daß seine Botschaft einen *Kampf* entfesselt. Wer den Anbruch der Gottesherrschaft ausruft, fordert damit die Hüter der Theokratie zum Kampfe heraus. Denn Gottes*herrschaft* und Gottes*staat* stehen in ausschließlichem Gegensatz. Sie schließen sich um so mehr aus, je mehr seine Vertreter im Gottesstaat den Platzhalter der Gottesherrschaft sehen und wähnen, er sei ihre irdische Gestalt. Von dieser Auseinandersetzung werden wir später handeln.

Wer den Anbruch der Gottesherrschaft ausruft, fordert aber auch die Welt als ganze, in all ihren Schichten, in die Schranken. Denn er behauptet, daß die Welt von Grund aus verderbt, daß sie böse im furchtbarsten Sinne des Wortes ist. Ja er behauptet die Verderbtheit und Bosheit der Welt viel radikaler, als es je durch die Vertreter des Gottesstaates geschehen könnte. Freilich: Jesus kommt nicht eigens dazu, um die Bosheit der Welt festzustellen. Das war seit den Tagen der Propheten unaufhörlich und sehr eindringlich geschehen. Er kommt vielmehr dazu, um die Bosheit der Welt zu *überwinden*. Und: indem er sie überwindet, deckt er sie — als von ihm bereits überwunden — auf. Das alles geschieht im Kampf mit der Welt. Die Kampfzeichen der in Jesu Werk anbrechenden Gottesherrschaft sind seine Wunder.

Jesus hat *Wunder* getan. Über den Umfang seiner Wundertätigkeit und die Arten seiner Taten gehen die Meinungen auseinander. Einig ist sich die Forschung über die historisch unbezweifelbare Tatsache als solche. Freilich dürfen wir nicht mit unseren modernen Anschauungen und Vorstellungen vom „Wunder" an die Berichte der Evangelien herantreten, wenn wir den hier vorliegenden Sachverhalt verstehen wollen. Für das 19. Jahrhundert bedeutete „Wunder" einen Vorgang, der zeitweilig die Naturgesetze außer Kraft setzt. Dieses Merkmal eignet dem Wunderbegriff seit den Tagen der mittelalterlichen Scholastik. Daß die Vorstellung von einer Durchbrechung der Naturgesetze weder im Alten noch im Neuen Testament eine Rolle spielt, versteht sich von selbst. Naturgesetze, noch dazu unabänderliche, aber zeitweilig durchbrechbare, kennt erst die theoretische Reflektion. Im Alten und Neuen Testament sah man nicht „Gesetze" ablaufen, sondern den lebendigen Gott wirken: als den Schöpfer und Erhalter des Kosmos. Gewiß wirkte Gott nicht stets dasselbe. Aber seine außerordentlichen, aufhorchen machenden Taten, durch die er den Menschen etwas Besonderes bedeuten wollte, werden im Alten Testament mit einem Ausdruck bezeichnet, der sich vom Tätigkeitswort „schaffen" herleitet und eigentlich „Schöpfung", d. h. schöpferisch Hervorgebrachtes meint (4. Mose 16, 30; 2. Mose 34, 10; Jer. 31, 22; Jes. 48, 7). Andere Bezeichnungen verstehen die „Wunder" als Bekundungen der göttlichen Übermacht, die Staunen oder Erschrecken hervorrufen, als Krafttaten oder einfach als Taten Gottes. Häufig werden sie auch

„Zeichen" genannt, die vorausdeuten oder auf eine unsichtbare Kraft hinweisen. Unser moderner Wunderbegriff mutet demgegenüber gedanklich dürftig und anschauungsmäßig blaß an.

Im Neuen Testament taucht die griechische Bezeichnung für „Wunder" im Sinne des Götterzeichens, der ungeheuerlichen Erscheinung, des Mirakels nur ganz selten auf: entweder in alttestamentlichen Zitaten oder als Ausdruck für außerordentliche Geschehnisse teuflischer Natur. Auch der Satan und seine Boten, die falschen Messiasse und falschen Propheten, die Mächte und der Antichrist verrichten „Wunder" (Mt. 24, 24; Mk. 13, 22; 2. Thess. 2, 9. vgl. Offb. 13, 13—14; 16, 14; 19, 20). Wunder als solche sind zweideutig. Ihr Geschehen sagt noch nichts über Göttliches aus. Im Gegenteil!

Jesu Wunder werden im wesentlichen als „Zeichen" verstanden. Sie sind von seiner Person und seinem Wirken nicht zu trennen. Sie sind nicht nur Zeichen im Sinne von Vor-Zeichen auf Künftiges, sondern Anzeichen für gegenwärtig Verborgenes. Die „Zeichen" sind Symptome der anbrechenden Gottesherrschaft. In ihnen erscheint die „Sache" selbst, nicht nur ihr vorlaufender Hinweis. Jesu „Zeichen" sind Protuberanzen des anbrechenden Gottestages: in ihnen entladen sich die Energien Gottes. Darum stehen sie unter derselben Regel wie die Gottesherrschaft. Ist diese weder zu berechnen noch zu beobachten, so sind jene keine Beweismaterialien für die feststellbare Gegenwart des Gottesregiments. Wunder als Beweismittel hatte Jesus dem Versucher gegenüber *abgelehnt*. Er tut es auch wiederholt den Zeitgenossen gegenüber. An sich war es üblich, von Männern, die mit einem göttlichen Anspruch auftraten, eine göttliche Legitimation zu verlangen.

Jesus hat mehr als einmal dieses Verlangen abgewiesen. Seine Machttaten sind Gottes Taten und als solche nur für den zu erkennen, der seinen Zuschauerstandpunkt aufgibt und sich von seinem Wort treffen läßt (Mk. 8, 10—13). In der bloßen Forderung des Zeichens drückt sich für ihn die Bosheit und der Treubruch des selbstherrlichen Geschlechtes aus. Gott wird ihnen nur das „Zeichen des Jona" geben, d. h., den Bußprediger senden. Dieser Rufer zur Umkehr steht vor ihnen als der verborgene Weltrichter, der — sterben wird (Mt. 12, 38—40)! Hohepriester und Schriftgelehrte fordern noch vom Gekreuzigten höhnend das Zeichen der Macht (Mk. 15, 32). Die Pharisäer und Sadduzäer, die göttliche Zeichen fordern (Mt. 16, 1), merken nicht, daß die Vorführung eines besonderen Zeichens „aus dem Himmel" überflüssig ist. Sie können am Abendrot und an der Morgendämmerung das Wetter des kommenden Tages voraussagen: Schönwetter oder

Sturm. Die Meister der meteorologischen Prognose sind aber Stümper in der Diagnose der Gottesgeschichte: die „Zeichen der Zeiten" vermögen sie nicht zu beurteilen (Mt. 16, 3; Lk. 12, 54—56). *Das* Zeichen ereignet sich leibhaftig vor ihnen. Aber sie sehen es nicht: Ihn selbst, der das Zeichen des Jona in kosmischer Weite darstellt. *Er selbst* ist das Zeichen, mitten in der Gunst der Zeit, mitten im Kairos Gottes (Lk 12, 56).

Die Zeichen Jesu sind nach zwei Seiten hin gebunden: einerseits an sein Heilswort, andrerseits an die Zuversicht des Glaubens. Von keinem von beiden lassen sie sich lösen. Vergleicht man die Erzählungen der Evangelien mit antiken, jüdischen oder späteren christlichen Wunderberichten, so sieht man nicht nur gewisse Entsprechungen, sondern weit mehr Gegensätze. Die Sucht zum Phantastischen und Grotesken bestimmt die Legenden. Was für eine reiche Wundertätigkeit haben die Rabbinen entfaltet! Aber das meiste, was sie tun, dient ihrem Ruhme. Wie viele kleine Anlässe müssen herhalten, um ihre Überlegenheit zu beweisen! Die Richtigkeit einer vom Rabbi vorgetragenen Meinung wird durch eine Gottesentscheidung erhärtet: befehlsgemäß reißt sich ein Johannisbrotbaum mit seinen Wurzeln aus dem Erdreich. Der Blick, die Bewegung, das Wort des Lehrers hat strafende Kraft. „Der Fluch eines Gelehrten, selbst wenn er grundlos gesprochen ist, geht immer in Erfüllung." So geschieht ein „Wunder" nach dem anderen an Menschen, Dingen und Tieren. Von Rabbi Chanina ben Dosa, einem Heiligen um 70 n. Chr., der als Schlangentöter Erfolge hatte, hieß es: „Wehe dem Menschen, dem eine Wasserschlange begegnet! Doch wehe der Wasserschlange, der Rabbi Chanina begegnet!" Wer wissen will, was ein Mirakel im Unterschied zu einem Zeichen Jesu ist, der muß diese teils ergötzlichen, teils abgeschmackten Geschichtchen lesen.

Dieser Typus von Legenden dringt später auch in die christlichen Apostel- und Heiligengeschichten ein. In den sog. Petrusakten, die im 3. Jahrhundert entstanden, wird der siegreiche Kampf des Petrus mit dem Magier Simon geschildert. Da sich der Magier bei der Anmeldung durch den Pförtner verleugnen läßt, benutzt Petrus die Gelegenheit, „um sogleich ein großes Wunder zu tun. Er schickt zu Simon einen großen Hund, der ihm mit menschlicher Stimme Petrus' Auftrag ausrichtet". Während der römische Hausbesitzer, bei dem der Magier logiert, durch das „Wunder" sich bekehrt, „hält der Hund dem Simon eine Strafrede, kommt zu Petrus, berichtet ihm über seine Verhandlungen mit Simon, prophezeit ihm, daß ihm ein schwerer Kampf mit diesem bevorstehe, und verendet vor seinen Füßen. Ein Teil des Volkes ist durch dieses Wunder bekehrt, ein anderer will ein neues Wunder sehen. Diesem Wunsche gibt Petrus nach und läßt im Namen Jesu Christi (!) einen geräucherten Thunfisch lebendig werden". Genug, genug!

Wir treten aus einer kranken Atmosphäre heraus und fühlen uns vom Hauch der Gesundheit umweht, sobald wir in Jesu Nähe treten. Jesus hat keine Mirakel getan. Man pflegt seine Zeichen in drei Gruppen einzuteilen: in sog. Naturwunder, in Heilungswunder, in Dämonenaustreibungen. Der Oberbegriff „Wunder" hat freilich nur begrenzte Bedeutung. Gemeinsam ist allen diesen unter dem Stichwort „Wunder" begriffenen Ereignissen der *Kampf*charakter. Jesus macht Gottes Macht in allen Schichten des irdischen Daseins geltend: gegenüber dem Kosmos, dem Menschenleid, der Macht der Finsternis. Er „bedroht" den Wirbelsturm ebenso (Mk. 4, 39) wie das Fieber (Lk. 4 39) und den Dämon (Mk. 1, 25). Gottes Herrschaft greift die Gewalten an, die sich ihr entgegenstellen.

(a) Unter den *Schöpfungswundern,* gewöhnlich „Naturwunder" genannt, nimmt die Verfluchung des Feigenbaumes (Mk. 11, 12—14) eine Ausnahmestellung ein. Es ist die einzige Begebenheit in den Evangelien, die man als „Strafwunder" bezeichnen könnte. Sie geschieht nicht anderen zu Hilfe (vgl. Lk. 4, 29—30; Mt. 17, 27) und verwirklicht einen Fluch Jesu. Sie ähnelt dem Gleichnis vom unfruchtbaren Feigenbaum (Lk. 13, 6—9). Ist sie vielleicht aus einem Gleichniswort zu einer Erzählung von einem Geschehen ausgearbeitet worden? Jedenfalls ist sie symbolisch gemeint und so für die evangelische Überlieferung keineswegs typisch.

Typisch dagegen sind Erzählungen wie die von der Stillung des Sturmes (Mk. 4, 35—41) und von dem Wandeln Jesu auf dem See (Mk. 6, 45—52). Unbestreitbar liegen diesen Erzählungen geschichtliche Begebenheiten zugrunde. Jesus war den Menschen nicht nur der Arzt des Leibes, sondern erwies sich den Seinen als Helfer in anderen Nöten: als Retter in Seenot, als Beistand und Tröster in ausweglöser Situation. Entscheidend ist jedoch nicht, daß Mirakulöses passierte. Diese Wunder sind keine Schauwunder, die den Magier seine Künste zeigen lassen. Sie sind ganz auf die Hilfserweisung ausgerichtet. Freilich referieren sie nicht nur Geschehenes, sondern die im Geschehen hörbar werdende Sprache; sie enthüllen, daß dieses Dasein Jesu Anredecharakter trägt. Gottes Herrlichkeit, der der Schöpfer der Welt des Elementaren ist und von uran über den Wassern waltete, wird in Jesu Gestalt und Handeln kund. Das Pfingstliche des Schöpfer-Geistes und das Osterliche des Gottes, der die Toten auferweckt, wird in diesen Geschichten bezeugt. So greifen sie weit hinaus über das rein Historische, dessen Einzelheiten wir nicht mehr zu rekonstruieren vermögen. Das tatsächlich Geschehene wird zum Haftpunkt der Verkündigung. Eine Botschaft will mittels historischer Klangelemente sich zur sinnvollen Sprache formen. Das Geschehene wird nicht in leere Symbolik aufgelöst. Jesus ist weder im Sinne einer Reportage ein spätantiker Zauberer noch im Sinne eines mystischen Symbolismus ein Bild von Macht und Liebe. Er ist der Herr, von Gott gesandt, der im Kampfe Gottes Regiment auf dieser Erde anbrechen läßt.

Bereits Matthäus (8, 23—27) hat die von Markus überlieferte Erzählung von der Sturmstillung durch seine Verknüpfung mit der von den verschiedenen Nachfolgern auf die Nachfolge und damit auf die Anfechtungen gedeutet, die den Jüngern im Schifflein der Kirche drohen. Er hat sie auch durch die Art, wie er den Markustext bearbeitete, für die spätere Lage der Kirche transparent gemacht. Sie hat dadurch ihre durch die Jahrhunderte klingende Stimme eigentlich erst bekommen, die sie als bloßer Bericht über einst Geschehenes nie so besessen oder bald wieder verloren hätte. Not und Verheißung der Nachfolger Jesu zu jeder Zeit werden verkündigt. Ein fernes „Wunder", das sonst im Archiv vergangener Religionsgeschichte aufbewahrt wäre, rührt uns unmittelbar an. Luther fragte einen seiner Freunde im Briefe: „Du sitzest im Schifflein Christi. Erwartest du da Windstille?" Auch wir sind heute so gefragt.

Der Hüter des Lebens ist zugleich der *Herr des Todes*. Die Tochter des Synagogenvorstehers Jairus (Mk. 5, 21—43) und der einzige Sohn einer ungenannten Witwe zu Nain (Lk. 7, 11—17) werden von Jesus auferweckt. Totenerweckungen kennt man in der Welt der Religionen und in der des Alten Testaments. Elia (1. Kön. 17, 17—24) und Elisa (2. Kön. 4, 18—37) sind als Totenerwecker bekannt. Die Besonderheit der Erzählungen der Evangelien (vgl. Joh. 11, 1—45: Lazarus) lassen sich nur zusammen mit der Botschaft verstehen, die die Heilszeit verwirklicht. Auch die Totenerweckungen sind keine Mirakel. Als solche haben sie nichts Zwingendes, eher etwas Abstoßendes. Ihren Sinn empfangen sie nur im Kontext des endzeitlichen Geschehens: „... und die Toten stehen auf" (Mt. 11, 5). Die Überwindung des Todes, auf die Israel seit der späten Prophetie hofft (Jes. 26, 19), ist im Anbruch. Johanneisch gesprochen: „Ich bin die Auferstehung und das Leben. Wer an mich glaubt, wird leben, wenn er auch stirbt" (Joh. 11, 25). Der Sprecher ist am Werk.

(b) Die *Heilungen* Jesu sind uns am bekanntesten. Sie sind uns vertraut. Sie gehen uns am ehesten ein. Würden wir sie aus dem Bilde Jesu streichen, so wäre damit das Bild Jesu zerstört. Und doch sind sie mehr als rein medizinische Eingriffe. Sie haben gewisse Entsprechungen in Heilungen, die an antiken und modernen Wallfahrtsorten geübt wurden: etwa im Heiligtum zu Epidaurus in Griechenland, oder in der heiligen Grotte von Lourdes, in den Vorbergen der französischen Pyrenäen. Im Heiligtum des „göttlichen Arztes" Asklepios wurde tatsächlich geheilt, nicht nur durch sakrale, sondern auch durch medizinische Behandlung. Wunderkuren, die sich zuweilen über Monate erstreckten, wurden durch chirurgische Eingriffe und Schock-Therapie wirksam unterstützt. Auch wenn die Berichte das Geschehene ins Fabelhafte übersteigern, so lassen die Aufschriften auf Votivtafeln und Weihgeschenke doch keinen Zweifel daran, daß weithin wirklich Erfolge erzielt wurden. Das stereotype Schema der von der Priesterschaft redigierten Heilungsgeschichten ähnelt dem der synoptischen Berichte. Aber die Stilisierung hebt beidemal nur die Linien kräftiger und gestraffter heraus, die zuvor das Leben selbst bietet. Die Monotonie der Wiedergabe hat in der Monotonie der Begebenheiten ihren Grund. In der literarischen Anordnung (Topik) spiegelt sich die Abfolge (Typik) derartiger Lebensvorgänge. Kein Wunder, daß der in römischer Zeit über Kleinasien und Nordafrika in Hunderten von weiteren Wallfahrtsorten verehrte griechische Wundergott als Konkurrent für Jesus Christus empfunden wurde. Als „Heiland schlechthin" stand Asklepios, nicht nur im Volksglauben, sondern auch bei Gebildeten, dem „Heiland der Welt" (Joh. 4, 42; 1. Joh. 4, 14) lange Zeit gegenüber.

Trotzdem sind die Unterschiede grundlegend. Jesus wirkte zwar von Fall zu Fall wie einer der zahlreichen hellenistischen Wundermänner. Daß er als solcher von den Zeitgenossen empfunden wurde, ist unfraglich. Man sollte daher nicht, von einem vergeistigten Begriff des „Religiösen" her, diese Seite seines Handelns voreilig bagatellisieren oder gar bestreiten. Aber die Vorstellung von einem „Wunderdoktor" höherer Art faßt sicher nicht das Wesentliche. Seine Heilungen geschahen spontan. Er war nicht auf sie aus. Zuweilen scheint man sie ihm, halb wider seinen Willen, entlockt zu haben, wie bei der blutflüssigen Frau (Mk. 5, 25—34; vgl. 3, 10; 6, 56), oder hat sie ihm sogar abgetrotzt, wie bei der Syrophönizierin (Mk. 7, 24—30). Jedenfalls hat er seine Heilkraft in keiner Weise „in Betrieb" genommen und sie planmäßig ausgewertet. Aber in diesem Äußerlichen spricht sich das Wesentliche aus. Seine Zeichen stehen ausschließlich im Dienst seiner Botschaft. Sie sind darum Rufe zum Glauben und Versiegelungen des Gottesheils, das er spendet. Die Evangelien erwecken zuweilen den Anschein, als verwirklichte Jesus durch die Heilungen Punkt für Punkt ein Programm. Aber wenn schon ein „Programm" vorlag, so war es der endzeitliche Entwurf, den Jesaja 35, 4—6 ankündigte und der ganz an seine Person gebunden war (Mt. 11, 5).

Eine unvergleichliche Freiheit wird spürbar, wo immer Jesus auftritt und handelt. In einer Souveränität ohnegleichen schafft er den Menschen einer mittelmäßigen und kränkelnden Welt die große Gesundheit Gottes. Der Blinde von Bethsaida wird zu ihm gebracht (Mk. 8, 22—26), und Bartimäus, sonst blind am Wege bettelnd, überfällt ihn, als er mit den Jüngern Jericho verläßt, mit seinem Schrei um Hilfe und läßt sich durch nichts von seinem Verlangen abbringen (Mk. 10, 46 bis 52). Ein Taubstummer, im Gebiet des hellenistischen Zehn-Städte-Bundes, der ostjordanischen „Dekapolis", erfährt, von Jesus beiseite genommen, durch Handauflegung und Anwendung von Speichel wunderbare Hilfe. Manches erinnert an die Praxis anderer Therapeuten; entscheidend jedoch ist der Blick zum Himmel und der „Seufzer", mit dem er selbst die Heilung als Gottes Geschenk empfängt (Mk. 7, 31—37). So heilt er den epileptischen Jungen und erteilt den fragenden Jüngern die Belehrung: „Diese Art fährt nur durch Gebet aus" (Mk. 9, 14—24). So heilt er im Hause eines führenden Pharisäers mit energischem Griff den Wassersüchtigen am Sabbat, während die Gesetzeskundigen ihn belauern (Lk. 14, 1—6). Ähnliches geschieht in Anwesenheit von Pharisäern und Parteigängern des herodianischen Hauses, wieder am Sabbat, aber diesmal in der Synagoge, an einem Mann, der an Muskel-Atrophie der Hand litt (Mk. 3, 1—6).

Schauplatz und Umwelt, Patienten und Zuschauer, ja Jesu eigene Manipulationen wechseln. Immer wieder scheint Zufall im Spiele zu sein. Gleichbleibend ist Jesu unmittelbare, zupackende Art und der Umstand, daß im „Zeichen" Gott selbst seine Tatsprache spricht. Gott setzt den Menschen im Kampf gegen die Bindungen, in die er durch Sünde und Leid verstrickt ist, wieder frei (Mk. 2, 1—12). So viele verschiedene Heilungen, so viel Manifestationen eines überlegenen, zielstrebigen Willens.

Die Gabe zu heilen ist, nach dem Glauben der Religionen in aller Welt, das Charisma des *Königs*. Sie ist nicht nur Gegenstand des Glaubens an magische Kraft, wie sie der Aberglaube aller Zeiten kennt. Kaiser Vespasian (69—79 n. Chr.) soll in Ägypten, dem klas-

sischen Lande der Königsmacht, einen Blinden geheilt haben. Die englischen und französischen Könige heilten bis in die moderne Zeit hinein die Skrofeln, das „Königsübel". Shakespeare läßt im „Macbeth" (IV, 3) den Prinzen fragen und den Arzt antworten:
Geht heut der König aus? —
Ja, Prinz. Denn viele Arme sind versammelt,
die seine Hilf' erwarten. Ihre Krankheit
trotzt jeder Heilkunst; doch rührt er sie an,
genesen sie sogleich:
solch Heiligkeit verlieh der Himmel seiner Hand.
Das ist gewiß Mirakelglaube. Und doch sind Jesu Heilungen nur dann zu verstehen, wenn man sie auf dem Hintergrunde weltweiter Erwartungen sieht. Die Hoffnung der Juden auf den Gottestag und die Sehnsucht der Völker kommt in Jesus zum Ziel. Im Kampf gegen das Menschenleid bricht Gottes Königsherrschaft auf Erden an.

(c) Besonders fremd erscheinen uns unter den Heilungsgeschichten die Erzählungen von den *Dämonen-Austreibungen*. Gerade sie gehören aber zu dem sichersten Bestand der Überlieferung. Man hat sie bereits damals als so urtümlich empfunden, daß man sie durch novellistische Einzelzüge ausmalte. Gilt das vielleicht von der grotesken Erzählung des Besessenen von Gerasa? Man lese die Einzelheiten dieses seltsamen Berichtes von dem in Grabstätten hausenden, alle Hand- und Fußfesseln zerreibenden Manne bei Markus (5, 1—20) selbst nach. Ein Dämon oder ein Kollektiv von Dämonen — „die Legion" genannt — treibt in ihm sein Unwesen. Jesus treibt die Dämonen aus in eine weidende Schweineherde. Die Herde stürmt den Abhang hinab in den See. Rund 2000 Tiere ertrinken. Es gibt ein Nachspiel: die Besitzer der Herde wagen nicht auf Schadenersatz zu klagen, aber sie bitten Jesus, ihr Gebiet zu verlassen, was er dann auch im Boot tut. Aber wie viel gestaltende Phantasie am Bericht mitgewirkt haben mag, die Situation ist so unerfindbar und so einmalig, daß die historische Grundlage sichtbar bleibt. In anderer Weise gilt das auch von den übrigen Geschichten von Heilungen Besessener, unter denen auch Fernheilungen berichtet werden (Mk. 7, 24—30; zur Fernheilung vgl. auch Joh. 4, 46—53).

Man ist sich heute überwiegend darüber einig, daß es sich bei den „Dämonischen" um *Nervenkranke* handelt. Die Zeit, die alle Krankheiten auf Einflüsse böser Geister zurückzuführen pflegt, hat die geistig und seelisch Abnormen als besonders von Dämonen heimgesucht angesehen: die Geister fochten sie nicht nur an und quälten sie zeitweilig;

sie wohnten geradezu in ihnen und plagten sie dauernd. Diese allgemeine Überzeugung hat die Anfälligkeit für diese Leiden bis hin zur Bewußtseinsspaltung gefördert.

In der apokalyptisch gedeuteten Weltsituation sah man *Heere* von Dämonen gegen die guten Geister Gottes um die Menschen kämpfen. Sie bildeten ein widergöttliches Reich mit monarchischer Spitze: ihr Fürst heißt Beezebul bzw. Beelzebul, was man als „Herr der Fliegen" (Baal-zebub) deutet (Mt. 12, 24). Auch der Name Belial, griechisch Beliar, ist gebräuchlich. In der Kriegsschrift von Qumran kommandiert er das besonders aus Heidenvölkern bestehende Heer der Söhne der Finsternis; in der Apokalyptik ist er ein Teufel; im Neuen Testament (nur 2. Kor. 6, 14—15) tritt er als Gegen-Christus auf.

Jesus hat sowohl die volkstümliche Anschauung wie die apokalyptische Theorie offensichtlich geteilt. Er hat nicht wie ein moderner Rationalist gehandelt, der die Dämonen für Fiktionen des krankhaft-abergläubischen Bewußtseins erklärt und sie damit als nicht-existent wegdeutet. Auch wenn wir seine mythologische Ansicht — trotz Blumhardt — nicht mehr unmittelbar nachvollziehen können, so lassen sich die dämonischen Erscheinungen doch sinnvoll auslegen. In den Religionen sind Dämonen mit den Geistern der Ahnen und der Toten verbunden. Sie sind, älter als die Götter, Geister der Vergangenheit. In ihnen lastet auf dem Menschen die unbewältigte Vorzeit mit ihrer Enge und Angst. Im Judentum zur Zeit Jesu stellt diese Vergangenheit eine bedrückende Macht dar. Die großen Traditionen einer bewegten und bewegenden Zeit sind seit Jahrzehnten in der Welt des Tempelstaates erstarrt. Sie sind eingesargt in einer musealen Scheinwirklichkeit. Das ist das Schicksal eines jeden Konfessionalismus, der die Weisheit der Väter als Reliquie hütet. Das lebendige Bekennen ist durch die Verehrung eines ehemals fixierten Bekenntnisses verdrängt. Der Gottesstaat ist das Ende der lebendigen Führung durch Gott, des zuversichtlichen, aber gewagten Schreitens auf seinem Wege. Mit der an sich heiligen Institution gewinnt das Dämonische an Feld.

Ein auf seine bloße Vergangenheit festgenageltes Volk, eine seiner bloßen Überlieferung preisgegebene Gemeinde war des echten Heute beraubt. Dämonie ist *Gegenwartslosigkeit*. Die Dämonen sind die Geister von gestern, die im Heute die Täuschung hervorrufen, die Geister von morgen zu sein. Die Zukunft wird dann angesehen und behandelt, als wäre sie etwas bereits Geschehenes, das man durchschauen könnte. Die Zukunft wird einberechnet und eingeplant in das große Rechenexempel der Zeit. Indem man die Zukunft in der Hand hat, indem man über sie verfügt, beweist man nur, daß man selbst ohne echtes Schicksal ist. Der jüdische Gottesstaat und die Temperatur seiner Frömmigkeit in allen seinen Richtungen, gerade auch in der Apokalyptik, ist in diesem Sinne dämonisch durchformt. Welche Zeit wäre von diesen Gefahren nicht bedroht! Die Vergangenheit erforschen heißt diese Gefahr ernst nehmen. Historische Forschung hat es mit den erschöpften Möglichkeiten zu tun, die heute Unmöglichkeiten sind: sie hatten im Gestern ihre Zeit. Sie haben sie heute nicht mehr. Echte Geschichtsschreibung gleicht dem Bemühen, Tote zum Leben zu beschwören. Wie das Weib zu Endor in nächtlicher Stunde Samuel für Saul heraufbringt und ihn sprechen läßt (1. Sam. 28), so sucht sie der Vergangenheit die Zunge zu lösen. Wehe, wenn die Vergangenheit schweigt! Auch die Werte versteinern zur Mumie, wenn sie der Hauch der Zukunft nicht mehr umwittert. Was soll der Menschheit ein „christliches Abendland", wenn ihm der Modergeruch des Todes entsteigt? Für die Ernsten ist es ein Alptraum, für die Leichtherzigen ein Edel-Dämon.

Die Dämonenaustreibungen Jesu sind nur die Teilgefechte eines umfassenden Kampfes gegen die Plagegeister der Menschen. Schon im alten apokalyptischen Brevier beteten die Frommen in einer Zeit, da Gottes Geist keine Gegenwartsmacht mehr war (Jes. 26, 13—14):

Herr, unser Gott,

beherrscht haben uns Herren außer Dir, —

einzig Dein, Deines Namens gedenken wir.

Tot sind sie — ohne Wiederbelebung,

Gespenster — ohne Auferstehen.

Dazu hast Du sie heimgesucht, hast ausgetilgt sie,

ihnen schwinden lassen alles Gedenken.

Jesus entmächtigt die Gespenster, die sich als Wirklichkeiten gebärden, die Toten, die Leben vortäuschen. Niemand seiner Zeitgenossen hat die Dämonenaustreibungen Jesu geleugnet. Sie sind der Kern seines Handelns überhaupt. Erst in der Gegenwart der Gottesherrschaft, die Jesus heraufführt, wird der Sinn der Dämonenherrschaft deutlich. Seine Gegner werden zu unfreiwilligen Zeugen dieses seines Tuns. Aus Jerusalem, wo man von dem seltsamen Wanderprediger, Wunderdoktor und Teufelsbanner gehört hat, hat man eine Kommission von Sachverständigen nach Galiläa hinuntergesandt. Das Ergebnis ihrer Untersuchung besagt: „Er hat den Beezebul" und: „Durch den obersten der Dämonen treibt er die Dämonen aus." Da ruft er die hohen Herren, deren Autorität die der Rabbinen in der Provinz übersteigt, zu sich

und spricht zu ihnen in Gleichnissen: „Wie kann Satan Satan aus-
treiben? Und wenn eine Herrschaft wider sich selbst zerteilt ist —
diese Herrschaft kann nicht bestehen. Und wenn ein Haus wider sich
selbst zerteilt ist — *dies* Haus kann nicht bestehen. Und wenn der
Satan wider sich selbst aufstand und sich zerteilte, so kann er nicht
bestehen, sondern er hat ein Ende. Aber es kann niemand in das Haus
des Gewaltigen eindringen und seine Gefäße rauben, wenn er nicht
zuvor den Gewaltigen gebunden hat. Dann wird er sein Haus aus-
rauben" (Mk. 3, 22—27). Matthäus und Lukas haben an dieser Stelle
das erläuternde Wort untergebracht, das wir kennen: „Wenn ich im
Geiste Gottes die Dämonen austreibe, so ist ja die Herrschaft Gottes
— bereits — zu euch gelangt" (Mt. 12, 28; Lk. 11, 20).
Der Sinn des anfänglich schwer verständlichen Wortes wird klar: Gottes Herrschaft zerstört die Herrschaft der Dämonen. In den Einzel-
siegen von Ort zu Ort, von Fall zu Fall zeichnet sich der Hauptschlag
Gottes gegen das Reich der Finsternis ab. Gottes Zukunft gewinnt
Gewalt über die knechtende Macht der Vergangenheit. Im Kommen
Jesu verschafft sie der auf sich selbst festgenagelten Welt Zukunft und
damit echte Gegenwart. Der Hauch der Freiheit weht durch die Welt,
in der sich, auch religiös gesehen, Despotie und Subalternität die Waage
halten. Eine Atmosphäre der Freiheitlichkeit wird in Jesu Wort und
Handeln spürbar. Es ist die Freiheit, die das prophetische Wort Deute-
rojesajas ankündigt (Jes. 49, 24—26; Vers 26a ist ausgelassen!):
Kann vom Helden zurückerbeutet werden die Beute?
Oder kann der Fang des Wüterichs entrinnen?
— Ja denn, so hat der Herr gesprochen:
Auch der Fang des Helden wird zurückerbeutet.
Die Beute des Wüterichs entrinnt.
Ich selber, ich bestreite deine Bestreiter.
Ich selber, ich befreie deine Söhne ...
Alles Fleisch, sie sollen erkennen,
daß ich dein Befreier bin,
dein Auslöser, der Recke Jakobs.
Die Vermutung taucht auf, daß in dem Worte Jesu, das genau die
vom Propheten angegebene Situation zur Vorlage nimmt, eine indi-
rekte Selbstaussage enthalten ist: in seinem Sieg über den „Helden"
ist er der *Knecht Gottes,* der im letzten der vier Gottesknecht-Lieder
als der Beauftragte Gottes geschildert wird: Er wird die Sache des
Herrn *zum Siege bringen* (Jes. 52, 13—53, 12). In den Dämonenaustreibungen erfolgt durch Jesus der Sieg der Gottesherrschaft.

415

Johann Sebastian Bach hat seine Reformationskantate Nr. 80 „Ein feste Burg" vermutlich erstmalig zur Zweijahrhundertfeier des Augsburgischen Bekenntnisses im Jahr 1730 singen lassen. Ihr liegt das Evangelium vom Sonntag Oculi als Text zugrunde (Lk. 11, 14—28, der Paralleltext zu Mk. 3, 23—30). Bei Lukas findet sich übrigens dasselbe Wort für „Beutestücke", das der griechische Septuagintatext von Jesaja 49 zweimal bietet (Jes. 49, 24—25; Lk. 11, 22). So wird der Zusammenklang zwischen Altem und Neuem Testament kräftig. Bach aber interpretiert mittels des Liedes Luthers über den 46. Psalm und der dazwischen aufklingenden Arien und Rezitative dies Evangelium. Man muß Lied und Text zusammen hören: Der „Stärkere" rückt heran, um den „Starken" zu bezwingen. Er tritt in den Raum der Welt, die voller Teufel ist, und überwältigt den Widersacher. Er beraubt ihn der Rüstung. Er bindet ihn. Er besetzt seine Zitadelle. Wer ist der „Stärkere"? „Fragst du, wer der ist? Er heißt Jesus Christ, der Herr Zebaoth, und ist kein andrer Gott. Das Feld muß er behalten." Wir befinden uns im Zentrum des Evangeliums von der Gottesherrschaft. Vermutlich bildet gerade dies Evangelium den Hintergrund für Luthers bedeutendste Streitschrift „Vom unfreien Willen". Er schrieb sie 1525 gegen Erasmus. Sie ist eine einzige Lobpreisung des freien Willens — Gottes in Jesus Christus.

Niederlage und Sieg

Jesus erfährt in seinem Kampf nicht nur Siege, sondern auch Niederlagen. Vom zeitweiligen Mißerfolge seiner Verkündigung war schon die Rede (Mk. 4, 3—8). Im Kampf gegen die Geister hat er die Gefahr des Rückfalles gesehen und erlebt (Mt. 12, 43—45; Lk. 11, 24—26). Hinter der Warnung steht eigene Erfahrung. Das Wort und die Tat Jesu sind in ihrer Wirkung angewiesen auf ihr Gegenüber, auf den Menschen, für den beide bestimmt sind. Die Menschen dürfen sich ihm hingeben. Aber wenn sie sich ihm versagen? Oder ein anderer sie ihm versagt?

Wir sagten bereits: Jesu Zeichen lassen sich nicht trennen von seiner Person und von seinem Worte einerseits und von dem Glauben der Menschen andrerseits. Das bedeutet nun auch: die Macht seines Wortes und seiner Taten hat eine *Grenze* am *Unglauben*. In einem der zerstreuten Berichte ist davon die Rede, daß er in Nazareth, seinem Vatersort, abgewiesen wurde. „Und sie stießen sich an ihm. Und Jesus sprach zu ihnen: ,Ein Prophet ist überall geehrt, nur nicht in seiner Vaterstadt und unter seinen Verwandten und in seinem Hause.' Und

er vermochte dort nicht, eine einzige Krafttat zu tun. Nur wenige
Schwache heilte er durch Handauflegen. Und er wunderte sich wegen
ihres Unglaubens" (Mk. 6, 3—6). — Als er das Unvermögen seiner
Jünger sieht, den epileptischen Knaben zu heilen, spricht er voll Un-
willens: „O ungläubiges Geschlecht, wie lange soll ich bei euch sein?
Wie lange soll ich euch ertragen?" (Mk. 9, 19).
Immer wieder muß er seine Jünger des *„Kleinglaubens"* wegen schel-
ten. Das Wort findet sich außer Lk. 12, 28 nur bei Matthäus. Die
Jünger sind im Seesturm so feige (Mt. 8, 26). Petrus kreischt vor
Furcht vor dem Wellengang (Mt. 14, 30—31). Der Kleinglaube bangt:
„Was sollen wir essen? Was sollen wir trinken? Was sollen wir an-
ziehen?" (Mt. 6, 30—31; vgl. 16, 8). Der Kleinglaube kann nicht hel-
fen: „Wahrlich, ich sage euch: Wenn ihr Glauben habt wie ein Senf-
korn, so werdet ihr zu diesem Berge sagen: ,Geh fort von hier, dort
hin!' So wird er fortgehen. Und nichts wird euch unmöglich sein"
(Mt. 17, 20).
Nur den *Glaubenden* kann Jesus helfen. Nicht die Tat Jesu geht dem
Glauben voran, sondern umgekehrt der Glaube der Tat. Luther versteht den Glauben als „Ratifikation" des Tatwortes Gottes. Aber was
heißt Glaube? Es ist sehr merkwürdig, daß die älteste Schicht der Jesus-
Überlieferung in den Evangelien den Glauben nicht als Glauben „an
Jesus" versteht. Der historische Jesus von Nazareth hat nie gefordert,
daß die Menschen an ihn als den Bringer des Heils „glauben" sollten.
Erst von der Ostererfahrung her kann man an Jesus (Mt. 18, 6; 27, 42),
an das Evangelium (Mk. 1, 15), an die Auferstehung Jesu (Lk. 24, 25;
Mk. 16, 13—14) wirklich glauben. Dann gehören die während Jesu
Lebzeiten noch nicht vollzogene Taufe und der Glaube zusammen, der
Heilsglaube ist (Mk. 16, 16). Von da ab können Christen sich Glaubende nennen (Lk. 8, 12—13; Mk. 16, 17). Erst der johanneische Christus kann sagen: „Glaubet an Gott, und glaubet an mich" (Joh.
14, 1).
Der Glaube, den die Begebenheiten voraussetzen, die um Jesus herum
geschehen, ist sehr viel schlichter. Er ist unreflektiert, untheologisch,
undogmatisch. Fast könnte man sagen: er ist überhaupt noch nicht
religiöser Glaube. Er ist *Offenheit für die mit Jesus eingetretene Situation.* Er hat noch gar keinen bestimmten Gegenstand. Er ist einfach
„Glaube", sozusagen „absoluter" Glaube. Die Welt wird durch Jesus
voller Licht. Das Leben wird durch Jesus voller Freude. Herzen öffnen
sich aus ihrer Verkrampftheit und wissen selbst kaum, wie das zugeht
und warum es geschieht. Sie tun es einfach, weil er da ist. Sein Dasein

ist Grund ihres Glaubens. Sie erfahren sein bloßes Dasein als hilf-
reich. Darum glauben sie. Sie glauben, weil sie instinktiv empfinden,
daß in Jesus „der Glaubende schlechthin" in ihre Mitte kommt. So
glaubt zunächst nicht der Gichtbrüchige. Es glauben nur die Leute, die
ihn tragen. Als Jesus *ihren* Glauben sieht, beginnt er zu reden (Mk.
2, 5). Glaube ist Lebensglaube in der Grenzsituation: Furchtlosigkeit.
„Unverzagt und ohne Grauen..." (Mk. 4, 40). Das arme Frauchen,
das zwölf Jahre lang von vielen Ärzten malträtiert wurde und ihr
ganzes Vermögen aufgewendet hatte, mit dem Erfolg, daß ihr Leiden
nur noch schlimmer wurde, drängt sich scheu von hinten durch die
Menge. Sie dachte: „Wenn ich auch nur seine Kleider anrühre, so werde
ich gesund werden." Kann es schlimmeren Aberglauben geben? Gehört
solche primitive Magie ins Evangelium? Aber gerade da geschieht es:
gerade so wird sie von der Geißel der Krankheit los. Und da geschieht
das noch Erstaunlichere: Jesus, der — magisch empfindend wie sie —
die Kraft von sich abströmen fühlt, sagt zu dem zitternden, seine
Heimlichkeit offenbarenden Wesen: „Tochter, dein *Glaube* hat dich
gerettet. Geh hin in Frieden, und sei geheilt von deiner Plage" (Mk.
5, 25—34).
Glaube kann hartnäckig werden, wie der SOS-Ruf der heidnischen
Mutter, die für ihre Tochter fleht (Mk. 7, 24—30). Der Glaube des
blinden Bettlers von Jericho ist, trotz der Anrede „Sohn Davids",
nicht Messias-Glaube, sondern grenzenloses Zutrauen zu der Macht
und der Liebe Jesu (Mk. 10, 46—52). Das stille Urbild dieses Glaubens
ist die arme Witwe, die Jesus an der Schatzkammer des Tempels im
Strom der Spendenden beobachtet. Sie bringt zwei kleine Kupfer-
münzen, die zusammen einen Pfennig ausmachen. Die Reichen bringen
viel mehr, was den objektiven Geldwert anlangt, und bringen, was
den Geber anlangt, weniger. Jene geben *etwas;* sie aber gibt *alles.* Sie
weiß nun nicht mehr, wovon sie morgen leben soll. Indem sie alles
gibt, wirft sie sich selbst aus der Hand — hinein in die Hand eines
Anderen. Glauben heißt: sich so aus der Hand geben, sich so in Gottes
Hand werfen (Mk. 12, 41—44). Glauben hat es mit dem ganzen Menschen zu tun. Glauben ist stets ein elementares Handeln. Man kann
nein *sagen* zu einem Auftrag und ja *tun.* Wo das geschieht, da glaubt
ein Mensch (Mt. 21, 28—32).
Im Glauben wird der Mensch *ein „Selbst".* Im Glauben ereignet sich die
Menschwerdung des Menschen. Besonders Matthäus hat es in der Art,
wie er die Wundergeschichten auswählend überliefert und auslegt, gezeigt: Wenn der Mensch glaubt, so wird er selbst-ständig im Wollen,

selbst-tätig im Handeln, selbst-verantwortlich im Beten. Glaube ist Selbständigkeit, Selbsttätigkeit und Selbstverantwortlichkeit in einem. Als Inbegriff des Selbstseins des Menschen ist er „im Grunde *Gebetsglaube*" (R. Bultmann). Als solcher gewinnt er Anteil an der Wundermacht Jesu (Mt. 17, 20; 21, 21; vgl. Mk. 11, 23; Lk. 17, 6). Im Glauben überwindet der Jünger seinen Kleinglauben und seinen Zweifel (Mt. 14, 31). Kleinglaube und Zweifel kennzeichnen nicht den Draußenstehenden, den Zuschauer oder den Gegner, sondern den Jünger. Der Glaubende erfährt immer wieder, daß seine Existenz gebrochen ist. Aus der Niederlage heraus weiß er sich auf Jesu Siegesmacht verwiesen. Der Glaube wird zum „unverwandten Blick auf Christus" (Luther).

Wo ein Mensch in diesem ganz allgemeinen und doch sehr inhaltsvollen Sinne glaubt, da kommt Jesu Tat zum Siege. Da kann sie überhaupt erst wirksam werden. Da hat Er, *der* Glaubende, Glaubende um sich, die sich dem Leben Gottes erschließen. Man merke, wie hier nichts gefordert wird! Alles wird geschenkt. Es wird nicht ein Entschluß verlangt. Denn der Glaube ist in seinem Ansatz keine menschliche Leistung, zu der man sich aufraffen müßte. Wir täten gut daran, ehe wir bei Paulus und Johannes die Oberschule des Glaubens besuchten, in die Grundschule Jesu zu gehen. Hier lernen wir das ABC des Glaubens. Alle Versuche, den Glauben als existentielles Wagnis des Individuums zu beschreiben, verfehlen solange den Charakter des Glaubens, als sie nicht zuvor das Elementare begreifen: Glaube ist kein Krampf. Glaube ist die *Befreiung vom Krampf*, auch vom Krampfglauben! Glaube ist die Entspannung vor Gott und der Welt. Glaube ist die Entspanntheit des Daseins, das da weiß: Gott und die Welt sind mir geschenkt. Glauben heißt: sich die Freiheit Gottes antun lassen. Glauben heißt: sich des Abends Gottes freuen, den Jesus heraufführt.

Von Jesus wird erzählt, daß er frühmorgens, noch tief in der Nacht, die Einsamkeit aufsuchte, um zu beten (Mk. 1, 35). Ein andermal: „Es geschah aber in diesen Tagen, da ging er fort in das Bergland, um zu beten, und brachte die Nacht im Gebet zu Gott zu" (Lk. 6, 12). Glaube — Freiheit — Gebet gehören zuhauf.

Was er selbst besaß, gab er den Seinen: Rast nach der Unruhe. Als die Jünger einst sich bei Jesus sammelten und „ihm alles verkündeten, was sie getan und was sie gelehrt hatten", da spricht er zu ihnen: „Kommt her, ihr allein für euch, an einen einsamen Platz und *ruht ein wenig aus!*" Denn es waren viele, die kamen und gingen, und die Jünger hatten nicht einmal Zeit zum Essen. Und sie fuhren im Boot ab, zu einer einsamen Gegend hin, — allein (Mk. 6, 30—32). Die Welt ist geschaffen dazu, daß sie endlich zur Ruhe komme. Nicht die Manager haben in ihr das letzte Wort, sondern die Ruhenden. Die Manager sind von Jesus dazu eingeladen, mit ihm zu ruhen. Sie sind nicht eingeladen zu einer Ruhe, die nur Mittel zum Zweck wäre: damit man nach der Ruhe um so kräftiger Betrieb machen kann. Die Ruhe ist vielmehr Selbstzweck. Denn sie ist die Ruhe in der Gemeinschaft dessen, der den Sieg über den Lärm der Welt errang. So ließ er den Abend aller Tage anbrechen.

DER ABEND DES MENSCHEN

Der Abend Gottes, den Jesus heraufführte, wurde zum Abend des Menschen. Er trat nicht zu ihm hinzu. Vielmehr ereignete sich *im* Geschehen Gottes des Menschen Geschick.

Der endzeitliche Horizont

Jesu Auftreten löste eine Bewegung aus, die in manchem Ähnlichkeit hat mit der, die von der Gestalt Johannes des Täufers ausgegangen war. Man kann von einer religiösen *Erweckung* reden. Aber sie brandete über die Grenzen hinaus, die der Tätigkeit des Täufers gezogen waren. Zweierlei unterschied Jesus vom Täufer. Auf Jesus war der *Geist* herniedergekommen, die Gottesgabe der Endzeit. Wo er weilte, weilte die Nähe Gottes. Und wo er wirkte, waltete das *Wunder*. Von Johannes weiß die Überlieferung kein Zeichen zu berichten. Sie hebt diesen Unterschied einschränkend hervor (Joh. 10, 41). Die erste Notiz, die das vierte Evangelium über den Täufer bringt, hat keine historische Tendenz, sondern die Absicht zu verkündigen. Aber in der Stimme der Botschaft, die vielleicht gegen die Johannes-Sekte polemisiert, scheint richtiges geschichtliches Wissen aufbewahrt zu sein: Johannes „kam zum Zeugnis, um vom Licht zu zeugen, damit alle durch ihn glaubten. Nicht er war das Licht, sondern daß er zeugte von dem Lichte" (Joh. 1, 6—7). Matthäus deutet Jesu Auftreten im Rahmen seines Schriftbeweises (Mt. 4, 15—16) als Erfüllung des prophetischen Wortes Jesaja 8, 23—9, 1:

Das Land Sebulon und das Land Naphtali,
am Meereswege, jenseits des Jordans,
das Galiläa der Völker:

das Volk, das in Finsternis saß,
schaute ein großes Licht,
und die seßhaft waren im Lande und Schatten des Todes,
über die ging auf ein Licht.

Wir werden uns den Widerhall der Predigt Jesu nicht groß genug vorstellen können. Selbst wenn man stilistische Überhöhungen abrechnet,
läßt der Inhalt der Berichte das Außerordentliche der Ereignisse erkennen. Der zuweilen chorartige Schluß einzelner Szenen unterstreicht und
rafft nur zusammen, was an Eindruck haften blieb. Das Pathos der
Erzählung antwortet bekennend dem Rufe zur Entscheidung. Die
Ohren- und Augenzeugen geraten in Entsetzen (Mk. 1, 22; 6, 2; 6, 51),
in Verwunderung (Mk. 1, 27) und Erstaunen (Lk. 4, 22). Furcht und
Zittern kommt über sie (Mk. 5, 33). Von großer Furcht überfallen,
fragen sie: „Wer ist dieser, daß ihm sogar der Wind und das Meer
gehorchen?" (Mk. 4, 41). Furcht und Lobpreisung klingen zusammen:
„So etwas haben wir noch nie gesehen" (Mk. 2, 12). „Paradoxes —
Ungeheuerliches — sahen wir heute" (Lk. 5, 26). „Und alle staunten"
(Mk. 5, 20).

Überall wird Jesus von *Hilfesuchenden* umdrängt. Alle suchen ihn (Mk.
1, 32—33; 1, 37). Sie kommen zu ihm „von allerwärts her" (Mk. 1, 45).
Der Platz im Hause und vor der Tür reicht nicht mehr aus, so daß
man das Dach abdecken muß, um ihm den Gichtbrüchigen zu bringen
(Mk. 2, 2—4). Man sieht Jesus fast ständig von einem Volkshaufen
umgeben (Mk. 2, 13; 3, 20). Man muß ein Boot für ihn bereit halten,
um Abstand zu gewinnen (Mk. 3, 10). Oft weicht er der Masse aus
wie ein Flüchtling (Mk. 4, 36; 6, 45; 8, 10). Aber zuweilen gewinnt
die Menge das „Wettrennen" (Mk. 6, 33). Als sie im Hafen aus dem
Boote steigen, „erkannten ihn die Leute sogleich und liefen in der
ganzen Gegend umher und begannen, auf Tragbahren die Kranken
umherzutragen dorthin, wo sie hörten, daß er sei. Und wo er in Dörfer oder Städte oder Höfe hineinging, legten sie die Kranken auf den
Marktplätzen nieder und baten ihn, daß sie doch nur die Quaste seines
Gewandes anrühren dürften; und alle, die ihn anrührten, wurden
gesund" (Mk. 6, 54—56). Die Kunde von seinen Taten findet ein weites
Echo (Mk. 1, 28; 3, 8).

Freilich sind seine Taten nur die Gestalt seines Rufes. Sein Ruf aber
ist darin dem des Täufers verwandt, daß er Ruf zur *Umkehr* ist. Von
Anfang an ist auch Jesus ein Bußprediger (Mk. 1, 15). Er unterscheidet
sich jedoch vom Täufer dadurch, daß das, was jener in Aussicht stellte,
Gegenwart wird: die Nähe Gottes. Jetzt ist Entscheidungszeit! Die

andrängende Nähe des Heils begründet den Ruf zur Umkehr. Die Zukunft, die jetzt anbricht, ist nicht leere künftige Zeit, die der Mensch erst zu füllen hätte. Die Zukunft kommt in Jesu Rede mit einem ganz bestimmten Inhalt auf den Hörer zu: mit der Rettung in den Raum der Gottesherrschaft. Für den, der nicht hören will, kommt sie als Verderben. Jesus fordert nur eins: die Kehrtwendung des ganzen Menschen auf seinem bisherigen Wege. Änderung der „Gesinnung"? Gewiß, die Gesinnung darf auch die Kehrtwende vollziehen. Aber die Gesinnung, von der unsere Väter redeten, wenn sie das Wort „Buße" umschreiben wollten, ist nicht ein Etwas am Menschen, sondern der Mensch selbst. Er, er selbst und er ganz, ist gefordert!

Jesus verlangt *kein Sündenbekenntnis.* Johannes verlangte es offenbar oder nahm es zumindest entgegen (Mk. 1, 5). Die junge Gemeinde (Apg. 19, 18) verlangte es ebenfalls. Für die frühkatholische Kirche gehörte das Sündenbekenntnis, die „Beichte", zum festen Bestand des Buß-Instituts. Von Jesus lesen wir an keiner Stelle der Evangelien dergleichen. Er verzichtete auf ein Sündenbekenntnis nicht deswegen, weil er die Sünde außer acht ließ oder sie auch nur für unerheblich ansah. Ganz im Gegenteil! Er nahm sie so ernst, er hielt sie für so gewichtig, daß er nur Gott ihre Überwindung zutraute und nicht dem Willen oder der Willenskundgabe des Menschen. Was konnte schon ein Mensch von Sünde wissen? Was konnte er von seiner Sünde aussagen? Nun war *er* gekommen und sagte dem die Sündenvergebung zu, der gar nicht um sie gebeten hatte (Mk. 2, 1–12).

Gott deckt auf, was am Menschen ist, und Gott deckt zu, wo der Mensch sich diese Aufdeckung gefallen läßt. Daher hat Jesus auch nie Schulderklärungen von einzelnen oder von Gruppen erwartet. Es heißt: „Tut Buße!" Obwohl das Wort „tun" der deutschen Übersetzung entstammt, gibt es doch den Sinn des griechischen Tätigkeitswortes sinngemäß wieder. Umkehr geschieht im Handeln, nicht in der Rede, und am allerwenigsten in der Rede *über* Umkehr. Erst im Jakobusbrief 5, 16 wird die Forderung erhoben: „Bekennet einander die Sünden." Daß eine Schulderklärung vor Gott und den Menschen auch eine echte Gestalt einer Handlung sein kann, ist damit nicht ausgeschlossen. Aber man wird eine solche Handlung eben vollziehen, ohne auf sie später Bezug zu nehmen. Man kann sie nicht als Beweis seiner Bußfertigkeit beibringen. Denn Bußfertigkeit ist ein Tun und kein Bericht über ein Tun. Es gehört notwendig zur Umkehr, wie Jesus sie fordert, daß man sie in wortloser Tat vollzieht. Ihre Wortlosigkeit ist ihre Echtheitsmarke.

Jesus ist so sehr Träger der entscheidenden Gottesrede, daß ihm darüber die Art und Weise des menschlichen Reagierens uninteressant wird. Daß der Mensch kehrt macht, daran 'liegt alles. Wie er es tut, hängt von seiner persönlichen Eigenart ab. Erst Lukas hat ein Interesse daran gefunden, die Kehrtwendungen der Menschen zur *Bekehrung* zu stilisieren. Man merkt es ihm an, daß er gern den Vorgang von Bekehrungserlebnissen schildert. So konnte man später zur Rettung gelangen, als der endzeitliche Bußruf Jesu verstummt war und die Kirche in der Welt die Menschen durch Buße und Bußleistungen in ihren Schoß aufnahm: wie Lukas das vom Oberzöllner Zachäus (Lk. 19, 1—10) und verschiedentlich in der Apostelgeschichte von verschiedenen Neubekehrten (Apg. 2, 38 u ö.) voraussetzt.

Für Jesus selbst hängt alles an der Fülle der Stunde, an ihrer Gunst, aber auch an ihrer Befreiung, die durch sein Wort gegeben ist. Die Ankunft des Menschensohnes, des Weltrichters, steht unmittelbar bevor. Der *endzeitliche Horizont* bestimmt alles. Die Gegenwart liegt bereits im Schußfeld der anbrechenden Zukunft. Das Feld der Entscheidung wird zum Feld der Scheidung. Die Scheidung geht durch die Gemeinschaften, die Betriebe, die Familien mitten hindurch (Mt. 24, 40—41; Lk. 17, 34):

Dann werden zwei Männer auf dem Felde sein:
einer wird angenommen, und einer wird preisgegeben.
Zwei Frauen werden an der Mühle mahlen:
eine wird angenommen, und eine wird preisgegeben.
In dieser Nacht werden zwei auf einem Bette liegen:
einer wird angenommen und der andere preisgegeben werden.

Wie bedrohlich klingt das! Als ob bereits die Entscheidung gefallen wäre über die beiden! Wie, wenn Gott im Himmel bereits im voraus entschieden hätte, daß der eine angenommen, der andere verworfen wird? Es kann kein Zweifel sein: hinter dem Entscheidungsrufe Jesu steht heimlich das dunkle Geheimnis der paradoxen *Erwählung*. Es steht im Grunde hinter jedem Wort der Evangelien — schwer und schweigend. Was Markus durch seine Komposition Jesus von den Gleichnissen hat sagen lassen, gilt von Jesu Verkündigung überhaupt: sie wirkt Scheidung zwischen den Menschen. „Euch ist das Geheimnis der Gottesherrschaft gegeben. Jenen draußen aber kommt alles in Gleichnissen zu, damit sie ‚sehend sehen und und doch nicht wahrnehmen und hörend hören und doch nicht verstehen, daß sie nicht umkehren‘ und ihnen vergeben werde" (Mk. 4, 11—12). Der Sinn des Wortes wird verengt, wenn man es, wie Markus tut, auf die Gleichnisse bezieht. Dann hätten die Gleichnisse den Zweck, eine Geheimsprache zu sein, die nur die Erwählten verstehen, und zugleich ein Mittel, um die Verworfenen von der Umkehr fernzuhalten. Aber Erwählung und Verwerfung vollziehen sich angesichts des gesamten Auftretens Jesu in Wort und Tat. Man kann die Schärfe des Wortes mildern, wenn man die letzte Zeile wiedergibt mit: „... es sei denn, daß sie umkehren und ihnen vergeben werde." Das ist sprachlich möglich. Aber die Dringlichkeit der Rede Jesu verliert dann auch an Kraft. Jesus versteht prophetisches Handeln nach dem Worte Jesaja 6, 9—10: Jesaja wird zum Verstockungsprediger berufen. Der Ernst von damals wird heute lebendig. Wieder geht es um Entscheidung, ja sogar letzte Entscheidung. Es geht nicht um religiöse Entschlüsse der Menschen, sondern um Gottes Entscheidung, um ewige Entscheidung. Das alles ist nicht im Sinne einer Theorie von der „Prädestination" gemeint, jedenfalls nicht in dem Sinne, daß im Himmel bereits alles bis ins einzelne vorherbestimmt sei und daß es dann nur noch auf Erden planmäßig abzulaufen brauchte. Dann wären die Menschen einem unabänderlichen Schicksal ausgeliefert. Dann hätte die hellenistische Zeit mit ihrem Fatalismus recht. Dann hätte Jesus sich sein Wort überhaupt sparen können, weil alles sowieso kommt, wie es kommen muß. Was er verkündet, ist ja gerade nicht die Unabänderlichkeit des Schicksals, sondern die *Freiheit Gottes.* Dieser Freiheit Gottes sind die Menschen nicht wehrlos preisgegeben, sondern handelnd konfrontiert. Gott ist kein Puppenspieler, nach dessen Willen die Menschen wie Marionetten tanzen müßten. Puppenspieler sind vielmehr die Mächtigen der Welt, die einzelne und Völker mittels ihrer Drähte hierhin und dorthin zu bewegen versuchen. Der Mensch, den die moderne Welt damals — und heute? — zum Objekt eines ihm undurchsichtigen Planes macht, wird diesem grausigen Spiele entnommen. Er wird durch Jesu Wort herausgerufen, um auf eigenen Füßen zu stehen. Er wird aufgerufen zur Antwort. Der endzeitliche Horizont besagt, daß er frei wird zur *Verantwortung* vor Gott. Gottes Ratschluß ist Ratschluß zur Rettung. Des Menschen Rettung ist ganz Geschenk. Und des Menschen Verderben? Es ist paradoxerweise ganz Schuld, Schuld des Menschen!

Wollten wir paritätisch denken — und wir müssen es, wenn wir unserer menschlichen Logik folgen —, dann müßten wir entweder sagen: Des Menschen Rettung ist Gottes alleiniges Werk; dann ist auch des Menschen Verderben Gottes alleinige *Schuld.* Oder aber umgekehrt: Des Menschen Verderben ist des Menschen alleiniges Werk; dann ist auch des Menschen Rettung des Menschen alleiniges *Verdienst*. Das ist logisch unanfechtbar, wenn man die Möglichkeiten Gottes und die des Menschen gegeneinander abwägt. Aber im Auftreten Jesu zerbricht alle menschliche Logik, sei sie auch noch so klar und noch so fromm. Das Denken scheitert mit all seinen Richtigkeiten an Gottes ewigem Willen. Das ganze Neue Testament sagt es genauso, wenn es von Umkehr und Glauben redet. Der Glaube ist einzig und allein Gottes Geschenk: Gott selbst öffnet uns Herz und Mund, wenn wir ja sagen zu ihm. Aber der Unglaube ist einzig und allein des Menschen Schuld: ich selbst verschließe mich Gott, wenn ich mich ihm versage. Jesus muß um der Entscheidung der letzten Stunde willen so scharf reden. Die Senkrechte der Ewigkeit und die Waagerechte der auf uns zulaufenden Zukunft machen unsere Lage unausweichlich; was ewig bereits entschieden ist, entscheidet sich paradoxerweise erst heute und hier. Und umgekehrt: was sich heute und hier entscheidet, trägt ewige Unwiderruflichkeit. Das apokalyptische Koordinatensystem, das die Gottesherrschaft charakterisiert, kennzeichnet auch die Entscheidungssituation, die Jesu Gegenwart herbeiruft (s. o. Seite 135 die Figur). Sie ist dadurch gekennzeichnet, daß die neue Weltzeit schon die alte Zeit überblendet. Diese Überblendung von Ewigkeit und Zeit ist „das *Geheimnis* der Gottesherrschaft" (Mk. 4, 11). Im Belanglosen begibt sich das Endgültige. Nicht etwas Mysteriöses wird zelebriert — gerade das nicht! Sondern etwas Alltägliches wird getan — und in ihm geschieht das Außergewöhnliche. „Das Geheimnis der Gottesherrschaft, ihre geheimnisvolle Gegenwart, besteht im *Wort* Jesu. Ein Säemann geht aus zu säen (Mk. 4, 1—9) — weiter nichts; und das bedeutet die neue Welt Gottes. Wer hört, wer versteht Jesu Wort? Man kann es hören, ohne es zu verstehen; es ist einem wie eine fremde Sprache" (J. Schniewind). Weil Jesus retten will, bedient er sich der schärfsten Sprache der prophetischen Erwählungspredigt.

Jesus ist seit seiner Taufe der von Gott zum Sohn, zum Knecht, zum Geistträger erwählte Mensch. Wir können auch sagen: der *Erwählte* schlechthin. Jesus teilt mit der Apokalyptik die Gewißheit, daß mit *dem* Erwählten auch *die* Erwählten offenbart werden. Darum versteht er sein Handeln als das Erwählen. Sein Reden und Tun will die Erwählten wecken, die Gott ihm gibt: *die Menschen*.

Wie geschieht sein Erwählen? Es geschieht jedenfalls nicht in politischer Form und mit politischer Absicht. Jesus gehört nicht zu der großen Schar der jüdischen Messias-Rebellen. Wie weit sein Erwählen reicht? Ist es auf Gottes Volk beschränkt? Will es sich auf die weite

Welt, *die moderne Welt* erstrecken? Wir können hier noch keine abschließende Antwort geben. So viel sehen wir allerdings bereits: Es macht an den Grenzen des „heiligen Landes" nicht halt. Man wird heute gewiß nicht mehr wie früher von den „Nordreisen" Jesu reden und darunter verschiedene, gegeneinander abgrenzbare Routen seiner Wanderungen verstehen. Der historische Ertrag ist hier gering, weil die Orts- und Wegeangaben entweder den Zweck haben, die einzelnen Erzählungen einfach miteinander lose zu verknüpfen, oder aber, wie bei Lukas und in anderer Weise im vierten Evangelium, ein Gesamtgefüge zu runden, das der Verkündigung dient. Dennoch lassen auch die geographischen Notizen in ihrer Bruchstückhaftigkeit erkennen, daß Jesus sich keineswegs an die Grenzen Galiläas hielt, nach Lage der Dinge sich auch gar nicht halten konnte.

Jesus war nicht in „Arkadien" aufgewachsen, sondern in Nazareth. Galiläa war geographisch, politisch und wirtschaftlich alles andere als ein in sich geschlossenes Gebiet. 6 bis 7 Kilometer nördlich von Nazareth lag in den Bergen die hellenistische Hauptstadt Galiläas *Sepphoris*. Herodes Antipas hatte sie nach ihrer Zerstörung im Jahre 4 v. Chr. in neuem Glanz erstehen lassen. Josephus nannte sie die „Zierde von ganz Galiläa". Hier hielt der Kleinfürst seinen Hof. Hier waren Mauern, Arkaden, Tempel und Theater neuen Stiles entstanden. Von einer Höhe oberhalb des Fleckens Nazareth konnte man die hochgelegene Residenz mit ihren Marmorbauten erblicken (Mt. 5, 14 b?). Später (17 n. Chr.) gründete der Fürst am See Genezareth die größer angelegte Stadt, die er nach dem zweiten römischen Kaiser *Tiberias* nannte. Auch sie hatte ihre repräsentativen Gebäude und ihre berühmten heißen Bäder.

Ein Aufenthalt in diesen beiden Residenzen wird von den Evangelien nicht berichtet. Hat Jesus sie bewußt gemieden? Wir wissen es nicht. Jedenfalls hat er keine von ihnen zu seinem Standquartier erwählt.

Trotzdem brachte ihn das alltägliche Leben diesseits der Grenzen in stete Berührung mit dem Leben der Zeit. Jenseits der Grenzen und in den Randgebieten ergab sich das von selbst. Jenseits der galiläischen Grenzen werden erwähnt: allgemein Syrien (Mt. 4, 24), besonders das „Gebiet von Tyrus" (Mk. 7, 24) und Sidon (Mk. 7, 31), also altphönizisches Territorium. Ferner: die „Dörfer von Caesarea Philippi" (Mk. 8, 27), wo, nahe den Jordanquellen und dem Heiligtum des Hirtengottes Pan (Paneas), 198 v. Chr. die Ägypter von den Syrern geschlagen worden waren. Hier hatte in den Vorbergen des Hermon sich Herodes Philippus, der menschlichste unter den Söhnen des großen

Herodes, seine Residenz gebaut. Hier, im Gebiete einer überwiegend von Heiden besiedelten Landschaft, legte Petrus sein Christus-Bekenntnis ab.

Besondere Bedeutung kommt der *Dekapolis* zu (Mk. 5, 20), der das „Land der Gerasener" (Mk. 5, 1) und das nördliche Ostjordanland (Mk. 10, 1) zugehört. Es handelt sich, wie der Name sagt, um einen Zehn-Städte-Bund, für dessen Unabhängigkeit von den Nachbarstaaten Pompejus (64 v. Chr.) die Voraussetzungen geschaffen hatte. Strategisch stellte der Bund eine Art Glacis dar gegenüber den Einfällen der Araber, geographisch eine Zwischenzone zwischen den jüdischen Gebieten Galiläa und Peräa, dem südlichen Ostjordanland. Wer von Galiläa nach Jerusalem zog und das verfemte Samarien meiden wollte, mußte hier seinen Weg nehmen. Jesus scheint sich des öfteren in diesen an den See von Genezareth grenzenden Gegenden aufgehalten zu haben. Er befand sich dann auf vorwiegend hellenistischem Boden. Hier waren die Juden seit je in der Minorität, hier übte jede Stadt das Recht der Selbstverwaltung aus, hier herrschte das Klima der hellenistischen Zivilisation.

Aber wo war von ihm nichts zu spüren? *Jerusalem* war zu Jesu Zeiten eine „moderne" Stadt. Griechische Literatur und Wissenschaft hatten auch hier ihren Ort. Nicht nur die jüdischen Gelehrten Alexandriens kannten ihren Platon und die Sagen und Mythen aus Hellas. Die alte Synagoge war der „griechischen Weisheit" durchaus nicht verschlossen. Auch die Rabbinen lasen Homer: „Wer in den Büchern Homers liest, ist wie einer, der in einem Brief liest." Selbst in späterer Zeit, als die blutigen Schicksale des jüdischen Staatswesens die Abneigung gegen die heidnische Zivilisation gesteigert und zeitweilig zu Verboten der griechischen Sprache geführt hatten, fiel die griechische Bildung keineswegs so in Mißkredit, daß nicht auch Familienangehörige, darunter Töchter der Rabbinen, Griechisch lernten.

Natürlich hat sich Jesus dieser Bildung nicht geöffnet. Wieweit er ihr sich nicht entzog, berichten die Evangelien nicht. Aber daß er nicht abseits von dieser Welt stand, wie der Orden von Qumran oder wie Johannes der Täufer, sondern in ihr lebte, setzen unsere Quellen voraus. Aus ihr strömten ihm die Massen zu, deren Tun er wohl beobachten konnte: ihre natürliche Menschlichkeit (Mt. 5, 47), ihr gedankenloses Gebets-Geplapper (Mt. 6, 7), ihr Sorgen und Bangen im Existenzkampf (Mt. 6, 32). Jesus müßte ein sehr merkwürdiger Einsiedler gewesen sein, wenn er das Heidentum nur vom Hörensagen gekannt hätte. An diese Welt werden wir zu denken haben, wenn uns einmal

eine Sammelnotiz begegnet wie diese: „Und eine große Menge von
Galiläa und Judäa und von Jerusalem und von Idumäa und von jen-
seits des Jordans und der Gegend von Tyrus und Sidon" kam zu ihm.
Das ist keine geographische Bestandsaufnahme, aber ein Zeichen der
Weitenwirkung, die Jesus durch seinen Ruf zur Entscheidung erzielte.

Der Anwalt des Menschen

Jesu Ruf zur Entscheidung ist zugleich ein Ruf zur Menschlichkeit.
Matthäus fügt ihn als *Heilandsruf* den beiden Strophen an, die auch
Lukas als pfingstlichen Jubelruf überliefert (s. o. Seite 129 f). Er
lautet (Mt. 11, 28—30):

Kommet her zu mir, alle Mühseligen und Belasteten!
Denn ich will euch Ruhe schaffen.
Nehmet mein Joch auf euch und lernet von mir!
Denn milde bin ich und demütigen Herzens.
So werdet ihr Ruhe finden für eure Seelen.
Denn mein Joch ist angenehm und meine Last leicht.

Das Wort ist, wie man sogleich hört, stilisiert. Alttestamentliche Motive und jüdische Weisheitsdichtung sind formal und inhaltlich verarbeitet: die Einladung der personifizierten Weisheit (Spr. 8) wie der
Appell des Gesetzeslehrers an die Ungebildeten, mit denen das Sirach-
buch schließt (Sir. 51, 23—30). Sein Tonfall scheint zudem Zeichen
hellenistischer Offenbarungsrede zu sein.

Trotzdem schlägt der Ruf des historischen Jesus durch die hymnische
Stilisierung hindurch. Er ist der menschliche Mensch, der das harte
Gesetz *entschärft* und es durch das sanfte Gesetz der Gottesherrschaft
ersetzt, das dem Halse des Menschen angemessen ist. Er bindet und er
befreit zugleich. Die Freiheit, die er den Menschen erschließt, gründet
in Gottes bindendem Willen. Gottes Bindung wirkt erquickend. Denn
Gott schenkt *Ruhe*. Ruhe ist das endzeitliche Geschenk Gottes. Ruhe
ist hier weder im Sinne der hellenistischen Mystik verstanden noch
im Sinne der jüdischen Gesetzlichkeit. Ruhe meint hier weder die selige
Schau des Frommen noch das Ergebnis, zu dem das Vorbild des Er-
ziehers anleitet: durch wenig Mühe großen Erfolg zu erlangen. Ruhe
ist vielmehr dort, wo Gott herrscht. Ruhe ist die höchste und letzte
Gabe, die Gott spendet. Ruhe ist das Medium, in dem Gott seine
Schöpfung vollendet (1. Mose 2, 1—3). Ruhe ist das Leben Israels,
sobald es das verheißene Land besitzt (Jos. 21, 43—45). Ruhe ist Heil
und Verlust der Ruhe Heillosigkeit (Ps. 92, 8). Besitzt die Gemeinde
ihre gottesdienstliche Stätte, so wird sie auf Gottes Ruhe verpflichtet

(2. Mose 31, 12—18). Der Sabbat ist der Tag des Ruheopfers. Die Rabbinen sagen: er ist ein Sechzigstel der kommenden Welt. Im Ruhetage sieht während der Exilszeit das Volk Gottes das Bundeszeichen des Herrn. Die an ihm erfahrene und zugleich dargebrachte Ruhe ist Israels unauslöschliches Siegel. Auch im Neuen Testament werden die „Genossen des Christus" verheißend auf diese göttliche Heilsgabe hingewiesen und davor gewarnt, sie zu verfehlen (Hebr. 3, 7—19; 4, 1—10). Der „neue Tag", das „neue Heute" (Hebr. 4, 7) ist der Tag der Ruhe. Die Predigt der frühen Gemeinde ladet zu Umkehr und Hinwendung zu Christus Jesus ein, „damit die Zeiten des Aufatmens vom Angesicht des Herrn kommen" (Apg. 3, 20). Mit Jesu Kommen werden die Menschen eingeladen zum *Aufatmen.* Die Herrschaft Gottes ist die Herrschaft des großen Aufatmens, oder sie ist nicht die Herrschaft *Gottes.*

Man versteht kein Wort der Evangelien, wenn man nicht das große Aufatmen durch ihre Zeugnisse rauschen hört und selbst aufzuatmen beginnt. Von Qumran über Johannes den Täufer zu Jesus von Nazareth ist räumlich und zeitlich ein kurzer Weg. Aber welche Klüfte öffnen sich zwischen hüben und drüben! Im Kloster zu Qumran sitzt man abseits vom Getriebe des Tages und rüstet sich auf den endzeitlichen Rachekrieg: mögen die andern „breite, lichte Straßen wandern" — sie sind Kinder des Frevels und der Finsternis und fallen ihrem verdienten Schicksal anheim! Johannes wagt den nächsten Schritt und tritt aus der Wüste an den Rand der Welt: Menschen, sündige Menschen nahen sich ihm, während die frommen Tempelhüter die Gerichtsrede überrascht. Aber den letzten Schritt tut Jesus. Er zieht sich nicht aus der Welt in die Wüste zurück. Er ruft nicht die Menschen zu sich hinaus. Jesus kehrt vom Jordan zurück in die Welt. Jesus sucht die Menschen auf. Aus der Einöde heimkehrend, begibt er sich in das Siedlungsgebiet. In ihren Städten, Flecken, Dörfern und Gehöften geht er ihnen nach. Er trifft sie dort, wo sie leben und arbeiten: bei ihrem Handwerk, in ihrem Beruf. Dort, wo sie sich freuen und wo sie weinen, wo sie ihre Hoffnungen und ihre Enttäuschungen erleben, dort werden sie von Jesus gefunden und angeredet. Dort hilft ihnen Jesus. Man muß diese Wendung Jesu vom Jordan weg nach Galiläa hin verstehen, um zu wissen, was er unter Menschlichkeit versteht. Menschlichkeit heißt bei ihm ganz einfach: ein Mensch geht den Menschen nach; er geht dorthin, wo sie wirklich leben. Er tut das in menschlicher Weise: indem er sich ihnen ganz hingibt. Er schenkt ihnen das Beste, was ein Mensch einem anderen zu schenken vermag: *Zeit.*

Das Zeithaben füreinander ist im irdischen Raum der eigentliche Erweis der *Humanität*. Sie bezeichnet „den Inbegriff aller Wohltaten, die ein Mensch dem andern erweisen kann. Wenn ich jemandem meine Zeit wirklich schenke, dann schenke ich ihm eben damit das Eigentlichste und Letzte, was ich überhaupt zu verschenken habe, nämlich mich selber. Schenke ich ihm meine Zeit nicht, so bleibe ich ihm gewiß alles schuldig, und wenn ich ihm im übrigen noch so viel schenkte" (K. Barth). Im Zeithaben für den anderen schenkt der Mensch nicht etwas, sondern sich selbst.

Jede Erzählung der Evangelien schildert uns Jesus als den menschlichen Menschen, als den *Mitmenschen*. In derselben Weise, wie er über Gott sich selbst vergißt, vergißt er sich selbst über dem Mitmenschen. Die Gottbesessenheit Jesu äußert sich und veranschaulicht sich in dem, was wir seine *Menschenbesessenheit* nennen könnten. Seine Hingabe an den Menschen ist nicht eine Folge seiner Hingabe an Gott. Sie ist vielmehr völlig mit ihr eins. Es ist nicht so, daß er sich zuerst zu Gott wendet und dann von Gott weg zu den Menschen. Vielmehr geschieht eines im anderen. Macht er Gott den Menschen offenbar, so offenbart er gerade dadurch dem Menschen das eigene Ich. Gotteserkenntnis und Menschenerkenntnis fallen im Worte Jesu zusammen. Sein Zeithaben für den Menschen ist sein Gottesdienst. Seine am Menschen betätigte Menschlichkeit ist in Wahrheit seine Göttlichkeit.

Die jahrhundertelangen Bemühungen, die *Gottheit Jesu* zum Ausdruck zu bringen, bleiben so lange fruchtlos, als man mit einem abstrakten Gottesbegriff umgeht und Jesus dem Idealbild eines solchen „Gottes" anzunähern versucht. Man wähnt dann seine „Absolutheit" bewiesen zu haben, sobald das „Soll" erreicht ist. Wessen Urteil ist dann eigentlich maßgebend? Offensichtlich das unsere. Wir haben dann letzten Endes einen Begriffsgötzen hergestellt. Wir sollten aber, wenn wir Jesu „Gottheit" erfassen wollen, uns an Luthers schlichte Regel halten: nicht „droben" im Himmel mit unseren Spekulationen anzusetzen, sondern „drunten" in der Niedrigkeit des Menschen auf Erden.

Worin besteht Jesu unverwechselbare Eigentümlichkeit vor allen anderen Menschen, auch vor allen anderen Genien und Heiligen, vor denen, die wir „die maßgebenden Menschen" (K. Jaspers) nennen? Worin ist Jesus *uns maßgebend?* Die Evangelien sagen es uns: maßgebend ist Jesus für uns dadurch, daß er wie kein anderer Mensch für uns Menschen da ist. Gewiß, es gibt ungezählte bekannte und unbekannte Menschen, die ihr Leben im Dienst für den Mitmenschen verzehren.

Aber es gibt keinen, vom dem wir sagen könnten: bei ihm läßt sich der Begriff seines Menschseins nicht trennen von seinem wirklichen Für-den-anderen-da-Sein. Das aber gilt von Jesus von Nazareth: Wir können uns Jesus nicht anders vorstellen denn als den, der immer und überall und in jeder Weise *für* den Menschen da ist. Wir können ihn uns in keiner Weise als den denken, der gegen den Menschen und das wahre Interesse des Menschen Stellung nähme. Jesus ist nicht der Parteigänger irgendeiner abstrakten Form von Humanismus. Er ist vielmehr der Parteigänger des konkreten Menschen selbst. Jesus ist *der Anwalt des Menschen* schlechthin und so der Anwalt der Menschlichkeit.

Daß er der von Gott erwählte Geistträger ist, besagt, daß die Verheißung Jeremia 31, 31—34 an ihm in Erfüllung gegangen ist: die Verheißung vom *neuen Bund.* Worin besteht dieser neue Bund? In der Tatsache, daß Gott sein Gesetz in sein Inneres gelegt und in sein Herz geschrieben hat, daß er Gott so genau kennt, daß er keiner Belehrung über Gottes Willen von anderer Seite bedarf. Der Geist des Herrn ist „auf ihm" (Lk. 4, 18). Die Frage der Zuhörer und Zuschauer: „Woher kommt diesem das?" (Mk. 6, 2—3) findet seine Antwort: Daher, daß er *im* Worte Gottes und nicht außerhalb seiner lebt (Mt. 4, 4). Gott und Mensch, Gott und Welt sind ihm nicht zwei getrennte Welten. Das Gesetz behaftet den Menschen bei diesem Zwiespalt. Es führt ihm den Gegensatz von Gott und Mensch, Gott und Welt ständig vor Augen. Der erwählte, der mit Gottes Geist begabte Mensch der Endzeit bringt das Unvereinbare zusammen. Er will weder von einem weltlosen Gott noch von einer gottlosen Welt wissen. Gottes Wille umgreift Mensch und Welt. Und: Mensch und Welt sind der Inhalt der guten und großen Gedanken Gottes.

Das in Jesu Herz geschriebene Gesetz ist das Geheimnis seines Wesens. Der Erwählte braucht nur in sich hineinzuschauen und braucht nur in die Welt hineinzulauschen, so begegnet ihm Gottes Wille unmittelbar. Gottes Gesetz und die Lage des Menschen interpretieren sich für den Ur-Charismatiker wechselseitig. Die Wirklichkeit der Zeit spricht zu ihm die Sprache der Ewigkeit. Die Wirklichkeit Gottes und seines Willens ist ihm zu jeder Stunde in jedem Menschen präsent. Wohlgemerkt: das alles gilt nur für Jesus. Es ist keine für den Menschen und die Welt geltende Wahrheit. Aber über der Wirklichkeit des Menschen und der Welt liegt seit Jesu Auftreten und in ihm der Glanz der ewigen Welt.

Nun verstehen wir auch, was es heißt, daß Jesus ganz für Gott da sein kann, *indem* er für den Menschen da ist — und umgekehrt. Er verhilft dem Menschen zu seinem Recht. Indem er das tut, bricht der Abend des Menschen an. Indem er die Menschenrechte auf Erden verwirklicht, richtet er Gottes Recht auf über aller Welt. Gottes Recht erscheint in Jesus von Nazareth als Gottes *Güte.* Das unterscheidet ihn zutiefst von seiner Zeit, besonders von den Kämpfern der Heilsarmee von Qumran, aber auch vom Täufer. Rüsten jene sich auf den kommenden Rachekrieg, so erwartet dieser das Feuer des Gerichtes. Beides wird von Jesus verworfen. Bei seiner Antrittspredigt in Nazareth (Lk. 4, 16—30) beschränkt sich Jesus bei der Lesung von Jes. 61, 1—2 auf die Gnadenworte und bricht unmittelbar vor den Gerichtsworten ab. Er ruft das „Gnadenjahr des Herrn" aus, aber nicht den „Tag der Rache unseres Gottes". Auch in Mt. 11, 5, wo Jes. 35, 5—6 frei zitiert wird, werden die Worte „Siehe da, euer Gott! Rache zu üben kommt er; es kommt die Vergeltung Gottes" fortgelassen. In Jes. 49, 24—26, das den Auslegungshintergrund für den Sieg über die Dämonen abgibt (s. o. S. 151), wird der Vers 26a mit seinen schaurigen Drohungen:

> Deine Placker lasse ich fressen ihr eigenes Fleisch,
> an ihrem Blute berauschen sie wie an Most sich!

ausgeklammert. Jesus verwirklicht Gottes guten, gütigen Willen.

Jesus weiß sich gesandt zum Menschen, zum ganzen Menschen. Der Mensch ist ihm nicht nur Seele, sondern er ist ihm zugleich auch *Leib.* Darum vergißt er über dem Heil des Menschen nicht sein *Wohl.*

Von seinen Hilfen in Lebensgefahr, in Krankheit, im Nervenleiden bis hin zur Ich-Spaltung sprachen wir bereits. Die Menschen wissen es: in auswegloser Not „vermag er irgend etwas" (Mk. 9, 22). Er sieht die große Schar, „und ihn jammerte ihrer, denn sie waren wie Schafe, die keinen Hirten haben" (Mk. 6, 34), „mißhandelt und darniedergestreckt" (Mt. 9, 36). Die Müdigkeit der herrenlosen, ausgebeuteten Masse und die Bettelarmut, Krankheit und Trauer des einzelnen rühren in gleicher Weise sein Herz (Mt. 20, 34; Lk. 7, 13). Die Besonderheit dieses Menschen besteht darin, daß er ein *Herz* für den Menschen hat inmitten einer gefühllosen Welt, die den Menschen als Objekt behandelt, als Mittel für Zwecke, und ihn bestenfalls einplant in die große Apparatur des Daseins.

Aber zum ganzen Menschen gehört auch der Mensch als Seele. So steht die Frage nach dem Wohl des Menschen immer im Dienst der Frage nach seinem *Heil.* Der ganze Mensch ist angeredet im „Tue dich auf" des Hephata-Wortes (Mk. 7, 34). Nicht nur das taube Ohr, sondern der in jeder Hinsicht taube Mensch soll sich öffnen. Und der ganze Mensch soll sich sättigen, nicht nur der knurrende Magen. Sechsmal wird uns in den Evangelien die wunderbare Speisung der 5000 bzw. 4000 erzählt (Mk. 6, 34—44 mit zwei, Mk. 8, 1—10 mit einer Parallele; dazu Joh. 6, 1—13). Immer, am stärksten im vierten Evangelium, ist die Erzählung transparent auf die Rettung hin, die Gott dem ganzen Menschen zugedacht hat. Gottes Gedanken, die Jesus in die Tat umsetzt, „halten uns zeitlich und ewig gesund". Jesus weiß sich gesandt zu *allen* Menschen, zu den Bösen und zu den Guten. Daß Jesus zu den bösen Menschen geht, ist uns geläufig, in falschem Sinne fast zu geläufig: wir können uns zwar Jesus ohne die fragwürdigen Gestalten der „Sünder" kaum vorstellen; aber wir denken uns wenig oder nichts mehr dabei. Wenig geläufig, vielleicht noch gar nicht recht in den Gesichtskreis getreten ist uns aber die Frage, ob Jesus denn zu den *Guten* nur in einem polemischen Verhältnis stand. Dietrich Bonhoeffer hat in den Fragmenten seiner „Ethik" diese Frage aufgegriffen: „Christus und die Guten". Er geht von der Seligpreisung Mt. 5, 10 aus. Selig gepriesen werden da nicht die um Jesu Christi oder um Gottes willen Verfolgten, sondern die um einer gerechten, „einer wahren, guten, menschlichen Sache willen Verfolgten (vgl. 1. Petr. 3, 14 und 2, 20)". In festgefügten Zeiten, in denen Gesetz und Ordnung herrschen, mache sich das Evangelium deutlich an den Gestalten des Zöllners und der Dirne. In Zeiten der Gesetzlosigkeit und Bosheit würde es sich „eher an den Gestalten der wenigen übriggebliebenen Rechtlichen, Wahrhaftigen, Menschlichen erweisen. Andere Zeiten erlebten es, daß die Bösen zu Christus fanden und die Guten ihm fernblieben. Wir erleben es, daß die Guten Christus wiederfinden und die Bösen sich gegen ihn verstocken". Predigte man früher: Du mußt zuerst Sünder werden, ehe du Christus findest, so müsse man heute eher sagen: Werde zunächst ein Gerechter, um Christus zu erkennen. Beides seien gleich paradoxe, an sich unmögliche Sätze. Denn beide — Sünder und Gerechte — gehörten ihm und seien entweder in ihrem Bösen oder in ihrem Guten vom Ursprung Abgefallene.

Der Gute dürfe aber nicht, wie in den reformatorischen Kirchen üblich, von vornherein mit dem Pharisäer oder dem Heuchler gleichgesetzt werden. Und das Evangelium lasse sich nicht zum Bekehrungsruf an Trinker, Ehebrecher und Lasterhafte aller Art einengen. Die berechtigte Auflehnung gegen bürgerliche Saturiertheit sei seit der Zeit nach dem ersten Weltkriege zu einer gefährlichen Entstellung des Evangeliums geworden. „An die Stelle der Rechtfertigung des Guten ist die Rechtfertigung des Bösen getreten, an Stelle der Idealisierung des Bürgerlichen gefiel man sich in der Idealisierung des Unbürgerlichen, des Ordnungswidrigen, des Chaotischen, des Anarchischen, des Katastrophalen; die verzeihende Liebe Jesu zu der großen Sünderin, zu der Ehebrecherin, zum Zöllner wurde verzerrt zu einer christlichen Sanktionierung der unbürgerlichen ‚Randexistenzen‘, der Prostituierten und des Vaterlandsverräters. Aus dem Evangelium des Sünders war, ohne daß man es wollte, eine Empfehlung der Sünde geworden. Das Gute — in seinem bürgerlichen Sinne — verfiel dem Gelächter." Hier bricht die Ausführung ab.

Die Frage Bonhoeffers ist noch keineswegs überholt. Sie ist auch noch nicht beantwortet, ja nicht einmal gehört. Wir werden gut daran tun, sie nicht von unserem sittlichen Empfinden diktieren zu lassen, sondern sie von den Evangelien selbst her zu vernehmen. Bonhoeffer selbst deutet es an: Die *Sünde*, neutestamentlich, besser: synoptisch gesehen, ist abgründiger, als es unsere Unterscheidungen sichtbar machen. Die Sünde geht nicht auf in den Erscheinungen des moralischen oder religiösen Bösen. Sie ist eine „Grundbefindlichkeit" des Menschen, jedes Menschen, also auch des Guten. Luthers „Es ist doch unser Tun umsonst, auch in dem *besten* Leben" gibt den Tatbestand gültig wieder. Wir verstellen uns aber den Zugang zum Verständnis der Sünde, wenn wir sie als eine individuelle Bestimmtheit des Menschen ansehen, als eine Eigenschaft am Menschen, und zwar eine unerfreuliche Eigenschaft. So wenig der Glaube eine individuelle Leistung ist (s. o. Seite 154), so wenig ist die Sünde ein individuelles Versagen. Im individuellen Versagen bekundet sich vielmehr eine übermenschliche Macht. Die Sünde ist „keine Eigenschaft, sondern eine Gefangenschaft" (G. Wingren): Sie ist, im Unterschied zu den Aussagen des Alten Testamentes, eine *Macht*, die einen knechtet (Joh. 8, 34), der man verfallen ist (Röm. 7, 23). „Von innen heraus, aus dem Herzen der Menschen, kommen die bösen Gedanken, Hurereien, Diebstähle, Morde, Ehebrüche, Habsüchte, Bosheiten, Arglist, Ausschweifung, Scheelsucht, Lästerung, Überhebung, Unvernunft. Alle diese bösen Dinge kommen von innen heraus und machen den Menschen gemein" (Mk. 7, 21—23). Das Wort redet konkret: ein ganzer Lasterkatalog tritt in Erscheinung. Aber es wird deutlich: in den einzelnen Sünden (in der Mehrzahl) konkretisiert sich die Sünde (in der Einzahl). Die „Personsünde", in der ich mich von jeher schon vorfinde, nimmt in den „Tatsünden" greifbare Gestalt an. Die Bosheit der Menschen hebt nicht die Möglichkeit auf, daß sie ihren Kindern gute Gaben geben (Mt. 7, 11). Aber gerade im frommen berechtigten Verlangen nach dem Ausweis Jesu durch ein Zeichen kommt die Bosheit und Treulosigkeit des Geschlechtes Gott gegenüber zum Ausdruck (Mt. 16, 4). Sündigen kann man eigentlich nur gegen Gott. Man kann nicht *über* seine Sünde reden, man kann sie nur betend Gott als seinem Gegenüber sagen: „An dir allein habe ich gesündigt" (Ps. 51, 6). Das Bekenntnis ist der ursprüngliche Ort, wo man von der Sünde recht reden kann.

Durch Jesu Erscheinen wird die Sünde im eigentlichen Sinne erst *aufgedeckt.* Von dort her wird sie uns in ihrer doppelten Richtung erkennbar: als Widerstand gegen Gott und als Rückzug vor Gott.

Jesus deckt die Sünde auf als *Widerstand* gegen Gott. Denn Gott setzt uns in seinem Willen und in der Widerständigkeit der Welt eine Grenze. Was Bonhoeffer in seiner tiefen Erklärung des Sündenfalles (zu 1. Mose 3, 7) von der Sexualität sagt, das gilt von der einen Tendenz der Sünde als solcher. Sünde ist „leidenschaftlicher *Haß jeder Grenze*". Sünde ist Selbstüberhebung. Schon die Griechen warnten vor der Hybris, dem freventlichen Aufbegehren gegen die Götter, und ihrer Strafe. Auch die Weisheit des Alten Testamentes redet davon (vgl. Spr. 29, 23). „Wer sich selbst erhöht, wird erniedrigt werden" (Lk. 14, 11). Auf sich selbst vertrauen, sich selbst für gerecht halten und die anderen verachten (Lk. 18, 9), ist Sünde. Gott durchschaut dies Selbstbewußtsein der Menschen: „Was unter den Menschen als hoch gilt, das ist vor Gott ein Greuel" (Lk. 16, 15). Dem Hochmut begegnet Gott mit der Schärfe seines Gerichtes. Er versperrt dem Menschen jedes Ausweichen in eine erträumte Weite.

Jesus deckt aber die Sünde auch als *Rückzug* vor Gott auf. Hier handelt es sich gewissermaßen um die gegenläufige Tendenz. Der Mensch trotzt nicht, sondern verzagt. Er meidet die Weite. Er verbündet sich mit der Enge. Er vollzieht die innerste Emigration. Er liefert sich der Angst aus. Er flieht vor dem Morgen. Oder er verschließt vor ihm zumindest die Augen. Die Form dieser Sünde nennt Jesus *die Sorge.* Die „Sorgen der Zeit" ersticken das Wort (Mk 4, 19). Sie machen das Morgen zur bannenden Macht (Mt. 6, 34). Sie trüben den Blick in die Zukunft Gottes (Lk. 21, 34). Der Sorge begegnet Gott mit dem Angebot seiner Hilfe. Er lockt den Menschen von der Mauer des Morgen fort, an der sich der starrende Blick verfängt.

Beide Grundformen der Sünde sind Grundformen des Unglaubens, der sich selbst zu viel und Gott zu wenig zutraut. Im Mißtrauen gegen Gott zerfällt das Sein des Menschen. Von diesem Zerfall kommen wir immer schon her, als Böse wie als Gute.

Jesu Ruf war von Anfang an Ruf an *alle* Menschen! Daß er sie ruft, zu sich ruft, macht ihre Sünde kund. Sünder sein heißt ja nicht: ein besonders böser Mensch im moralischen Sinne sein, sondern sich am *falschen Orte* befinden. Durch Jesus werden alle Menschen, sie seien böse oder gut, an den richtigen Ort gerufen. Sünder sein heißt: nicht bei Jesus sein. Diese Erkenntnis macht die Unterschiede zwischen den Arten des Sünderseins nicht hinfällig. Aber es gibt ihnen den gemeinsamen Bezugspunkt. Jesus hat ja die Guten auch nicht gemieden. Lukas läßt Jesus verschiedentlich von einem Pharisäer oder gar einem Führer der pharisäischen Bruderschaft zur Mahlzeit geladen werden (Lk. 7, 36; 11, 37; 14, 1). Seitens des Einladenden ist das nicht verwunderlich, da Wanderprediger zu Tisch zu bitten als verdienstliche Sitte galt. Wenn Lukas damit auch die Weltoffenheit Jesu unterstreichen will, so ist dieser Zug schwerlich unhistorisch. Eher hat die später gefallene Entscheidung gegen die pharisäische Frömmigkeit die Erinnerungen an normalere Beziehungen zu den Frommen verdrängt. Daß Jesus die Sünder rief und nicht die Gerechten, besagt nicht, daß er diese übergangen hat, so wenig die Sorge des Arztes für die Kranken Feindschaft gegen die Gesunden bedeutet (Mk. 2, 17).

Jesus verkündet dem Gichtbrüchigen, obwohl er „nur" Heilung erwartet, die Vergebung der Sünden (Mk. 2, 1–12): Sünde und Leid stehen in einem Zusammenhang. Was das Alte Testament erwartete, ist eingetreten. Jesus tut, was nur *Gott* tun darf. Denn „Messiaszeit ist Vergebungszeit" (J. Schniewind). Sünden vergeben aber bedeutet: die Vergangenheit, die durch Feindschaft und Mißtrauen gegen Gott gekennzeichnet ist, tilgen, so daß sie uns vor Gott nicht mehr verklagen kann. Wo Vergebung geschieht, eröffnet Gott dem Menschen die Zukunft. Der Mensch empfängt das Recht, Zugang und Gemeinschaft mit Gott zu haben. Die Schuld steht nicht mehr zwischen Gott und ihm. Die großen Gleichnisse aus *Lukas 15* veranschaulichen es, was es heißt, wenn der verlorene Mensch wiedergewonnen wird für Gott. Das verirrte Schaf wird heimgetragen. Der verlorene Groschen wird aus der dunklen Ecke hervorgekehrt. Der junge Mann, der auf eigene Faust sein Leben gestalten wollte, kehrt heim: das Bild des Vaters läßt ihn nicht los, es zieht ihn ins Vaterhaus. Doch nicht erst, wo Vergebung empfangen wurde, macht sie dankbar, sondern bereits dort, wo sie erwartet wird: „Gott muß ihr alle ihre Sünden vergeben haben, weil sie so große Dankbarkeit erwies; wem Gott wenig vergibt, dessen Dankbarkeit ist klein" (Lk. 7, 47). Jesus hatte die Vergebung der Sünden ausgesprochen; nun kam die Sünderin zu ihm.

Das Besondere des Tuns Jesu besteht aber darin, daß er nicht nur allgemein oder von Fall zu Fall Sünden vergibt und es dabei bewenden läßt. Dann wäre diese Praxis aus dem Abstand heraus geschehen und das Wort ein in sich selbst ruhendes Wort geblieben. Jesus aber sucht die *Gemeinschaft* mit Sündern und sieht im Zusammenleben mit ihnen die Bekräftigung seines Handelns. Man muß sich einmal verdeutlichen, was das für ihn und für die fromme Gesellschaft bedeutete. Wir kennen die Zöllner, die nicht nur finanzielle Ausbeuter, sondern auch üble politische Denunzianten waren. Bei ihnen kehrt er ein. Aus ihrer Mitte wählt er sich einen seiner Jünger. Mit ihnen sitzt er zu Tische (Mk. 2, 13—17; Lk. 19, 1—10). Mit diesen Kumpanen pflegt er Gesselligkeit, „ein Fresser und Weinsäufer, ein Freund von Zöllnern und Sündern" (Lk. 7, 34). Der Am-haarez glaubt an ihn — „dieses Volk, das das Gesetz nicht kennt — verflucht sei es!" (Joh. 7, 49). Er aber *sieht* nicht nur die Verhältnisse der kleinen, verachteten und verkommenden Menschen (Lk. 16, 19—22), sondern er hält sich zu ihnen: zu allen Erniedrigten und Entrechteten, zu *Kindern* (Mk. 9, 34—37; 10, 13—16) und zu *Frauen,* die damals außerhalb des öffentlichen und religiösen Lebens stehen. Die Notiz, daß Maria aus Magdala, Johanna, die Frau eines Beamten des Herodes Antipas, eine gewisse Susanna „und viele andere, die aus ihrem Vermögen für ihre Nahrung sorgten", sie zeitweilig ständig begleiteten (Lk. 8, 1—3), deutet darauf hin, daß die Frau im Kreise der Jesus-Bewegung eine neue Würde und Unantastbarkeit empfing. Durch die Berufung zur *Gottesherrschaft* gab Jesus der Frau ihre menschliche Gleichberechtigung. Man sollte diese Tatsache nie vergessen, wenn man von Humanität spricht.

Das Gesetz des Schöpfers

In der protestantischen Welt ist es üblich geworden, Jesus ausschließlich als Überwinder des Gesetzes zu verstehen. Die Erneuerung der paulinischen Erkenntnis, daß „Christus des Gesetzes Ende" sei (Röm. 10, 4), schien zu diesem Urteil zu ermächtigen. Historische Beobachtungen, die sich auf die Auseinandersetzung Jesu mit der Gesetzesfrömmigkeit seiner Zeit bezogen, wirkten wie eine Bestätigung dieses Urteils.

Man wird jedoch bei gründlicher Prüfung des Tatbestandes die einseitige Heraushebung dieser Sicht als ein protestantisches Vorurteil bezeichnen und preisgeben müssen. Jesu Stellung zum Gesetz läßt sich überhaupt nicht in *einem* Satze ausdrücken. Sie läßt sich nur in zwei

Sätzen beschreiben, die sich logisch ausschließen. Jesu Stellung zum Gesetz ist nicht zufällig widersprüchlich, sondern wesensmäßig *paradox*. Sie hat nicht in einer Unklarheit seines Denkens oder Wollens ihren Ursprung, sondern in der Nähe der Gottesherrschaft. Die Gottesherrschaft ist selbst eine paradoxe Macht: sie ist gegenwärtig und zukünftig. Weil die Gottesherrschaft bereits gegenwärtig ist, ist durch sie das Gesetz aufgehoben. Weil die Gottesherrschaft noch zukünftig bleibt, bleibt das Gesetz in Geltung. Paradox ist seine Person. Denn paradox ist das endzeitliche Sein Gottes, das dem Menschen den Tag des Aufatmens bringt und ihn dennoch ständig in Atem hält.

Jesus steht *positiv* zum Gesetz. Denn das Gesetz enthält Gottes Willen. Gottes Wille aber ist Voraussetzung aller Menschlichkeit. So unterwirft er sich Gottes Willen dadurch, daß er sich dem Gesetz unterwirft. Nicht erst Paulus hat diesen Tatbestand bezeugt, wenn er sagt: „Gott sandte seinen Sohn, geboren von einem Weibe, geworfen unter das Gesetz" (Gal. 4, 4). Paulus konnte das nur deswegen bezeugen, weil zuvor Jesus diesen Tatbestand gelebt hatte.

Unter dem Gesetz stehend, war Jesus mit allen Menschen verbunden. Die Bejahung des Gesetzes bedeutet für Jesus nicht die Bejahung einer altehrwürdigen, in sich selbst heiligen Institution, sondern die Bejahung Gottes und damit die Bejahung des Menschen. Unter dem Gesetz lebend, bekundete Jesus seine Solidarität mit den Sündern. Das so verstandene Gesetz wird ihm zum Ausdruck der *Humanität*. Matthäus hat an die Spitze der Gesetzesauslegung in der sog. Bergpredigt den Spruch gestellt (Mt. 5, 17–18):

Denkt nicht:
Ich sei gekommen, aufzulösen das Gesetz oder die Propheten!
Ich bin nicht gekommen, aufzulösen, sondern zu erfüllen.

Denn Amen, ich sage euch:
Bis daß vergeht der Himmel und die Erde,
kein Jota oder Häkchen wird vergehen vom Gesetz,
bis alles geschehe.

Der Spruch dürfte von der konservativen palästinensischen Gemeinde geformt sein. Er setzt zudem die Auseinandersetzung mit der hellenistischen Gemeinde voraus. Aber sein Gehalt lebt von der Wahrheit, daß Jesus kein Gesetzesgegner war. Die Nähe der hereinbrechenden Gottesherrschaft ließ es ihm sowieso unwichtig erscheinen, kurz vorher auch noch das Gesetz aufzulösen, die Gebote und frommen Gebräuche zu ändern. Das Entscheidende war ihm die Konfrontation des Willens Gottes mit dem Menschen. Um Gottes und des Menschen willen war Jesus in Sachen des Gesetzes „konservativ". Ihm geht es darum, das Gesetz zu *erfüllen*. Erfüllen bedeutet nicht: das unvollkommene Gesetz vervollständigen. Auch nicht: dem Gesetz einen neuen Sinngehalt geben. Auch nicht: das Unklare verdeutlichen. Erfüllen heißt vielmehr: das Gesetz in Kraft setzen. Jesus will dem Gesetz, dem Willen Gottes, Geltung verschaffen. Das Gesetz soll als der Wille Gottes, des Schöpfers der Welt und des Herrn der Menschheit, erkannt werden. Jesus richtet das Gesetz auf über dem Menschen. Das Gesetz steht und fällt mit der *Schöpfung*. Jesus teilt diese Gewißheit mit dem zeitgenössischen Judentum. Das spitze Wort, daß kein Buchstabe, auch nicht der kleinste, das hebräische Jod, vergehen werde, ja nicht einmal das ornamentale Strichelchen, das den Buchstaben „krönt", meint nicht die buchstäbliche Erfüllung des Gesetzes, sondern die allseitige, immerwährende Geltung. Es ist wie manch anderes Wort Jesu bildhaft überspitzt — vgl. die Worte vom Kamel und Nadelöhr (Mk. 10, 25) oder vom Mücken-Seihen und Kamele-Verschlukken (Mt. 23, 24). Es hat in gewisser Weise bis hin zu den Rabbinen des 3. und 4. Jahrhunderts Schule gemacht. Es besteht kein Grund, das Bonmot, dessen Pointe man Jesus zutrauen kann, der Kirche des Matthäus zuzuschreiben. In seiner Engformulierung atmet es die ganze Weite seiner Menschlichkeit. Im endzeitlichen Horizont verkündet Jesus noch ein letztes Mal die Hoheit des Gotteswillens. „Bis alles geschehe": „alles" bedeutet den Heilswillen Gottes.

Es ist alles andere als verwunderlich, daß Jesus hinsichtlich des Gesetzes kaum oder gar nicht endzeitliche Begründungen gibt. Er lockt weder mit dem künftigen Paradies, noch droht er mit dem kommenden Verderben. Er macht den Menschen weder die Hölle heiß noch den Himmel begehrenswert, wenn er das Gesetz auslegt. Wenn er konkret fordert, genügt der Hinweis darauf, daß Gott dies und jenes getan haben oder auch nicht getan haben will. Die ursprüngliche Gegenwart Gottes im Erdenleben trägt alles Dasein. Gott erhält und regiert die Welt. Er trägt und umsorgt das Menschenleben. Zeichen seiner Weltzugewandtheit und seiner Menschenfreundlichkeit ist auch das Gesetz.

Voraussetzung für Jesu Verständnis des Gesetzes ist die Tatsache, daß Jesus keine Theologie des Gesetzes treibt, also keine „Lehre" vom Gesetz besitzt. Er „lehrt" zwar das Gesetz, wie er die Gottesherrschaft „verkündigt". Vielleicht ist es gut, diese besonders bei Matthäus sich findende Unterscheidung zu beachten: Die Herrschaft wird „verkündigt", das Gesetz wird „gelehrt". Aber er lehrt es von Fall zu

Fall, jedoch ohne Kasuist zu sein, wie die Gesetzeslehrer. Er lehrt es so, daß der konkrete Mensch vom konkreten Willen Gottes unmittelbar getroffen wird; aber nie so, daß für die einmalige Lage, in der sich der Mensch vor Gott befindet, ein allgemein geltendes Statut erlassen wird, das in das Gewohnheitsrecht aufgenommen werden könnte. Wie Jesus kein Theologe war, am allerwenigsten ein Systematiker, so wenig besaß er eine „Ethik", aus der man entnehmen könnte, wie man zu handeln habe.

Probleme, die später Paulus erörterte und die seitdem die Theologie nicht mehr losgelassen haben, gibt es für ihn nicht. Es ist für Jesus kein Problem, daß man Gottes Willen eindeutig erkennen kann. Mensch und Welt sind ja Gottes Geschöpfe. Der Schöpfer redet nicht nur durch das geschriebene Gesetz, sondern auch durch seine Geschöpfe. Die Welt als ganze und ihre einzelnen Erscheinungen sind Weisen des eindringlichen und mannigfaltigen Redens Gottes. Das Dasein besitzt selbst Anrede-Charakter, weil es als Schöpfung von Gottes Willen durchwaltet ist. Der Mensch ist ständig umklungen von Bekundungen des Willens Gottes in „Natur" und „Geschichte". Über ihm breitet sich der Himmel des Schöpfers. Um ihn und neben ihm wirkt der Mitmensch. Situationen locken, drohen, fordern.

Habt acht auf die Raben: weder säen noch ernten sie;
sie haben nicht Speicher noch Scheune,
und Gott ernährt sie.
Wieviel mehr seid ihr wert als die Vögel!
Habt acht auf die Lilien: wie sie weder spinnen noch weben.
Ich sage euch aber:
nicht einmal Salomo in all seinem Prunk
war bekleidet wie eine von diesen.

Das Irdische (Lk. 12, 24. 27) ist nicht nur Gleichnis des Himmlischen, sondern seine Kundgabe. Für den Juden besteht eine merkwürdige Parallelität der Vorgänge im Himmel und auf Erden: der Vogel, den Gott im Himmel „frei" spricht, entgeht dem Fangnetz des Voglers; der Vogel, den er im Himmel preisgibt, verfällt ihm. Aber für Jesus redet Gott viel unmittelbarer. Sein Sprechen durch die „stumme" Kreatur ist nicht nur Ausdruck eines fertigen göttlichen Gedankens, sondern stets zugleich Aussage. Im Gegenüber mit dem Menschen „verfertigt" Gott handelnd seine großen, guten Gedanken. *Glaubt* doch diesem Gott!

Die Motte, die das Gewand zerfrißt, der Holzwurm, der die Truhe zernagt, flüstern dem Menschen das drohende Gotteswort zu: Dein

Leben läuft unmerklich dem Ende entgegen. Die Anschläge der Diebe im verborgenen wecken Ahnungen von der Bedrohlichkeit der irdischen Existenz (Mt. 6, 19—20). Alles Planen zerschlägt der Tod (Lk. 12, 16—21). Gottes Wille ist nicht nur lebenserhaltend, sondern auch lebensgefährdend. *Fürchtet* doch diesen Gott!

Die Situationen fordern. In den Situationen fordert Gott. In den Situationen will Gott, daß die Tat der Liebe geschehe am Menschen ohne Unterschied der Person, der Rasse, der Klasse, der Religion (Lk. 10, 29—37). *Tut* doch diesen Willen Gottes! Gott will Menschlichkeit (Mk. 12, 28—33).

Jesus *achtet* das Gesetz und die Institutionen und Menschen, die Gottes Gesetz repräsentieren. Er ordnet sich — um der Mitmenschen willen — dem Gesetz unter. Er läßt sich taufen, weil „es sich ziemt, alle Gerechtigkeit zu erfüllen" (Mt. 3, 15). Er hat — hier dürfte ihn die palästinensische Kirche nicht mißverstanden haben — das Kultgesetz samt Opfergabe und Altar unangetastet gelassen (Mt. 5, 23 bis 24). Den geheilten Aussätzigen sendet er zur religiösen „Gesundheitspolizei": „Geh hin, zeige dich dem Priester und opfere für deine Reinigung, was Mose geboten hat, ihnen zu einem Zeugnis" (Mk. 1, 44). Wer nach Gottes Willen fragt, wird an das Zehngebot vom Sinai verwiesen (Mk. 10, 19). Hinsichtlich der Tempelsteuer besteht zwar für Jesus und die Jünger keine Abgabepflicht. Dennoch soll sie freiwillig entrichtet werden. Daß die Gottesherrschaft von der Theokratie des Tempels befreit, hebt die Heiligkeit des Tempels nicht auf. Der Tempel bleibt auch für Jesus und die Seinen der Bezugspunkt des irdischen Daseins (Mt. 17, 24—27). Die kuriose Wundergeschichte, in der uns ein echtes Mirakel dargeboten wird, unterstreicht den Sinn der von Jesus getroffenen Entscheidung. Das Geldstück im Maul des geangelten Fisches, bei dem man unwillkürlich an den Ring des Polykrates denkt, besagt: „Gott, der seinen Sohn geschickt und unter das Gesetz getan hat, zahlt letztlich selbst den vom Gesetz geforderten Preis, indem er ein Wunder vollzieht" (K. L. Schmidt).

Der Tempel ist mehr als das Gold, mit dem Herodes sein Inneres und seine Fassaden geziert hat. Der Altar ist mehr als das Opfer, das durch den Altar geheiligt wird. Aber der Himmel ist Gottes Thron, wie die Erde der Schemel seiner Füße, und höher als Tempel und Altar zusammen, höher auch als Jerusalem, „des großen Königs Stadt" (Mt. 23, 16—22; 5, 34—35). Aber der Tempel ist nicht nichts! Auch die Zehntung der geringfügigsten Pflanzen vom Küchenbeet — Minze, Anis, Kümmel — ist nicht nichts. Die kleinen Satzungen betreffen nicht das Entscheidende, sondern das Nebensächliche. Das Entscheidende ist „das Recht, das Erbarmen, der Glaube". „Dies aber sollte man *tun* und jenes *nicht lassen!*" (Mt. 23, 23). Hinter dem sprichwörtlich gewordenen Spruch verbirgt sich eine tiefe Weisheit. Jesus weiß: die Welt ist eine vielschichtige Wirklichkeit. In allen Schichten steht sie unter Gottes Willen. Es gibt nicht nur „Letztes", es gibt in ihr auch „Vorletztes". Das Vorletzte lebt vom Letzten her und auf Letztes hin. Das Kleine steht im Dienste des Großen, die Sache im Dienste der Person. Der Besuch in der Synagoge am Sabbat gehörte zu Jesu Gepflogenheiten (Mk. 3, 1; 6, 2). Demgemäß hielt die frühe Gemeinde in Judäa an der Sabbatfeier fest (Mt. 24, 20). Der prophetische Protest (Hosea 6, 6):

Ich habe an Huld Gefallen,
an Schlachtopfern nicht!

wird ihm zum Richtpunkt allen menschlichen Handelns (Mt. 9, 13; 12, 7).

Jesus greift nicht einmal das Amt der Gesetzeskundigen an. Er — und nicht erst Luther — weiß zwischen *Amt und Person* zu unterscheiden: „Auf Moses Stuhl sitzen die Schriftgelehrten und die Pharisäer. Alles nun, was sie euch sagen, das tut und haltet ein! Nach ihren Werken aber tut nicht! Denn sie reden, aber sie handeln nicht" (Mt. 23, 2—3). Ohne Bitterkeit, aber auch ohne Spott trifft Jesus diese Feststellung. Sie existieren nicht im Willen Gottes, sondern sie dozieren *über* Existenz. Sie stellen bestenfalls das Existieren im Worte zur Schau und machen es so gerade unmöglich. „Sie binden schwere Lasten und legen sie den Menschen auf die Schultern; sie selbst aber wollen sie nicht mit einem Finger bewegen" (Mt. 23, 4). Die Unterscheidung zwischen Amt und Person gehört zu den fundamentalen Erkenntnissen, die durch Jesus der Welt vermittelt wurden. Sie stellt das *Axiom der Sachlichkeit* dar, das nicht nur in der Kirche, sondern auch in der Kultur der Gegenwart maßgebend sein muß, wenn die Kirche christliche Kirche und die Kultur menschliche Kultur sein will. Die Reformatoren sahen in dem Satz Mt. 23, 2 die Möglichkeit, zwischen Lehre und Leben zu unterscheiden und über der Fragwürdigkeit und Verderbtheit des Lebens die Hoheit und Heiligkeit der verkündeten Wahrheit im Blick zu behalten. Die Heiligkeit der Kirche, ihrer Botschaft und ihrer Sakramente hing für sie nicht von der Heiligkeit und Würdigkeit der Personen ab (vgl. Augsburgisches Bekenntnis, Artikel VIII). Nur wo jenes Axiom in Geltung bleibt, bleibt das Ringen um die ewigen Werte rein. Die Unterscheidung von Amt und Person verbürgt die Redlichkeit der *Wahrheitsfindung*, die wir in der Wissenschaft betreiben. Sie verhindert jegliche Form von Fanatismus, auch die des frommen Fanatismus, vom politischen ganz zu schweigen. In ihrem Bannkreis sind Schlagwort und Redensart verfemt, auch die fromme Redensart und das kirchliche oder gar kirchenpolitische Schlagwort. In ihrem Machtbereich wird uns die Erinnerung dafür geschärft, über dem Gegner und in ihm nicht die Gewichtigkeit der Sache zu vergessen, die er nur allzu unsachlich vertritt. Wo das Axiom der Sachlichkeit gilt, werden Augen und Ohren dafür geöffnet, auch im Zerrbild der Lüge das Anliegen der Wahrheit zu sichten und im schrillen Mißklang menschlicher Leidenschaften den Alarmruf der Menschlichkeit zu vernehmen. Denn das Axiom der Sachlichkeit vernichtet alle Rechthaberei, alles Mißtrauen, alle Böswilligkeit und setzt statt dessen „das Recht, das Erbarmen und den Glauben" (Mt. 23, 23) in Kraft. Das Axiom der Sachlichkeit ist zugleich das Axiom der Humanität.

Erst von hier aus versteht man, daß Jesus nicht nur positiv, sondern auch kritisch zum Gesetz steht. Die Zeit des Gesetzes ist ja durch den Anbruch der Zeit der Gottesherrschaft abgetan (Mt. 11, 12—13). Jesus protestiert zunächst gegen die *Gesetzlichkeit*. Er protestiert damit nicht nur gegen beiläufige Mißbräuche des Gesetzes, sondern gegen jenen Urmißbrauch des Gesetzes, dem das Judentum des Gottesstaates seine Existenz verdankt. Gottesherrschaft und Theokratie schließen sich aus. Denn die Theokratie macht das Gesetz zur Vorbedingung der Gemeinschaft. Aber die Gottesherrschaft kennt keine Bedingungen als sich selbst und die Hinkehr des Menschen zu ihr. „Wehe euch, Schriftgelehrte und Pharisäer, ihr Heuchler! Denn ihr schließt die Himmelsherrschaft zu vor den Menschen: ihr selbst geht nicht hinein, und ihr laßt auch die, die hinein wollen, nicht hineingehen" (Mt. 23, 13).

Der Rufer zur Gottesherrschaft geht zum Angriff über gegen die Hüter des Gottesstaates. Er greift den Geist der Gesetzlichkeit an, der die formale Richtigkeit des „Inwendigen" verdeckt. Man lernt dann Bibel- und Katechismussätze auswendig und empfängt damit vor anderen und vor Gott die Befreiung vom Leben *im* Worte. Man betet das Brevier und psalmodiert phrygisch oder mixolydisch, aber der Geist durchwaltet nicht mehr das ganze Dasein außerhalb dieser Übungen. Man arbeitet über Kirchen- und Lebensordnungen für Geistliche und Gemeindeglieder, aber man kommt über den Entwürfen nicht zum Leben selbst. Kurzum, man grübelt und spricht und schreibt *über* Existenz, aber man verzichtet gerade so darauf, zu existieren. Auf Synoden und Tagungen konferiert man über die Aufgaben, die Christ und Kirche gegenüber der heutigen Welt haben; aber indem das geschieht, überläßt man die Welt ihrer eigenen Weisheit und ihrem eigenen Wege. Man begehrt zu allem und jedem Aufschluß aus der Bibel, aber aus einer Bibel, wie man sie von vergangenen frommen Generationen unkritisch übernahm, ohne sich von ihr selbst ins Gespräch nehmen zu lassen. Was heute als „Bibel" in unseren Häusern liegt, ist weithin nur ein *Bild*, das wir uns von der Bibel gemacht haben. Wehe, wer mit dem Rüstzeug der kritischen Forschung es neu zum Sprechen bringt! Wehe, wer der „Gemeinde" es sagt, daß nicht jedes überlieferte Wort Jesu von Jesus stammt, sondern von der Gemeinde geformt und zum Teil auch beinhaltet ist! Wehe, wer den Wahn zerstört, Jesus habe die Bergpredigt gewissermaßen auf Tonband gesprochen, und der Aufnahmewagen der aktuellen Wochenschau hätte den Wundertäter begleitet! Auch diesen Biblizisten, die so „Wehe!" rufen, steht ihr eigenes „Wehe!" bereit: das „Wehe!" Jesu aus Matthäus 23.

Der Kampf Jesu gegen die Gesetzlichkeit entbrannte an den Vorschriften des Ritualgesetzes und der Sabbat-Heiligung. Beidemal geht es darum, die Bestimmungen des Gesetzes in den Dienst der Menschlichkeit zu stellen.

Im Streit um das sog. *„Rein und Unrein"* (Mk. 7, 1—23) geht es um die Geltung des Ritualgesetzes, das auch für das alltägliche Leben die im Kultus geübte Reinheit fordert. Das Ideal, die kultische Reinheit auch im Leben zu verwirklichen, war in den Kreisen der Frommen seit der Makkabäerzeit daheim. Wer das „Königreich von Priestern" (2. Mose 19, 6) darstellen wollte, mußte die reine Gemeinde sammeln. In den Tauf- und Bußbewegungen der Zeit, besonders im Orden von Qumran, ging es um diese Reinheit. Es ging bei diesen Reinigungsvorschriften, die auf die levitische Gesetzgebung des Alten Testaments zurückgingen, um religiöse Riten, nicht um hygienische Gebote. Zwar war bei den Mahlzeiten, die ohne jedes Besteck eingenommen wurden, bei Verrichtungen in Haus und Hof, die jeder Beschreibung spotten, bei den klimatischen Bedingungen, unter denen sich der Alltag abspielte, Reinlichkeit auch ein menschlich sinnvolles Gebot. Aber der Ritus selbst konnte nicht weniger unhygienisch sein! Jedenfalls aßen Jesu Jünger mit ungewaschenen Händen. Darüber von Pharisäern und Schriftgelehrten zur Rede gestellt, verteidigt Jesus nicht nur seine Jünger, sondern greift die Angreifer an. Im allgemeinen versteht man Jesu Polemik so, als ob er den Unterschied von „rein" und „unrein", von „heilig" und „profan" aufhebe. Aber davon steht im Text (auch bei Mt. 15, 1—20) nichts. Jesus läßt vielmehr die Unterscheidung bestehen, gibt ihr aber einen anderen Inhalt: „unrein" ist nicht das Äußere, sondern das Innere! Vor diesem Inneren muß man sich „rein" halten. Und vom Gegensatz „rein — unrein" kommt er geradeswegs auf den Gegensatz „Gottes Gebot — Menschen-Überlieferung" zu sprechen. Aber auch hier muß man die Akzente richtig setzen: Menschen-Überlieferung ist nicht deswegen zu verachten, weil sie von Menschen stammt, sondern weil sie Gottes Gebot außer Kraft setzt. Mittels eines Gelübdes umgeht man die Verpflichtung des Gebotes, Vater und Mutter zu ehren. Um des Tempels willen läßt man die Eltern darben. Des Kultes und des Ritus halber vergißt man den Menschen.

Mit Recht hat man darauf hingewiesen, daß Jesus hier nicht nur die jüdische Überlieferung, ihre Theorie und Praxis, angreift, sondern den Buchstaben des *Gesetzes selbst.* Man bagatellisiere diesen Tatbestand nicht! Man prüfe ihn vielmehr durch die Gegenüberstellung der Texte Mk. 7, 9—13 und 4. Mose 30, 2—3 sowie 5. Mose 23, 21 bis 23 und von Mk. 7, 15 mit den zahlreichen Bestimmungen der levitischen Reinigungsgesetze im 3. Mosebuche (vgl. auch den Gegensatz von Mt. 5, 38—39 zu 3. Mose 24, 20)! Zitiert er nun aber „Mose" (Mk. 7, 10 = 2. Mose 20, 12 und 21, 17), so kommt „Mose gegen Mose" zu stehen. Diesen Gegensatz kann man jedoch unmöglich als eine Bestreitung des Gesetzes als solchen verstehen, sondern nur als eine scharf differenzierende Gesetzes-*Auslegung.* Am Gesetz ist nur das gültig, was der Ehre Gottes *und* dem Heile des Menschen dient. „Unheilig" handelt, wer sich mittels des Gesetzes dem Dienst am Menschen entzieht, wer die Barmherzigkeit durch das Opfer ersetzt. „Heilig" handelt der, der die Korrespondenz zwischen Gott und Mensch erkannt hat und — Menschlichkeit übt. Der Gegensatz „heilig — profan" bleibt. Aber er wird auf eine andere Ebene geschoben. Menschlichkeit ist das Maß des Gesetzes.

Die Erzählungen vom Übertreten des *Sabbatgebotes* stoßen in dieselbe Richtung. Die Jünger, die am Sabbat mit Jesus durch die Saaten dahinziehen, raufen im Gehen die Ähren (Mk. 2, 23—28). Sie schänden dadurch den Sabbat. So urteilen damals alle Frommen, nicht nur die Pharisäer und die Rabbinen, sondern auch die Apokalyptiker und die Ordensbrüder von Qumran. Der Sabbat gehört für die „Gemeinde des Neuen Bundes im Lande Damaskus" zu den Offenbarungen, die der Lehrer der Gerechtigkeit brachte. Die auf ihn zurückgehende Sabbatordnung bringt nicht nur eine Detaillierung der bisherigen Bestimmungen, sondern vor allem eine Verschärfung, die bei Vorsatz mit Todesstrafe geahndet wird. Der Sabbat wird nach rabbinischer Lehre nicht durch die Kultfeier, sondern durch Ruhe und Gesetzesstudium geheiligt. Als Tag der Freude, an Gottes himmlischer Welt teilzuhaben, wird er durch festliches Essen und Trinken und durch Festgewänder gefeiert. Man darf an ihm nicht kochen, wohl aber schmausen. — Jesus verteidigt das Tun, das zu seiner Zeit als Schändung des Sabbats gilt. Sein Hinweis auf David (1. Sam. 21, 7) ist alles andere als ein biblizistischer Beweis. Es ist Hinweis auf den einzigartigen König, an den sich die messianischen Hoffnungen knüpfen: in seinem Tun lichtet sich bereits die kommende Freiheit, die jetzt im Anbruch ist. Dann aber folgt das königliche Wort: „Der Sabbat ist um des Menschen willen da, und nicht der Mensch um des Sabbats willen" (Mk. 2, 27). Ein Spruch eines Rabbinen (um 180 n. Chr.) lautet: „Beobachtet den Sabbat, denn er ist heilig *für euch.*" Aber dieses „für euch" im Sinne von „euch zugute" stellt nicht die Regel, sondern die Ausnahme dar: im Falle von Lebensgefahr darf ein Mensch gerettet werden. Für Jesus aber hat der Sabbat gerade darin seine *Regel:* er ist Diener des Menschen, natürlich nicht zu jedwedem beliebigen Tun, sondern zum Gutestun.

Dasselbe unterstreicht die folgende Geschichte von der *Heilung* des Menschen mit der verdorrten Hand (Mk. 3, 1—6). Jesus heilt ihn am Sabbat. Wieder entsteht ein Konflikt mit den Pharisäern, die ihn beobachten. Für ihn lautet auch hier die Frage nicht „heilig oder profan", sondern „gut oder böse": „Darf man am Sabbat Gutes tun oder — soll man — Böses tun? Soll man Leben retten oder töten?" Die Frage ist so extrem wie nur möglich gefaßt. Sie ist eine Alternative, der man standhalten muß. Seine Widersacher aber schweigen. Die Künstler der kasuistischen Abtönungen empfinden Jesu Frage als zu schrill. Hinter dem zornigen Blick des Fragestellers verbirgt sich sein Wissen um das Gute, das zu tun der Mensch berufen ist, jeder Mensch — und die Traurigkeit, wie erstorben das Herz sein kann. Der Sabbat ist dazu da, daß die Herzen erwachen. Der Sabbat gibt das Signal, daß Menschlichkeit geschehe.

Man kann die Kernworte beider Erzählungen nicht überdeuten. Mk. 2, 27 und 3, 4 bilden die *Magna Charta der Humanität* — aller Humanität. Wer ahnt es noch, daß hier ein neues Bild von den Möglichkeiten des Menschseins aufgerichtet wird? Hier wird die Antwort gegeben auf die Frage der hellenistischen, der modernen Welt nach dem Menschen und nach seinem Tage. Der Tag Gottes ist der Tag des Menschen. Sein Abend ist bereits da, wo Jesus als Anwalt des Menschen handelt. Nicht der Tag des „frommen", nein, der Tag des menschlichen Menschen ist angebrochen.

Was Harnack in den Denk- und Aussageformen der letzten Jahrhundertwende auf die Formel vom „unendlichen Wert der Menschenseele" brachte — darum geht es Jesus wirklich. Gewiß, wir wissen heute, daß der Mensch eine leib-seelische Ganzheit ist: „Seele" meint nicht das, was der Mensch „hat", sondern was er *ist*. Aber so in seinem natürlichen Ganzsein, gerade so, wie er jeweils ist, ist er der, dem der Sabbat als die große Lebenshilfe von Gott zugedacht ist. Jesus proklamiert diese Magna Charta: Der Mensch ist nicht um der Institution, sondern die Institution ist um des Menschen willen da. Der Kranke ist nicht — als „Fall" — um der Klinik, des Arztes, des Pflegepersonals, sondern diese sind, samt allen Apparaturen, um des Kranken willen da. Die Behörden sind um des Publikums willen da — sonst reden wir von Bürokratie, die nur die verweltlichte Form der Theokratie ist. Die Wissenschaft hat dem menschlichen Leben zu dienen — und nicht umgekehrt, sonst wird Wissenschaft zum Aberglauben. Der Mensch existiert nicht um des Staates, um der Gesellschaft willen, sondern Staat und Gesellschaft existieren um des Menschen willen — andernfalls ist die Gesellschaft ein Dämon und der Staat „das kälteste aller Ungeheuer" (Nietzsche). Ja nicht einmal der Verbrecher ist, innerhalb der rechtsstaatlichen Justiz, um des Paragraphen und des Richters, sondern dieser und jener um des Verbrechers willen da. Alle Abstraktionen sind des Teufels: „die" Wissenschaft, „die" Kultur, „der" Staat, „die" Kirche, „das" Gesetz. Gottes aber ist die Konkretion, die in Jesus erscheint: der „Mensch", im Sinne von „Menschensohn", der der Herr des Sabbats ist.

Wo man das weiß, da ist die Alternative „Gutes oder Böses tun?" vernommen und bereits beantwortet.

Die Herausforderung des Menschen

Die Summe des *Gesetzes* ist die Liebe. Jesus bringt diese Liebe, indem er sich zum Anwalt des Menschen macht. Was das Gesetz fordert, tut er. In seinem Tun erweist er den Menschen die Liebe Gottes. Wer die Liebe empfangen hat, lebt in ihr und gibt sie weiter. Die *Frohbotschaft* Jesu verkündet das erfüllte Gesetz und damit das neue Sein des Menschen. Aus dem Geschenk der Menschlichkeit Gottes vermag der Mensch zu lieben.

Jesus ist nicht nur der Glaubende, d. h. der für Gottes Wirklichkeit

Offene. Er ist zugleich der für die Wirklichkeit des Menschen Offene, und d. h. *der Liebende*. Die deutsche Sprache besitzt für die hier gemeinte Macht nur die eine Bezeichnung „Liebe", die eine Mehrheit von Begriffs-Nuancen in sich birgt. Das Griechische hat die Möglichkeit, sprachlich zu differenzieren: es kennt den *„Eros"*, die begehrende Liebe, zugleich auch die Liebe zwischen den Geschlechtern, aber nicht minder das Verlangen nach Gütern und Werten — die Liebe, die zum Rausche neigt, aber auch zur Religion. Es kennt weiter die *„Philia"*, die Liebe von Göttern zu Menschen, die Sympathie zwischen Freund und Freund, die Ehrfurcht vor allem Menschlichen. Die Antigone des Sophokles vollzieht diese Liebe, dem Gesetz des Hades treu:
Nicht mitzuhassen, mitzulieben bin ich da.
Schließlich kennt es die *„Agape"*, die Liebe, die nicht triebhaft wirkt, sondern die sich wählend betätigt, die „Vorliebe für jemanden". Das Neue Testament kennt den „Eros", die leidenschaftliche Liebe, nicht einmal dem Worte nach, und das Wort „Philia" nur im bedenklichen Sinne (Jak. 4, 4). Das Neue Testament hat das, worum es Jesus geht, in dem bis dahin ziemlich blassen griechischen Wort „Agape" ausgesagt. Diese Liebe meint *Gottes Erwählen*. Als Erwählter ist Jesus der „geliebte Sohn". Gottes Erwählen aber ist Gottes Tat, die frei ist und Gnade vor Recht ergehen läßt. Gottes Liebe ist Gottes schöpferisches Tun.

Von diesem schöpferischen Tun her gewinnt die von den Menschen geforderte Liebe ihr Maß. Das Wort „Liebe" hat für uns im Deutschen meist einen sentimentalen, einen weichlichen Klang. Dem Neuen Testament ist die Liebe eine herbe und nüchterne Wirklichkeit. Sie ist nicht Empfindung, obwohl sie nicht empfindungslos geschieht. Sie ist nicht Gefühl, obwohl sie sich im Medium des Gefühls ereignet. Sie kommt aus dem Personzentrum, dem „Herzen". Sie ist *Tat*, Tat des ganzen Menschen: Hingabe, die kein Hindernis kennt und kein Opfer scheut.

Die Liebe, die Jesus meint, ist *gebotene* Liebe. Sie ist ja der Inbegriff des Gesetzes. Sie hat ihre Fassung im Doppelgebot: Liebe *Gott* den Herrn aus ganzem Herzen, ganzer Seele, ganzem Denken und ganzer Kraft! und: Du sollst deinen Nächsten lieben wie dich selbst! (Mk. 12, 28—34). Matthäus aber fügt hinzu: „In diesen beiden Geboten hängt das ganze Gesetz und die Propheten" (Mt. 22, 40). Es hängt in ihnen wie die Tür in den beiden Angeln. Keines ist größer als das andere, keines unwichtiger. Beide binden den Menschen mit gleicher Autorität. Im Willen Gottes sind — wir hörten es bereits — Gott und Mensch zusammengebunden und können nur miteinander geehrt oder miteinander geschändet werden.

Das Doppelgebot ist nicht neu. Jesus ist nichts weniger als „original". Das Doppelgebot findet sich im Alten Testament, wenn auch verstreut. Das Gebot der Gottesliebe hat seinen Platz im altisraelitischen Glaubensbekenntnis, das der fromme Jude täglich zweimal, des Morgens und des Abends, zu rezitieren hatte. Es ist dort (5. Mose 6, 5) durch einen besonderen Akzent ausgezeichnet. Das Gebot der Nächstenliebe als Liebe zum Volksgenossen findet sich 3. Mose 19, 18. Lukas 10, 27 setzt voraus, daß das damalige Rabbinentum die Zusammenordnung beider Gebote kannte. Dann wäre nicht einmal die Kombination der beiden Gebote Jesu Tat. Unfraglich aber besteht das Neue, das Jesus zur Geltung bringt, darin, daß er den Adel des ersten Gebotes dem zweiten zuspricht, und vor allem, daß er *in seiner Person* die Einheit beider Gebote vollzieht. Seine persönliche Existenz ist in dieses Wort „gefaßt" und mit ihm verbunden. Von Jesu Handeln wird die geforderte Liebe als Tat verständlich, als Tat des ganzen Menschen.

Die Forderung der Liebe ist dem Menschen ohne besondere Erklärung einsichtig. Was Liebe empfangen heißt, weiß jeder Mensch von sich aus. Daher weiß er auch von sich aus, was Liebe erweisen heißt. Das ist der Sinn der „goldenen Regel" (Mt. 7, 12): „Alles nun, was ihr wollt, daß die Menschen euch tun sollen, — ebenso sollt ihr auch ihnen tun; das ist das Gesetz und die Propheten." Das altjüdische Schrifttum hat den Ausspruch in negativer Fassung. Die Weisheitsliteratur kennt seine Wahrheit als Lebensregel, bei der man selbst am besten fährt: „Was du hassest, das tue niemandem an!" (Tob. 4, 15). Aber auch die positive Form findet sich. Der Aristeasbrief (s. o. Seite 39) läßt den jüdischen Gelehrten auf die Frage des ägyptischen Königs nach der „Lehre der Weisheit" antworten: „Wenn du — wie du nicht willst, daß dir das Üble widerfahre, sondern alles Gute erfahren willst — ebenso tust gegen deine Untertanen und gegen die, welche sich verfehlen, und wenn du die guten Menschen milde zurechtweisest. Zieht doch auch Gott alle Menschen mit Milde." Trotz der religiösen Begründung merkt man den rational-moralischen Klang: die guten Menschen soll man milde behandeln. Sind sie nicht im Grunde alle, auch als fehlsame, gut? Jesu Gebot hat die Kraft seiner eigenen Unmittelbarkeit und ist aus dem Gesamt-Ethos seiner Lehre zu verstehen. Hier gilt keine moralische Wertung. Hier gilt nicht einmal das Gesetz. Das Rechtsprinzip ist bei Jesus so aufgehoben, wie es das Gleichnis vom gütigen Weinbergsbesitzer zeigt (Mt. 20 1—15). Gott steht es völlig frei, mit dem, was ihm gehört, zu tun, was er will. Aber seine Freiheit ist unendliche, schenkende Güte.

Der liebende Mensch lebt aus der *Vergebung*. Er liebt im Medium der Vergebungsbereitschaft. Aus der Urzeit erklingt das trunkene Lied von Lamechs Trotz (1. Mose 4, 23—24):

Fürwahr, einen Mann erschlug ich für meine Wunde,
und einen Knaben für meine Strieme!
Denn, wird Kain siebenmal gerächt,
so Lamech siebenundziebzigmal!

Das Schwert- und Prahllied der Rache ist in dieser und jener Form das Thema des Menschendaseins und der Weltgeschichte geblieben. Das Gesetz der Geschichte des Hellenismus und der Moderne lautet „Vergeltung!". Aus Angriffs- und Verteidigungs-Waffen sind Vergeltungs-Waffen geworden. Vergeltungsschläge halten die Mächte füreinander bereit. Sie sind vordringlich eingeplant in die große „Politik". Aber der Alltag des kleinen Daseins ist nicht frei vom Vergeltungswillen: es fehlen hier nur die wirksamen Mittel, und so sticht man den anderen mit Nadelspitzen. Jesus setzt dies Denken und Planen außer Geltung. An Stelle des Gesetzes der Vergeltung tritt das Gesetz der Vergebung, das doch jedes Gesetz aufhebt. Petrus erhält auf die Frage nach der begrenzten Zahl der Vergebungsakte: „Bis zu siebenmal?" Jesu Antwort: „Nicht bis zu siebenmal, sage ich dir, sondern bis siebenzigmal siebenmal" (Mt. 18, 22). Ihre Majestät, die Zahl, ist im Zeitalter des Meßbaren und Bezifferbaren — entthront. An Jesu Wort schließt sich das Gleichnis von dem brutalen Satrapen, dem der Großkönig zunächst Amnestie gewährte, obwohl er ihm eine Millionensumme von Abgaben aus der Provinz schuldete. Dafür zieht er einen Unterbeamten, einen kleinen Schlucker, zur Rechenschaft und verfällt daraufhin selbst, diesmal für immer, dem unbarmherzigen Gericht des obersten Richters. Wer empfangene Vergebung nicht weitergibt, fällt dem Gesetz der Vergeltung anheim. Er ist zwar im Recht, aber eben dadurch nicht — in der Gnade.

Lieben heißt: aus der *Demut* heraus leben. Der Zöllner steht von ferne und mag nicht einmal die Augen zu Gott erheben (Lk. 18, 9 bis 14). Jesus mahnt: Strebe nicht nach dem Ehrenplatz an der Tafel, sondern setze dich unten an! „Wer sich selbst erniedrigt, wird erhöht werden" (Lk. 14, 7—11). Wer ein Frühmahl hält, lade die Gäste nicht unter dem Gesichtspunkt, ob das dem eigenen Interesse förderlich ist: „Rufe nicht deine Freunde, auch nicht deine Brüder, auch nicht deine

Verwandten, auch nicht reiche Nachbarn, damit nicht auch sie dich wieder einladen und du Vergeltung empfängst. Sondern wenn du eine Gesellschaft veranstaltest, so lade Arme, Krüppel, Lahme, Blinde, und du wirst selig sein, weil sie nicht haben, dir zu vergelten..." (Lk. 14, 12—14).

Lieben heißt: aus dem *Hören* heraus handeln. Lukas hat in der Erzählung von Maria und Martha vom Geheimnis des Redens Jesu und vom Hören des Menschen gehandelt (Lk. 10, 38—42). Frühzeitig sah man in den beiden Schwestern die Typen des „beschaulichen" und des „tätigen" Daseins vorgebildet. Aber beide sind mehr als Verkörperungen zweier tugendhafter Verhaltungsweisen, von denen die eine den Vorzug verdient vor der anderen. Nicht Menschen werden charakterisiert, sondern die Macht der Rede Jesu wird bezeugt. Der Selbstvergessene wirkt Selbstvergessenheit. Der Mensch, der über dem Worte sich selbst vergißt, empfängt im Hören seine Menschlichkeit. Menschsein heißt zunächst — vom Ursprung her — Empfänger sein. Luther brachte es wieder in Erinnerung: der hörende, der glaubende Mensch ist „rein passiv". Gottes Gottheit besteht in seinem Handeln und Geben. Des Menschen Menschlichkeit wurzelt in seinem Stillesein und Empfangen. Wo aber gehört, wo empfangen wurde, kommt es zum wesenhaften Handeln.

Lieben heißt: Gott *nicht* zum Mittel einer *„gerechten Sache" machen.* Jesu Sache ist gewiß „gerecht". Jesu Bitte um Quartier in einem Samariter-Dorf wird von den rassischen und religiösen Erbfeinden der Juden abgelehnt, weil er zum Passah nach Jerusalem pilgert. Die „Donnerssöhne" (Mk. 3, 17) Jakobus und Johannes fragen, ob sie nicht, wie Elia (2. Kön. 1, 9—16), Feuer vom Himmel erbitten sollten. „Er aber wandte sich um und fuhr sie an", und sie zogen in ein anderes — ein jüdisches? — Dorf. Der Schluß dieser Geschichte deutet darauf hin, daß ihn ein Späterer abgebrochen hat, vielleicht enthielt er eine Scheltrede an die Jünger, die ihrem späteren Ruf abträglich erschien. In jüngeren Texten findet sich die Hinzufügung: „Wisset ihr nicht, welches Geistes ihr seid? Denn der Menschensohn ist nicht gekommen, Menschenseelen zu verderben, sondern sie zu retten." So spricht die spätere Zeit. Aber auch ihre Sprache läßt erkennen, daß Jesus selbst der Grund und das Maß der Liebe ist (Lk. 9, 51—56). Jesus ist das Ende des Gesetzesfluches (Gal. 3, 13). Darum ist er auch das Ende des Verfluchens. Hier ist „mehr" als Elia.

Jesu Liebe ist *Feindesliebe.* Darum kann sie die Seinen immer wieder zur Feindesliebe auffordern (Lk. 6, 27—28):

Liebet eure Feinde!
Tut wohl denen, die euch hassen!
Segnet die, die euch verfluchen!
Betet für die, die euch mißhandeln!

Matthäus begründet diese Mahnung mit dem Hinweis auf das Schöpferhandeln des Vaters (Mt. 5, 45):

Denn er läßt seine Sonne aufgehen über Böse und Gute
und regnen über Gerechte und Ungerechte.

Das eben tut der Gott, der in Qumran verehrt wird, nicht. Er darf es zumindest nicht tun! Jesu Liebe lebt vom Verzicht auf Rache. Das zeigt immer wieder die Überlieferung von seinem *Beten*. Er tut das, was er vom anderen fordert. Lukas läßt ihn noch am Kreuz für seine Henker beten: „Vater, vergib ihnen! Denn sie wissen nicht, was sie tun" (Lk. 23, 34). Wenn man wissen will, was das Neue an Jesus ist, muß man das Vaterunser mit seinen Entsprechungen in jüdischen Gebetsformularen vergleichen. Auch hier wird um Vergebung der Sünden gebetet. Aber ebenso betet man, daß Gott die Frevler zerschmettere. Die 5. Bitte des Vaterunsers aber ist mit dem Vorbehalt verbunden: „wie auch wir unseren Schuldnern erlassen *haben*" (Mt. 6, 12). Eine zusätzliche Erläuterung erklärt: Gott werde die Vergebung versagen, wenn die Christen den Menschen nicht vergeben (Mt. 6, 14—15).

Jesu Liebe ereignet sich als *Barmherzigkeit*. Was Barmherzigkeit ist, schildert Jesu eigenes Tun. Wer wissen will, was sie nicht ist, lese das Gleichnis Lukas 16, 19—31. Wer wissen will, was sie ist, lese das Gleichnis Lukas 10, 29—37 — und „tue desgleichen"! Nur aus dem *Tun* des Willens des Vaters erwächst die Erkenntnis, ob Jesu „Lehre" aus Gott ist oder nicht (Joh. 7, 17). Die Tat ist das Kriterium der Wahrheit.

Jesu Forderung der Liebe ist eine einzige *Herausforderung*. Herausgefordert wird nicht eine „Tugend" oder eine im Menschen schlummernde Fähigkeit. Herausgefordert wird der Mensch selbst. Herausgefordert wird der Mensch dazu, das Wagnis des Menschseins zu unternehmen: zwischen dem Nächsten und dem Feinde. — Wer der „*Nächste*" ist, läßt sich nicht im voraus bestimmen. Es läßt sich nur von Fall zu Fall in der greifbaren Lage einer bestimmten Stunde ausmachen. Der Nächste ist grundsätzlich jeder Mitmensch, der auf meine Hilfe angewiesen ist. Es ist die große Grundfrage aller ethischen Besinnung, die mehr als Theorie ist: „Wo ist heute der Mensch, der auf meine Hilfe angewiesen ist — wenn er sie vielleicht auch gar nicht wünscht?" Wo wird er mir begegnen? Mit dieser Frage darf ich morgens erwachen. Sie will mein Tagewerk begleiten. Sie will mich in Spannung halten, daß ich über meinen Plänen und meinem Tun mich selbst nicht vergesse: meine tägliche Bestimmung, Mensch zu sein.

Jesus hat im Schlußwort des Gleichnisses vom unter die Räuber Gefallenen die eingangs gestellte Frage eigentümlich verändert. Das Gleichnis sollte ja die Frage beantworten: „Und *wer* ist mein Nächster?" Jesus hat die kecke, fast provozierende Frage mit dem Gleichnis beantwortet. Aber dieses Gleichnis ist selbst eine Herausforderung. Es antwortet nicht mit einer jener informatorischen Gegenfragen, mit denen wir uns aus einer peinlichen Lage zu lösen versuchen. Es verläßt vielmehr die Ebene billiger Auseinandersetzung. Die Frage erscheint auf einer Ebene letzten Ernstes. Sie wechselt die Stoßrichtung und macht den ursprünglichen Fragesteller betroffen. Jesus fragt: „Wer von diesen dreien — Priester, Levit, Samariter — scheint dir der Nächste dessen gewesen zu sein, der unter die Räuber fiel?" Hier wird unter der Hand aus der Frage nach dem Hilfsbedürftigen die Frage nach dem Helfer. Der Nächste ist der Helfer! — lautet die Antwort. Damit bekommt das Gleichnis eine unheimliche Dringlichkeit. Ich brauche nicht erst nach dem Nächsten zu suchen. Denn den Nächsten bringe ich in jede Situation schon immer mit hinein. Der Nächste ist nicht jemand, der Nächste — bin *ich selbst*. Indem ich mich durch Jesu Wort als Nächster erfasse, beginne ich im eigentlichen Sinne zu existieren.

Und wer ist der „*Feind?*" Jesus denkt sicher nicht an das, was wir in den letzten Jahrhunderten als „Feind" zu verstehen uns angewöhnt haben: an den „Feind" der Nation, des Vaterlandes. Das ist ein künstlicher Begriff, für bestimmte politische Zwecke verfertigt. Mit den anderen „Feinden" anderer Verbände und Gemeinschaften ging es nicht anders. Die Menschen der Neuzeit begannen in einer leeren Welt zu vegetieren, die sie mit den Produkten ihrer Ängste und Träume bevölkerten. Wer den „Feind" lieben zu wollen oder zu müssen vorgab, galt dem einen als „Pazifist", den anderen als „Vaterlandsverräter". Die aus der Welt dieser Abstraktionen gestellte Frage konnte seitens des Evangeliums natürlich keine befriedigende Antwort finden. Denn das Evangelium denkt konkret, nicht abstrakt. Auf sinnlose Fragen lassen sich keine sinnvollen Antworten geben.

Jesus denkt beim Feinde an den Mitmenschen, der mir konkret das Leben belastet, mir mein Glück mißgönnt, mir das Existieren zur Qual macht oder doch jederzeit zu machen droht. Feind bedeutet die konkrete Gefährdung. „Die" Feinde gibt es gar nicht, sondern *je meine*

Feinde. Es kann sein, daß ich mich mit ideologischen Gegnern als Christ besser verstehe als mit den Gefährten des Glaubens. Aber auch das mag sehr verschieden sein. Nicht verschieden aber ist die Herausforderung Jesu, es mit „meinen" Feinden im Guten zu versuchen. Nur der, welcher weiß, wie schwer dieser Versuch ist, hat das Wort Jesu begriffen, daß Jesu Liebesforderung nicht eine besondere, „radikale" Form einer allgemeinen ethischen Maxime ist, sozusagen ein Spezialfall einer moralischen Forderung überhaupt. Jesu Liebesforderung steht mit *Jesu Person*. In ihr hat sie ihre Besonderheit und Ursprünglichkeit. Und mit ihr kann sie nicht fallen!

Die Überwindung des Menschen

Jesus hat durch sein Kommen den Menschen eine neue Dimension erschlossen: die Dimension der Liebe. Er hat den Menschen durch die Liebesforderung zum Menschsein provoziert. Wie hat er diese Herausforderung zur Erfassung der gesamten Menschheit entfaltet? Überhaupt nicht! Die von ihm ausgehenden Antriebe zur Mission sind alles andere als organisatorische Maßnahmen. — Aber hat er aus der neu erschlossenen Dimension der Liebe keine Folgerungen für die Gemeinschaft gezogen? Nein! Die Dimension der Liebe ist keine auszubauende Position. Dann hat er also den Tag des Menschen nicht heraufgeführt? — Wenn man unter dem Tag des Menschen eine neue Gesellschaftsform versteht, dann hat er diesen „Tag" allerdings nicht heraufgeführt. Nicht einmal von einem „Abend des Menschen" kann dann die Rede sein.

Jesus bringt der Menschheit keine neue Ethik, am allerwenigsten eine neue Sozialethik. Jesus trägt *kein Programm* vor, das er zu verwirklichen versucht. Vom modernen Standort aus beurteilt, herrscht im sozialethischen Gesichtskreis Jesu völlige Planlosigkeit. Die Vertreter der Theokratie, die kühlen Rechner der hellenistischen „Moderne" müssen sein Tun oder vielmehr Nichttun, soweit sie seiner ansichtig wurden, als vollendete Anarchie verstanden haben. Jesus war ihnen ein sozialethischer Nihilist.

An den Fragen der Gesellschaft geht er anscheinend achtlos vorbei. War er ein Träumer, ein Kind, daß er sie übersehen konnte? War er so problemblind, daß er in fast sträflicher Naivität nicht einmal über sie nachdachte? Lebt er so fern der Wirklichkeit, daß er sich scheute, diese „heißen Eisen" anzupacken? Alle diese Fragen stellen heißt: sie verneinen. Wir machen einige Stichproben.

Beginnen wir mit dem Problem, das die gröblichste Schändung des

Menschen in der hellenistischen Welt darstellt, der *Sklavenfrage*. Jesu Gleichnisse lassen durchblicken, daß er sie gekannt hat. Zum herrschaftlichen Hause gehört selbstverständlich der Sklave (Mk. 13, 34). Sklaven und Sklavinnen stellen in den großen Wirtschaftsbetrieben jeweils eine bunt zusammengewürfelte Belegschaft dar (Lk. 12, 41 bis 48). Da ist der treue Sklave, auf den sich der Besitzer verlassen kann; daneben der unzuverlässige, der die Abwesenheit des Besitzers dazu benutzt, um die übrigen Dienstleute beiderlei Geschlechtes zu tyrannisieren und sich selbst einige lustige Tage und Nächte zu machen. Da ist schließlich der Sklave, der in der Tretmühle eines freudlosen Daseins sich abgeschuftet hat und darüber stumpf geworden ist. Vielleicht geben dabei die Unterschiede zwischen den bevorrechteten hebräischen Sklaven und den „wie das Vieh" behandelten kanaanäischen dem Milieu die Farbe. Auch in Palästina war die Sklavenwirtschaft ein dunkles Kapitel. Die Rabbinen wissen: „Der Hund ist geehrter als der Sklave." Vor dem „Eselsvolk" (vgl. 1. Mose 22, 5) geniert man sich nicht der intimsten Verrichtungen. Der Herr kann mit dem Sklaven machen, was er will, wie es auch das Gleichnis zeigt. Er kann ihn auspeitschen oder verstümmeln lassen, ja töten (Lk. 12, 46–47). Er kann den verbrauchten, arbeitsunfähigen Alten vor die Tür jagen und ihn dem Betteln preisgeben. Der Sklave muß zu jeder Tages- und Nachtzeit, ohne Rücksicht auf seine geleistete Arbeit, dem Bauern zur Verfügung stehen. Eines Dankwortes wird er nicht gewürdigt (Lk. 17, 7–9). Sklaven werden belohnt und bestraft, wie es dem Großkaufmann gutdünkt (Lk. 19, 11–27).

Jesus schildert das Leben so, wie es ist. Er gibt kein Sozialprogramm, das die Frage regelt, ja nicht einmal Hinweise, wie das Los der Sklaven gelindert werden kann. Das dunkle Kapitel der Zeit, in dem für uns die Frage nach dem Menschsein des Menschen sichtbar wurde, bleibt weiterhin dunkel.

Auch die Frage nach dem *Eigentumsrecht* wird von ihm nicht aufgeworfen, geschweige denn beantwortet. Der Besitz ist eine Macht, die den Menschen knechtet. Wie ein Gegengott beherrscht das Vermögen, das Ged, den Menschen. Als Götze „Mammon" macht es den Menschen dem lebendigen Gott streitig. Als „das Kapital" übt es seine Despotie aus. Man kann nicht Gott und dem Mammon gleichzeitig dienen. Man muß sich entscheiden: entweder — oder (Mt. 6, 24). Der Reichtum wirkt Gefahr, aber für den Besitzer, nicht für die Gesellschaft (Mk. 10, 23–27). Jesus warnt seine Hörer davor, dem Sog der Besitzwut zu erliegen. Vom Rad der Verhältnisse sagt er nichts, und

am wenigsten greift er ihm in die Speichen. Nicht an den Verhältnissen liegt die Not, sondern an den Menschen, die von ihrer Habsucht
besessen sind (Mt. 6, 19—21). So gibt es keine Bodenreform in Galiläa,
sondern das Latifundienwesen bleibt: Gott wird sich den gottverges-
senen Großgrundbesitzer schon holen, durch den Tod — vielleicht
heute nacht bereits (Lk. 12, 16—21). Die Moral der Geschichte?
„Sehet zu und hütet euch vor jeglicher Habsucht! Der Mensch lebt
nicht aus seinem Besitz" (Lk. 12, 15).
In Stadt und Land bleibt alles beim alten. Der Reiche kleidet sich
in Purpur und Byssus und „lebt alle Tage herrlich und in Freuden".
Und der arme Lazarus liegt an seinem Haustor, von Geschwüren bedeckt und mit leerem Magen. Er darf noch froh sein, daß die
streunenden Hunde ihm die Wunden belecken und die Fliegenschwär-
me verjagen. So ist es einmal im Leben! Aber in der Ewigkeit ver-
kehren sich die Verhältnisse: erst dann (Lk. 16, 19—31). — Das An-
sinnen, Schiedsrichter in Erbschaftsangelegenheiten zu sein, weist Jesus
barsch zurück. Er hat nicht Jura studiert, er ist für solche Fälle nicht
ordiniert (Lk. 12, 13—14). Im Gleichnis vom gerissenen Ökonomen,
der mit allen Wassern gewaschen ist (Lk. 16, 1—8), äußert sich Jesus
beiläufig über das Geld. „Hat Jesus über das Geld einen Segen gesprochen? Nein. Hat Jesus über das Geld einen Fluch gesprochen? Nein.
Er hat über das Geld einen Witz gemacht. Einen Witz, durch den das,
worüber er witzelte, abgetan wird, entwertet, erledigt. Eine Schel-
mengeschichte erzählt er, eine Schiebergeschichte! So wird's gemacht,
so treibt man's, so geht es zu! Das ist die Welt . . ." (L. Fendt).
Und die Fragen der *politischen Ethik?* Auch hier sieht Jesus die realen
Machtverhältnisse und Machtfaktoren. Er kennt den Luxus und das
verweichlichende Klima der hellenistischen Fürstenhöfe (Mt. 11, 8),
aber auch die Hinterhältigkeit und Brutalität des Serenissimus (Lk. 13,
31—32). Die Völker sind nicht frei, Tyrannen knechten sie. Gewalt
geht vor Recht. So ist es halt in der Welt. Bei *euch* soll es genau umgekehrt sein: wer den Ehrgeiz hat, der Erste zu sein, soll aller Sklave
werden — wie ich (Mk. 10, 42—45). Die Könige der Völker lassen sich
„Wohltäter" nennen (Lk. 22, 25). Wie viele hellenistische Fürsten
haben tatsächlich diesen von göttlichem Glanz umspielten Titel
ihrem Namen hinzugefügt! „Ihr aber nicht so!" — Der Prokurator
Pontius Pilatus hat Galiläer, vermutlich im Tempelhofe, von seinen
Legionären kurzerhand niedermetzeln lassen. Vielleicht waren es
Zeloten, die mit einem Opfergang die direkte Aktion einleiten wollten. Wer weiß! Jedenfalls floß ihr Blut mit dem der Opfertiere zu-

sammen (Lk. 13, 1–3). Die Weltgeschichte nahm von diesem Blutbad keine Notiz. Die Frommen lasen an der Schrecklichkeit des Massakers die Sündhaftigkeit der Hingemordeten ab. War nicht auch der Einsturz des Turmes ein solches Gottesgericht? Im Bereich der Siloahquelle, wo vermutlich an der Wasserleitung gebaut wurde, war er eingestürzt und hatte 18 Leute erschlagen (Lk. 13, 4–5). Jesus leugnet nicht, daß zwischen Schuld und Schicksal ein Zusammenhang besteht — genauso wie zwischen Sünde und Krankheit (Mk. 2, 1–12). Gott hat wirklich gestraft: durch das Bauunglück und durch die blutige Aktion des Pilatus. Gott redet in der Tat durch die Katastrophen in der Natur und in der Geschichte. Aber *was* redet er — in der großen wie in der kleinen Politik? Er redet nicht *über die* Ereignisse und nicht *über* die Menschen. Er redet *durch* die Ereignisse *zu* den Menschen. Er redet zu *euch!* Pilatus ist sein Mund: „Meint ihr, daß diese Galiläer Sünder gewesen sind vor allen übrigen Galiläern, weil sie dies erlitten? Keineswegs, sage ich euch. Vielmehr, wenn ihr nicht umkehrt, werdet ihr alle ebenso umkommen!"

Nicht die Verhältnisse gilt es zu ändern, sondern den *Menschen*. Die Verhältnisse schreien. Sie schreien aber nicht zum Himmel, wie das Sprichwort sagt. Sie schreien vom Himmel zur Erde. Sie rufen den Menschen an: *sich* zu ändern!

Auch aus der Erzählung vom Zinsgroschen klingt uns der Bußruf entgegen (Mk. 12, 13–17). Die Pharisäer und Höflinge des Herodes wollen Jesus durch ihre Dialektik fangen. Sie beginnen mit einigen Elogen: sie reden ihn als Rabbi an und appellieren an seine Wahrhaftigkeit und Unbestechlichkeit im Urteil. Sie benutzen die Frage der Kopfsteuer, um nach dem Recht der *politischen Revolution* zu fragen. Jesus durchschaut ihre Durchtriebenheit: sie spielen mit dem Feuer. Die Partei der Zeloten war anläßlich der Schatzung des Jahres 6 n. Chr. aus dem radikalen Flügel der Pharisäer hervorgegangen. Die endzeitliche Erwartung des Messias hatte sie zur Revolte gegen den kaiserlichen Statthalter in Syrien, Quirinius, getrieben. Glaube und Politik waren verschmolzen: es galt, das 1. Gebot auch auf Erden durchzuführen. Die uneingeschränkte Theokratie sollte mit Waffengewalt im politischen Bereich durchgeführt werden. Der Galiläer Judas hatte das Recht des jüdischen „Königs" gegen den Kaiser in Rom aufrichten wollen. Bejaht nun Jesus die Entrichtung der Steuer, so hat er nicht nur die von nationalen Leidenschaften gelenkte öffentliche Meinung gegen sich, sondern handelt auch gegen die religiösen Prinzipien: er ist ein „vaterlandsloser Geselle" und zugleich ein Abfallsprediger. Bejaht er dagegen die Steuerverweigerung, so ergreift er Partei für die Zeloten und liefert sich den Römern ans Messer. Wie er auch entscheidet — er wird sich im Netz der Dialektik fangen.

Jesus überrascht die Gegner mit der Aufforderung: „Bringt mir einen Denar, daß ich ihn sehe." Er hat also gar kein Geld bei sich. Er ist arm (vgl. Mt. 17, 27). Für den Künder der Gottesherrschaft besteht das Problem überhaupt nicht. Die Fragesteller aber haben den Beutel voll: wenn es den Vorteil gilt, das Geschäft, den Gewinn, nehmen sie gern das heidnische Geld in Gebrauch. Welcher Hohn! Welche Blamage! Sie bringen ihm den kleinen Silber-Denar, der den Wert eines Schweizer Franken hat. Auf der Vorderseite trägt er den Kopf des Tiberius im scharfgeschnittenen Profil, das Lorbeer-Diadem im Haar, mit der üblichen Umschrift „der Erlauchte", des „göttlichen Augustus Sohn". Die Rückseite zeigt eine Gestalt mit Szepter und Ölzweig auf dem Götterstuhl mit der Umschrift „Pontifex Maximus", d. h. Höchster Priester. Die Embleme können dem Frommen schon religiöse Bedenken machen — aber nur, wenn es zur Steuerzahlung geht? „Wessen ist dies Bild und die Aufschrift?" „Des Cäsars." „Was des Cäsars ist, erstattet dem Cäsar, und was Gottes ist, Gott!"

Das in der Tat verwunderliche Wort zeigt nicht nur die souveräne Art Jesu, es mit seinen Gegnern aufzunehmen. Es ist auch alles andere als eine prinzipielle Entscheidung über das Verhältnis von *Staat und Kirche*. Von Parität oder gar friedlicher Koexistenz beider ist nicht die Rede. Dem Staat gehört das Geld, das er münzt und ausgibt und wieder zusammenrafft — sonst nichts! Was aber gehört Gott? Nicht etwas, sondern — alles. Denn alles ist — *der Mensch!* Wie dem Silber das Bild des Despoten, so ist dem Menschen das Bild Gottes eingeprägt. Dies unverwischbare Bild verkündet den Menschen als unverlierbares Eigentum Gottes. Der auf sein Kleingeld angewiesene Herrscher und der allmächtige Gott — welch Gegensatz! Über den Besitz lohnte es sich, beiläufig noch einen Witz zu machen. Der Staat wird mit einem ironischen Bonmot abgetan. Der Staat ist angesichts der hereinbrechenden Gottesherrschaft eine solche Bagatelle: es lohnt sich weder, über ihn zu lachen, noch gegen ihn zu rebellieren! Man gebe ihm, was er besitzt! Der Absage an den Staat entspricht der Ruf an den Menschen: *Kehrt um!* Denn indem wir von unserem falschen Fragen und Tun zu Gott wirklich umkehren, geben wir ihm das, was ihm gehört: uns selbst.

Warum hat sich Jesus an den Verhältnissen so uninteressiert gezeigt? Warum hat er kein Programm gebracht für die Beseitigung der Nöte der Gesellschaft? Man kann darauf verschiedene Antworten geben. Sie zielen alle auf dasselbe.

Zunächst: Die *Endzeit* ist da! Gottes Herrschaft kommt. Es lohnt sich nicht mehr, durch ein Programm die Welt zu ändern, die Verhältnisse zu bessern. Gott will die Welt ja nicht ändern, sondern — abschaffen. Was soll ein neues Programm für eine rissige Welt? Gliche es nicht einem Lappen von ungewalktem Tuch, mit dem man ein fadenscheiniges Kleid flickt? Gliche es nicht jungem Wein, der alte Schläuche zerreißt? (Mk. 2, 21—22). In der Abfolge ihrer Programme, im Glauben an die Wahrheit ihrer Systeme — der „... ismen" — erweist es sich, wie senil die Welt ist und wie reif für die Herrschaft Gottes.

Sodann: die Welt hat ja bereits ihr Programm, das *Gesetz* des Schöpfers. Jesus predigt nicht den Pessimismus, wenn er die Gottesherrschaft ausruft. Die Parole des Zynismus:

Alles, was entsteht,
ist wert, daß es zugrunde geht —

ist nicht die Weisheit Jesu, sondern die kalte Klugheit des Mephisto. Für Jesus gilt: die Welt ist Gottes. Im endzeitlichen Horizont wird der Schöpfer und seine Schöpfung wieder sichtbar. Was der Sarkasmus des Verstandes nicht sieht, vernimmt die von Gott erleuchtete Vernunft: den Willen des Schöpfers. Ihn zu tun, ist für Jesus kein Problem.

Schließlich: die Endzeit und das Gesetz zielen beide auf den Menschen. Sie leiten, von Jesus in Kraft gesetzt, den Abend des Menschen ein. Der Abend des Menschen bedeutet die *Entplanung des Menschen.* „Erlösung" des Menschen meint auch: der Mensch muß von den Wahngebilden seiner Pläne und Programme befreit werden. Die Pläne gaukeln ihm das Glück der Freiheit vor. Ohne das Narkotikum seiner Pläne vermöchte der Mensch den Schmerz der Zeit nicht auszuhalten. Marx hatte ganz recht, wenn er „die Religion" als „Opium für das Volk" bezeichnet. Denn „die Religion", als Glaubensgegenstand zur Überwindung irdischer Erbärmlichkeit eingesetzt, trägt Plancharakter. Jesus ist mit seiner Botschaft von der Gottesherrschaft auch das Ende „der Religion". Aber sie ist nicht der einzige „Plan". Es ist kein Zufall, daß sich die Generalentwürfe wirtschaftlicher, sozialer, politischer Art, die die Verhältnisse der Welt ändern wollen, dem Menschen der Gegenwart praktisch als Religionen anbieten. Sie treten alle im Namen des Menschen auf und — opfern ihn dann auf ihrem Altar. Sie beabsichtigen es nicht, aber sie bewirken es.

Jesus bricht den Bann der „modernen" Planwelt, indem er den Menschen ernst nimmt, ernster, als er sich selbst zu nehmen pflegt. Jesus verwirft den *Glauben* an den Plan, den Plan als Heilsmittel. Damit macht er den Weg wieder frei für das *ursprüngliche Dasein*. Er reißt den verplanten Menschen aus der Verkrampftheit seiner Verwegenheit und seiner Verzweiflung. Er öffnet ihm damit die Zukunft Gottes. Nicht die Wirtschaft ist das Schicksal des Menschen und nicht die Politik, sondern der kommende Gott.

Wer Gott sagt und Gott meint, hört aus Jesu Munde etwas von dem Lachen und Spotten dessen, der im Himmel thront (Ps. 2, 4). Der Herr lacht des Gottlosen: „denn er sieht, daß sein Tag kommt" (Ps. 37, 13). So heißt es bereits im Alten Testament. Aber im Munde Jesu verliert das Lachen Gottes seine Bitterkeit. Es empfängt eine Heiterkeit, die nicht den Kämpfer, sondern den Sieger beseelt. Wem Jesus imponiert hat, dem imponieren nicht mehr die geräuschvollen Akteure und Aktionen, die eine neue Zeit heraufzuführen versprechen. Aber sie schrecken ihn auch nicht, weil sie nur deswegen so imposant und so bedrohlich erscheinen, weil Jesus sie im endzeitlichen Horizont erledigt hat.

Jesus geht es nicht um die Veränderung der Verhältnisse, sondern um die Umkehr des Menschen. „Der Mensch ist etwas, das überwunden werden muß", sagt Nietzsches Zarathustra. Aber diese Überwindung setzt für Nietzsche den Tod Gottes voraus und die Epiphanie des Übermenschen. Jesus würde dem Ziele zustimmen, aber die Voraussetzung bestreiten. In der Tat: es geht Jesus um die Überwindung des Menschen. Aber diese geschieht im Zeichen des lebendigen Gottes und im Blick auf Jesus selbst, der von je der Anwalt des Menschen ist. Jesus will gerade so den Menschen überwinden, daß er den Übermenschen in ihm überwindet. Denn der Übermensch ist *der* Tyrann schlechthin. Erst wenn der Übermensch tot ist, kann der Mensch leben. Das Evangelium ist die Siegesbotschaft vom Tode des Übermenschen. Das aber bedeutet praktisch: *ich selbst* muß sterben. Mein Eigenwille muß sich von Jesus töten lassen. Wir werden davon noch sprechen.

Jedenfalls hilft es der Christenheit nicht, hier in „konkrete" Programmatik auszuweichen. Bonhoeffer hat sehr ernsthaft „Über die Möglichkeit des Wortes der Kirche an die Welt" nachgedacht (Ethik, S. 276 bis 282). Hier sind seine wichtigsten Thesen (gekürzt).

„Dazu ist zu sagen:

a) Jesus beschäftigt sich so gut wie gar nicht mit der Lösung weltlicher Probleme. Sein Wort ist nicht Lösung, sondern Erlösung.

b) Wer sagt uns eigentlich, daß alle weltlichen Probleme gelöst werden sollen und können? Vielleicht ist Gott die Ungelöstheit dieser Probleme wichtiger als ihre Lösung, nämlich als Hinweis auf den Sündenfall der Menschen und auf Gottes Erlösung. Vielleicht sind die Probleme der Menschen so verstrickt, so falsch gestellt, daß sie eben wirklich nicht zu lösen sind.

c) Der organisierte Kampf der Kirche gegen irgendwelche weltlichen Übel — ‚campagne‘, crusade‘ —, eine Fortsetzung mittelalterlichen Kreuzzugsgedankens, der im Luthertum fast vollständig überwunden worden ist, gehört in den angelsächsischen Ländern zu den charakteristischen Merkmalen christlichen Lebens. Beispiele: Sklaverei, Prohibition, Völkerbund — aber gerade diese Beispiele zeigen zugleich die Krise dieser ‚Kreuzzüge‘. Die Aufhebung der Sklaverei geschah eben gleichzeitig mit der Entstehung des englischen Industrieproletariats (man könnte sagen: die Welt läßt sich nicht um ihr Recht bringen). Die Prohibition, hauptsächlich von den Methodisten erzwungen, führte zu schlimmeren Erfahrungen als die Zeit vorher, so daß die Methodisten selbst für ihre Abschaffung eintraten (eine entscheidende Erfahrung für die amerikanischen Kirchen). Der Völkerbund, der die Überwindung der Nationalismen zum Ziele hatte, führte zu deren äußerster Verschärfung. Solche Erfahrungen geben für die Frage, wieweit die Kirche zur Lösung weltlicher Probleme berufen sei, ernstlich zu denken. ‚Gott in der Faust‘ (Hiob 12, 6).

d) Das Denken, das von den menschlichen Problemen ausgeht und von dorther nach Lösungen fragt, muß überwunden werden. Es ist unbiblisch. Nicht von der Welt zu Gott, sondern von Gott zur Welt geht der Weg Jesu Christi und daher der Weg alles christlichen Denkens. Daraus folgt nun allerdings nicht, daß die Kirche in dieser Hinsicht gar keine Aufgaben gegenüber der Welt hätte.“

Bonhoeffer sieht den Ansatzpunkt, der die Kirche zum Wirken in der Welt legitimiert, im Wort vom Kommen Gottes ins Fleisch, das Verantwortung begründet und Gottes Liebe zur Welt als Gesetz und Evangelium bezeugt. Die zehn Gebote stecken den Raum für die Kirche und für die Welt ab. Vor Gott gibt es keine Eigengesetzlichkeit weltlicher Ordnungen. Damit sind Gesichtskreise aufgerissen, die in den Evangelien selbst noch nicht überschaubar sind. Nicht der *Ruf Jesu* gibt uns für sie Weisung, sondern erst die frühe Christenheit, die durch das große Responsorium des Neuen Testamentes dem Rufe antwortet.

Die neue Gerechtigkeit

Es wäre nun aber ein völlig falscher Eindruck, wenn man Jesus als einen Apostel der Planlosigkeit betrachtete. Das eben war er ganz und gar nicht. Wie sein ganzes Auftreten durch Gottes Wort geformt wurde und das Heil des Menschen immer zum Inhalt hatte, so zeichnen sich gewisse Strukturen seines Wollens ab. Sein Handeln hat einen großen lebendigen *Stil*. Jesus ist kein chaotischer Geist. Er denkt nicht wirre, sondern klare Gedanken. Er gibt nicht unbestimmte, sondern treffende Weisungen. Die Ordnung seines Willens ist seit alters der Christenheit und der Welt an dem großen Gefüge aufgegangen, das wir *die Bergpredigt* nennen.

Die „Bergpredigt" enthält Jesu Weisung an die Gemeinde in der Welt. Freilich ist diese Weisung weder im ganzen noch im einzelnen Jesu unmittelbares Wort. Was für alle Worte und Erzählungen der Evangelien gilt, gilt bei der Bergpredigt besonders greifbar. Jesu Wort ist nie im leeren Raum schwebendes Wort — Selbstgespräch. Jesu Wort geschieht immer im Zwiegespräch mit einem Gegenüber. Dies Gegenüber ist die Jüngerschaft, die erste Gemeinde. Jesu Wort ist immer schon gehörtes, angenommenes, geglaubtes und also im Ja des Glaubens *beantwortetes Wort*. Nur als beantwortetes, beim Hörer „angekommenes" Wort wurde es überliefert, nur als so bezeugtes Wort niedergeschrieben.

Die Antwort des Glaubens ist von Anfang an in das Wort Jesu eingegangen. Sie ist so mit dem Ruf verschmolzen, daß wir weithin sein eigenes Wort und das der Gemeinde nicht säuberlich zu trennen vermögen. Aber selbst wo wir es können, überliefert eben die glaubende Gemeinde dieses Wort Jesu. Wer Jesu Wort gewissermaßen als protokollarische Erklärung sucht, sucht vergeblich: die Erklärung ist von der Gemeinde formuliert. Nur mit der Gemeinde zusammen meldet er sich zu Wort. Gewiß hat die Gemeinde manches mißverstanden oder für ihre besondere Lage unter anderen Lebensbedingungen neu formuliert. Spätere Eintrübungen sind frühen Tendenzen gefolgt. Das Nebeneinander der Sprüche Jesu in den drei Evangelien beweist uns, daß kaum ein Spruch Jesu bei ihnen in genau demselben Wortlaut überliefert ist.

Jeder Leser des Neuen Testamentes kann durch Vergleich mit den jeweiligen Parallelstellen die Probe darauf machen, wo die Abweichungen liegen, und sich fragen, welche Beweggründe wohl die Änderung, Auslassung, Hinzufügung oder Verknüpfung des Wortes mit ganz anderen Spruchgruppen veranlaßt haben. Es ist an der Zeit, endlich zu lernen, daß es einfach eine *akustische Täuschung* ist, ein von der Gemeinde losgelöstes, ein zum Gegenüber beziehungsloses Wort Jesu anzunehmen. Es wäre gerade ein ungehorsames Lesen der Schrift, diesen grundlegenden Zug der Rede Jesu zu mißachten. Nicht eine „ungläubige" Wissenschaft verleitet uns dazu. Die Schlange der Verführung spricht gerade in der Gedankenlosigkeit, in der wir das Wesen des Wortes Jesu verkennen: als eines von der Gemeinde mitgeformten und mitgefüllten Wortes.

Die Bergpredigt nach Matthäus (Mt. 5—7) ist eine freie *Komposition* des Evangelisten oder des Kreises, der sich hinter seinem Namen verbirgt. Jesus hat sie so nie gehalten. Man stelle es sich nur einmal psychologisch vor, welche Überforderungen an die Hörer eine solche „Predigt" dargestellt hätte! Lukas hat wesentliche Sprüche aus Mt. 5 und 7 in seiner „*Feldrede*" (Lk. 6, 20—49) untergebracht. Darüber hinaus finden sich Stücke der Bergpredigt über die Kapitel Lk. 11, 12, 13, 14 und 16 verstreut, während Entsprechungen bei Markus spärlich sind. Matthäus hat aus derselben Redequelle geschöpft wie Lukas, aber die Sprüche anders gruppiert.

Er liebt die große Zusammenordnung zu „*Reden*": so die Aussendungsrede (Mt. 10), die Gleichnisrede (Mt. 13), die Jüngerrede (Mt. 18), die Gerichtsreden über die Pharisäer (Mt. 23) und die letzten Dinge (Mt. 24), die Gerichtsgleichnisse (Mt. 25) und dann eben die „Bergpredigt" (Mt. 5—7). Stereotyp sind jeweils die Abschlüsse der Redegruppen in der wiederkehrenden Formel: „Und es geschah, als Jesus diese Worte vollendet hatte..." (Mt. 7, 28; 11, 1; 13, 53; 19, 1; 26, 1).

Die Bergpredigt selbst ist mit dem Doppelkapitel Mt. 8—9 eng verbunden, das nicht Worte Jesu, sondern Erzählungen über ihn enthält. Die Sätze 4, 23 zu Beginn und 9, 35 zum Schluß haben denselben Wortlaut: „Und Jesus zog umher ... und *lehrte* in ihren Synagogen und predigte die Freudenbotschaft von der Königsherrschaft *und heilte* alle Krankheit und alle Schwachheit im Volke." Beide Sätze bilden den Gesamtrahmen der dazwischen liegenden fünf Kapitel und wollen Jesus als den „Messias" Israels verstehen lehren: dem „Messias der *Tat*" (Mt. 8—9) geht vorauf der „Messias des *Wortes*" (Mt. 5—7). So Julius Schniewind.

Schon dieser Vorblick weckt die Erwartung, daß wir es in der Bergpredigt selbst mit einer kunstvollen Komposition zu tun haben werden. Wir vergegenwärtigen sie uns in groben Zügen:

Mt. 5: Seligpreisungen — Jüngersprüche — Thema: die Gerechtigkeit — Gegensatz zwischen Mose und dem Messias.

Mt. 6: Taten der Gerechtigkeit: Almosen, Beten, Fasten — Schätzesammeln und Sorgen.

Mt. 7.: Mahnungen und Warnungen aus verstreuten Einzelsprüchen. Welches ist der *Sinn* der Bergpredigt? Durch alle Jahrhunderte ist diese Frage gewandert. Besser gesagt: jedes wache Jahrhundert sah sich so durch die Bergpredigt gefragt, d. h. in Frage gestellt. Es wäre schlimm um eine Zeit bestellt, die diese Frage nicht mehr vernähme. Wir lassen einige wichtige Antworten an uns vorüberziehen. Sie lassen sich in vier Gruppen formulieren.

Erste Gruppe: die *neutrale* Antwort. Die Bergpredigt hat rein historischen Charakter. Sie ist aus Jesu Gegensatz gegen die pharisäische Theologie zu erklären. Rabbinische Formeln und Forderungen werden von Jesus in überspitzter Weise überboten. Die am Kultgesetz ausgerichtete Frömmigkeit erfährt eine schneidende Absage. Wieweit die Bergpredigt heute noch verbindlich ist, steht dahin. — Ähnlich im Ansatz, doch anders in der Durchführung ist Alb. Schweitzers Deutung der Bergpredigt als „Interimsmoral" für die Zeitgenossen, die durch außerordentliche Leistungen den unmittelbar bevorstehenden Jüngsten Tag herbeizwingen sollen. Die Seinen „stehen unter dem Ausnahmegesetz des letzten Entscheidungskampfes" (Joh. Weiß).

Zweite Gruppe: die *radikale* Antwort. Die Bergpredigt verlangt buchstäbliche Erfüllung. Sie ist das „neue Gesetz", das Jesus zum Grundgesetz nicht nur des kirchlichen, sondern auch des weltlichen Lebens macht. Die Schwärmer und Biblizisten aller Zeiten, bis hin zu Tolstoi, sehen in ihr das Programm der Weltumgestaltung auf allen Lebensgebieten. Unter Verzicht auf Staat und Recht ist im Angriff auf die bestehende Kultur die neue Menschheitsordnung zu erkämpfen. Abwandlungen dieser Auffassung sehen in Jesus den Anwalt der gesellschaftlich Entrechteten und Ausgebeuteten (K. Marx; K. Kautsky; L. Ragaz).

Dritte Gruppe: die Antwort des *Kompromisses.* Die Bergpredigt erwartet Erfüllung, aber nicht von allen, sondern nur von den geistlich Vollkommenen. Sie enthält nicht Gebote für die Gläubigen, sondern „Räte", d. h. Ratschläge für die Elite der Frommen. In der Frühzeit waren das die Jünger bzw. die Apostel, später die Mönche. Sie erwerben sich durch die Erfüllung der besonderen Leistungen besondere Verdienste. — Diese katholische Lehre fand ungewollte Bestätigung im protestantischen Lager. Fr. Naumann hielt die Bergpredigt nur für Galiläa durchführbar, in Europa allenfalls für Mönche. Joh. Müller hielt sie für eine Gesinnungsethik, die konkret u. U. die gegenteilige Handlung fordere. Auch hier war die Bergpredigt entschärft.

Vierte Gruppe: die Antwort der *Betroffenheit*. Die Bergpredigt soll die Erkenntnis der Sünde wecken. Ihre Forderungen sind bewußt unerfüllbar. Die Meinung und das Bemühen, sie zu erfüllen, sind Wahn und Auflehnung gegen Gott. So die lutherische Orthodoxie. — Ähnlich neuere Forscher (G. Kittel; C. Stange).

Von diesen Deutungen scheidet die der *dritten* Gruppe von vornherein aus. Jesus kennt nicht den Ausgleich der doppelten Sittlichkeit. Wer ihn hört, ob Jünger oder nicht, ist von ihm beansprucht. Jesus fordert nicht die Gesinnung des Menschen, sondern den Menschen der Tat.

Nicht vereinbar mit Jesu Botschaft ist auch die Deutung der *zweiten* Gruppe. Zwar wird hier der radikale Ernst seines Willens empfunden. Aber Jesus erlöst den Menschen vom Fluch des Planes und stellt ihn nicht unter den Fluch eines neuen, „christlichen" Reformprogramms. Historisch richtig ist die *erste* Deutung. Sie wird jedoch falsch, wenn sie Jesu Forderung auf seine Generation begrenzt und sie so neutralisiert. Im eschatologischen Ansatz schlummert ihre Wahrheit. Versteht man sie nicht im Sinne des Werkes (Alb. Schweitzer), sondern des Opfers (Joh. Weiß), so kann von ihr ein echter Antrieb für unsere Gegenwart ausgehen.

Beklemmend wirkt auf den ersten Blick die *vierte* Deutung. Sie scheint zu viel Licht von Paulus her einzublenden. Sieht der Jesus der Bergpredigt Gottes Gesetz wirklich als unerfüllbar an und bewertet er die Bemühung darum, es zu tun, als Sünde? Und doch erwartet Jesus vom angesprochenen Menschen Umkehr und ruft ihn dazu, daß er sich das Wunder der Vergebung schenken lasse. Versteht man die Bergpredigt als den von der Gemeinde verantworteten Ruf Jesu selbst, und nicht als Programm, so ist es von seiner Person nicht zu trennen. Seine Person darf aber gegenüber seinen anderen Worten nicht isoliert werden. Wir müssen die Bergpredigt zusammenhören mit seiner gesamten Botschaft, die Tatbotschaft ist. Jesus fordert von den Menschen nur das, was er selbst erfüllt. Er erfüllt aber den Willen Gottes, indem er in den Tod geht. Auf diesem Wege nimmt er Menschen mit. Die Bergpredigt ist Ruf zur *Nachfolge* auf diesem Wege!

Die neuere Forschung am Neuen Testament hat diesen von Luther wiederentdeckten Sinn der Bergpredigt aus dem Befund der Texte zu erheben vermocht. Ohne — wie Luther — der Bergpredigt die paulinische Rechtfertigungslehre zu unterschieben, läßt sich heute sagen: Die Bergpredigt ist „Zeichen des kommenden Reiches", „kein neues Gesetz, das alle Lebensbeziehungen umfaßt" (M. Dibelius). Man wird nicht Christ, indem man eine Anzahl von Vorschriften ausführt, sondern indem man an die Nähe der Herrschaft Gottes glaubt. Die Nähe Gottes ist schrecklich. Sie ist aber in Jesus zugleich verheißungsvoll. Denn in ihm entbinden sich bereits die Kräfte der neuen Welt und zeigen dem Glaubenden, zu welchem Menschsein er *berufen* ist. Die Bergpredigt will uns Mut machen, nicht nur an sie, sondern an alle in den Evangelien überlieferten Worte Jesu die Frage zu stellen: Was für ein Mensch ist *Jesus?* Denn in seinen Worten spiegelt sich sein eigenes Bild. Und — vielleicht auch das unsere?

Alle Deutungen der Bergpredigt sehen sie als ein Ganzes an, meinen aber im Grund nur das Kapitel 5 des Matthäusevangeliums (zuweilen nur Mt. 5, 21—48). In Wirklichkeit ist die von Matthäus besorgte Komposition eine Art von Katechismus, der besonders konturierte und akzentuierte Sprüche der Jesus-Überlieferung zusammenordnet. Wir begegneten einigen dieser Sprüche bereits früher. Indem wir die Bergpredigt charakterisieren, bezeichnen wir zugleich eine ganze Schicht von Redestücken außerhalb von Mt. 5—7.

Welches ist das *Thema* der Bergpredigt? Matthäus hat sie als Rede des „Messias" komponiert und sie der Rede des Mose entgegengesetzt *und* zugeordnet. Vielleicht gilt dasselbe von der Entgegensetzung *und* Zuordnung des „Berges" (Mt. 5, 1) zum Sinai. Trotzdem enthält die Bergpredigt kein messianisches Selbstzeugnis. Jesus proklamiert nicht sich selbst, sondern den Willen Gottes. Das Thema der Bergpredigt ist die neue bessere *Gerechtigkeit.* Jesus erläßt nicht ein neues Gesetz. Vielmehr verkündet und lehrt er eine neue Gerechtigkeit, d. h. die *Gesamthaltung,* die das Gesetz fordert und die dem Gesetz antwortet.

Die Gerechtigkeit, die Jesus verkündet und lehrt, ist weder eine moralische noch eine juristische Größe. Sie ist also weder eine Tugend noch eine rechtliche Verhaltungsweise. Ulpians († 228 n. Chr.) berühmte Definition: „Gerechtigkeit ist der immerwährende und gleichbleibende Wille, jedem das Seine zuzuteilen", liegt auf einer anderen Ebene. Die hier gemeinte Gerechtigkeit ist auch dort, wo sie das Verhalten des Menschen meint, wesentlich *Gottes* Gerechtigkeit. Trachtet der Mensch nach ihr, so trachtet er nach der Gottesherrschaft — und umgekehrt (Mt. 6, 33). Das bedeutet aber nicht, daß der Mensch seine Vorstellungen, etwa von „austeilender" oder „strafender" Gerechtigkeit, auf

Gott überträgt. Schon im Alten Testament ist Gerechtigkeit der *Bereich* Gottes. Gottes Gerechtigkeit wird merkwürdig räumlich verstanden, wie ein Kraftfeld, in das Menschen einbezogen und dadurch zu besonderen Taten ermächtigt werden. Menschen „erheben sich *in* deiner Gerechtigkeit" (Ps. 89, 17). „Die Berge werden dem Volke Heil tragen und die Hügel *in* Gerechtigkeit" (Ps. 72, 3). Man betet von den Feinden zu Gott: „Laß sie nicht kommen *in* deine Gerechtigkeit" (Ps. 69, 28). Immer ist ein Kraftbereich gemeint, in dem es möglich ist, sich gemeinschaftsgemäß zu verhalten. Gerechtigkeit ist gewissermaßen ein soziales Heilsgut. Dieses Heilsgut *bringt* Jesus. Dieses Heilsgut gilt es zu *erringen.*

Wie kann aber Gerechtigkeit gebracht werden und *zugleich* gesagt werden, man müsse sie erringen? Das Paradox, daß die Gerechtigkeit — also jenes gemeinschaftsgemäße Verhalten der Menschen — ausschließlich Gottes Gabe ist und zugleich ausschließlich Aufgabe der Menschen, ist nur dem verständlich, der um das Paradox der Gottesherrschaft und des Gesetzes Gottes weiß (s. o. Seite 173). Weil die Gottesherrschaft ganz gegenwärtig und das Gesetz bereits aufgehoben ist, ist die Gerechtigkeit der Menschen ganz Gottes *Geschenk.* Weil die Gottesherrschaft ganz zukünftig ist und das Gesetz noch in Geltung bleibt, ist die Gerechtigkeit der Menschen ganz *Aufgabe* der Menschen. Von hier aus erklärt sich das eigentümliche Wesen der Botschaft Jesu. Sie redet von einem *Sein,* das den Menschen umfängt, und zugleich von einem *Sollen,* das er zu vollziehen hat. In der paradoxen Grundwirklichkeit dieser Botschaft Jesu wurzelt das paradoxe Ineinander von ethischem *Indikativ* und ethischem *Imperativ,* unter dem sein Dasein steht. Die Bergpredigt ist selbst Zeugnis von dieser Einheit.

Das *Sein* der christlichen Gerechtigkeit ist der Sprecher selbst: Jesus. Jedes Sollen gründet in seiner Person. Jede Forderung setzt sein Geben voraus. Die Seligpreisungen sagen dieses Sein in ihrem Indikativ aus: in dem bereits gegenwärtigen Tatbestand des Wartens (Mt. 5, 3—6) und des Verhaltens (5, 7—10). Selbst wenn die zweite Strophe die Barmherzigkeit, die Aufrichtigkeit, die Friedfertigkeit und die Verfolgtheit zu „Bedingungen" (?) für den Eintritt in die Himmelsherrschaft machen sollte, so sind doch diese Bedingungen ganz vom göttlichen Indikativ umfangen. „Sie sollen..." — „Sie werden..." Das deutet immer auf die Zukunft Gottes und auf ein Tun Gottes (zuweilen passivisch ausgedrückt), das an ihnen geschehen wird. Heute schon werden sie um dieser Zukunft Gottes willen glücklich gepriesen. — Indikativisch sind die Bildworte vom Salz, von der Bergstadt, vom Licht: dreimal „Ihr seid ..." (5, 13—14). Aber die drei Indikative tragen einen Imperativ: „Leuchten soll euer Licht vor den Leuten!" (5, 16). Indikativisch sind die Bildworte vom Auge (6, 22—23) und vom Doppeldienst bei zwei Brotgebern (6, 24). — Das Kriterium der Gerechtigkeit wird mit einem Bilde aus dem Bereich des Seins ausgesagt, genauer dem des Wachstümlichen: Dornstrauch und Distelstaude, guter und schlechter Baum tun etwas, ohne daß es von ihnen gefordert wird. Der gute Baum bringt „schöne", der schlechte bringt „böse" Früchte. Der Dornstrauch trägt nicht Trauben, die Distel nicht Feigen. Es herrscht im Positiven wie im Negativen die Ordnung des Seins, die sich nicht erzwingen läßt. Fast hat man den Eindruck, als wirke sich in allem eine prädestinatianische Zwangsläufigkeit aus, die im Wirken der lichten und der finsteren Macht ihren Grund hat. Aber die Aussage des Tatbestandes soll nur die Dringlichkeit der menschlichen Verantwortlichkeit einschärfen. — Indikativisch ist endlich das Schlußgleichnis vom verständigen und vom unsinnigen Architekten, verheißend und drohend durch den Hinweis auf Tatbestände (7, 24—27).

Das Sein der christlichen Gerechtigkeit, das im Sprecher, in Jesus selbst, zur Stelle ist, bringt nun aber das *Sollen* zur Entfaltung. Der Indikativ entbindet den Imperativ. Es ist bekannt, daß die Bergpredigt überwiegend imperativische Partien enthält. Nur daraus ergab sich die Fülle von Deutungen, die wir überprüften. Imperativisch sind die sechs „Antithesen" des 5. Kapitels, die vom Töten, vom Ehebruch, von der Ehescheidung, vom Eid, von der Wiedervergeltung und von der Feindesliebe handeln (5, 21—48). Nur zweimal leuchtet in das Dunkel, das die Wolkenwand der unerhört schweren Forderungen erzeugt, das Licht des göttlichen Indikativs hinein: der Himmel, die Erde, Jerusalem ... (5, 35) — und: der Vater im Himmel gibt Sonnenschein und Regen ... (5, 45). — Den Gegensatzsprüchen folgen die Regeln über die Werke der Gerechtigkeit, die der jüdischen Dreiteilung entsprechen: Almosen, Beten, Fasten (6, 1—18). Die Weisungen wollen bestehendes Brauchtum ordnen. Sie verlangen etwas vom Menschen. Aber auch sie verweisen auf Tatbestände, irdische und himmlische: auf das Verhalten der „Heuchler", die die falsche Sichtbarkeit darstellen (6, 2. 5. 16), und auf das Tun des Vaters: er sieht ins Verborgene, und er wird vergelten, d. h. belohnen (6, 4. 6. 18). — Fordernd sind die Warnungen vor dem Schätzesammeln (6, 19—20) und vor dem Sorgen (6, 25—34). Aber tröstlich klingen hinein die Ver-

weise auf die Vögel, die Anemonen und das Gras, die Gottes Fürsorge
verkündigen (6, 26. 28—30), sowie auf den himmlischen Vater, der
„ja weiß, daß ihr des alles bedürft. Er wird euch alles Irdische dazu-
geben" (6, 32—33).

Das 6. Kapitel scheint im Tone milder als das 5. Kapitel. In der Sache
fordert es nicht weniger. Ihm geht es nicht so sehr um den Inhalt,
sondern um ein Wie. Das 6. Kapitel bietet die *Kategorie* des christlichen Handelns, alles christlichen Handelns. Sie heißt „*Verborgenheit*". Verborgenheit ist aber nicht zuerst eine optische Größe, d. h.
nicht der Gegensatz zum Sichtbaren, sondern eine existentielle Bestimmung. Die Verborgenheit meint nämlich die Tötung der Eitelkeit,
der Selbstherrlichkeit, des Scheins. Wer wissen will, was Umkehr zu
Gott (= Buße) im Munde Jesu meint, der meditiere und studiere Mt.
6, 1—8. 16—18! Die Verborgenheit meint die Zone, wo mein Wille
scheitert, wo mein alter Mensch umkommt: nicht etwas von mir, sondern ich selbst und ich ganz. In der Verborgenheit zerbricht Gott
meinen Willen — um ihn durch sein gnädiges Sehen zu neuem Leben
zu erwecken. Alles menschliche Tun, das vor Gott bestehen will, muß
zuvor in diesen Tod hinein. Alles christliche Tun wird durch die Verborgenheit getauft: Tag um Tag.

Christliches Handeln vollzieht sich im *Inkognito:* in Demut und Hingabe an die Kleinen (Mk. 9, 36—37; Mt. 18, 1—9); im Opfer (Mt. 19,
23—26); im selbstlosen, stummen Dienst (Mt. 20, 20—28); im selbstver-
ständlichen Verzicht auf Ehre und Schaustellung (Mt. 23, 5—12); in
der Hilfsbereitschaft für jedermann im Alltäglich-Unscheinbaren, die
durch keine Statistik erspäht wird (Mt. 25, 31—46). Das Verborgene
ist der schöpferische Bereich Gottes.

Schließlich ist das 7. Kapitel wieder voller Forderungen: voller Mahnungen (7, 1—12) und Warnungen (7, 13—27) aller Art. Wieder
klingen die drohenden und verheißenden Indikative der Zukunft dazwischen. Wieder sind sie durch das neutrale Passiv — die jüdische Umschreibung des verschwiegenen Gottesnamens — als Handeln Gottes
gekennzeichnet: Gott wird euch richten (7, 1—2) — aber auch: Gott
wird euch geben, euch finden lassen, euch die Tür auftun (7, 8), euch
Gutes geben (7, 11).

So *proklamiert* Jesus die neue Gerechtigkeit, indem er das Evangelium
verkündet. So *provoziert* Jesus die neue Gerechtigkeit, indem er das
Gesetz lehrt. Seine Proklamation und seine Provokation gehen Hand
in Hand. Kenner des Neuen Testamentes werden hier einige Fragen
unterdrücken müssen, die sie von Paulus und von seiner Gesetzeslehre

her im Sinne haben. Wir haben es hier aber nicht mit Paulus, geschweige denn mit „dem" Neuen Testament zu tun, sondern lediglich mit Jesus, genauer gesagt: mit dem synoptischen Jesus.

DER ABEND DER WELT

Lukas überliefert uns einen seltsamen Spruch Jesu (Lk. 12, 49—53). Wie eine Gewitterwolke hängt er dunkel und unheildrohend über der Welt:

Feuer kam ich zur Erde zu werfen:
wie wünscht' ich, es wär' schon entfacht!
Ins Tauchbad zu tauchen ist mir bestimmt:
wie bangt mir, bis daß es vollendet!
Frieden zu bringen kam ich auf Erden, meint ihr?
Nein, sage ich euch, sondern Entzweiung!
Es werden von nun an fünf in einem Hause entzweit sein:
drei gegen zwei und zwei gegen drei werden entzweit werden:
Vater gegen Sohn und ‚Sohn gegen Vater',
Mutter gegen Tochter und ‚Tochter gegen die Mutter',
Schwiegermutter gegen ihre Schwiegertochter
und ‚Schwiegertochter gegen die Schwiegermutter'.

Alter Prophetenspruch geht in Erfüllung (Micha 7, 1—8): Die Obsternte bricht an. Aber weder Traube noch Frühfeige reifte. Der Fromme verschwand aus dem Lande. Alle lechzen nach Blut. Jeder umgarnt den anderen. Beamte sind bestechlich, Richter käuflich. Willkür regiert. die Welt. So ist es. — Und wie wird es werden? Schauriger denn zuvor! Der *Tag der Späher*, d. h. der Propheten, naht. Strafe trifft ein. Bestürzung kommt:

Nimmer glaubt dem Genossen!
Nimmer vertraut dem Gefährten!
Vor ihr, die dir im Schoße liegt,
hüte die Tür deines Mundes!

Gott hält Gericht. Bestehender Zwist verschärft sich. Gott straft Sünde mit Sünde. Entzweiung führt zu Scheidung.
Jesus führt den Tag der Späher herauf — er, der letzte Späher.
Doch wie anders bricht der Tag an! Entfacht Jesus einen Weltbrand? Äschert er die Erde ein? Die stoische Lehre von den Weltbränden, durch die ein neuer Kosmos der Asche des alten entsteigt, klingt kaum

an. Jesus bereitet der Welt nicht das Schicksal des sich verjüngenden Vogels Phönix. Jesus ist aber auch kein Brandstifter alten Stils, wie ihn der Täufer ankündigte. Sein Feuer bedeutet nicht Vernichtung, sondern *Entscheidung*. Die Zeit der Heimsuchung zu bringen — dazu „ist er gekommen". Wenn Matthäus in der Parallele (Mt. 10, 34) ihn sagen läßt:

Ich bin nicht gekommen, Frieden zu bringen,
sondern das Schwert —

so läßt er ihn nicht den Weltkrieg predigen oder gar zum Kreuzzug aufrufen. Das Schwert ist sein *Wort*. Der Friedefürst (Jes. 9, 5) entfesselt den Aufruhr des Geistes und der Geister. Wenn aber das wirkliche, das eiserne Schwert zuschlägt, dann wird es nicht von Jesu oder der Jünger Hand gehalten. Dann werden vielmehr Jesus und seine Jünger von ihm getroffen und getötet werden. Die Waffe wird sich gegen Wehrlose richten. Jesus wird der erste sein, den das Schwert erschlägt.

Im Feuer, das er auf der Erde entzündet, erglüht er als erster. Im Gegenfeuer, durch das die Welt die Flamme des Geistes zu dämpfen meint, werden er und die Seinen verbrannt werden. Das besagt das tiefe Wort vom Tauchbad. Herr und Jünger müssen mit der Taufe des Todes getauft werden (Mk. 10, 38—39). Nicht zufällig vollzieht sich, rein zeitlich gesehen, sein Wirken zwischen den Grenzereignissen von Taufe und Tod (s. o. Seite 109 ff). Ihm graut vor dieser Taufe. Aber Gott hat ihm und den Seinen dieses Geschick zugedacht. Er wird das erste Opfer seiner Sendung sein.

Auf Erden umkommend, wird er die Welt an-gehen. Sein Scheitern wird — paradox genug — zur Hoffnung der Welt werden. Sein Sterben wird das Abendrot des neuen Tages sein.

Wer war Jesus?

Die Frage, wer Jesus war, ist zunächst als eine historische Frage gemeint. Wir fragen die drei ersten Evangelien so, wie wir andere Quellen nach Männern der Vergangenheit befragen. Trotzdem müssen wir uns der Grenzen der Frage bewußt sein. Kann man sie überhaupt an Jesus richten? Das Neue Testament ist ja kein historisches Nachschlagewerk, das auf die Frage „Wer ist's?" Auskunft erteilt.

Die Frage nach Jesus ist in den Evangelien nicht zu trennen von der Frage nach seinem *Handeln*. Das Geschehen, das Jesus auslöst, weckt diese Frage. Das Volk munkelt, Jesus sei der auferstandene Täufer. Der aufgeklärte Monarch Herodes Antipas hält von solchem Aber-

471

glauben nicht viel: „Ich war's, der Johannes enthaupten ließ. Wer aber ist dieser, von dem ich solches höre?" (Lk. 9, 7—9). Die Frage bleibt offen. Halb staunend, halb anbetend fragen die Leute im Schiff: „Was ist das für ein Mann, daß ihm selbst die Winde und das Meer gehorchen?" (Mt. 8, 27). Außer sich fragt die Menge, die am Sabbat ihn in der Synagoge lehren hört: „Woher hat er das? Und was ist das für eine Weisheit, die ihm gegeben wurde? Und solche Wunder, die durch seine Hände geschehen?" Aber sofort verwandelt sich die Frage des Staunens in die rhetorische Frage des biographischen Bescheidwissens: „Ist er nicht der Zimmermann, der Sohn der Maria und Bruder von . . .?" (Mk. 6, 2—3).

Da fragen die Hohenpriester, Schriftgelehrten und Ältesten ihn polemisch sehr viel echter: „In welcher Vollmacht tust du dies?" (Mk. 11, 28). Die Frage nach ihm ist immer die Frage nach seinem Werk, nie nach seiner Person oder nach seiner Würde, geschweige denn nach einem Würdetitel. Auch die Jünger fragen ihn nicht darnach. Er selbst weckt diese Frage in ihnen: „Wer sagen die Menschen, daß ich sei?" und: „Was sagt denn ihr, daß ich sei?" Doch kaum ist die Antwort erfolgt, so wird sie, obzwar nicht abgelehnt, zum Verstummen verurteilt (Mk. 8, 27—30). Fast scheint es, als sei bereits die Frage nach seiner Würde sein eigenes Vorrecht.

Wer war Jesus? (1) Die Quellen lassen erkennen, daß es nicht vollkommen falsch ist, wenn man antwortet: Er war ein *Wundertäter.* „Daß Jesus Wunderkraft besessen und Wunder — im antiken Sinne verstanden — getan hat, wird heute kein Urteilsfähiger mehr bezweifeln" (H. Lietzmann). Urchristliche Überlieferung hält fest: „Jesus von Nazareth, ein Mann, legitimiert von Gott bei euch durch Krafttaten und Wunder und Zeichen, welche durch ihn Gott getan hat in eurer Mitte, wie ihr wißt" (Apg. 2, 22). Das ist historisch richtig. Trotzdem wirkt die Notiz peripher, wenn die Beziehung zum Zentrum fehlt. Jesus stünde dann grundsätzlich auf einer Ebene mit den antiken und modernen Fakiren und Derwischen, deren Kräfte man nicht abstreiten kann. Wunderdoktoren unserer Zeit wie Hermann Zaiß und Bruno Gröning oder die Amerikaner Branham und Tommy Hixt, die wochenlang ihre Säle und Zelte mit Zehntausenden von Menschen füllten, können den Wettbewerb mit dem galiläischen „Gaukler" (Joh. 8, 48) weithin wagen.

Wer war Jesus? (2) Jesus war ein jüdischer Wanderprediger, ein aus dem Handwerkerstande hervorgegangener *Rabbi.* Er hatte offensichtlich nicht studiert und war auch nicht ordiniert. Wie die Rabbinen sammelte er Schüler um sich, lehrte in den Synagogen und disputierte mit anderen Schriftgelehrten. Er hat jedoch niemals wie die griechischen Philosophen über frei gewählte Gegenstände diskutiert. Den Dialog in sokratischer Weise zu pflegen, verbot ihm bereits die vorgegebene Autorität von „Gesetz und Propheten". Die Wahrheit, die er verkündete, vertrug keine menschliche Mithilfe. Aber auch Straßen-Sermone, wie sie damals die hellenistischen Wanderphilosophen vor einem großen Publikum hielten — ähnlich den Rednern im Londoner Hydepark —, verschmähte er. Er sah seine Aufgabe nicht darin, Gedanken in rhetorischer Weise durch künstliche Fragen und Einwände zu entfalten, sondern Gottes Wahrheit den Menschen auf den Kopf zuzusagen.

Freilich unterschied er sich von den damaligen Schriftgelehrten dadurch, daß er die Schrift ohne exegetischen Beweis geltend machte. Jesus war kein Biblizist. Jesus aktualisiert die Schrift, wie ein Pneumatiker es tut. Eine „theologische" Begründung für diese oder jene Aussage, diese oder jene Entscheidung zu geben, erübrigt sich durch seine ihm eigene Autorität. „Denn er lehrte sie wie einer, der Vollmacht hat, und nicht wie ihre Schriftgelehrten" (Mt. 7, 29). Dabei bleibt seine Redeform durchaus menschlich. Das zeigen die mancherlei Gleichnisse und sprichwortartigen Weisheiten, die an den gesunden Menschenverstand appellieren. Man denke allein an die allgemeinen Wahrheiten in der Bergpredigt: „Wo dein Schatz ist, da ist auch dein Herz" (Mt. 6, 21); „Die Leuchte des Leibes ist das Auge" (6, 22); „Niemand kann zwei Herren dienen . . ." (6, 24); „Es genügt, daß jeder Tag seine eigene Plage hat" (6, 34); „Das Leben ist mehr als die Nahrung und der Leib mehr als die Kleidung" (6, 25). Wie ein Weisheitslehrer kann auch Jesus reden, wenn er vom Verhältnis des Schülers zum Lehrer, des Sklaven zum Besitzer spricht (Mt. 10, 24) oder die prächtigen Gleichnisse erzählt. Da wollte ein Prahlhans ein riesiges Wirtschaftsgebäude bauen; aber er hatte sich verkalkuliert: nun lachen die Leute, wenn sie an dem halbfertigen Gemäuer vorübergehen, das nutzlos dasteht. Da hatte ein König halbgerüstet einen anderen angegriffen; nun muß er bedingungslos kapitulieren. So sollte man es sich überlegen, ob man die Kosten der Jüngerschaft bestreiten kann (Lk. 14, 28—33). Alle derartigen Beispiele beweisen nur, daß Jesus der Anwalt des Menschen ist. Der Mensch aber, der von seinem Ruf gelockt wird, lebt unter dem Gesetz: im Bereich der allgemeinen Wahrheiten. In der „humanen" Freiheit soll der Mensch seine endzeitliche Freiheit bewähren (R. Bultmann).

473

Welcher Rabbi hätte aber je seine eigene Autorität theologisch so ungeschützt gegen andere Autoritäten setzen dürfen wie Jesus? Er setzt sie nicht nur gegen die großen Ausleger des Gesetzes, sondern gegen den Wortlaut des Gesetzes selbst! Während in der Bergpredigt die Verbote des Tötens (Mt. 5, 21—26), des Ehebruchs (5, 27—30) und des Schwörens (5, 33—37) das überlieferte Gesetz verschärfen, heben die Worte von der Ehescheidung (5, 31—37), von der Wiedervergeltung (5, 38—42) und von der Feindesliebe (5, 43—48) bestimmte gesetzliche Bestimmungen auf. Das alles geschieht aber ohne jede theologische bzw. biblische Begründung durch das bloße „Ich aber sage euch".

Wer war Jesus? (3) Ein *Prophet* der Gottesherrschaft. So nennt ihn gelegentlich das Volk, etwa Mt. 21, 11: „Das ist der Prophet Jesus aus Nazareth in Galiläa." Dennoch weigert er sich, eine Legitimation seines Prophetentums vorzuweisen. Ein Prophet muß sich auf Gott berufen können, in seinem Namen auftreten: „So ist Jahwes Verlauten", „So raunt der Herr" (Am. 6, 14; Jes. 1, 24 u. ö.). Jesus ist berufen und gesandt — in seiner Taufe. Aber nie bezieht er sich auf sie und nie sucht er durch Hinweis auf besondere Entrückungen, die er gehabt hat, seiner Botschaft Nachdruck zu verleihen. Immer hat sein Wort Eigengewicht. Immer handelt er wie einer, der in letzter Instanz handelt.

Sein Sprechen ist durch den eigenartigen Gebrauch des *Amen* gekennzeichnet (etwa Mk. 3, 28; 8, 12; Lk. 4, 24; Mt. 13, 16). Amen heißt „wahrhaftig" und ist seit alters in Israel die Antwort, durch die die Gemeinde das gehörte Gotteswort oder das vorgesprochene Gebet bekräftigt. Wenn Jesus das Schlußwort zum Anfangswort seines Redens macht, so bedeutet dies ungewöhnliche Sprechen, daß Jesus als der auf Gottes Stimme Antwortende redet (A. Schlatter). Als die persongewordene Gottesnähe spricht er das empfangene Wort in Schwurform den Menschen zu. Wo er redet, da erfährt der Hörende unmittelbar die Rede Gottes.

Man mag sich das, was uns in den Evangelien in dieser Hinsicht überliefert wird, psychologisch vorstellen: Worte, wie Jesus sie spricht, sind gewiß „improvisiert". Im greifbaren Gegenüber eines Menschen, einer Menschengruppe, einer Situation werden Wort und Gedanke, Gedanke und Entscheid miteinander geboren. Aber die Schlagfertigkeit, in der das jedesmal geschieht, ist eine Kunst, die langes und eindringliches Umgehen mit dem Worte voraussetzt.

Jesus lebt in dem *Urworte*, das im Gesetz des Altens Testamentes entfaltet wird und das Ohr der Propheten immer wieder erweckt: Jesus lebt im *ersten Gebot.* Dies „Gesetz" ist ihm ins Herz geschrieben (Jer. 31, 31). Zwischen Gott und ihm steht kein Stein, auf dem Satzungen eingemeißelt sind. Zwischen Gott und ihm liegt keine Buchrolle aus Leder oder Papyrus, auf die man Buchstaben gemalt hat. Es gibt zwischen Gott und ihm nur ein unmittelbares Sprechen und Hören, ein Reden und Antworten „im Geist". Weil sein Verhältnis zwischen ihm und Gott schlechthin unmittelbar ist, herrscht auch zwischen ihm und den Menschen Unmittelbarkeit. Kein Stein, kein Papier, keine Institution — so heilig sie seien — trennt seine Menschlichkeit von der Menschlichkeit der Menschen.

Dasselbe gilt von seinem *Handeln.* Weil Jesus im Urworte Gottes lebt, kann er ungehemmt und unmittelbar helfend und fordernd ins Leben der Menschen eingreifen — wie das Alte Testament es nur von Gott sagt oder voraussetzt. Wo er handelt, da erfährt der Behandelte unmittelbar das Handeln Gottes. Es geht ganz menschlich zu: eine alte fiebernde Frau wird von ihm bei der Hand gepackt und aufgerichtet — das ist alles (Mk. 1, 31). Einige Fischer, die am See alle Hände voll zu tun haben, werden aus der Arbeit herausgerufen, ohne daß Grund und Ziel auch nur angedeutet würden — und sie lassen alles liegen (Mk. 1, 16—20). Das Kranke wird heil, das Alltägliche wird in Dienst genommen. Die aus den Fugen gegangene Welt wird wieder eingerenkt. Eine Welle der Genesung durchflutet das Dasein. Die Welt steht im Abendrot einer großen *Hoffnung.* Die Hoffnung der Welt heißt Jesus: lange vor Ostern!

Jesus ist als der Erwählte Gottes der Glaubende. Er vergißt sich selbst über Gott. Er ruft Menschen zum Glauben.

Jesus ist als der Anwalt des Menschen der Liebende. Er vergißt sich selbst über dem Menschen. Er fordert Menschen heraus zur Liebe.

Jesus ist als der Angreifer der Welt der Hoffende. Er vergißt sich selbst über der Welt, in die er sein Feuer wirft. Er flößt Menschen inmitten der Verzweiflung Hoffnung ein.

Wer war Jesus? Jesus war der Mensch, in dem Wort und Tat eine *Einheit* waren, in dem Gnade und Gericht, Gegenwart und Zukunft sich miteinander verbanden. Jesus war der Mensch, der Gott gab, was Gottes ist, und dem Menschen, was des Menschen ist. Daß er das in einem tat, nicht nacheinander, sondern in einem und demselben Handeln und Reden, besagt in der Sprache des Neuen Testamentes, daß er *das Wort Gottes* war. Das zeichnet ihn vor allen anderen Menschen aus. Denn „daß das Wort Gottes dieses vermag: dem Menschen seine Sünde *zugleich* aufdecken *und* vergeben, das macht seinen

475

Charakter als Wort *Gottes* aus" (R. Bultmann). Weil Jesus das tat, war er das Wort Gottes (Joh. 1, 14). War er das wirklich? Er war es. Und darum *ist* er es. Er ist Gottes Wort heute wie damals. Er wird es in alle Ewigkeit sein (Hebr. 13, 8). War er es auch schon von Ewigkeit her? Wir rühren hier an ein Geheimnis, das wir auf dem Boden der drei ersten Evangelien kaum umreißen können. Das spätere vierte Evangelium weiß darüber mehr zu sagen. Bereits Paulus weiß es klarer zu bezeugen. Was uns die Synoptiker zeigen, ist, gemessen an jenen, „weniger". Sie zeigen uns den jüdischen Wanderprediger am Werke, dessen Tun alle Maße des bisher Üblichen füllt und zersprengt. Sie laden uns ein, von seinem Handeln aus seine Gestalt zu erfassen, von seinem Werk her seine Person. Sein Handeln vollzieht sich in Galiläa und in Jerusalem, in einem Lande, das fast in jedem Jahrhundert seine Oberherren wechselte. Seine Gestalt ist die eines jüdischen Menschen der hellenistisch-römischen Zeit. Aber *in* seinem Handeln — und nicht über ihm — begibt sich das ewige Geschick der Welt (Mk. 4, 11—12). In, mit und unter der zeitlichen Geschichte entscheidet sich das, was im „Himmel" bereits entschieden ist. Was wir vom Zusammenwurf von Zeit und Ewigkeit beim Hereinbruch der Gottesherrschaft sagten, gilt von Jesu Werk und Jesu Person. Es ist nur vom apokalyptischen Koordinatensystem her zu verstehen (s. die Figur S. 135).

Die spätere Lehrbildung der alten Kirche hat dies Geheimnis im Dogma von der Dreieinigkeit und vom Gott-Menschen zu fixieren versucht. Der Kern des christologischen Dogmas ist die *Zwei-Naturen-Lehre*. Sie liegt auch den reformatorischen Bekenntnisschriften und Katechismen zugrunde: Jesus Christus wahrhaftiger Gott und wahrhaftiger Mensch. Die Orthodoxie des Barockzeitalters hat diese Lehre in gründlicher Gedankenarbeit durchzureflektieren vermocht. Sie tat es in Denkakten von höchster Feinheit und Schärfe. In der Begriffssprache der Zeit redend, vergaß sie auch nicht, daß seit alters das Dogma die doppelte Aufgabe hatte: die Christus-Botschaft zu formen und auszulegen — und: das Geheimnis der Christus-Botschaft zu verwahren. So ist die Orthodoxie eine besondere Weise der Nachfolge Jesu Christi gewesen: Nachfolge in der Form des vernünftigen Verstehens. Es ist das Große an der Orthodoxie, daß sie über dem Denken niemals die Anbetung vergaß. Sie respektierte das Mysterium Jesu Christi.

Aber es darf andererseits auch nicht vergessen werden: diese Denkform läßt sich nicht unbesehen wiederholen. Tut man es heute dennoch, so tut man etwas grundlegend anderes als das, was die Orthodoxie damals tat: man entzieht sich der Entscheidung des Glaubens, die immer von neuem — heute und hier — von uns selbst zu vollziehen ist. Und man hat es dann nicht mehr mit dem lebendigen Herrn zu tun, sondern mit einer Begriffshülle der Vergangenheit. Man verstellt sich dann den Zugang zu der Geschichte Jesu, die ein für alle Mal geschehen ist, um — paradox genug — sich in meinem Leben zu ereignen. Indem wir zum historischen Jesus durchbrechen, begegnen wir Gott.

Die synoptischen Evangelien heben diesen Tatbestand dadurch heraus, daß sie Jesus als Gesandten Gottes sprechen lassen. „Er kommt nicht als ein Lehrer mit eigenem Anspruch, sondern er spricht als ein Gesandter; es muß gesagt werden, daß das vierte Evangelium durchaus recht hat, wenn es diesen Gesichtspunkt betont: ‚Mein Lehren ist nicht mein, sondern dessen, der mich gesandt hat' (Joh. 7, 16)“ (M. Dibelius). Die drei ersten Evangelien drücken das durch die *Sendungs-Sprüche* aus, die im Ich-Stil gehalten sind. „Ich bin nicht gekommen...“ oder: „Ich bin gekommen...“ Solche Sprüche kennen wir bereits aus Mt. 5, 17 — Jesu Stellung zum Gesetz — und aus Lk. 12, 49 und Mt. 10, 34 — den Sprüchen vom Feuer und vom Schwert. Diese Sprüche haben meist eine große inhaltliche Dichte. „Ich bin nicht gekommen, Gerechte zu rufen, sondern Sünder“ (Mk. 2, 17). „Der Menschensohn ist nicht gekommen, daß er sich dienen lasse, sondern daß er diene und sein Leben gebe als Lösegeld für viele“ (Mk. 10, 45). „Ich bin gesandt ausschließlich zu den verlorenen Schafen des Hauses Israel“ (Mt. 15, 24). Die Stilisierung dieser und ähnlicher Sprüche stammt aus der Gemeinde (vgl. Joh. 3, 17; 9, 39; 12, 47b; 18, 37b u. ö.; 1. Tim. 1, 15), aber damit sind sie sachlich Jesus keineswegs abzusprechen. Die Worte Mk. 2, 17b; Lk. 12, 49; Mt. 15, 24 sind inhaltlich unverdächtig.

Isoliert man diese Sprüche nicht vom Gesamtauftreten Jesu, von seinem Werk und seiner Botschaft, so fügen sie sich dem historisch gewonnenen Bilde gut ein. Sie entsprechen genau dem Sendungsbewußtsein, das hinter jedem Worte Jesu steht und in jeder seiner Taten wirksam ist. Die Formel „Ich bin gekommen“ braucht nicht aus einer späteren Zeit zu stammen, die auf Jesu vollendetes Werk zurückschaut (wie 1. Tim. 1, 15). Die griechischen Worte bedeuten: „Ich bin da.“

Jesus gilt dem ältesten Glauben als der „Kommende“. Der „Kommende“ (Ps. 118, 26; vgl. Dan. 7, 13) ist apokalyptischer Geheimname für den Menschensohn (oder den Messias?). Daß er sich selbst als der bereits Gekommene verstanden haben könne, läßt sich nur dann bezweifeln, wenn man das grundlegende Koordinatensystem außer acht

477

läßt: die Gleichzeitigkeit von Zukunft und Gegenwart. Wie Gottes Herrschaft zukünftig und gegenwärtig zugleich ist, so ist Jesus zugleich der „Künftige" und der „Gekommene". Daß er beides, der „Kommende" und der „Gekommene" ist, unterscheidet ihn vom alttestamentlichen Propheten. Das Alte Testament redet nirgends davon, daß ein Prophet kommt oder gekommen ist. Kein einziger Prophet tritt mit der Rede auf: „Ich bin gekommen." Auch die religionsgeschichtlichen Parallelen (Ägypten, um 1500 v. Chr.) sind unzureichend. In der Formel bezeugt Jesus unverwechselbar seine Sendung. In seiner Sendung ist nach jüdischem Grundsatz der Sendende zugegen: „Der Gesandte (d. h. der Beauftragte, der Bevollmächtigte) eines Menschen ist wie dieser selbst." Das gilt für die Jünger (Lk. 10, 16):

> Wer auf euch hört, der hört auf mich;
> und wer euch verwirft, verwirft mich;
> wer aber mich verwirft, verwirft den,
> der mich gesandt hat.

Jesus ist der Sendende, weil er zuvor der Gesandte ist. Wie er in seinen Jüngern gegenwärtig ist, so ist zuvor in ihm selbst Gott gegenwärtig. Hier ist „mehr" als ein Prophet.

Dieses „*mehr*" ist ausgesprochen oder unausgesprochen Stichwort und Anzeichen des Neuen, das Jesus bringt und das Jesus ist. Hier ist mehr als David (Mk. 12, 37). „Hier ist Größeres als der Tempel" (Mt. 12, 6). „Siehe, hier ist mehr als Jona. — Siehe, hier ist mehr als Salomo" (Mt. 12, 41—42). Hier ist mehr als Mose, die höchste göttliche Autorität (Mt. 5—7). Das vierte Evangelium wird diesen Unterschied zum Gegensatz verschärfen. Es wird die Frage wecken: „Bist du etwa größer als unser Vater Jakob?!" (Joh. 4, 12) und die kühne Aussage wagen: „Abraham, euer Vater, jauchzte, daß er meinen Tag sehen sollte, und er sah ihn und freute sich. — Bevor Abraham wurde, bin ich" (Joh. 8, 56 u. 58). Es wird die Entsprechung von Mose und dem Messias zum Widerspruch erheben (Joh. 1, 17):

> Das Gesetz wurde durch Mose gegeben;
> die Gnade und Wahrheit hat sich durch Jesus Christus ereignet.

Das „Mehr", um das es in allen Evangelien geht, meint nicht eine Steigerung oder Verstärkung dem Grade nach, sondern eine Überbietung der Art nach. Nicht „Gehorsam ist besser als Opfer" (1. Sam. 15, 22), sondern Gott und den Nächsten zu lieben ist viel mehr als alle ‚Brandopfer und anderen Opfer'". Zu dem, der so „verständig" antwortet, spricht Jesus: „Nicht fern bist du von der Herrschaft Gottes" (Mk. 12, 33—34).

Nicht erst der johanneische Christus verkündigt sich selbst in seinen inhaltsschweren Selbstaussagen (Joh. 6, 35 u. ö.). Bereits der synoptische Jesus tut es im ermutigenden Zuspruch (Mk. 6, 50) wie im bekennenden Zeugnis: *„Ich bin es"* (Mk. 14, 62).

Das Messiasgeheimnis

Die Frage, wer Jesus sei, ist von Gelehrten und Ungelehrten verschieden gestellt worden. Der Forschung stellte sie sich lange Zeit so: Hat sich Jesus für den Messias gehalten — ja oder nein? Gläubige und Interessierte fragten: War Jesus Gottes Sohn — ja oder nein? Beide Fragen gehen in dieselbe Richtung.

Die erste Frage nach dem *Messiasbewußtsein* wird heute weithin als falsch gestellt bewertet, zu Recht und zu Unrecht. Zu Recht: denn die Evangelien wollen keine Unterlagen für psychologische Erhebungen bieten. Nur eine Bewußtseinstheologie konnte mit dieser Frage an die Quellen herangehen, die endzeitliche Zeugnisse sind. Zu Unrecht: denn Jesus war ein Mensch wie wir. Sein Reden und Handeln kam aus einem menschlichen Bewußtsein. Niemand wird Jesus für so naiv halten: er habe nicht gewußt, wer er sei, und nicht gewußt, was er als dieser unverwechselbare Mensch gewollt habe. Seine Selbstvergessenheit, von der wir verschiedentlich sprachen, bedeutet nicht Minderung des Selbstbewußtseins.

Die zweite Frage klingt primitiver, ist es aber im Grunde nicht. Sie enthält im Begriff *„Gottes Sohn"* eine Fülle von Einzelfragen. Was versteht man in den Religionen unter „Gottessöhnen"? Was versteht das Neue Testament darunter? Redet Jesus nicht in den Seligpreisungen (Mt. 5, 9) von „Gottessöhnen"? Redet das Neue Testament nicht immer wieder mit dieser Bezeichnung von den Glaubenden? Ist „Gottessohn" dann noch ein Jesus auszeichnender Titel? Und: Was verstehen *wir* heute unter einem „Gottessohn"? Sagt uns die Bezeichnung dasselbe, was sie im Neuen Testament, ja was sie noch bei Luther meinte? Sagt sie uns überhaupt noch etwas? Fragen über Fragen.

Eins dürfte nach allem vorher Gesagten deutlich sein: mit einem bloßen Würdetitel, selbst wenn wir ihn im Munde Jesu belegen könnten, wäre uns gar nicht geholfen. Solange wir in ihm nur ein kostbares Erbstück der Vergangenheit sähen, eine Art unsichtbarer Reliquie, wären wir nicht reicher als zuvor. Umgekehrt: wenn wir wirklich wüßten, wer Jesus ist, wären wir selig zu preisen und brauchten nicht nach Würdetiteln auszuschauen, die wir von seinen Zeugen oder von ihm selbst vernähmen. Freilich müßten wir das, was wir eben auf den letzten Seiten lasen, nicht nur mit dem Kopf wissen, sondern mit dem ganzen Menschen ergreifen – nicht weil die Ausleger des Neuen Testamentes es uns überzeugend darstellen, sondern weil Jesus selbst es uns sagt. Dann aber gälte uns sein Wort: „Heil dem, der nicht an ihm zu Fall kommt!" (Mt. 11, 6).

Aber wir wären eigenwillige Leser des Neuen Testamentes, wenn wir nun über die Würdetitel einfach hinweglesen. Wir wollen ja den historischen Jesus finden. Ihn aber fänden wir nicht ganz, wenn wir die Frage nach seinen Würdetiteln unterdrückten. Wer bereits weiß, wer der historische Jesus für ihn ist, wird diese Frage mit verhältnismäßig unbefangenem Blick auf ihr etwaiges Ergebnis stellen. Unser Schicksal steht und fällt nicht mit der Zahl oder Echtheit von Würdetiteln, sondern mit dem Manne selbst, der Jesus heißt.

Das sogenannte apostolische Glaubensbekenntnis beginnt den Zweiten Artikel mit den Worten: „Ich glaube an Jesus (1) Christus, (2) Gottes eingeborenen Sohn, (3) unsren Herrn." Wir fragen:

(1) War Jesus *der Christus?* Wollte er der Christus sein? „Christus" heißt der Gesalbte, der König und ist die griechische Übersetzung des gräzisierten hebräischen Wortes „Messias". Von ihm rührt die Bezeichnung „Christen" samt allen ihren Abwandlungen her. Daß die Christenheit seit Ostern Jesus als den Christus bekannt hat, ist unumstößliche historische Tatsache. Paulus hat die Bezeichnung Jesu als des Christus von der Urgemeinde übernommen. Um so seltsamer ist nun die Feststellung, daß die älteste Überlieferung das Wort „Christus" niemals aus dem Munde Jesu erklingen läßt. Jesus hat nie gesagt: „Ich bin der Christus, der Messias. Glaubt doch, daß ich es bin! Wehe, wenn ihr es nicht glaubt!" In der alten Spruchquelle, aus der Matthäus und Lukas schöpfen, taucht nicht einmal die Vokabel auf. Jesus hat sich diesem Titel gegenüber sehr spröde verhalten. Das hängt offensichtlich damit zusammen, daß die Annahme dieses Titels die direkte politische Aktion gegen die römischen Unterdrücker bedingte. Jesus hat diese Würde nicht beansprucht. Er hat sie sogar abgewiesen. Die bekannte Szene bei Cäsarea Philippi zeigt es deutlich. Jesus fragt seine Jünger nach der Meinung des Volkes über ihn und nach ihrer eigenen Meinung. Petrus antwortet: „Du bist der Messias." Jesus bedroht sie: „sie sollten niemandem von ihm sagen" (Mk. 8, 27–30). Das kann kaum anders verstanden werden, als daß er den Titel des endzeitlichen Königs ablehnte. Hier erteilt er kein Schweigegebot in dem Sinne, daß sie ein Geheimnis hüten sollten. Hier verbietet er ihnen vielmehr sehr energisch, ihn zum Messias auszurufen. Das Verbot des „Sagens" ist also

sehr praktisch gemeint. Ähnliche Überlieferung hält das vierte Evangelium fest, wenn es erzählt, Jesus sei vor der Menge ins Bergland geflohen, als er erkannte, man wolle ihn zum „König" proklamieren (Joh. 6, 15).

Das einzige Mal, wo Jesus die Frage nach dem Messias von sich aus aufgeworfen hat (Mk. 12, 35—37), hat er sie kritisch gestellt. An Hand des 110. Psalmes reißt er ein Problem der Auslegung an. David nennt den Messias „Herr": Wie kann Davids Herr dann aber Davids „Sohn" sein? Die Frage wird von den befragten Schriftgelehrten nicht beantwortet. Auch Jesus läßt sie absichtlich offen. Hinter dem Offenlassen verbirgt sich eine Entscheidung: Jesus will, obwohl aus Davids Hause stammend, nicht der Davidische Messias sein. Hinter seinem Schweigen verbirgt sich das *„Messias-Geheimnis"*. Das „Messias-Geheimnis" ist von Markus aus der Überlieferung übernommen. Markus hat es aber als eine Geheimlehre verstanden, die nur Eingeweihten zugänglich ist. Diese Betrachtungsweise beherrscht die Darstellung des Markus-Evangeliums und macht es zum „Buch der geheimen Epiphanien" (M. Dibelius). Immer wieder verbietet Jesus, Heilungen oder Dämonenaustreibungen bekanntzugeben (Mk. 1, 44—45; 3, 12; 5, 43; 7, 36) oder von seiner Messianität (Mk. 8, 30) oder dem Verklärungsgeschehen (Mk. 9, 9) zu „erzählen". Erst von Ostern an darf das „Geheimnis" enthüllt werden. Das „Messias-Geheimnis" geht auf Jesus zurück, aber es meint bei ihm nicht eine Theorie, sondern eine praktische Entscheidung. Verborgenheit bedeutet für ihn *Leiden*.

Hinter seinem Willen zum Leiden verbirgt sich aber die Abweisung der politischen Messiaswürde. Wir wissen seit langem, daß das zeitgenössische Judentum eine zumindest doppelte Erlösererwartung besaß. Einerseits besaß es die „offizielle" Erwartung vom messianischen Kriegsherrn; andererseits die „esoterische" vom Erlöser, der durch Leiden zur Herrlichkeit hindurchgeht. Die Funde aus den Höhlen von Qumran haben diese Doppelheit bestätigt. Man erwartete in bestimmten Gruppen und Konventikeln zwei Gesalbte: den königlichen und den priesterlichen Messias, den Messias aus Israel und den aus Aaron (s. o. Seite 85). Diese Zwei-Messias-Lehre stellt zusammen mit der prophetischen Gestalt des „Lehrers der Gerechtigkeit" eine starke Systematisierung der Heilserwartung dar. Die Apokalyptik besaß kein System endzeitlicher Lehren, am wenigsten eine einheitliche „Messias- Dogmatik". Jesus hatte also nicht die Möglichkeit, wie es die frühere Forschung annahm, seine eigene Person als „Messias" an einem bestimmten, bereits vorgezeichneten dogmatischen Ort unterzubringen. Die Frage, ob er sich selbst für *den* Messias gehalten habe, ist zu eng gestellt. Sie lautet heute: Hat er sich für *einen* Messias gehalten — und wenn ja, für welchen? Die Antwort auf diese Frage enthielt für Jesus kein theoretisches Urteil, sondern vollzog sich als Tat. Durch die Messias-Frage sah er sich selbst aufs Spiel gesetzt. In seiner Antwort entschied er sich nicht für ein Dogma oder für ein „Selbstverständnis". Er wählte sich selbst. Indem er es ablehnte, der weltliche König zu sein, verwarf er nicht nur ein Ideal, sondern sich selbst als Herrschenden. Die Proklamation gehörte wesensnotwendig zum Davidischen Messias. Zum priesterlichen Messias gehörte wesensmäßig der Verzicht auf sie, das Schweigen. Die Entscheidung für das Schweigen war in Jesus so stark, daß er eine messianische Selbstaussage — sogar in dieser Richtung — vermied. Indem er das Schweigen wählte, verwarf er die direkte und indirekte Aktion und wählte statt dessen die Passion. Er erwählte sich selbst als Leidenden und Sterbenden. Markus hat aus diesem Entscheidungsgeschehen eine „esoterische" Lehre gemacht, die für eingeweihte Schüler bestimmt war. Aber noch durch ihren Schleier blickt der geschichtliche Tatbestand hindurch: das von Jesus *gelebte* „Messias-Geheimnis". Die „Esoterik" besteht in Wirklichkeit im Entschluß Jesu, sein Leben für Gott, für den Menschen, für die Welt zu wagen. Das „Mysterium" Jesu ist sein „Martyrium". Spätere Zeugen haben den Tatbestand gültig ausgedrückt. Er wählte die Schande des Kreuzes (Phil. 2, 6—8). Ganz paradox spricht bei Johannes der, der das Licht der Welt ist (Joh. 11, 9—10):

Hat nicht zwölf Stunden der Tag?

Wenn jemand wandelt bei Tage, stößt er sich nicht:
denn das Licht dieser Welt sieht er.

Wenn jemand wandelt bei Nacht, stößt er sich:
denn das Licht ist nicht in ihm.

Ein „schauriges Wort" (J. Schniewind). Jesus, der den Tag aller Tage bringt, geht den Weg in die Nacht, wo er sich stößt und zerstoßen läßt. Sein Leiden ist sein Inkognito. Er selbst fällt als erstes Opfer der „Kategorie", die er in den Sprüchen der Bergpredigt (Mt. 6, 1—18) lehrt. „Verborgenheit" bedeutet — Opfer. *So* wählt Jesus: statt der Aktion die Passion.

Er wählt die Passion so entschlossen, daß er es sogar erträgt, sich beim Einzug in Jerusalem von der Karawane der galiläischen Festpilger mit dem Hosianna der Jubel-Liturgie aus Psalm 118, 25—26 huldigen zu lassen. Er selbst aber reitet nicht auf dem Streitroß, sondern auf dem Esels-Füllen (Mk. 11, 1—10). Ein König? Oder ein Narr? Keines von beiden: der arme, der sich erniedrigende Gesalbte, der nach dem Prophetenwort das Heil bringt (Sach. 9, 9: so Mt. 21, 5).

Schließlich ist die Messiasfrage im *Prozeß* Jesu zur Sprache gekommen. Es besteht kein triftiger Grund, die Frage des Hohenpriesters an Jesus: „Bist du der Messias, der Sohn des Hochgelobten?" (Mk. 14, 61) für spätere Gemeindebildung zu halten. Zwar fand das Verhör unter Ausschluß von unmittelbaren Zeugen statt. Aber dazu stand das Schnellverfahren zu sehr im Mittelpunkt des öffentlichen Interesses, als daß nicht entscheidende Einzelheiten sofort in Umlauf kamen. In einem Jahrhundert, dessen spezifisches Kennzeichen nach Carl Jakob Burckhardt die Indiskretion ist, sollte man diese Möglichkeit nicht bestreiten. Die Antwort Jesu geht bei allen drei Evangelisten auseinander. Nach Markus (14, 62) bejaht sie Jesus: „Ich bin es." Nach Lukas (22, 67) lehnt er die Antwort zunächst (vgl. dagegen 22, 70) ausdrücklich ab. Nach Matthäus (26, 64) läßt er sie in der Schwebe, doch so, daß der Ton auf einem verhüllten Nein zu ruhen scheint: *„Du* hast es gesagt – nicht ich!" In der Verschiedenheit der Antworten spiegelt sich die Mehrdeutigkeit des Geheimnisses wider. Einhellig wird die Antwort erst dann, als Jesus – über die Notwendigkeit des Antwortens hinaus – auf das Kommen des „Menschensohnes" in Kraft auf den Himmelswolken hinweist (vgl. Ps. 110, 1 u. Dan. 7, 13). Das bedeutet den zentralen, den göttlichen Angriff auf die Theokratie: der Verzicht auf den politischen Angriff kostet ihn das Leben. Paradox gesagt: Jesus verzichtet radikal auf den Radikalismus. Er hält sein Inkognito durch bis zuletzt. Er spricht im Zeitalter der irdischen „Augusti" von einer unvergleichlich anderen „Majestät" – „nicht vom Davids-, sondern vom Gottesthron" (M. Dibelius).

(2) War Jesus der *Sohn Gottes?* Hat er sich für den Sohn Gottes gehalten? Vom Boden der drei ersten Evangelien aus läßt sich diese Frage wesentlich kürzer beantworten als die nach der Messianität, mit der sie meist zusammengeworfen wird. Im vorchristlichen palästinensischen Judentum wird der Messias niemals „Sohn Gottes" genannt. „Sohn Gottes" wird seit den frühen Propheten das Volk Israel genannt (z. B. Hosea 11, 1) oder der irdische König (Ps. 2, 7; vgl. Ps. 89, 27). Söhne Gottes können die Engel sein.

Jesus selbst nennt sich nur einmal „Sohn" – um sein Nichtwissen auszudrücken: der Sohn weiß weder Tag noch Stunde (Mk. 13, 32). Das pneumatische Lied Lk. 10, 21–22 = Mt. 11, 25–27 (s. o. Seite 129) stammt nicht vom irdischen Jesus, sondern vom erhöhten Christus. Die *Dämonen* nennen ihn „Gottes Sohn" (Mk. 3, 11; 5, 7; 8, 29), ebenso der *Teufel* (Mt. 4, 3 u. 6), auch Petrus (aber nur bei Mt. 16, 16), die Leute im Schiffe (desgl. nur Mt. 14, 33), der römische Centurio, der als Führer der Hundertschaft die Wache unter dem Kreuze hält (Mk. 15, 39), und die Spottenden daselbst (Mt. 27, 40 u. 43). Die Stellen sind also äußerst spärlich und bringen fast ausschließlich Außensthende zum Reden.

Eigentümlich ist, daß der Titel „Gottessohn" gerade dort fehlt, wo man ihn am ehesten vermutet: in den Geschichten von der wunderbaren Geburt (Mt. 1 und Lk. 1—2). Das deutet bereits darauf hin, daß die Bezeichnung nicht physisch zu verstehen ist. Es wird bestätigt durch die Berichte von Jesu „Urerfahrung". Bei der Taufe und bei der Verklärung (Mk. 1, 11 u. 9, 7) redet *Gott* ihn als den Sohn an und erwählt ihn durch sein Wort. Erwählung aber bedeutet jeweils: Ausgrenzung zu einem bestimmten Dienst. Erwählung ist niemals Selbstzweck. Es gibt kein Erwählen Gottes an sich, sondern immer nur ein Erwählen für etwas. Erwählung und Gehorsam, *Erwählung* und Sendung gehören seit alters zusammen. Die Erwählung des Volkes Israel umfaßt zugleich einen *Auftrag*. Das gleiche gilt von der Erwählung seines irdischen Königs. Erwähltsein heißt: zu einem *stellvertretenden* Handeln ausersehen sein. Die Bezeichnung „Sohn Gottes" bedeutet nicht in erster Hinsicht das Woher Jesu, sondern sein Wozu. In diesem Sinne hat Jesus sich für den Sohn gehalten. Was darüber hinaus im Neuen Testament von Jesus gesagt wird, steht auf anderen Blättern zu lesen — und im Bekenntnis der Kirche.

(3) War Jesus der *Herr?* Hat er sich für den Herrn gehalten? Auch hierauf geben die synoptischen Evangelien karge Antworten. Die Aussage „Jesus der Herr" erhält ihren Vollklang erst im Bekenntnis der Gemeinde, und zwar der palästinensischen wie der hellenistischen Gemeinde. In der hellenistisch-römischen Welt gab es viel „Herren" (Kyrioi), himmlische und irdische. Die Grenzen zwischen ihnen und ihren Zuständigkeiten waren fließend. Göttliches und Menschliches griffen ineinander. Wir werden darüber noch später hören, wenn wir uns mit Paulus beschäftigen (vgl. jetzt schon 1. Kor. 8, 5—6). Die „Herren" beanspruchten nicht nur im *Kult*raum Verehrung, sondern auch Gehorsam in der *Welt.* Beides sagt das Neue Testament auch von Jesus Christus aus: er ist der Herr, der im Gottesdienst gegenwärtig wird, aber zugleich auch der heimliche Herr der Welt ist.

Aber dasselbe wußte bereits Israel von Jahwe, dem Herrn. Die Septuaginta übersetzte den unausprechlichen Gottesnamen, für den man das Wort „Herr" sprach (hebr. Adonaj), mit dem griechischen „Kyrios", das uns aus unsrer Liturgie und den Kirchenliedern bekannt ist. Diesen Vollklang hat das Wort „Herr" im Munde Jesu noch nicht. Allenfalls klingt es durch in der von Jesus gestellten Frage: „Ist der Messias Davids Sohn oder Davids Herr?" (Mk. 12, 35—37). Doch da sitzt es im Zitat von Psalm 110. In der Erzählung von der Vorbereitung des Einzugs in Jerusalem sagt Jesus zwar: „Der Herr bedarf des Eselsfüllens" (Mk. 11, 3). Aber der Ausdruck hält sich im Rahmen des Verhältnisses Jünger / Rabbi und geht über die gehobene Anrede kaum hinaus. Das gleiche gilt vom Spruch der Bergpredigt vom Herr-Herr-Sagen (Mt. 7, 21). Die Verdoppelung des Titels war im damaligen Judentum Ausdruck erhöhter Ehrerbietung. So wirft die dreimalige Nennung „Herr" in Jesu eigenem Munde wenig ab. Nach Markus (7, 28) ist Jesus nur ein einziges Mal, und zwar von der syrophönizischen Frau, mit „Kyrios" angeredet worden.

Alle drei im apostolischen Bekenntnis enthaltenen Würdenamen — (1) Christus, (2) Gottessohn, (3) Herr — haben ihren Ursprung nicht in der Rede Jesu, sondern in der Anrede an Jesus. So können Menschen und Geister, Glaubende und Nichtglaubende zu Jesus sprechen. So kann Gott zu ihm reden, und so auch die Gemeinde. Selbstbezeichnungen Jesu sind sie nicht. Sie gehören nicht zu seinem Ruf, sondern zur Antwort auf ihn, zur Antwort auf seine Erscheinung — abgesehen von der Anrede Gottes an ihn (Mk. 1, 11; 9, 7).

Der Weltrichter

Der einzige Würdename, der sich mit hoher Wahrscheinlichkeit aus dem Mund des historischen Jesus belegen läßt, ist von der Gemeinde nicht aufgenommen worden und weder im Neuen Testament noch später, bei der Bildung des Dogmas, in das Bekenntnis der Christenheit eingegangen. Es ist die Bezeichnung „der Menschensohn". Sie ist die einzige Selbstbezeichnung Jesu. War sie ein Wort, das im Leeren verhallte? War sie ein Ruf, dem die Antwort versagt blieb? Nur die Evangelien — diesmal alle vier — und eine Stelle der Apostelgeschichte kennen den Ausdruck — 80 mal! Er fehlt im gesamten übrigen Neuen Testament. Am seltsamsten ist, daß Paulus ihn nie gebraucht: Paulus, der doch der alten Überlieferung so nahe steht und sie verarbeitet.

Die Fragen, die dieser eigentümliche Tatbestand aufgibt, finden ihre Antwort darin, daß die Bezeichnung „Menschensohn" bzw. „Mensch" keinen Ruf nach außen darstellt, der auf Antwort wartete. Der Ausdruck stellt keinen Titel dar, sondern die Bezeichnung des Wesens Jesu. Er findet sich daher nur in seinem eigenen Munde. Er kann von ihm im Grunde nicht ausgesagt, sondern nur verwirklicht werden. Er ist so sehr Jesu *Ureigentum,* daß er von anderen nicht einmal benutzt werden kann, ohne seinen Sinn zu verlieren: „Mensch" ist das Selbstwort Jesu. In ihm fallen seine Person und sein Werk zusammen. Daher spiegelt sich im Fehlen dieses Wortes außerhalb des Selbstzeugnisses Jesu die Tatsache, daß das Neue Testament, daß Paulus, daß die frühe und die alte Kirche im Verschweigen des Wortes verstanden haben, daß Jesus der „Mensch" war. Wir verzichten auf eine Aufzählung und Bewertung der „Menschensohn"-Worte im einzelnen und begnügen uns mit einer summarischen Feststellung: sie treten in den Evangelien in drei Gruppen auf als Aussagen über (1) den kommenden, (2) den gekommenen und (3) den leidenden „Menschen".

(1) die futurischen Aussagen reden vom Kommen des „Menschen" auf den Wolken des Himmels *(etwa* Mk. 8, 38; 13, 26; Mt. 24, 27; Lk. 18, 8). Sie tragen am deutlichsten die Farbe der apokalyptischen Enderwartung. In den Kreisen der Gruppe und des Konventikels hoffte man auf diese Himmelsgestalt, den Weltrichter (s. o. Seite 53 ff.). Aber nur eine dieser Stellen ist historisch haltbar: das Zeugnis Jesu vor dem Hohenpriester (Mk. 14, 62). Doch gerade dieses ist sehr rätselvoll: Sitzen zur Rechten Gottes und Kommen zum Gericht scheinen sich auszuschließen. Vermutlich hat Jesus hier nicht seine Ankunft — das, was man gemeinhin seine „Wiederkunft" nennt — angekündigt, sondern vielmehr seine *Erhöhung* aus der Niedrigkeit auf Erden.

(2) Die Gegenwartsaussagen reden vom Gekommensein, besser vom *Da-Sein* des „Menschen" und seiner Vollmacht zu *handeln.* „Der Menschensohn hat Vollmacht, auf Erden Sünden zu vergeben" (Mk. 2, 10). „Der Menschensohn ist Herr auch über den Sabbat" (Mk. 2, 28). „Der Menschensohn hat nicht, wo er sein Haupt niederlege" (Mt. 8, 20). Diese Worte stellen gut bezeugte Überlieferung dar. Sie meinen alle den Irdischen — den „Allzu-Irdischen" (Mt. 11, 19) — und werden durch die unanfechtbare Schicht der Jesus-Erzählungen als historisch wahrscheinlich gemacht. Der Begriff Menschensohn hat als Selbstbezeichnung des Irdischen seinen Ursprung in der Verkündigung Jesu.

(3) Am „dichtesten" sind die Aussagen über den *leidenden und auferstehenden* Menschensohn. Es ist verständlich, daß gerade hier die Gemeinde am kräftigsten mitgearbeitet hat. Von der Verkündigung der ältesten Gemeinde und ihrer Auseinandersetzung in der Welt her ist es begreiflich, daß diese Worte Jesu später eine starke Anreicherung erfahren haben. „Der Menschensohn wird ausgeliefert wer-

den in die Hände der Menschen" (Lk. 9, 22) ist die alte Grundaussage Jesu. Aus ihr, genauer: aus der durch sie vertretenen Schicht von Selbstaussagen Jesu, die in der Überlieferung aufgegangen sind, sind die drei Leidensankündigungen erwachsen, die bereits bei Markus stilisiert erscheinen (Mk. 8, 31; 9, 31; 10, 33). Die Verknüpfung der ersten „Weissagung" mit dem voraufgegangenen Bekenntnis des Petrus scheint historisch echt zu sein: Jesus lehnt den Messiastitel ab, verbietet die Proklamation zum Messias und ersetzt den Titel durch die Selbstbezeichnung „Menschensohn", die jede Ausrufung ausschließt. Er wählt mit diesem Wort sich selbst als Leidenden. Menschen werden den Menschensohn verachten und verraten, „wie geschrieben steht von ihm" (Mk. 9, 12; 14, 21 u. 41). So wird der Menschensohn zum Zeichen des auf Erden stattfindenden Gerichts, wie einst Jona zum Zeichen wurde für seine Generation (Lk. 11, 30). Die Tage des Menschensohnes gleichen denen des Noah vor der großen Flut: die Leute essen und trinken, heiraten und lassen sich heiraten, wie wenn das Leben eine einzige Lustbarkeit wäre und nicht das Vorspiel, ja der Anfang vom Gericht (Lk. 17, 22 u. 26). In dem allem begibt sich der Dienst des Menschensohnes an der Welt. Außerhalb der stilisierten Leidens-Ankündigungen erklingt das „dichteste" aller Menschensohn-Worte: „Der Menschensohn ist nicht dazu da, um über Sklaven zu gebieten, sondern um zu dienen und sein Leben zu geben als Lösegeld für viele" (Mk. 10, 45). Das Wort ist sachlich so isoliert, daß man es dem historischen Jesus als Selbstaussage nicht zugetraut hat. Hinzu kommt, daß das Wort „Lösegeld" im ganzen Neuen Testament nur hier vorkommt. Dieser Tatbestand könnte aber auch für das gerade Gegenteil sprechen. Eine Reihe von Umständen spricht für seine Echtheit. Nicht so sehr der palästinensisch-semitische Charakter der Begriffe „Lösegeld" und „die vielen" im Sinne von „alle", sondern die Unmittelbarkeit und Kühnheit, mit der hier geredet wird. Daß der Schriftbeweis fehlt — genauso wie bei den Worten, die auf ihn hindeuten (Mk. 9, 12; 14, 21) — und daß das Bild nicht durchgeklärt ist, spricht eher für Jesu souveräne Art zu reden. Auffällt, daß die kultische Vorstellung von einem Opfer, das Sühne bewirkt, nicht bestimmend ist. Die Frage, wann das Lösegeld bezahlt wird, bleibt offen: im Endgericht? Aber ist das Endgericht nicht bereits im Lauf? Ebenso offen bleibt die Frage, wer das Lösegeld empfängt: der Satan? Sicherlich nicht! Der Satan will ja gerade das Leiden nicht (Mk. 8, 33). Gott? Aber der Menschensohn ist ja gerade der, der auserwählt ist, Gottes Auftrag auszuführen. Gott ist im Handeln und Leiden des Menschensohnes ja Subjekt und nicht Objekt. Der Empfänger bleibt — absichtlich? — ungenannt. Alles ist so untheoretisch, so untheologisch, so undogmatisch wie möglich. Läßt sich ein Wort, das sprachlich so ungeschützt formuliert ist und sachlich eine so ungeheuerliche Gedankenfracht zu tragen hat, der Gemeinde zutrauen? Jesu Wort gehört zu den großen, den *„kämpfenden Werten"*. Von ihnen sagt der Historiker, der „die Absolutheit des Christentums und die Religionsgeschichte" am großzügigsten durchforschte: „Die Erfahrung zeigt, daß es überaus wenig solcher Werte gibt und daß wirkliche Erschließungen neuer geistiger Ziele überaus selten gewesen sind ... Diejenigen, die der Menschheit wirklich etwas Neues zu sagen hatten, sind immer überaus selten gewesen, und es ist erstaunlich, von wie wenig Gedanken die Menschheit in Wahrheit gelebt hat" (Ernst Troeltsch).

Jesu Wort vom Lösegeld ist aber nicht nur ein Gedanke oder ein Wert. In ihm hat Jesus *seine Existenz* verwahrt für uns. In ihm geschieht die Einigung von Reden und Handeln. Mit dem Wort vom Leiden *wählt* Jesus das Leiden. Seine Entscheidung für das Leiden *ist* bereits Leiden.

An dieser Stelle wird nun das Eigenste sichtbar, das wir an Jesus wahrzunehmen vermögen: Jesus verwarf den Titel des politischen Messias. Er wählte statt seiner das aus dem Konventikel stammende, an der Grenze der Häresie beheimatete Wort „Menschensohn". Er übernahm es nicht unbesehen, sondern veränderte es entscheidend. Er holte den Menschensohn aus den Wolken des Himmels hernieder auf den rauhen Boden der hiesigen Wirklichkeit. Er machte den Fernen nahe. Und: er holte den Künftigen aus der Zukunft in die Gegenwart. Der Menschensohn wird durch ihn und in ihm der unbehauste *Mensch*. Was aber heißt: Mensch-Sein? Joseph Weinheber bekennt es, etwas pathetisch, aber echt, von sich selbst:

> ... ich, ein
> Mensch unter Menschen, anfällig, immer
> hin am Abgrund, einsam und wehrlos
> vor dem Wirrsal der Welt, das schwarz in mich einbricht
> wie in verlassenes Haus ein Rudel von Räubern.

Jesus ist als Menschensohn der Mensch in seiner Hinfälligkeit — wehrlos bis zum Äußersten. Er ist bereit zum Leiden und Sterben nicht nur im allgemeinen Sinne, wie er allen Menschen zukommt. Er rüstet sich, zu leiden und zu sterben als ein schuldiger Mensch — als Verbrecher. Der Kumpan der Sünder wird zum Komplizen der Kriminellen. Der Weltrichter wird zum Angeklagten vor einem irdischen Tribunal. Er wird von menschlichen Richtern dazu verurteilt, den Tod am Galgen zu sterben. Der Anwalt des Menschen hält seine Gemeinsamkeit mit dem Menschen bis zum Letzten durch. Er tritt für schuldverfallenes Leben so ein, daß er sich vor Gott und der Welt mit dem Menschen identifiziert — bis zur äußersten Konsequenz. Er stirbt für „die vielen".

Die „vielen" sind im Orden von Qumran die Mitglieder der reinen, aus der Welt ausgegrenzten priesterlichen Gemeinschaft: die Kinder des Lichtes. Die „vielen" im Munde Jesu sind — im Sinne von Jes. 53, 11 — *alle* Menschen. In der Kloster-Kaserne der „Emigranten der Wüste" denkt man partikularistisch. Jesus denkt inmitten der Welt des bewegten Lebens universal.

Hier wird deutlich, daß der „Menschensohn" das Ende des „Messias aus Israel" ist. Beide sind nach Ursprung und Sendung verschieden. Der politische *Messias* kommt als Mensch aus Israel, als Erbe des alten Königshauses; er ist gesandt allein zu Israel, um es von der Zwingherrschaft Roms zu befreien. Hier ist alles auf Sonderdasein eingeengt. Der *Menschensohn* dagegen kommt aus der Weite der göttlichen Welt und wirkt als Gesandter Gottes für die Welt. Hier ist alles ins Allumfassende geweitet. Inmitten der lärmenden hellenistisch-römischen Zeit mit ihrem ausgreifenden Reichsbewußtsein geht er still seinen Weg. Einer Welt, deren Grundgesetz Selbstbehauptung fordert, schenkt er die Regel der Selbstpreisgabe (Lk. 17, 33):

Wer sein Leben zu retten trachtet, wird es verlieren;
und wer es verliert, wird es lebendig erhalten.

Er selbst erleidet als erster seine eigene Regel — ganz. Dem Willen zur Welteroberung stellt er den Verzicht des Menschen auf sein Recht entgegen. Nicht Gott fordert einen Preis. Nicht der Teufel darf ihn fordern. Aber *das Dasein* als solches erwartet ihn — eine „neutrale" Größe, die alle Bereiche umfaßt, in denen uns das Leben tagtäglich begegnet. Jesus zahlt dem Dasein den Preis: indem er sich selbst preisgibt, gewinnt er sich selbst.

Was in Jesus zusammenfällt — Selbstpreisgabe und Selbstgewinn —, bricht für unser Dasein auseinander. Das Paradox seines Lebens und Leidens zerfällt für uns in e Problematik täglicher Entscheidungen. Bonhoeffer hat das, woru↑ . es hier geht, in einem Brief aus der Haft (vom 21. 2. 1944) umrissen: „Ich habe mir hier oft Gedanken darüber gemacht, wo die Grenzen zwischen dem notwendigen *Widerstand* gegen das ‚Schicksal' und der ebenso notwendigen *Ergebung* liegen. der Don Quijote ist das Symbol für die Fortsetzung des Widerstandes bis zum Widersinn, ja zum Wahnsinn – ähnlich Michael Kohlhaas, der über der Forderung nach seinem Recht zum Schuldigen wird ... der Widerstand verliert bei beiden letztlich seinen realen Sinn und verflüchtigt sich ins Theoretisch-Phantastische; der Sancho Pansa ist der Repräsentant des satten und schlauen Sichabfindens mit dem Gegebenen. Ich glaube, wir müssen das Große und Eigene wirklich unternehmen und doch zugleich das Selbstverständlich- und Allgemein-Notwendige tun, wir müssen dem ‚Schicksal‘ – ich finde das ‚Neutrum‘ dieses Begriffes wichtig – ebenso entschlossen entgegentreten wie uns ihm zu gegebener Zeit unterwerfen. Von ‚Führung‘ kann man erst jenseits dieses zwiefachen Vorgangs sprechen; Gott begegnet uns nicht nur als Du, sondern auch ‚vermummt‘ im ‚Es‘, und in meiner Frage geht es also im Grund darum, wie wir in diesem ‚Es‘ (‚Schicksal‘) das ‚Du‘ finden, oder, mit anderen Worten: wie aus dem ‚Schicksal‘ wirklich ‚Führung‘ wird. Die Grenzen zwischen Widerstand und Ergebung sind also prinzipiell nicht zu bestimmen; aber es muß beides da sein und beides mit Entschlossenheit ergriffen werden. Der Glaube fordert dieses bewegliche, lebendige Handeln. Nur so können wir die jeweilige gegenwärtige Situation durchhalten und fruchtbar machen.“ – Es ist das Geheimnis des Menschensohnes, daß für ihn Widerstand und Ergebung eine unteilbare Einheit bildeten.

Das Inkognito Gottes

Das Wort vom „Lösegeld“ (Mk. 10, 45) zeigt die Berührung des Menschensohn-Zeugnisses mit dem Zeugnis vom *Knechte des Herrn* aus Jes. 53. Jesus selbst hat Jes. 53 nur ein einziges Mal zitiert. Lukas hat das einzigartige Wort den Tischgesprächen beim letzten Mahl eingefügt (Lk. 22, 35–38). Rückblickend erinnert er die Jünger an die Zeit der ersten Aussendung: sie hatten nie Mangel. Aber die Wende ist da: es kommt die Zeit der Verfolgung. Zeiten ziehen herauf, da der Ärmste das nackte Leben retten muß: lieber auf das Gewand verzichten als auf die schützende Waffe – das Schwert. Daß Jesus hier nicht zu einem begrenzten Selbstschutz aufruft, geht aus dem abschließenden Satze hervor, mit dem er das Vorweisen von zwei Schwertern – übrigens die Grundstelle der mittelalterlichen Zwei-Schwerter-Lehre – beantwortet: „Es ist genug!“ Es soll der Ernst der Lage – unmittelbar vor seiner Hinrichtung – deutlich werden. Die Jünger gehören einem verfemten Meister an. Denn an ihm soll sich das Wort aus Jesaja 53, 12 erfüllen: „Er war unter die Abtrünnigen gerechnet.“ Sonst finden sich aus dem großen Liede vom leidenden und siegenden

Gottesknechte nur indirekte, aber um so beachtlichere Hinweise. So in dem Worte vom „Lösegeld" (Mk. 10, 45). Es enthält kein Zitat, wohl aber eine „Antwort auf Jesaja 53" (P. Volz). Die Begriffe und Worte, der Aussagegehalt und die Tendenz dieses Spruches — all das ist ohne Jes. 53 nicht zu verstehen. Die „vielen" begegnen noch einmal im Abendmahlsbericht des Markus (Mk. 14, 24). Darüber hinaus läßt sich beobachten, daß Jesus den Zweiten Jesaja (Jes. 40—55) stets im Sinne hat. Worte oder Schriften, in denen wir leben, pflegen wir niemals eigens zu zitieren. Je mehr wir in ihnen leben, desto weniger und seltener zitieren wir sie. Das Zitat setzt immer Distanz voraus. Wo jedoch ein Wort mit uns verwachsen ist, da prägt es Denken und Ausdruck. Wie Jesus im Ersten Gebote als dem Urworte lebte, so lebte er in den Liedern vom Gottesknecht.

Das Wichtigste aber ist, daß er durch die Art seines Lebens nicht nur die stumme, gelebte und erlittene Auslegung von Jes. 53 gab, sondern daß er die beiden Gestalten des *Menschensohnes* und des *Gottesknechtes* miteinander *verschmolz*. Er tat es nicht im Rahmen eines theologischen oder verkündigungsmäßigen Entwurfes: Weder addierte er noch kombinierte er den Menschensohn aus Dan. 7 und dem Henochbuche mit Jes. 53. Jesus war ja kein „Komponist" wie die Evangelisten, etwa wie „Matthäus". Er vollzog die Einigung der beiden bis dahin getrennten Gestalten in der „Exegese" seines geschichtlichen Lebens. In seiner einmaligen Gestalt hat Jesus in unwiederholbarer Weise die Verkündigung vom Menschensohn und das Zeugnis vom Gottesknecht sich wechselseitig auslegen lassen.

Man hat auf Jesus zuweilen auch den Begriff des *Dichters* anzuwenden versucht. Bis zu einem gewissen Grade darf man das gewiß. Denn seine Sprüche und Reden lassen bedingt auch die Anwendung ästhetischer Maßstäbe zu. In erster Linie ist Jesus der Dichter seiner Gleichnisse — unbeschadet der Überarbeitung durch die Überliefernden. Gerade sie sind so unverwechselbar lebendiger Ausdruck seiner Botschaft, daß wir es gar nicht mehr empfinden, daß etwa der verlorene Sohn, der barmherzige Samariter, der gütige Weinbergsbesitzer oder der schlafende Bauer, dessen Saat ohne sein Zutun gedeiht — ganz banal ausgedrückt —, so jedenfalls „nie gelebt" haben. Sie sind alle Gestalten einer Dichtung, die freilich das wirkliche Leben widerspiegelt, aber als gestaltetes Leben. Die größte und folgenreichste „Dichtung" Jesu war aber seine eigene Geschichte. Sie stellt sich uns am gedrängtesten darin dar, daß er Menschensohn und Gottesknecht „in eins dichtete" — im einfachen Vollzuge seiner Existenz.

Daß die Überlieferung das nicht überall verstanden hat, ist ebenso gewiß wie der Umstand, daß die Reflexe nicht überall eindeutig und kräftig sichtbar werden. Matthäus hat immerhin den Tatbestand nicht ganz übersehen. Er hat mittels des von ihm geübten Schriftbeweises zweimal auf Jes. 53 verwiesen (Mt. 8, 17 und 12, 18—27).—Am kräftigsten hat Markus die Gestalt des Gottesknechtes aus dem Zweiten Jesaja und die des *Gottessohnes* bzw. des Gerechten (Ps. 2; Weish. Salomos 2—5) ineinandergesehen. Nicht nur sein Passionsbericht hat von daher seine Gestalt empfangen, sondern auch das Thema seines Evangeliums: das „Messiasgeheimnis".

Daß die Evangelisten die überlieferten Einzelstücke in einen solchen „Rahmen" hineinzustellen vermochten, beruht nicht auf Akten ihrer Willkür, sondern auf der Erinnerung an den Mann, der in seiner Person die Motivgestalten der endzeitlichen Erwartung existentiell vereinigte. In ihren fragmentarischen Ansätzen wie in einigen ihrer Entwürfe spiegelt sich die geschichtliche Bedeutung der Lebensleistung Jesu von Nazareth wider.

Wir fragen abschließend: Warum band Jesus gerade die Gestalten des Menschensohnes und des Gottesknechtes (bzw. des Sohnes) zusammen? Darauf läßt sich kurz eine mehrgliedrige Antwort geben:

a) Beide Gestalten sind durch und durch *untheologisch*. Der Menschensohn ist zwar Gegenstand laienhafter Spekulationen, aber dogmatisch nicht eindeutig umrissen. Die Gottesknecht-Prophetie ist vom späten Judentum kaum verstanden, geschweige denn theologisch verarbeitet worden.

b) Beide Gestalten sind eigenartig *doppelwertig*. Jede von beiden kann einen einzelnen, aber auch eine Gemeinschaft bezeichnen: Israel (Jes. 44, 1) bzw. das „Volk der Heiligen des Höchsten" (Dan. 7, 27). Beide Gestalten haben also das Vermögen, zwei verschiedene Schicksale in sich unterzubringen: *den* Erwählten und *die* Erwählten.

c) Beide Gestalten stehen im Unterschiede zur offiziellen Messiaserwartung von vornherein in einem *weiten Horizont:* Herkunft und Sendung beider Botengestalten sind universal.

d) Beide Gestalten sind mit Aussagen von *göttlicher Herrlichkeit* verbunden: dem Menschensohn wird sie vor seinem Auftreten gegeben, der Gottesknecht gewinnt sie durch sein Leiden. Das große Lied vom leidenden Knecht beginnt (Jes. 52, 13—15) und schließt (Jes. 53, 12) mit dem Siege des Knechtes.

e) Beide Gestalten eröffnen die Möglichkeit, ihren Träger eine wirkliche *Geschichte* durchleben zu lassen: den Weg, durch Erniedrigung zur Erhöhung zu gelangen. Jesus hat den Menschensohn in dieser Hinsicht vom Knecht her verstanden.

f) Beide Gestalten rufen durch ihre in der jüdischen Überlieferung sichtbar werdende Blässe nach *Konkretisierung*, nach einem Menschen, der sie mit Blut und Leben erfüllt.

g) Beide Gestalten haben ihren Ort in einem übergreifenden *Heilsplan Gottes*, dem Heilsratschluß göttlichen Erwählens. Dieser Tatbestand drückt sich darin aus, daß in den Evangelien in beiden Fällen auf das „Wie geschrieben steht" hingewiesen wird.

Hier befinden wir uns im Herzstück der Verkündigung Jesu: Jesus ergreift als der erwählte und geliebte Sohn — Menschensohn und Knecht zugleich — ganz und gar den *Willen des Vaters*. Und: Jesus spricht, ganz und gar die Partei des Menschen ergreifend, die *gegen Gott rebellierende Welt* an. Er tut es nicht im Stile der Caesaren, die das Römische Reich regieren, sondern durch das Selbstopfer. Das Gesetz dieser Welt ist das Hinmorden von Millionen und Abermillionen unglücklicher, obschon nicht unschuldiger Opfer. Das Gesetz der Welt, die Jesus herauführt, ist das Sich-Hingeben bis zum Letzten. Augustus steigt auf das Kapitol, um im Tempel des Zeus vier Nächte lang das Hochamt zu zelebrieren für die Götter des Reiches. Jesus geht nach Golgatha. Keine Schauspiele schließen sich an wie in Rom, keine Theater-Festwoche.

Das vierte Evangelium läßt Jesus vor seiner Hinrichtung vom römischen Prokurator verhört werden (Joh. 18, 33—37). Pilatus fragt: „Bist du ein König?" Jesus: „Meine Königsherrschaft stammt nicht von dieser Welt. Stammte von dieser Welt meine Königsherrschaft, so hätte mein Gefolge für mich gekämpft, daß man mich nicht den Juden ausgeliefert hätte. Nun ist aber meine Königsherrschaft nicht von hier." Pilatus: „Also bist du doch ein König?" Jesus: „Gewiß, ich bin ein König. Ich bin dazu geboren und dazu in die Welt gekommen, daß ich für die Wahrheit Zeugnis ablege. Jeder, der aus der Wahrheit ist, hört auf meine Stimme." Pilatus: „Was ist Wahrheit?" — Johannes hat auf seine Weise den Christus das aussprechen lassen, was der historische Jesus durch seinen Leidensentschluß — als Menschensohn und Gottesknecht — vollzog. Nun ist der Abend der Welt da.

Alles vollzieht sich in der Verborgenheit. Die Jünger verstehen ihn nicht. Ihre ehrgeizigen Wortführer streiten sich. Das Volk strömt ihm zu und verläuft sich wieder. Es ruft im kurzen Atem von wenigen Tagen: Hosianna! und: Kreuzige! Die Jünger fliehen. Judas verrät ihn. Petrus verleugnet ihn. Die Führer des Gottesstaates lassen ihn verhaften. Der Ritter Pontius Pilatus gibt dem Verlangen der Menge statt und ordnet die Hinrichtung an. Es begibt sich Entscheidendes in der Welt. Aber das Entscheidende ist unter seinem Gegenteil verborgen, eingehüllt ins Inkognito. Was Wunder, wenn Pilatus — nach Johannes — eine müde, etwas blasierte Skepsis zur Schau trägt! Wer weiß denn wirklich, was Wahrheit ist? Und doch handelt alles, als gäbe es Wahrheit und als wüßte man, was Wahrheit ist. Man lebt in einer *Welt des Als-ob*. Was nach Notwendigkeit aussieht, ist Dummheit und Zufall. Es ist Werk subalterner Geister, die sich für etwas Besonderes halten.

Mitten aber in Zufall und Dummheit geschieht — sozusagen quer durch das große und doch so erbärmlich kleine Welttheater — die Notwendigkeit Gottes: sein *ewiger Heilsratschluß*. Jesus hat sich ihm gebeugt, ihm, dem Willen des Vaters. Er unterwarf sich nicht einer apokalyptischen Weltgesetzlichkeit. Nun darf der Mensch in allem dem Willen des Vaters begegnen: im „Es" dem ewigen Du. Um die letzte Jahrhundertwende noch glaubte der Monismus, den Menschen Freiheit von Dogmenzwang zu schenken. Das den Massen eingängige Schlagwort lief um: „Wir glauben nicht mehr an Wunder; wir glauben an die unabänderlichen Naturgesetze." Aber man kam damit aus dem Regen in die Traufe. Man vertauschte einen alten Zwang gegen einen neuen. Man geriet aus einer vermeintlichen Knechtschaft in eine wirkliche. Denn die alte Knechtschaft hielt noch die Möglichkeit offen, vom Dogma aus an Gott zu appellieren. Die neue Knechtschaft aber konfrontierte den Menschen mit einer stummen, ehernen Apparatur, deren Mechanismen unerbittlich waren — oder sie gliederte ihn einem energetisch sich vollendenden All ein, in dessen Strudel der einzelne versank.

Die alte Apokalyptik war einer neuen gewichen. An die Stelle einer Mythologie, die im Gottesbegriff noch ihr Gegenüber zu sichten vermochte, trat eine neue Mythologie, die im Namen „der" Wissenschaft die Transzendenz strich und die „in sich ruhende Endlichkeit" (P. Tillich) für absolut erklärte. Das alles wäre noch einigermaßen erträglich gewesen, wenn man sich realistisch der neuen Setzung durch den Menschen bewußt gewesen wäre. Aber man verfiel der Illusion, als sei die neu ausgemessene und kategorial neu bewertete Welt die letzte Neuheit des aufgeklärten Geistes. In Wirklichkeit handelte es sich um den Ausdruck des unwiderruflich Alten.

Wer dem historischen Jesus begegnet, der als Menschensohn und Gottesknecht den Willen des Vaters tut, und sich in seine Nachfolge begibt, empfängt ein *neues Weltbewußtsein*. Die Welt wird weiter für ihn. Er sieht sie plastisch in der Mehrzahl ihrer Dimensionen. Die „Zeiten des Aufatmens" (Apg. 3, 20) meinen nicht nur das zwischenmenschliche Dasein. Sie meinen auch das Verhältnis des Menschen gegenüber dem unübersehbaren und unbeherrschbaren Milieu sozialer und physikalischer Kräfte. Die Entdeckungen auf dem Gebiet der Kernforschung haben in der Menschheit nicht nur Empfindungen von Stolz oder Befreiung hervorgerufen. Man braucht hier nicht erst erneut den Teufel des Atomkrieges an die Schicksalswand der Welt zu malen. Es genügt, an die friedliche Nutzung der Energien zu denken, die die heutige Kernphysik freigelegt hat, an die neuen Möglichkeiten, die Welt intensiver zu erfassen und extensiver zu beherrschen. Ist das Wissen, daß der Arm der Wissenschaft und Technik um ein Millionenfaches länger ins Weltall reicht, wirklich beglückend? Ist es für den Menschen, der seine Menschlichkeit zu behaupten gedenkt, nicht eher beklemmend, zu sehen, wie die Welt zusammenzuschrumpfen beginnt?

Die Welt ist vollkommen überall,

wo der Mensch nicht hinkommt mit seiner Qual —

singt Schiller. Dieser Vollkommenheit der Welt, die mit ihrer Freiheit identisch ist, geht der Mensch mehr und mehr verlustig.

Hier hilft nur der Eingriff einer unberechenbaren Macht der Güte, in der ein Menschenherz schlägt. Sie begegnet uns in der *Niedrigkeit* dessen, der als Menschensohn unser Menschenbruder ist. Die Menschlichkeit Jesu von Nazareth ist der Bezugspunkt in einer Welt, die ihr Geheimnis verlor. Jesus ist der geheime Botschafter Gottes, „der bei Gott und Gott war und wohl hätte mögen Freude haben, der aber an die Elenden im Gefängnis gedachte und *verkleidet in die Uniform des Elends* zu ihnen kam, um sie mit seinem Blut frei zu machen" (Matthias Claudius). Wem er als das Inkognito Gottes begegnet, der weiß: Der Kosmos ist kein Kerker. Die Welt ist kein riesiges Konzentrationslager, in dem ein Despot die Menschheit willkürlich gefangen hält. Die Welt ist Gottes Schöpfung, d. h. die Stätte der Freiheit ihres Schöpfers. Sie ist aber auch die Stätte der Freiheit für alle die, die Gottes Herrschaft über die Welt und Gottes Herrlichkeit in der Welt anerkennen. Wer sind diese Menschen? Alle die, die sich von Jesus kundtun lassen, daß Gottes Weltfreiheit *Erwählung* heißt.

Jesus gibt der Welt ihr Geheimnis wieder. Jesus gibt uns heutigen Menschen die Fähigkeit zurück, hoffen zu können. Schon die bloße historische Erinnerung daran, daß ein Mann namens Jesus mit seinem

Geheimnis über diese Erde ging, könnte die Welt vor der äußersten Verzweiflung bewahren.

Das Aufgebot

Die anfangs gestellte Frage, wer Jesus war, schließt eine Reihe von Antworten aus, die ihn allein oder in Gemeinschaft mit seinen Jüngern zu charakterisieren versuchen. Die drei ersten Evangelien lassen erkennen: Jesus war kein „Virtuose der Religion", wie der junge Schleiermacher meinte. Aber er war auch nicht, wie der spätere Verfasser der „Glaubenslehre" meinte, das „Urbild" der Kirche, dem diese nacheifern und das sie abbilden könnte. Er war nicht sozusagen der vollkommene Heilige, dessen „Kräftigkeit des Gottesbewußtseins", das „eigentliche Sein Gottes in ihm", sich im Organismus der Frommen entfaltete.

Jesus war kein Schulgründer wie die Rabbinen seines Volkes oder auch wie Philosophen der griechischen oder der hellenistischen Zeit. Er strebte kein theologisches System an. Er besaß weder eine Ethik noch eine praktische Morallehre.

Jesus war, religionsgeschichtlich gesehen, kein Religionsstifter, der „das Christentum" als neue Weltreligion neben oder gegen die anderen — etwa den Buddhismus und Parsismus — gestellt hätte oder der mit den Mysterienreligionen im damaligen Römischen Reiche hätte in Konkurrenz treten wollen.

Dennoch verbirgt sich in all diesen Antworten eine richtige Beobachtung. Jesus kann nicht isoliert betrachtet werden — wie irgendein Denker der Weltgeschichte. Nennt man seinen Namen, so muß man sofort an die Gemeinschaft denken, die er zu sammeln begann. Tut man das nicht, so redet man, bereits im historischen Horizont, nicht mehr von Jesus von Nazareth. Hier erhebt sich sofort die Frage: Hat Jesus *die Kirche* gegründet? Die Frage wird von vielen protestantischen Forschern verneint. Das Wort an Petrus (Mt. 16, 17—19) sei unverkennbar spätere Gemeindebildung. Aber auch abgesehen von ihm, passe eine Kirchengründung nicht zu Jesu „Geschichtsbewußtsein".

An beiden Begründungen ist etwas Richtiges: Jesus hat keine Kirche im Sinne dessen, was uns heute unter dem „Begriff" Kirche vorschwebt, „gründen" wollen. Eine Kirche, die soziologisch der Institution des Tempelstaates oder der Synagoge oder der Ordensgemeinschaft von Qumran entgegenzustellen wäre, hat er weder projektiert noch organisiert. Eine solche Organisation widerspräche in der Tat seinem „Geschichtsbewußtsein".

Hütet man sich jedoch vor Eintragung späterer Begriffe oder Fragestellungen, so dürfte sich eine andere differenziertere Auslegung empfehlen. Textkritisch, literarkritisch und sachkritisch lassen sich gegen Mt. 16, 18 und Mt. 18, 17, wo dasselbe Wort „Ekklesia" in verschiedener Bedeutung vorkommt — Kirche als Gesamtkirche und als Einzelgemeinde —, keine wesentlichen Einwände erheben. Hinzu kommt: die Einzigartigkeit des Textes spricht eher für als gegen seine Echtheit. Der Historiker wird sich hüten müssen, Erfahrungen der späteren Zeit, die durch das römisch-katholische Verständnis von Petrus und der Kirche gemacht wurden, unbewußt den Texten unterzulegen. Ein institutionelles Grundverständnis ist keineswegs gefordert. Die Kirche *ist* zwar nicht Institution, aber sie *besitzt* als Gemeinschaft von Menschen in der Welt stets Züge, die für Institutionen kennzeichnend sind. Für Alter und Echtheit des Spruches sprechen außer der semitischen Färbung Ausdrucksweise und Wortwahl, die das im Deutschen nicht wiederzugebende Wortspiel erzeugen: „Petrus" / „petra" — Felsenmann / Fels — im Französischen Pierre/pierre. Bei Matthäus schließt sich das Wort Jesu unmittelbar an das Christusbekenntnis des Petrus an, ja es antwortet ihm. Man hat es zuweilen wie ein Gegengeschenk angesehen, das Jesus seinen Jüngern macht. Aber das ist es ganz und gar nicht. Jesus sagt:

Selig bist du, Simon, Sohn des Jona!
Denn Fleisch und Blut hat dir das nicht offenbart,
sondern mein Vater im Himmel.
Und auch ich sage dir: Du bist Petrus,
und auf diesem Felsen werde ich erbauen meine Gemeinde,
und die Pforten des Hades werden sie nicht überwältigen.

Sieht so eine Gegengabe aus? Gewiß: Matthäus läßt Jesus nicht — wie Mk. 8, 30 und Lk. 9, 1 — sofort das Verbot aussprechen, ihn zu proklamieren. Das geschieht erst kurz danach (Mt. 16, 20). Er schiebt vielmehr das Kirchenwort dazwischen. Ob dieser Ort den ursprünglichen Geschichtszusammenhang darstellt, ist fraglich. Aber das besagt nichts über Echtheit oder Unechtheit. Es ist nicht ausgeschlossen, daß Jesus durch das Wort von der Kirche das Messiasbekenntnis auffangen und zugleich abfangen will. Indem er die Erbauung der Kirche verheißt, eröffnet er den neuen Raum, in dem das Zeugnis vom Christus seinen rechtmäßigen Ort hat und gegen die politischen Mißverständnisse und Mißbräuche geschützt ist. Zu beachten ist allerdings, daß es sich im Kirchenwort um eine Verheißung für die *Zukunft* handelt: „Ich *werde* bauen", und daß alle

Tätigkeitswörter des nächsten Verses (Mt. 16, 19), die den Inhalt des Auftrages bestimmen, im Futurum stehen. Nicht der irdische Jesus läßt die Kirche erbauen, sondern der erhöhte Herr. Auch dann wird es Petrus — und nur Petrus! — sein, der den Auftrag Jesu ausführt, nicht ein Nachfolger oder gar eine Reihe von Nachfolgern, wie die der römischen Päpste.

Jesus verheißt keine Garantien für eine festgegründete Institution, die sich äußerlich in Sicherheit wiegen und innerlich satter Ruhe hingeben kann. Er stellt vielmehr die Kirche in den Raum der endzeitlichen Anfechtungen hinein, in die Zone lebenbedrohender Gefahren. Er verbürgt ihr aber durch sein Wort, daß sie als „seine" Kirche inmitten des Kampfes von den Mächten des Todes nicht überwältigt werden wird. Der archaisch gehaltene Spruch gehört in die früheste Zeit, da die über Jesus hereinbrechende Katastrophe sein Auge in die Zukunft lenkte. Man darf ihn allerdings nicht mit protestantischen Ohren hören!

Er entspricht ausgezeichnet dem Geschichtsbewußtsein Jesu. Jesus wußte sich als der von Gott erwählte Sohn, als Menschensohn und als Gottesknecht. Er wußte sich gesandt, weil er sich erwählt wußte. Nach apokalyptischer Erwartung — gleich welcher Art — fiel das Auftreten *des* Erwählten mit der Sammlung *der* Erwählten zusammen. Der „Mensch", der „Gerechte" einerseits, die „Gerechten" andrerseits gehörten zusammen — genauso wie der Messias und seine Genossen (s. o. Seite 58). Miteinander sind sie präexistent, miteinander werden sie offenbar.

In dem Augenblick, in dem Jesus sich als *Erwählter* wußte, war die Entscheidung über die Sammlung der Gemeinde der Erwählten bereits gefallen. Gewiß sammelt er diese Gemeinde durch seinen Ruf — wie denn sonst? Auch die verheißene Ekklesia, die auf dem „Felsen" Petrus gebaut werden soll, wird ja durch seinen Ruf „gebaut" werden. Auch unter dem Bilde des Hauses ist die Kirche als das endzeitliche Gottesvolk zu verstehen oder, wie das alttestamentliche Wort es vorbezeichnet, als das endzeitliche *Aufgebot*. Das Aufgebot aber muß in den Kampf — mit den „Pforten des Hades"! Als Erwählter und Gerechter sammelt er das Aufgebot und geht er zugleich den Weg der Niedrigkeit und des Leides. Beide — Jesus der Leidende und Jesus der Kirchengründer — gehören zusammen. Oder noch kürzer gesagt: Kirche und Kreuz, Kreuz und Kirche.

Gewiß: wer an das Kloster von Qumran, an die Kaserne der dortigen „Heilsarmee" und an das geistliche Exerzierreglement denkt, wird über die Kirche, die Jesus baut, die Gemeinde, die er sammelt, enttäuscht sein. Er soll es auch sein! Hier erscheint nichts geregelt und alles improvisiert. Eine „Weltkirche" in irgendeinem organisatorischen Sinne liegt nicht in seinem Blick, wohl aber die Kampfgemeinschaft der Glaubenden, Lebenden und Hoffenden.

Als der Sammler des letzten Aufgebotes beruft er seine *Jünger*. Die Berichte über diese Berufungen sind recht verschieden (vgl. Mk. 1, 16—20 mit Lk. 5, 1—11). Die Zwölfzahl scheint alt zu sein. Die zwölf Jünger entsprechen den zwölf Erzvätern. Sind diese die Stammväter des alten Gottesvolkes, so sie die Ahnherren des neuen. Da das Kollegium der Zwölf später keine entscheidende Rolle mehr spielt, aber schon von Paulus vorausgesetzt wird (1. Kor. 15, 5), liegt gute Tradition vor. Auch die Ordensregel von Qumran kennt einen Zwölferrat und daneben drei Priester. Eine Zwölfertabelle liegt in Mk. 3, 13—19 (=Mt. 10, 1—4 = Lk. 6, 12—16) vor. Alle drei stimmen in der Struktur überein, auch mit dem Apostel-Katalog von Apg. 1, 13, unterscheiden sich aber in einigen Einzelheiten der Namen und ihrer Anordnung. Die drei führenden Jünger Petrus, Johannes, Jakobus erscheinen an der Spitze, nur Mt. und Lk. lassen Andreas neben dem Bruder Petrus rangieren. Die drei gehören dem Zwölferkreise an, im Unterschied zu den drei Priestern von Qumran, die dazutreten. Sie sind die vertrauten Zeugen: am Totenbette des Mädchens (Mk. 5, 37), auf dem Berge der Verklärung (Mk. 9, 2), im Garten Gethsemane (Mk. 14, 33).

Alle drei Evangelisten lassen erkennen, daß es sich bei der Wahl der Jünger um freie „Auswahl", Erwählung handelt — er ruft herzu, „welche er wollte" (Mk. 3, 13) — und um charismatische Begabung durch den Urcharismatiker Jesus (Mt. 10, 1). Die Zwölf sollen die künftigen Fürsten des neuen Israel sein: sie sollen „auf zwölf Thronen sitzen und die zwölf Stämme Israels richten" (Mt. 19, 28). Sie bilden, ganz abgesehen von Temperament und Charaktereigenschaft, eine bunt zusammengewürfelte Gruppe: der Fischer steht neben dem Bauern, der „Patriot" Simon (Lk. 6, 15) neben dem Zollpächter Levi (Mk. 2, 13—14) bzw. Matthäus (Mt. 9, 9). Der Kreis ist angesichts dieser Extreme alles andere als eine „reine" Gemeinde im Sinne des priesterlichen Ideals. Vermutlich war er auch nicht so geschlossen, wie es die stilisierten Verzeichnisse erkennen lassen. Wir sahen ja bereits, daß auch Frauen in Jesu Gefolge waren (Lk. 8, 1—3). Lukas kennt eine Überlieferung, daß Jesus neben den Zwölf (Lk. 9, 1—16) = Mk. 6, 7—13) „andere siebzig" Jünger „bestimmt" habe (Lk. 10, 1—20).

Das alles macht den Eindruck, daß Jesus kein positives Auswahl-Prinzip anwandte. In Einzelfällen reagierte er negativ. Er hat Bitten oder Angebote von Nachfolgern (Mk. 5, 18—19) zum Teil unerhört schroff abgewiesen. Abschreckend wirken die Worte an die Bewerber: „Laß die Toten ihre Toten begraben" und das Verbot des Abschiedes von der Familie (Lk. 9, 57—62). Hier ist mehr als Elia (1. Kön. 19, 20). In den Jünger-Sprüchen über die Dienstpflicht (Mk. 9, 33—37), das Ärgernisgeben (Mk. 9, 42—48), das Salz (Mk. 9, 49—50) und den Weisungen, Mahnungen und Drohungen, die namentlich Matthäus zu größeren Einheiten zusammengestellt hat (s. o. Seite 200), weht oft ein schneidend scharfer Wind. Die Forderung findet denkbar scharfen Ausdruck (Mk. 9, 43—47):

Und wenn dich deine Hand zu Fall bringt — hau sie ab!
Es ist dir besser, verstümmelt einzugehen ins Leben,
als mit beiden Händen zur Hölle zu fahren,
ins unauslöschliche Feuer.
Und wenn dein Fuß dich zu Fall bringt — hau ihn ab!
Es ist dir besser, lahm einzugehen ins Leben,
als mit den beiden Füßen in die Hölle geworfen zu werden.
Und wenn dein Auge dich zu Fall bringt — reiß es aus!
Es ist dir besser, einäugig einzugehen in Gottes Herrschaft,
als mit beiden Augen in die Hölle geworfen zu werden,
wo ihr Wurm nicht stirbt und ihr Feuer nicht verlischt.

Die so ausgewählte und so geforderte Jüngergemeinschaft bildet eine einzige große Familie. Nicht Organisation oder Vereinsregister entscheidet, sondern die Antwort der Tat auf den Tatruf Gottes. Als Jesu Mutter und Brüder nach ihm rufen lassen, spricht er: „Wer ist meine Mutter und meine Brüder? Und er blickt umher auf die, die im Kreis um ihn sitzen, und spricht: Siehe, meine Mutter und meine Brüder! Jeder, der den Willen Gottes tut, der ist mir Bruder, Schwester und Mutter" (Mk. 3, 31—35). Im Hörbereich Jesu entsteht die Gemeinde. So weit er sieht, ist *Gottes Familie* da. Nicht Bruderschaft alten, pharisäischen Stiles, nicht Gruppe oder Konventikel apokalyptischer Ordnung, nicht Orden strenger oder lockerer Observanz — nein: Familie Gottes. Die Ordnung Gottes verbindet und bindet untereinander. Der Vater schafft sich seine Kinder — aus den Horchenden und den Gehorchenden. Beim letzten Mahle, in der Nacht vor dem Tode, wird diese Familie ihr Familien-Recht erhalten. Zum rufenden Wort wird das sättigende, den Bund stiftende Mahl treten. „Das Abendmahl bedeutet die Gründung der Kirche" (M. Dibelius).

Genauso unprinzipiell wie bei der Sammlung des Aufgebotes verfährt Jesus bei der Aussendung der Jünger zum Dienst. Hat Jesus die Mission begründet, die *Heidenmission?* Die Frage läßt sich ebenso verneinen, wenn wir sie mit unseren Anschauungen verquicken, wie die Kirchenfrage. Verstehen wir die Kirche nach dem Modell der römischen Weltkirche oder nach dem der orthodoxen Kult- und der protestantischen Predigtkirchen samt ihren Rechts- und Behörden-Apparaten, dann hat Jesus die Kirche nicht gegründet. Auch eine ökumenische Ordnung wie der Weltkirchenrat, als mögliche Form der Vereinigung und Koordination von Kirchen, hat nicht in seinem Blickfeld gelegen. Verstehen wir die Mission nach dem Modell moderner Missionsarbeit daheim und im Raum der „Jungen Kirchen", so hat Jesus weder Mission angeordnet noch selbst getrieben. Und doch wäre diese Antwort ebenso schief wie die Antwort auf die Kirchenfrage.

Denn mit der Urgegebenheit seiner Erwählung war auch die Mission gegeben, und zwar die *universale Mission.* Indem Jesus den Titel des „Messias aus Israel" ablehnt, ist der Weg zu ihr frei gemacht. Indem er sich zum Sohne erwählen läßt und sich als Gottesknecht weiß, wird der Weg bereits beschritten. Der Gottesknecht des Zweiten Jesaja hat das Amt für die Welt überkommen, von Haus aus. Nur dazu wird er erwählt, daß er die vielen rufe, daß er die Weisung, die Wahrheit, das Recht Gottes hinaustrage zu den fernsten Gestaden, den „Inseln". Die „Ozeanküsten" warten auf die neue Ordnung des Gottherren (Jes. 42, 4). Die Völker warten, die Heiden.

Aber der Gottesknecht ist zugleich das Maß der Sendung, die Gott von ihm erwartet. Die Anschauung, die aus den Heilsorakeln des Zweiten Jesaja spricht, und die in den synoptischen Evangelien vorausgesetzt ist, ist anders als die Vorstellung, die die Kirchen in den Jahrhunderten moderner Betriebsamkeit haben. Diese ähnelt zuweilen allzusehr der religiösen Propaganda der Synagoge zu Jesu Zeiten. Gerade diese „Mission" hat Jesus verworfen: „Wehe euch, Schriftgelehrte und Pharisäer, ihr Heuchler, denn ihr durchzieht Meer und Land, um einen einzigen Proselyten zu machen; und wenn er es wird, so macht ihr aus ihm ein Kind der Hölle, noch einmal so schlimm wie ihr" (Mt. 23, 15). Wen erinnerte dies Wort nicht an manche Methode europäischer Missionspraxis, die die „Segnungen" der abendländischen Zivilisation — nicht nur „zwischen Nil und Kaukasus" — Völkern brachte, in denen die bodenständige Kultur zugleich entwurzelt wurde. Für das Alte Testament und für Jesus selbst ist Mission das endzeitliche *Wunder.* Wenn die Zeit reif ist, dann werden die wartenden Völker der Welt erwachen. Sie werden sich selbst auf den Weg machen und zum Ort des Heils kommen. Es bedarf dann keiner Organisation, keines „missionarischen Werkes". Es bedarf dann nur noch des Alarmrufes. Man mag diese Anschauung naiv nennen. Aber sie ist die der Propheten und die Jesu.

So sendet er — weil *er* da ist — die Jünger aus. So lehrt er sie, den ersten Schritt wirklich zuerst zu tun und zu den verlorenen Schafen vom Haus Israel zu gehen, nicht auf den Weg der Heiden zu eilen, ja nicht einmal eine Samariterstadt zu betreten (Mt. 10, 5). Aber es wäre falsch, daraus eine prinzipielle Ablehnung der Heidenmission zu machen. Das heißt Jesus zuviel Prinzipien zutrauen! Der Vers steht im Sondergut des *Matthäus* und darf nicht überinterpretiert werden. Genauer gesagt: man muß ihn vom Gesamtentwurf des ersten Evangelisten her verstehen. Das „Thema" des Matthäus lautet: Der aus Israel kommende und für Israel bestimmte Messias (Mt. 1) wird von eben diesem Israel verworfen und — von den Völkern angenommen! Diese Verwerfung kündigt sich schon früh an: ihr Prototyp ist der brutale Herodes (Mt. 1). Aber ebenso kündigt sich das endzeitliche Wunder der Völkererweckung an und korrigiert den Plan, ja führt ihn letztlich zum Ziel. Die Magier kommen auf den Seidenstraßen des alten Alexanderreiches von Osten heran (Mt. 2). Die Syrophönizierin läßt sich, obwohl Jesus sie in die Klasse der „Hunde" einstuft, nicht abweisen (Mt. 15, 21—28). Der römische Hauptmann macht sich auf seine Weise seinen Vers von dem Wunderdoktor von Kapernaum (Mt. 8, 5—13). Jesus selbst gerät ins Staunen: „Amen, ich sage euch, bei niemand habe ich so großen Glauben in Israel gefunden" (Mt. 8, 10). Und daran schließt sich der Hinweis, daß jetzt die Prophetie des Zweiten Jesaja sich zu erfüllen beginnt (Jes. 49, 12; 59, 19). Erst am Ende des Evangeliums gibt der Erhöhte die Weisung, in die weite Oikumene zu gehen, zu „allen" Völkern (Mt. 28, 19). Der weitgespannte Rahmen ist selbstverständlich das Werk des Matthäus. Die Auslegung, die er damit dem Werke Jesu gibt, erfolgt aus der Sicht der späteren Ausweitung der Mission von den Juden zu den Heiden. Dennoch spiegelt die Dialektik Israel/Heidenwelt eine Bewegung wider, die das Wirken des historischen Jesus belebt haben mag. Jesus hat vor dem zweiten den ersten Schritt getan. Gerade so sah es das Missionsorakel des Zweiten Jesaja vor (Jes. 49, 9). Es spricht nichts dagegen, daß Jesus, der im Worte dieses Propheten lebte, die dem Gottesknecht erteilte Weisung ernst nahm. Sie entsprach auch seinem persönlichen Wirklichkeitssinn.

Lukas, der die universale Offenheit des Evangeliums für die Welt hervorhebt, läßt Jesus den Vorzug Israels keineswegs unterdrücken. Daß die gekrümmte Frau „Abrahams Tochter" (Lk. 13, 16) und der Oberzöllner Zachäus „Abrahams Sohn" ist (Lk. 19, 9), ist nicht nebensächlich. Daß aber der Blick Jesu über die Grenzen der Theokratie hinausgeht, ist ebenso sicher. Das aufsässige Samariter-Dorf wird geschont (Lk. 9, 51—56). Von den zehn geheilten Aussätzigen erstattet allein der „fremdstämmige" Samariter dem Helfer den Dank (Lk. 17, 11—19). Der tätige Nächste ist nicht zufällig ein Samariter (Lk. 10, 29—37). Das alles wird betont. Der vierte Evangelist läßt Jesus sein universalstes Wort im Gespräch mit einer Samariterin sagen: Joh. 4, 24. Die Überlieferung hätte das alles nicht sagen können, wenn sie nicht an Jesus selbst die Wendung zur Welt der Völker wahrgenommen hätte. Hätte Jesus die Heidenmission grundsätzlich verboten, so hätte diese Abgrenzung, unter den Bedingungen der Zeit, von selbst politische Formen annehmen müssen. Damit aber hätte Jesus sein Werk als Gottesknecht und Menschensohn widerrufen.

Der Angriff

Jesus war kein Religionsstifter. Jesus hat nicht „das Christentum" in der Welt verbreiten wollen. Er hat auch kein *„christliches Zeitalter"* anbrechen lassen, das dann durch ein „konstantinisches" gesichert werden konnte. Er hat uns damit von Albträumen, die seit einem Menschenalter besonders die angelsächsische Welt beunruhigen, befreit: nachdem die Welt in der Neuzeit der Kirche das Bündnis aufgekündigt habe, sei ein „nachchristliches Zeitalter" angebrochen. Das alles sind Phantasien, die dadurch nicht Wirklichkeiten werden, daß sie fromm sind.

Jesus hat die Kirche, das endzeitliche Gottesvolk aufgeboten. Die Jünger bilden den Kerntrupp des neuen „Bundes", die Eidgenossen ihres Herrn. Jesus aber ist der Person gewordene „Schwur Gottes": er bürgt dafür, daß es mit der Welt ein gutes Ende nehmen soll (Blumhardt d. J.). Um diesen Schwurherrn scharen sie sich. Sie tragen keine Uniform, es sei denn die seine, durch die er sich mit allen Menschen gemein macht: die „Uniform des Elends". Sie marschieren nicht im Gleichschritt. Sie folgen ihm nach. Nachfolge aber heißt kämpfen und angefochten werden. Das Bewegungsgesetz des Aufgebotes heißt nicht Ausbreitung, sondern Kampf.

Jesus geht zum Angriff über. Sein Angriff ist der *„Angriff der Gnade"* (K. Barth). Jesus zweifelt nicht an der Welt, und vor allem: er verzweifelt nicht an ihr. Er hofft *auf* sie und er hofft *für* sie. Hoffende sind niemals „radikal". Der Radikalismus ist eine Ausgeburt von Angst und Verzweiflung. Jesus aber ist ein Hoffender. Wäre er ein Radikaler gewesen, radikal im religiösen und radikal im politischen Sinne, so hätte er kaum Anstoß erregt. Es ist eine alte Erfahrung, daß in der Weltgeschichte die Radikalen das Rennen zu machen pflegen. Je radikaler, desto erfolgreicher! Die radikalen Führer pflegen den gemäßigten die Gefolgschaft abspenstig zu machen. Auch im Geistigen ist es nicht anders: die Jugend, die Intellektuellen pflegen den „erregenden" Geistern zu folgen. Der sich überschlagende Gedanke, die überscharfe Forderung, die Absurdität in jeder Form spornen die literarische und nichtliterarische Menge. Im Radikalismus spielt die Welt sich das dialektische Schattenspiel ihrer Hoffnungslosigkeit vor und bekennt sich zu ihr.

Jesus spielt das alles nicht. Er und der Täufer machen es keinem recht. Seine Generation kommt ihm vor wie die Theater spielenden Kinder. Sie sitzen auf dem Markt und spielen Hochzeit und Bestattung. Das ist ihr ganzes Repertoire. Mehr können sie nicht. Aber das wenige, was sie können, wollen sie ganz. Das Gespür für Nuancen geht ihnen ab. Doch da sind die Spielverderber, die die Regeln der kleinen Komödien und Tragödien nicht erfüllen wollen. Nun rufen sie sich gegenseitig zu:

Wir bliesen die Flöte — ihr habt nicht getanzt!

Wir sangen die Klage — ihr habt nicht geschluchzt!

Johannes war ein finsterer Büßer. Man sagt: er hat einen Dämon! Jesus kam und benahm sich wie ein gewöhnlicher Mensch. Man sagt: solch ein Schlemmer! Nie wird der Wunsch nach dem Außerordentlichen erfüllt. Die Boten Gottes machen es niemandem recht (Lk. 7, 31—35). Hätte Jesus den Radikalen gespielt, so wäre man ihm gefolgt oder hätte ihn laufen lassen, je nach Geschmack. Aber man hätte ihn nicht verfolgt und nicht umgebracht, jedenfalls nicht seitens der Juden. Nicht seine fordernde Schärfe erregt die Zeitgenossen. Seine schenkende Güte löst Skandal aus. Von Anfang an scheint das so gewesen zu sein: die „Worte der *Huld,* die seinem Munde entströmen", rufen die Opposition hervor (Lk. 4, 22). Die Gnade Gottes, die er verkündigt, wirkt den Anstoß (Mt. 20, 1—16). Er bringt das „sanfte Joch" (Mt. 11, 29). Die Erwartung der Rabbinen ging dahin: Wenn der Messias kommt, werden seine „Tage" eine Zeit eifrigsten Gesetzesstudiums sein. Die Theater und Zirkusse des Römischen Reiches werden in Lehrhallen der Tora umgewandelt werden. Selbst die Akademien der babylonischen Judenschaft werden dann nach Palästina verpflanzt. Der Messias wird in dieser zentralisierten Gelehrten-Republik der oberste Gesetzeslehrer sein. Aber — *er* kam anders. Er richtete zwar die Tora, d. h. die Weisung Gottes auf, aber im Sinne des Zweiten Jesaja als der Gottesknecht. Matthäus verstand, daß die Art, wie er das Recht Gottes aufrichtete, dem Ideal der Frommen und der Gelehrten widersprach (Mt. 12, 18—21 = Jes. 42, 1—4):

Siehe, mein Knecht, den ich erwählt habe,
mein Geliebter, an dem meine Seele Wohlgefallen fand.
Ich will meinen Geist auf ihn legen,
und das Recht wird er den Heiden verkünden.
Nicht streiten wird er noch kreischen,
noch wird man hören auf den Straßen seine Stimme.
Geknicktes Rohr wird er nicht zerbrechen
und glimmenden Docht nicht auslöschen,
bis daß er zum Sieg hinausführt das Recht.
Und auf seinen Namen werden die Heiden hoffen.

Soll das das neue Weltgesetz sein? Er wird den Stab nicht brechen über den angeklagten Menschen? Es ist kein Zufall, daß man in der Zeit des „Dritten Reiches" gerade hier den Angriff der Gnade als staatsgefährlich empfand. Der Wochenspruch des 12. Sonntags nach Trinitatis — eben Mt. 12, 20 — wurde einst von der Geheimen Staatspolizei beschlagnahmt. Seine Verbreitung bedeutete ja Agitation gegen die staatliche Euthanasie-Gesetzgebung! In der Tat: Das Recht, das Jesus bringt, ist zwar kein politisches Gesetz. Aber als Gottes Recht schließt es alles „Recht" aus, das wider die Menschlichkeit streitet. Die Vernichtung des „lebensunwerten Lebens" läßt sich vom Angriff der Gnade her nicht rechtfertigen. Vor dem Richterstuhl der Gnade gibt es nicht einmal den Begriff. Vor dem Recht Gottes, das Jesus bringt, ist jedes Leben lebenswert. Die Feinde Jesu verstanden damals besser als seine Anhänger, daß Jesus in Person den ärgerlichen Angriff der Gnade bedeutet.

So wittert die Welt in ihm ihren *Feind*. Die Seinen halten ihn für von Sinnen (Mk. 3, 21). Die Pharisäer und Herodianer belauern ihn und verwickeln ihn in Streitgespräche (Mk. 2, 16; 3, 6; 8, 11). Von der Zentrale in Jerusalem wird er durch Kommissare aus den Kreisen der dortigen Schriftgelehrten und Pharisäer überwacht (Mk. 3, 22; 7, 1). Er selbst warnt vor dem „Sauerteig" der Pharisäer und des Herodes Antipas (Mk. 8, 15). In Form dieser Warnung trägt er die schärfste Kritik an den bestehenden geistlichen und weltlichen Gewalten vor: sie wirken als Mächte des Verderbens. Was Matthäus Jesus als geballten Angriff vortragen läßt (Mt. 23), dürfte die Summe von Sprüchen darstellen, die bei verschiedensten Gelegenheiten gesprochen sind. Auch wo sie die spätere Auseinandersetzung der Gemeinde mit der rabbinischen Gesetzesfrömmigkeit widerspiegeln, besitzen sie die Echtheit des ursprünglichen Gegensatzes.

Auch mit den Sadduzäern gerät Jesus in Konflikt (Mt. 16, 6). Der Streit wird von der Partei des Priesteradels begonnen. Der Streit zeigt, wie wenig Jesus seine Partner mit radikalen Argumenten eschatologischer Art angreift. Sie erzählen die schnurrige Geschichte von der Frau, die dem Gesetze gemäß nacheinander sieben Männer heiratete: wem wird sie denn in der *Auferstehung* angehören? Die Frage setzt voraus, daß die Sadduzäer die im Gesetz nicht bezeugte Auferstehungslehre theologisch ad absurdum führen wollen. Jesus läßt sich nicht verblüffen. Er führt einen eigenartigen „Schriftbeweis" aus dem „Gesetz". Er zieht keine endzeitlichen Register. Er begibt sich auf die Ebene seiner Gegner. Hier aber schlägt er sie, indem er seltsamerweise das Offenbarungswort aus der Berufungsgeschichte des Mose zitiert. Am brennenden Busch präsentierte sich Gott dem Mose mit der Selbstaussage: „Ich bin der Gott Abrahams und der Gott Isaaks und der Gott Jakobs" (2. Mose 3, 6). Nennt Gott die verstorbenen Väter in einem Atem mit seinem eigenen Namen, ja ist sein eigener Name durch die Namen der Väter qualifiziert, so haben die Toten an seinem Leben Anteil. Seltsame Logik? Sicher: zumindest in der Methode. Aber hinter ihr verbirgt sich eine lebendige Gotteserfahrung. Gottes Name ist sein Wesen, so wie der Name von Menschen ihr Wesen ausmacht. Bindet Gott sein Wesen derartig an die längst Verstorbenen, so reißt sein Lebensodem sie in seine Lebendigkeit hinein: „Er ist nicht der Gott von Toten, sondern von Lebendigen. Ihr steckt tief im Irrtum" (Mk. 12, 18—27).

Hier taucht die Möglichkeit auf, daß Jesus nicht nur eine kommende Auferstehung der Toten erwartet hat, wie es die Apokalyptiker von jeher taten. Es zeigt sich vielmehr, daß er von einer ungebrochenen Lebendigkeit des Menschen gewußt hat, die auch der Tod nicht zerstören kann. Das braucht nicht im Sinne der griechischen Lehre von der *„Unsterblichkeit der Seele"* verstanden zu werden. Jesus war kein Philosoph und wußte nichts von einer isolierten Seele, die sozusagen als Substanz des Menschen unsterblich sei. Unsterblichkeit war ihm nicht ein Prädikat des Menschen oder eines „höheren" Teiles in ihm, sondern eine Wesensherrlichkeit Gottes. Er wußte um Gottes lebendige Anrede und ihre Überlegenheit dem Tode gegenüber. Gott, der der

Schöpfer der Welt ist, redet in schöpferischen Realitäten. Redend wirkt er die Wirklichkeit. Indem er sein Wort zum Menschen spricht, reißt er ihn durch den Tod hindurch und gibt ihm Anteil an seinem himmlischen Leben. Sein *Wort* ist unsterblich. Wie sehr es für ihn unsterblich ist, zeigt gerade diese Geschichte. Aus dem harten Gestein des Gesetzes schlägt Jesus den Funken des Evangeliums. Im Grunde geht es um das erste Gebot, genauer: um seinen Vorspruch: „Ich bin der Herr, dein Gott." Aus dem Felsen des Gesetzes quillt Wasser: „Dein Gott" — der Inbegriff des Evangeliums. Gott schenkt ewige Lebendigkeit bereits jetzt.

Vermutlich sind im Sinne dieses bereits jetzt gegenwärtigen Lebens Gottes auch die von Lukas überlieferten Worte zu verstehen: das Gleichnis vom Reichen und vom armen Lazarus (Luk. 16, 19—31) und das Wort Jesu an den bußfertigen Schächer: „Amen, ich sage dir: heute wirst du mit mir im Paradiese sein" (Lk. 23, 43). Man hat diese beiden Texte im letzten Menschenalter recht stiefmütterlich behandelt. Nach dem ersten Weltkrieg machte eine extrem endzeitlich ausgerichtete Theologie gegenüber einer verflachenden Anschauung, die idealistisch die Unsterblichkeit der Seele lehrte, erneut den Gerichtsgedanken geltend. Man versuchte sie radikal endzeitlich auszudeuten. Das gelang jedoch nur durch Umdeutung. Zwar werden an keiner der beiden Stellen Leib und Seele geschieden und jener für sterblich, diese für unsterblich gehalten. Immer ist der ganze Mensch gemeint. Aber dem Menschen wird gesagt, daß Heil oder Unheil gegenwärtig sind. Die Aussage von der *Gegenwärtigkeit ewigen Lebens* wird mit seiner Zukünftigkeit nicht systematisch verrechnet. Aussage steht gegen Aussage. Jede schließt für das Durchschnittsdenken die andere aus. Sie dürften aber genauso gültig im Paradox zusammengebunden sein wie Gegenwart und Zukunft der Gottesherrschaft oder wie die Geltung des exklusiven Indikativs mit der des exklusiven Imperativs.

Der modernen Gerichtstheologie und ihrem Radikalismus war das nicht genug. Sie bangte um den Ernst und die Reinheit der christlichen Auferweckungslehre. Sie sah nicht, daß auch auf dieser Ebene Jesus den Angriff des *Erbarmens* vorantrieb. Sie wollte alles vom „Letzten" her begründen und vergaß, daß im „Vorletzten", im Hiesigen, uns schon Gewißheit des Lebens umfängt. Sie traute Verheißungen, daß der Mensch schon jetzt durch Tod und Gericht geht, wohl dem johanneischen Christus zu (Joh. 5, 24), aber nicht dem synoptischen Jesus. Luther hat nicht nur vom kommenden Gott her gedacht, sondern von dem bereits in seinem Worte wirkenden. Er hat damit das getroffen,

was von unseren Texten her zu sagen ist: „Wo aber oder mit wem Gott redet — es sei im Zorn oder in der Gnade —, der ist wahrhaft unsterblich. Die Person des redenden Gottes und das Wort deuten an, daß wir solche Kreaturen sind, mit denen Gott bis in Ewigkeit und in unsterblicher Weise reden will."
Jesus greift die Welt nicht mit einem abstrakten „Ernst", sondern mit der ewigen Barmherzigkeit Gottes an und mit der barmherzigen Zusage ewigen Lebens. Diesen Angriff kann die Welt nicht ertragen. Sie macht den Angreifer zum Angegriffenen. Sie stellt ihn ins *Leiden* — ihn und die Seinen. Für uns fallen Angriff und Leiden auseinander. Für ihn decken sie sich. Sein Leiden folgt nicht dem Angriff. Sein Angriff geschieht in der Gestalt der Niedrigkeit und des Leidens.

Die Bereitschaft

Jesu Leiden beginnt lange vor den dunklen und bitteren Erlebnissen seiner letzten Lebenstage, von denen die Evangelisten berichten und die wir unter dem Begriff der *Passion* zusammenfassen. Sein Leiden ist mit seiner Taufe, genauer: mit der bei seiner Taufe geschehenen Erwählung zum „Sohn" gegeben. Eine Entwicklung machen die Evangelien kaum sichtbar. Sie lassen aber die letzte Passion sich bereits in seinem öffentlichen Wirken sehr früh abschatten. Markus berichtet ziemlich zu Anfang, daß bereits nach dem zweiten Sabbatkonflikt die Pharisäer mit den Herodianern eine Konferenz halten, in der man beschließt, ihn zu „liquidieren" (Mk. 3, 6). Nach Lukas versucht man ihn schon nach seiner Antrittspredigt in Nazareth zu „lynchen", d. h., nach jüdischer Sitte den Berghang hinabzustürzen und zu steinigen (Lk. 4, 28—29). Zwischendurch kommt ihm durch einige Pharisäer zu Ohren, Herodes Antipas stelle ihm nach. Gewarnt und zur Flucht angeregt, antwortet Jesus: „Geht hin und sagt diesem Fuchs: Siehe, ich treibe Dämonen aus und vollbringe Heilungen heute und morgen (und am dritten Tage werde ich vollendet). Doch muß ich heute und morgen und am folgenden Tage wandern. Denn es ist völlig ausgeschlossen, daß ein Prophet umkomme außerhalb Jerusalems" (Lk. 13, 31—33).
In den sog. *Leidensweissagungen* wird die heimliche Unruhe des Lebensganges Jesu hörbar. Alle drei Synoptiker bringen sie, wenn auch in leicht abgewandelter Form. Daß nicht nur die Dreizahl stilisiert, sondern auch ihre Gestalt aus dem Rückblick der nachösterlichen Gemeinde bestimmt ist, zeigt ein Vergleich der Texte untereinander (bei Mk.: 8, 31; 9, 31; 10, 33—34). Daß sie in dieser Form wortgetreu

sein könnten, dazu sind die Einzelheiten zu detailliert (z. B. Mk. 10, 34), z. T. aber auch zu ungenau: Markus redet von der Auferstehung „nach drei Tagen " (Mk. 8, 31; 9, 31), Matthäus und Lukas von „am dritten Tage". Daß der Sprachgebrauch durch die Zeugnisse von der Erwartung des Menschensohnes (Dan. 7) und des Gottesknechtes (Jes. 53) bestimmt ist, schließt aber einen historischen Kern nicht aus. Wenn Jesus die beiden von Haus aus einander fremden Erwartungen verband, so hätten wir es in den durch die Gemeinde überformten Sprüchen mit dem Ausdruck dieses unmittelbaren Sendungsbewußtseins zu tun. Jesus wußte sich erwählt zum Sohn, zum Menschensohn bzw. zum Gerechten *und* zum Gottesknecht. Es ist schwer vorzustellen, daß er damit nicht um sein gewaltsames Ende gewußt hätte. Heißt schon Prophetenschicksal seit alters Leiden, so heißt „zum Knecht Gottes erwählt sein" gewiß nicht weniger. Der Weg war Jesus durch alle drei Motivgestalten vorgezeichnet (Ps. 34, 20):

Viel muß der Gerechte leiden,
doch aus alledem rettet der Herr.

Galt das bereits für den Frommen als solchen, so galt es in erhöhtem Maße vom endzeit'lichen Retter.

Dabei ist nun allerdings wesentlich, daß das Leiden als ein *Durchgang* verstanden wird: sowohl für den Gerechten (Ps. 34, 20 b und Weish. Salom. 2—5) wie für den Gottesknecht (Jes. 52, 13—53, 12). Jes. 53 will bekanntlich ein Siegeslied sein (Jes. 52, 13 u. 53, 10—12):

Siehe, es siegt mein Knecht,
wird erhöht zum erhabensten Fürsten ...
Jahwes Plan war's, ihn zu zerschlagen.
Wenn er sein Leben als Schuldopfer einsetzt,
sol'l er Nachwuchs sehen, lange Tage leben.
Und Jahwes Plan wird in seiner Hand glücken.
Nach der Mühsal seines Lebens wird er ihn sein Licht sehen lassen,
ihn sättigen mit seiner Erkenntnis.
Gerecht macht mein Knecht, der Gerechte, die vielen,
und ihre Schulden schleppt er ·weg.
Darum will ich ihm die vielen zuteilen,
und Gewaltige kann er als Beute austeilen,
dafür daß er ausgoß in den Tod sein Leben
und den Übertretern zugezählt ist.
Während er doch die Sünde der vielen getragen hat
und für die Verbrecher eintritt.

Der Gerechte, der Menschensohn, der Gottesknecht geht den Weg von der Erniedrigung zur Erhöhung durch Gott. Es wäre seltsam, wenn Jesus, in der Welt dieser Wirklichkeiten lebend, um sie nur theoretisch gewußt hätte. Sein Wissen drängte ihn dazu, die Erwählung zum Gesandten zu verwirklichen. Daß er dem offiziellen Messias-Ideal absagte, ergab sich aus der Zusage zum erwählenden Rufe Gottes als existentielle Folgerung (vgl. das Gefälle im Bericht Mk. 8, 27–30 und 31–32).

Hier ergibt sich aber für unsere Betrachtung eine wichtige *Regel*. Vom Ansatz der göttlichen Verheißungen her wie von Jesu Antwort darauf wird die Tatsache verständlich, daß von *Erniedrigung und Erhöhung nie isoliert* gesprochen wird. Die Texte geben einen historisch wie psychologisch gleich annehmbaren Tatbestand wieder. Die Vermutung wäre sinnlos: Jesus habe zwar seinen Tod geweissagt, aber nicht dessen Überwindung. Nur der Umstand, daß in Gottes Erwählungszusage für ihn die gewisse Zusage der Überwindung dieses Todes enthalten war, löste ihm die Zunge zum vorausweisenden Wort. Nicht daß Jesus hellseherisch Künftiges vorauswußte, besagen diese Worte. Daß er, auf der Spitze der Existenz lebend, solch Wissen höherer Art gehabt haben mag, ist gewiß nicht auszuschließen. Entscheidend wäre diese Möglichkeit jedoch nicht. Entscheidend ist nur dies, daß er seinen Tod als ein Ereignis erwartet hat, das zu seinem Sendungsauftrag, den Gott ihm gab, notwendig hinzugehörte. Dieser Tod war aber für ihn kraft Gottes Zusage „verschlungen in Sieg" (Jes. 25, 8; 1. Kor. 15, 54). So wenig man den Ruf Gottes und die Antwort Jesu wie das Zeugnis der Texte vom Sterben und Auferwecktwerden voneinander trennen kann, so wenig läßt sich die neutestamentliche Botschaft vom Karfreitagsgeschehen gegen die vom Ostergeschehen isolieren. Beide bilden die Elemente in einem und demselben Verheißungsgeschehen. Der Welt wird Hoffnung angeboten.

Von der Unlöslichkeit der Erniedrigung und Erhöhung zu wissen, ist den Evangelien wichtig. Denn in der Geschichte Jesu von Nazareth tut sich die Ordnung kund, nach der die Geschichte derer verlaufen soll, die in ihm den letzten Rufer sehen. Er ist angewiesen auf den Dienst und das Zeugnis der Seinen. Zwischen ihm und den Seinen besteht Schicksalsgemeinschaft. Das Gesetz seiner Existenz ist das Gesetz ihrer *Nachfolge* (Mk. 8, 34–38):

Will jemand mir nachgehen, der verleugne sich selbst
und nehme sein Kreuz auf und folge mir nach!
Denn wer sein Leben retten will, wird es verlieren;
wer aber sein Leben verliert meinetwegen

und wegen der Siegesbotschaft, wird es retten.

Denn was nützt es einem Menschen, die ganze Welt zu erwerben und sein Leben einzubüßen!

Denn was könnte ein Mensch als Tauschmittel für sein Leben geben?

Denn wer sich meiner schämt und meiner Worte
unter diesem ehebrecherischen und sündigen Geschlecht,
dessen wird sich auch der Menschensohn schämen,
wenn er kommt in der Majestät seines Vaters
mit den heiligen Engeln.

Leiden heißt: sich selbst verleugnen. Sich selbst verleugnen heißt: sich selbst nicht mehr kennen. Erst in der Bereitschaft, das zu wollen, das zu bewähren im Inkognito der alltäglichen Existenz, bekommt man zu wissen, wer Jesus wirklich ist.

Die Lebensgemeinschaft mit Jesus ist von vornherein für seine Jünger Todesgemeinschaft. Daher die Abschreckung voreiliger Bewerber. Daher die ständig das Leben der Jünger begleitende Mahnung und Warnung, die scharfe Infragestellung der Existenz seiner „Novizen" (Mk. 10, 38): Vermögt ihr zu trinken den Becher, den ich trinke? Oder in das Tauchbad getaucht zu werden, in das man mich taucht? Aber diese Infragestellung geschieht nicht von einem Prinzip her, dem eine pessimistische Diagnose der Welt zugrunde liegt. Sie erfolgt vielmehr durch einen Mann, der in seiner Person die neue Welt Gottes verbürgt. Jesus steht *zwischen den Extremen* des abstrakten Radikalismus: zwischen der reinen Möglichkeit auf der einen und der reinen Notwendigkeit auf der anderen Seite. Die reine, die absolute *Möglichkeit* ist der Satan (s. o. S. 123): die Möglichkeit, beliebig alle Grenzen zu durchstoßen und in die Weite der Welt auszuschwärmen. Gegen sie hat Jesus sein Aufgebot zu sichern verheißen (Mt. 16, 18 b). Die reine, die absolute *Notwendigkeit* dagegen ist die Gesetzlichkeit, die das Dasein nur begrenzt sieht und begrenzt haben will: sie zieht auch dort Grenzen, wo Gott keine Grenzen gezogen hat. Die religiöse Grundform der Notwendigkeit ist die *Askese*. Jesus war im Gegensatz zum Täufer kein Asket (Mt. 11, 19): er und seine Jünger unterwarfen sich keiner Fastenordnung; Jesu Gegenwart bedeutete ihnen Hochzeit (Mk. 2, 18—19). Dem Fasten (Mt. 6, 16—18) kam allenfalls die helfende Bedeutung zu, den über Menschen verhängten Bann des Bösen zu brechen (Mk. 9, 29). Jesus sagte der reinen Möglichkeit zur Linken und der reinen Notwendigkeit zur Rechten ab, indem er die *reine Wirklichkeit* wählte. Die reine Wirklichkeit aber ist der Wille des Vaters, dem der Wille des Menschen antworten darf. Diese reine

Wirklichkeit hieß für Jesus: das Kreuz. Jesus vermochte die Seinen aufzufordern, das Kreuz auf sich zu nehmen, weil er um den Auftraggeber wußte, der ihn und sie in die Welt sandte, die eine Wolfswelt ist (Mt. 10, 16):

Siehe, ich sende euch wie Schafe mitten unter Wölfe:
seid nun klug wie die Schlangen und lauter wie die Tauben!

Die Seinen sollen nicht mit den Wölfen heulen. Die Welt „annehmen" heißt nicht: ihr verfallen. Nur in der Separation läßt sich Solidarität mit der Welt verwirklichen. Nur im Widerstand gegen sie ist Ergebung in sie erlaubt. Es bedarf schon des Geistes Gottes selbst, in solchen Situationen das rechte Wort zu sagen. Die Jünger brauchen es nicht zu suchen. Im Ernstfall wird es ihnen gegeben: der Geist des Vaters redet aus ihnen (Mt. 10, 19—20). Als heimliche Sieger betreten die Jünger die Walstatt der Welt (Lk. 6, 22—23):

Heil euch, wenn euch hassen die Menschen
und sie euch ausstoßen und euren Namen schmähen
und als böse verwerfen um des Menschensohnes willen!
Freuet euch an jenem Tage und hüpfet!
Denn siehe, groß ist euer Lohn im Himmel.
Denn genauso sprangen mit den Propheten ihre Väter um.

Lohn? Ja: Lohn! *Lohn* kann nicht verdient werden von Menschen. Aber Gott gibt ihn den Seinen, die sich auf seine Gnade geworfen wissen (Mt. 20, 1—16). Gott ist Gott. Wollen wir seiner Güte Grenzen setzen? Leben im Glauben ist Kampf. Will das Aufgebot nur kämpfen und nie siegen? Der Lohn, von dem in den Evangelien geredet wird, ist ja nie ein Etwas, das sich errechnen und verdienen läßt. Lohn ist der Sieg der neuen Welt. Lohn ist — die Gnade. Lohn ist: das Reich und die Kraft und die Herrlichkeit Gottes.

Der Opfergang

Aber dem Sieg voraus geht der Kampf, der Angriff, das Leiden — nicht in Gedanken, sondern in Wirklichkeit. Schlag auf Schlag folgen einander die Ereignisse. Wer wissen will, wie Gott Geschichte macht, muß die Kapitel Mk. 11, 14 und 15 hintereinander lesen! Jesus entschließt sich, zum Passahfest *nach Jerusalem* zu ziehen. Er will Jerusalem, die Theokratie wie das Volk, zur Entscheidung rufen. Merkwürdige Ahnungen durchzittern den Kreis des engeren Gefolges: „Sie waren aber auf dem Wege und zogen hinauf nach Jerusalem, und Jesus ging ihnen voran, und sie wunderten sich; sie folgten ihm aber nach und fürchteten sich" (Mk. 10, 32).

Jesus zieht in Jerusalem ein (Mk. 11, 1—10). Die Pilgerscharen, die das Fest der Befreiung Israels aus Ägypten feiern wollen, strömen aus allen Ländern, in denen jüdische Diaspora-Gemeinden bestehen, in Davids Stadt zusammen. Die galiläischen Wallfahrer intonieren die alten, liturgisch festgelegten Psalmen. Die Menge der übrigen fällt ein. Um eine messianische Demonstration der Menge scheint es sich nicht gehandelt zu haben, bestimmt nicht um eine Schilderhebung Jesu zum Messias. Jesus hatte einer solchen Proklamation bereits durch die Wahl des Reittieres vorgebeugt. Der Esel, das Tier des kleinen Mannes, trägt nicht den Davidserben, sondern den Knecht in der Uniform des Elends.

Entscheidender als der Einzug ist die erste Tat Jesu: die sog. *Tempelreinigung* (Mk. 11, 15—19). Der vierte Evangelist stellt sie an den Anfang der bei ihm 2 bis 3 Jahre dauernden Tätigkeit Jesu (Joh. 2, 14—17). Er gibt ihr damit einen ungewöhnlichen Akzent. In der Tat muß es sich um einen unerhörten Eingriff Jesu in die Rechte des Tempelstaates gehandelt haben. Zwar dringt Jesus nicht ins Tempelgebäude ein, wohl aber in den „Vorhof der Heiden", wo die von der Priesterschaft zugelassenen Geldwechsler das ausländische Geld in die althebräische Währung tauschen, die im Tempelbezirk gilt. Diese und die Verkäufer der Opfertiere treibt er aus dem Vorhof hinaus, ohne daß die Tempelpolizei oder die römischen Sicherheitsposten einschreiten. Jesus handelt hier nicht als Reformer des jüdischen Kultus. Wie improvisiert ist alles und wie wenig durchgreifend angesichts der Mannigfaltigkeit des Kultsystems! Jesu Eingriff bedeutet ein endzeitliches Zeichen, für das die zuständigen Behörden in einer Art von Schrecksekunde nicht einmal die wirksame Gegenmaßnahme finden. Von der messianischen Zeit erwartete man die Erneuerung des Tempels. Bereits in den Religionen wird der Herrschaftsantritt eines Königs mit der rituellen Tempelreinigung verbunden. Das babylonische Neujahrsfest und die hellenistische Kaiserlegende sehen in der Tempelreinigung das Anzeichen einer neuen Ära. Die Vermutung hat viel für sich, daß Jesus durch seine Tat, die die Maße prophetischer Vollmacht weit überschreitet, den Partikularismus der Theokratie zerbrechen und den Tempel zur universalen Anbetungsstätte erklären will, wie es die späte Prophetie für die Endzeit verheißt (Jes. 56, 7). Alle vier Evangelien lassen die Hohenpriester auf diese endzeitliche Demonstration hin die Frage nach seiner „Vollmacht" stellen (Mk. 11, 27—33).

Jesus fordert die verantwortlichen Führer des Gottesstaates zu einer klaren Stellungnahme für oder wider die Gottesherrschaft auf, die er verkündet und die von Anfang an die Grundlagen der Theokratie bedroht. Diese Entscheidung fällt. Sie fällt in der Stille. Denn die öffentliche Meinung, die noch nicht völlig durchschaubar ist, läßt ein unmittelbares Zugreifen der Tempelbehörden als zu gewagt erscheinen. Andrerseits drängt das bevorstehende Fest zur schnellen Beseitigung des unbequemen, weil in keine bestehende Kategorie einzuordnenden Galiläers. So beschließt man, sich seiner unauffällig zu bemächtigen (Mk. 14, 1–2). Man findet in der nächsten Umgebung Jesu einen geeigneten Helfer: den Jünger *Judas* Ischarioth (Mk. 14, 10–11). Dunkel wie sein Name sind die Motive seines Angebotes. Bedeutet sein Beiname die Herkunft aus einem südjudäischen Dorf: dann wäre er der einzige Nichtgaliläer. Bedeutet er, daß er ein Sikarier, ein Terrorist war: dann ist seine Unzuverlässigkeit begreiflich. Nach dem vierten Evangelium handelte er, der Kassenwart des Kreises, aus Geldsucht (Joh. 12, 6). Alle Mutmaßungen gehen ins Phantastische, auch die, er habe Jesus durch sein riskantes Spiel endlich zur direkten Aktion politischen Stils zwingen wollen. Die Überlieferung läßt uns hier im Stich, bürgt aber durch ihr Schweigen für ihre Zuverlässigkeit. Die Legende wäre ungleich geschwätziger. Matthäus nennt die Höhe des Blutgeldes: 30 Silberlinge (Mt. 26, 15). Das ist der Schadenersatzpreis, den man für einen Sklaven zu zahlen hat, wenn er durch einen Ochsen getötet wurde (2. Mose 21, 32).

Während schon die Fangnetze ausgelegt sind, hält Jesus am Donnerstagabend *sein letztes Mahl*. Geheimnisvoll wie die Vorbereitungen zum Einzug (das Esels-Füllen: Mk. 11, 1–6) ist auch die Vorbereitung der Mahlzeit in einem Haus zu Jerusalem (Mk. 14, 12–16). Nach den Synoptikern war dieser Donnerstag der 14. Nisan, also der Vorabend, mit dem das Passahfest begann. Danach wäre das Mahl ein Passahmahl gewesen. Nach Johannes war der Donnerstag der 13. Nisan. Diese Chronologie paßt besser zum Ablauf der Ereignisse als die synoptische: Jesus geht in der Passah-Festnacht nach Gethsemane; die Häscher und einzelne Jünger tragen Waffen; in der Festnacht findet eine Sitzung des Hohen Rates statt; Simon von Kyrene kommt von der Feldarbeit – dies alles und manches andere konnte schwerlich nach Anbruch des Passah-Abends geschehen und scheint die johanneische Chronologie zu empfehlen, die die Ereignisse einen Tag früher ansetzt. Dann wäre aber das letzte Mahl kein Passah-Mahl – es sei denn, daß man in der Vorwegnahme des Mahles die Absicht Jesu sieht, die neue Ordnung durch einen neuen Zeitpunkt und ein neues Mahl zu charakterisieren.

Entscheidend ist jedoch nicht die Datierung des Mahles, sondern das, was bei ihm vorgeht. Wir besitzen drei Berichte über die letzte Mahlzeit: Mk. 14, 17—25; Mt. 26, 20—29; Lk. 22, 14—23 und zusätzlich die Rezitation der Einsetzungsworte bei Paulus 1. Kor. 11, 23—25: Wir verzichten auf eine vollständige Erörterung der literarischen, historischen und theologischen Fragen und begnügen uns mit kurzen Andeutungen allgemeiner Art sowie mit der Herausstellung besonderer Motive der Mahlfeier selbst.

Zunächst: Die vier Texte tragen nicht historischen, sondern liturgischen Charakter. Sie bergen in ihren formelhaften Sprüchen hinsichtlich der Einsetzungsworte altes Überlieferungsgut. Verschiedenheiten sind aus der sakramentalen Praxis der Gemeinden zu erklären. Freilich erschwert uns die liturgische Praxis gleichzeitig auch den Zugang zu dem, was Jesus wirklich gesagt hat. Durch kritische Textvergleichung ergibt sich, daß *zwei* Traditionsformen vorliegen: der Markus-Text, von dem Matthäus abhängt, und der Paulus-Text, dem Lukas nahesteht. Über das Alter beider Formen läßt sich wenig ausmachen. Legt man Markus zugrunde, so erkennt man, daß das Abendmahl in dem sehr viel reicheren Rahmen einer Hausliturgie stattfand, die sich in vier Teile gliederte, bei der je ein Becher — also insgesamt vier Becher — nach Gebeten bzw. Segenssprüchen herumgereicht wurde. Davon sagen unsere Berichte nichts. Sie gestatten jedoch die Rekonstruktion dessen, was Jesus damals tat. Vermutlich sprach Jesus, anschließend an das Tischgebet vor der Passah-Hauptmahlzeit, über dem Brot das Deutewort:

Nehmet hin, dies ist mein Leib.

Getrennt davon sprach er, anschließend an das Tischgebet nach der Mahlzeit, über dem dritten der vier Becher das Deutewort:

Dies ist mein Blut des Bundes, ausgegossen für viele.

Während der Feier wurden die sog. Hallel-Psalmen — zuerst Ps. 113, später Ps. 114—118 — rezitiert: der „Lobgesang" (Mk. 14, 26). Wichtig ist zu wissen, daß unsere heutige Abendmahlfeier nur ein Bruchstück eines wesentlich reicheren liturgischen Formulars darstellt. Die beiden Einsetzungsworte sind nunmehr zeitlich dicht aneinander gerückt und haben dabei einen Akzent bekommen, den sie in der ursprünglichen Einbettung noch nicht hatten. Aber auch so läßt sich — besonders wenn man die Formeln des paulinischen Berichtes zum Vergleich heranzieht — erkennen, daß keinerlei Interesse an „heiligen" Substanzen haftet. Keiner der Texte redet ja in den Gleichungen Brot = Fleisch und Wein = Blut! Sie reden vielmehr alle vom Leib,

d. h. von der Person Jesu, und vom Blut des Bundes, das bei Paulus und Lukas nicht auf den Wein, sondern auf den Becher (natürlich mit Inhalt) bezogen wird. Nicht heilige Materie wird gereicht, sondern eine *Handlung* wird vollzogen und gedeutet.

Was soll nun diese verschieden überlieferte Handlung besagen? Es lassen sich drei Motive herausheben:

a) Beim Herrenmahl wird *der Tod Jesu verkündigt,* d. h. proklamiert — für die Teilnehmer der Mahlzeit. Das, was dieser Tod als von Gott gewolltes Ende des Sohnes bewirkt, wird den Menschen zugeteilt. Der Anwalt des Menschen gibt sein Leben dahin. Er tritt an unsere Stelle und schafft durch sein Opfer Sündenvergebung.

b) Durch das Herrenmahl schließt Gott den *neuen Bund.* Das Bundesmahl, von dem 2. Mose 24, 9—10 die Rede ist — Mose mit drei Begleitern und den 70 Ältesten (vgl. auch V. 8) —, wird erneuert. Bei dieser Tischgemeinschaft wird dem Aufgebot Gottes endgültig der Charakter der Gottesfamilie gegeben. Jesu Mahlzeiten mit den Sündern finden hier ihre bleibende Gestalt.

c) Durch das Herrenmahl wird das *kommende Messiasmahl* vorweggenommen. Darum herrscht endzeitlicher Jubel (Mk. 14, 25):

Amen, ich sage euch: nicht mehr werde ich trinken
vom Gewächs des Weinstocks bis zu jenem Tage,
da ich neu davon trinke in der Herrschaft Gottes.

Lukas bietet *vor* den Einsetzungsworten denselben endzeitlichen Ausblick — um ein Wort vom künftigen Essen erweitert —, mit dem Markus und Matthäus schließen.

Die Fragen, die die reformatorischen Kirchen aufgeben — sowohl die lutherische wie die reformatorische Abendmahlslehre —, bewegen sich auf einer Ebene, auf der die neutestamentlichen Texte nur schwer direkt zu antworten vermögen. Es wäre an der Zeit, noch ernsthafter die Texte zunächst selbst reden zu lassen. Erst wenn sie uns ihre Gabe wieder in neuer Kraft vermitteln, werden wir die reformatorischen Motive würdigen können und die Worte dann nicht als Rezitative wiederholen, sondern sie als Anreize verstehen. Die Gabe des Herrenmahles aber ist nicht ein Etwas, sondern der *gegenwärtige Herr* selber. Sein Opfertod stellt uns in die neue Weltordnung, den Pakt Gottes, hinein und läßt die siegende Gotteswelt in der Gestalt seines Inkognitos anbrechen. Hinter der Leibhaftigkeit dieses Geschehens verbirgt sich das Sein des Gegenwärtigen. Das heilige Abendmahl versiegelt so die Gegenwart *und* Zukunft der Königsherrschaft Gottes. Es ist ihre paradoxe Einheit . . .

Was nun folgt, läßt sich eigentlich nicht mehr berichten. Man muß es in den Evangelien selbst nachlesen: Jesus geht in den Garten Gethsemane (Mk. 14, 32—42). Er ringt um die letzte Gewißheit seines Weges im Gebet mit Gott. Im Zittern und Zagen vor dem Letzten, im Opfer, werden wir seiner tiefsten Menschlichkeit ansichtig. Was ängstigt ihn? Das Sterben mit seinen leiblichen Qualen? Gewiß, Jesus, dem Menschen, bangt auch davor. Aber noch furchtbarer ist ihm die Tatsache, daß ihm im Sterben der Tod als Gerichtsvollzieher *Gottes* begegnet. Gethsemane gibt eigentlich die Antwort auf die Frage, die der 90. Psalm stellt:

Wer erkennt die Macht deines Zorns
und, wie du zu fürchten bist, dein Überwallen?

Ja: wer erkennt die Macht des Zornes Gottes im Sterben? Antwort: niemand! Wir alle empfinden das Sterben als etwas Furchtbares, weil es Schmerzen mit sich bringt, weil es uns Menschen voneinander trennt, weil es unserem Planen und Wirken ein Ende bereitet, weil es unberechenbar ist. Aber daß in ihm sich Gottes Zorn vollzieht, das erkennen wir nicht. Das glauben wir nicht. Das läßt uns bestenfalls gleichgültig. Die meisten Menschen würden wohl sogar darüber lachen. Die Frage des 90. Psalmes verhallt im Leeren. Nur einmal, ein einzigesmal wurde sie ernst genommen. Im Garten Gethsemane erkannte Jesus die Macht des Zornes Gottes. Vor ihr erzitterte er. Deswegen rang er mit Gott, ob Gott ihm dieses fürchterliche Geschehen nicht ersparen könne. Paradox wie die Wirklichkeit, die er heraufführt, paradox wie sein ganzes Erdenwesen — so paradox ist sein letztes Gebet (Mk. 14, 36):

Abba, Vater, alles ist dir möglich:
Laß vorübergehen diesen Becher an mir!
Aber nicht, was ich will, sondern was du willst.

Die Stunde von Gethsemane ist Jesu letzte Versuchung. — Der Haufe der Häscher naht, von Judas geführt, mit Schwertern und Knütteln (Mk. 14, 43—52). Jesus wird verhaftet. Und die Jünger? Mitsamt dem einen, der wild dreinzuschlagen versucht, „ließen sie ihn allein und flohen alle" (V. 50). Das Aufgebot Jesu, diese eben durch das Mahl zur Gottesfamilie zusammengefügte Schar, stiebt auseinander — bei der ersten Gelegenheit, wo es ernst wird.

Der *Prozeß Jesu* beginnt. Wir besitzen keine Prozeßakten. Es wird wohl auch nie solche gegeben haben. Die Evangelien bieten keine und wollen keine bieten. Die etwaigen Protokollanten waren geflohen. Nur Petrus hielt sich scheu in der Nähe auf, wo es aus zweiter Hand etwas zu hören gab, aber auch nur sehr weniges. Wir wissen nicht, wie der Prozeßbericht entstanden ist, der von zwei Verhören bzw. Verurteilungen redet. Was später draußen geschah, konnten viele miterleben. Aber was drinnen verhandelt wurde, konnte erst später ruchbar werden. Dazu überstürzten sich die Dinge im Augenblick auch zu sehr. Der Prozeß verlief in Form eines Schnellverfahrens. Jesus wurde sozusagen standrechtlich abgeurteilt. Aber von wem eigentlich? Vom jüdischen Hohen Rat oder vom römischen Prokurator? Oder von beiden? Die Kompetenzen sind bis heute umstritten.

Nach den Evangelien haben beide zusammengewirkt: dem Verhör vor dem Hohen Rat (Mk. 14, 53–72) folgt das Verhör vor Pilatus, das mit der Verurteilung durch den Prokurator abschließt (Mk. 15, 2–15).

Am einleuchtendsten erscheint immer noch die Auskunft Lietzmanns: „Wir dürfen mit einiger Sicherheit behaupten, daß das Synedrion (der Hohe Rat) zu keiner juristischen Verurteilung wegen Gotteslästerung kam: denn dann hätte es mit eigener Autorität Jesus durch Steinigung hinrichten müssen. Das war im Gesetz so vorgeschrieben und wurde auch so ausgeführt, wie wir z. B. an Stephanus (Apg. 7) sehen. Es ist ein Irrtum, den freilich die Evangelisten teilen und gefördert haben, daß das Große Synedrion nicht das Recht zur Fällung und Ausführung von Todesurteilen besessen habe. Vielmehr zeigt der unbezweifelbar glaubwürdige Fortgang der Sache, daß die jüdische Behörde — vermutlich aus sehr guten Gründen — auf die Erledigung dieses Handels in der Form des Religionsprozesses verzichtete und es vorzog, Jesus als Aufrührer der römischen Behörde zu übergeben. Das steht bei Markus 15, 1 deutlich zu lesen." Die Regierung des Tempelstaates schiebt die Verantwortung von sich. Damit vermeidet man die Schändung des hohen Festes und erreicht zugleich die gründliche Bereinigung der Angelegenheit.

Das Verhör bei Pilatus wird durch einen besonderen Umstand beschleunigt. „Es war aber einer, der Barabbas hieß, mit den Aufständischen im Gefängnis, die beim Aufstand einen Mord begangen hatten. Und das Volk zog hinaus und begann zu bitten, (er möge ihnen gewähren,) wie er zu tun pflegte." Nach römischem Recht kann bei großen Festen eine Anklage niedergeschlagen und der Rechtsakt der Begnadigung vollzogen werden. Der jüdische Brauch der Passah-Amnestie kommt hinzu. Die Initiative geht vom Volke aus. Barabbas ist für sie von vornherein die Hauptperson: ein Zelot, also ein „Patriot". Der Fall Jesus kommt ihnen höchst ungelegen dazwischen: er droht ihre vielleicht seit langem vorbereitete Aktion zu vereiteln, zumindest zu verwirren. Aber die Demonstranten erreichen ihr Ziel: die Freilassung des politischen Häftlings. Jesus übernimmt das Schicksal dieses Mannes, der nach seinem Vater „Sohn des Abbas", nach einer Sonder-Überlieferung des Matthäus (27, 16) selbst Jesus hieß. Wichtiger als der Zug, daß hier ein Jesus einem anderen Jesus gegenübergestellt wird, ist die Tatsache, daß hier in wortwörtlichem Sinne Stellvertretung geschieht. Barabbas ist der einzige Mensch, von dem sich nachweislich sagen läßt: er empfängt sein Leben von neuem, weil Jesus statt seiner den Tod erleidet.

Pilatus übergibt Jesus der römischen Wache zum Auspeitschen. Diese Vorstrafe ist so barbarisch, daß mancher Verurteilte sie kaum lebend übersteht. Man führt ihn ins Innere der Kaserne, treibt irgendeinen Soldatenmantel auf, bekleidet ihn damit und windet ihm aus Dornengestrüpp ein Diadem. Die Soldateska ergötzt sich daran, einem wirklichen „König" huldigen zu dürfen — einem Narrenkönig!

Luther hat das Geschehen dieser Nacht in die Worte zusammengefaßt: „So hat nun unser lieber Herr Christus gelitten, nicht heimlich, noch von denen, die keine Gewalt haben, sondern öffentlich und von denen, die in *öffentlicher Gewalt* sitzen, auf daß wir uns nicht daran ärgern, wenn wir sehen, daß beiderlei Obrigkeit, geistlich und weltlich, wider Gott ist. Christi Leiden heißt, wie wir im christlichen Glauben bekennen und sprechen: Ich glaube an Jesum Christum, gelitten unter Pontio Pilato. Also ist's geschehen zu allen Zeiten und geschieht noch heutigen Tages, daß die Christen und rechten Märtyrer getötet werden von ordentlicher Obrigkeit, beide geistlich und weltlich. — Kein Prophet ist meuchlings ermordet, sondern sie sind alle ermordet von denen, die in rechter, ordentlicher Gewalt gesessen sind. Alles Blut, so um Christi willen vergossen wird, wird von denen vergossen, die da sind Könige, Fürsten, Richter, Räte usw. im weltlichen Regiment und Bischöfe, Prediger usw. im geistlichen Regiment. Ein prophetischer Tod ist der, der von ordentlicher Gewalt geschieht" (Predigt vom 22. 3. 1534).

Das Ende

Was nun erzählt wird — die Abführung zum Richtplatz *Golgatha* und die *Kreuzigung Jesu* —, trägt noch stärker als alles, was die Evangelien bisher überhaupt berichteten, Verkündigungscharakter. Das bedeutet nicht, daß das Gesamtgeschehen historisch anzuzweifeln wäre. Im Gegenteil! Die entscheidenden Aussagen gehören zu den sichersten Daten spätantiker Geschichtsschreibung: der Zug nach Jerusalem, das Auftreten im Tempel, die Stiftung des Mahles, Verhaftung und Prozeß, das Zusammenspiel zwischen der geistlichen und der weltlichen Behörde und die Hinrichtung selbst. Das Gesamtgefälle der Ereignisse wird nicht nur von den drei ersten Evangelien, sondern auch von Johannes in einer selten erreichten Einheitlichkeit aufgefangen. Aber im einzelnen geben die Synoptiker nicht nur gegenüber Johannes, sondern auch untereinander verschiedene Bilder. Daß wir die Differenzen im Detail meist zu überlesen pflegen, hängt an dem gemeinsamen Tenor der Erzählung. Ihn verdanken die Evangelien der frühen Gemeinde, die in den großen Texten des Alten Testamentes das Leiden, Sterben und Auferstehen Jesu nicht nur vorausgesagt, sondern auch vorausgedeutet und vorausgestaltet sah. Die Psalmen 22, 31, 69 und das Gottesknechtslied Jesaja 53 bildeten die Grundtexte, in deren Medium die schrecklichen Ereignisse neue Farbe und neuen Klang empfingen. Die Meditation dieses alttestamentlichen „Passionsevangeliums" im Blick auf das erfahrene Geschehen und die Meditation des Geschehens im Blick auf die alten prophetischen Texte sicherten die Einheit von Wort und Geschichte, die wir in der Person und im Werk Jesu von Nazareth überall antrafen. Die Zeugen, die diese Geschichte predigten, und die Hörer, die sie annahmen, waren dessen gewiß, daß Gott selbst durch das Leiden und Sterben Jesu handelte.

Immerhin gewährte diese einheitliche Gewißheit den einzelnen Evangelisten genug Spielraum, so daß jeder seinem Bericht eine eigene Note gab. Wir sind durch die Gleichläufigkeit der Berichte im ganzen und durch die Evangelien-Harmonien, etwa in unseren Gesangbüchern, daran gewöhnt, die Unterschiede einzuebnen. Dadurch ist nicht nur viel an geschichtlicher Plastik, sondern auch an ursprünglicher Frische des je verschiedenen Zeugnisses verlorengegangen. Der Blick auf die Vielfalt und Verschiedenartigkeit des Zeugnisses kann uns den ursprünglichen Reichtum des gerade hier Überlieferten zurückgeben. Alle Berichte meinen denselben Mann, und sie verstehen ihn als denselben: als den, der durch das Sterben hindurch der Welt die verlorene Hoffnung wiederbringt. Aber sie verkündigen ihn auf verschiedene Weise.

Fragt man nur nach dem, was „wirklich" passiert sei, so sammelt man eine ganze Anzahl von Widersprüchen. Etwa ein Beispiel: Nach Markus und Matthäus stimmen die beiden Räuber, die mit Jesus gekreuzigt waren, schmähend in die Lästerreden der Vorübergehenden ein (Mk. 15, 32). Nach Lukas dagegen lästert nur der eine, während der andere ihn deswegen zurechtweist und sich bittend an Jesus wendet, ihn beim Anbruch seiner Königsherrschaft nicht zu vergessen (Lk. 23,

39—42). Historisch gesehen decken sich beide Berichte nicht, ja sie ergänzen nicht einmal einander: sie schließen sich vielmehr gegenseitig aus. Zugespitzt gesagt: Im Sinne der historischen Reportage redet Lukas von ganz anderen Leuten als Markus und Matthäus. Aber gerade so kommt die besondere Botschaft der Evangelisten zum Klingen. Markus und Matthäus sagen: Jesus starb unter zwei hoffnungslos verstockten Verbrechern. Gerade so hielt er seine Bruderschaft, seine Solidarität mit ihnen schweigend durch — bis zum bitteren Ende. Lukas hingegen will sagen: Jesus hat noch im Sterben seinen Heilands-Beruf ausgeübt, wie zu seinen Lebzeiten; und noch in letzter Minute, da nichts mehr zu hoffen ist, kann sich der umkehrende Mensch seine Vergebung aneignen.

Auch die *Worte Jesu* am Kreuz lassen sich nicht unter Zuhilfenahme des vierten Evangeliums zu jenen „sieben Worten", die wir kennen, ohne weiteres zusammenfügen. Wir erhalten dann jedenfalls kein historisch zuverlässiges Bild. Jedes Wort führt im Grunde sein Eigenleben. In jedem Wort steckt der ganze Jesus. Und in jedem Wort erhält das blutige Geschehen auf Golgatha für uns einen neuen Aspekt. Man muß jeden Evangelisten zunächst einzeln lesen und zu verstehen versuchen, als gäbe es neben ihm kein zweites, drittes, viertes Evangelium. Erst dann vernehmen wir die Klangfülle, die der Chor der gegeneinander ansingenden Stimmen — polyphon — zu hören gibt. — Nach den beiden ersten Evangelien stirbt Jesus mit dem Ruf aus Psalm 22, 8: „Mein Gott, mein Gott, warum hast du mich verlassen?" (Mk. 15, 29). Man hat das vielfach als Ausdruck der tiefsten Verzweiflung verstanden. Luther sah in diesem Wort und dem ihm folgenden „Mordschrei" Jesus in die Hölle des Gottverlassenseins hinunterfahren, ja von Gott hinuntergestoßen werden. Der Hinweis der Evangelisten besagt jedoch vielmehr: Mit dem Gebet des 22. Psalmes, der in den Lobpreis Gottes ausklingt, stirbt Jesus im Einklang mit Gottes Willen. Mehr Worte hat Jesus nach Markus und Matthäus am Kreuz nicht gesprochen. Dies eine genügt, um sein Sterben ganz zu verstehen! — Nach Lukas dagegen betet er zunächst für die Henker (23, 34) und verheißt er sodann dem bußfertigen Übeltäter die Aufnahme ins Paradies (23, 43). Nach dem Wort aus Psalm 31, 6: „Vater, in deine Hände befehle ich meinen Geist" haucht er sein Leben aus (23, 46). Das Abendgebet auf den Lippen, das der Fromme vor dem Einschlafen zu sprechen pflegt, stirbt Jesus — am Abend der Welt. — Nach Johannes spricht Jesus wieder drei andere Worte: das Doppelwort an die Mutter und den Lieblingsjünger (Joh. 19, 26—27), das Wort, das die Schrift (Ps. 22, 16; Ps. 69, 22)

521

zur Erfüllung bringt: „Mich dürstet" (19, 28) und zuletzt: „Es ist vollbracht" (19, 30). Alle drei Worte sind bedeutungsschwer, ja hintergründig, am meisten das letzte, das den Abschluß des göttlichen Heilswerkes ausruft.

Manches ist von der Überlieferung *legendär* ausgearbeitet. Aber gerade das von uns als legendär Empfundene verkündigt kräftig die entscheidende Wirklichkeit, die die historische Notiz nicht mehr auszusagen vermag. Wie gut, daß die Evangelisten noch im Klima des Charismatischen daheim sind, daß sie zumindest nicht als gelehrte Historiker ihr Handwerk betreiben! Sechs Stunden hängt Jesus am Kreuz, von 9 Uhr vormittags bis 3 Uhr nachmittags — eine verhältnismäßig kurze Zeit, wenn man bedenkt, daß die Gekreuzigten sich oft tagelang im Sonnenbrand und in der Kälte der Nacht zu Tode quälten. Während dieser Zeit — so wissen die Evangelisten zu berichten — sind wundersame Dinge geschehen. Um die Mittagsstunde setzt eine dreistündige Finsternis „über das ganze Land" ein (Mk. 15, 33). Der Kosmos verbirgt trauernd sein Gesicht, wie es in Jes. 13, 10 (vgl. Mk. 13, 24) für den Tag Gottes angekündigt ist:

In ihrer Ausfahrt schon ist die Sonne verfinstert,
der Mond läßt sein Licht nicht erglänzen.

Sonnenuntergang am Mittag hatte bereits Amos (8, 9) angekündigt. Jahwes Tag ist da! Karfreitag ist der Tag des Herrn, im strengen Sinne: der Tag aller Tage. Dies irae, dies illa! Dieser Tag ist Tag des Gerichtes *und* Tag der Gnade: des Endgerichtes und der Endgnade. Dieser Tag beginnt mit dem Sonnenuntergang. Was die Welt als Ende erfährt, ist in Wirklichkeit ihr Anfang. Zur Zeit ihres Mittags ereignet sich der Abend der Welt.

Als Jesus stirbt, zerreißt der Vorhang des Tempels „in zwei Stücke, von oben bis unten" (Mk. 15, 38). Nach Matthäus (27, 52—53) bebt sogar die Erde, spalten sich die Felsen und tun sich die Gräber auf: „Und viele Leiber der entschlafenen Heiligen wurden auferweckt und gingen aus den Gräbern hervor nach seiner Auferweckung und kamen in die heilige Stadt und erschienen vielen." Man erkennt den späten Einschub. Schon der Tod Jesu bricht den Bann des Todes: schon vor Ostern steigen die Erweckten aus den Gräbern. Ein noch späterer Leser sah den Widerspruch und „verbesserte": erst nach Jesu Auferweckung seien sie in Jerusalem erschienen. Klingt hier ein Zeugnis von der Hadesfahrt Christi auf, die uns erst in später Zeit (1. Petr. 3, 19; 4, 6) begegnet?

Alle drei Synoptiker schließen damit, daß der römische Offizier, der

die Wache kommandiert, sagt: „Fürwahr, dieser Mensch war Gottes
Sohn" (Mk. 15, 39). Das Hochamt von Golgatha ist zu Ende, in gewisser Weise ein Gegenstück zu jenem Hochamt, das Augustus im Jahre
17 v. Chr. auf dem Kapitol zu Rom hielt. Pontius Pilatus und die
Repräsentanten des Gottesstaates wie des Weltreiches sind die Mini-
stranten dieser Messe. Aber der Priester ist nicht irgendein Pontifex
Maximus römischer oder jüdischer Herkunft, sondern es ist Jesus
selbst. Priester und Opfer sind hier miteinander identisch. Dieser
Priester opferte sich selbst für die Welt. Wieder ein Paradox! Und
ein gewiß nicht geringeres Paradox in dem Handeln des Sohnes handelte der ewige Gott.

Befinden wir uns im Reiche der religiösen Phantasie? Nein! Hier stirbt
kein Gott wie in den Mythen und Mythologien der Religionen. Hier
stirbt *ein historischer Mensch*. Fest ist der Pfahl in die Erde gerammt,
an dem man ihn lebend aufgehängt hat — von Nägeln und Nägelmalen
weiß erst Johannes zu berichten. Schaurig sind die Qualen, die der
zuvor gefolterte und bespieene Sträfling erdulden muß. Am schlimm-
sten ist die Qual der Einsamkeit. Verlassen von seinem Gefolge, muß er
den Zusammenbruch seines Werkes sehen, noch ehe es recht begann. Das
alles ist historisch wie sonst ein Vorgang auf Erden, der sich glaubwürdig feststellen läßt.

Historische Vergleiche bieten sich an. Starb so *Sokrates*? Nein: weder
der Absicht nach noch in Wirklichkeit. Sokrates' gesamtes Werk ist ein
einziges Experiment. Durch sein Philosophieren will er Apollon auf
die Probe stellen, ob sein Orakel recht redete, als es zu Delphi sagte:
keiner sei weiser als Sokrates. Beiden Männern machte man den Prozeß. Aber der attische Prozeß hatte einen rechtlich geregelten Gang:
Sokrates durfte sich ausführlich verteidigen. Menschlich war auch der
Strafvollzug: Sokrates durfte den Schierlingsbecher trinken in der
vertrauten Zelle, umgeben von Freunden und Schülern, im philosophischen Gespräch. Er freute sich dem Tode entgegen: wußte er doch,
daß der Tod ihn von den Fesseln des Leibes befreien und ihm das
wahre Leben erschließen würde. Der gefangene Vogel würde — durch
die Tür des Todes hindurch — hinauffliegen in die ewige Welt der
Götter. — In Jerusalem geht alles unmenschlich zu. Jesus wird bei einer
Razzia wie ein Verbrecher gefangen. Man hat es sehr eilig mit ihm. Die
Verhöre verdienen kaum den Namen. Alles läßt ihn im Stich. Die
barbarische Strafe der Kreuzigung ist gerade gut genug für ihn. Sie
ist die unmenschlichste Form der Hinrichtung. Die Perser hatten sie
von den Steppenvölkern Asiens übernommen und den hellenistischen

Machthabern vererbt. Die Römer pflegten sie an Sklaven zu vollstrecken und an Rebellen. Sie machten davon überreichlich Gebrauch. Cicero äußerte sich über sie voller Abscheu und Scham. Nicht die Quälerei des Körpers war das Fürchterliche an ihr, sondern die Erniedrigung und Beleidigung, die durch sie das Menschliche im Menschen erfuhr. Daß Jesus diesen Tod starb, ist historisch.

Historisch ist auch eine Reihe von Daten, die zu Fixpunkten für die Überlieferung wurden. Bis einschließlich Gethsemane waren die Jünger um ihn. Petrus schlich ihm sogar noch bis in den Hof des Hohenpriesters nach. Ein ungenannter Jüngling ließ bei der Flucht in Gethsemane sein Gewand in den Händen der Häscher zurück (Mk. 14, 51). Wir wissen nicht, wer es war. Vielleicht Markus selbst? Jedenfalls dürfen wir in dieser für die Handlung völlig gleichgültigen Gestalt einen Augenzeugen vermuten. Dasselbe gilt von Simon von Kyrene, der, vom Felde kommend, von den Soldaten „gepreßt" wurde, für Jesus das Kreuz zu tragen. Er wird ausdrücklich als „der Vater des Alexander und Rufus" bezeichnet (Mk. 15, 21). Im Römerbrief des Paulus (Röm. 16, 13) werden ein Rufus und seine Mutter erwähnt. Damit ist eine Überlieferungsverknüpfung angedeutet, die genauso wie das Markus-Evangelium nach Rom weist.

Am Abend des Tages wagt es ein frommes Mitglied des Hohen Rates, Joseph von Arimathia, bei Pilatus persönlich vorstellig zu werden und sich den Leichnam Jesu zu erbitten. Die Person des wackeren Mannes wird nur an dieser Stelle erwähnt, aber von allen vier Evangelisten genannt. Vermutlich hat er Pilatus persönlich nahe gestanden. Motive sind nicht genannt. Er appelliert an den Römer, den römischen Brauch walten zu lassen: die Leiche eines Hingerichteten den Angehörigen oder Freunden zu überlassen. Dadurch verhindert er die sonst übliche Verscharrung. Er läßt den toten Leib sorgfältig, aber ohne Trauerzeremonie in einem Felsengrab beisetzen. Ein Rollstein wird vor den Eingang zum Grab gewälzt, damit Tiere und Menschen nicht eindringen können. Zwei Frauen, Maria aus Magdala und Maria, die Mutter des Joses, die schon zum galiläischen Gefolge Jesu gehört hatten, beobachteten, wo Jesus hingelegt worden war, wie sie zuvor der Kreuzigung von ferne zugeschaut hatten (Mk. 15, 42–47; vgl. V. 40–41). Handelt es sich um fromme Legende? Der Widerspruch zu Jes. 53, 9 spricht gegen diese Vermutung. Immerhin kommt Joseph als Jude neben dem römischen Centurio zu stehen: sie vertreten die beiden Völker, unter deren Oberhoheit Jesus lebte und starb.

Abseits stehen und leben die Griechen. Aber wie eine griechische Weissagung klingt die eigentümliche Prophetie, die sich am Schluß von *Platons* Politeia findet. Da werden der Ungerechte und der Gerechte einander gegenübergestellt. Vom Gerechten heißt es, daß er, weil er mitten unter den Ungerechten lebt, „gegeißelt, gefoltert, in Ketten gelegt und geblendet werde an beiden Augen; und schließlich wird er nach allen Mißhandlungen ans Kreuz geschlagen und so zu der Einsicht gebracht werden, daß man — in dieser Welt — gerecht nicht *sein*, sondern *scheinen* muß". Kann man den Lehrern der alten Kirche verdenken, wenn sie in diesem plötzlich auftauchenden Worte vom Kreuz ein Orakel des Philosophen auf Jesus gesehen haben? Sokrates starb nicht so. Sein Tod erfüllte nicht die Norm des platonischen Mythos . . .

Der auf Golgatha in die Erde gerammte Pfahl ist leer. Man hat die Leiche des Delinquenten abnehmen lassen. So schnell wechselt die Geschichte ihre Szenenbilder. Nur eine *Tafel* kündet von dem, der hier vor wenigen Stunden starb. Es ist der übliche „Titulus", der, am Kreuz befestigt, den Grund der Verurteilung angibt. Alle vier Evangelien berichten davon. Die Inschrift lautet: „Der König der Juden" (Mk. 15, 26). In dieser zuverlässigen Notiz sammelt sich das Geschehen des letzten Tages: die Juden hatten dem Prokurator den Messiastitel, den Jesus beanspruchte, drastisch ins Römische übersetzt. Pilatus mußte zupacken, um die neue religiöse Revolte im Keime zu ersticken. Aber die Kürze, die die Plakatierung verlangte, machte aus dem Messias-Prätendenten einen Messias der Juden. Das Johannes-Evangelium (Joh. 19, 19—22) hat den Hohn, der in dieser Kurzschrift lag, zum Anlaß einer Reklamation seitens der Hohenpriester gemacht: den Text zu ändern. Aber Pilatus blieb unerbittlich. Außerdem hat Johannes der Inschrift, über den Anlaß hinaus, eine neue Form gegeben. Sie sei in hebräischer, lateinischer und griechischer Sprache abgefaßt gewesen und habe gelautet:

Jesus der Nazoräer der König der Juden.

Die Zusammenreihung der lateinischen Anfangsbuchstaben ergibt das bekannte INRI. Die Erweiterung der Inschrift ist eine johanneische Auslegung des historischen Tatbestandes. Sie beschreibt die Bedeutsamkeit des Kreuzestodes Jesu für die Welt, in der Jesus lebte. Wir haben diese Welt unter den drei Hinsichten kennengelernt, die durch die Amtssprachen auf der Tafel repräsentiert werden: als den Gottesstaat, als das Weltreich und als die Welt der „modernen" Menschheit.

Nach Johannes „ist diese Inschrift nicht nur die Rache des Pilatus an den Juden, die ihn zu seinem Urteil gezwungen haben und denen er nun diesen Schimpf antut, sondern darüber hinaus wird durch diese Inschrift demonstriert, daß die Verurteilung Jesu zugleich das Gericht über das Judentum ist, das seine Hoffnung, die seiner Existenz ihren Sinn gab, preisgegeben hat, — das Gericht über die Welt, die um der Sicherheit der Gegenwart willen ihre Zukunft preisgibt. Das Gericht besteht aber nicht nur einfach darin, daß das Judentum seinen König verloren hat, daß die Welt ihre Zukunft verliert. Denn dann würde doch eine gewisse Tragik über dem Vorgang liegen; er enthält aber vielmehr eine tiefe Ironie. Denn als der Gekreuzigte ist Jesus wirklich der König; das Königtum der Hoffnung ist nicht als solches zunichte gemacht, sondern in neuem Sinne aufgerichtet; das Kreuz ist ja Jesu Erhöhung, Verherrlichung. Pilatus ist also wider Wissen und Wollen zum Propheten geworden wie Kaiphas (Joh. 11, 50—51). Daß seine Inschrift, die den Preis verrät, den die Ankläger bezahlt haben, als Prophetie zu verstehen ist, zeigt die Angabe, daß sie in drei Sprachen geschrieben ist (V. 20): das Kreuz ist ein die ganze Welt angehendes Ereignis; der König der Juden ist der Retter der Welt (4, 42)" (R. Bultmann).

Das Osterereignis

Das Markus-Evangelium bricht mit einer kurzen Erzählung ab: die bereits genannten Frauen, die die Kreuzigung aus der Ferne und den Ort der Grablegung aus der Nähe beobachtet hatten, seien nach dem Ende des Sabbats sehr früh, gegen Sonnenaufgang, zum Grabe gegangen, um den Leichnam einzubalsamieren. Dabei habe sie die Frage bewegt: „Wer wird uns den Stein von der Tür der Grabkammer wegwälzen?" Als sie aber hingesehen hätten, hätten sie gesehen, daß der sehr große Stein weggewälzt war. Eine Engelserscheinung habe sie in ihrem Schreck ermuntert: „Entsetzt euch nicht! Ihr sucht Jesus von Nazareth, den Gekreuzigten: er wurde auferweckt, er ist nicht hier; siehe da die Stätte, wo sie ihn bestättet haben! Aber geht hin und sagt seinen Jüngern und dem Petrus: er geht euch voran nach Galiläa; dort werdet ihr ihn sehen, wie er euch gesagt hat." Darauf seien die Frauen zitternd und entsetzt aus der Grabkammer geflohen und hätten niemandem etwas gesagt, weil sie sich fürchteten (Mk. 16, 1—8). Hier endet das Markus-Evangelium. Hier endet für Markus die Geschichte Jesu von Nazareth. In späteren Handschriften finden sich drei Ergänzungen. Sie besagen, daß Jesus zum Herrn und Herrscher auf Gottes Thron erhöht sei. Er ist nicht ein Vergangener, sondern ein lebendig Gegenwärtiger.

Das *Osterzeugnis* lautet: „Gott hat Jesus von den Toten auferweckt. Gott hat ihn als Herrn über alle Welt erhöht. Gott hat ihn als den Lebendigen seiner Gemeinde offenbar gemacht." Diese Gewißheit trägt alle Aussagen des Neuen Testaments. Ohne die Ostergewißheit gäbe es kein Neues Testament — nicht eine einzige Zeile. Wie die älteste Predigt der Gemeinde Osterpredigt ist, so ist der Glaube der Christenheit von Anfang an Osterglaube. Nicht die Weihnachtsbotschaft steht am Beginn der Kirchengeschichte, sondern die Verkündigung des Auferstandenen. Ohne Ostern gäbe es überhaupt keine christliche Kirche.

Wäre die Nachricht vom Tode Jesu von Nazareth das letzte Wort über ihn, so fiele nicht nur alles dahin, was wir heute mit dem vieldeutigen Namen „Christentum" bezeichnen: der Kreis der christlichen Feste, die Feier des christlichen Sonntags, der christliche Gottesdienst, die christliche Lehre und das christliche Leben des einzelnen wie der Gemeinschaft. Hinfällig wäre vor allem das, was die Christenheit innerlich erzeugt und ernährt, wie das, was sie nach außen bewahrt und behauptet: Gottes schöpferische Rede, die in der Verkündigung erklingt und in den „Sakramenten" der Taufe und des Abendmahls gehandelt wird. Diese Feststellung trifft nicht erst der glaubende Christ (vgl. 1. Kor. 15, 17), sondern bereits der kritisch forschende Historiker. Sie ist auch wissenschaftlich unanfechtbar.

Weil die Christenheit mit dem Osterzeugnis steht und fällt, werden wir die Aussagen, in denen es sich ausformt, sehr sorgsam zu prüfen haben. Wir werden innerhalb des Osterzeugnisses unterscheiden müssen zwischen a) der Osterbotschaft, b) den Osterberichten und c) dem Osterereignis.

a) Die Oster-*Botschaft* ist älter als die Osterberichte unserer Evangelien. Sie findet sich in ihrem ältesten Bestand bei Paulus und in einigen altertümlichen Texten, die uns in den Petrusreden der Apostelgeschichte erhalten sind. Im Unterschiede zu den Osterberichten ist die Osterbotschaft, obwohl ihre Formen und Formeln verschieden sind, einheitlich und eindeutig. Das Neue Testament gestattet, ja nötigt uns, von ihr in der Einzahl zu reden. Es gibt nur *eine* Osterbotschaft. Paulus bringt sie im ältesten Schriftstück des Neuen Testaments auf die kurze Formel: „Wir glauben, daß Jesus Christus starb und auferstand" (1. Thess. 4, 14a). Von der Urgemeinde zu Jerusalem übernahm er — wahrscheinlich durch Vermittlung der hellenistischen Gemeinde — die alte und zuverlässige Bekenntnisformel, die er als Kern für Verkündigung und Glauben weitergibt (1. Kor. 15, 3—4):

Christus starb für unsere Sünden nach den Schriften

— und wurde begraben —

und ist auferweckt worden am dritten Tage nach den Schriften.

Jesu Sterben und Auferweckung werden von vornherein als zwei Momente ein und desselben Geschehens verstanden. Daß sowohl das Sterben wie das Auferwecktwerden „nach den Schriften" geschah, besagt ein Doppeltes. Einmal: in beiden Ereignissen handelte Gott; er verwirklichte durch sie seinen ewigen Heilsratschluß. Zum andern: beide Ereignisse sind Elemente der Tatrede Gottes; durch sie will er einmalig und einzigartig die Menschen ansprechen und alle Welt aufrufen, sich retten zu lassen. Beide Ereignisse haben für jeden, der sie vernimmt, entscheidende Bedeutung. Was „geschrieben wurde", gilt. Es gilt unverbrüchlich denen, die es im Glauben „ratifizieren", d. h. denen (Röm. 4, 24b—25), „die an den glauben, der Jesus als unseren Herrn von den Toten erweckte,

der dahingegeben wurde um unserer Übertretungen willen

und auferweckt wurde um unserer Gerechtmachung willen."

Jesu Sterben und Auferwecktwerden wird also nicht in Form des historischen Berichtes erzählt, um Kenntnisse über ein Menschenschicksal zu verbreiten. Sein Geschick wird vielmehr in Gestalt einer Botschaft ausgerufen, die von Gott kommt und die Menschen treffen und für Gottes Willen erschließen will.

Daß die Osterbotschaft ursprünglich *existentiell* gezielt ist, verraten uns auch die alten Osterformeln in den Petrusreden der literargeschichtlich viel jüngeren Apostelgeschichte. Es handelt sich um die Oster-Summarien innerhalb der Reden, die Petrus vor dem Volke zu Pfingsten (Apg. 2, 22—24. 31—33. 36), anläßlich der Heilung des Gelähmten im Tempel (3, 13—15. 26), vor dem Hohen Rat im ersten (4, 10—12) und zweiten Verhör (5, 30—32) und im Hause des Hauptmanns Cornelius zu Caesarea hält (10, 37—43). Hinzu kommt das gleichartige Oster-Summarium, das die Apostelgeschichte Paulus im pisidischen Antiochien verkündigen läßt (13, 28—31. 36—37). Wesentlich für die Osterbotschaft sind auch hier: ihre Verbindung mit der Verkündigung von der Kreuzigung, das Geltendmachen des Schriftbeweises, der Aufruf zu Glauben und Umkehr. Auch hier werden die Menschen in verschiedener Weise aus Zuhörern zu Betroffenen. Die Botschaft fährt ihnen „wie eine Säge durchs Herz" und erweckt die Frage nach dem konkreten Tun (2, 37). Sie löst Verwunderung aus (4, 13), aber auch äußerste Empörung (5, 33). Während sie laut wird, überwältigt der Heilige Geist die Hörer (10, 44). Nachdem sie vernommen ist, ruft sie befreiende Freude hervor, reizt aber auch zu Widerspruch und Verfolgung (13, 48 u. 50). Sie ist jedenfalls nie bloße Reportage, sondern stets Anrede, die Entscheidung wirkt.

Die alte Formel, die Paulus 1. Kor. 15, 3—4 zitiert, verbindet die beiden Aussagen von Jesu Sterben und Auferwecktwerden durch ein Zwischenglied: „und er wurde *begraben*". Es fällt auf, daß hier die Worte „nach den Schriften" fehlen, obwohl das Begrabenwerden eine sehr viel greifbarere Schriftbasis besitzt als das Sterben und Auferwecktwerden — man denke an Jes. 53, 9! Die Aussage unterstreicht jedoch gerade in ihrer Unbetontheit, daß das Sterben Jesu ein wirkliches Sterben war und daß sein Tod, menschlich gesehen, endgültig und unwiderruflich geschah. Paulus bzw. die ihm vorgegebene Überlieferung faßt offensichtlich den Begriff der Auferweckung scharf: d. h., die Auferweckung wird als schöpferischer Eingriff Gottes verstanden, durch den etwas Neues gesetzt wurde — Leben aus dem Tode. In den Kreisen der Pharisäer rechnete man damit, daß am Ende der Tage sich die Gräber öffnen und die Toten daraus hervorgehen würden. Daß Paulus diese Anschauung geteilt hat, läßt sein frühester Brief erkennen (1. Thess. 4, 16). Daß die Auferweckung Jesu von den Toten die kommende Auferweckung der Toten begründet, ist die Grundaussage des Kapitels 1. Kor. 15.

Daneben stand jedoch noch eine andere Form der Erwartung: der Menschensohn werde in Majestät vom Himmel herabkommen. Sah man in Jesus von Nazareth den Menschensohn, der sich in der Gestalt des Gottesknechtes verbarg, so lag es nahe, zu hoffen: er werde aus der Niedrigkeit seines irdischen Inkognitos in die himmlische Herrlichkeit *entrückt* werden. Die Vorstellung von der Entrückung konnte zwar auch die Kreuzigung zur Voraussetzung haben, aber nicht, wie die Auferweckung, das Grab. Möglicherweise hat es bereits in vorpaulinischer Zeit eine Anschauung gegeben, nach der Jesus unmittelbar vom Kreuz aus zu Gott erhöht wurde. Auferstehung und Erhöhung fallen dann zusammen, ohne daß eine Zwischenzeit zwischen Karfreitag und Ostern, geschweige denn eine besondere Himmelfahrt angenommen werden muß. Diese Anschauung scheint in dem vorpaulinischen Christuslied Phil. 2, 9 ebenso durchzuschimmern wie in einigen altertümlichen Worten aus den Reden der Apostelgeschichte. „Gott hat ihn zum Herrn und Christus gemacht, diesen Jesus, den ihr kreuzigtet" (Apg. 2, 36, vgl. V. 33). „Der Gott unserer Väter hat Jesus *auf-*

erweckt, den ihr ans Holz gehängt und umgebracht habt. Diesen hat Gott zum Anführer und Retter zu seiner Rechten *erhöht"* (5, 30—31). Diese eigentümliche Identität von Auferweckung und Erhöhung ließ sich, wie u. a. das in seinem Rahmen einzigartige Wort Lk. 24, 36 zeigt, ebenfalls durch den Schriftbeweis stützen (vgl. Ps. 110, 1 in Apg. 2, 34). Später machte sie der Verfasser des Hebräerbriefes seinem Zeugnis vom Versöhnungswerke Jesu Christi dienstbar, unter Verweis auf Propheten und Psalmen (Hebr. 1, 3—13). Als ewiger Hoherpriester setzte sich Jesus Christus, nachdem er die Reinigung von den Sünden vollzogen hatte, zur Rechten des Gottesthrones (1, 3; 8, 10; 10, 12). Er ging mit seinem eigenen Blute in das himmlische Heiligtum (9, 12), „um jetzt vor dem Angesicht Gottes zu erscheinen uns zugute" (9, 24). Durch den Vorhang, d. h. durch sein Fleisch hindurch, bahnte er uns einen neuen, lebendigen Weg zu Gott (10, 20). Sehr spät hat das vierte Evangelium in den Selbstaussagen Christi vom Gehen des Sohnes zum Vater gesprochen und die „Erhöhung" doppelsinnig verstanden: der Menschensohn wird nicht *vom* Kreuz zum Himmel, sondern *zum* Kreuz und damit zugleich in die Herrlichkeit des Vaters erhöht (Joh. 3, 14; 8, 28; 12, 32—34). Immerhin sind diese Aussagen durch die Passions- und Osterberichte (Joh. 19 u. 20) stark eingegrenzt. Obwohl wir die geschichtlichen Zusammenhänge der Überlieferung im einzelnen nicht zu erkennen vermögen, steht so viel fest, daß das maßgebende Bekenntnis, das die Osterbotschaft verwahrt, nicht durch die Anschauung von der Entrückung, sondern durch die von der Auferweckung geprägt wurde. Die Vermutung bietet sich an, daß die geschichtlichen Vorgänge, die uns durch den Bericht von der Grablegung bekannt sind, und weitere Ereignisse, die im Grab ihren historischen Haftpunkt besitzen, die Aussage über die Erhöhung im Sinne der Auferweckung aus dem Grabe präzisiert haben.

b) Die Osterbotschaft erweckte den Osterglauben, und dieser sprach sich in den Oster-*Berichten* aus. Der Einheitlichkeit und Eindeutigkeit der Botschaft steht die Mannigfaltigkeit und Mehrdeutigkeit der Berichte fast schroff gegenüber. Jeder Leser des Neuen Testaments spürt das, der sich die kleine Mühe macht, die Osterberichte aus den sechs Kapiteln Mk. 16, Mt. 28, Lk. 24, Joh. 20—21 und 1. Kor. 15 — vielleicht mit Hilfe selbstgefertigter synoptischer Tabellen — untereinander zu vergleichen. Daß diese Berichte kein auch nur einigermaßen einheitliches historisches Bild vermitteln, leuchtet auf den ersten Blick ein. Besonders scharfsinnig hat vor rund 200 Jahren im Zuge der englischen Aufklärung Reimarus, aus dessen nachgelassenem Werk Lessing Frag-

mente veröffentlichte (1777), die Widersprüche und Unwahrscheinlich-
keiten der Osterberichte – man darf sagen: vollständig aufgezählt.
Seine Kritik wird dadurch nicht bedeutungslos, daß er sie mit der
absurden Annahme belastete, die Jünger hätten aus eigennütziger Absicht die Auferstehung ihres Meisters frei erfunden. Ein Betrüger-
Kollegium wäre wohl etwas raffinierter verfahren und wäre dann zu
einheitlicheren Ergebnissen gelangt. Schon Lessing wies darauf hin, daß
aus der Widersprüchlichkeit der Berichte nicht unbedingt zwingend
auf die Unmöglichkeit der Auferstehung zu schließen sei.
Trotzdem sind die Widersprüche weder zu leugnen noch durch Harmo-
nisierung aus der Welt zu schaffen. Sie sind um so erstaunlicher, als
alle vier Evangelien den Bericht der Passion Jesu verhältnismäßig
einheitlich darbieten, während die Gegensätze in den Osterberichten
mitten durch die Synoptiker selbst, ja durch jedes einzelne Evangelium
gehen. Nur eine Erzählung bildet eine Ausnahme: der Bericht, daß
Frauen (Mk. 16, 1–8; Mt. 28, 1–10; Lk. 24, 1–11) bzw. eine Frau
(Joh. 20, 1–18) das Grab leer gefunden hätten, ist nahezu übereinstimmend überliefert.
Wir begnügen uns mit wenigen Hinweisen. In der nachweislich ältesten
Überlieferung der Osterbotschaft – bei Paulus – finden sich Ansätze
für die späteren reicher entwickelten Osterberichte. Paulus weiß –
offensichtlich aus gut verbürgter Tradition – von Erscheinungen des
Auferweckten vor verschiedenen Personen zu berichten: „Er erschien
dem Kephas (= Petrus), sodann den Zwölfen. Danach erschien er
über 500 Brüdern auf einmal, von denen die meisten noch bis jetzt am
Leben sind, einige aber entschliefen. Danach erschien er dem Jakobus,
sodann allen Aposteln. Zuletzt aber von allen, gleichsam als der Fehl-
geburt, erschien er auch mir" (1. Kor. 15, 5–8).
Um *Erscheinungen* hat es sich also gehandelt, d. h. um ein Sichtbarwerden des aus dem Tode erhöhten Herrn. Paulus benutzt ein griechisches Wort, das auch sonst gebraucht wird, etwa Lk. 24, 34 oder
Apg. 13, 31 und 26, 16. „Er erschien", d. h. jedesmal: er zeigte sich
von sich aus. Sein Sichtbarwerden ist jeweils ein Akt, der auf seiner
Initiative beruht. Nicht die subjektive Wahrnehmung, sondern die
objektive Sichtbarmachung wird betont. Das Sehen des Menschen, d. h.
das, was die Religionsgeschichte wie die Psychologie als „Vision" bezeichnet, wird nicht übersprungen. Der Mensch sieht schon, aber was
er sieht, ist nicht psychogen bedingt: er sieht nicht das Produkt seiner
eigenen Einbildungs- oder Denkkraft. Er sieht in der Vision gegen-
ständliche Wirklichkeit, die ihm von außen begegnet. So bezeugt Pau-

lus, daß er wirklich den lebendigen Herrn gesehen habe, oder besser: daß der lebendige Herr sich ihm gegenüber als wirklich erwiesen habe in einzigartiger personhafter Begegnung. Dasselbe setzt er von den Visionen der anderen zuvor genannten Personen und Gruppen voraus. Auch sie sahen nicht ein Gebilde ihres Wahnes, sondern der erhöhte Herr gab sich ihnen sichtbar zu erkennen.

Wie diese Vorgänge sich im einzelnen abspielten, verrät kein Text des Neuen Testaments. Darüber kann allerdings kein Zweifel sein, daß für diese spätantiken Menschen die Gewißheit ihres Glaubens nicht auf einem subjektiven Erleben, sondern auf einem *objektiven Widerfahrnis* beruhte. Paulus selbst unterstreicht, ohne über die Problematik, die sich für uns hier ergibt, auch nur eine Silbe zu verlieren: daß derselbe Herr auf dieselbe Weise sich vielen anderen sichtbar machte. Nicht nur seine beiden Augen haben ihn erblickt. Über 1000 Augen hat sich Jesus als der zum Christus Gottes erhöhte Herr sichtbar gezeigt. Paulus hat ihn nur ein einziges Mal gesehen, auf dem Wege nach Damaskus. Das genügte für ihn, um an ihn als den himmlischen Herrn zu glauben. Mehr noch: das war für ihn die Legitimation, gleich Simon Petrus und den anderen Aposteln, Apostel dieses Herrn zu sein. Diese eine Erscheinung ermächtigte ihn, die gewisse Frage zu stellen: „Habe ich nicht Jesus, unseren Herrn, gesehen?" (1. Kor. 9, 1). Gewiß, er war der letzte, dem Jesus auf diese Weise erschien, aber der letzte — Augenzeuge!

Paulus läßt durchblicken: bei verschiedenen Gelegenheiten, an verschiedenen Orten, zu verschiedenen Zeiten machte sich Jesus den Seinen sichtbar. Aber jedem begegnete er in Person auf seine Weise, und jedem gab er seinen besonderen Auftrag. Auf der Augenzeugenschaft der vielen beruhte die Gültigkeit der Botschaft auch für die, die ihn bereits in der damaligen Generation nicht im persönlichen Widerfahrnis zu sehen bekamen.

Diese Visionen der ersten Augenzeugen sind, von uns aus gesehen, das Letzte, was wir historisch zuverlässig zu erfassen vermögen. Sie sind, von Gott her gesehen, das Erste, was er den Menschen zu sehen gibt. Der Historiker vermag wohl aufzuzeigen, daß die Osterzeugnisse der ältesten Überlieferungsstufe authentisch so verstanden werden wollen. Aber er vermag niemandem diesen Glauben anzudemonstrieren. Er kann wohl sagen: Die ältesten Zeugen haben in den Oster-Widerfahrnissen Jesus als den erhöhten Herrn erkannt. *Ihnen* ist er in der Form dieser Visionen begegnet. Sie haben sie als sein Handeln und zugleich als Gottes Handeln an sich selbst und an aller Welt verstanden. Aber ob *wir* in ihrer Ostererfahrung Jesus Christus und Gott selbst am Werke sehen — oder nicht, darüber kann kein anderer Mensch eine Antwort geben. Darauf müssen und dürfen wir selbst antworten. Nur eins steht fest: sowenig uns die Geschichtsforschung den Osterglauben zu geben vermag, sowenig kann sie ihn uns nehmen. Im Gegenteil: die Wirklichkeit des Ostergeschehens kann nicht von der historischen Wissenschaft bestritten werden, sondern nur von einem vor- bzw. außerwissenschaftlichen Vorurteil, das meist weltanschaulicher Art ist — wie beim alten Reimarus, dem „vernünftigen Verehrer Gottes".

Die Osterberichte zeigen eine Mehrzahl ursprünglich selbständiger Überlieferungen, die man im Laufe der Zeit miteinander auszugleichen bzw. zu verbinden versuchte. Die Einheit der Mannigfaltigkeit wird aber nicht nur durch künstliche Kombination hergestellt, sondern ist weithin durch die eine Osterbotschaft vorgegeben. An folgenden Punkten wird die Vielfalt der Berichte, die historische Widersprüchlichkeit bedeutet, sichtbar:

(1) *Jesu Auferstehungsleib:* Einheitlich ist die Grundauffassung vom neuen Dasein des Herrn: im Ostergeschehen ging es nicht um die Wiederbelebung eines Leichnams, sondern um eine neue himmlische Daseinsform — verschieden ist die Vorstellung von seiner Art. Nach Paulus gab Gott dem getöteten Jesus einen neuen Herrlichkeitsleib; in ihm offenbart er sich unmittelbar vom Himmel her den Seinen auf Erden. In den Evangelien dagegen überwiegt die Anschauung, Jesus sei vorübergehend in ein verklärtes Erdendasein zurückgekehrt. Der Umgang mit Jesus wird bei allem Abstand, den er den Menschen gegenüber in Wort und Gebärde wahrt, sinnenhaft dargestellt: Jesus wandert mit den Jüngern, unterhält sich mit ihnen (Lk. 24, 13—35). Die Frauen ergreifen seine Füße (Mt. 28, 9). Dem Verbot, ihn zu berühren (Joh. 20, 17), steht die Aufforderung, es zu tun (Joh. 20, 27), gegenüber: die Nägelmale an seinen Händen und die Seitenwunde werden zum Erweis seiner Identität wie seiner Realität (Joh. 20, 24—29). Das Erschrecken der Jünger vor einer Geistererscheinung wird ebenso durch den Hinweis auf seine greifbare Leibhaftigkeit niedergeschlagen wie durch die Tatsache, daß er vor ihren Augen ein Stück von einem gebratenen Fisch (und von einer Honigwabe) verzehrt (Lk. 24, 36—43).

(2) *Die Zeugen:* Einheitlich ist die Grundauffassung, daß Jesus nur einem beschränkten Kreis von Personen erschien: „nicht dem ganzen Volk, sondern den von Gott vorher erwählten Zeugen" (Apg. 10, 41). Der Verfolger Paulus ist die große Ausnahme, die die Regel bestätigt. Erst im apokryphen Petrusevangelium erzählt die wildwuchernde

Legende, Jesus sei auch den Gegnern, Römern und Juden, erschienen. – Verschieden ist jedoch nach Zahl und Namen die Schar der Zeugen. Die Angaben des Paulus (1. Kor. 15, 5–8) und die Berichte der Evangelien schließen sich gewiß nicht aus, aber sie lassen sich auch nicht identifizieren. Von einer Massenerscheinung vor über 500 Menschen erzählen die Evangelien kein Wort. Die späte Überlieferungsstufe weiß zu sagen, daß die Evangelien nur eine Auswahl von Jesusgeschichten bieten (Joh. 21, 25). Sie läßt damit der Vermutung Raum, daß sich in der Vielfalt der Berichte die Vielfalt der Erscheinungen spiegelt. Freilich gibt der weite Streuwinkel des Ostergeschehens keine Handhabe, ein historisches Gesamtbild zu rekonstruieren.

(3) *Der Ort:* Einheitlich ist die Grundauffassung, daß Jesus an den historischen Stätten seiner Wirksamkeit den Seinen erschien. Ausnahme ist auch hier wieder Paulus (Apg. 9, 3–9). – Verschieden sind die Angaben über die Orte der Erscheinungen im einzelnen. Markus und Matthäus lokalisieren sie in Galiläa (Mk. 14, 28; 16, 7; Mt. 28, 7. 10. 16–17), Lukas und Johannes in Jerusalem und Umgebung (Lk. 24; Joh. 20). Der Nachtrag des vierten Evangeliums versucht beide Anschauungen miteinander auszugleichen (Joh. 21).

(4) *Die Zeit:* Einheitlich ist die Grundauffassung, daß die Erscheinungen Jesu kurz nach seinem Tode, vom zweiten Tage nach dem Karfreitag an, einsetzten und allenfalls auf einen Zeitraum von wenigen Wochen beschränkt waren. Ausnahme ist auch hier wieder Paulus. – Verschieden sind die speziellen Angaben über die Tageszeit der Auffindung des leeren Grabes und der ersten Erscheinung, verschieden auch die Vorstellungen von der Zeitdauer zwischen Grablegung und Auferweckung einerseits und erster und letzter Erscheinung andererseits. Lukas historisiert seine Osterberichte, indem er sie mittels eines heilsgeschichtlichen Kalendariums in einen Rahmen von 40 Tagen einspannt und diese Periode mit der ursprünglich nur bei ihm sich findenden Erzählung von der leibhaften Himmelfahrt abschließt (Lk. 24, 50–52; Apg. 1, 9–14). Abgesehen von Lukas ist das Interesse an genauer zeitlicher Datierung gering. Die älteste Überlieferung setzt die Auferweckung auf den dritten Tag nach Tod und Grablegung an (1. Kor. 15, 4). Das *„am* dritten Tage" findet sich in den Leidensweissagungen Jesu bei Matthäus und Lukas. Es tritt in gewisse Spannung zu dem *„nach* drei Tagen" bei Markus (8, 31; 9, 33; 10, 33), ist aber bereits Mt. 27, 64 kombiniert. Unvereinbar ist es allerdings mit Mt. 12, 40, wonach der Menschensohn, wie Jona im Bauche des Walfisches, „im Herzen der Erde drei Tage und drei Nächte" sein wird. An

der frühen Fixierung der Auferstehung auf den „dritten Tag" hat sicher das Wort Hosea 6, 2 mitgewirkt, das ursprünglich auf das Geschick des Volkes bezogen war. Der griechische Text der Septuaginta lautet:

Heilen wird er uns nach zwei Tagen.

Am dritten Tage werden wir auferstehen und leben vor ihm.

Schwerlich ist jedoch die Datierung aus dieser Stelle allein abzuleiten. Die frühe Notiz, daß Jesus bereits in der zweiten Nacht nach seiner Tötung auferstanden sei, ließ sich nur dann in die prophetische „Datierung" einbeziehen, wenn sie den zeitlich unbestimmten Sinn hätte „nach sehr kurzer Zeit". Daß aber die Auferweckung Jesu „am dritten Tage" von den Christen sehr früh als Erfüllung der Verheißung Hosea 6, 2 angesehen wurde, zeigt das spätere jüdische Targum: es streicht die genaue Zeitangabe „nach zwei Tagen" und „am dritten Tage" und ersetzt sie durch die allgemeinere „in den Tagen der Tröstung" und „am Tage der Totenauferstehung", um die christliche Deutung auszuschließen.

(5) *Das Grab:* Einheitlich ist die Grundauffassung, daß der am Kreuz Getötete von Gott ins himmlische Leben erhöht wurde. Daß die reine Erhöhungsaussage zum Auferweckungszeugnis präzisiert wurde, sagten wir bereits. Zur Osterbotschaft gehört wesensmäßig die Aussage über das Grab hinzu, und zwar von Anfang an (1. Kor. 15, 4). Daß es leer ist, wird nicht erörtert, sondern als indiskutabel vorausgesetzt. Das versteht sich für einen spätantiken Menschen ebenso von selbst, wie dies, daß ihm in den Visionen objektive Realitäten begegnen. Paulus hat nicht *„an* das leere Grab" oder *„an* das Leersein des Grabes" geglaubt — wie macht man das eigentlich? —, aber er hat an Jesus Christus geglaubt, den Gott aus dem Grabe erweckte. Der Satz „er wurde begraben" gehört der alten Bekenntnisformel an. Es ist nicht Glaubens*gegenstand,* wohl aber Glaubens*inhalt.* Das heißt, Paulus *weiß* als Glaubender um das Grab Jesu. Ihm zuzutrauen, er habe zwar um die Auferweckung des Getöteten, nicht aber um die Leerung des Grabes durch Gott gewußt, heißt: ihn in das Prokrustesbett unserer abstrakten Logik einzwängen und ihn eine Absurdität denken lassen. Paulus ist aber nicht der Denker des Absurden, sondern der Zeuge des paradoxen Handelns Gottes, der aus dem Tode das Leben schafft. Freilich ist das leere Grab weder Gegenstand der Verkündigung noch des Glaubens. Es ist bei Paulus auch noch nicht Mittel einer Beweisführung. Bei ihm ist es lediglich die Kontur des Geschehens. Es unterstreicht die Wirklichkeit dieses Sterbens als dessen äußersten Endpunkt und die Wirk-

lichkeit dieses Auferwecktwerdens als dessen äußersten Anfang. Gedanklich ist es in der Aussage, daß die Christen mitbegraben werden (Röm. 6, 4), stillschweigend vorausgesetzt. — Erst in den legendarischen Berichten der Evangelien wird eine Linie sichtbar, auf der das leere Grab zum ersten Stück eines Indizienbeweises werden kann. Aber auch hier ist die Zurückhaltung beachtlich: das leere Grab wird nicht zum Glaubensgegenstand erhoben. Die Engelbotschaft verbietet es geradezu, das Grab zum selbständigen Gegenstand der Betrachtung zu machen: „Was sucht ihr den Lebendigen bei den Toten? Er ist nicht hier, sondern er ist auferweckt worden" (Lk. 24, 5—6).

In der gegenwärtigen Forschung hat man auf Grund des Alters der Überlieferung versucht, von der Entdeckung des leeren Grabes her den historischen Ablauf der Osterereignisse verständlich zu machen. Das ist durchaus sinnvoll. Der legendäre Charakter der Berichte spricht sowenig gegen die Historizität des leeren Grabes als solchen wie die Ungewöhnlichkeit der Auferweckung gegen ihre Tatsächlichkeit. Jedoch ist der Dienst, den die Archäologie zur historischen Feststellung des Grabes machen kann, begrenzt, wenn nicht gar fragwürdig. Eine in Nazareth gefundene Inschrift, die vermutlich aus der frühen Kaiserzeit stammt und laut kaiserlicher Anordnung Grabfrevel mit der Todesstrafe bedroht, dürfte zwar echt sein. Aber selbst dann besagte sie nichts für die Geschichtlichkeit des leeren Grabes, sondern nur, daß die in Mt. 28, 11—15 und Joh. 20, 11—28 bereits vorausgesetzten Streitigkeiten mit den Juden und deren Verleumdungen historisch sind. Nicht minder problematisch ist der Versuch, die Tradition des Grabes Jesu, das im Jahre 326 unter dem Kaiser Konstantin aufgefunden wurde und noch bis heute verehrt wird, bis in das erste Jahrzehnt nach Jesu Tod zurückzuverfolgen. Ließe sich ein christlicher Kult am Grabe Jesu bereits zu dieser Zeit nachweisen, so wäre damit nicht mehr und nicht weniger erwiesen als dies, daß man schon sehr früh nicht nur an den lebendigen Herrn glaubte und sich von ihm leiten ließ, sondern ebenso früh den Sinn der Osterbotschaft vergaß und in Jesu Namen Götzendienst zu treiben begann. — Völlig abwegig und mit diesen ernsthaften wissenschaftlichen Versuchen überhaupt nicht zu vergleichen sind die Phantastereien, die von Zeit zu Zeit, unter Beibringung von sachkundigen „Autoritäten", mit dem sog. „Grabtuch" von Turin getrieben werden. Daß die Bibel in ihrer Botschaft von Gottes Gnade und Gericht und nicht in ihren die Altertumswissenschaft angehenden Daten „recht hat", wird hier reichlich verdunkelt.

Der historische Ertrag der Berichte scheint auf den ersten Blick recht gering zu sein. Die Jünger sind nach Galiläa geflohen. Jesus erscheint ihnen und ruft sie nach Jerusalem zurück — in die Stadt, wo ein für allemal die Entscheidung fiel. Sie empfangen von ihm konkrete Weisungen. Der erste, dem er erschien, dürfte Petrus gewesen sein (1. Kor. 15, 5; Mk. 16, 7; Lk. 24, 34; Joh. 21). Er wird zum Hirten der Herde eingesetzt (Joh. 21, 15—17). Alle empfangen den universalen Auftrag zur Verkündigung des Heils (Joh. 20, 22—23) und zur Weltmission (Mt. 28, 16—20). Die weltbewegenden Dinge „kommen auf Taubenfüßen, unhörbar". Auch in den Osterberichten melden sie sich an.

c) Damit stehen wir vor unserer letzten Frage: nach dem Oster-*Ereignis*. Wir sahen (s. o. Seite 268): das Letzte, was wir historisch zu fassen vermögen, sind die Visionen der Augenzeugen. Zeichnet sich in ihnen und den in den Berichten aufgefangenen Ereignissen ein Urereignis ab? Die Frage stellen heißt bereits sie bejahen. Die Spannung zwischen der einheitlichen Botschaft und den vielfältigen Berichten ist nur von einem übergreifenden Ereignis her einsichtig zu machen. Von diesem Ereignis her leben sie beide: die Botschaft und die Berichte. Die Substanz der Botschaft ist dieses Ereignis: in der Botschaft wird das eine Ereignis ausgerufen. In *den* Ereignissen ereignet sich *das* Ereignis. Aber von welchem Ereignis reden wir eigentlich? Wir reden von der Auferweckung des Sohnes durch den Vater *vor und abgesehen* von der Botschaft, vor und abgesehen von den Ereignissen, die in den Berichten erzählt werden. Wir können darüber nur sehr wenig sagen, weil sowohl Paulus wie die Evangelien wie alle übrigen Schriften über dieses Ereignis — schweigen. Der *Vorgang* der Auferweckung Jesu durch Gott wird uns nirgends beschrieben. Erst das apokryphe Petrusevangelium schildert den Vorgang selbst, noch dazu vor den Ungläubigen, und zeitlich eher, als die Jünger von diesem Vorgang überhaupt Kunde erhalten! Im Neuen Testament dagegen stehen wir hier gewissermaßen vor einem Loch: am Rande eines Kraters, der durch einen Einschlag „senkrecht von oben" verursacht ist. Auch die historische Forschung sieht diesen Krater. Sie würde sich ihres königlichen Geschäftes entledigen, wenn sie hier die Augen verschlösse oder so täte, als sähe sie nichts. Sie weiß in der Tat viel mehr, als sie zu wissen sich eingesteht. Der Historiker täte gut daran, wenn er einmal eine Zeitlang versuchte, sich nicht von einem Theologen vorschreiben zu lassen, wieweit er in seiner Forschung gehen dürfe. Es hat sich zwar im letzten Jahrhundert die Erkenntnis verbreitet, die Ferd. Chr. Baur im Jahre 1853 auf die Formel brachte: „Was die Auferstehung an sich ist, liegt außerhalb des Kreises geschichtlicher Betrachtung... Was für die Geschichte die notwendige Voraussetzung für alles Folgende ist, ist nicht sowohl das Faktische der Auferstehung selbst, als vielmehr der Glaube an dasselbe." Doch diese Behauptung ist nur bedingt richtig. Und sie gewinnt dadurch nicht unbedingte Richtigkeit, daß sie seitdem bis auf den heutigen Tag in dieser oder jener Weise wiederholt wird. Ja sie würde sogar falsch, wenn man hier zwischen der Aufgabe des Forschenden und des Glaubenden scheiden wollte.

So gewiß Wissen und Glauben voneinander zu *unter*scheiden sind, so haben sie hier doch beide denselben Gegenstand. Der Glaubende, der hier nicht mehr ein wissen wollender, ein historisch forschender Mensch wäre, wäre von der Gefahr des Ungehorsams bedroht. Der Glaubende sieht nicht mehr als der Forschende. Mehr sähe nur der Nichtglaubende. Der Glaubende sieht dasselbe, was er als Wissender sieht: das große Loch, den Krater — und um ihn herum die Bruchstücke der Überlieferung in Gestalt der mannigfaltigen, nicht mehr zusammenfügbaren Berichte. Sie bilden den brüchigen Rand des gewaltigen Einschlagtrichters, den das Neue Testament mit den Worten bezeichnet: „Gott hat Jesus von den Toten auferweckt." Und gerade der Glaubende ist immer wieder von neuem aufgefordert und gefragt, ob er angesichts dieser historisch wahrzunehmenden Trümmer es wagen wolle, aufs neue — zu glauben, daß Gott hier gehandelt hat.

Die Botschaft und die Berichte ruhen nämlich auf der Grundvoraussetzung, daß Gott, *bevor* er an den Menschen handelte, *an seinem Sohn* gehandelt hat. Das Oster*ereignis* erschöpft sich nicht in der Botschaft und in den Visionen, sondern es erzeugt sie. Jesus ist nicht in die Botschaft hinein auferstanden und auch nicht in die Vision hinein und auch nicht in den Glauben hinein. Jesus ist von Gott auferweckt worden und zu ihm selbst erhöht. Paulus sagt 1. Kor. 15, 17 *nicht:* „Erklingt die Oster*botschaft* nicht mehr, so ist euer Glaube gegenstandslos", sondern er sagt ausdrücklich: „Ist *Christus* nicht auferweckt worden..." Diese Auferweckung vollführte Gott gewiß nur im Blick auf die Menschen, aber er vollführte sie dadurch, daß er den Sohn in seine himmlische Welt erhob. Daß dieses Handeln Gottes nicht gegenständlich erfaßt werden kann, macht gerade seine echte Geschichtlichkeit aus, die geglaubt *und* gewußt werden will. Denn welches echte geschichtliche Faktum vermöchte der Historiker überhaupt zu objektivieren? Droysen, der das Phänomen des „Hellenismus" historisch darstellte und ihm seinen bis heute geltenden Namen gab, schrieb 1838 in einem Brief an Perthes das denkwürdige und viel zuwenig beachtete Wort: „Das wahre Faktum steht nicht in den Quellen." Das Wort enthält eine Spitze gegen den naiven Positivismus der historischen Schule, die den Ehrgeiz besaß, feststellen zu wollen, „wie es wirklich gewesen war". Das historisch Entscheidende ist nie unmittelbar, sondern immer nur mittelbar greifbar und überprüfbar. In diesem Sinne will das Urereignis der Auferweckung Jesu von den Toten uns Menschen heute begegnen, um von uns angenommen und d. h. von uns geglaubt und — gewußt zu werden.

Was kann hier aber wirklich *gewußt* werden? Gewußt werden kann und soll ein Dreifaches. Dieses Dreifache wird zum Inhalt der Botschaft, die bleibt, auch wenn die Schauungen und Raunungen aus der Zeit der ersten Zeugen vergangen sind (vgl. 1. Kor. 13, 8—13). Gewußt wird von Ostern her, was das Osterereignis (1) für Gott, (2) für die Menschen, (3) für die Welt bedeutet.

(1) Gott hat sich durch die Auferweckung des getöteten Jesus von Nazareth als *Gott* erwiesen. Er hat das in einer solch unüberholbaren Weise getan, daß er nicht mehr ohne diese Tat gedacht, geglaubt oder angebetet werden kann. Gott hat sich selbst in einer solchen Eindringlichkeit am Schicksal des als Verbrecher hingerichteten Jesus von Nazareth engagiert, daß der Name „Totenerwecker Jesu Christi" von nun an sein wahrer Gottesname ist (Röm. 4, 24; Eph. 1, 20; 1. Petr. 1, 21, vgl. dazu: Röm. 4, 17 und 2. Kor. 1, 9). Wer nunmehr von „Gott" redet, ohne seine Selbstqualifikation durch die Auferweckung Jesu Christi von den Toten zu bedenken, der redet von irgend etwas, vielleicht von einer Idee, vielleicht von einem Phantom. Aber er redet nicht von Gott. Gott hat sich zu Ostern als der *Schöpfer* erwiesen. Er hat seine Gottheit offenbart. Er hat damit den wahren Glauben ermöglicht.

(2) Gott hat sich durch die Auferweckung des getöteten Jesus von Nazareth als Gott des *Menschen* erwiesen. Er hat den von den Menschen verworfenen Jesus, den er zum Dienst und zum Leiden erwählt hatte, angenommen. Er hat ihn aus der Schmach zu Ehren gebracht. Er hat die Verwerfung des Sohnes verworfen. Von Ostern her wird erst voll verständlich, was es mit der Niedrigkeit des irdischen Lebens Jesu und mit seinem schmählichen Ende am Karfreitage auf sich hatte. Von der Auferweckung her wird erst verständlich, was es um die Kreuzigung auf Golgatha war. Hier stehen wir am Rande eines fast unsagbaren Geheimnisses, das uns erst später beschäftigen soll: das Kreuz bedeutet, daß Gott selbst Jesus verwarf — nicht um seinet-, sondern um unseretwillen! Das Geheimnis heißt: „Stellvertretung". Die Botschaft, die es uns zuspricht, besagt: Sündenvergebung (vgl.

Röm. 4, 25). In Jesu Gesamtschicksal – in Kreuz und Auferweckung – wird deutlich: Gott hat sich zu Ostern als der *Versöhner* erwiesen. Er hat seine Menschlichkeit offenbart. Er hat damit die wahre Liebe ermöglicht.

(3) Gott hat sich durch die Auferweckung des getöteten Jesus von Nazareth als Gott der *Welt* erwiesen. Er hat dem, der der Macht des Todes erlag, „alle Gewalt gegeben im Himmel und auf Erden" (Mt. 28, 18). Jesus Christus ist zum Haupt und Herrn seiner Kirche und zum heimlichen Herrscher der Welt erhöht. Der Kosmos hat in allen seinen Schichten in ihm den Kosmokrator erhalten. Paulus weiß: „Wenn wir glauben, daß Jesus starb und auferstand, so wird auch Gott die Entschlafenen durch Jesus mit ihm führen" (1. Thess. 4, 14). Allen Völkern in der Ökumene wird die neue Freiheit angeboten (Mt. 28, 19–20). Ja alle Kreatur – gerade auch alle außermenschliche Schöpfung – harrt seufzend und ängstet sich schmerzlich dem Tag entgegen, da das Inkognito der Kinder Gottes aufgehoben und in Majestät verwandelt wird (Röm. 8, 19–22). Gott hat sich zu Ostern als der *Erlöser* erwiesen. Er hat seine Weltoffenheit offenbart. Er hat damit die wahre Hoffnung ermöglicht.

EPILOG: DIE RETTUNG DES SISYPHOS

Das Osterereignis, das die Botschaft und die Berichte überhaupt erst hervorruft und sich in ihnen bekundet und bricht, ist die universale *Theodizee*, d. h. die endgültige Rechtfertigung Gottes, des Menschen, der Welt. Die große Frage, die die heimliche Unruhe aller Geschichte ist, wird bereits im Alten Testament – bei Hiob – gestellt, erhält aber erst mit der Verkündigung des Evangeliums ihre ganze Schärfe. In der Neuzeit wurde sie von Leibniz neu formuliert. Sie lautet bei ihm: Wie verträgt sich das metaphysische, das moralische und das physische Übel mit der Weltregierung des allweisen und allgütigen Gottes? Die Frage hat das ganze 18. Jahrhundert bewegt. Die Antwort, die Leibniz gab, war groß gedacht: diese Welt sei die beste von allen denkbaren Welten. Aber sie hielt den Nöten der Zeit – man denke an das Erdbeben von Lissabon 1755! – nicht stand.

Die Antwort, die das Osterereignis gibt, ist dagegen krisenfest. Denn sie ist selbst aus der größten Krise geboren, die die Welt je erlebte: aus der schimpflichen Hinrichtung des Sohnes Gottes. Diese Antwort hat *die Katastrophe* nicht nur im Blick, sondern geradezu zum Gegenstand. Sie sagt nämlich, daß Gott nur durch die Katastrophe hindurch handelt. Die Katastrophe in jeder Gestalt zeugt nicht wider, sondern für Gott. Das Leiden Gottes, das Leiden des Menschen, das Leiden der Welt sind in der Kreuzigung und dem Auferwecktwerden Jesu von Nazareth so miteinander verschlungen, daß die uralte Frage eine völlig neue Antwort erhält. Das, was Leibniz das metaphysische, das moralische und das physische Übel nannte, ist nicht eine entschuldbare Regelwidrigkeit des Weltregiments Gottes, sondern jeweils ein Wesensmoment des göttlichen Handelns selbst. *Das Leiden* ist seit Ostern die Signatur des *sinnvollen* Daseins schlechthin.

Die Frage der Theodizee ist im Laufe des 19. Jahrhunderts aus dem allgemeinen Weltbewußtsein des modernen Menschen allmählich verschwunden. Die Flut des von Nietzsche gesichteten und heraufbeschworenen *Nihilismus* scheint sie hinweggespült zu haben. Wenn Gott „tot" ist, wie „Zarathustra" behauptet, kann er nicht mehr vor Gericht gestellt, angeklagt, verteidigt, verurteilt oder freigesprochen werden. Mit der Gottesfrage erlischt auch die Frage der Theodizee, die Frage der Rechtfertigung Gottes. Der Mensch hat selber die Funktionen des Weltregenten übernommen. Er schafft, versöhnt und erlöst sich selbst. Er wird mit dem metaphysischen, dem moralischen und dem physischen Übel allein fertig. Wo er es nicht zu bewältigen vermag, zieht er sich selbst vor Gericht, oder — was wesensmäßig dasselbe ist — die anderen. Er bereitet sich selbst seinen „Ölberg" und sein „Gethsemane". Die reine Innerweltlichkeit, da Welt und Mensch mit sich allein beschäftigt sind und keinen Gott benötigen, meldet sich kräftig zu Worte. Der Franzose Albert Camus entdeckt das *Absurde* als die doppelwertige Kategorie des Daseins und interpretiert mittels ihrer konsequent Leben und Wirklichkeit. Das Wort des Ödipus: „Ich finde, daß alles gut ist", „vertreibt aus dieser Welt einen Gott, der mit dem Unbehagen und mit der Vorliebe für nutzlose Schmerzen in sie eingedrungen war. Er macht aus dem Schicksal eine menschliche Angelegenheit, die unter Menschen geregelt werden muß."

Camus hat in seinem „Mythos von Sisyphos" den wackeren Bezwinger seines Schicksals zum Symbol des gegenwärtigen Idealmenschen erhoben. „Die Götter hatten Sisyphos dazu verurteilt, unablässig einen Felsblock einen Berg hinaufzuwälzen, von dessen Gipfel der Stein von selbst hinunterrollte. Sie hatten mit einiger Berechtigung bedacht, daß es keine fürchterlichere Strafe gibt als eine unnütze und aussichtslose Sache." Wer wollte leugnen, daß in diesen knappen

541

Sätzen unser heutiges Schicksal gültig ausgesagt ist? Wir leben alle in der „unnützen und aussichtslosen Arbeit", des absoluten äußeren und inneren Leerlaufs, der ausgereiften Sinnlosigkeit.

Dieser Diagnose gilt es standzuhalten. Alle sind heute gefragt, auch *die Christen*, ob sie dazu bereit sind. Gewiß, die Kirchen haben ihren Auftrag seit den Tagen Jesu und seiner Apostel je verschieden ausgeführt, und sie suchen ihn weiterhin ernsthaft zu erfüllen. Aber hat ihre Botschaft den Klang und die Kraft der Frühzeit? Gewiß, die Christen glauben oder bemühen sich wenigstens, es zu tun. Aber besitzt ihr Glaube die Freude und die Freiheit, die das Dasein belebt und durchformt? Die Fragen stellen heißt sie verneinen. Unser Reden und Hören, unser Leben und Leiden ist vielleicht nicht nur sachgemäß, sondern auch existentiell ernst und echt. Aber es fehlt ein umgreifender Raum, in dem das alles als sinnvoll empfunden werden könnte. Auch wir leben in der Welt des Als-Ob, in der bereits Pilatus und seine Zeitgenossen lebten. Wir haben uns selbst zu prüfen, wie viel in unserem christlichen Denken, Reden und Handeln nur ererbt und bestenfalls anempfunden, aber nicht persönlich erworben und selbständig angeeignet ist. Wir haben das deswegen um so ernster zu tun, weil wir in einer Welt leben, die keine metaphysische, geschweige denn eine religiöse „Antenne" zu besitzen vorgibt und vielleicht wirklich auch nicht mehr besitzt. Werden wir selbst sie morgen noch besitzen — falls sie uns heute eignet?

Diese unsere Welt ist nicht nur vermessen, sondern zugleich auch redlich, wenn sie auf Gott als die General-Hypothese des Daseins verzichtet. Sie hat das Empfinden: Wenn es Gott wirklich gibt, dann ist es nicht in der Ordnung, ihn als Mittel zur Lösung geistiger und materieller Fragen und Nöte zu benutzen. In dem allem achtet sie noch die altehrwürdigen Überbleibsel einer „Religion", die heute nur als geistiges Narkotikum benötigt werden, um den ständigen Schmerz des Daseins aushalten zu können.

Wie finden wir uns in dieser Welt zurecht, die es von vornherein ablehnt, daß man die Frage nach dem Sinn des Ganzen überhaupt stellt? Wie helfen wir *ihr*? Die erste Antwort dürfte in der Überlegung liegen, daß die Sinnfrage für Sisyphos keineswegs erledigt ist. Sie ist nur verdrängt. Sie kehrt in neuer Gestalt wieder. Sie lautet für Sisyphos: „Lohnt sich das Leben, oder lohnt es sich nicht?" Sie bekundet ihre Schärfe in der Aussage: „Es gibt nur ein wirklich ernstes philosophisches Problem: den Selbstmord." Hinter jener Frage und dieser Feststellung verbirgt sich das alte Theodizeeproblem in neuer Form.

Wie aber löst Sisyphos seine Frage? Er löst sie so, daß er beim Abstieg ins Tal die Nutzlosigkeit des bevorstehenden Aufstieges *bewußt* bejaht. Auf dem Rückwege, in der „Stunde des Bewußtseins", ist er seinem Schicksal überlegen. „Er ist stärker als sein Fels. — Dieser Mythos ist tragisch, weil sein Held bewußt ist. Worin bestünde tatsächlich seine Strafe, wenn ihm bei jedem Schritt die Hoffnung auf Erfolg neue Kraft gäbe? Heutzutage arbeitet der Werktätige sein Leben lang unter gleichen Bedingungen, und sein Schicksal ist genauso absurd. Tragisch ist es aber nur in den wenigen Augenblicken, in denen der Arbeiter bewußt wird. Sisyphos, der ohnmächtige und rebellische Prolet der Götter, kennt das ganze Ausmaß seiner unseligen Lage: über sie denkt er während des Abstiegs nach. Das Wissen, das seine eigentliche Qual bewirken sollte, vollendet gleichzeitig seinen Sieg. Es gibt kein Schicksal, das durch Verachtung nicht überwunden werden kann."
Wir halten lauschend inne: Kommt uns der Klang nicht seltsam vertraut vor? Nur wer die Geschichte der Menschheit nicht kennt, vermag in diesem Sisyphos den neuen Typus eines Lebensbewältigers zu sehen. In Wirklichkeit ist Sisyphos nur eine neue Variation eines sehr alten Typus, das Dasein bestehen zu wollen. Sisyphos unternimmt den Versuch, das Schicksal „aus eigener Vernunft und Kraft" zu bewältigen. Es ist der Versuch, dem die Menschheit von jeher verfiel, sobald sie einmal den Göttern den Rücken gekehrt hatte oder sich von ihnen verlassen wähnte. Dieser Versuch scheint so reizvoll und so verheißungsvoll zu sein, daß selbst die Frommen in den Religionen und auch in den Christentümern nicht ganz davon loskommen. Die großen Mönche haben ihn in die Disziplin ihrer asketischen Übungen eingebaut: das Lebenswidrige zu bejahen und es mit jedwedem Mittel, das die Religion überhaupt gestattet, zu überwinden.
Neu ist nicht einmal, daß Sisyphos das Schicksal durch das Mittel der *Verachtung* überwindet. Das taten vor ihm in der Antike z. B. die Kyniker und in der Neuzeit etwa die Romantiker. Lenaus drei Zigeuner zeigten dem Dichter, wie man das Leben „verträumt, verraucht, vergeigt — und es dreimal verachtet". Freilich, Sisyphos ist bewußt und ist radikal: er verfährt konsequent, von Anfang an bis zum Ende. Wissend bejaht er seine Qual, die jeden Morgen neu ist und die er jeden Morgen aufs neue verachtet. „Der absurde Mensch sagt ja, und seine Mühsal hat kein Ende mehr. Wenn es ein persönliches Geschick gibt, dann gibt es kein übergeordnetes Schicksal oder zumindest nur eines, das er unheilvoll und verächtlich findet ... Überzeugt von dem rein menschlichen Ursprung alles Menschlichen, ist er immer unter-

wegs — ein Blinder, der sehen möchte und weiß, daß die Nacht kein Ende hat. Der Stein rollt wieder. — Ich verlasse Sisyphos am Fuße des Berges! Seine Last findet man immer wieder. Nur lehrt Sisyphos uns die größere Treue, die die Götter leugnet und die Steine wälzt." Auch wir müssen Sisyphos verlassen, aber in anderer Weise. Denn Sisyphos lebt in uns allen — als die ständige Bedrohung unserer Existenz. Er lebt in uns in jedem heroischen Versuch, das Dasein in eigener Verantwortung zu meistern. Er lebt in dem merkwürdig zähen Mißverständnis des Menschen, auf nichts anderes angewiesen zu sein als auf sich selbst. Sisyphos will es nicht wahr haben, daß *Menschsein* zuerst heißt: *Empfänger sein.* Er glaubt es nicht, daß der Mensch nur aus dem Empfangenhaben heraus zu handeln vermag. So läuft er ständig Gefahr, im Namen des Menschen die Humanität zu verraten — an eine „Barbarei" höherer Abkunft. Diese Barbarei besteht darin, daß der Mensch auf sich selbst vertraut und sich an sich selbst bindet. Sie besteht darin, daß der Mensch sich so total an sich selbst preisgibt, daß er immer sich selbst verfallen bleibt. Sisyphos ist letztlich dieser in sich selbst gefangene, von sich selbst besessene Mensch. Er ist sein eigener Gott und sein eigener Satan: verkrampft gegen den Himmel, verbittert gegen die Erde, verachtet er selbst die Hölle. Das ist der Gipfel moderner Dämonie. Es ist zudem der Gipfel der Absurdität. Die Absurdität vermag sich in ihrem eigentlichen Wesen und in ihrem eigenen Werke nicht mehr zu durchschauen. Sie ist dazu verurteilt, im Namen des Menschen seine Menschlichkeit — zu vernichten!

Sisyphos *muß* gerettet werden vor sich selbst: vor dem Mißverständnis und vor dem Mißbrauch seines Menschseins. Er muß erlöst werden von dem finsteren Wahn der „größeren Treue, die die Götter leugnet und die Steine wälzt".

Das Evangelium von Jesus von Nazareth sagt uns: Sisyphos *ist* bereits gerettet vor sich selbst. Zu Ostern ist es geschehen. Der Stein *ist* abgewälzt (Mk. 16, 4) — von unsichtbarer, von fremder Hand. Nicht Jesus hat ihn fortgewälzt. Ein anderer hat es für Jesus getan. Dieser andere hat es auch für Sisyphos getan — ein für allemal. Die Legende, die die Auferweckung des Toten berichtet, ist stärker als der Mythos von Sisyphos. Denn die Legende verkündet das Einmalige, das Unwiederholbare, während der Mythos vom immerwährenden Kreislauf raunt. Wenn Sisyphos jenen Ruf zu vernehmen vermöchte, würde er seiner „größeren Treue" absagen. Er würde aufhören, in der bisherigen Weise seinen Stein zu wälzen. Er würde eben *in* der Absage an dieses sein Werk — glauben. Er würde einsehen, daß es seit Ostern dem Menschen keineswegs freisteht, die Frage nach dem Sinn des Daseins zuzulassen oder zu verbieten. Er würde die Liquidierung der Sinnfrage als den Urfrevel gegen Gott und Mensch empfinden. Das alles würde ihm zugänglich, wenn er es wagte, nicht mythologisch, sondern geschichtlich zu existieren. Geschichtlich zu existieren beginnt man aber, sobald man dem historischen Jesus begegnet, den Gott aus dem Tode in das Leben erhöht hat.

Gewiß, der Stein, mit dem *wir* es täglich zu tun haben, muß täglich auch von uns angepackt werden. Aber dieses Anpacken geschieht anders, als es Sisyphos bisher zu tun pflegte. Es geschieht nicht mehr aus der Furcht, sondern aus der Gelöstheit des Glaubens; nicht mehr aus dem Haß, sondern aus der Bereitschaft der Liebe; nicht mehr aus der Verzweiflung, sondern aus der Offenheit der Hoffnung. Die Verkrampftheit vor Gott, die Verbitterung gegenüber dem Menschen, die Verachtung des Schicksals wäre überwunden. Mythologisch formuliert: Sisyphos wäre dann nicht mehr Sisyphos. Neutestamentlich ausgedrückt: der Mensch wäre befreit vom Fluche des Gesetzes und unter den Segen der Verheißung gestellt (Gal. 3, 13—14).

Sisyphos braucht nicht zu fürchten, daß der Verzicht auf seine heroische Konzeption den wirklichen Einsatz der Existenz verbillige. In gewisser Weise ist es sogar leichter, in einer sinnlosen Welt auszuharren, die uns nichts Entscheidendes mehr erhoffen läßt. Ostern dagegen sagt uns: Von der Auferstehung Jesu läßt sich sein *Kreuz* nicht trennen — und das unsere auch nicht. Nicht verachtend, sondern willig empfangen wir es. Wir beten jedenfalls darum, daß das geschehe. Denn wir wissen seit Ostern: Die Welt ist nicht sinnlos, solange in ihr gelitten wird — solange *wir* in ihr und an ihr leiden und solange die leidende *Kreatur* auf unsere Hilfe wartet.

Jesu Auferweckung hebt sein Leiden für die Welt nicht auf. Ostern erschließt den Karfreitag und macht ihn für uns wirksam. Die Augenzeugen des Ostergeschehens erkannten im Auferweckten ihren Herrn, weil sie in ihm den historischen Jesus von Nazareth *wieder*erkannten. Sie vermochten den irdischen und den himmlischen zusammenzuschauen, weil sie in ihm das Wort der alttestamentlichen Verheißung erfüllt wußten.

Aus dem Osterglauben lebend, packen auch wir jeden Morgen den Stein aufs neue an „mit Freuden" (Ev. Kirchengesangbuch 341, 7). Dieser Osterglaube bedeutet *nicht*: an die Richtigkeit bestimmter Berichte und Angaben oder an die Realität bestimmter Vorgänge „glauben". Ja es bedeutet, streng genommen, nicht einmal: an *die* Aufer-

stehung glauben, sondern *an den Auferstandenen,* an ihn *in Person.*
Aber gerade weil wir an ihn als Person glauben, vermögen wir nie
von seiner Geschichte abzusehen. Wie jeder andere Mensch, so bringt
er — wenn auch in ganz anderer Weise — seine Geschichte immer mit
sich: seine Geschichte, die er auf Erden durchlebte und durchlitt, aber
auch die Geschichte seines Volkes, aus der er herkommt und die er zu
seiner Geschichte gemacht hat. In seinem „Tage" — dem Tage der
Ostern — sind die „1000 Jahre", von denen das Alte Testament erzählt, jeweils gegenwärtig. In ihm ist aber auch der anwesend,

> vor dessen Augen tausend Jahre sind
> wie der gestrige Tag, wenn er vergangen,
> wie eine Wache in der Nacht.

In seinem „Tage" ist das unwiderruflich Geschehene — der Tod —
widerrufen. In ihm ist das unwiderbringlich Verlorene — das Leben —
wiedergebracht. In ihm bricht die Welt an, in der man von keinem
Abschied weiß.

STICHWORTREGISTER

548

VERZEICHNIS DER BIBELSTELLEN

ALTES TESTAMENT

APOKRYPHEN

NEUES TESTAMENT

4	431		34	435. 473
6	484		7,1–29	463. 466
15	379		1–27	469
15–16	420		5–13	502
23	463		11	434
24	426		12	355. 449
5,1–48	463. 466		21	485
1	466		21–23	384
3–10	467		24–27	468
9	479		28	463
13–14	468		29	473
14	426		8,1–34	463
16	468		5–13	390. 502
17–18	438		11	396
17–19	249		17	492
20	399		20	402. 486
21–48	466. 468. 474		23–27	409
22–23	468		26	417
24–27	468		27–30	472
34–35	441		9,1–38	463
35	468		9	499
38–39	445		13	442
45	452. 468		35	463
47	427		36	432
6,1–34	463. 466		10,1–42	463
1–18	382. 468 f. 482		1–4	499
2	314. 315		5	502
5	315		15	399
7	427		16	512
9	371		19–20	512
10	398 f. 404		23	404
14–15	452		24	473
16	315		34	471. 477
16–18	511		11,1	463
18–20	468		2	372
19–20	441. 456		2–3	383
21 ff.	473		2–6	372
22–24	468		4–5	401
24	455. 468		5	409. 432
25–34	468 f.		6	401. 480
30–31	417		7	366
32	427		7–11	372
33	466		8	456

3	379	9,1	403
3–6	417	2	499
7–13	499	2–8	393
17–29	344	7	484 f.
30–32	420	9	481
33	421	11–16	376
34	432	12	487
34–44	433	14–24	411
45	421	19	417
45–52	408	22	432
50	479	23	384
51	421	29	511
54–56	421	31	487. 508 f.
56	410	33	534
7,1	505	33–37	500
1–23	444	34–37	437
9–13	445	36–37	469
13	315. 355	42–50	500
15	445	43–48	399. 402
21–23	434	10,1–52	376
24	426	1	431
24–30	410. 412. 418	13–16	389. 437
28	485	15	399
31	426	19	441
31–37	411	23	399
34	432	23–27	455
36	481	25	439
8,1–10	433	27	384
10	421	30	403
10–13	406	32	512
11	505	33	534. 487
15	505	33–34	508 f.
22–26	411	35–40	396
27	305. 426	38	511
27–30	480	38–39	471
27–32	510	42–45	456
29	483	45	477. 487. 490 f.
30	481. 497	46–52	411. 418
31	534. 487. 508 f.	11,1–10	482. 513
33	487	3	485
34–38	510	14–15	512
35	402	15–19	513
38	486	23	419

20–49	463
27–28	451
31	355
7,13	432
29–30	372
31–35	504
34	437
36	436
47	436
8,1–3	437. 499
12–13	417
9,1	497
1–16	499
7–9	472
22	487
27	376
51–56	451. 503
51–59	376
57–62	500
10,1–20	499
16	478
18	400
19	441
21–22	393. 483
23–24	394
27	449
29–37	441. 452. 503
38–42	451
11,1	371
12	463
14–28	416
20	400. 415
27–28	380
30	487
31–32	396
37	436
12,13–21	456
24	440
27	440
28	417
32	400
35–36	402
41–48	455

49	477
49–53	470
54–56	407
58–59	402
13,1	345
1–5	457
6–9	408
16	503
31–32	456
31–33	508
32	344
14,1	436
1–6	411
7–11	450
11	435
12–14	451
28–33	473
15,1–32	379. 436
16,1–8	456
14	314
15	435
19–22	437
19–31	290. 452. 456. 507
23–24	402
17,6	419
7–9	455
11–19	503
20	397
20–21	401
22	487
26	487
30	322
33	489
34	423
18,1–8	402. 404
8	319. 486
9	435
9–14	450
11–12	315
19,1–10	423
8	288
9	503
11–27	455

564

Auf den Spuren von Mose, Abraham und Jesus durch den Orient.

Ein Fotoband zur Bibel, der nicht allein Jerusalem und Galiläa, sondern den gesamten altorientalischen Raum lebendig werden läßt. Archäologie und Religionsgeschichte der alten Welt und die Überlieferung von Abraham bis Jesus werden von Jörg Zink auf unnachahmliche Weise anschaulich gemacht. Der Autor vermittelt in diesem Band Eindrücke und Erkenntnisse von mehr als fünfundzwanzig Orientreisen. Eine Kultur- und Geistesgeschichte, die durch Jahrtausende führt.

Jörg Zink
Tief ist der Brunnen der Vergangenheit
Eine Reise durch die Ursprungsländer der Bibel
400 Seiten mit 800 Fotos und mehreren Landkarten,
Hardcover mit Schutzumschlag

KREUZ: Was Menschen bewegt.

Einladung zu theologischem Denken – mit Dorothee Sölle.

Dorothee Sölle hat ein aufregendes Kapitel Theologie geschrieben. Was sie sich mit diesem Buch vorgenommen hat, ist ihr überzeugend gelungen: „Ich möchte zum theologischen Denken einladen, weil ich etwas vermitteln will von der Freude am Theologietreiben, von der Begeisterung, die einen dabei überkommen und auch in Zorn umschlagen kann. Die helle Begeisterung und die theologischen Wutanfälle, die ich manchmal bekomme – die *rabies theologorum*, wie man das früher nannte –, gehören zusammen. Vor allem aber möchte ich etwas von der Schönheit und der Kraft religiöser und theologischer Sprache weitergeben, weil ich mich selber von dieser Tradition ermutigt und getragen fühle. Ich lade ein zu dem Versuch, Gott zu denken.“

Dorothee Sölle
Gott denken
Einführung in die Theologie
256 Seiten, Paperback

KREUZ: Was Menschen bewegt.